13

世界で一番やさしい
木造詳細図 改訂版

猪野忍・中山繁信＝著

はじめに

　建築家とともに家を考え、住宅を建てるということは、建主やその家族1人ひとりにとって、ことさら心ときめかせることで、一生のうち最も想像力を発揮するできごとの1つに違いない。しかし、我が国の住宅は、大半が木造建築であるにもかかわらず、建築家を目指す若い世代にとって、木材に関する知識、伝統的な様式や手法を含め、木造建築がどうできているのか、どう造るのかなどを学ぶ機会が年々少なくなってきており、設計教育でも学ぶのは、一般に新鮮でユニークなカタチを提案することがその中心になっている。このことは大工職をはじめとする建築関連職人たちの減少にもつながっている。

　本書は、こうしたことを踏まえ木造住宅のさまざまな工法上の仕組み、納まりや造作に関わる詳細の基本を伝えようとするものである。木造建築では、表面に表される、あるいは現れる仕上げの表情、造作と呼ばれる枠や建具、取り着く造り付け家具や設備機器など諸々の納まりは、骨組み、躯体、下地組と密接し立体的な関係にあることがほとんどである。このため、図はアイソメトリックの3次元的表現と納まり詳細図、解説文を併記し分かりやすくと心がけた。これは、新たな納まりや工夫につながり、さらに建築現場などで大工職や各種職方と意思を通わせるのに役立つものと思われる。挿入図は極力手で描いた。住宅に限らないが、建築は常に人間の目に触れるだけでなく、手で触ったり、音の響きを感じたり、素材の香りに接したりと身体全体を通し空間の味となって人々の意識とつながっている。設計に際し、ＣＡＤのキーボードに手を触れる前に先ずこのことを忘れないでほしいと願ってでもある。

　建築は表層だけきれいに納まっているだけでは本物にならない。木造住宅がしっかりとした納まりで出来上がり、意図した性能を維持し、住み手の生活に応え、表情を豊かに保ち続けていけるかが設計する者に期待されているのである。本書を通して木造住宅建築の設計、デザインに一層の意欲と関心を深めていただければ幸いである。

03 内装

カバー・表紙デザイン	刈谷悠三（neucitora）
本文組版	竹下隆雄（TKクリエイト）
印刷・製本	大日本印刷

00
木造建築の基本

木造建築の構法

POINT
木造建築は、構法によって、軸組構法と壁構法の2つに大きく分類される

木造建築の構法

主要構造部（柱、梁、壁、床、屋根、階段）を木材で加工したものを木造建築という。木造建築の構法には、柱、梁（横架材）で骨組みを構成し、柱で建物を支える軸組構法と、壁で建物全体を支える壁構法がある。

軸組構法には、伝統軸組構法と在来軸組構法があり、日本の住宅建築の特質を担ってきた。壁構法には、枠組構法および丸太組構法があり、ともに壁の上に屋根を載せる建て方である。北米やヨーロッパ諸国、中国などで展開してきた住宅建築で、窓などの開口部は壁を穿つように造られてきた。

伝統軸組構法は、寺院建築や書院造り、民家建築など古くからの技術を受け継いだ構法である。太い柱、梁に貫や鴨居を貫通させ、楔《くさび》や栓《せん》などによって固定させるため、金物の使用は限定的である。

これに対し、在来軸組構法は現在最も一般的な木造建築の構法である。伝統軸組構法から発展し、柱を土台に載せ、上部を梁や桁で繋ぎ、壁には筋かいや構造用合板を入れて耐力壁とし、接合部に金物を使用するなど、さまざまな改良がくわえられてきた。

枠組構法は、北米を中心に発達を遂げた木造建築で、日本では一般に2×4（ツーバイフォー）方式と呼ばれている。布基礎の上に土台を載せ、合板の床材を釘打ちし、次に木枠を組み、そこに合板の面材を張り、これを外壁や間仕切り壁とする。

丸太組構法は、丸太や大断面に加工した木材を積み上げて壁を構成する。壁は木の表情をそのまま表すことが多く、ログハウスとも呼ばれ、防火上の制約の少ない山間部などの別荘建築に多く採用されている。

図1 | 軸組工法の種類

①伝統軸組構法

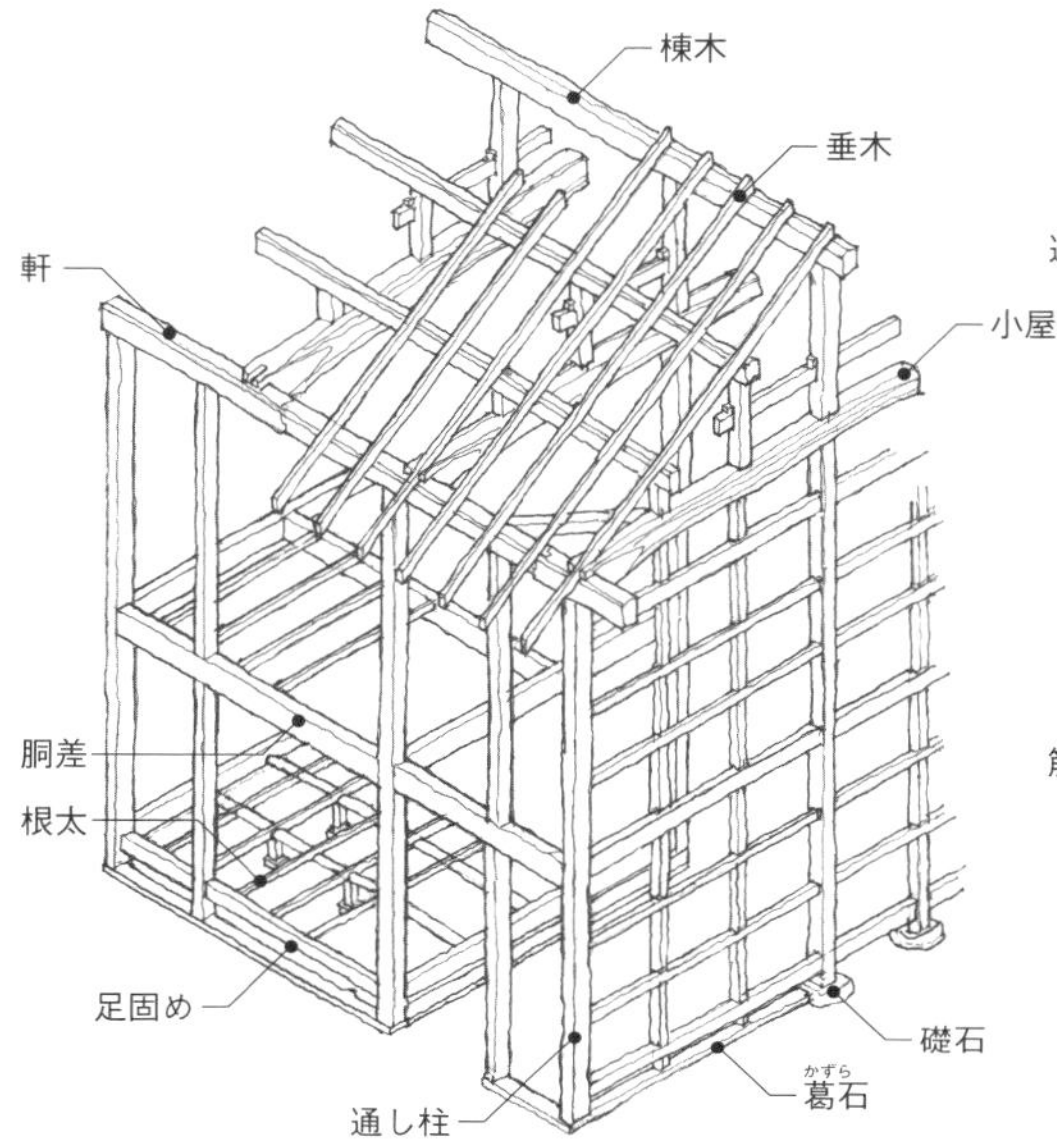
棟木
垂木
軒
小屋梁
胴差
根太
足固め
礎石
通し柱
葛石《かずら》

②在来軸組構法

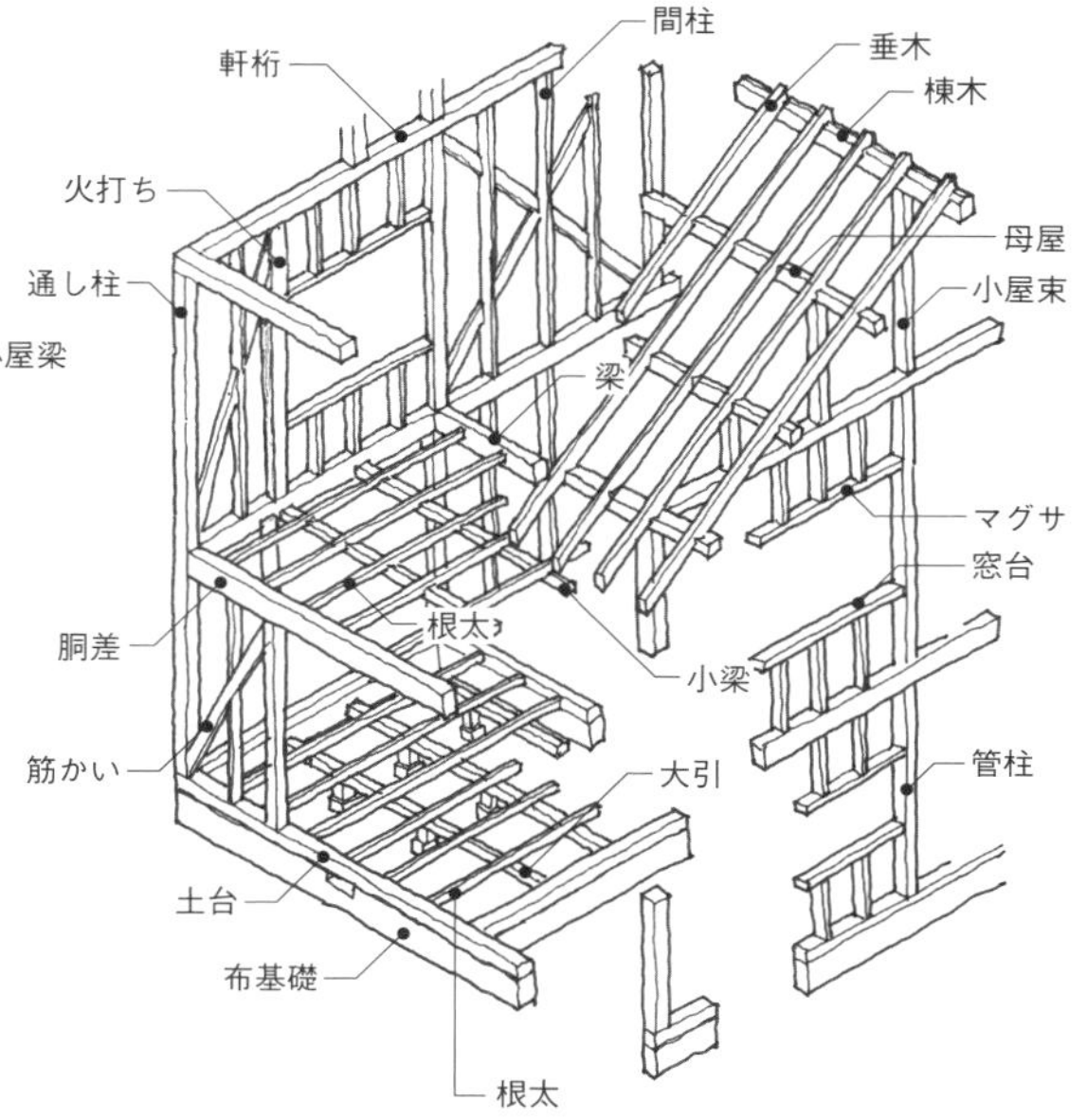
間柱
軒桁
垂木
棟木
火打ち
母屋
通し柱
小屋束
梁
マグサ
窓台
胴差
根太
小梁
筋かい
管柱
大引
土台
布基礎
根太

図2 | 枠組構法の種類

①枠組構法

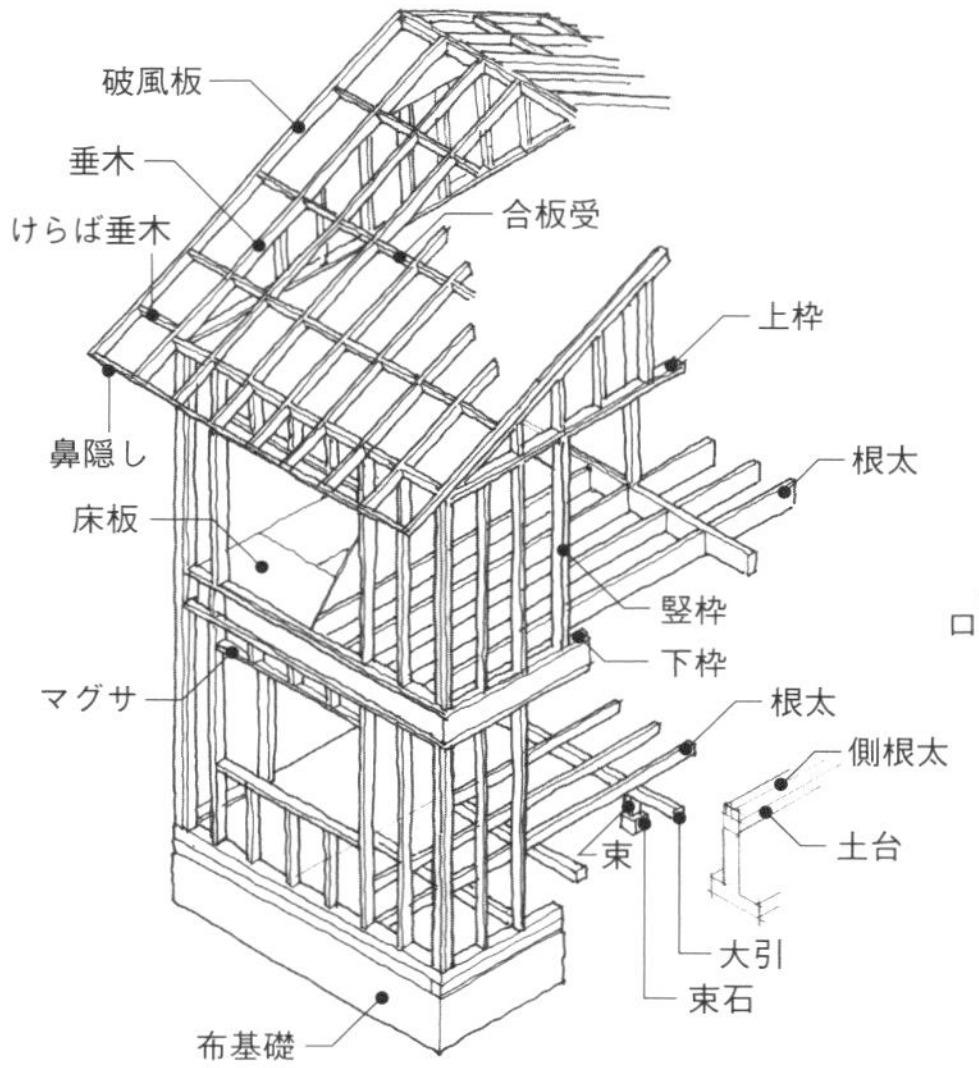
破風板
垂木
けらば垂木
合板受
上枠
鼻隠し
根太
床板
竪枠
下枠
マグサ
根太
側根太
束
土台
大引
束石
布基礎

②丸太組構法

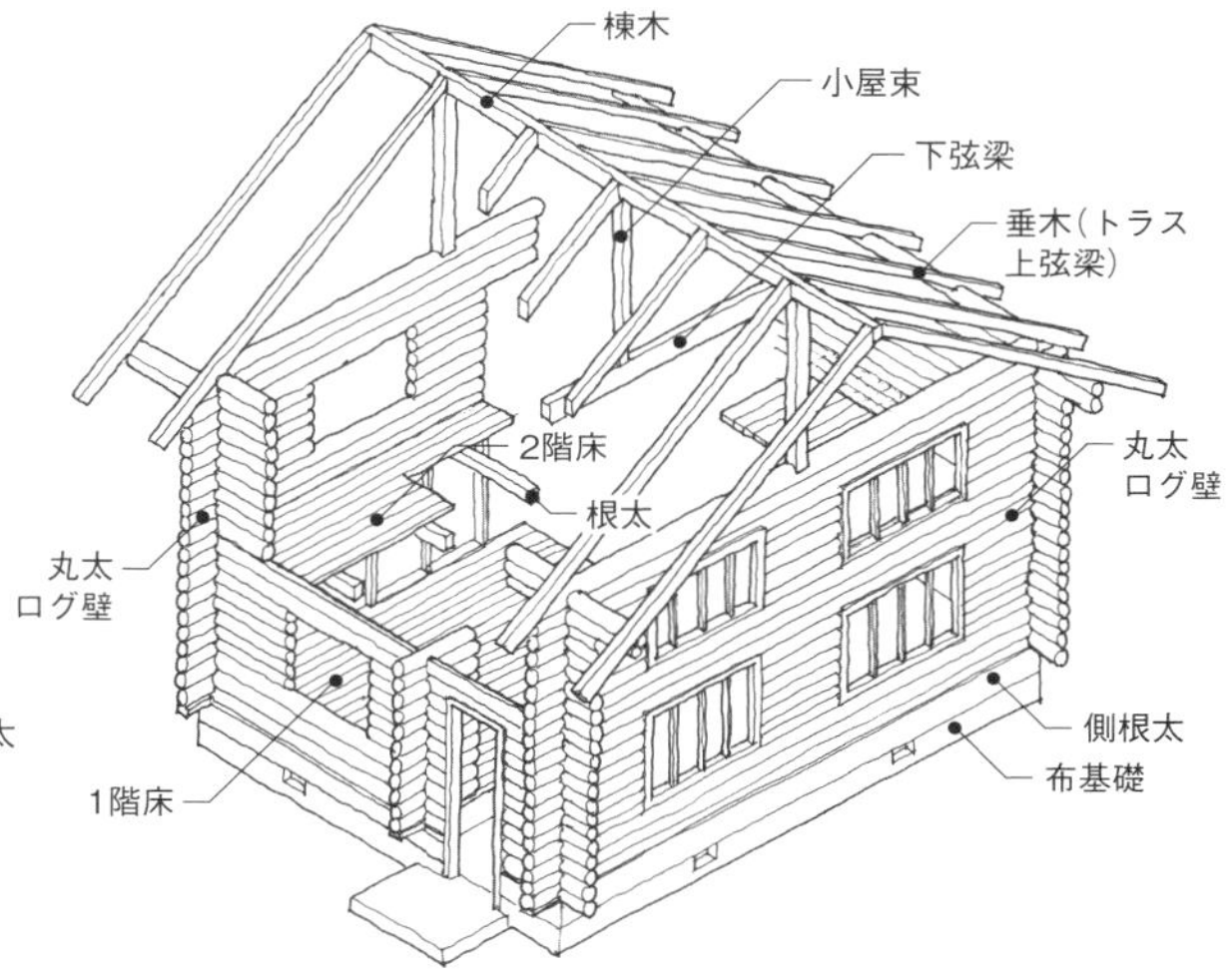
棟木
小屋束
下弦梁
垂木(トラス
上弦梁)
2階床
丸太
ログ壁
根太
丸太
ログ壁
側根太
1階床
布基礎

002

木造の基本②

軸組構法の構造

POINT

軸組構法の各構造部材は、建物の荷重だけでなく、地震や風に対する力にも抵抗する

軸組構法の基本構成

木造住宅の構法のうち現在最も多く採用されているのが在来軸組構法で、基礎や土台、柱で建物を支え、地震や風の力に対しては耐力壁や筋《すじ》かいなどで抵抗する構法である。

基礎は、壁方向に連続した鉄筋コンクリートの布基礎《ぬのきそ》である。建物自体の重量だけでなく、積雪荷重、地震や台風などの水平方向からの荷重など、それら全ての力は、柱や梁などを経て土台から基礎、さらに地盤へと伝わる。つまり基礎と土台は建物と地盤を繋ぐ大切な役割を担っているといえる。

柱は屋根や二階床などの荷重を支え、土台、基礎に伝える重要な鉛直部材である。柱には通し柱と管柱《くだばしら》があり、土台から2階屋根軒桁まで1本の柱としたものが通し柱、2階桁までのものを管柱という。

梁は柱頭に位置する水平材で、軸組を形作り床材や屋根の小屋組みを支持する構造材である。

壁も建物を構成する重要な要素であるが、なかでも、地震や強風による水平力に抵抗する壁を耐力壁と呼ぶ。筋かいは壁内に斜めに組み込まれ、耐震や耐風のための重要な部材である。

床をどう支えるかは、1階と2階では違ってくる。1階の床下は地面なので、床は地面に均等に置かれた束石、床束、大引《おおびき》と根太を介し床材を載せ、2階床は、1階の空間を跨ぐ床梁に根太を掛けそこに床材を載せることになる。

屋根荷重を支えるのが小屋組みである。水平に架け渡された太い木材の小屋梁の上に小屋束を立て、その上に横架材・母屋を、1番高いところに棟木を取り付け、次に屋根下地材を支えるための垂木を載せることで、小屋組みと建物の骨組みが完成となる。

図｜在来軸組構法の構造

アイソメ図

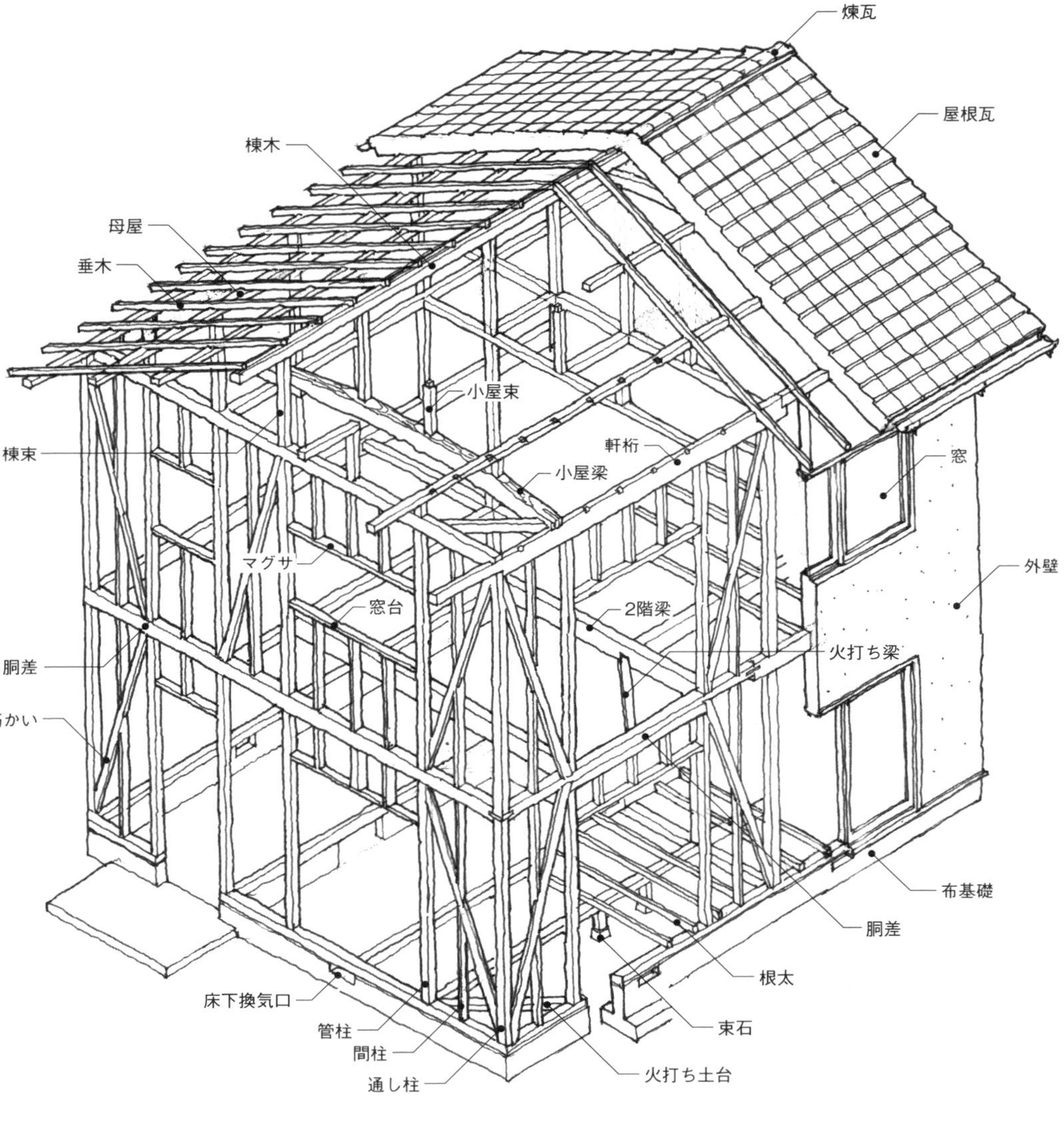
煉瓦
屋根瓦
棟木
母屋
垂木
小屋束
棟束
軒桁
窓
小屋梁
外壁
マグサ
窓台
2階梁
火打ち梁
胴差
筋かい
布基礎
胴差
根太
床下換気口
束石
管柱
間柱
通し柱
火打ち土台

木造建築の外装と内装

POINT 外装材・内装材は、法規上の制約と求められる性能を満たしつつも、デザインにこだわり選択する

木造建築の外装

木造建築の外装の主な部位は屋根と外壁である。外装にはさまざまな性能が求められるが、まず重要なのは耐久性と耐火性である。外装建材は建物の耐久性に直接影響するため、材質の選定と適切な納まりが求められる。最近では多様な製品が出回っているが、求められる性能を十分考慮して建築基準法や条例を満たす建材を選定しなければならない。また、都市計画区域内では、建物の用途、規模などによってさまざまな防火・耐火性能が求められる。

次に、遮音性や防音性も重要である。住まいは家族の団らんや安眠の場であるため、静けさを保持するための防音・遮音性のある外装が求められる。さらに、断熱性にも配慮しなければならない。住まいの快適性を高めるには適度な室温と湿度が求められ、外装材と断熱材の適切な組み合わせによる効率の良い断熱外壁が求められる。

そして、各性能と同様に重要となるのがデザイン性である。建物は街並みを構成する一要素であるから、周囲の環境にも十分配慮した設計が必要だ。

木造建築物の内装

木造建築の内装の主な部位は内壁と床、天井である。内装は目に触れやすく、身体と直接接触する機会が多いため、肌触りや健康に支障をきたす材ではあってはならない。できるだけ化学製品や有害な接着剤の使用は避ける。最近では本物そっくりのフェイク内装材も出回っているが、できるだけ味わい深い本物の材を使いたいものである。ほかには、台所など火を使う場所には内装制限がかかり、防火性能をもつ内装材を使わなければならないという法規上の制約があるので注意したい。

図1｜外装の構成

①アイソメ図

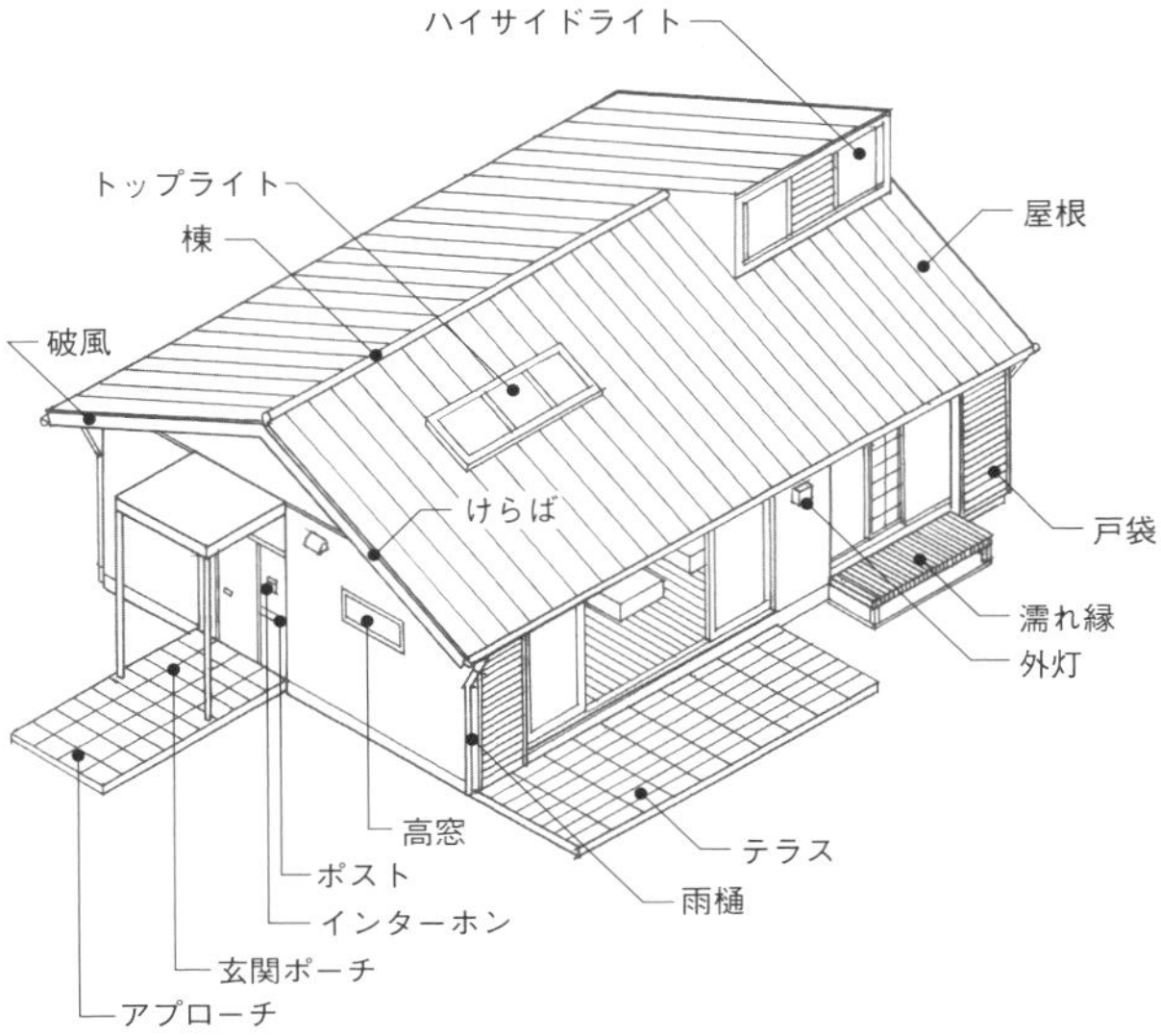
ハイサイドライト
トップライト
棟
屋根
破風
けらば
戸袋
濡れ縁
外灯
高窓
テラス
ポスト
雨樋
インターホン
玄関ポーチ
アプローチ

②矩計図

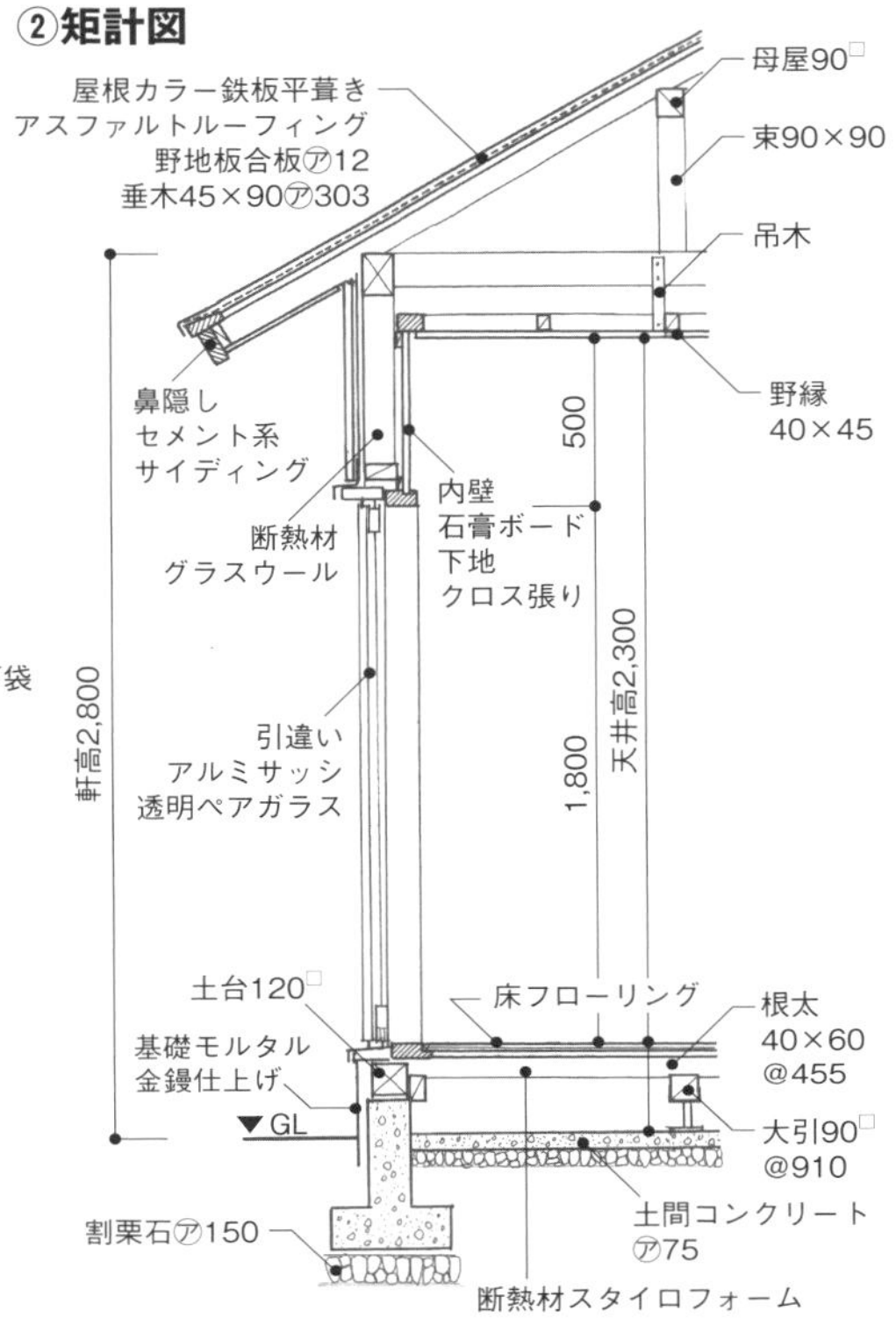
屋根カラー鉄板平葺き
アスファルトルーフィング
野地板合板㋐12
垂木45×90㋐303
母屋90□
束90×90
吊木
野縁
40×45
鼻隠し
セメント系
サイディング
断熱材
グラスウール
内壁
石膏ボード
下地
クロス張り
500
軒高2,800
天井高2,300
1,800
引違い
アルミサッシ
透明ペアガラス
土台120□
床フローリング
根太
40×60
@455
基礎モルタル
金鏝仕上げ
GL
大引90□
@910
土間コンクリート
㋐75
割栗石㋐150
断熱材スタイロフォーム

図2｜内装の構成

平面図

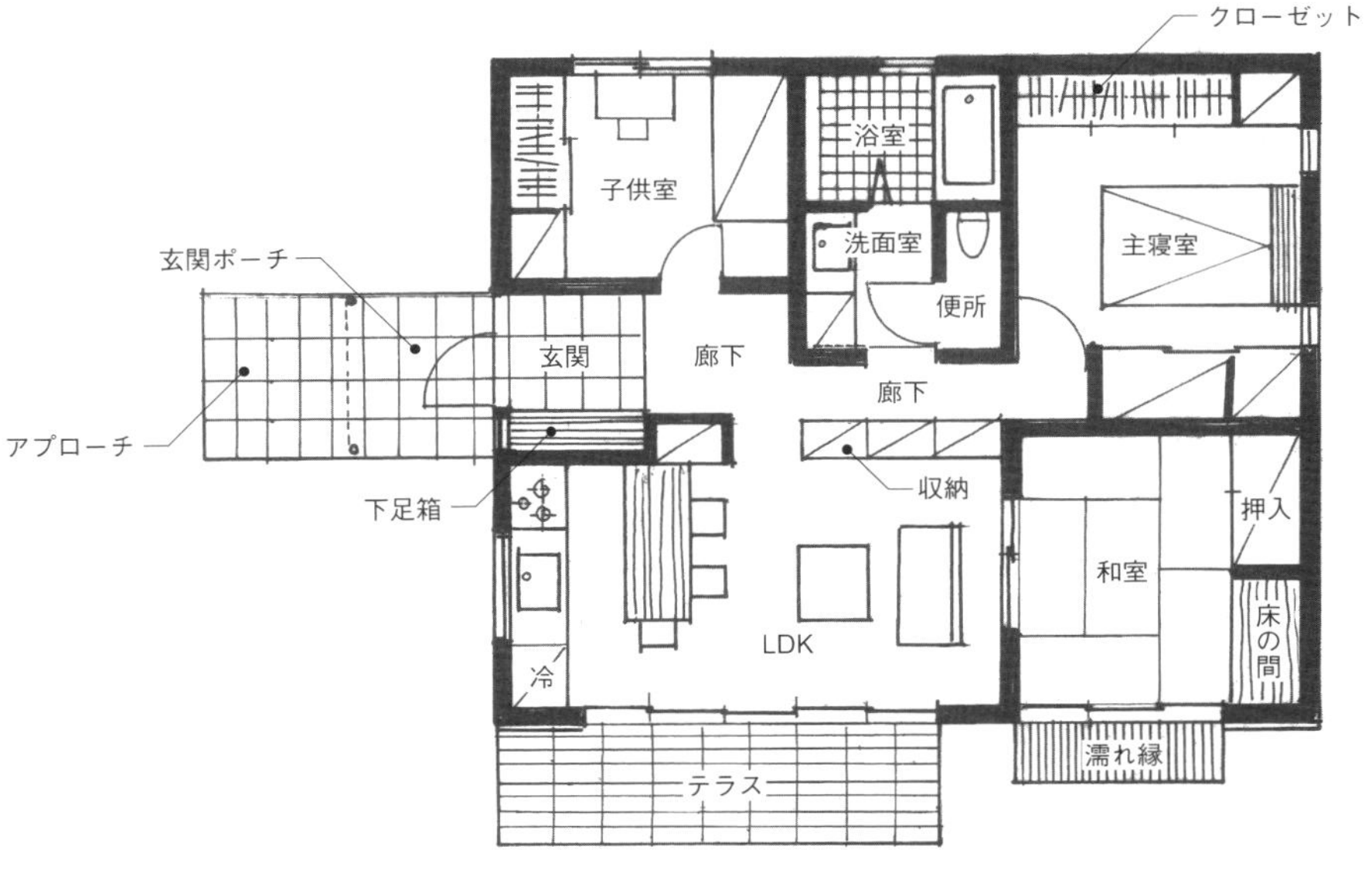
クローゼット
浴室
子供室
洗面室
主寝室
玄関ポーチ
便所
玄関
廊下
廊下
アプローチ
収納
下足箱
押入
和室
床の間
LDK
冷
濡れ縁
テラス

木造建築の構造

POINT
小規模な木造建築では構造計算は必要ないが、仕様規定を満たすように構造の検討が必要である

各部材の役割

木造建築を構成する各部材には、それぞれ役割がある。

柱は横架材を支える垂直材で、上部からの荷重を土台や基礎を通じて地面に伝える役割を持っているため、主に圧縮力がかかる材である。

梁や桁は横架材の代表であり、上部の屋根や床などの自重、積載荷重を柱に伝える役割を担っている。曲げやせん断力がかかってくるため、それに耐えられる断面が必要になる。

筋かいは建物にかかる水平力による変形に耐えるための斜め材である。土台と柱、梁などに囲まれた箇所に斜め、または交差させて入れる。

構造の検討と計算

通常、4号建物といわれる木造2階建て以下で、延べ面積500㎡以下、かつ軒高9m以下、高さ13m以下の建物は基礎、柱、梁、などの仕様規定を満たすほか、壁量計算（水平力に対する耐力壁の必要量の検討）、壁配置（壁の偏った配置による水平力による回転力の発生の抑止）、柱頭柱脚の接合方法（地震力などにより柱の引き抜きの防止）などの検討が必要である。これらの検討は仕様規定の範疇で構造計算とはいわない。仮に仕様規定を外れる箇所がある場合は「許容応力度計算」によりその部位の安全性を確認する。風圧力や地震力を建物の実情に合わせて計算し、耐力壁の耐力がそれを上回るよう、各部材の接合部の設計などを確認検討しなければならない。

柱や梁などの接合には、継ぎ手仕口による木材だけの接合、木材と金物の併用での接合、金物の実の接合の3種類があり、納まりやコストによって使い分けをする。

図1 | 木造軸組にかかる力

垂直荷重

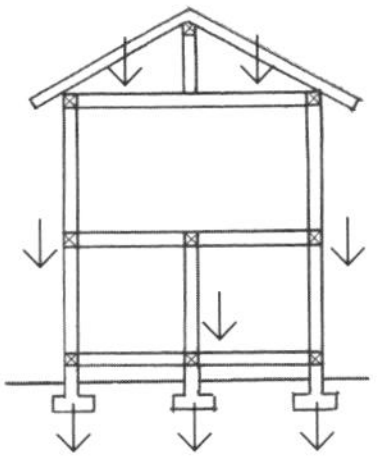

荷重を柱から基礎、地盤に伝達

水平荷重

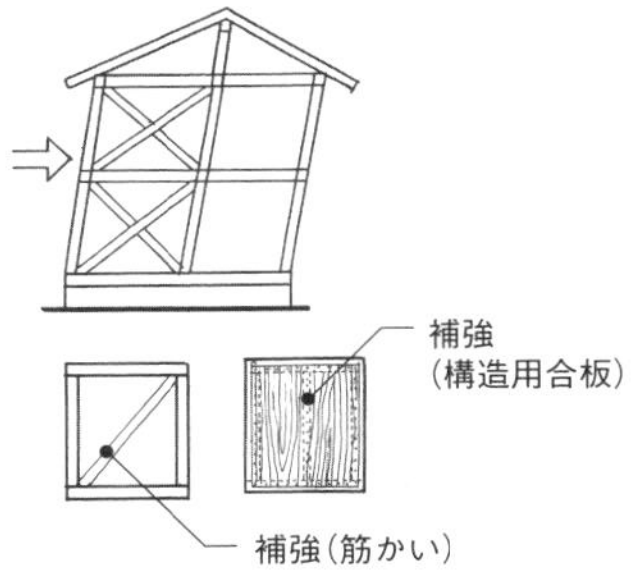
補強
（構造用合板）
補強（筋かい）

耐力壁の配置と建物変形への抵抗

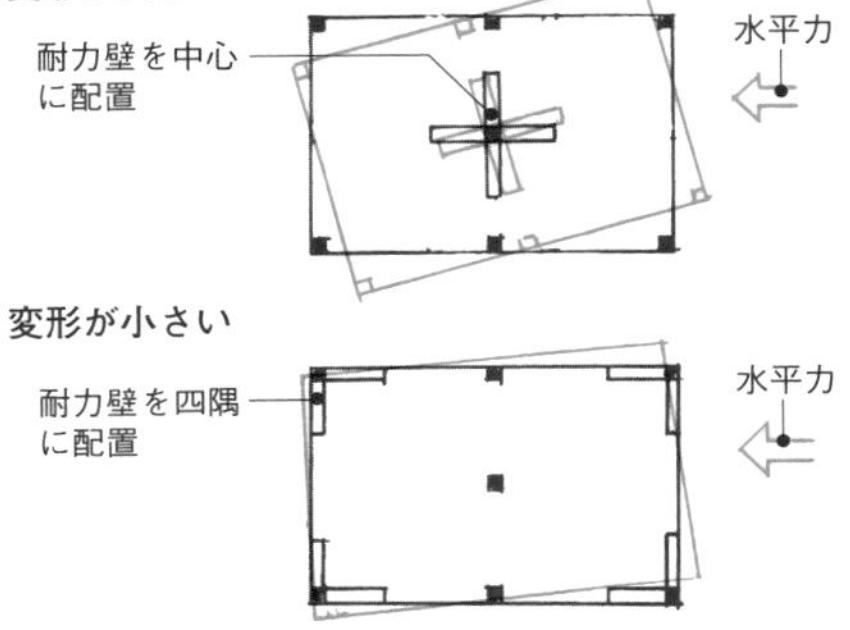
変形が大きい
耐力壁を中心
に配置
水平力
変形が小さい
耐力壁を四隅
に配置
水平力

図2 | 壁配置の検討

補強の役割

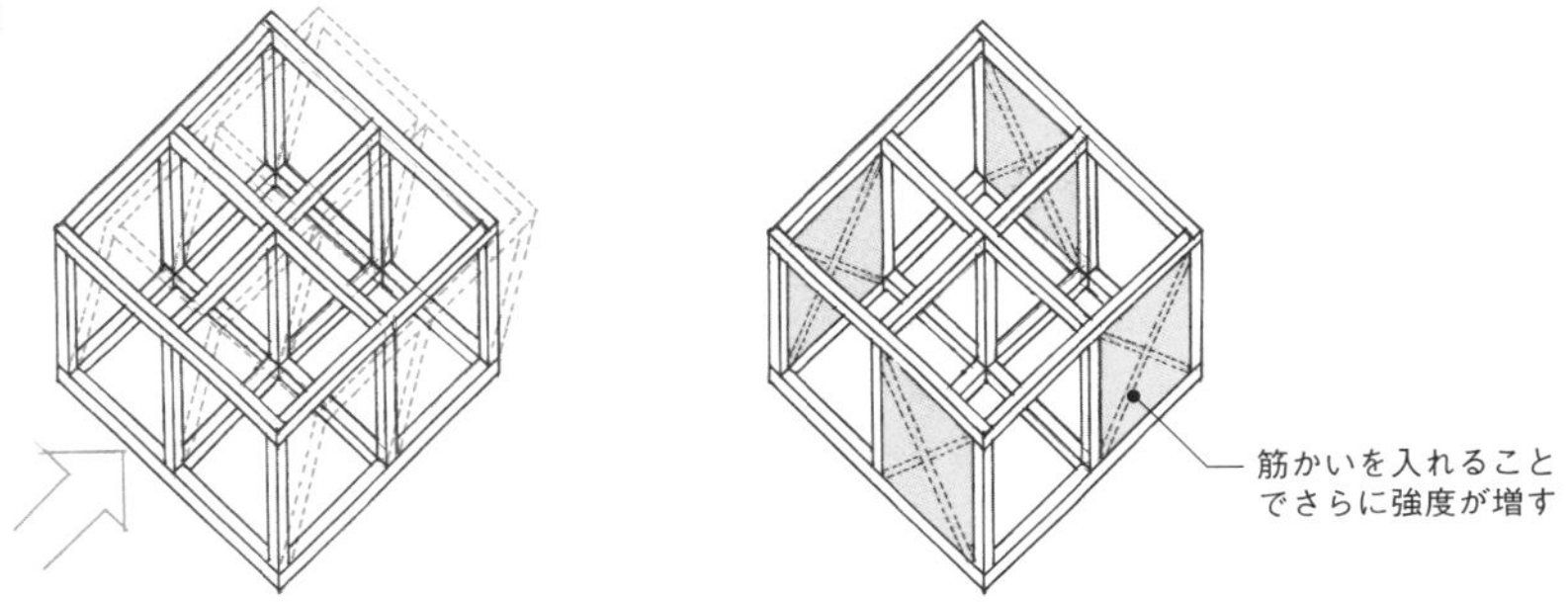
筋かいを入れること
でさらに強度が増す

柱・梁だけでは水平力に対して抵抗できない

力が均等に伝わるよう補強を入れることで水平力に対して抵抗できる

図3 | 接合方法と金物の検討

接合金物（柱・梁）

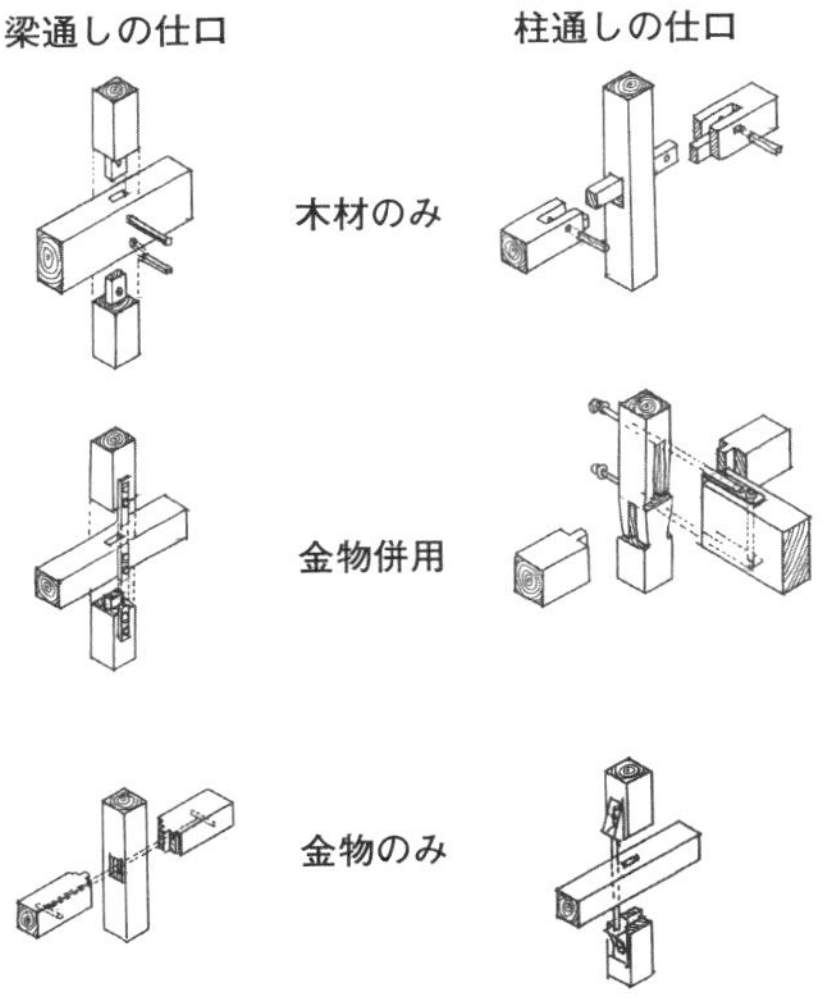
梁通しの仕口
柱通しの仕口
木材のみ
金物併用
金物のみ

接合金物（柱・基礎）

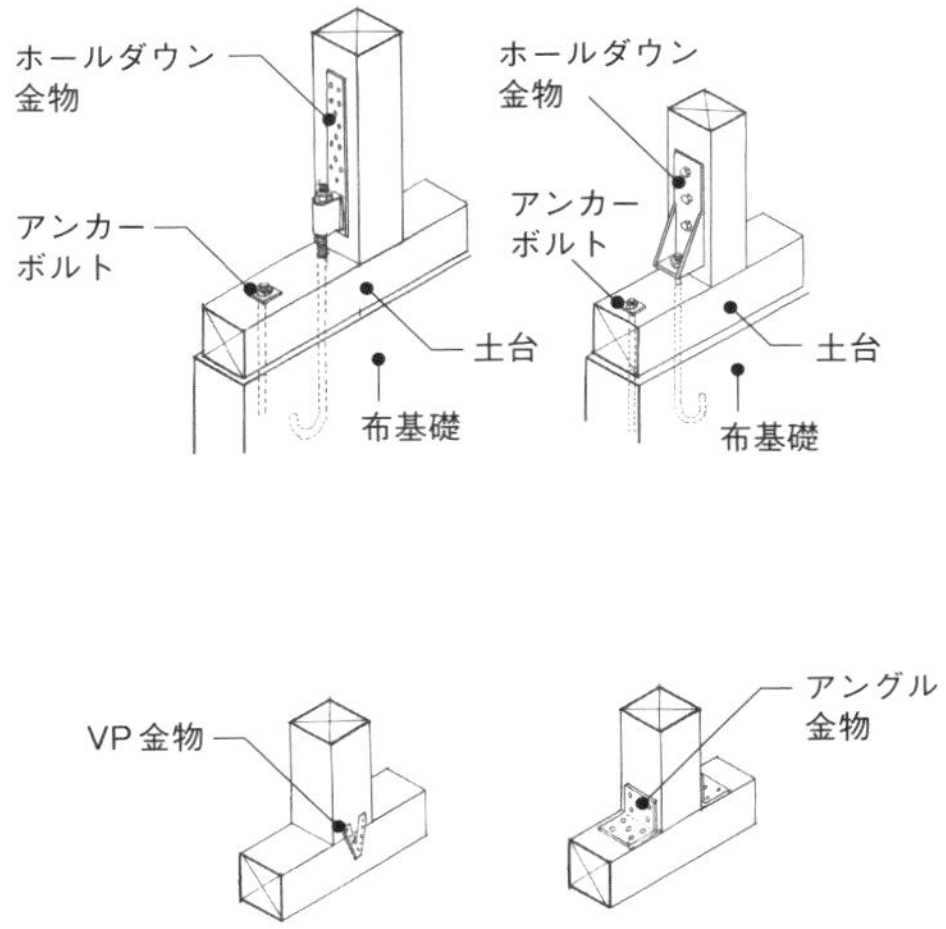
ホールダウン
金物
アンカー
ボルト
土台
布基礎
ホールダウン
金物
アンカー
ボルト
土台
布基礎
VP金物
アングル
金物

TOPICS 1

継手・仕口

継手とは二つの材を繋ぎ、1本の長い材にするための繋ぎ方で、仕口は2つの材に切り込みを入れて直角に組み合わせることをいう。

継手も仕口も、木材どうしを凹型と凸型の独特な切り込みを入れて組み、強く繋ぎ合せる技術である。この加工は、熟練の者が施すと、知恵の輪のように1度組み合わせた後に外すのが困難になるほど、高度で精緻な技術である。他の国でもこれに類する技術はあるが、わが国の継手・仕口ほど優れた技術はなかなか見つけられない。わが国の木造建築の優秀さを象徴する技術と言っても過言ではないだろう。金具などで締結する方法もあるが、錆による劣化の可能性もある。継手・仕口を使用し組み上げた建築は、長い年月の間に金具が錆びてしまうこともなく、雨風にさらされながらでも建ち続けられるのだ。

近年では、木造プレカットの普及により、継手・仕口加工の技術を持つ職人が年々減少している。しかしながら、強度も耐久性にも優れた木造の継手・仕口の技術が、後世まで絶えることなく存続していくことを期待している。

図 | さまざまな継手・仕口

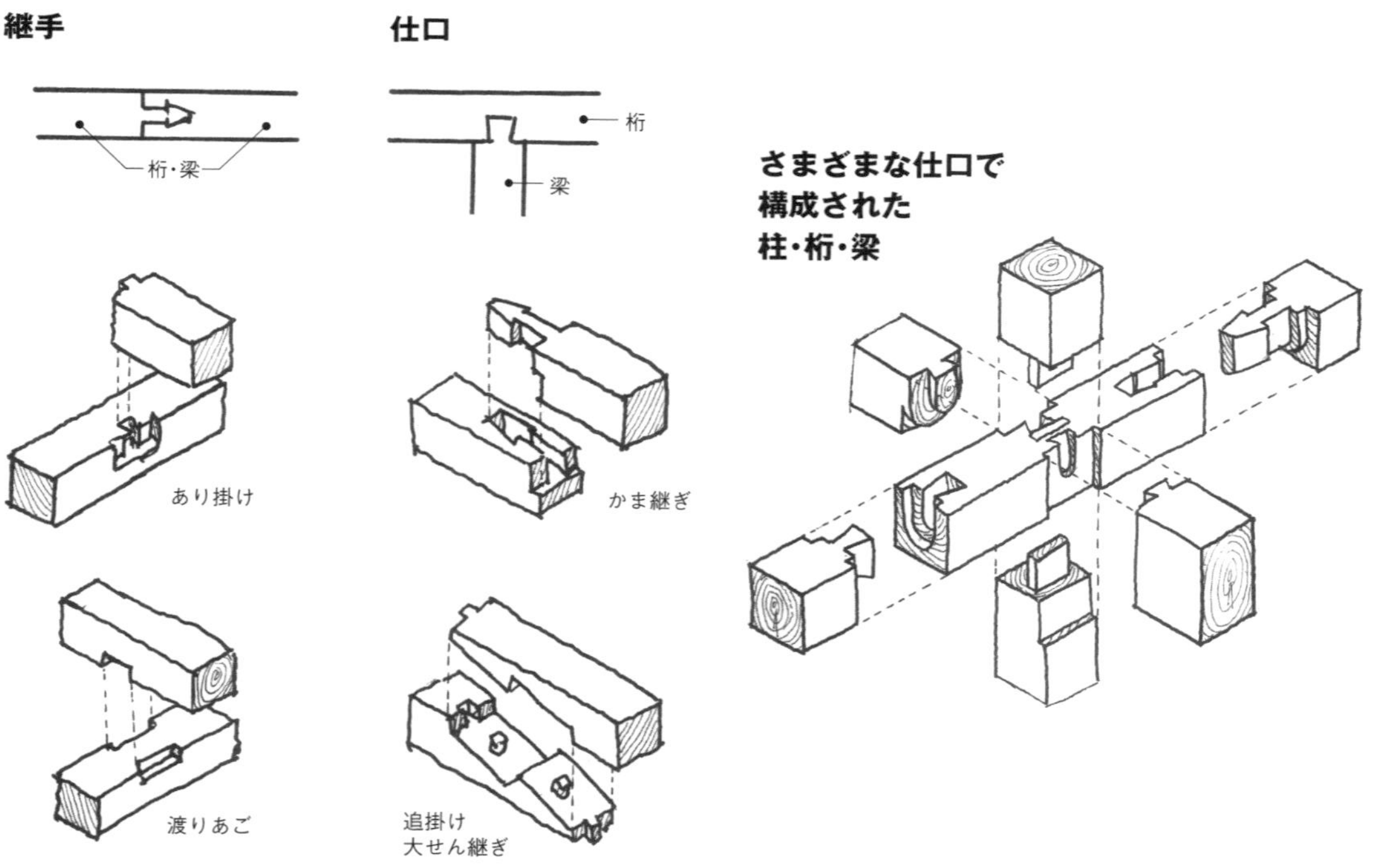
継手
仕口
桁・梁
桁
梁
さまざまな仕口で
構成された
柱・桁・梁
あり掛け
かま継ぎ
渡りあご
追掛け
大せん継ぎ

01
基本の構成

基礎の基本構成

POINT
コンクリート造の布基礎やベタ基礎が、地盤や建物の状況に合わせて用いられる

基礎の種類と形状

基礎は、建築自体とそれにかかる全荷重を均等に地盤に伝え、建築の沈下や倒壊がおきないよう保持する重要な構造体である。形状は、独立基礎、布基礎、ベタ基礎などがある。一般的にすべてコンクリート造であるが、数寄屋造りの小規模な茶室などには自然の石を基礎に用いることもある。

独立基礎は建物にかかる荷重を点で支持する構造で不同沈下がおきやすく、通常の住宅では使われない。

ベタ基礎は建物全体を基礎にしてしまう構造である。コンクリートの量は増えるが、形状が単純なため手間が少なく、構造的に安定し、将来改築する場合には間取りなどの変化に対応しやすいため、最近では使用される例も少なくない。

布基礎は連続した基礎の形状で、外壁、内壁などの位置に設けられる。荷重を分散させて地面に伝えるためにフーチングがあり、断面が逆T字型をしている。

基礎のつくり方

設置は地面を掘り下げ、割栗石をランマーで突き固め、その上に均《なら》しモルタルを敷く。この均しモルタルは、建物の位置を決める墨付けをするためのもので、構造には関係しない。次に、均しモルタルの上に基礎の鉄筋と仮枠を組み、コンクリートを打設する。基礎の天端を平らに均した後、土台をアンカーボルトで締結し、土台の上に柱や筋かいを設置していく。基礎には通気口を設けるが、最近では通気を兼ねた強化ゴム製の基礎パッキンを敷く場合が多い。柱の上方への引抜きを防ぐために、土台と柱を締結するホールダウン金物を主要な柱に取り付ける。

図1｜布基礎の基本的な構成

①アイソメ図

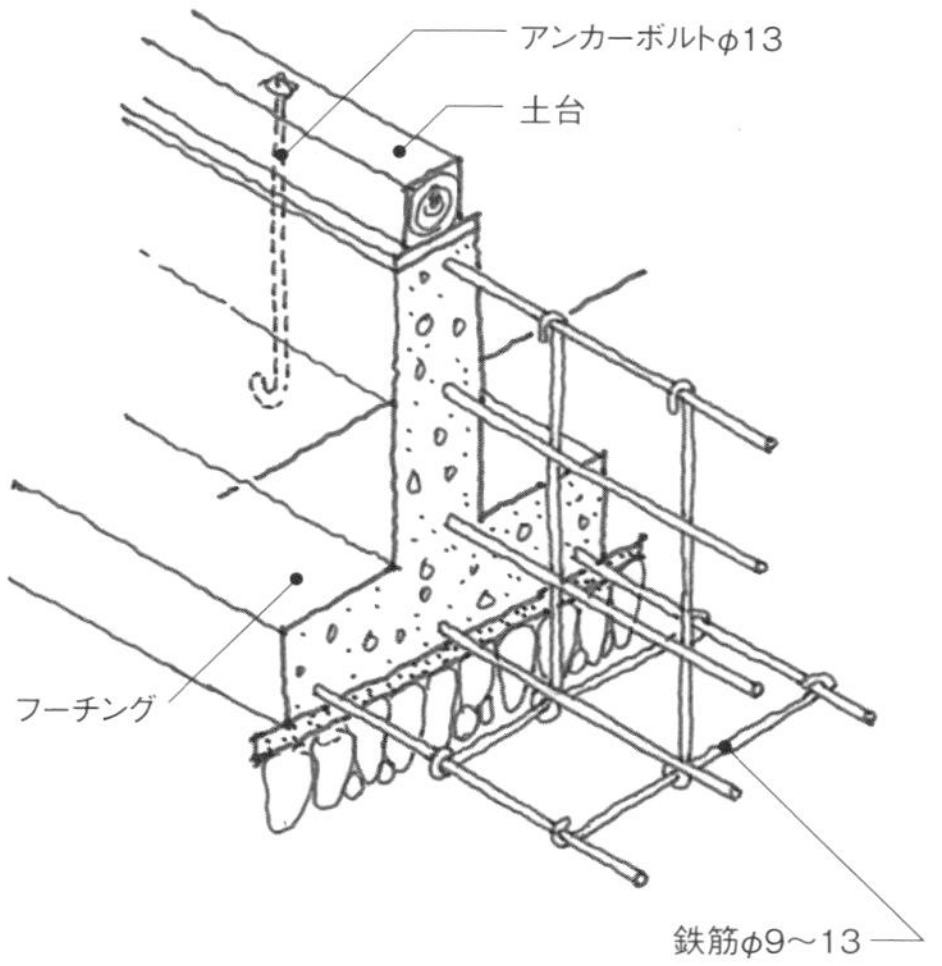

アンカーボルトφ13
土台
フーチング
鉄筋φ9〜13

②断面図

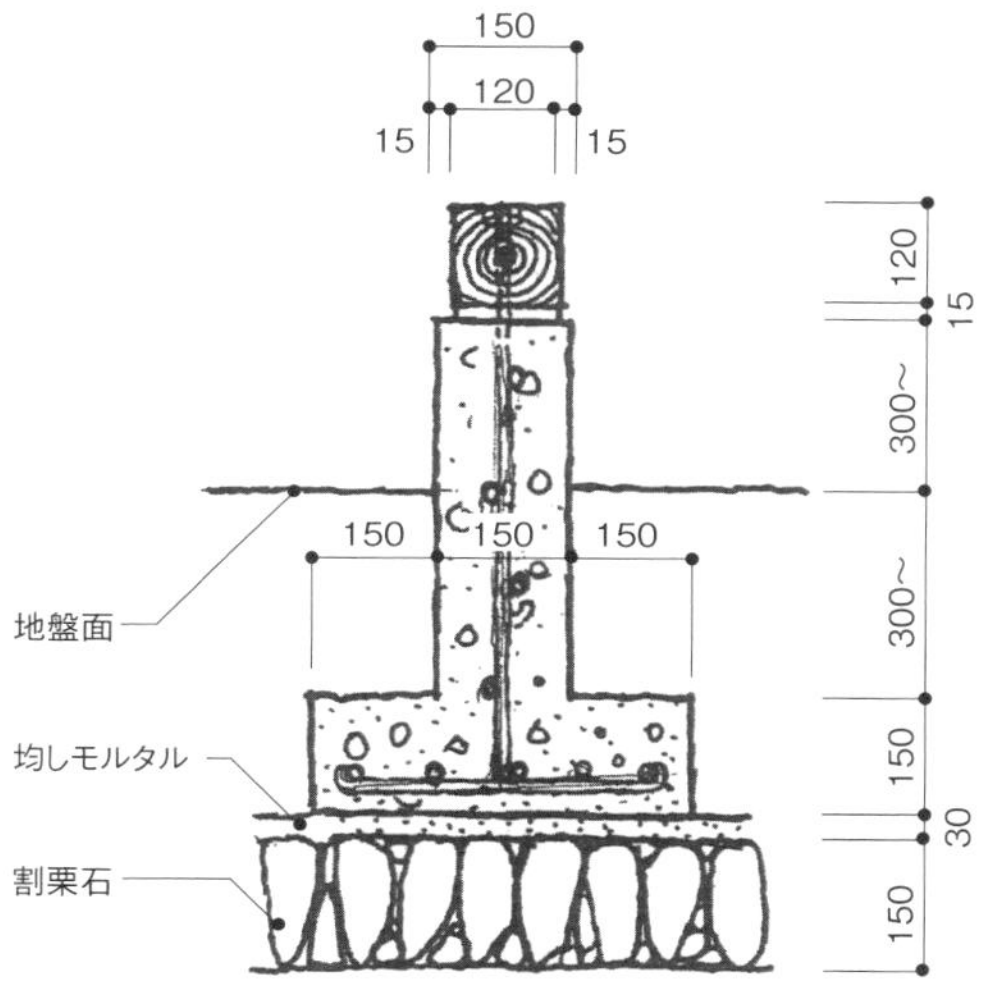

150
120
15
15
120
15
300〜
150
150
150
300〜
150
30
150
地盤面
均しモルタル
割栗石

図2｜基礎のバリエーション

①ベタ基礎

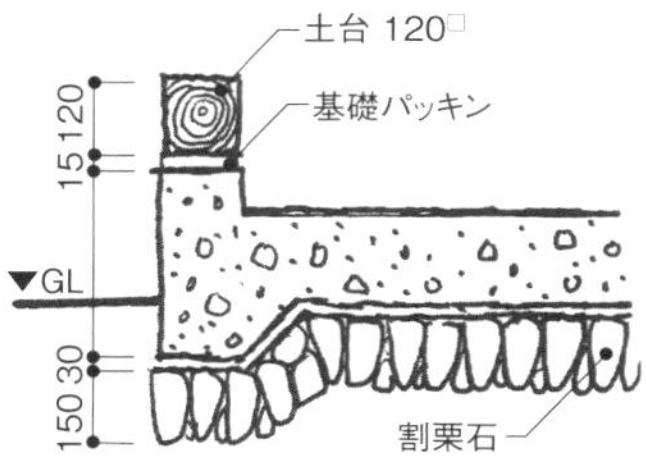

土台 120□
基礎パッキン
120
15
▼GL
30
150
割栗石

②フーチングのある布基礎

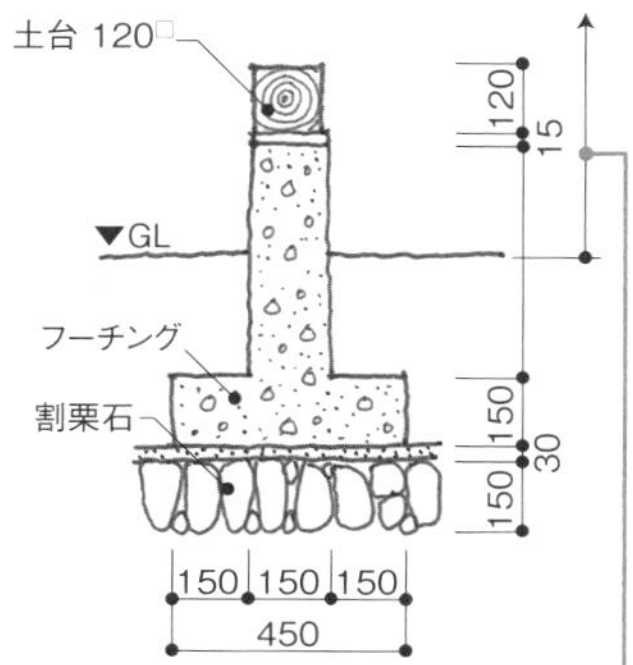

土台 120□
120
15
▼GL
フーチング
割栗石
150
30
150
150
150
150
450

法的には床の高さはGLから450mm以上上がっていなければならないが、土間コンクリートを打設すればその規制を受けないことと、床下から湿気などを防げることから、土間コンクリートを打つ例は増えている

③フーチングのない布基礎

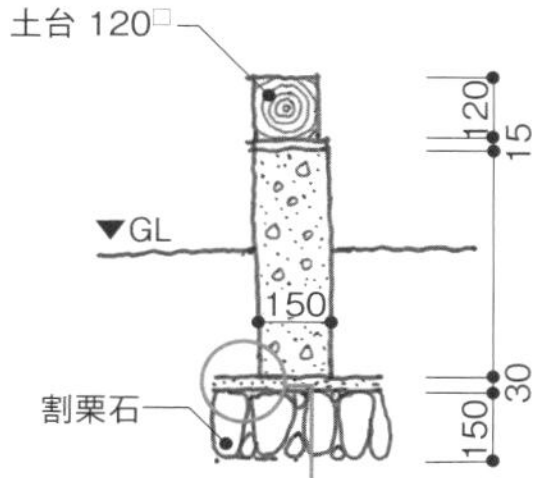

土台 120□
120
15
▼GL
150
割栗石
30
150

フーチングのない布基礎は軽い木造平屋建てに使う

床組の基本構成

POINT 束立てと大引、根太で床にかかる荷重を受け、下地をつくる

束立てで構成する床

一般的に1階の床は「束立て床組《つかたてゆかぐみ》」で構成されている。この床組は、1階床下で910㎜（3尺）間隔に束石《つかいし》を置き、それに床束《ゆかつか》を立て、その上に大引を架け、さらに大引の上に455㎜、または303㎜ピッチで根太《ねだ》を渡した上に床板を張っていく構造である。最近では床下一面に土間コンクリートを打つ場合が多くなったため、直接その上に束を立てる場合もある。

また床は上からの荷重ばかりでなく、材の狂いなどによって浮上がりを防ぐために、束石ごと大引を番線で締めておく。束は水平力に弱点があるため、束が高い、または面積が広い場合は根がらみ貫を打ち付けておく。

床束は大引を支えるための柱で90㎜角材が用いられる。大引との接合は釘やかすがいを打ち、また束と束石もホゾを突き、ずれないようにしっかりと締結する。最近では、高さが自由に調整できる金属製や樹脂製の束も多く使われている。

大引と根太の役割

大引の材は90㎜角材を910㎜ピッチで束に載せていくが、その上の根太は上から釘で留める。その際根太の間に断熱材を挟みこむ。さらに根太の上に荒床として合板などが張られる。床下に土間コンクリートを打つ場合は床下の高さを少なくできるため、床束を省いた「転ばし床」が用いられる。

2階の床の基本的な構造は、単床と複床に分類できる。単床は根太床とも呼ばれ、押入、床の間などスパンが900㎜前後の短い個所で、根太だけでもたせる構造である。複床は最も一般的に用いられる梁、根太などの複数の材を組み合わせてつくる床である。

図1 | 床組の構成

①アイソメ図

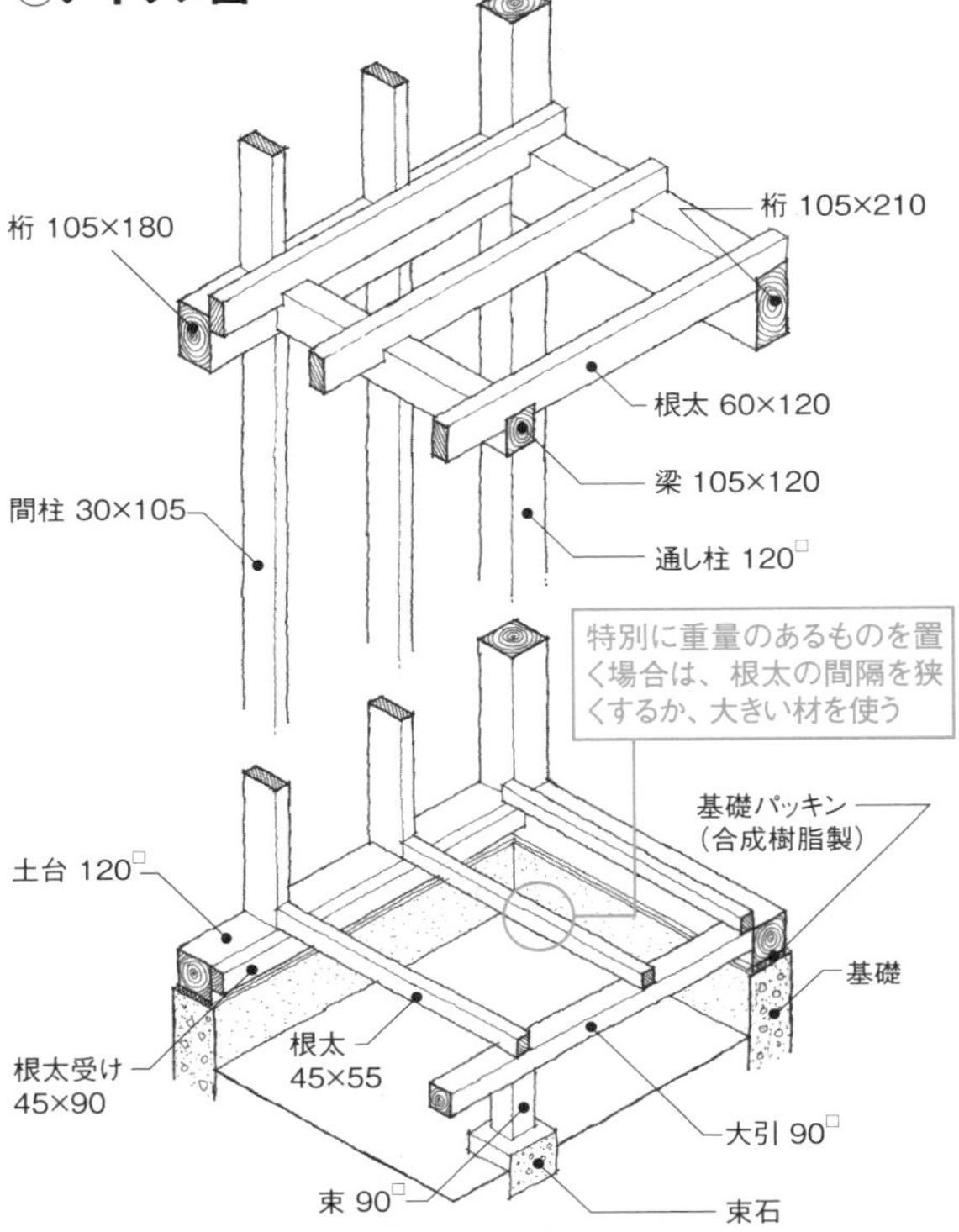
桁 105×180
桁 105×210
根太 60×120
梁 105×120
間柱 30×105
通し柱 120□
特別に重量のあるものを置く場合は、根太の間隔を狭くするか、大きい材を使う
基礎パッキン（合成樹脂製）
土台 120□
基礎
根太受け 45×90
根太 45×55
大引 90□
束 90□
束石

②断面図

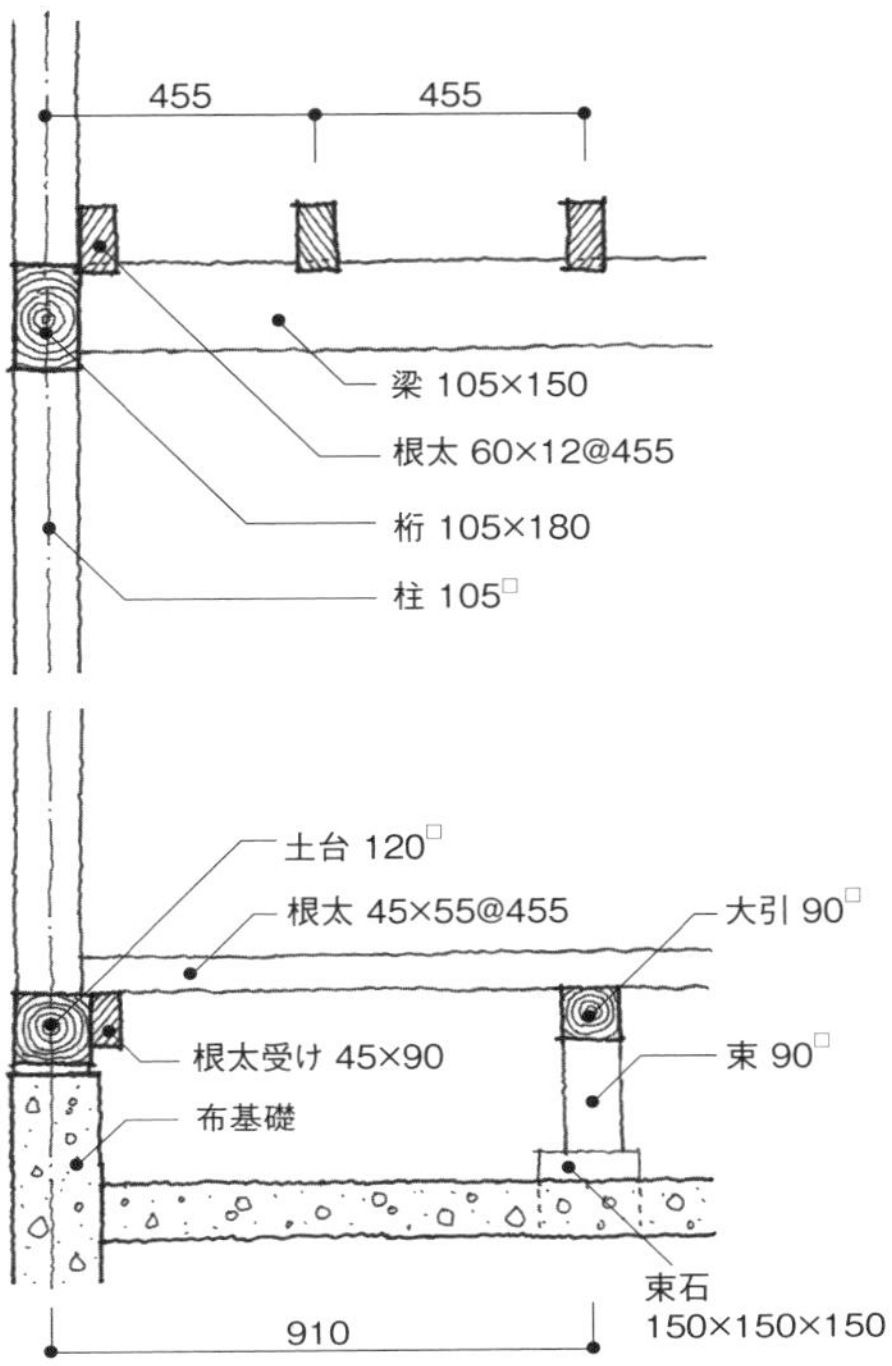
455
455
梁 105×150
根太 60×12@455
桁 105×180
柱 105□
土台 120□
根太 45×55@455
大引 90□
根太受け 45×90
束 90□
布基礎
束石 150×150×150
910

図2 | 1階床組のバリエーション

①束（鋼製）

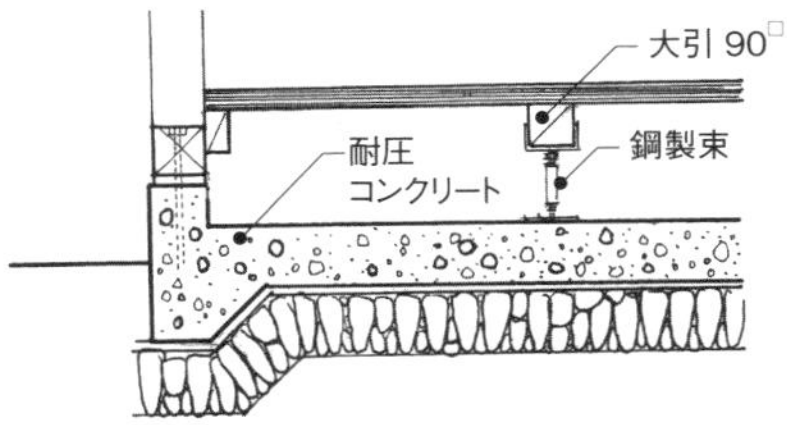
大引 90□
耐圧コンクリート
鋼製束

②束（角材）

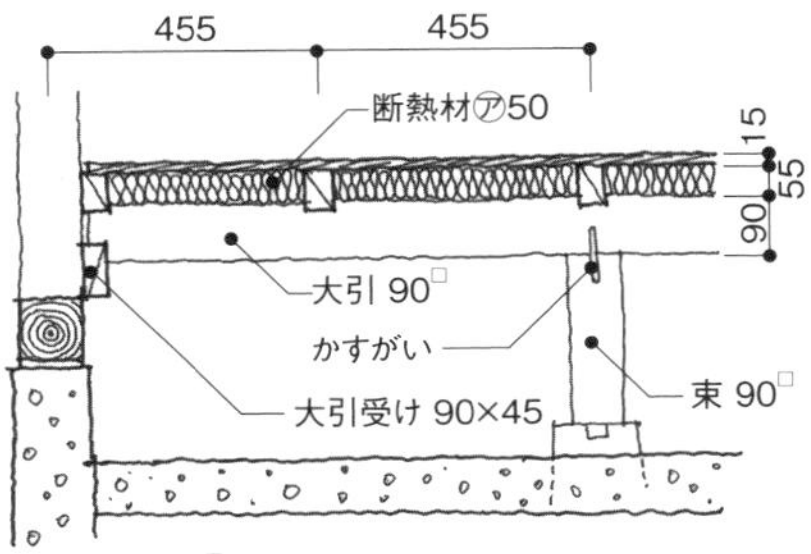
455
455
断熱材㋐50
15
55
90
大引 90□
かすがい
束 90□
大引受け 90×45

図3 | 2階床組のバリエーション

①単床

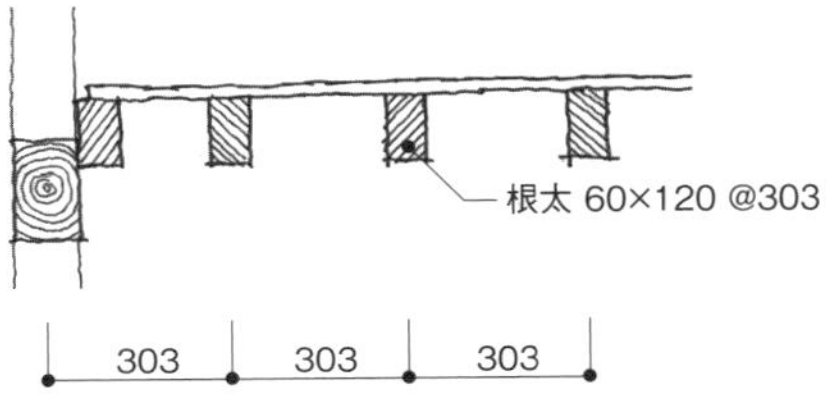
根太 60×120 @303
303
303
303

②複床

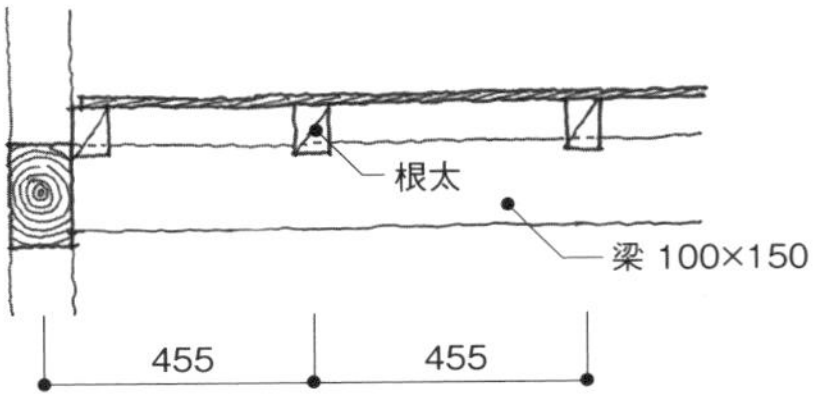
根太
梁 100×150
455
455

外壁の基本構成

POINT
仕上げの種類によって、下地の構成や寸法、開口部、通気層などの納まりが変わる

外壁の役割と分類

木造住宅の外壁には意匠的にも性能的にも厳しい条件が求められる。外壁は美しい家並みを構成するものでなければならないし、耐久・耐水、断熱、遮音といった性能も不可欠である。外壁の仕上げ材などは建物の耐久性に影響を与えるため、それらの選択には慎重にならなければならない。

外壁は主要構造材といわれる基礎、土台、柱、桁や梁、そして水平力を受ける筋かいなどで構成される。それらに間柱《まばしら》や胴縁《どうぶち》を加え、壁面の骨組みをつくり、それにさまざまな種類の外壁材で仕上げを施す。さらに、窓や出入口などの開口をつくるため、マグサや窓台などの下地も必要である。

外壁の構成

外壁は真壁《しんかべ》と大壁《おおかべ》に大きく分類される。真壁は主に和風の建築に、大壁は洋風の建築に用いられることが多い。

真壁造りの構造は貫《ぬき》（12×100㎜程度）といわれる横材を柱の中心に貫通させるように入れる。この貫に小舞《こまい》を取り付けて土壁を塗る。また、板材などを張って真壁にする場合は、胴縁を格子に組み、それに合板などの下地板を張り、仕上げる。

大壁は間柱（30×105㎜程度）を柱と柱の間に455㎜間隔で入れ、それに胴縁（45×40㎜程度）を打ち、合板などの下地板を張って仕上げるか、直接外壁材を張る。

外壁仕上げの種類により、胴縁の打ち方、下地合板の必要性の有無、また、充填断熱、外張り断熱などの方法によって、仕上げ寸法や開口部のサッシなどの納まりが異なってくる。断熱材の位置や通気層のとり方などもあわせて考慮しなければならない。

図1｜外壁を構成する部材

①アイソメ図

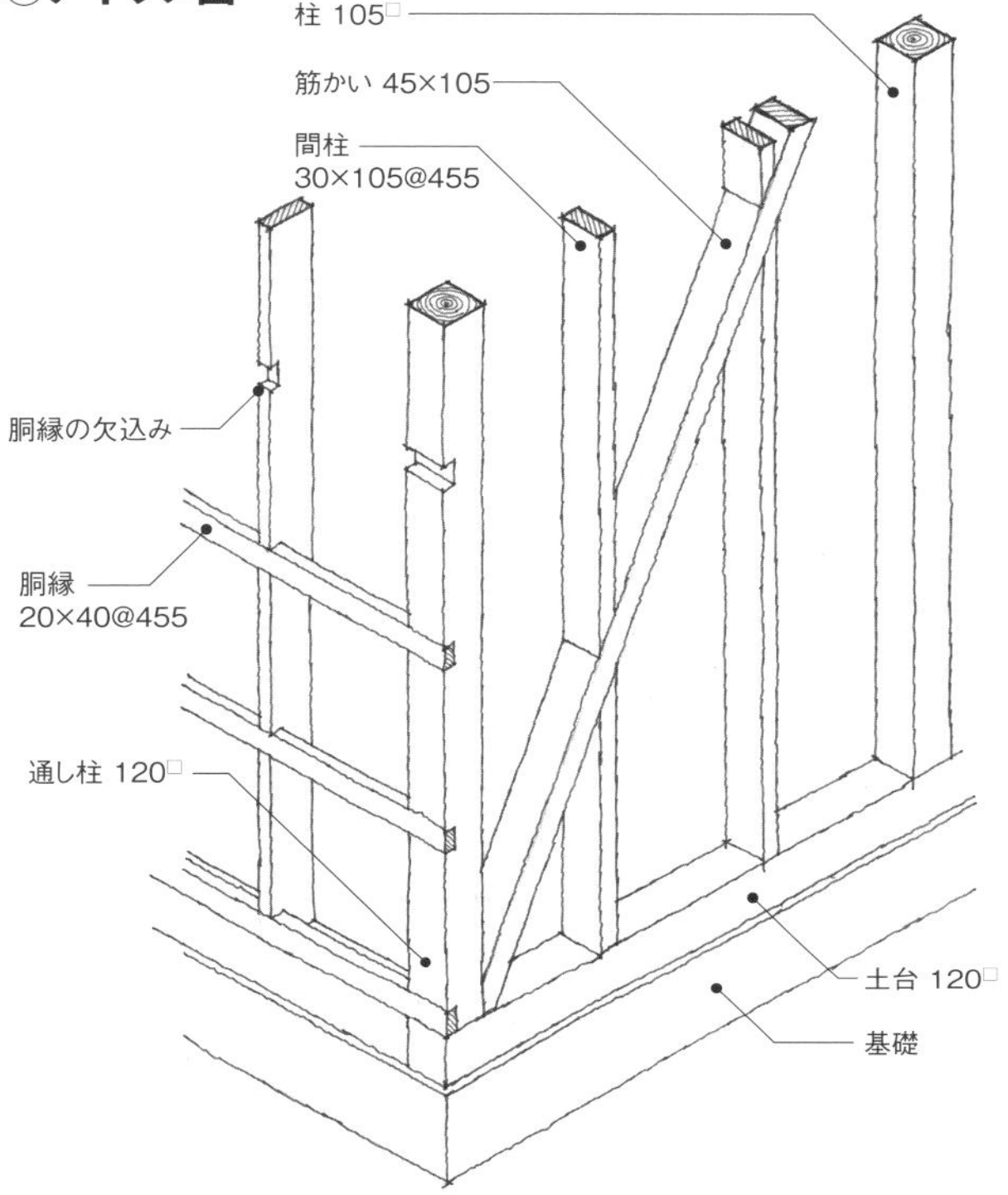
柱 105□
筋かい 45×105
間柱
30×105@455
胴縁の欠込み
胴縁
20×40@455
通し柱 120□
土台 120□
基礎

②断面図

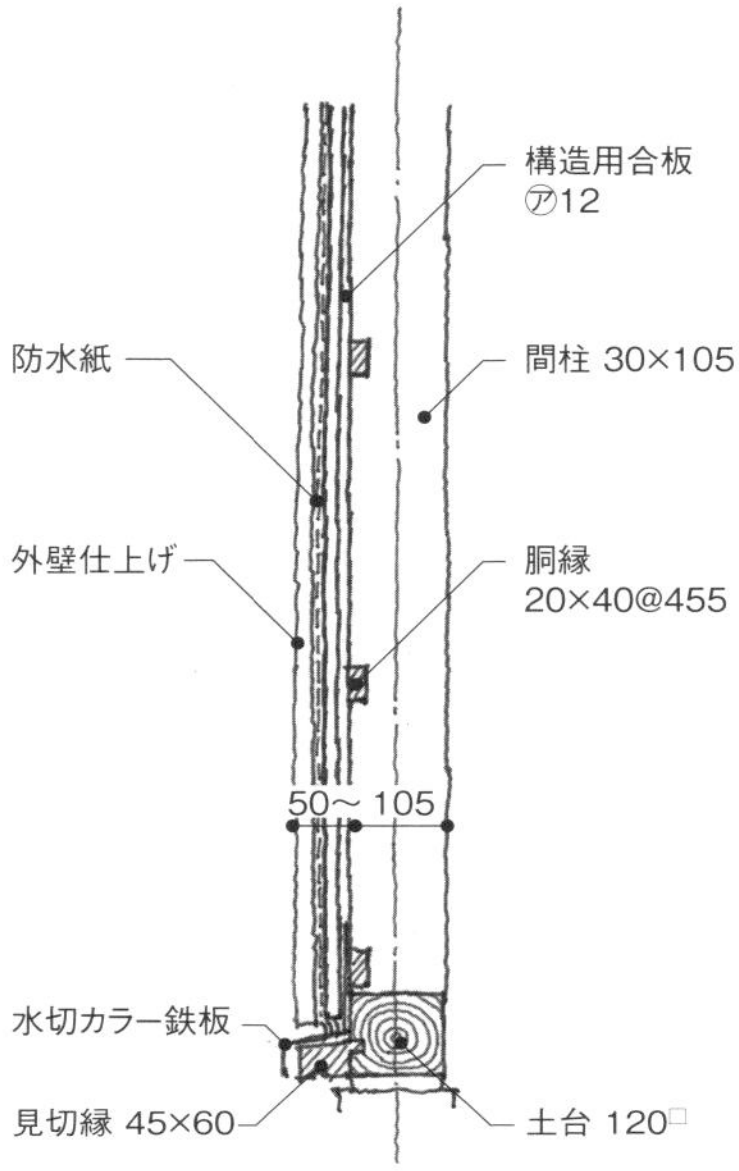
構造用合板
㋐12
防水紙
間柱 30×105
外壁仕上げ
胴縁
20×40@455
50～105
水切カラー鉄板
見切縁 45×60
土台 120□

図2｜外壁のバリエーション

①合板下張りの外壁

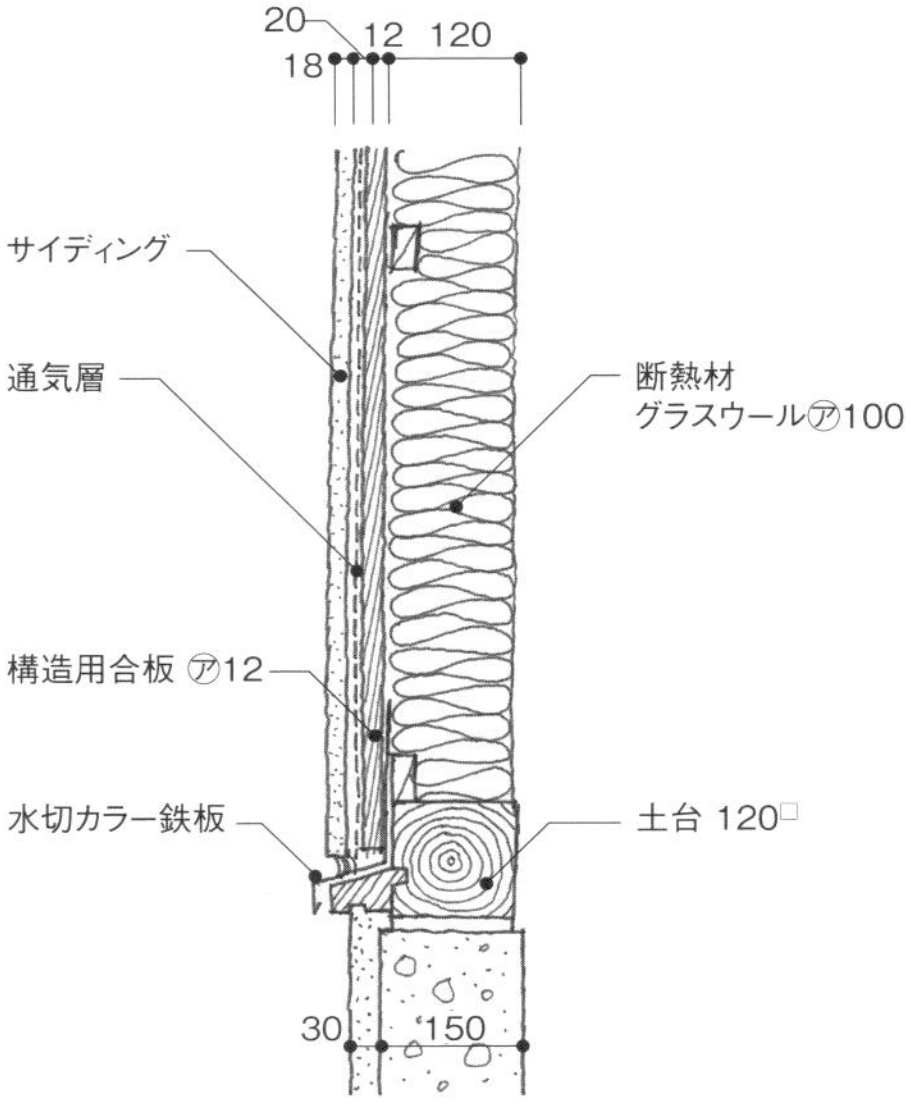
20
18
12
120
サイディング
通気層
断熱材
グラスウール㋐100
構造用合板 ㋐12
水切カラー鉄板
土台 120□
30
150

②外壁材直張りの外壁

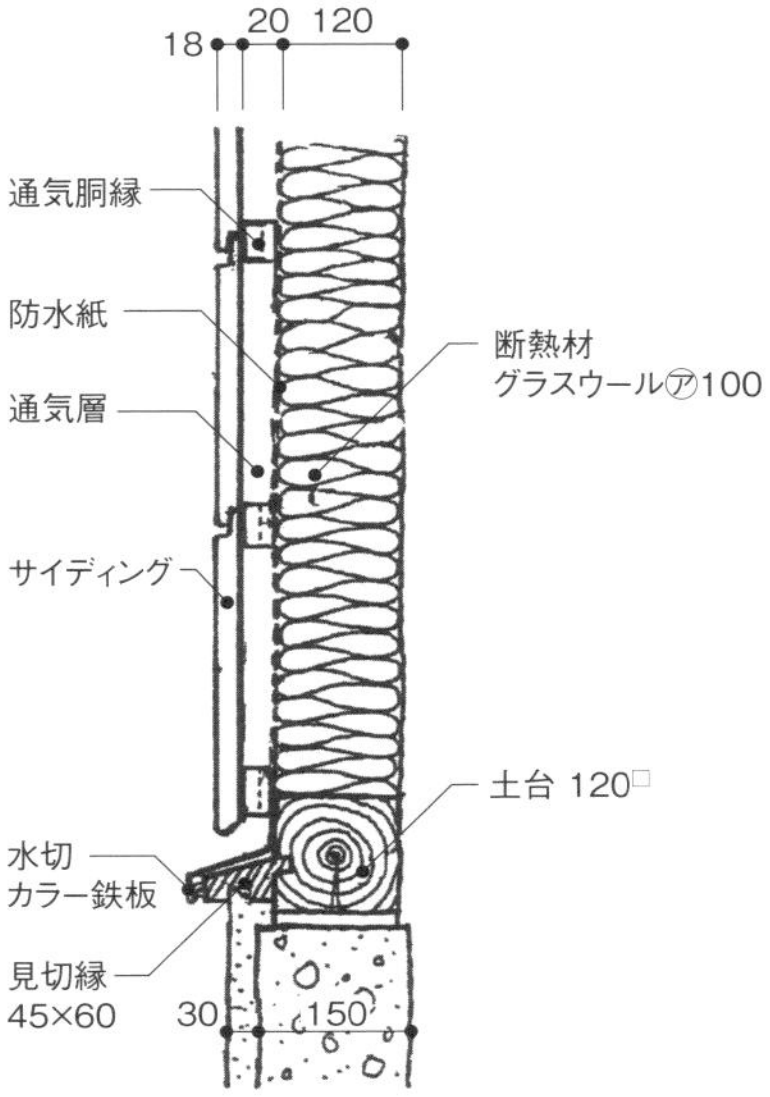
18
20
120
通気胴縁
防水紙
通気層
断熱材
グラスウール㋐100
サイディング
土台 120□
水切
カラー鉄板
見切縁
45×60
30
150

真壁の基本構成

POINT
真壁は壁が薄いので、耐力壁とする場合には特に材や下地、仕上げの寸法に注意する

真壁の取合い

真壁は柱が壁の面に表われたつくりで、主に和風の建築でみられる。壁の厚さが柱の厚さより薄くなるため、材の大きさや壁下地の構成の仕方も工夫が必要である。

両面真壁のケース、また、洋室と和室が隣接する場合などでは片面真壁、片面大壁などのケースによって下地の構成の仕方も変わってくる。

柱と壁のチリ［※］、壁の仕上げの厚さなどにより、壁を構成する貫材、胴縁材の組み方と大きさを計算して決めていく。柱が見えてくるため、鉋《かんな》で仕上げをし、節をできるだけ見せないようにし、さらに背割れが壁のなかに隠れるように配慮しなければならない。

また、室内を和風にする場合は左官仕上げが一般的であるが、伝統的な工法で通し貫を設け小舞竹《こまい》を組んだ下地は最近では見る機会が少なくなった。ぜひ後世に伝えたい工法である。

真壁の下地

真壁の剛性を確保する間柱や胴縁の組み方は、縦胴縁と横胴縁を同じ面で組む、細い間柱に薄い横胴縁を打ち付けて下地を構成する方法などがある。

本来、真壁は水平力に対して貫などで耐えるが、現在では筋かいを入れることもまれではなくなった。このように真壁を耐力壁として期待する場合、筋かい、貫、胴縁などの材の寸法と下地の構成、そして仕上げの厚さを慎重に検討しなければ、柱内で納まらなくなるので注意が必要である。

また、こうした構造下地に木摺り板を打って左官の下地にする方法もある。最近では、石膏ラスボードを下地に張り、左官で仕上げる工法がとられることが一般的である。

※　2つの部材の表面どうしの差

図1｜真壁の構成

①アイソメ図

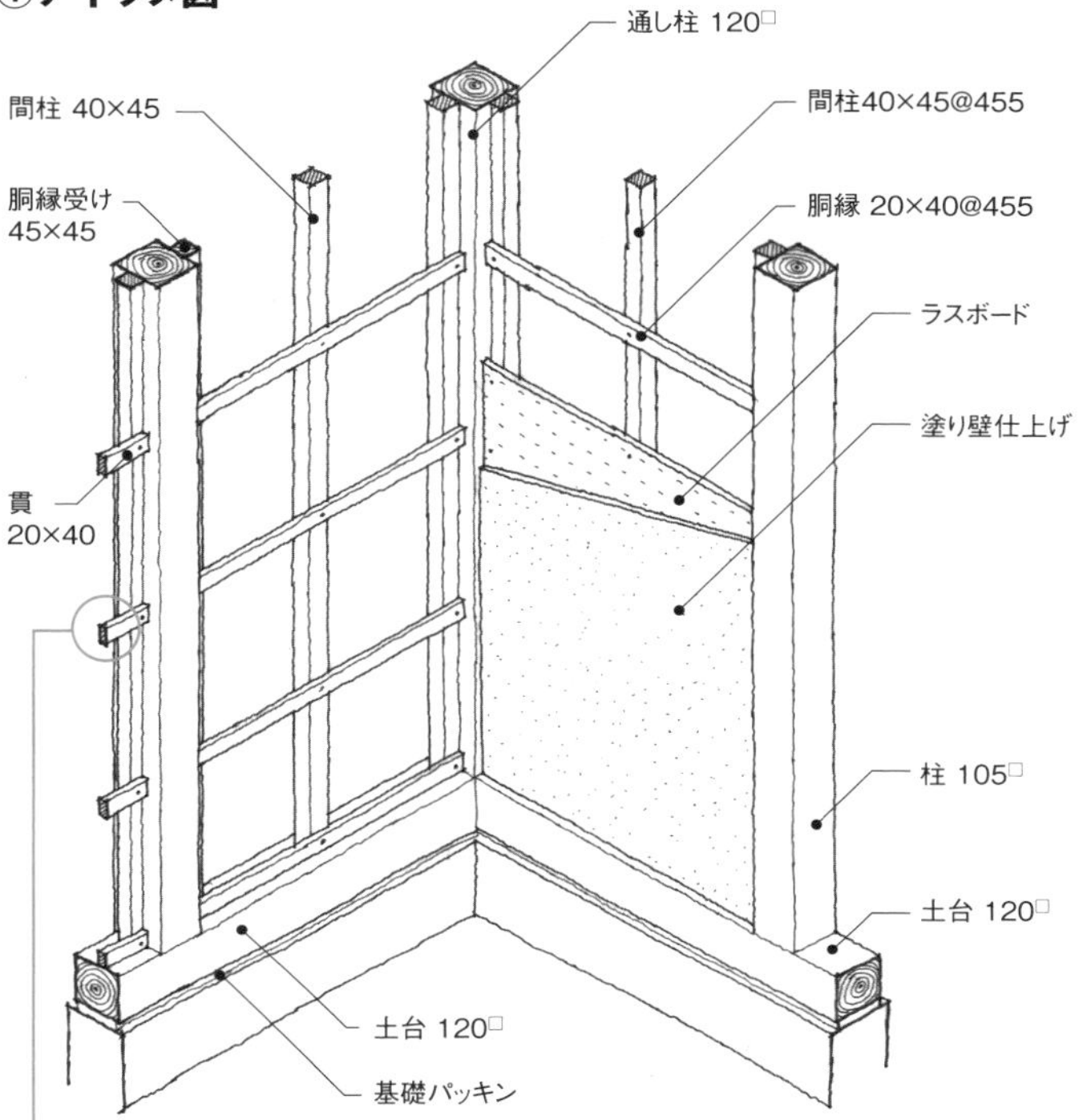
通し柱 120□
間柱 40×45
間柱40×45@455
胴縁受け
45×45
胴縁 20×40@455
ラスボード
塗り壁仕上げ
貫
20×40
柱 105□
土台 120□
土台 120□
基礎パッキン

真壁で筋かいをなくし貫だけで壁面を構成するときは、柱を貫通した通し貫が必要

②断面図

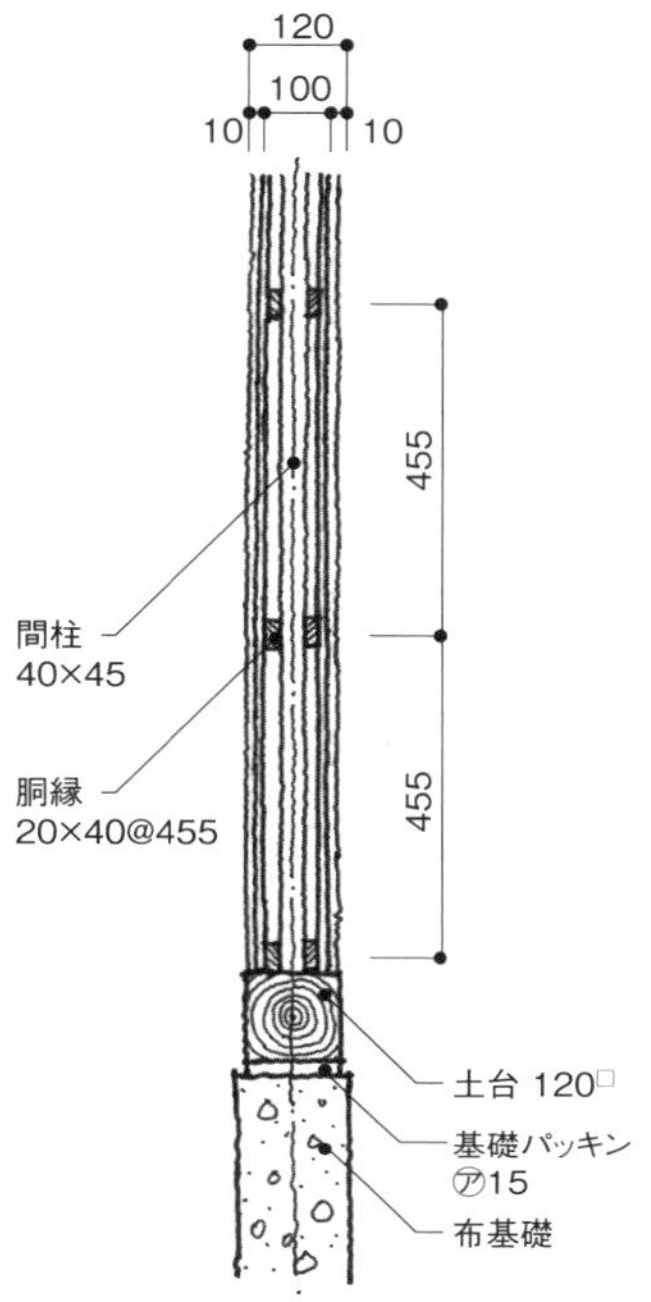
120
100
10
10
455
455
間柱
40×45
胴縁
20×40@455
土台 120□
基礎パッキン
㋐15
布基礎

図2｜柱廻りと壁内の納まり

①平面詳細図

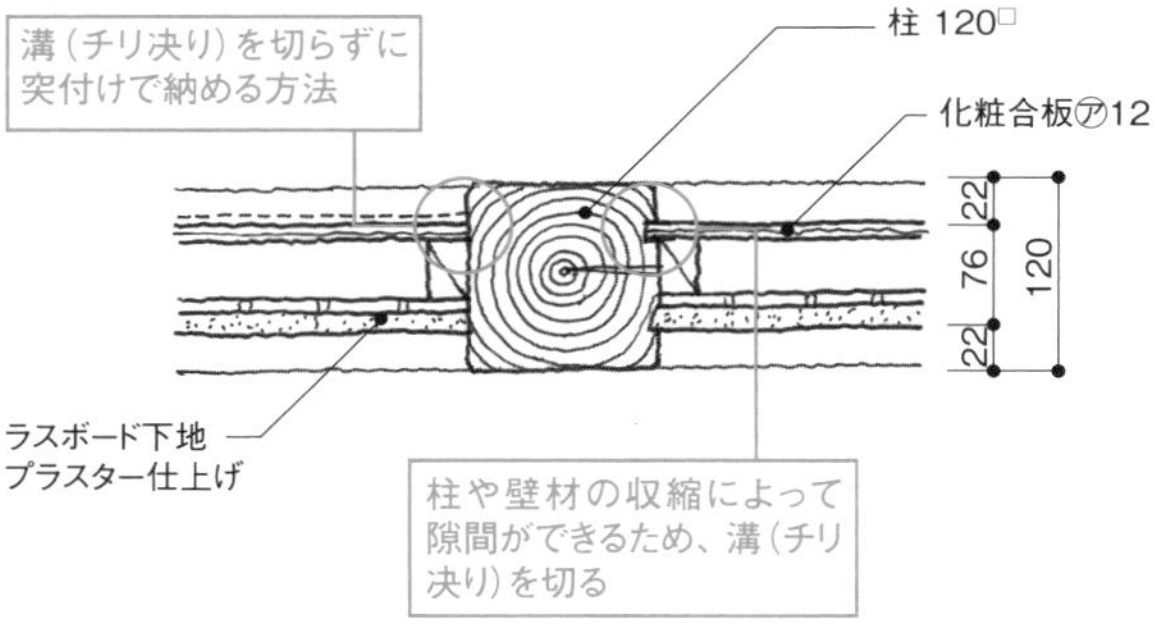
溝（チリ決り）を切らずに
突付けで納める方法
柱 120□
化粧合板㋐12
22
76
22
120
ラスボード下地
プラスター仕上げ
柱や壁材の収縮によって
隙間ができるため、溝（チリ
決り）を切る

②断面詳細図

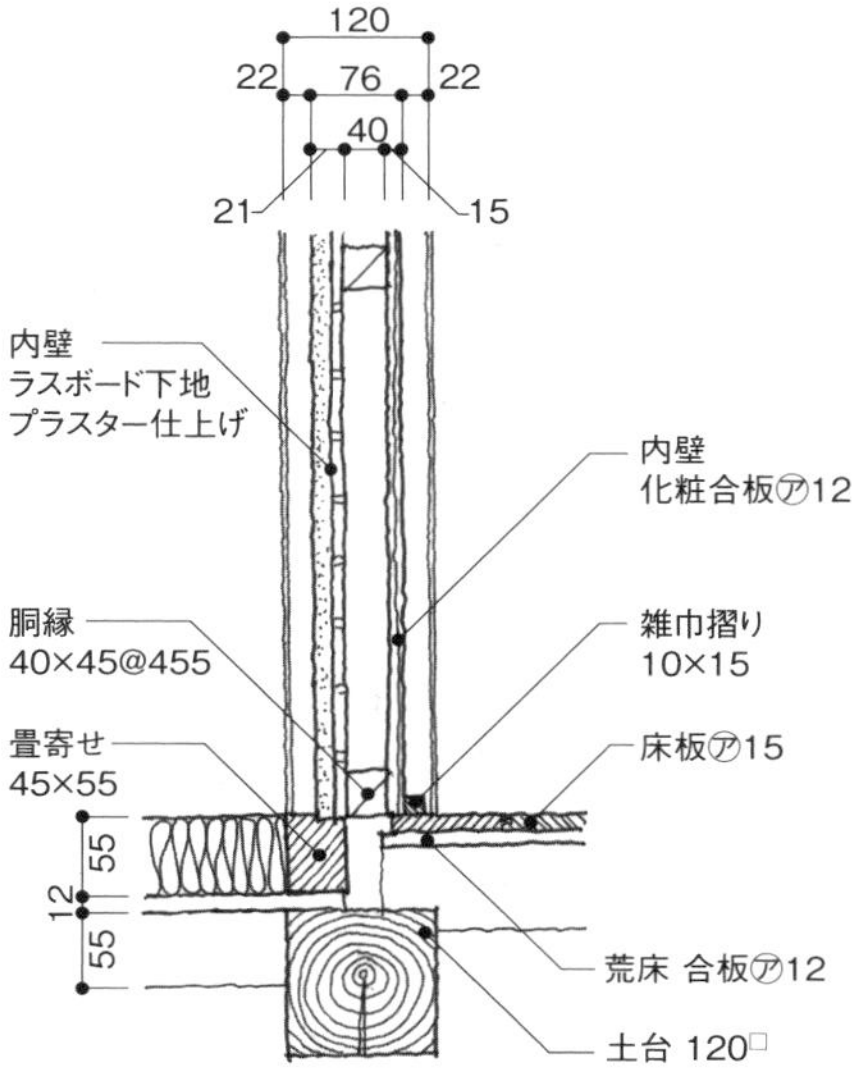
120
22
76
22
40
21
15
内壁
ラスボード下地
プラスター仕上げ
内壁
化粧合板㋐12
胴縁
40×45@455
雑巾摺り
10×15
畳寄せ
45×55
床板㋐15
55
12
55
荒床 合板㋐12
土台 120□

大壁の基本構成

POINT 壁の下地となる胴縁を柱と間柱に欠き込んで納めるか、直接打ち付けるかの2通り

大壁の納め方は2通り

大壁は柱を見せない構造である。壁下地である胴縁を柱に直接打ち付けるか、胴縁のぶんだけ柱と間柱を欠き込んで柱と同一面で胴縁を納める。

どちらがよいかは一概に決められないが、壁に直接胴縁を打ち付ける工法は壁が厚くなるため室内空間が狭くなる。特に階段など狭い場所では壁が厚いと、窮屈な階段になってしまうため、柱に胴縁を欠き込んで納めたほうがよい。また、壁厚が大きいと建具の枠なども幅が広くなるため、コスト的に高くなる。

胴縁は厚さ15～24㎜程度、幅は45㎜のスギ材が一般的に使われる。しかし、ボードや合板などの継ぎ目の部分には幅90㎜のものを使う場合もある。胴縁の間隔は狭いほうが強度的に強いが、303～455㎜程度が普通である。

図1 | 胴縁と柱の取合い

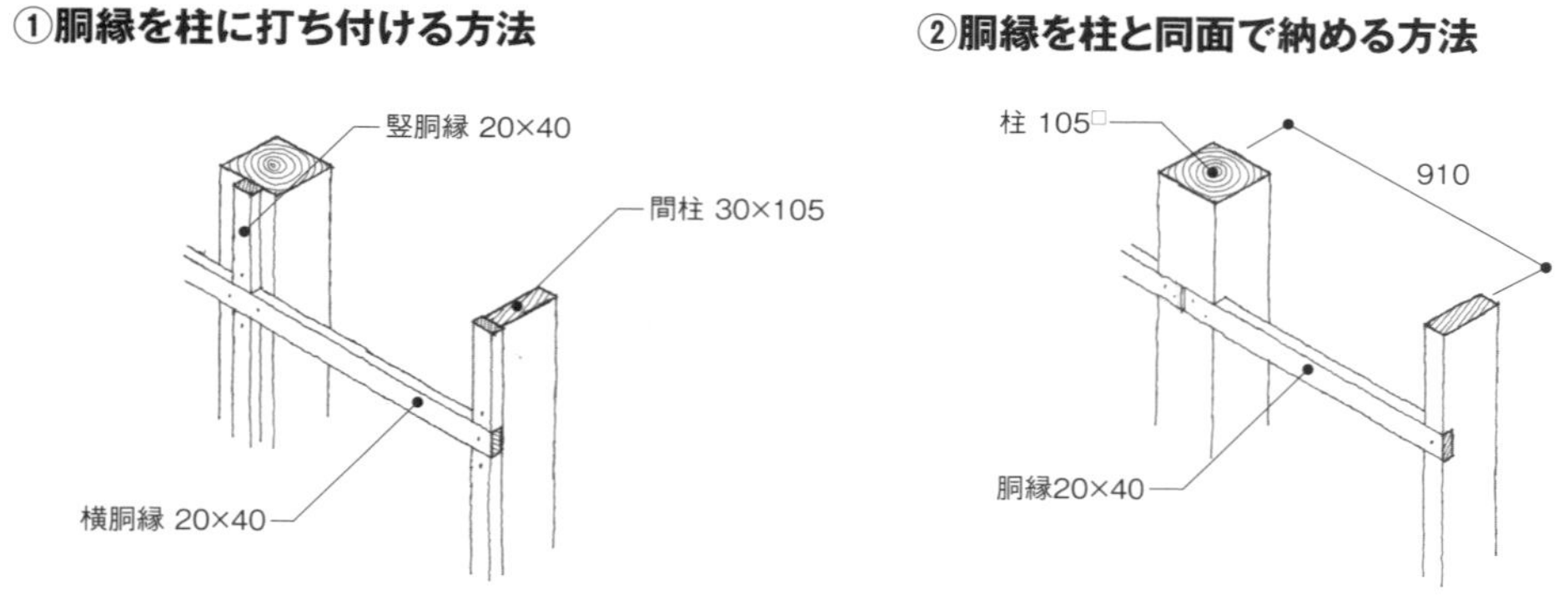
①胴縁を柱に打ち付ける方法
竪胴縁 20×40
間柱 30×105
横胴縁 20×40
②胴縁を柱と同面で納める方法
柱 105□
910
胴縁20×40

図2｜大壁の構成

①アイソメ図

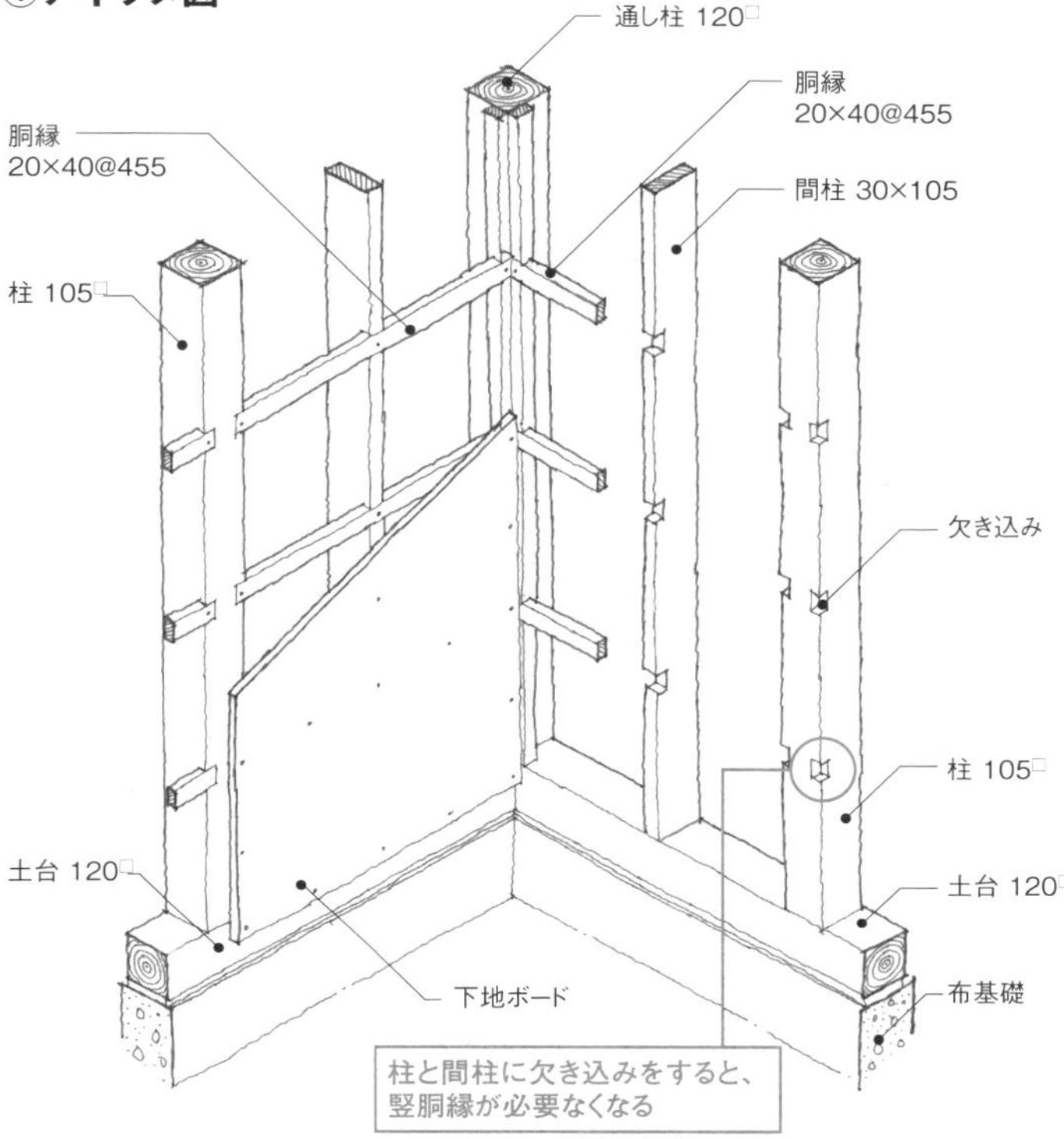

通し柱 120□
胴縁
20×40@455
胴縁
20×40@455
間柱 30×105
柱 105□
欠き込み
柱 105□
土台 120□
土台 120□
下地ボード
布基礎
柱と間柱に欠き込みをすると、
竪胴縁が必要なくなる

②断面図

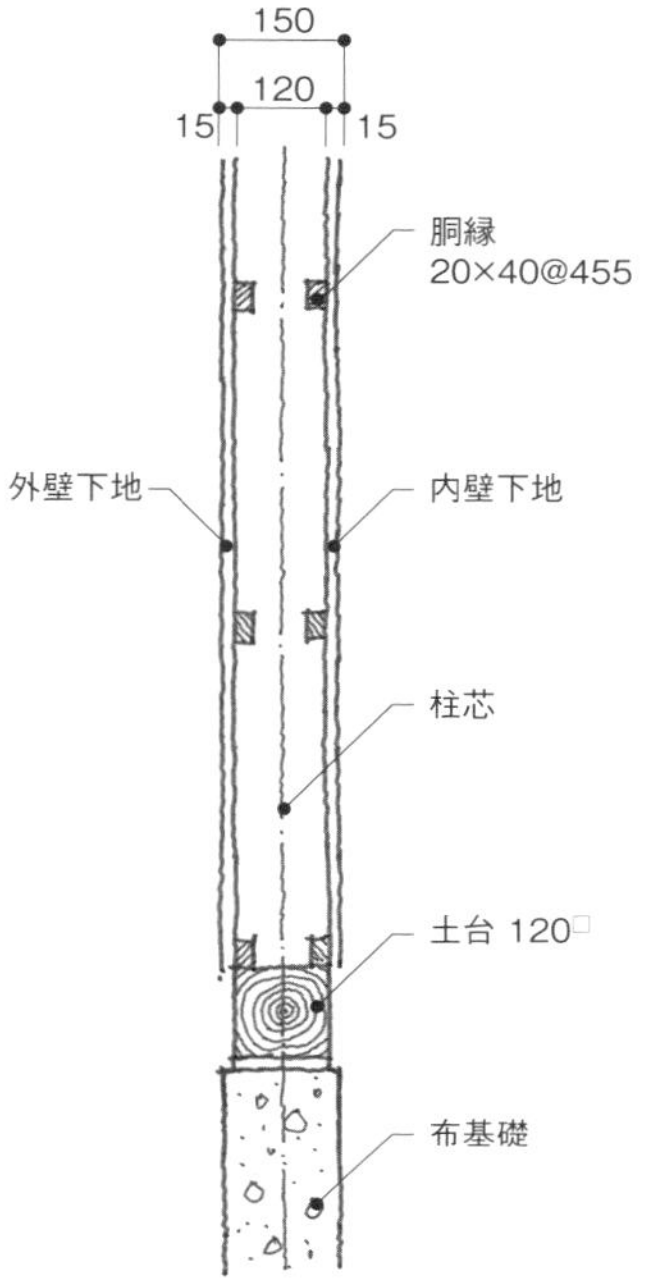

150
120
15
15
胴縁
20×40@455
外壁下地
内壁下地
柱芯
土台 120□
布基礎

図3｜壁内の構成

①平面図

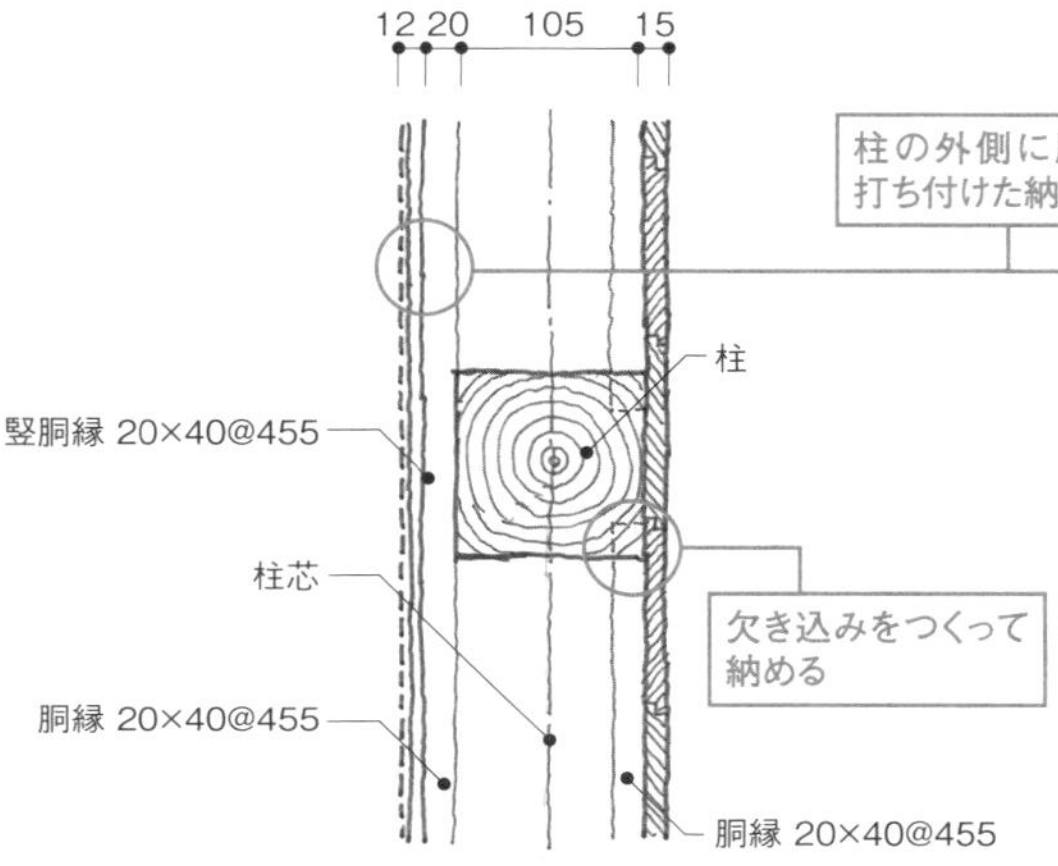

12 20 105 15
柱
竪胴縁 20×40@455
柱芯
胴縁 20×40@455
欠き込みをつくって
納める
胴縁 20×40@455

②断面図

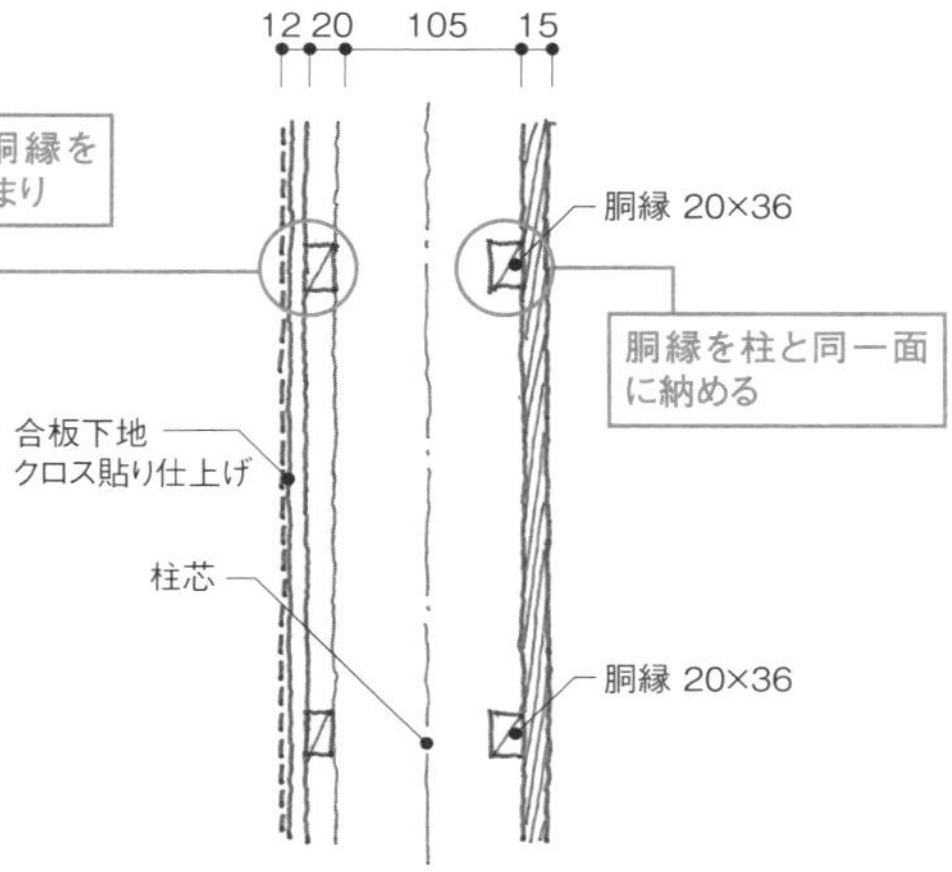

12 20 105 15
柱の外側に胴縁を
打ち付けた納まり
胴縁 20×36
胴縁を柱と同一面
に納める
合板下地
クロス貼り仕上げ
柱芯
胴縁 20×36

天井の基本構成

POINT
さまざまな形状の天井は、暖冷房効果を高めるだけでなく心理的な落ち着きももたらす

天井の役割と構成

天井は室内の上部を構成する部分の総称である。梁などの小屋組を隠す意味で設けられるが、空調をする場合に暖冷房の効果が期待できることと、心理的にも意匠的にも落ち着いた空間が演出できる。

天井の形状はさまざまである。水平の面をした陸《ろく》天井（平天井）、傾斜のある勾配天井（傾斜天井）、船の底を逆さまにしたような舟底天井、壁の上端より曲線で天井面を高くした折上げ天井、天井の中央部分が水平で壁に向かって傾斜した腰折れ天井など、バリエーションは多い。空間の用途や意匠を考えて、形状や仕上げ材を決定する。

天井下地の構成は仕上げ材の種類や張り方によって異なるが施工する過程でいうと、吊木受け、吊木、野縁《のぶち》受け、野縁の順になる。材質は暴れの少ない針葉樹が適しているため、スギ、マツ、ベイツガなどが一般的に使われる。

天井の各部材と役割

吊木受けは上階の震動を伝えないために設けられるが、省略する場合も少なくない。必要な場合は910㎜間隔で取り付ける。心持ちの丸太材で、径の末口が70～80㎜程度のものが使われる。

吊木は野縁受けや野縁を吊るための45×40㎜程度の材で、910㎜間隔で設ける。野縁受けは吊木と野縁をつなぎ、不陸をなくす役割をもっている。材は吊木と同じ材・大きさのものを使う。

次に野縁は天井仕上げ材を張る下地で仕上がりの精度を決定するため、狂いのないよく乾燥した心のない材が適している。寸法は45×40㎜程度のものを使い、455㎜間隔で設ける。なお、天井は水平に張ると中央部が下がって見えるため、若干のむくりをつけて張る。

図1｜天井の構成

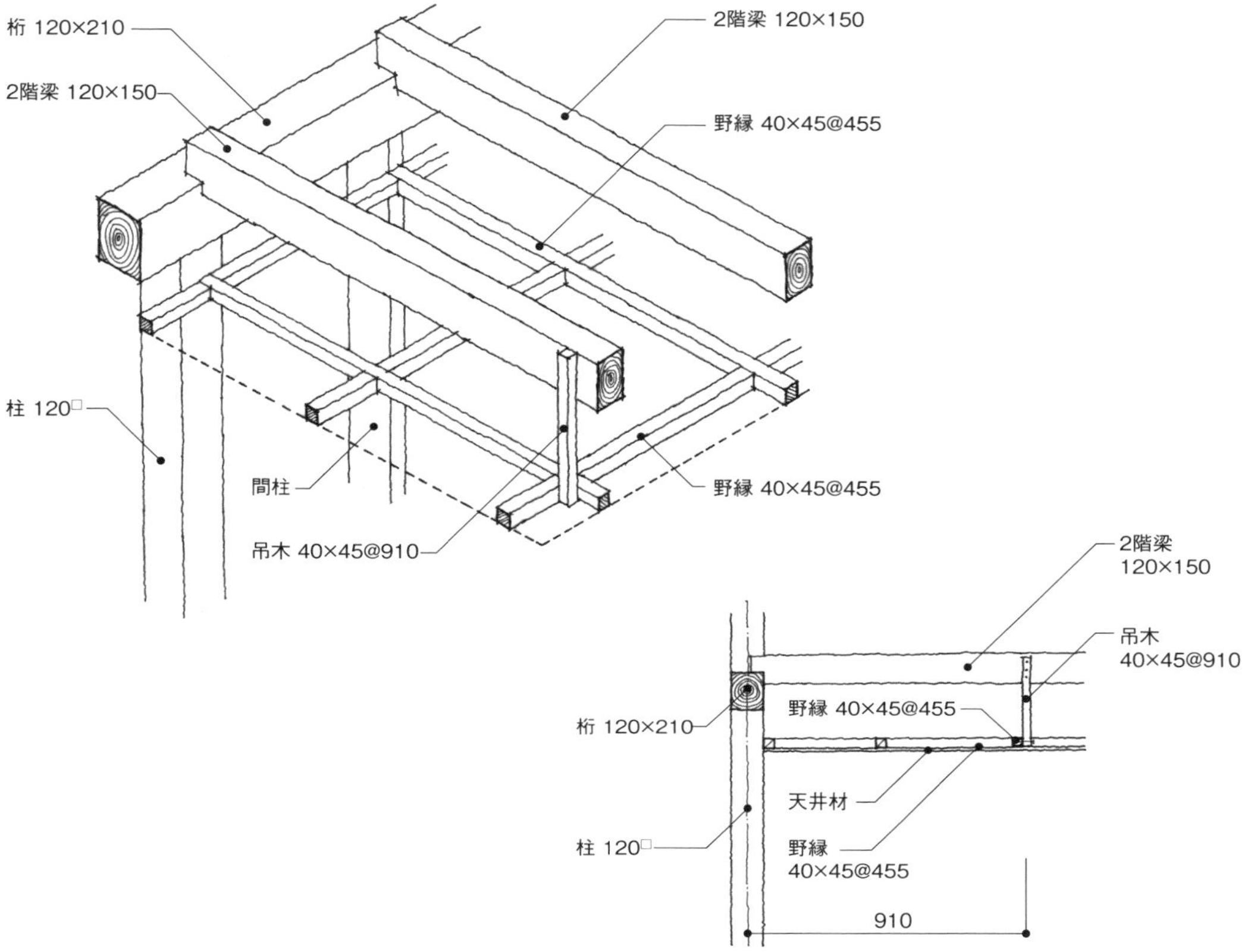

桁 120×210
2階梁 120×150
2階梁 120×150
野縁 40×45@455
柱 120□
間柱
野縁 40×45@455
吊木 40×45@910
2階梁
120×150
吊木
40×45@910
桁 120×210
野縁 40×45@455
天井材
柱 120□
野縁
40×45@455
910

図2｜天井各部の納まり

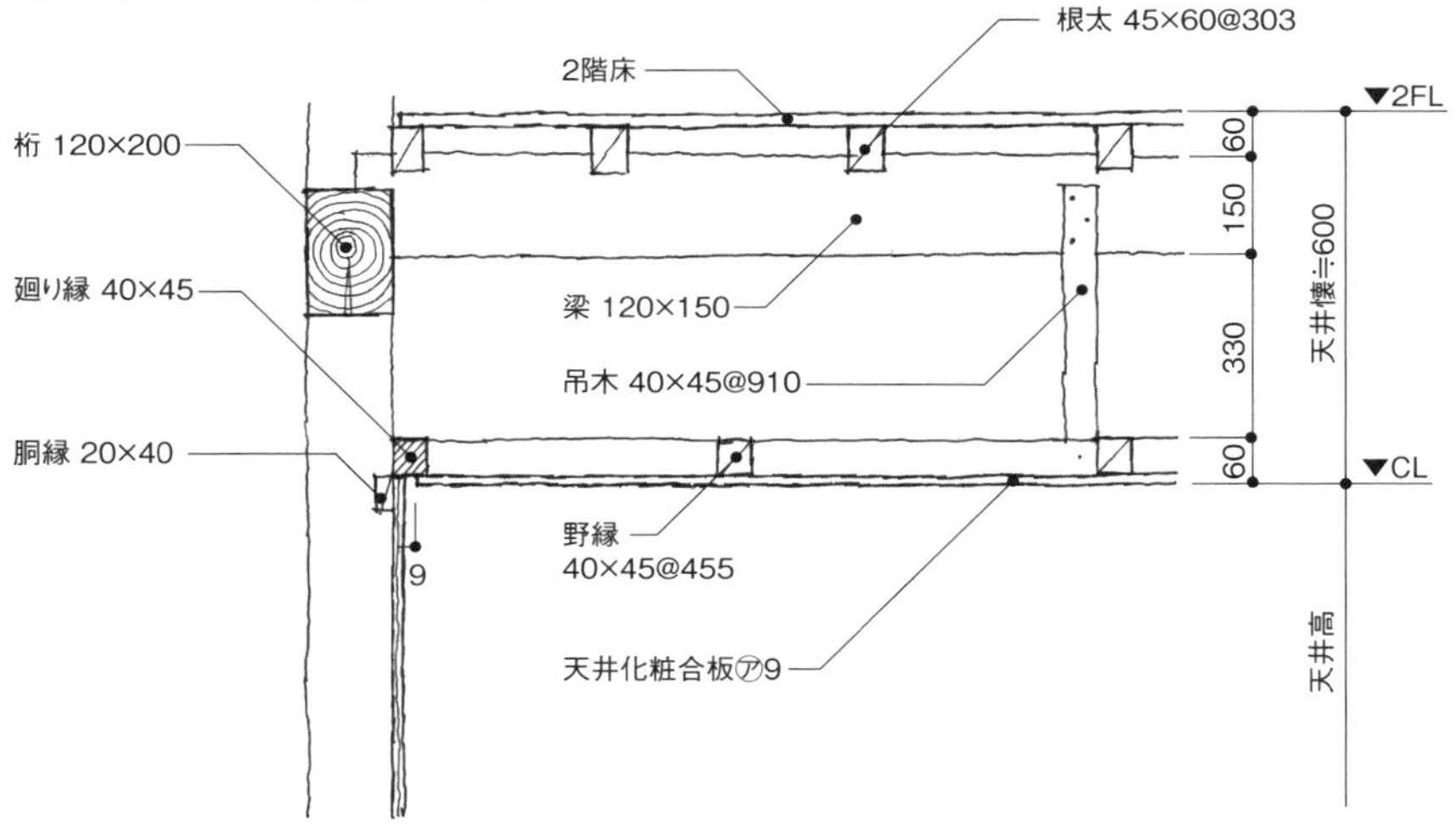

根太 45×60@303
2階床
▼2FL
桁 120×200
60
150
天井懐≒600
廻り縁 40×45
梁 120×150
330
吊木 40×45@910
胴縁 20×40
60
▼CL
9
野縁
40×45@455
天井化粧合板ⓐ9
天井高

屋根部の基本構成

POINT
和小屋にはマツの丸太が使われていたが、材料不足などから最近ではベイマツなどが多い

和と洋で異なる形式と構成

屋根を構成する構造は、大きく分けて、日本古来から伝えられてきた和小屋と、西洋の建築で多く用いられている洋小屋とがある。

和小屋は梁の上に小屋束《こやつか》を立て、母《も》屋《や》を載せ、それに垂木《たるき》を置き並べる。洋小屋はハサミ束や方杖などでトラスを構成する構造である。

和小屋で大きな力がかかる梁は小屋梁という。かつては、この梁に自然に曲がった材で、曲げの力に強いマツの丸太が使われた。しかし、最近はこうした材が少なくなったため、輸入材のベイマツや集成材などを使うことが多くなっている。納まりとしては、和小屋はホゾや仕口で材を組み上げることが多い。洋小屋は基本的にトラス構造であるため、ハサミ束などをボルトなどの金物で締結することが多い。

図1 | 桁部分の納まりの違い

①洋小屋　②和小屋

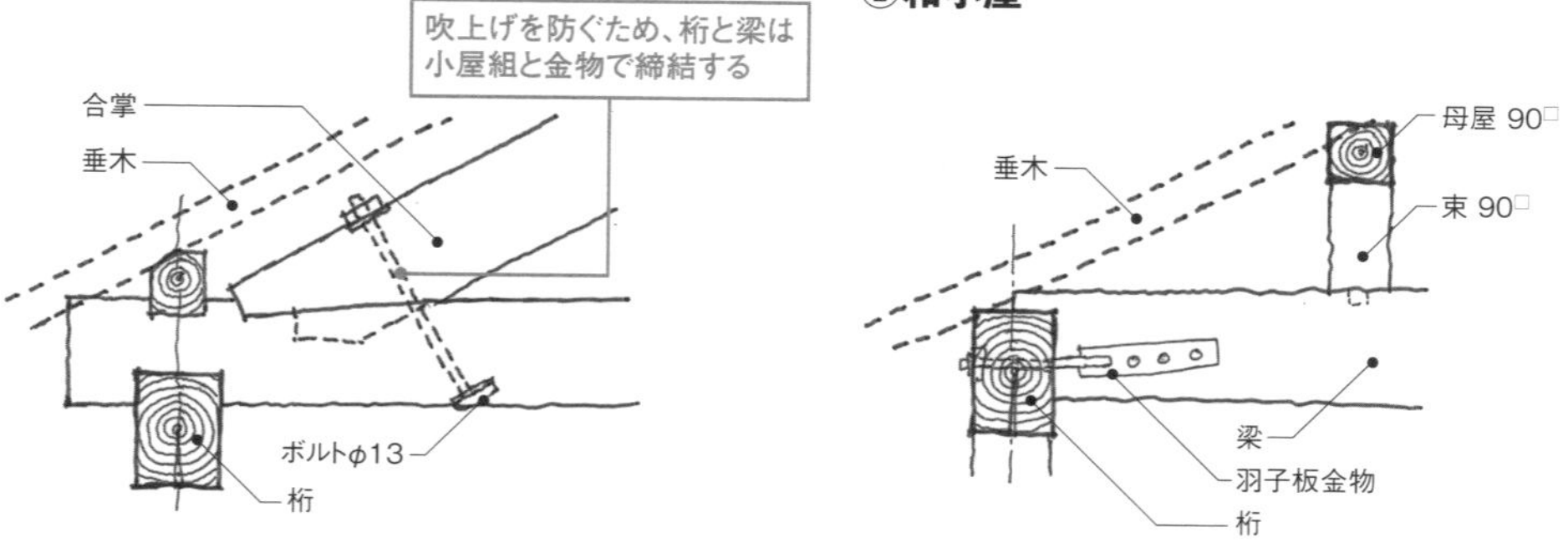
吹上げを防ぐため、桁と梁は小屋組と金物で締結する
合掌
垂木
ボルトφ13
桁
母屋 90□
垂木
束 90□
梁
羽子板金物
桁

図2｜和小屋の構成

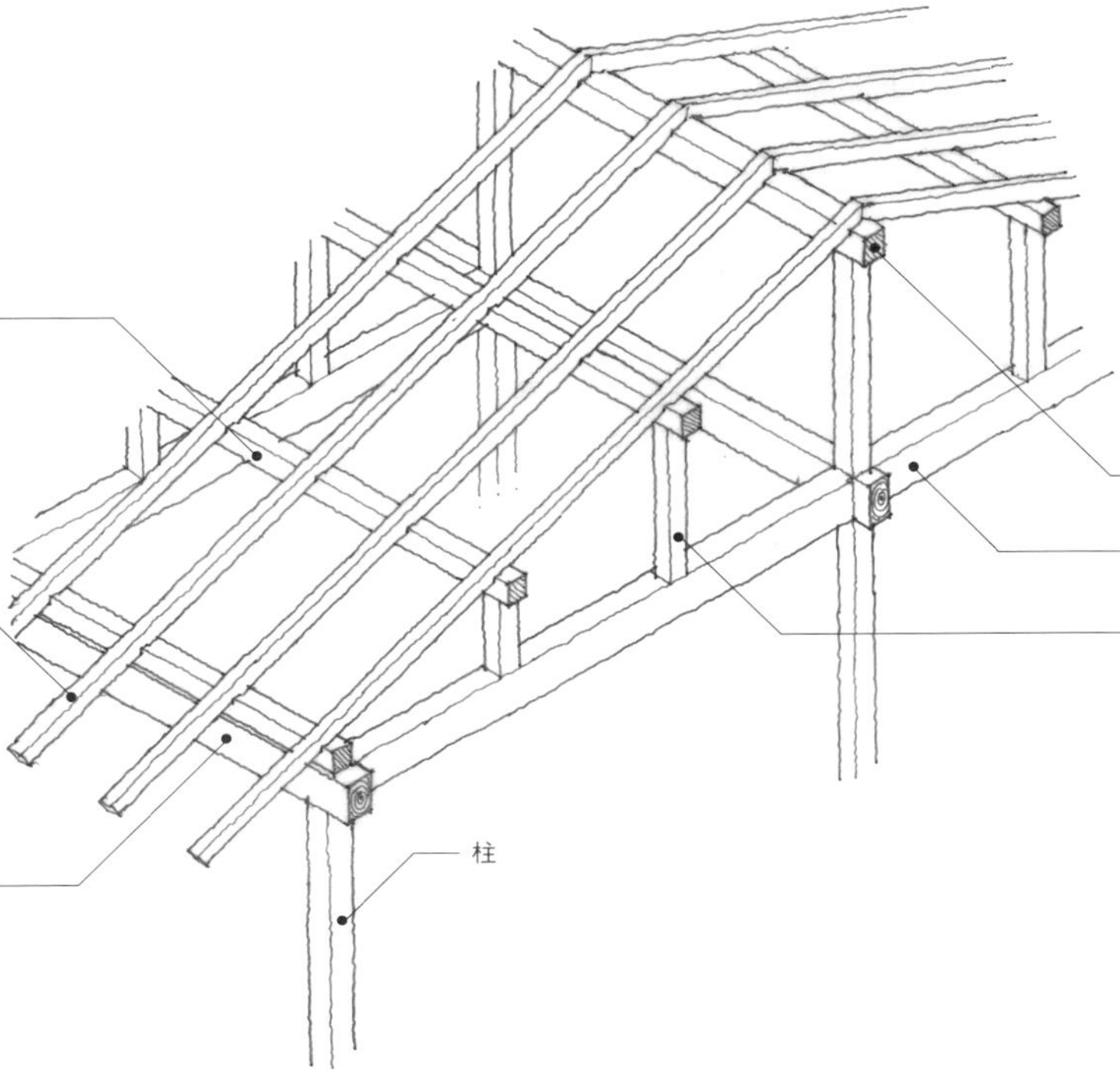
母屋
垂木
桁
柱
棟木
梁
小屋束

図3｜小屋の形式ごとの部材名

①洋小屋

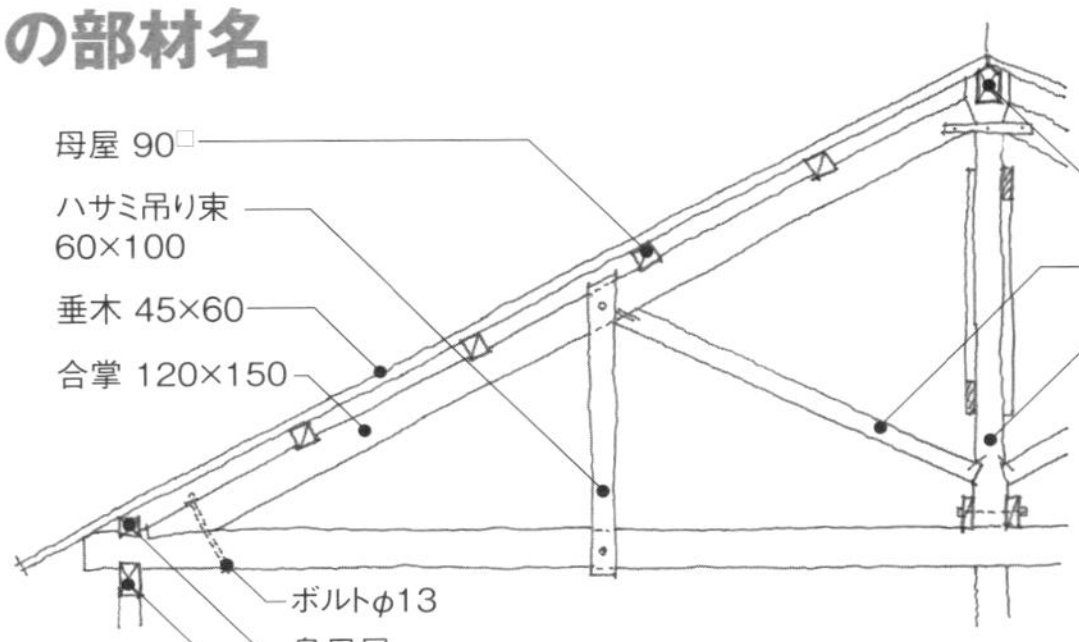
母屋 90□
ハサミ吊り束
60×100
垂木 45×60
合掌 120×150
ボルトφ13
鼻母屋
軒桁 120×150
棟木
方杖 120×100
真束

②和小屋

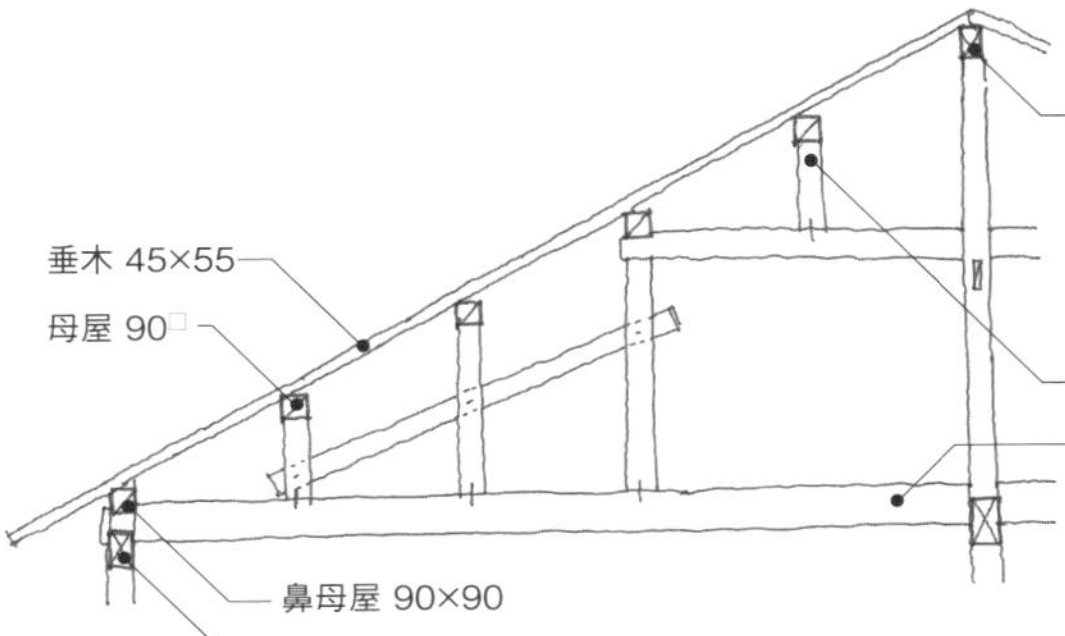
垂木 45×55
母屋 90□
鼻母屋 90×90
桁 120×150
棟木 120□
小屋束
梁 120×180

TOPICS 2

図面の表示記号を学ぶ

図面を読み解くのに欠かせない知識が、表示記号の理解である。ここでは、主な表示記号を一覧表にした。本書ではわかりやすい3Dイラストとするためにあえて表示記号を用いず、絵として表現している図も多いが、本書を読み進めるにあたり、是非この表を参考にしていただきたい。

表｜主な図面の表示記号

記号	名称・役割	使用される箇所・部材
	**主構造材：** 建物を支える主役となる材	柱、梁、桁、土台、棟木など
	**副構造材：** 建物の屋根や床、壁などを構築する為の材	間柱、大引、束、根太、胴縁、母屋、垂木、野縁など
	**造作材、化粧材：** 窓枠や建具の枠など細かい細工を施される材。直接目や手に触れるため、カンナで仕上げられた材	敷居、鴨居、窓枠、戸枠、甲板、棚板など
	**断熱材：** 現在の建物では断熱材は不可欠。グラスウールとスタイロフォームが使われることが多い	壁、屋根、天井、床下など
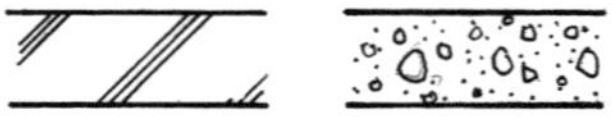	**コンクリート：** 木造野建物でも基礎や土間などの部分はコンクリートが不可欠	基礎、土間床、浴室、テラスなど
	**割栗石：** 基礎を安定させるために敷く石	基礎下、土間コンクリート下
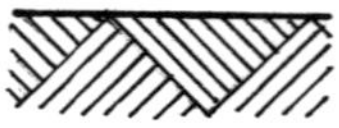	**地面：** 地面は建物の高さの基準となるレベルのため断面図には必ず記載する	—
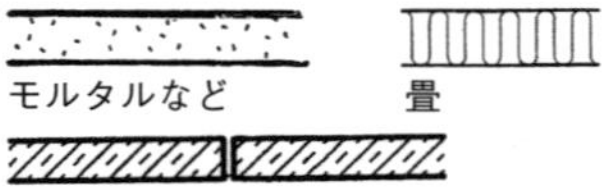	**その他：** ・モルタルなど左官一般 ・畳の表示は断熱材と同じ記号が用いられることがある ・石材の表示は斜線と破線を交互に引く	—

02
外装

玄関・土間

POINT 玄関と土間の仕上げは、玄関ポーチの仕上げとあわせて考え連続感を高める

玄関は外部との連続に注意

玄関は日常的に人が出入りするとともに、人との交流の場、物と情報が行き交う接続空間である。靴を脱ぎ、ウチに上がる習慣が、土間と上床をつなぐ建築的表現を生み出してきた。

玄関の土間の仕上げ材は、玄関外のポーチや土間仕上げとあわせて選択する。そのため、内・外の土間と壁との取合い部分（幅木や地覆）の納まりに注意する。

梅雨の季節には土間の表面が結露することもある。敷地の気候条件を把握し、場合によっては下地の土間コンクリートの下を断熱処理する。また、雨水や洗浄水の排水のための水勾配、水仕舞いなども納まり上重要である。

土間仕上げのポイント

玄関土間仕上げには黒平瓦の四半《しはん》敷きや碁盤敷き、石張りやタイル張り、左官職の錆砂利洗い出しや三和土《たたき》などがある。「黒平瓦四半敷き」は標準寸法1尺角、8寸5分角、6寸角、厚さ1寸の敷き瓦を壁面に対して45度になるよう斜めに敷くもので、瓦の小口をヤスリで摺り合せ眠り目地（目地幅なしで部材を密着させる仕様）とし、下地コンクリートに荒木田土《あらきだつち》、砂をベースにレベルを調整しながら敷き込む。これは床の感触を柔らかくするためで、最後の敷き瓦は細紐で吊るしながら落とし込む。これに接する敷居や地覆は御影石本磨きである。壁に平行に敷くことを「碁盤敷き」という。

三和土《たたき》は風化した花こう岩や安山岩からできた土に消石灰、苦汁《にがり》、水を加えて練ると硬化する性質を利用し生まれた。土、石灰、苦汁の3種類の素材を絡ませ、叩き固めることから名称が付いている。

図1｜黒平瓦四半敷き土間の構成

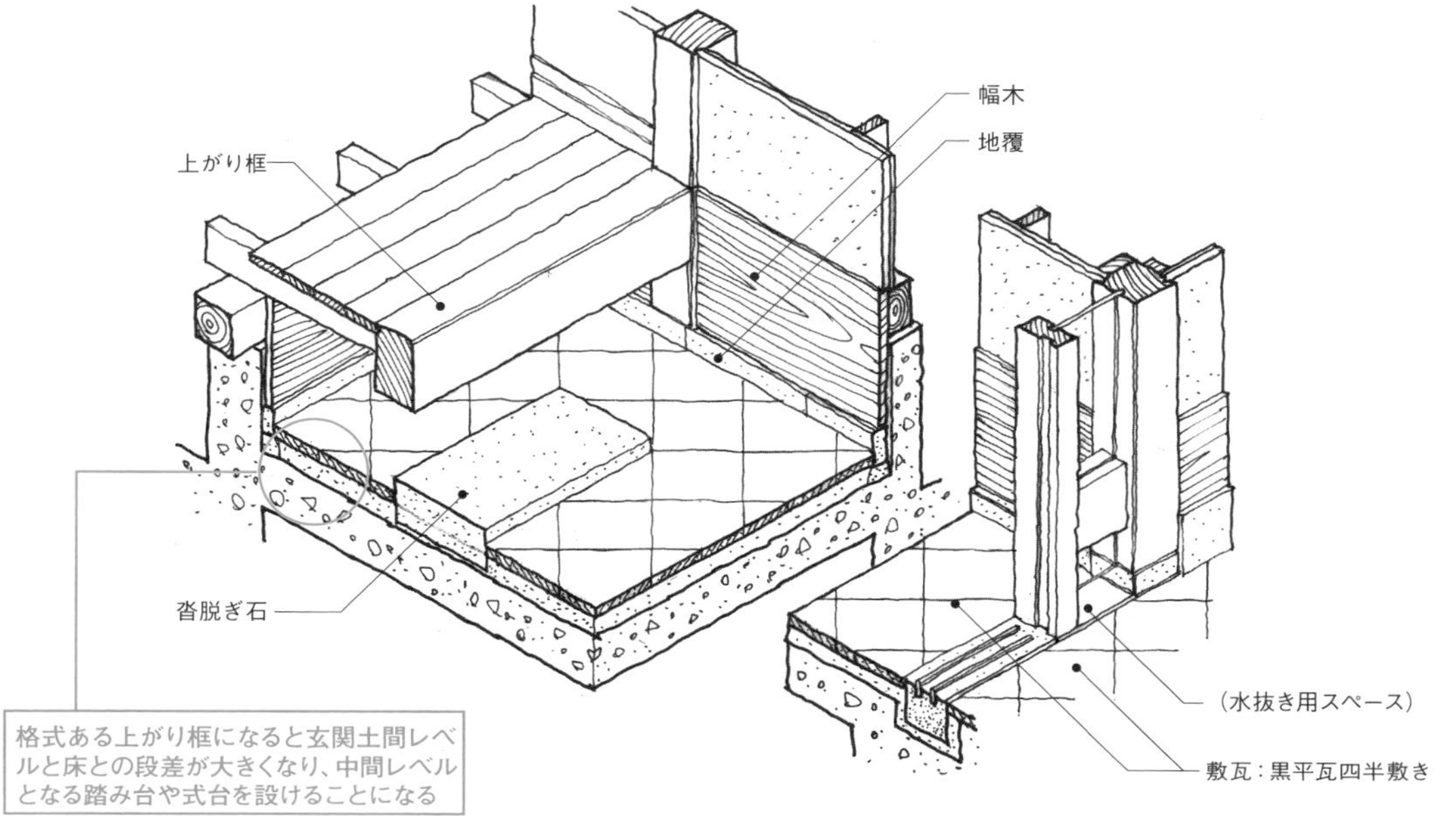
上がり框
幅木
地覆
沓脱ぎ石
（水抜き用スペース）
敷瓦：黒平瓦四半敷き
格式ある上がり框になると玄関土間レベルと床との段差が大きくなり、中間レベルとなる踏み台や式台を設けることになる

図2｜土間仕上げのバリエーション

①錆砂利仕上げ

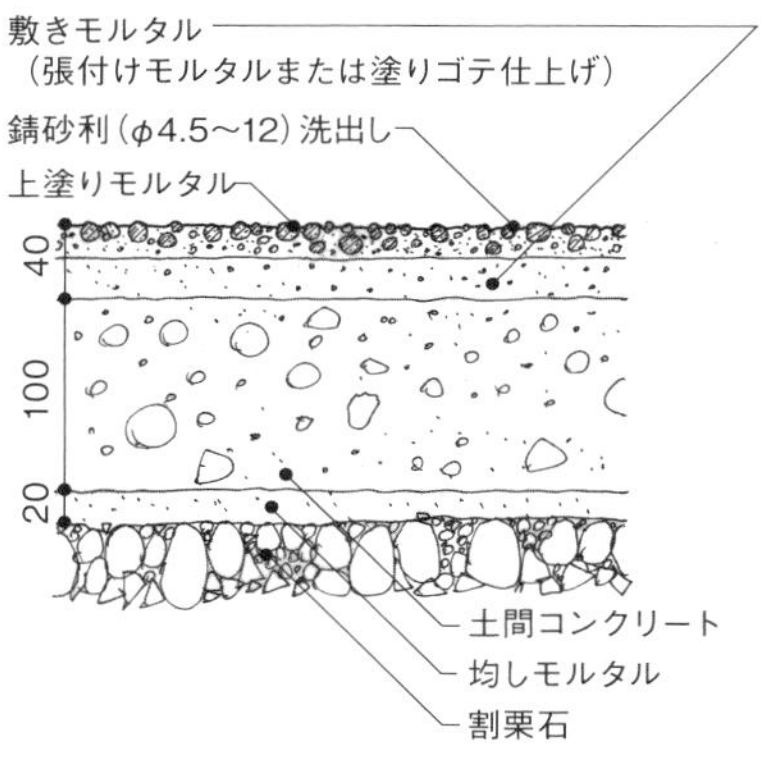
敷きモルタル
（張付けモルタルまたは塗りゴテ仕上げ）
錆砂利（φ4.5～12）洗出し
上塗りモルタル
40
100
20
土間コンクリート
均しモルタル
割栗石

②タイル圧着張り仕上げ

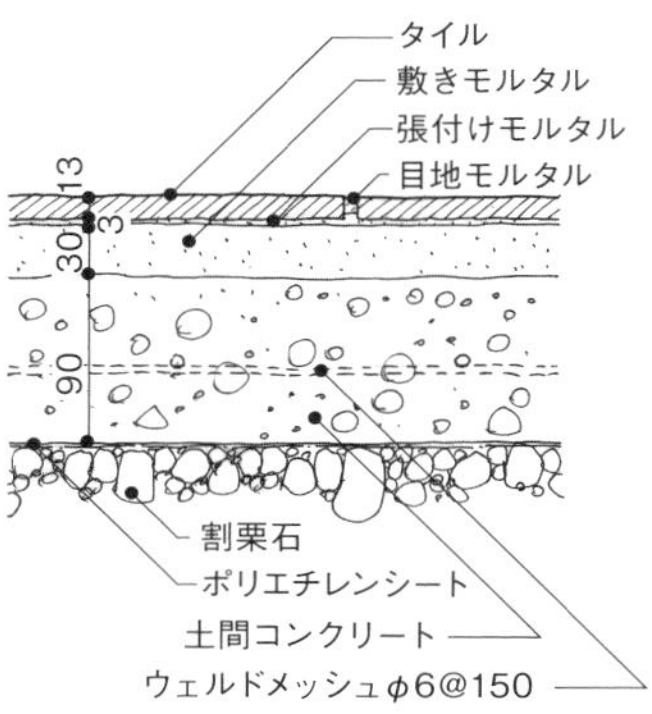
タイル
敷きモルタル
張付けモルタル
目地モルタル
13
3
30
90
割栗石
ポリエチレンシート
土間コンクリート
ウェルドメッシュφ6@150

③石張り仕上げ

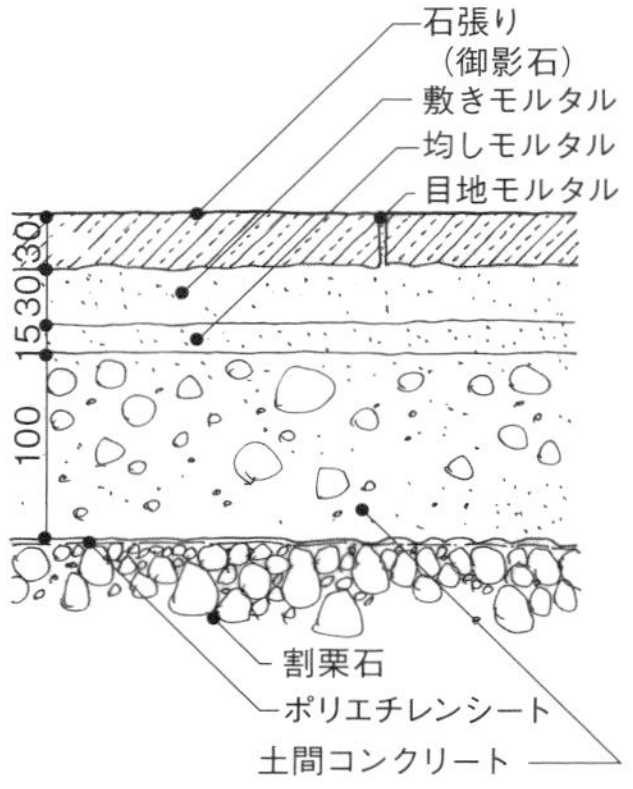
石張り
（御影石）
敷きモルタル
均しモルタル
目地モルタル
30
30
15
100
割栗石
ポリエチレンシート
土間コンクリート

土台廻りの取合い

POINT 土台廻りでは外壁と基礎のラインを整え、水仕舞いの処理に注意する

土台廻りで外壁面を揃える

土台の腐食は建物の寿命と直接関係する個所であるため、土台廻りの納まりはないがしろにはできない。特に、土台（120㎜角）と基礎の幅（150㎜）との寸法に差が出るため、土台と基礎の芯と同一にすると、外壁面に15㎜の段差ができる。その差が外壁と基礎の仕上げの納まりを悪くする要因になっている。そのために、土台と基礎の外面を同一面に揃えて納めることもある。

通常の土台廻りの納まりは、外壁の仕上げと基礎の仕上げの間に見切り縁を入れ、それに水切りのための金属板を差し込む。時に見切り縁を省略し、水切り鉄板だけで納める場合もある。

最近では外張り断熱をするケースが多くなった。特に寒冷地では基礎の部分にも断熱を施すため、外壁と断熱層の仕上げを揃える必要がある。

図1 | サイディング仕上げの土台廻り

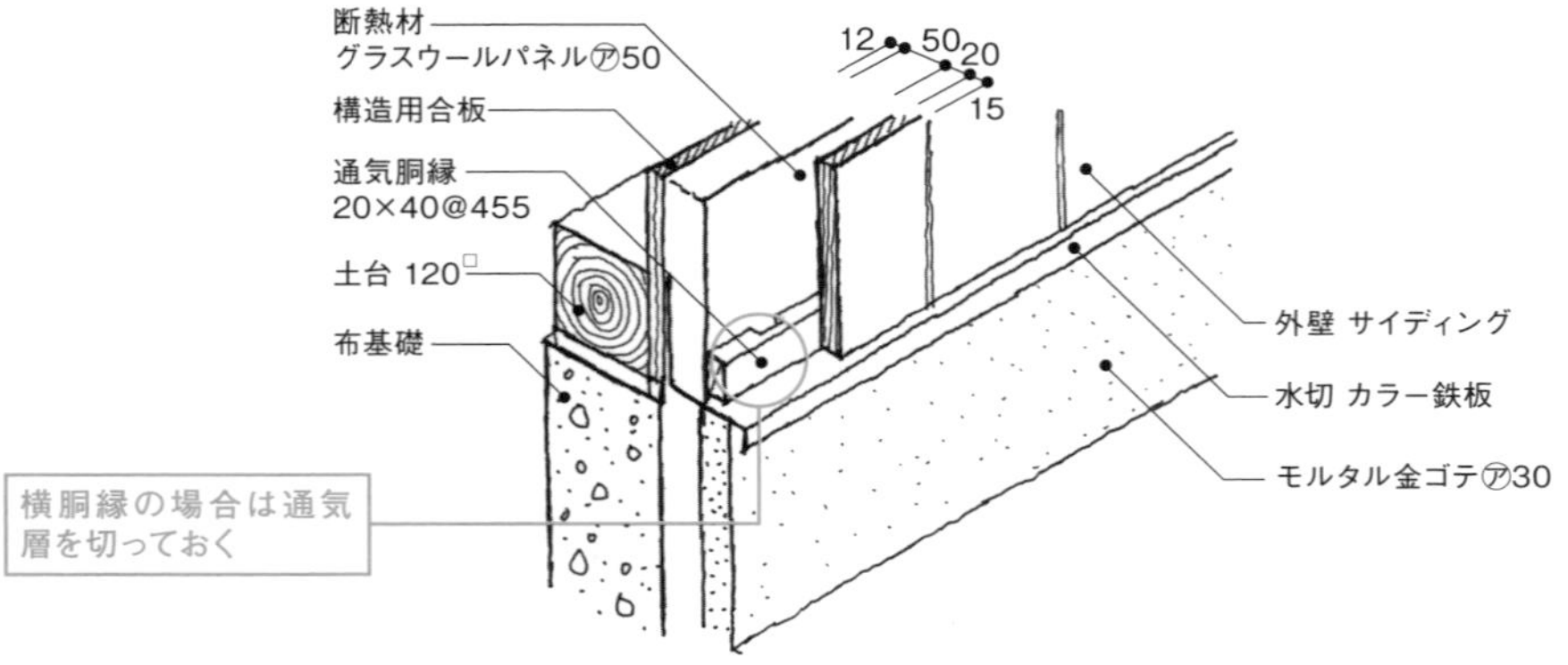
断熱材
グラスウールパネル㋐50
構造用合板
通気胴縁
20×40@455
土台 120□
布基礎
12
50
20
15
外壁 サイディング
水切 カラー鉄板
モルタル金ゴテ㋐30
横胴縁の場合は通気層を切っておく

図2｜竪羽目板仕上げの土台廻り

①アイソメ図

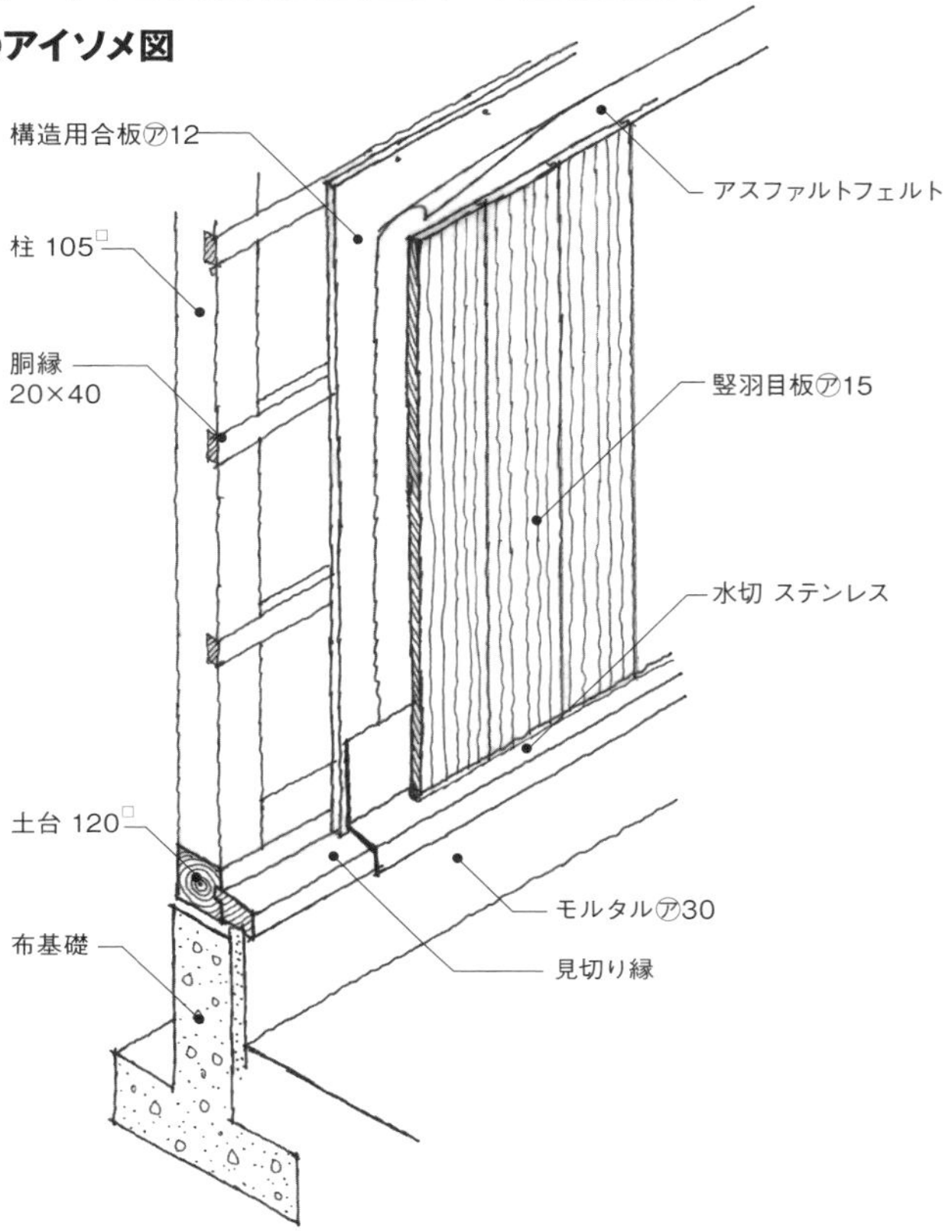
構造用合板㋐12
柱 105□
胴縁
20×40
土台 120□
布基礎
アスファルトフェルト
竪羽目板㋐15
水切 ステンレス
モルタル㋐30
見切り縁

②断面図

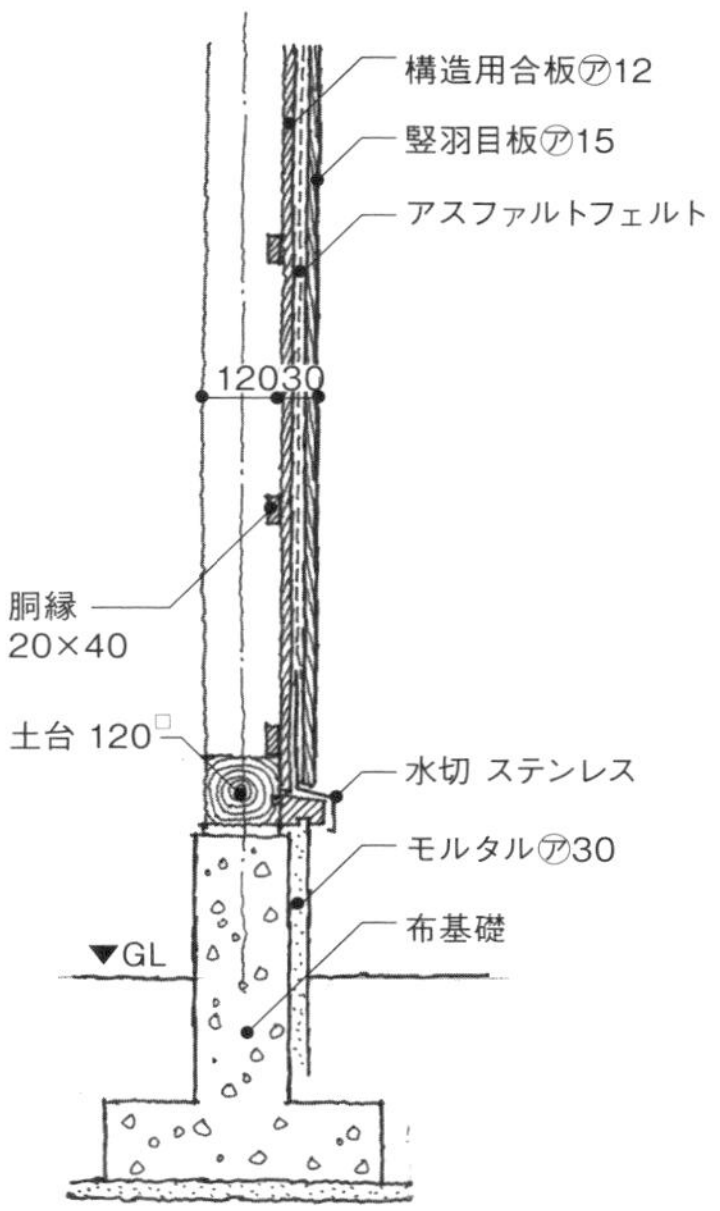
構造用合板㋐12
竪羽目板㋐15
アスファルトフェルト
120
30
胴縁
20×40
土台 120□
水切 ステンレス
モルタル㋐30
布基礎
▼GL

図3｜外壁仕上げの種類と土台廻り

①下見板張り

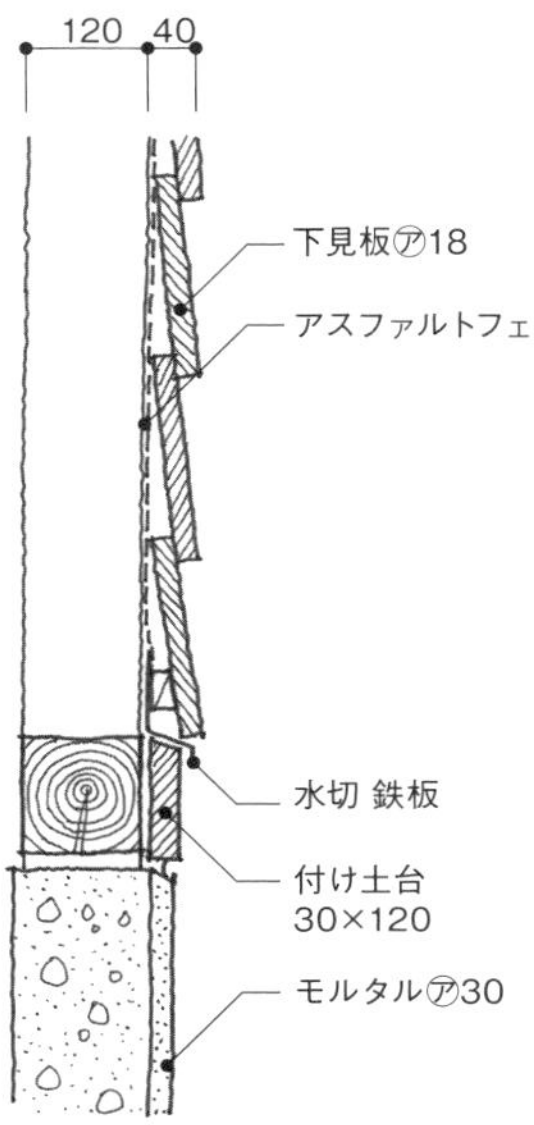
120 40
下見板㋐18
アスファルトフェルト
水切 鉄板
付け土台
30×120
モルタル㋐30

②サイディング張り

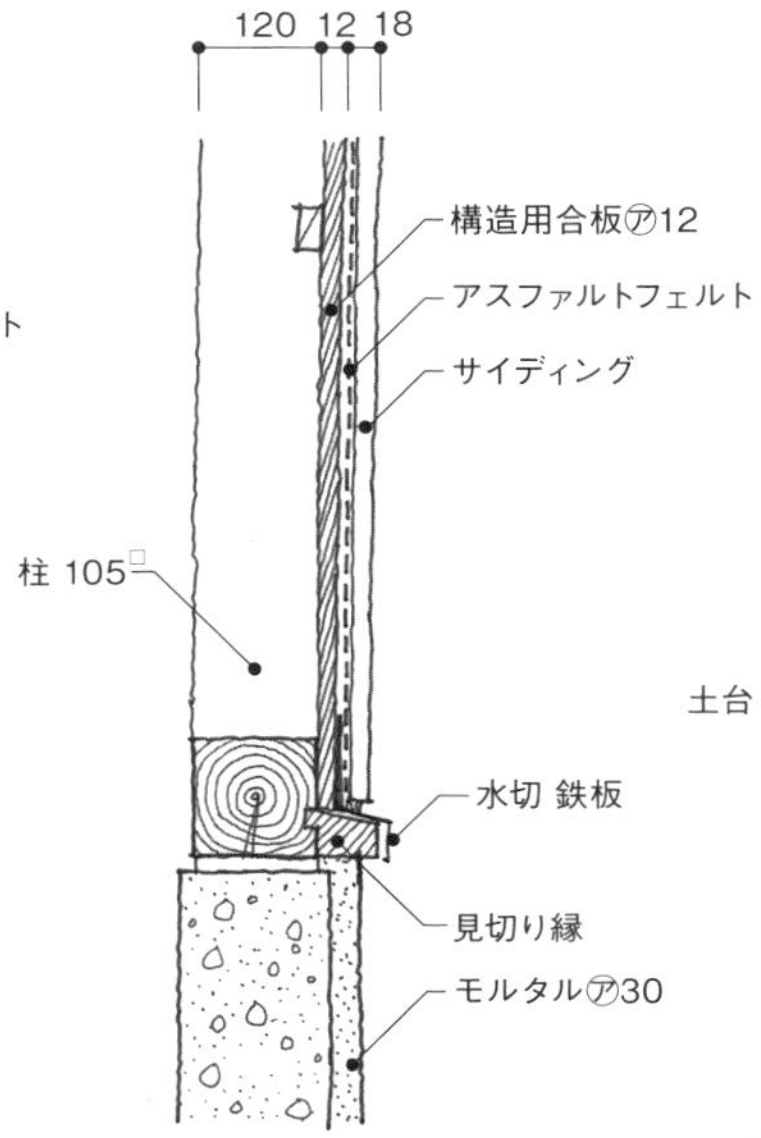
120 12 18
構造用合板㋐12
アスファルトフェルト
サイディング
柱 105□
水切 鉄板
見切り縁
モルタル㋐30

③羽目板張り

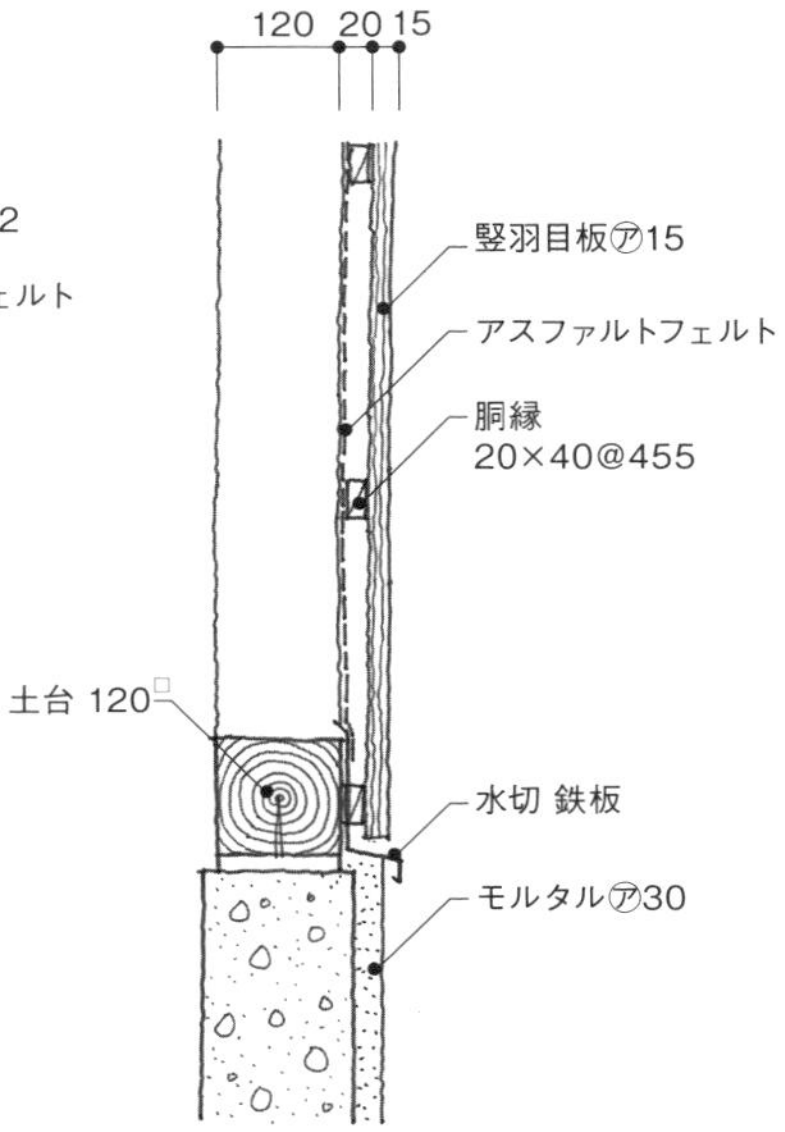
120 20 15
竪羽目板㋐15
アスファルトフェルト
胴縁
20×40@455
土台 120□
水切 鉄板
モルタル㋐30

サイディング壁

POINT
精度に優れ施工性のよいサイディングは、表面の耐候性能なども向上している

乾式工法の種類と納まり

最近では、外壁をサイディングなどの乾式工法で仕上げることが多くなった。左官工事による湿式工法に比べ、施工の手間と時間を省けることが大きな要因である。

サイディングの特徴は、工場生産品でありサイズとジョイント部の精度が一定していることである。そのため、施工が容易なことと出来上がりの精度が優れている。

サイディングの種類は、大きくセメント（窯業）系とセラミック系、金属系に分けられる。いずれも色柄が豊富で、比較的安価なため広く使われている。

セメント系のものは再塗装が必要であるが、最近では表面に特殊な加工を施すことで汚れにくく、より耐候性を高めた材、また裏側に断熱材を張り付け、断熱性能を高めた製品なども出てきている。

金属系サイディングは耐衝撃性には劣るものの、耐久性がよく軽量であるためリフォームなどで使用されることも多い。そして、金属系材料では、通常屋根材として使われることが多い波形鉄板を外壁に用いるケースや、庇をなくするために屋根と外壁を連続して同じ仕上げにする例もある。

図1 | 乾式仕上げの納まり（平面図）

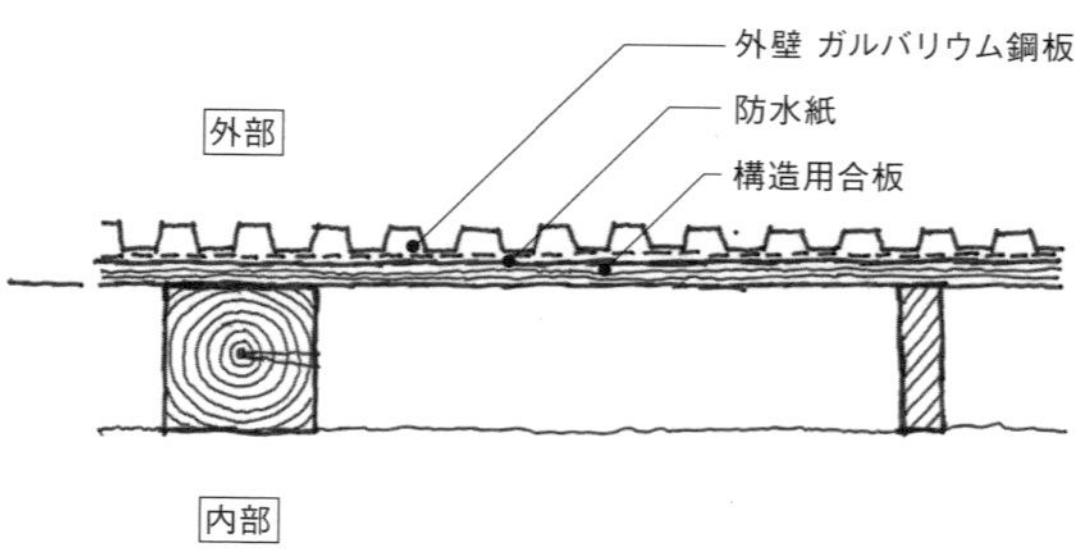
外壁 ガルバリウム鋼板
防水紙
構造用合板
外部
内部

図2 | 金属製外壁の構成

①アイソメ図

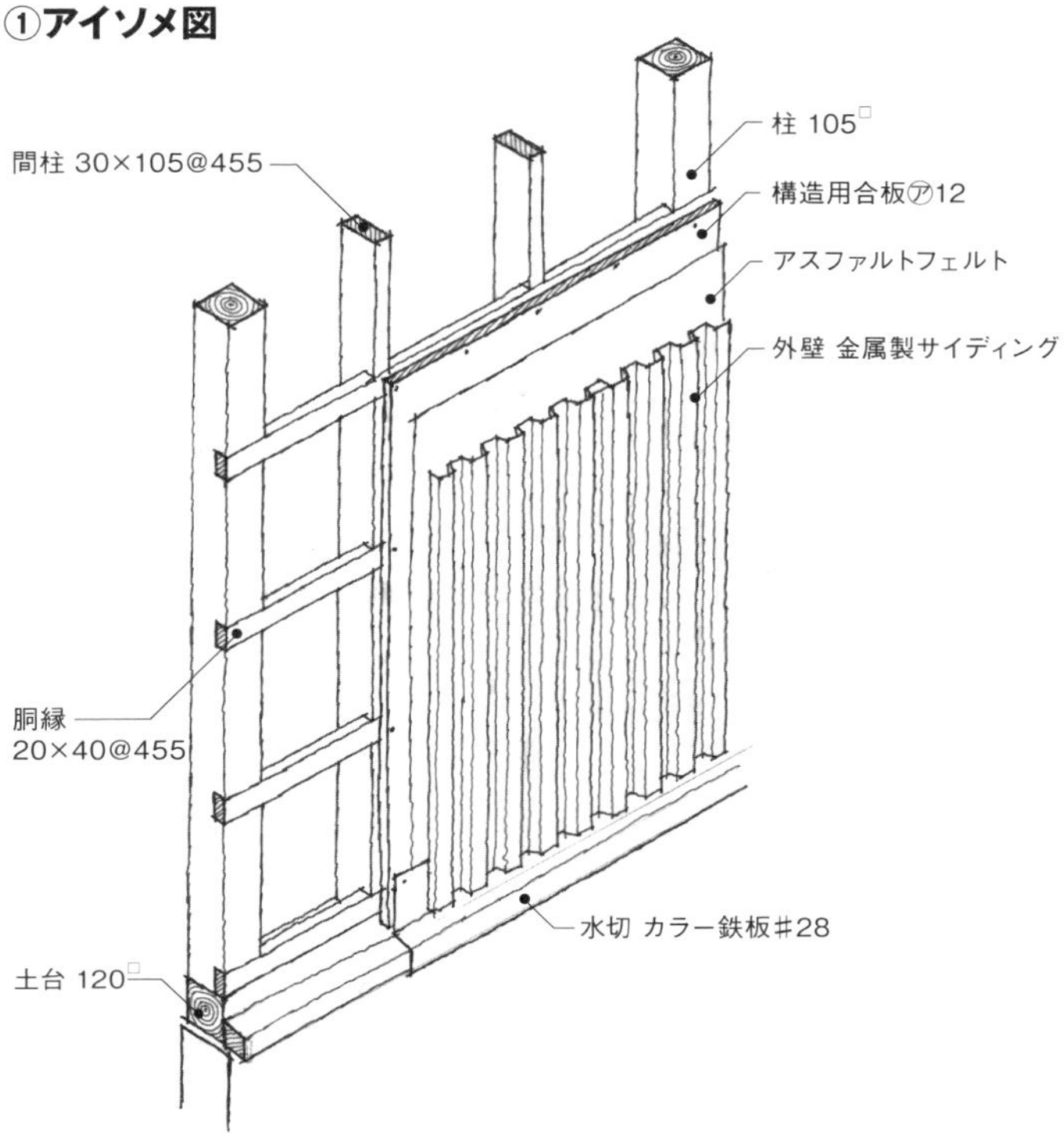
柱 105□
間柱 30×105@455
構造用合板㋐12
アスファルトフェルト
外壁 金属製サイディング
胴縁
20×40@455
水切 カラー鉄板♯28
土台 120□

②断面図

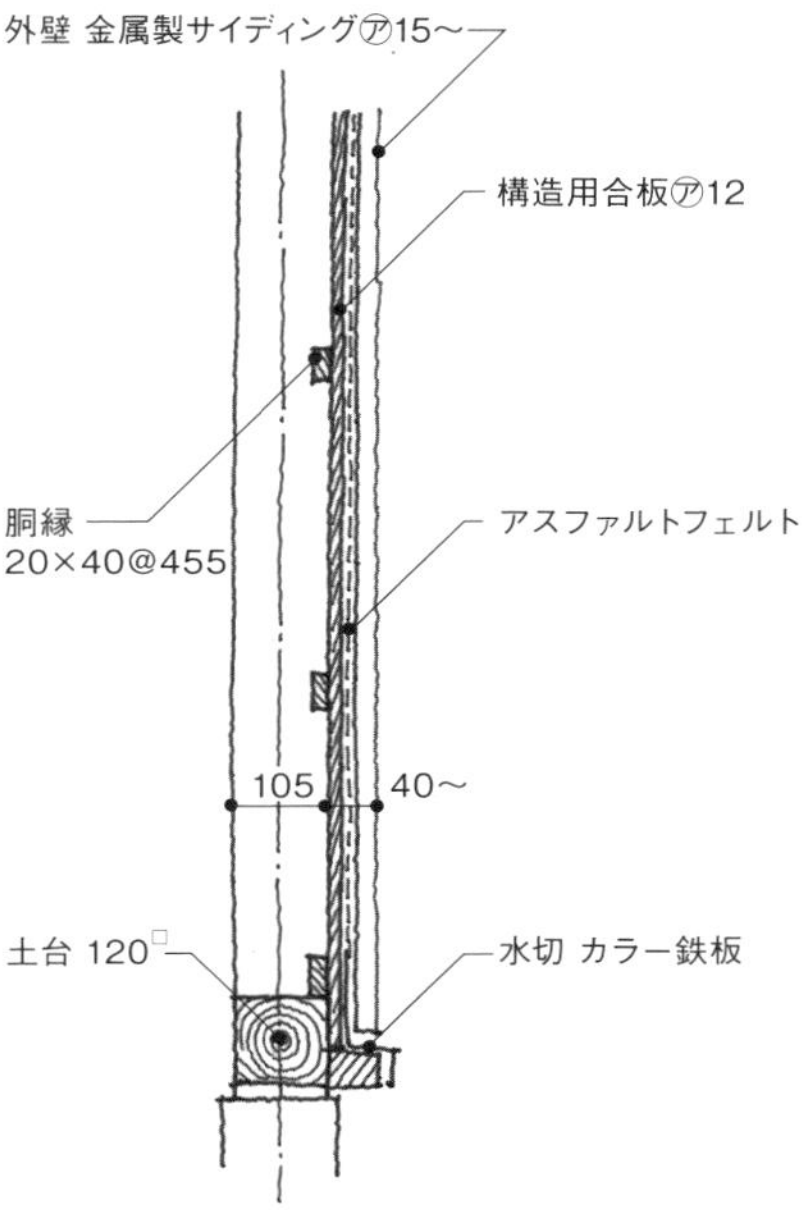
外壁 金属製サイディング㋐15～
構造用合板㋐12
胴縁
20×40@455
アスファルトフェルト
105
40～
土台 120□
水切 カラー鉄板

図3 | 外壁サイディングのバリエーション

①金属製サイディングの納まり

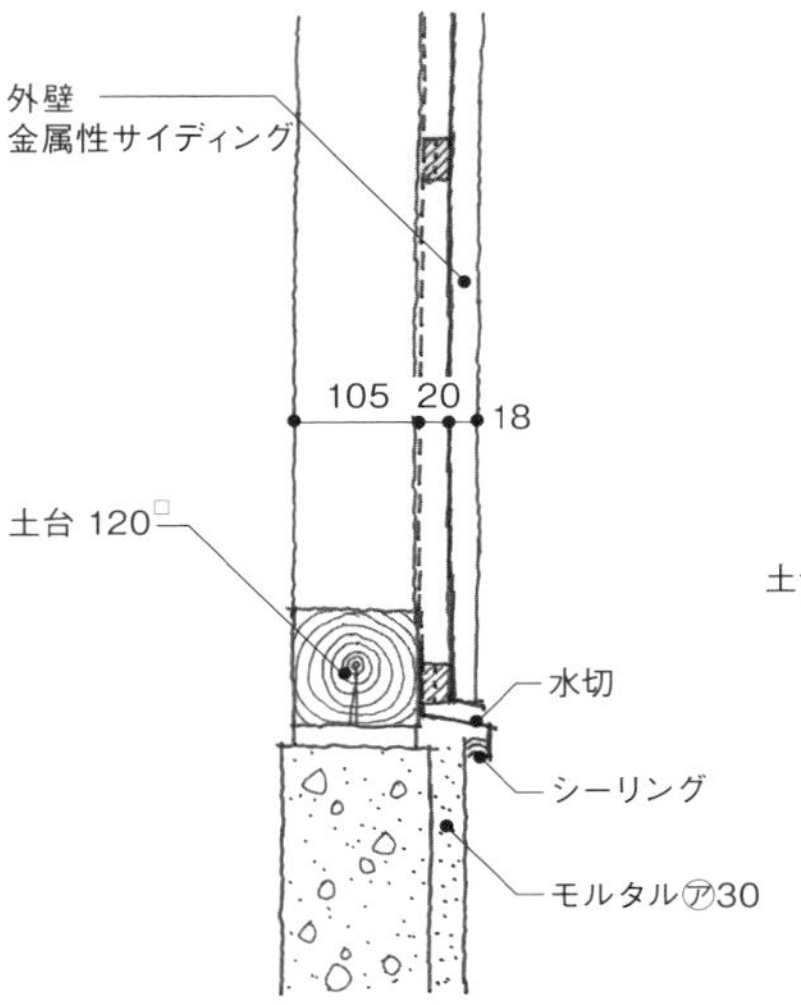
外壁
金属性サイディング
105
20
18
土台 120□
水切
シーリング
モルタル㋐30

②セメント系サイディングの納まり

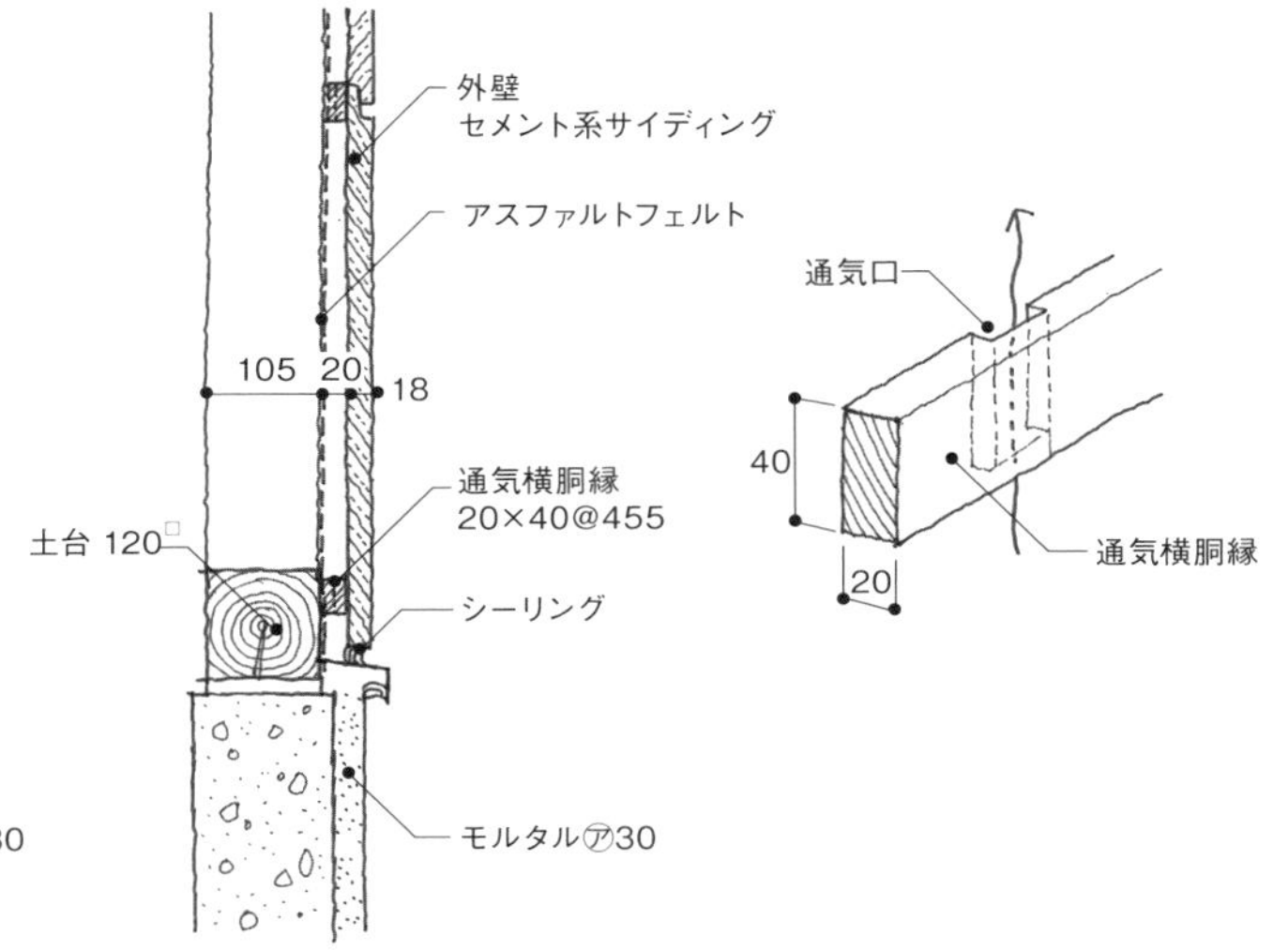
外壁
セメント系サイディング
アスファルトフェルト
105
20
18
通気横胴縁
20×40@455
土台 120□
シーリング
モルタル㋐30
通気口
40
20
通気横胴縁

板張り外壁

POINT 味わいのある板張りは、横方向と縦方向、また納め方で表情が大きく異なる

板張りの魅力

近年では防火などの法的規制を受け、板張りで外壁を仕上げるケースが少なくなった。しかし、木のもつ独特の柔らかな質感が捨てがたいという人は少なくない。法の規制が比較的少ない山荘などでは、木のもつ味わいと感触、そして何より環境の面からも好まれる材である。

外壁に板材を使うことは、劣化などの問題もある。しかし、腐らない材は、分解しない材である。それは永久に地球上にゴミとして存在し続けることを意味する。建築に耐久性を求めることは必然であるが、自然の生態系のなかで循環していくことはより大切なことである。

張り方は竪と横の2通り

板壁には、板を竪に張る竪羽目張りと、横に張っていく横羽目張りがある。

竪羽目張りでは板材のジョイントの仕方によって目板張り、底目（地）張り、相決《じゃく》り張りなどがある。

横羽目張りは、相決りで箱目地をとって張る場合もあるが、下見板張りが多用される。下見板張りは、押し縁下見板張り、ささら子下見板張り、南京下見板張りなどの張り方がある。

図1 | 板張りの納まり（平面図）

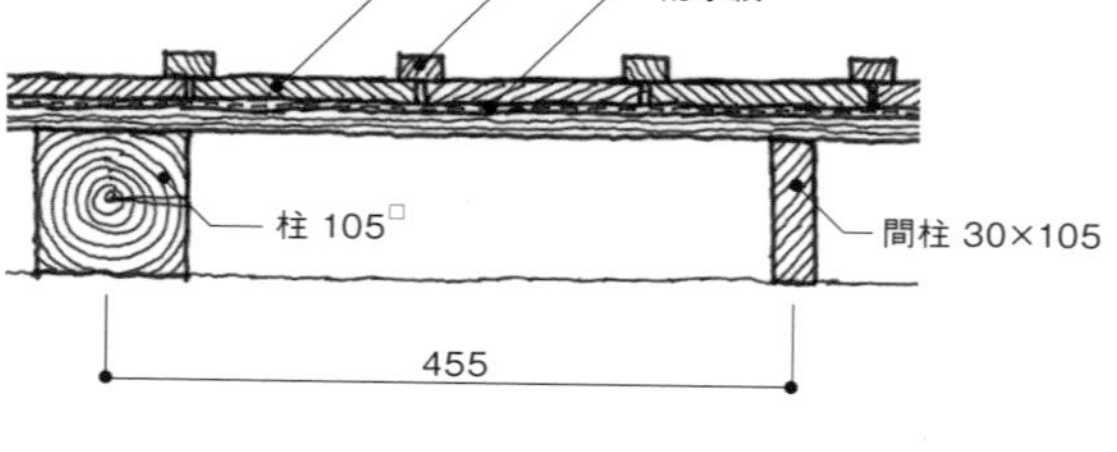
竪羽目板㋐15
目板 30×15
防水紙
柱 105□
間柱 30×105
455

図2｜板張りの構成

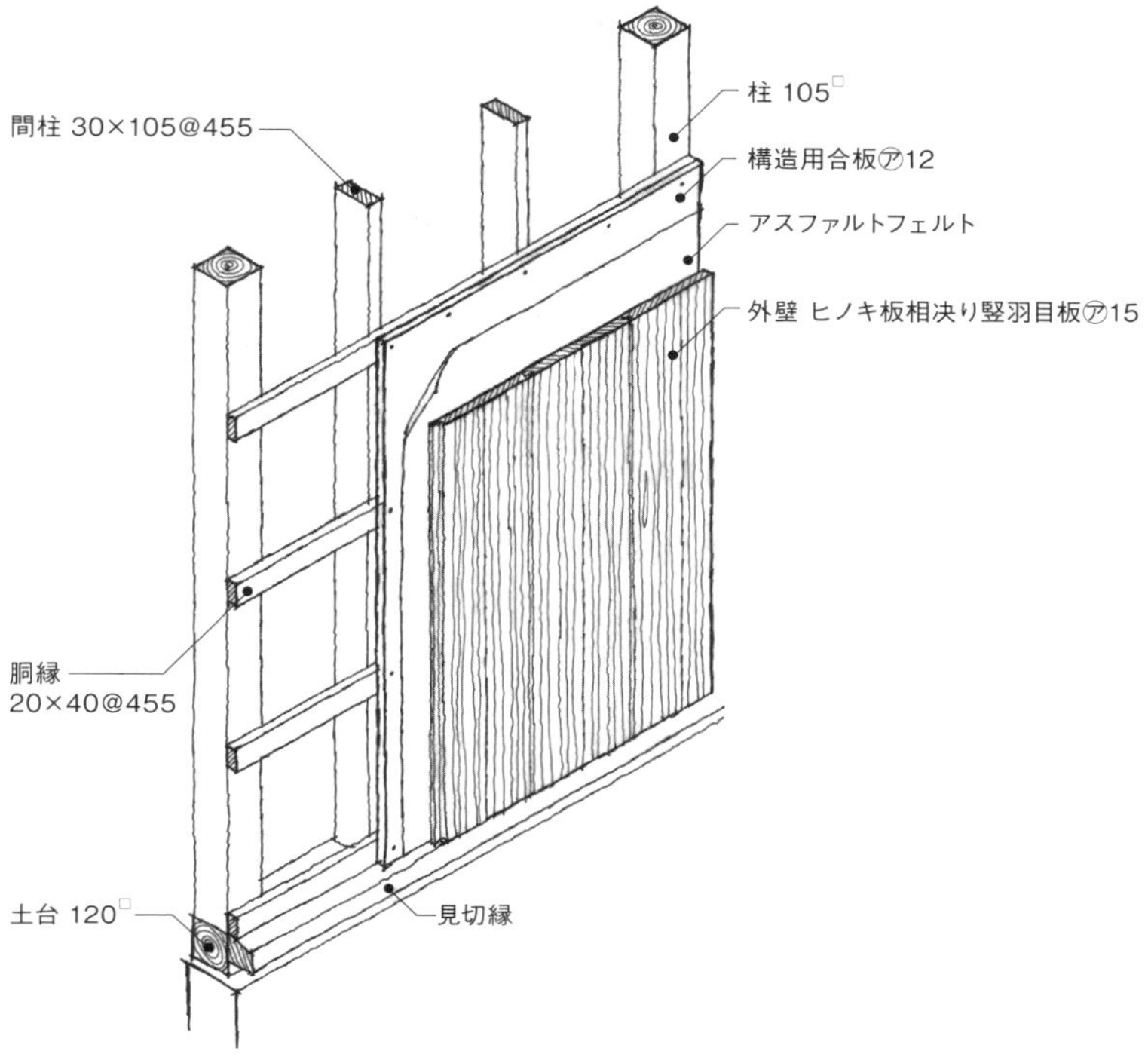
間柱 30×105@455
柱 105□
構造用合板⑦12
アスファルトフェルト
外壁 ヒノキ板相决り竪羽目板⑦15
胴縁
20×40@455
土台 120□
見切縁

図3｜板張りのバリエーション

①竪張りの納まり

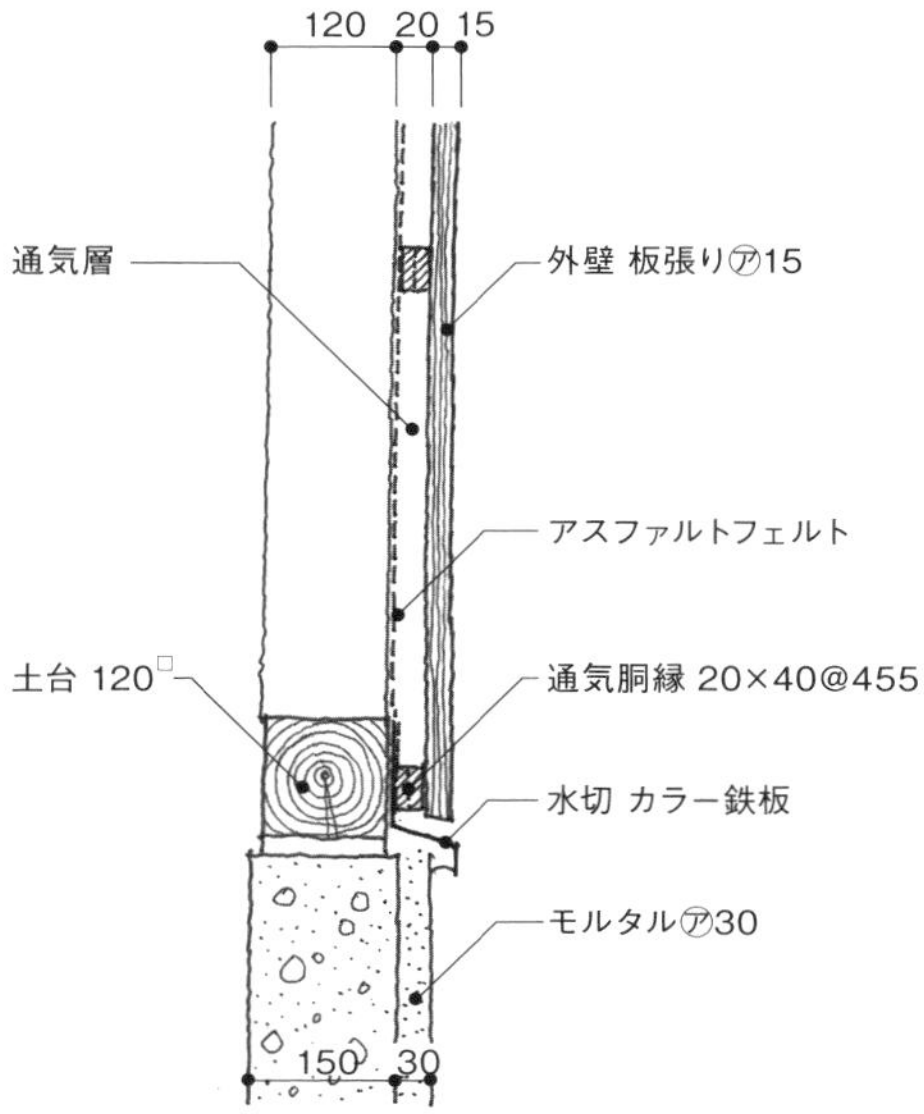
120
20
15
通気層
外壁 板張り⑦15
アスファルトフェルト
土台 120□
通気胴縁 20×40@455
水切 カラー鉄板
モルタル⑦30
150
30

②横張りの納まり

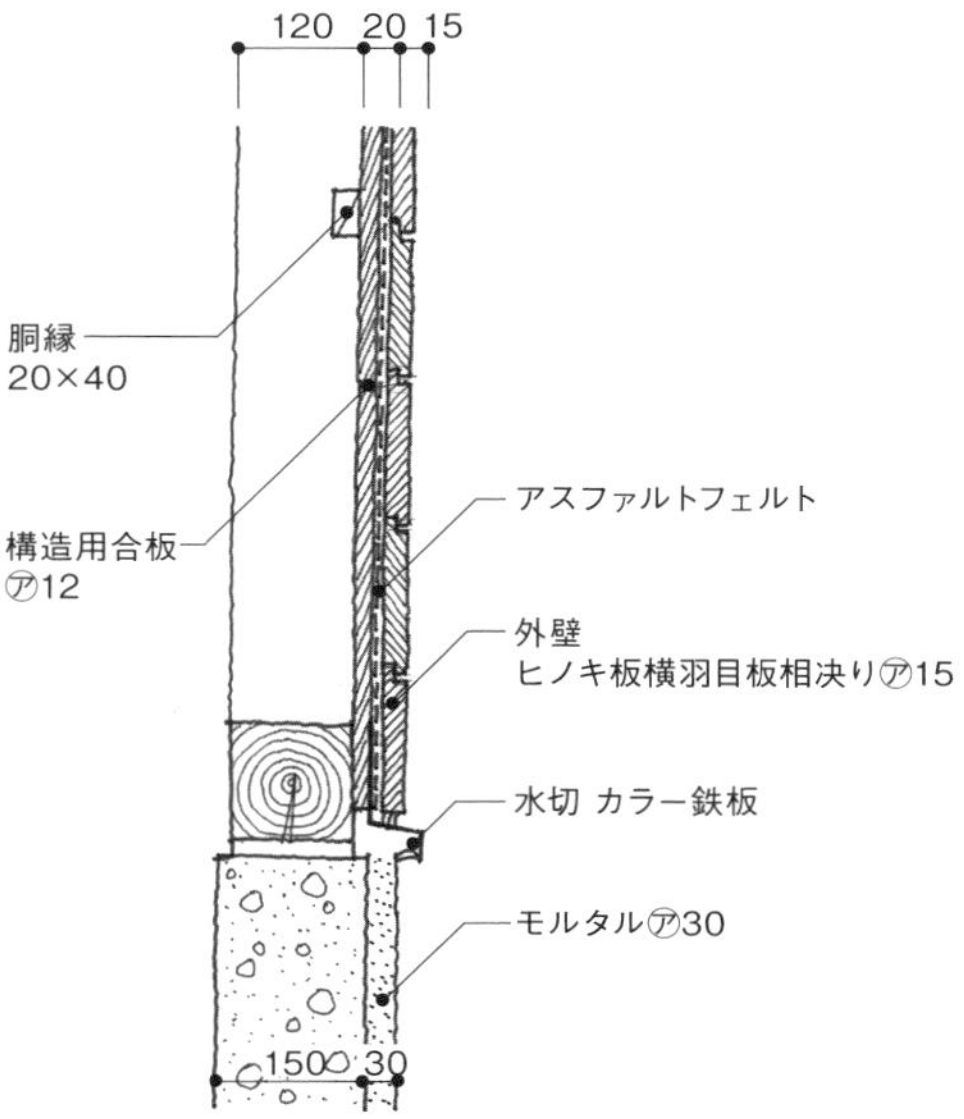
120
20
15
胴縁
20×40
構造用合板
⑦12
アスファルトフェルト
外壁
ヒノキ板横羽目板相决り⑦15
水切 カラー鉄板
モルタル⑦30
150
30

左官仕上げ外壁

POINT さまざまな意匠が表現できる左官仕上げは、クラック対策と通気に配慮する

左官仕上げの構成と納まり

板張りと比較すると、左官仕上げは防火性能に優れ、曲面などの壁面にも適応しやすい。モルタルを下地としてリシンなどを吹き付けて仕上げる方法や、合成樹脂系の左官材を櫛引き、刷毛引きなどで仕上げを施す方法などがあり、さまざまな意匠の壁面が表現できる材と仕上げである。特に、外壁の出隅、入り隅部分を塗り回すことにより、見切り材を省いてすっきりと納めることができる長所もある。

下地材を構造用合板とし、その上にアスファルトフェルトを張り、ラスを打ち付けて左官で仕上げるのが一般的な方法であるが、下地に木摺り板を透かして張った下地もまれに使われる。

左官仕上げの弱点に対応する

左官仕上げの弱点は、乾燥収縮などによるクラックが発生しやすいことと、乾燥に時間がかかり施工期間が多くかかることである。

もう1つ、壁体内部が密閉されるため通気が悪くなり、壁内の材に腐食が起こりやすい点もある。そのため、壁の内部に湿気をこもらせないよう配慮しなければならない。

図1 | 左官仕上げの納まり(平面図)

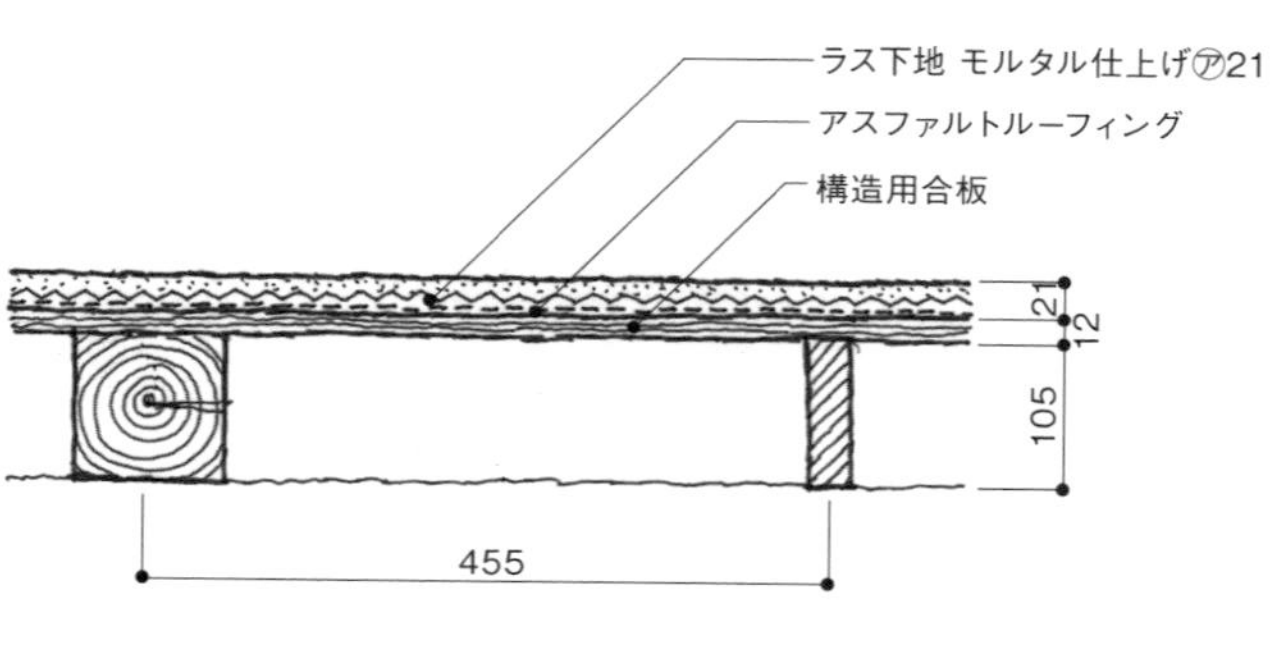
ラス下地 モルタル仕上げ㋐21
アスファルトルーフィング
構造用合板
21
12
105
455

図2｜左官仕上げ壁の構成

①アイソメ図

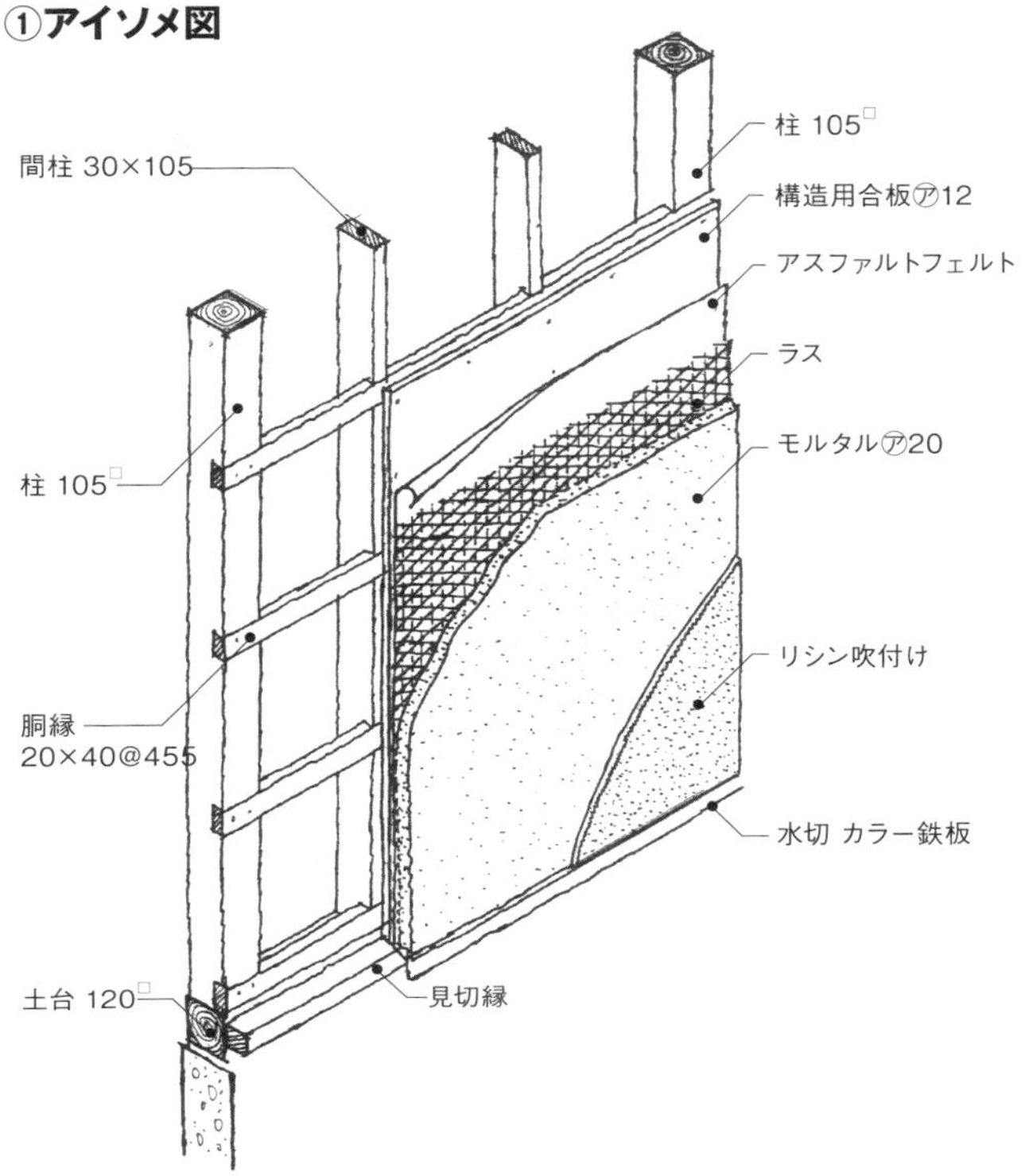
間柱 30×105
柱 105□
構造用合板㋐12
アスファルトフェルト
ラス
モルタル㋐20
柱 105□
リシン吹付け
胴縁
20×40@455
水切 カラー鉄板
土台 120□
見切縁

②断面図

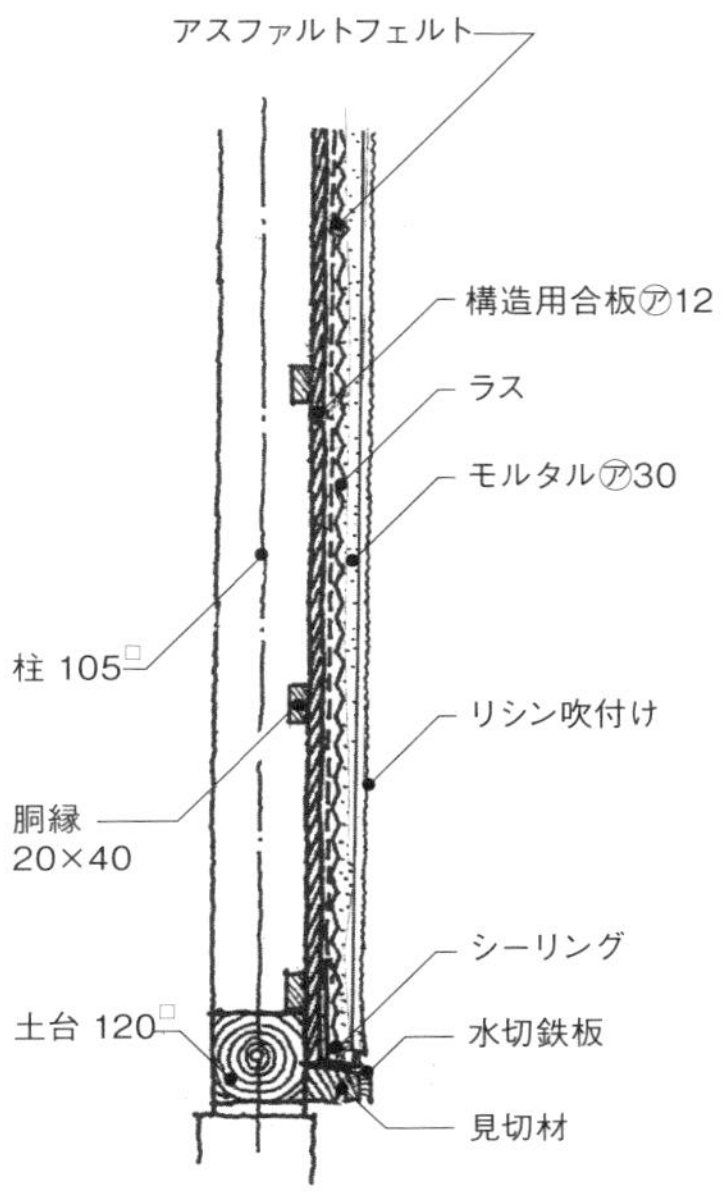
アスファルトフェルト
構造用合板㋐12
ラス
モルタル㋐30
柱 105□
リシン吹付け
胴縁
20×40
シーリング
土台 120□
水切鉄板
見切材

図3｜左官仕上げのバリエーション

①木摺り板下地の納まり

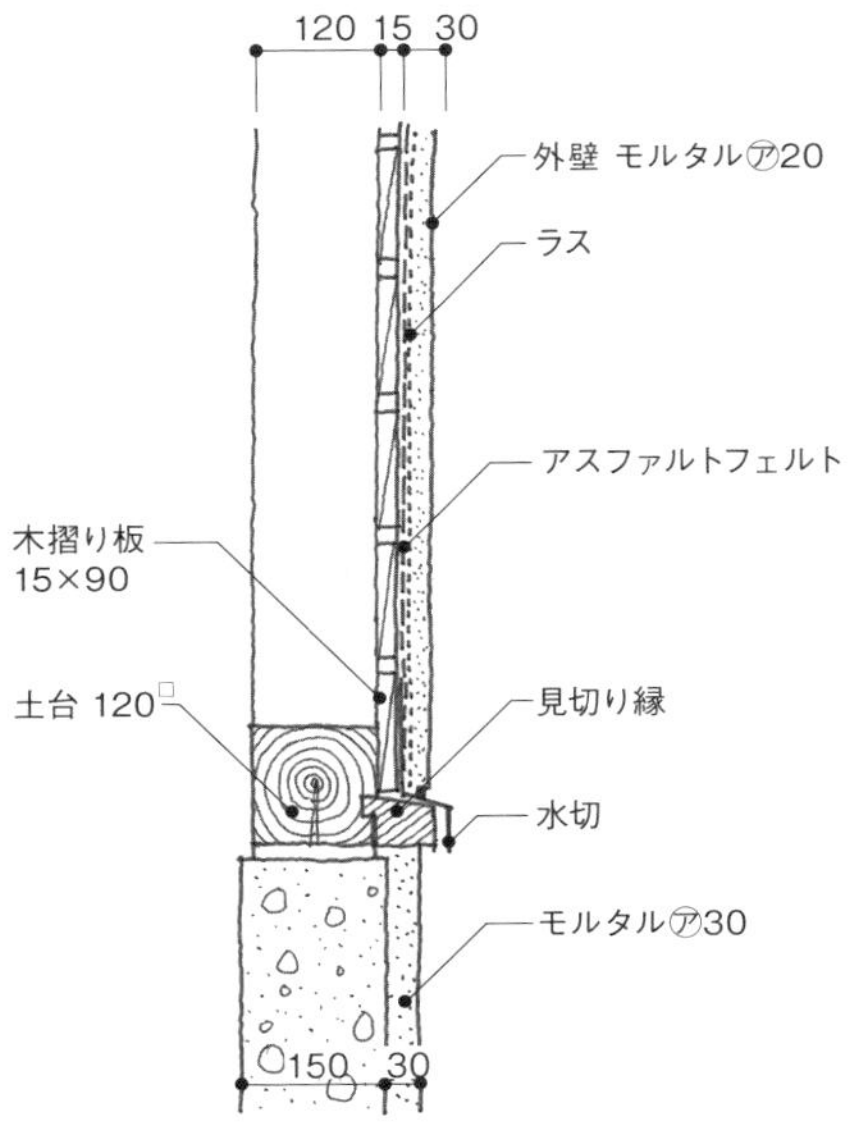
120 15 30
外壁 モルタル㋐20
ラス
アスファルトフェルト
木摺り板
15×90
土台 120□
見切り縁
水切
モルタル㋐30
150 30

②合板下地の納まり

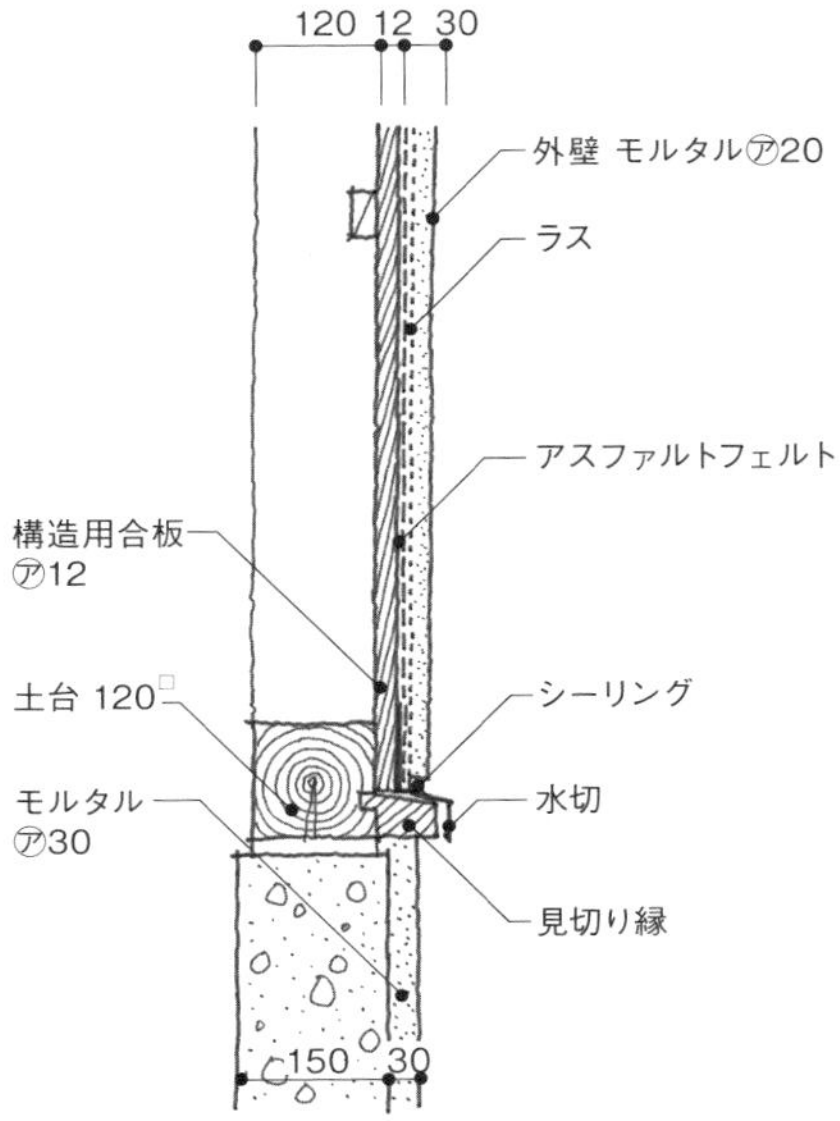
120 12 30
外壁 モルタル㋐20
ラス
アスファルトフェルト
構造用合板
㋐12
土台 120□
シーリング
モルタル
㋐30
水切
見切り縁
150 30

タイル・石張り仕上げ外壁

POINT
タイルや石の張り方は多種多様。
目地を正確に通しながら張っていく

タイル割は正確に

木造住宅の外壁にタイルや石を張って仕上げる場合、基本的には前項の左官仕上げと変わりはない。モルタルを塗った上にタイルを圧着、またはダンゴ張りにして、目地を正確に通す。

こうした従来からのセメントモルタルを下地に張る湿式工法に代わり、現在では有機質接着剤を用いる乾式工法が主流となってきて、木造建築の壁にも容易に用いられる例が多くなった。

タイル・石張りで重要なことはタイル割りである。タイルや石が半端になると意匠上は美しくないので、タイルを張る面を正確に計り、目地幅を調整することでタイルを割り付ける。

張り方は普通、芋目地、馬（乗り）目地がある。芋目地は縦横の目地を通す張り方で、馬（乗り）目地はタイルを半枚ずつずらす張り方である。

図1 | タイルと石の張り方のパターン

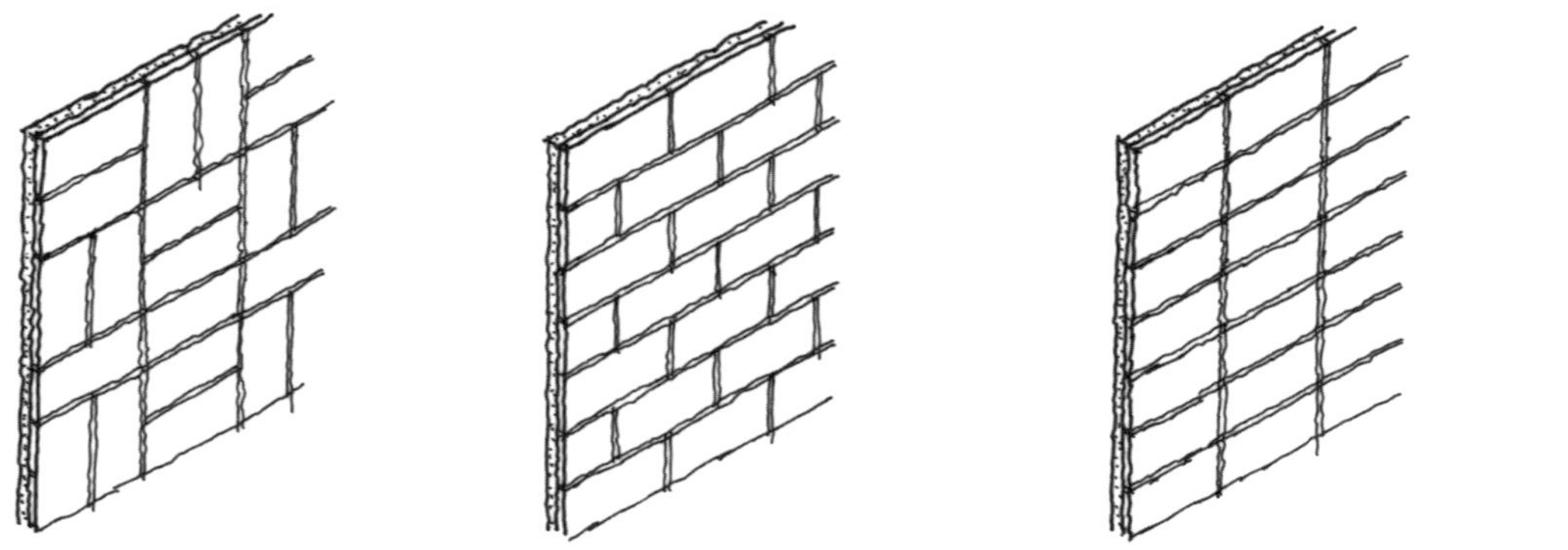

図2｜タイル張り仕上げの構成

①アイソメ図

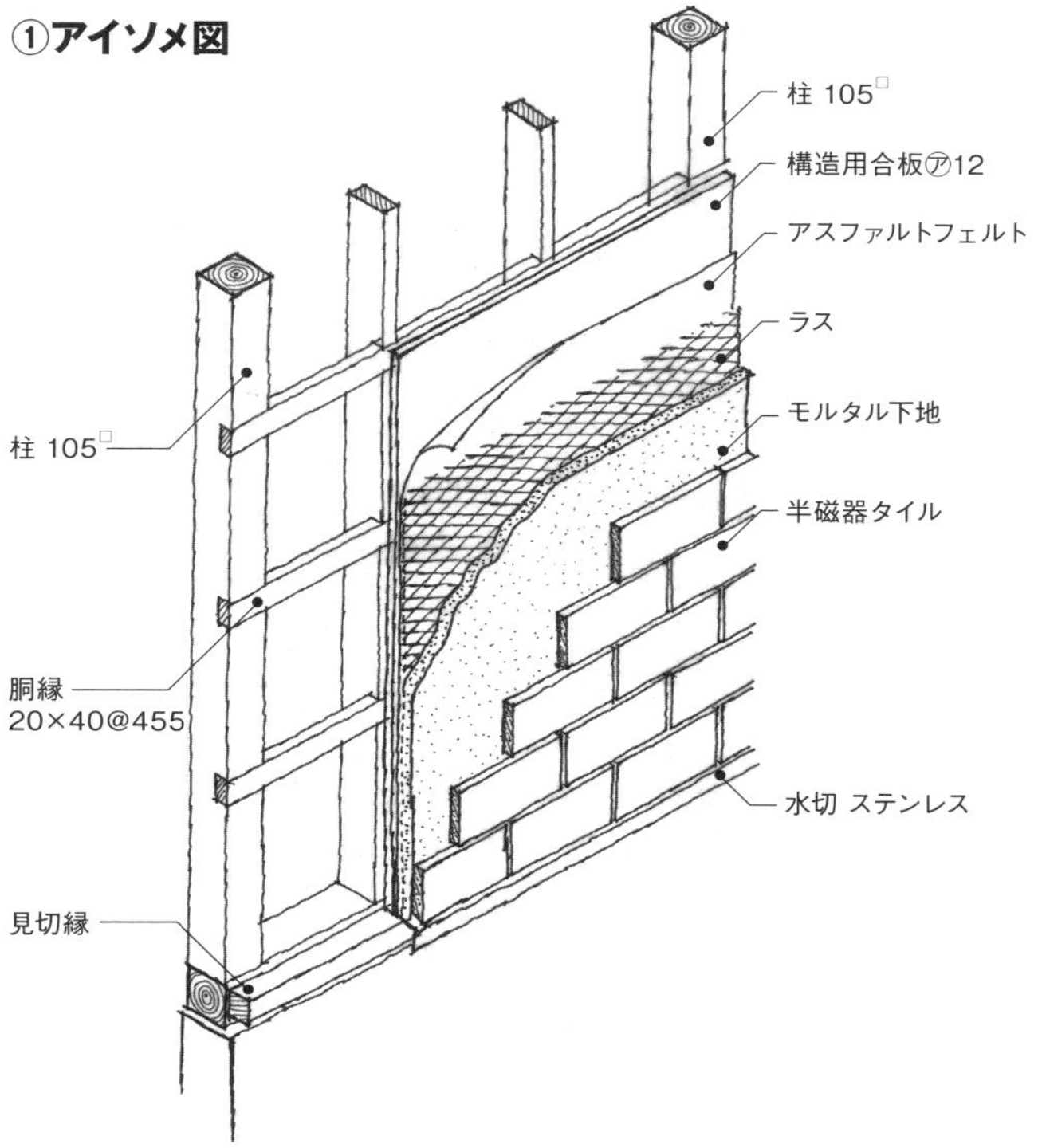
柱 105□
構造用合板㋐12
アスファルトフェルト
ラス
モルタル下地
半磁器タイル
水切 ステンレス
柱 105□
胴縁
20×40@455
見切縁

②断面図

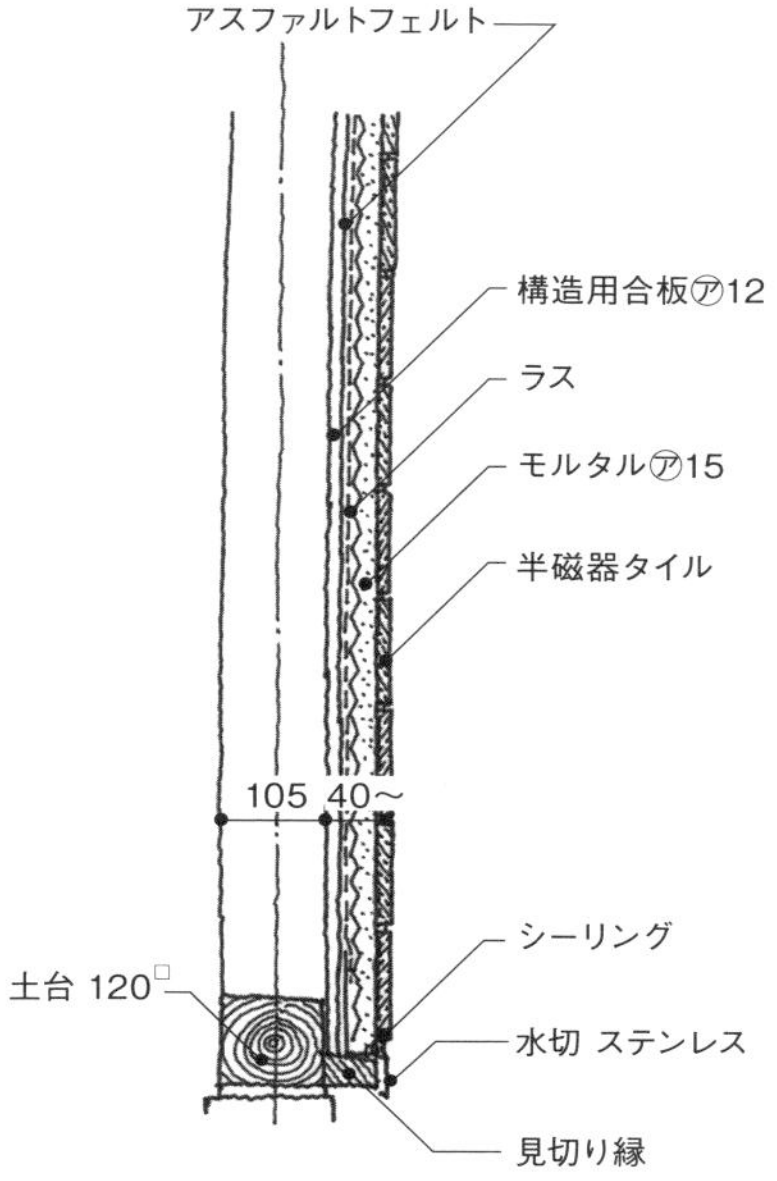
アスファルトフェルト
構造用合板㋐12
ラス
モルタル㋐15
半磁器タイル
105
40～
シーリング
土台 120□
水切 ステンレス
見切り縁

図3｜タイル張り仕上げの下地

①木摺り板下地の納まり

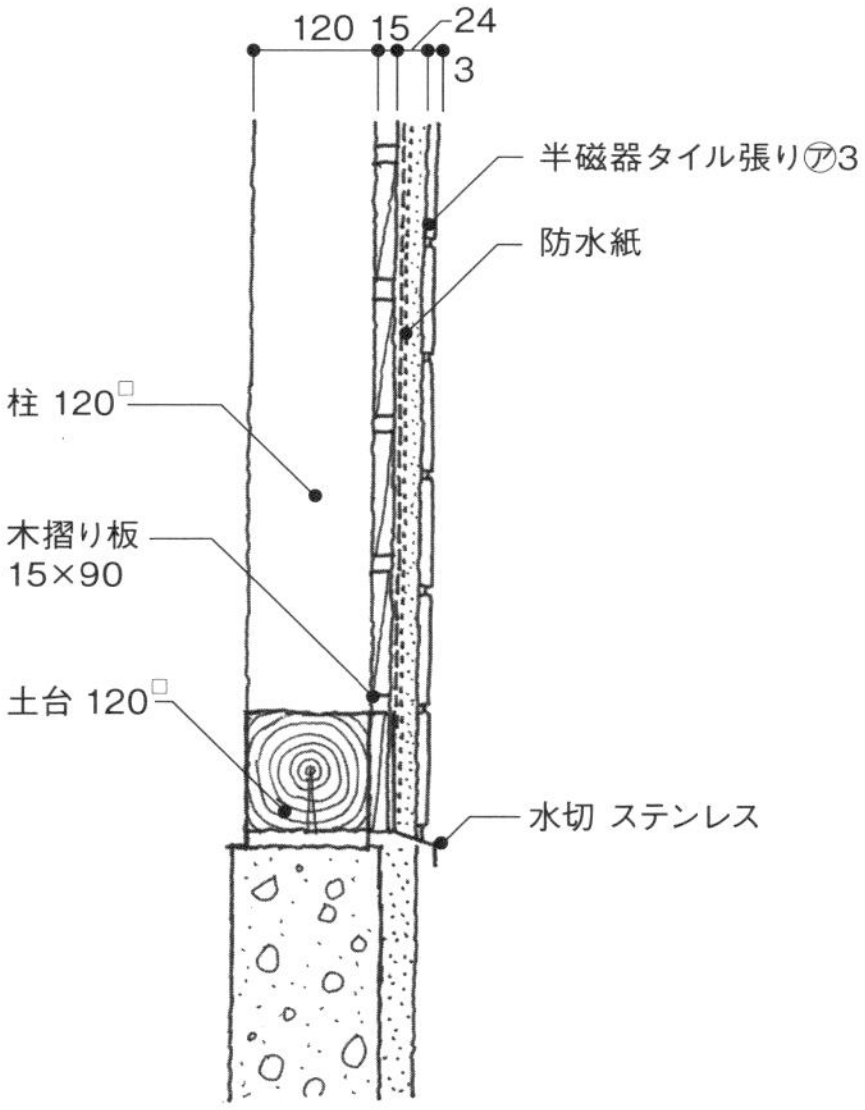
120
15
24
3
半磁器タイル張り㋐3
防水紙
柱 120□
木摺り板
15×90
土台 120□
水切 ステンレス

②合板下地の納まり

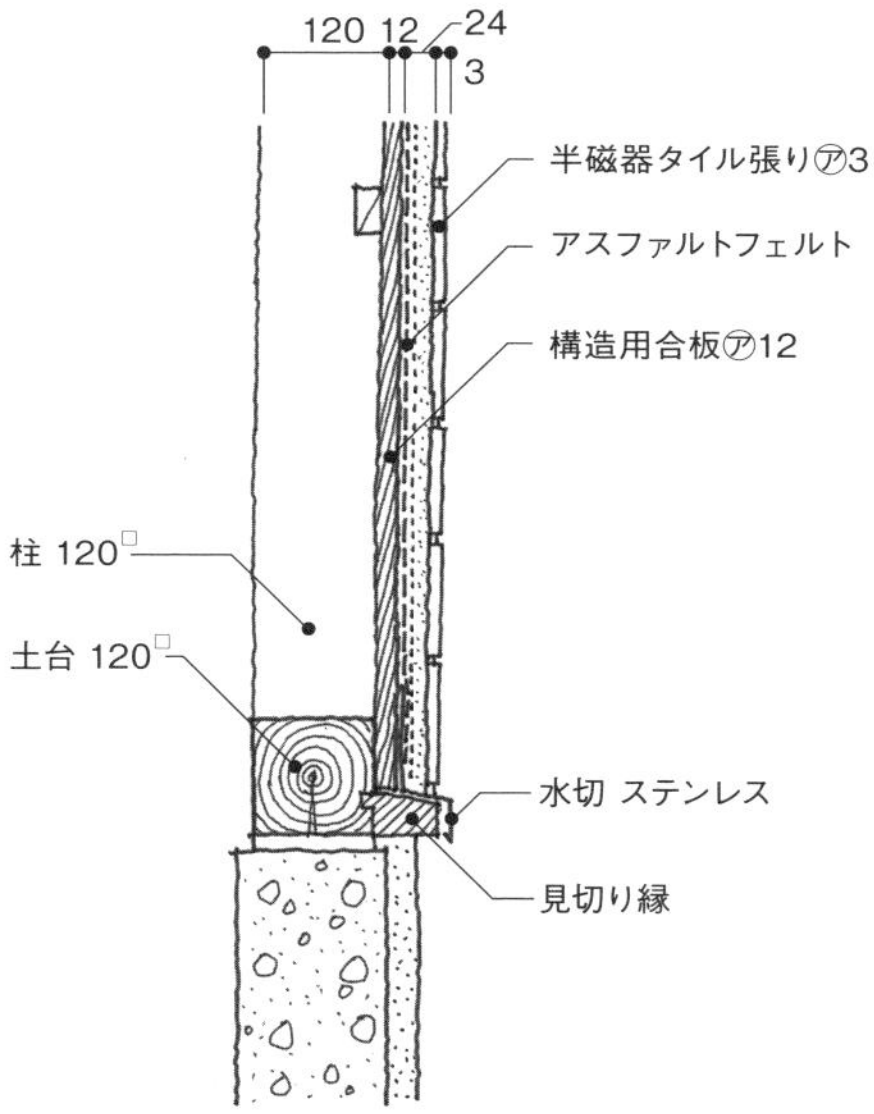
120
12
24
3
半磁器タイル張り㋐3
アスファルトフェルト
構造用合板㋐12
柱 120□
土台 120□
水切 ステンレス
見切り縁

外壁の出隅・入隅

POINT
出隅・入隅ともに、意匠的に重要な部分。見切り材を用いてすっきりと納めていく

意匠と機能ともに重要な隅部

外壁の出隅と入隅の部分は構造的にも意匠的にも重要な場所である。

特に出隅は形状的に、衝撃を受けやすく欠損しやすい個所である。また日照によって陽の当たる面と日陰になる面ができやすく、接合部分に温度差や湿度の差の影響が出、ゆがみなどが生じる可能性があるので、納まりには十分配慮しなければならない。出隅は目につきやすいため、接合部を意匠的にすっきり納めることが大切である。

入隅は湿気がこもりやすく、風雨の強い時には吹き溜まりになり、雨水が吹き込む。そのため下地の段階から納まりを考え、シーリングを十分に施しておく必要がある。

市販されている金属製や樹脂製のさまざまな形のコーナービードを用いて、簡便に仕上げる例も少なくない。

図1 | コーナービードを用いた隅の納まり

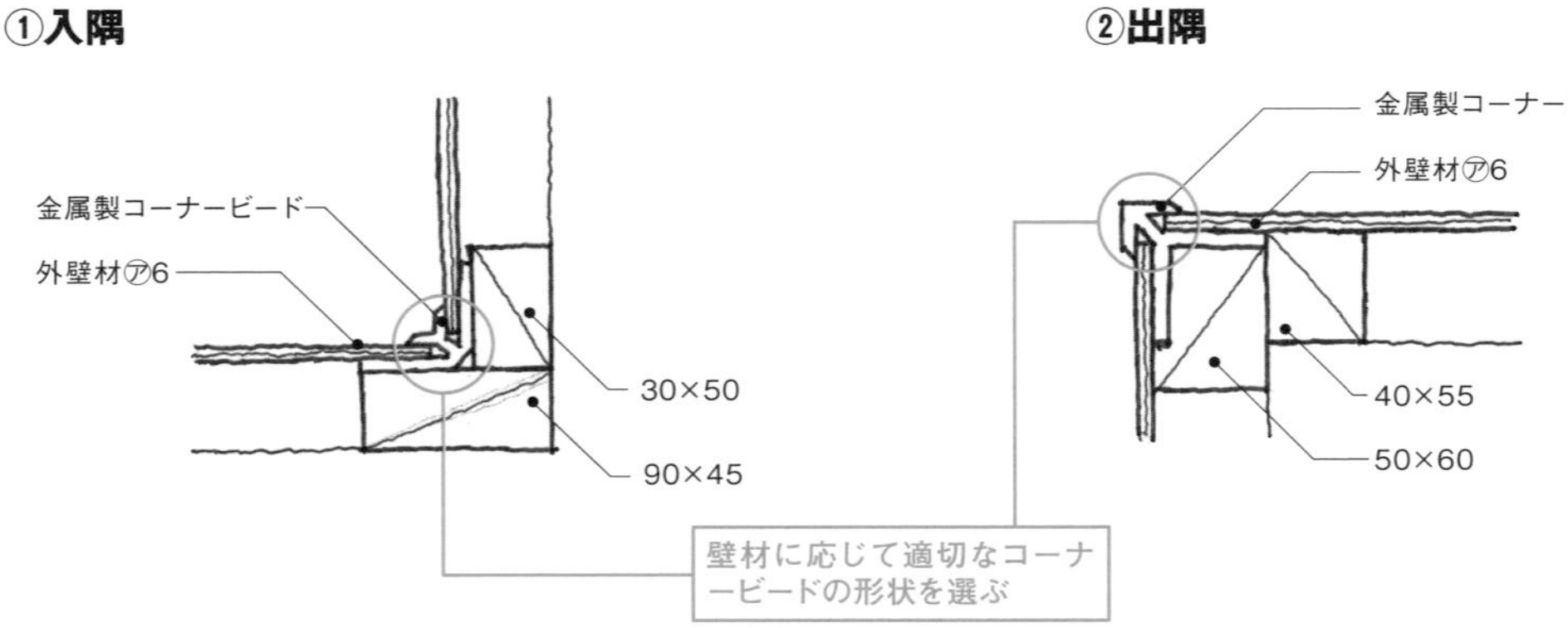
①入隅
金属製コーナービード
外壁材㋐6
30×50
90×45
②出隅
金属製コーナービード
外壁材㋐6
40×55
50×60
壁材に応じて適切なコーナービードの形状を選ぶ

図2 | 入隅と出隅の構成

①入隅の納まり

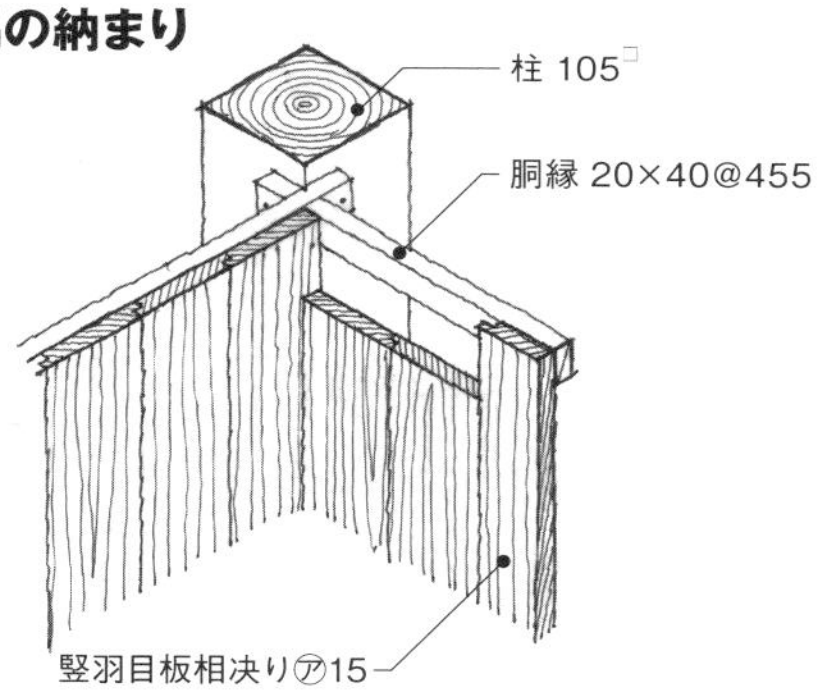
柱 105□
胴縁 20×40@455
竪羽目板相決り㋐15

(入隅)

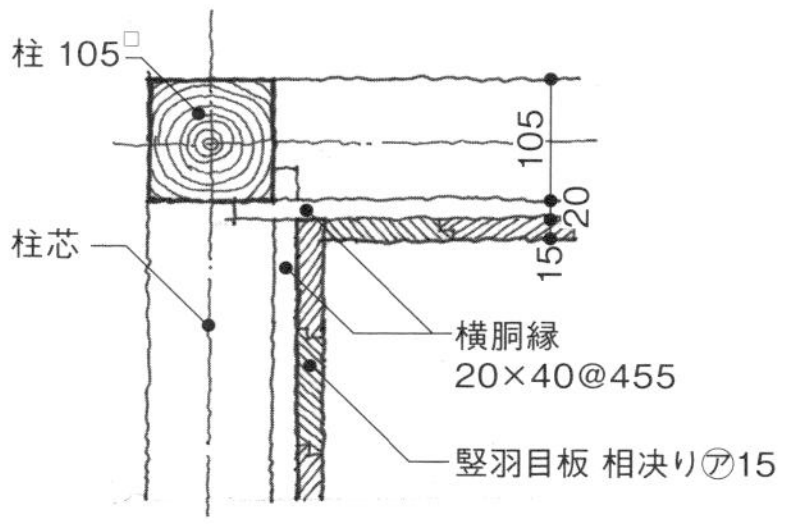
柱 105□
105
20
15
柱芯
横胴縁
20×40@455
竪羽目板 相決り㋐15

②出隅の納まり

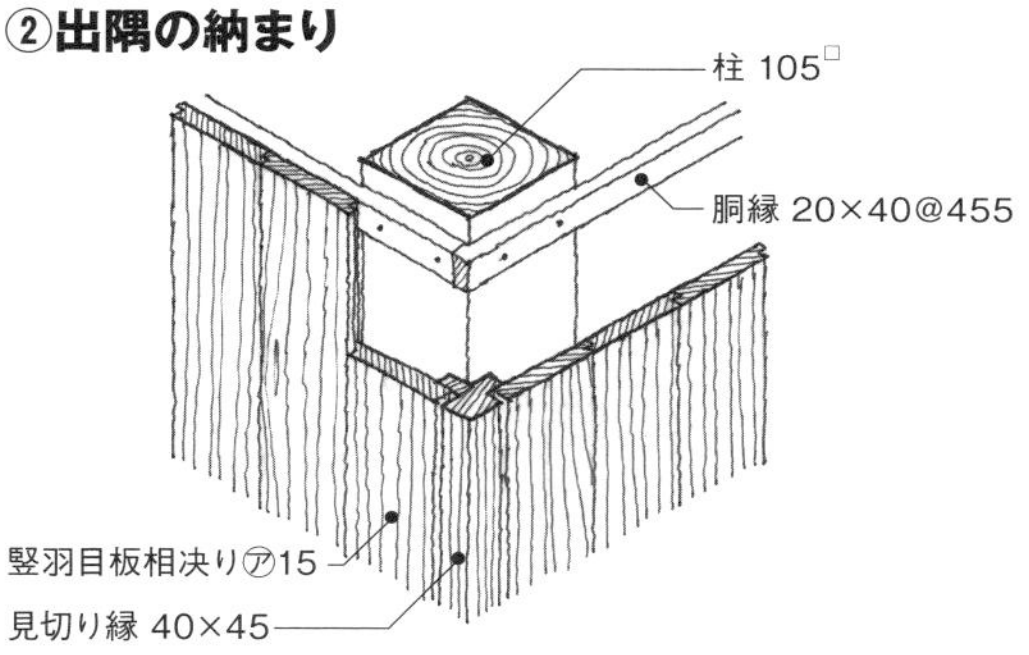
柱 105□
胴縁 20×40@455
竪羽目板相決り㋐15
見切り縁 40×45

(出隅)

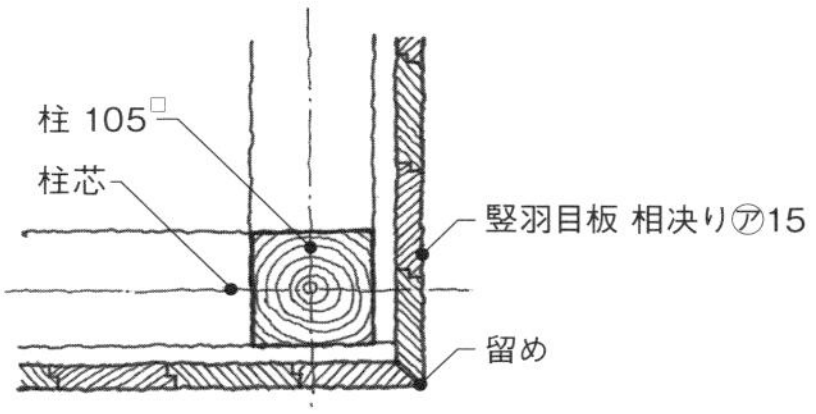
柱 105□
柱芯
竪羽目板 相決り㋐15
留め

図3 | 仕上げによる納まりの違い

①板張りの出隅

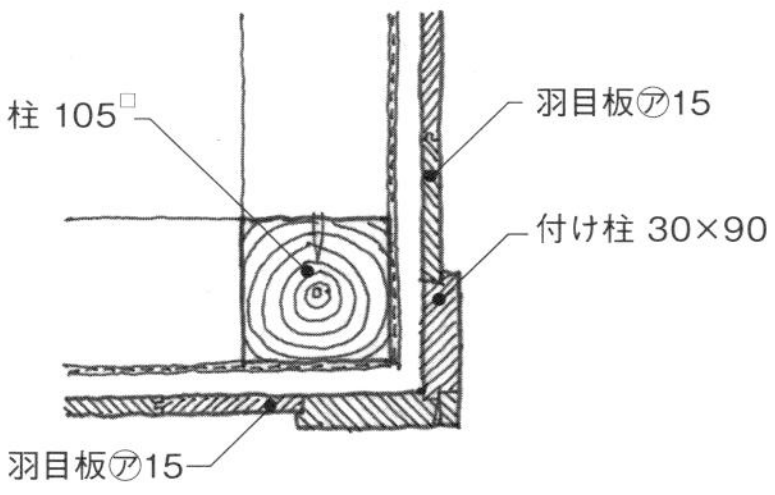
柱 105□
羽目板㋐15
付け柱 30×90
羽目板㋐15

②サイディングの入隅・出隅

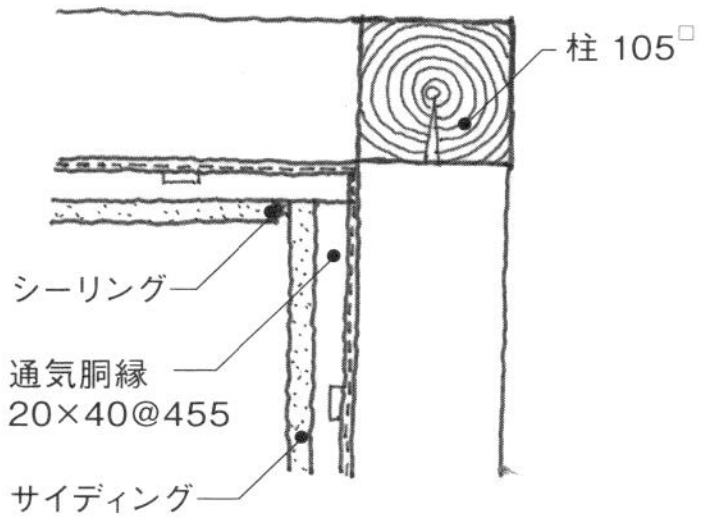
柱 105□
シーリング
通気胴縁
20×40@455
サイディング

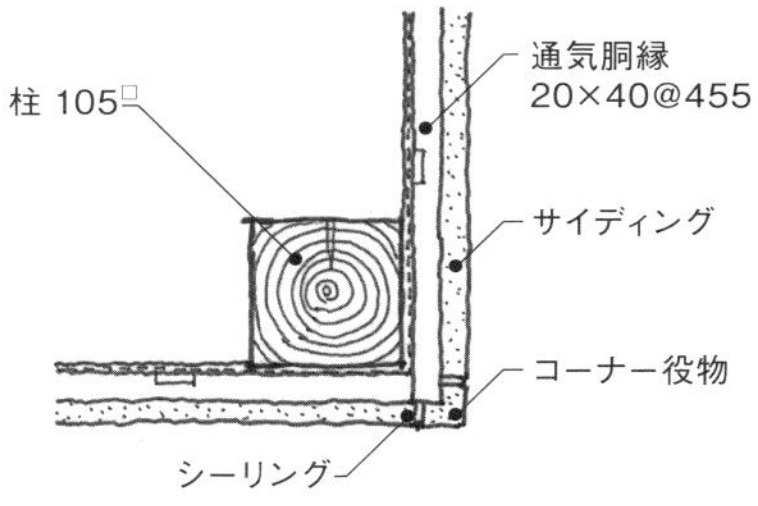
柱 105□
通気胴縁
20×40@455
サイディング
コーナー役物
シーリング

腰壁の取合い

POINT

腰壁部分で材料を切り替えるときには、隣り合う壁材との取合いを考える

外壁仕上げを上下で分ける

外壁の腰より下の部分は、雨掛かりが多いため腐食の進行が早い。また、これに暴風時には飛来物が当たり衝撃を受けたり、通りがかりに荷物や道具が外壁に当たることもある。そのため、外壁の仕上げを上・下部で変える方法もある。

そのほか、延焼の恐れのある壁面を防火仕様にしなければならない法的な規制から1階は板張り、2階は防火仕様の外壁にすることもある。

外壁の仕上げを途中で変えるときには、何らかの見切り材を入れて仕上げなければならない。通常は、上下の材の間に見切り縁を打ち、金属の水切り板を差し込み、シーリングを打って納める。

見切り材を省き、上部の外壁と下の外壁に段差を付け、すっきり納めることもある。その段差は、壁の通気や万が一壁のなかに入った場合の水の排出にも役立つ。

図1｜外壁の見切り縁なしの納め方

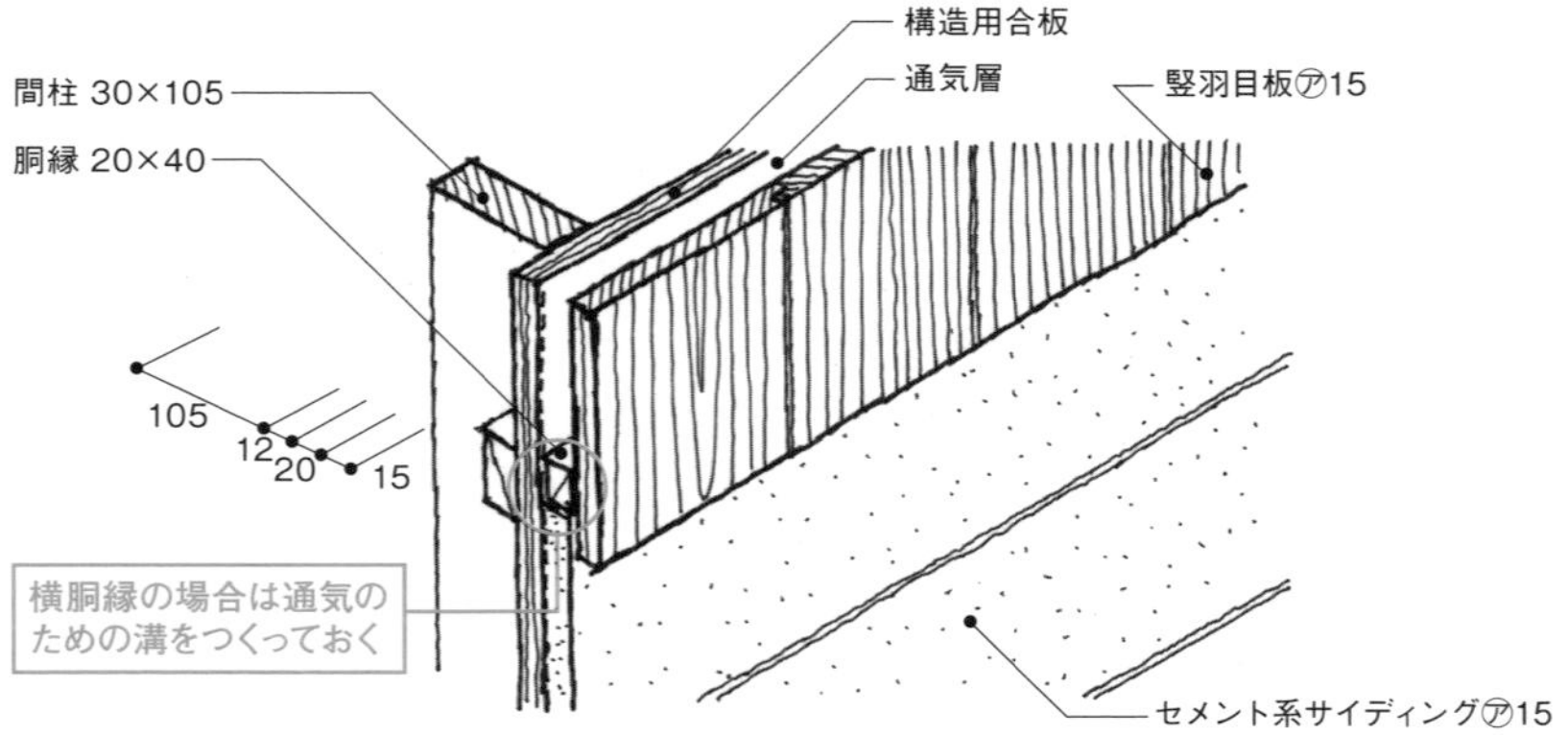
構造用合板
通気層
竪羽目板㋐15
間柱 30×105
胴縁 20×40
105
12
20
15
横胴縁の場合は通気のための溝をつくっておく
セメント系サイディング㋐15

図2｜外壁の腰部分の構成

①アイソメ図

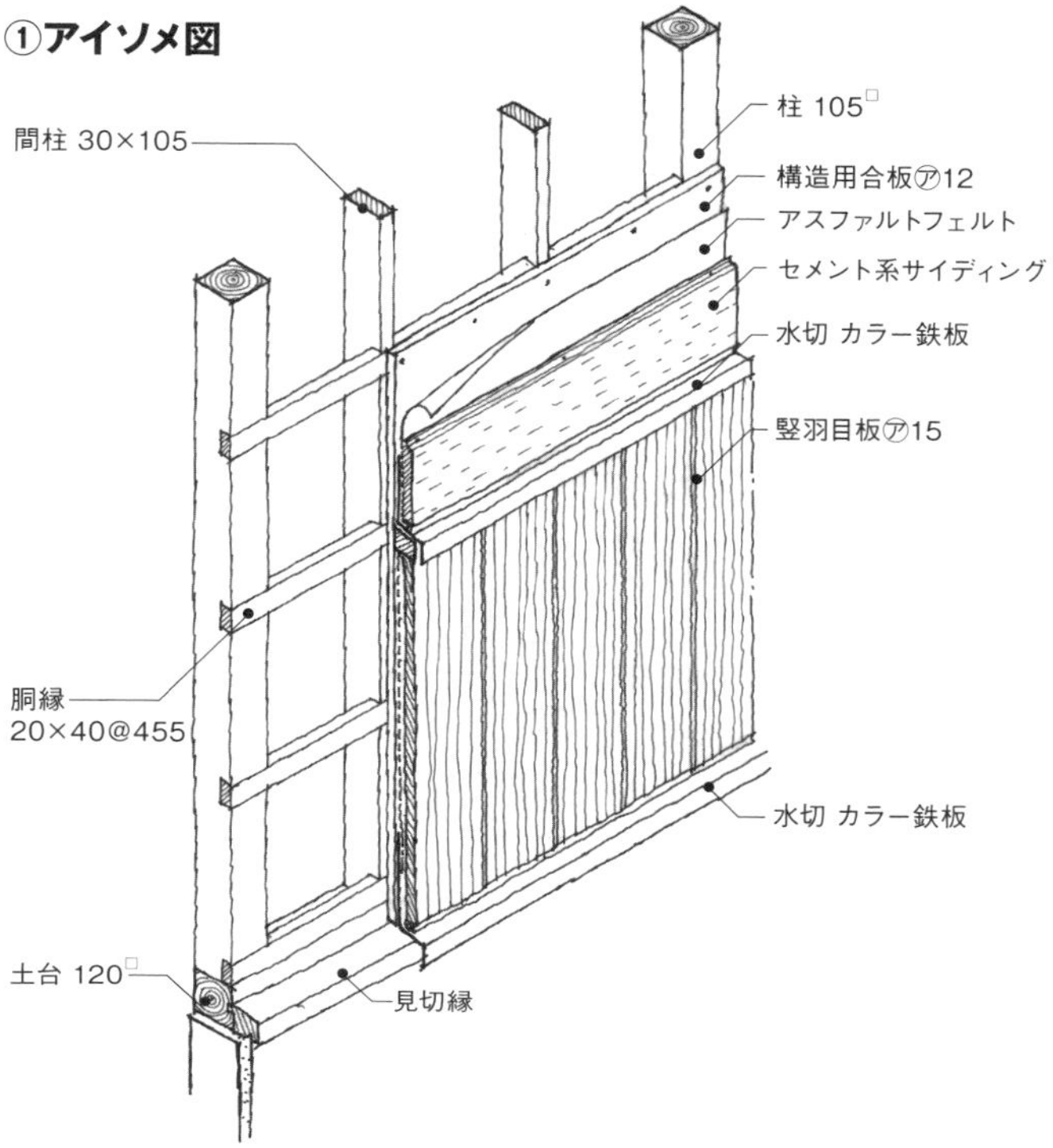

間柱 30×105
柱 105□
構造用合板㋐12
アスファルトフェルト
セメント系サイディング
水切 カラー鉄板
竪羽目板㋐15
胴縁
20×40@455
水切 カラー鉄板
土台 120□
見切縁

②断面図

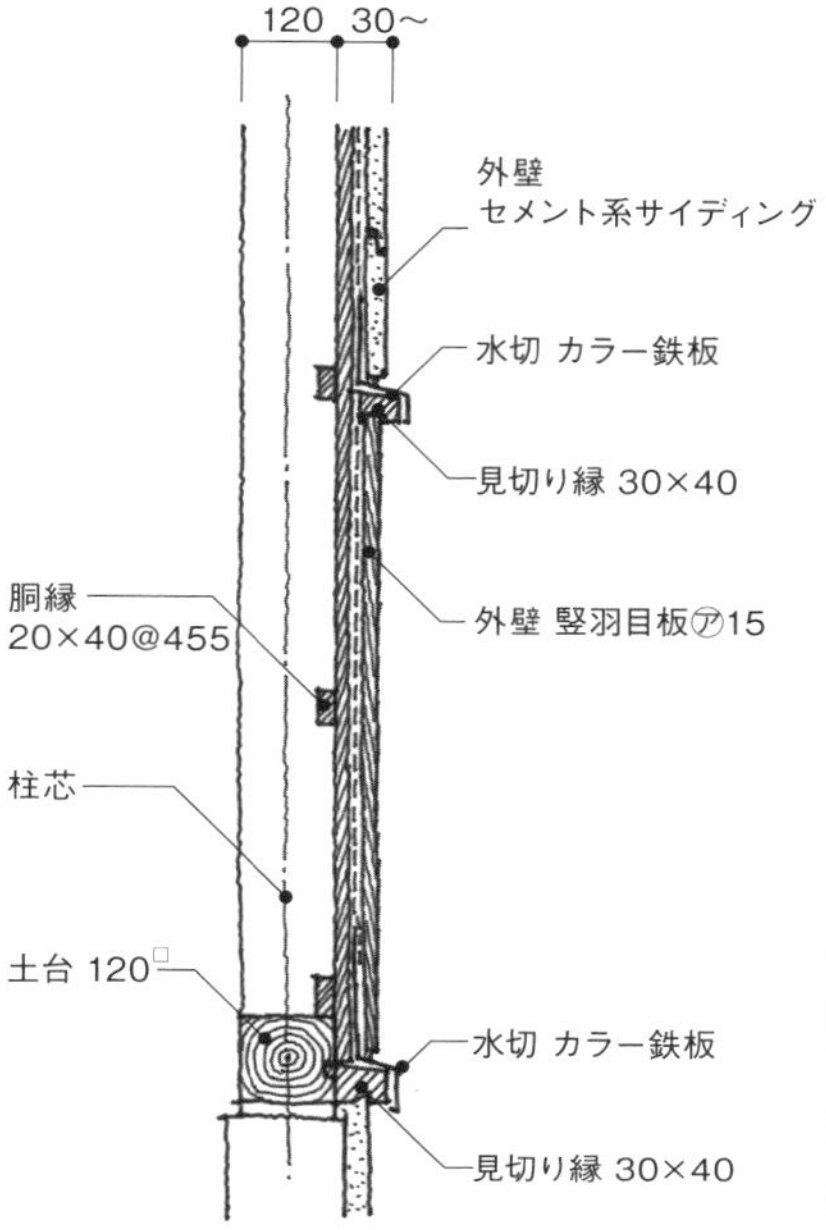

120 30～
外壁
セメント系サイディング
水切 カラー鉄板
見切り縁 30×40
胴縁
20×40@455
外壁 竪羽目板㋐15
柱芯
土台 120□
水切 カラー鉄板
見切り縁 30×40

図3｜外壁腰部のバリエーション

①竪羽目板の場合

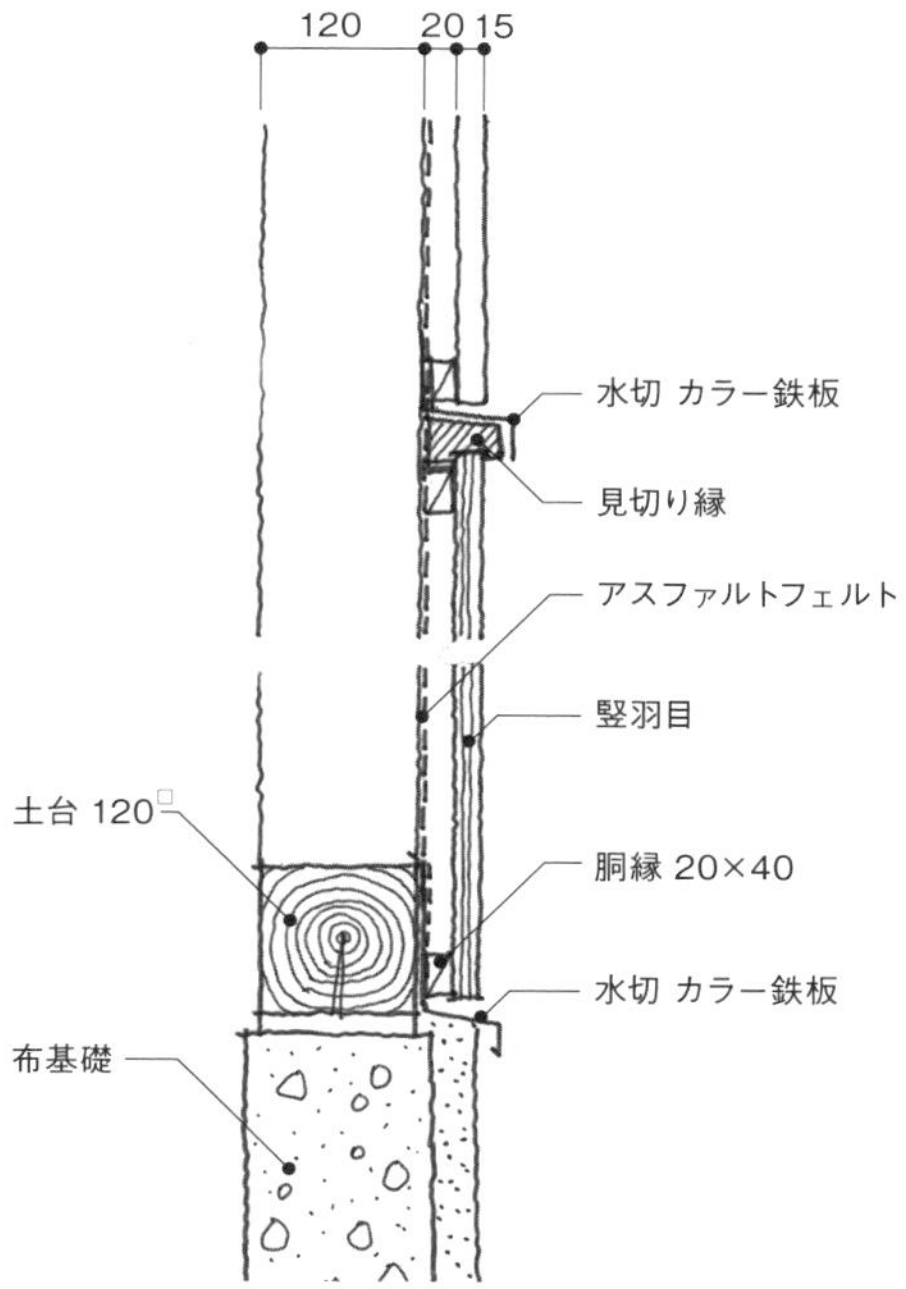

120 20 15
水切 カラー鉄板
見切り縁
アスファルトフェルト
竪羽目
土台 120□
胴縁 20×40
水切 カラー鉄板
布基礎

②ガルバリウム鋼板の場合

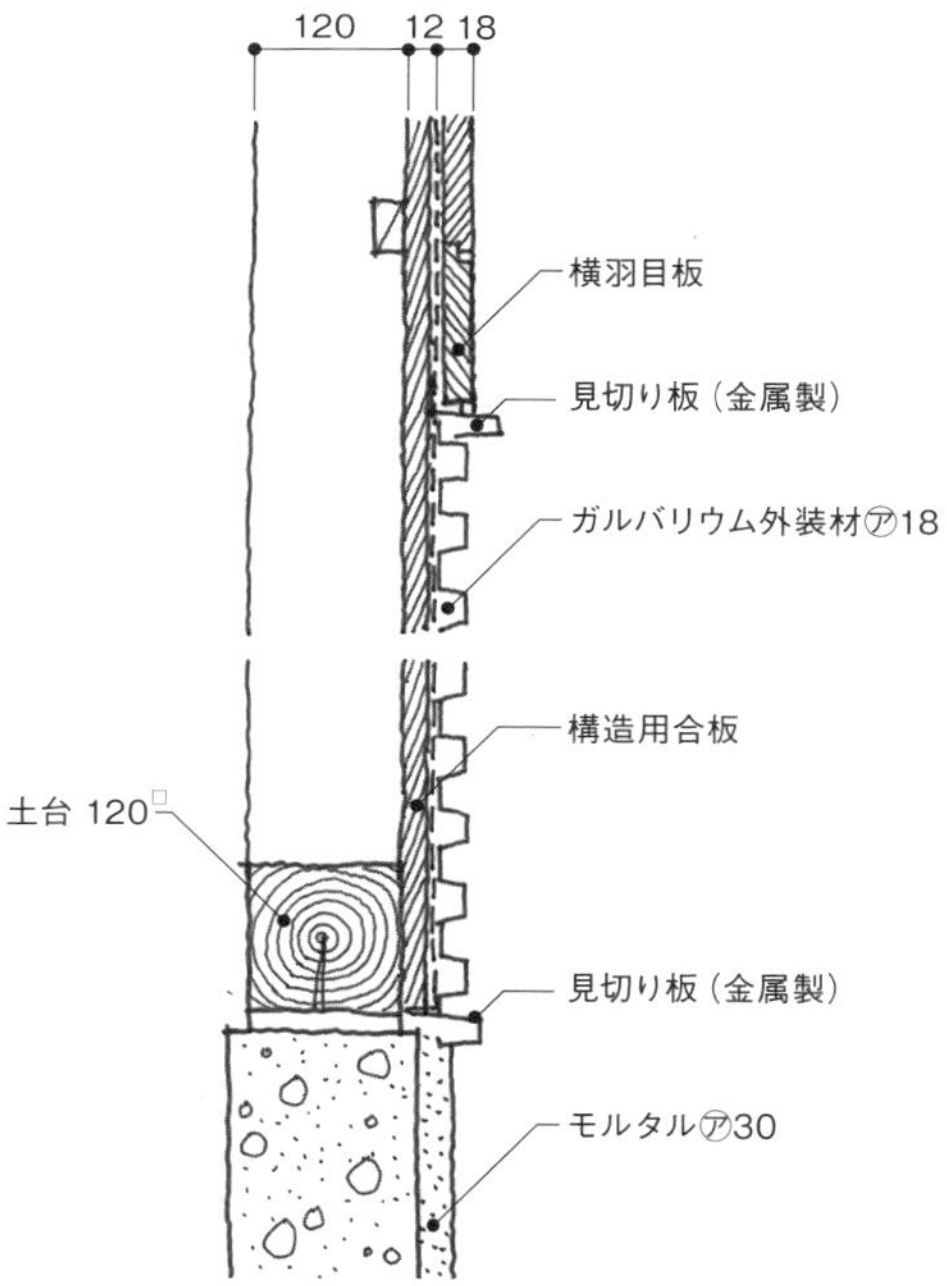

120 12 18
横羽目板
見切り板（金属製）
ガルバリウム外装材㋐18
構造用合板
土台 120□
見切り板（金属製）
モルタル㋐30

2
外装

外壁と軒裏の取合い

POINT 軒裏天井仕上げで不燃材が必要な場合は、不燃ボード張りかモルタル仕上げなどとする

室内天井と似た軒裏納まり

外壁と軒裏の取合いは、室内の壁と天井の取合いに類似している。通常、室内の場合は天井と内壁を廻り縁で納めるが、軒裏の場合は、軒裏天井材と外壁材を見切り縁で納める。しかし、軒裏は室内ほどには目立たないため、軒裏天井に外壁材を直接ぶつけ、コーナーに化粧見切り縁を打ち付けて納める。天井と外壁を目透かし目地で納めるような簡易的な方法もある。

また、軒裏は法規制によっては防火構造とする必要があり、不燃ボードを張るかモルタルなどを塗り仕上げる。

さらに、小屋裏にこもった熱気を換気するために、軒裏天井の部分に給気口を設けることがある。このときスリットや開口に防虫網を入れるが、網目が小さいと目が詰まり、通気の役目をしなくなるので注意を要する。

図1 | 外壁と勾配軒裏天井との取合い

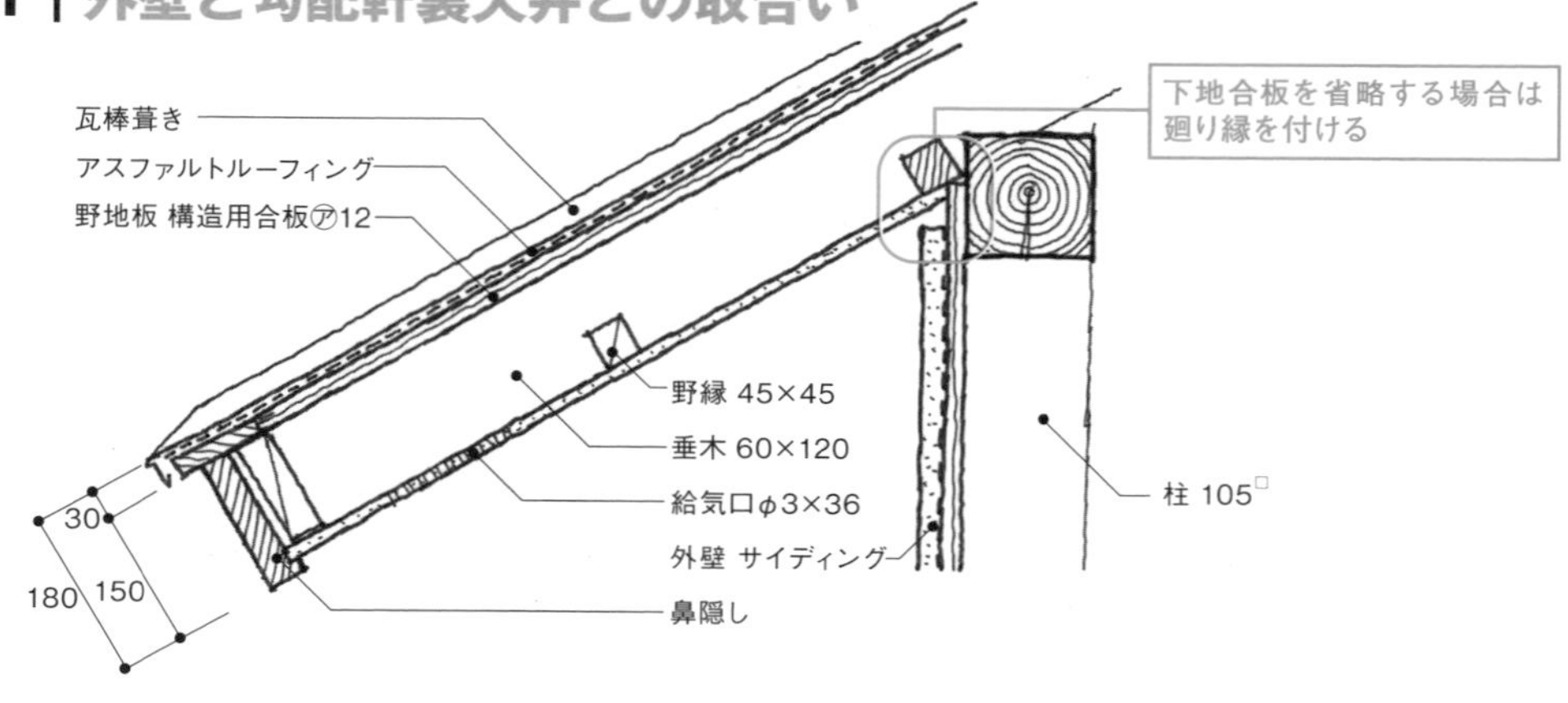
瓦棒葺き
アスファルトルーフィング
野地板 構造用合板㋐12
下地合板を省略する場合は廻り縁を付ける
野縁 45×45
垂木 60×120
給気口φ3×36
外壁 サイディング
鼻隠し
柱 105□
30
180
150

図2｜外壁と軒天井との取合い

①アイソメ図

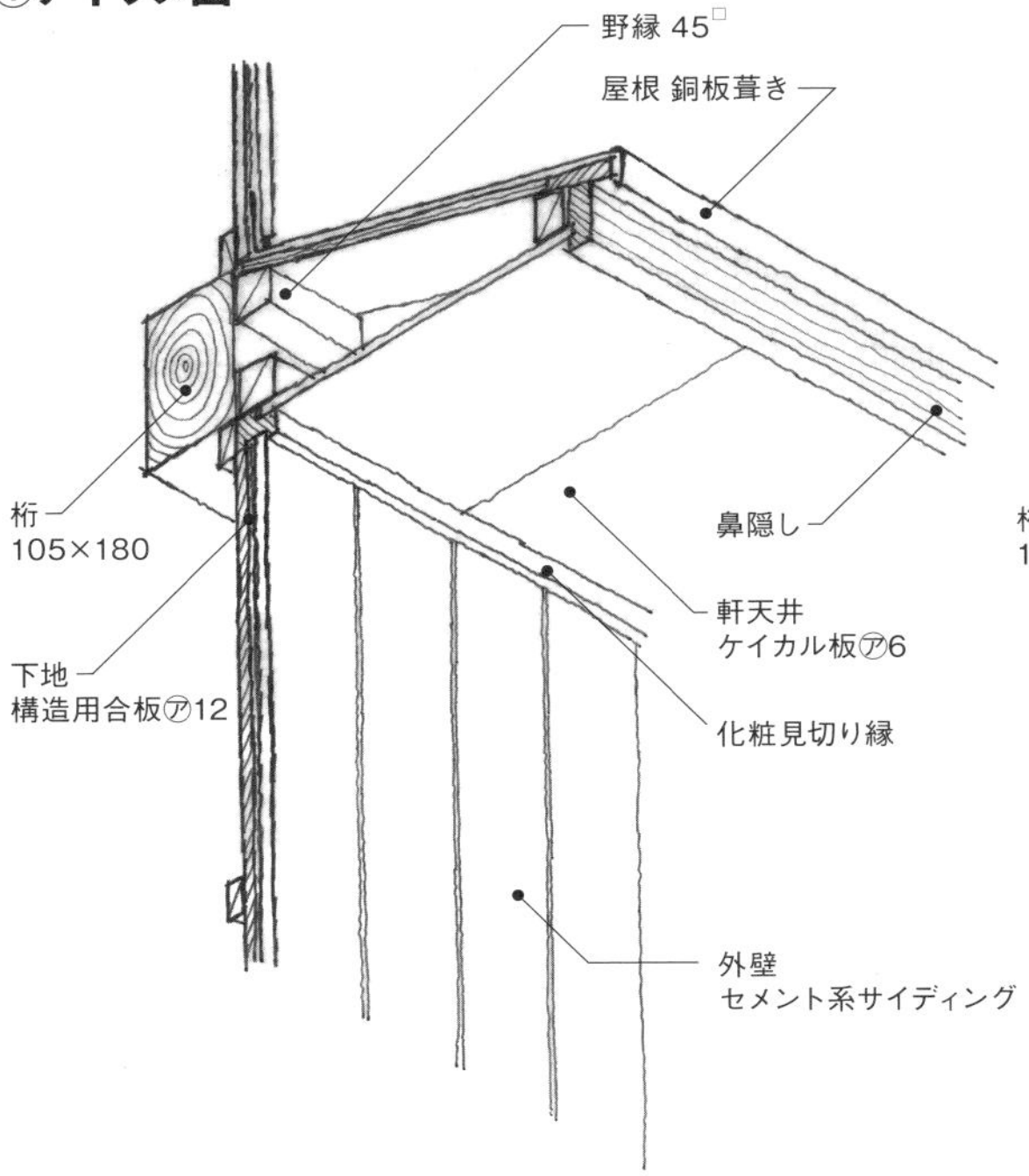
野縁 45□
屋根 銅板葺き
桁
105×180
鼻隠し
下地
構造用合板⑦12
軒天井
ケイカル板⑦6
化粧見切り縁
外壁
セメント系サイディング

②断面図

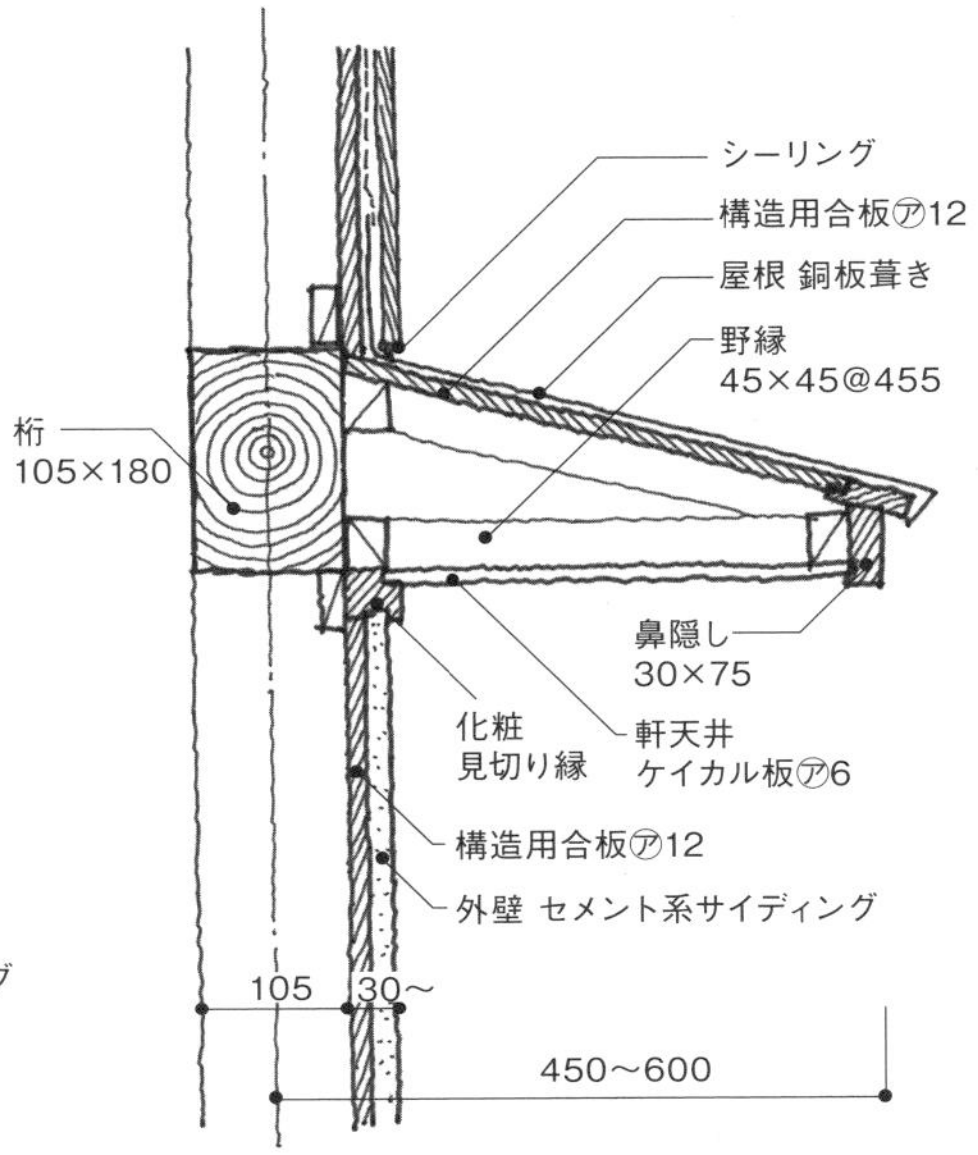
シーリング
構造用合板⑦12
屋根 銅板葺き
野縁
45×45@455
桁
105×180
鼻隠し
30×75
化粧
見切り縁
軒天井
ケイカル板⑦6
構造用合板⑦12
外壁 セメント系サイディング
105
30～
450～600

図3｜外壁と軒裏の取合いのバリエーション

①押し縁で留める

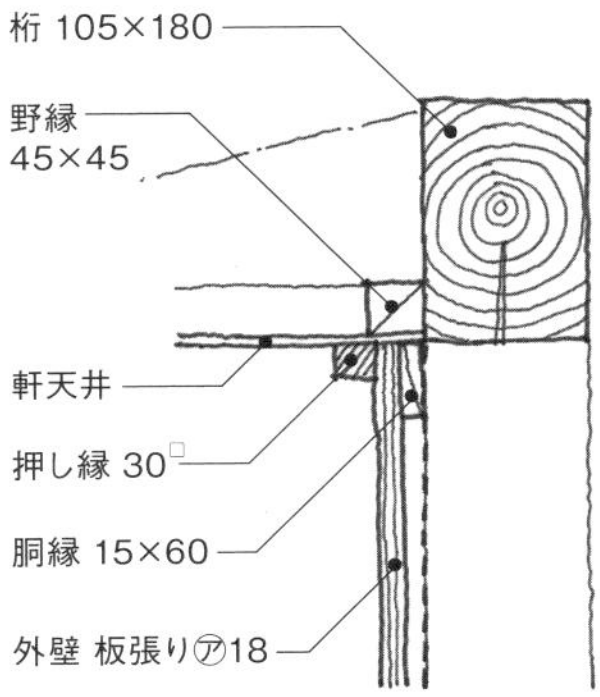
桁 105×180
野縁
45×45
軒天井
押し縁 30□
胴縁 15×60
外壁 板張り⑦18

②廻り縁で留める

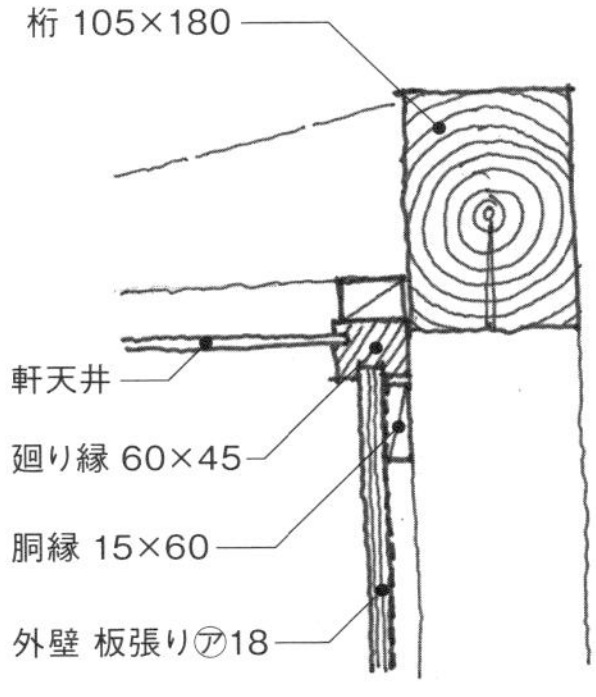
桁 105×180
軒天井
廻り縁 60×45
胴縁 15×60
外壁 板張り⑦18

③突付け

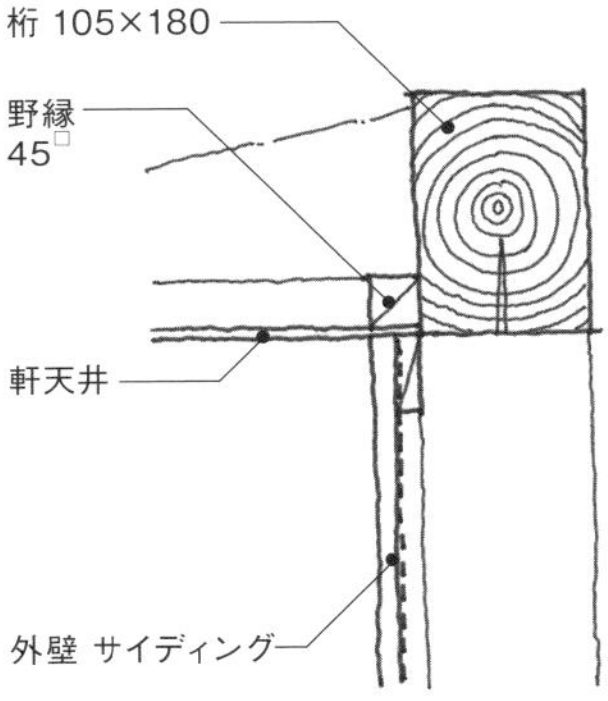
桁 105×180
野縁
45□
軒天井
外壁 サイディング

瓦屋根

POINT

住宅で一般的に用いられるのは桟瓦《さんがわら》葺き。勾配は4／10程度以上とする

瓦の種類と葺き方

瓦は粘土を成型し1千度以上で焼成してつくられる。種類は、窯のなかで燻した燻し瓦と、施釉した釉薬瓦に分けられる。燻し瓦は独特の光沢と風合いがあり、古建築のほとんどに使用されている。釉薬瓦は吸水が少なく凍害に強い。

葺き方は大きく本瓦葺きと桟瓦葺きに分類できる。本瓦葺きは古建築や寺院などに使用される場合がほとんどで、一般の住宅では後者の桟瓦葺きが一般的である。本瓦葺きは平瓦と丸瓦の組合せで葺く方法で、平瓦と平瓦の接合部に丸瓦を載せる葺き方である。

桟瓦の葺き方は本来、葺き土を野地板の上に敷いて施工するが、現在では葺き土をアスファルトルーフィングに代え、それに横桟を打ち付け、これに瓦を引っ掛ける方法が多くなった。この施工の仕方を空葺き、または引掛け桟瓦葺きという。

瓦葺きで大切なのは屋根の勾配である。緩いと雨水が逆流する恐れがあるため、桟瓦葺きでは4／10程度以上の勾配が必要である。

瓦葺きと銅板葺きの取合い

瓦屋根の軒先の部分を銅板葺きにすると、意匠的に軽快な感じの屋根になる。また、部分的に銅板葺きにすると重量を軽減でき、勾配と素材を変えることで屋根の形に変化を与えることができる。

注意する点は、銅板葺きと瓦葺きの部分の重ねを十分にとり、水返しの桟を打ち、その桟に沿って水返しの銅板を十分に立ち上げ、打ち付けておくことである。また、風の吹上げによる雨水の逆流しないよう、そして瓦が飛ばされないよう留意しなければならない。

図1｜引掛け桟瓦葺きの構成

①アイソメ図

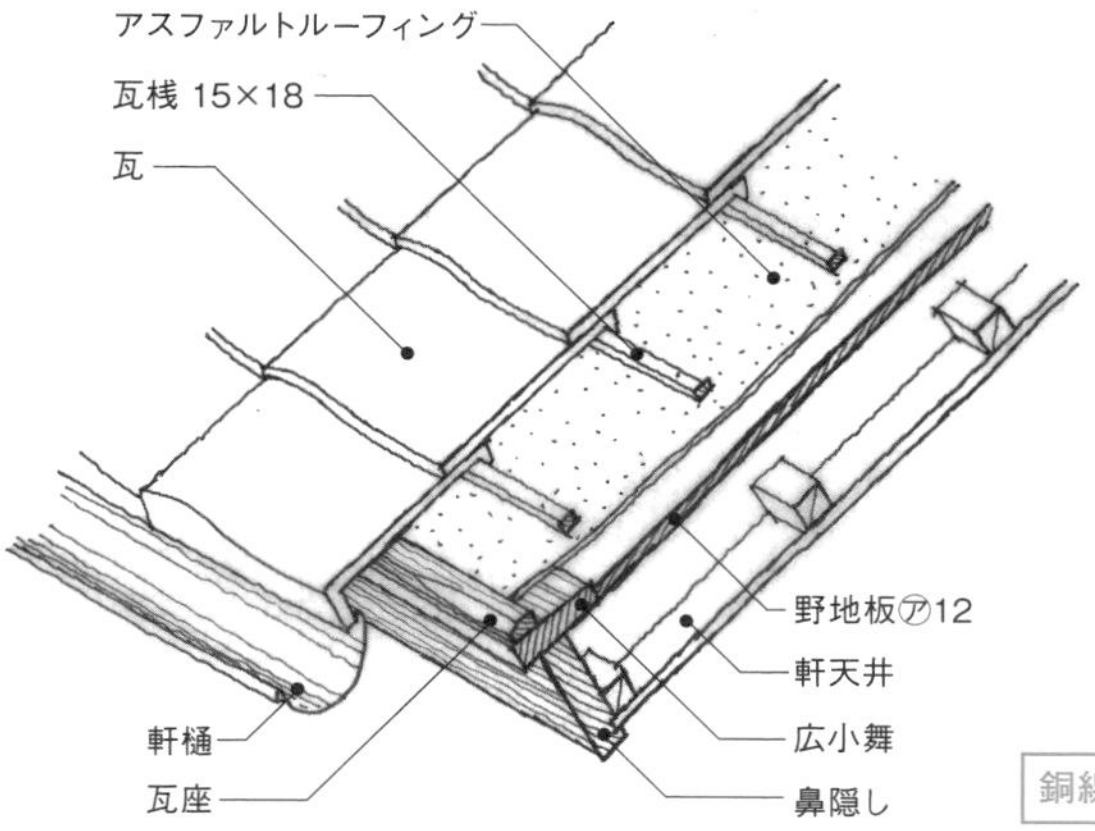
アスファルトルーフィング
瓦桟 15×18
瓦
軒樋
瓦座
野地板㋐12
軒天井
広小舞
鼻隠し

②断面図（軒先部）

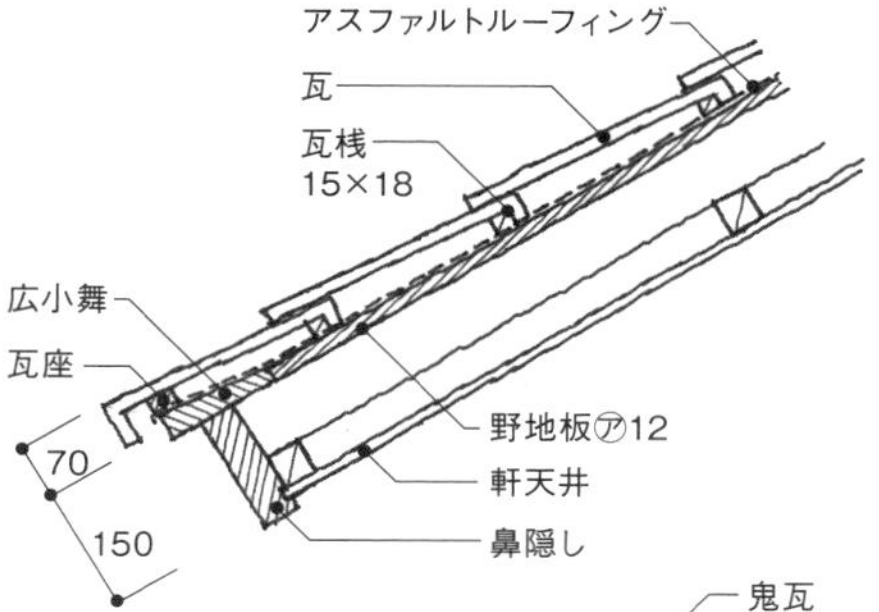
アスファルトルーフィング
瓦
瓦桟
15×18
広小舞
瓦座
野地板㋐12
軒天井
鼻隠し
70
150

③断面図（棟部）

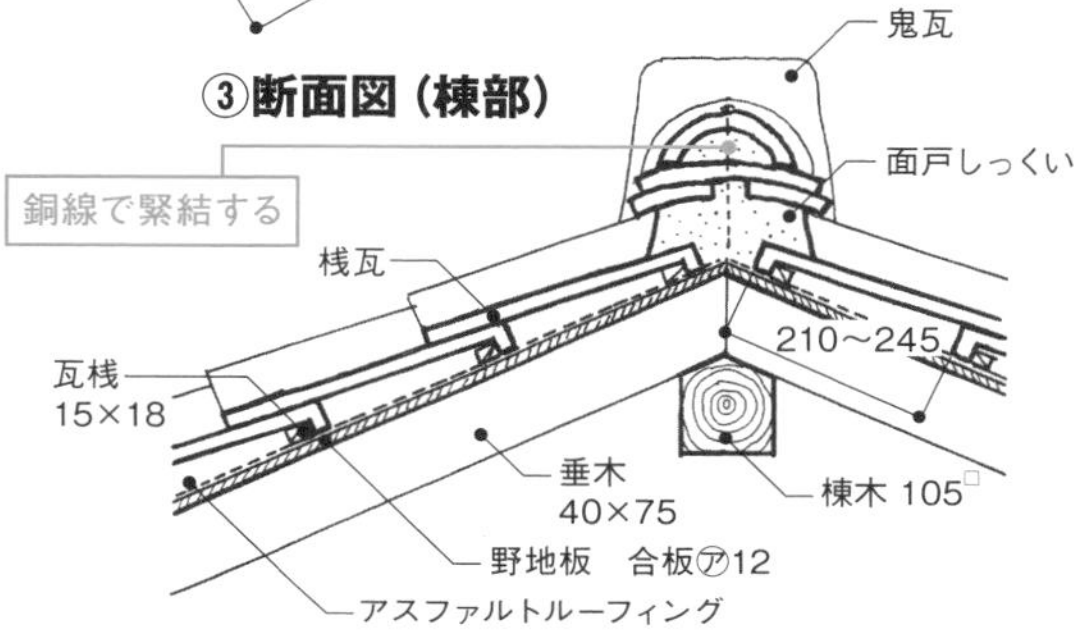
鬼瓦
面戸しっくい
銅線で緊結する
桟瓦
瓦桟
15×18
210～245
垂木
40×75
棟木 105□
野地板　合板㋐12
アスファルトルーフィング

図2｜瓦屋根と銅板葺きの構成

①アイソメ図

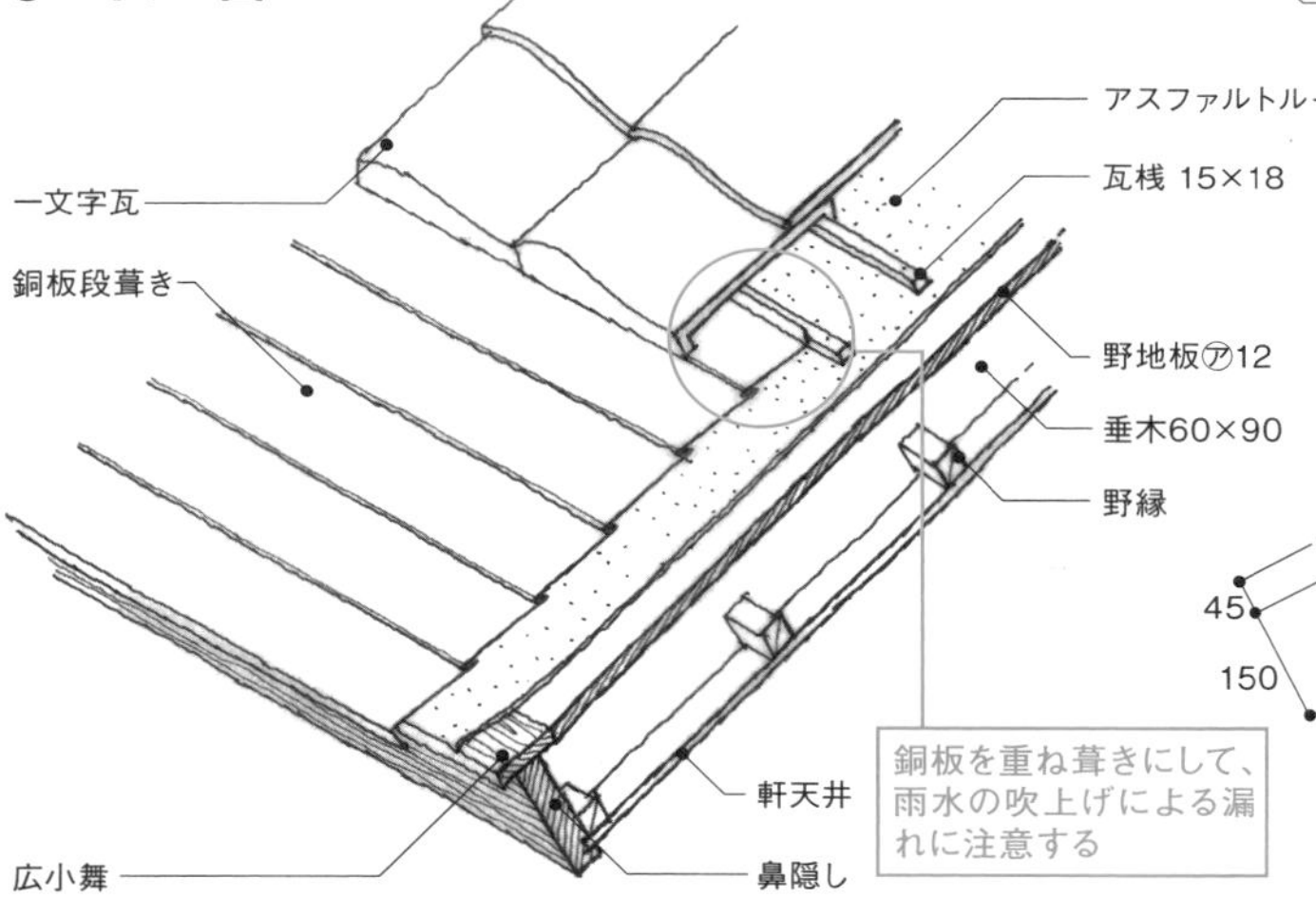
アスファルトルーフィング
瓦桟 15×18
一文字瓦
銅板段葺き
野地板㋐12
垂木60×90
野縁
銅板を重ね葺きにして、雨水の吹上げによる漏れに注意する
軒天井
広小舞
鼻隠し

②断面図

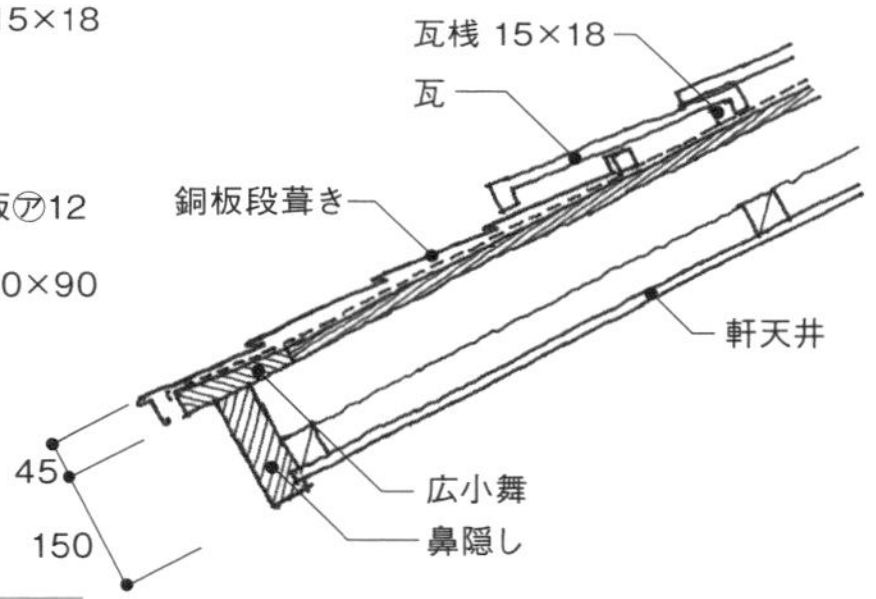
瓦桟 15×18
瓦
銅板段葺き
軒天井
45
150
広小舞
鼻隠し

図3｜瓦と銅板平葺きの納まり

①軒先の納まり

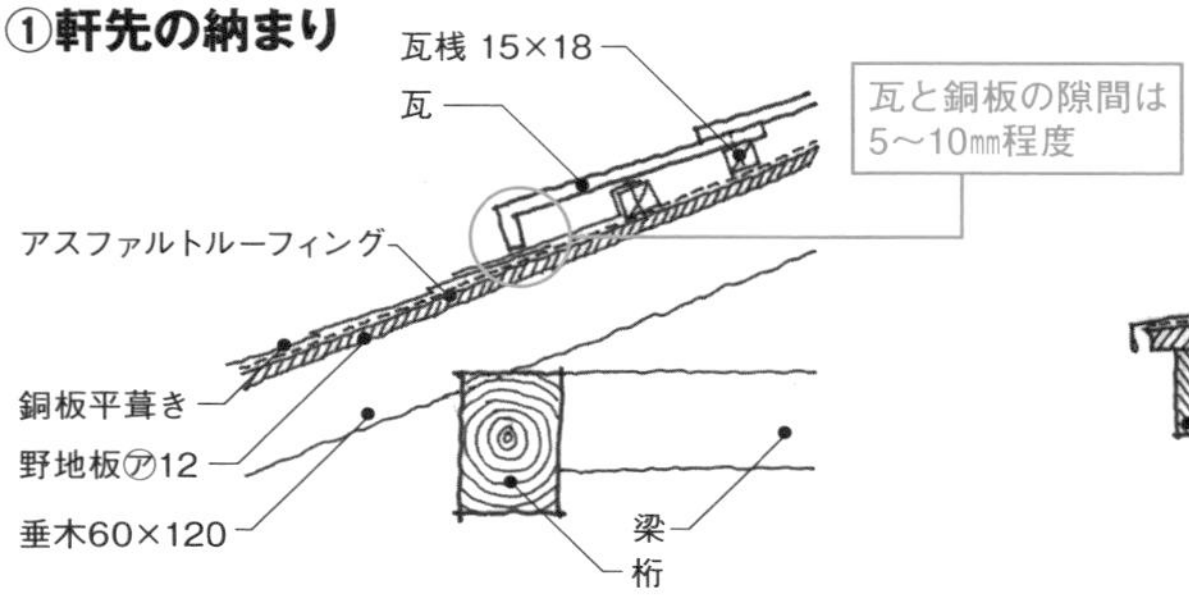
瓦桟 15×18
瓦
瓦と銅板の隙間は5～10㎜程度
アスファルトルーフィング
銅板平葺き
野地板㋐12
垂木60×120
梁
桁

②妻側の納まり

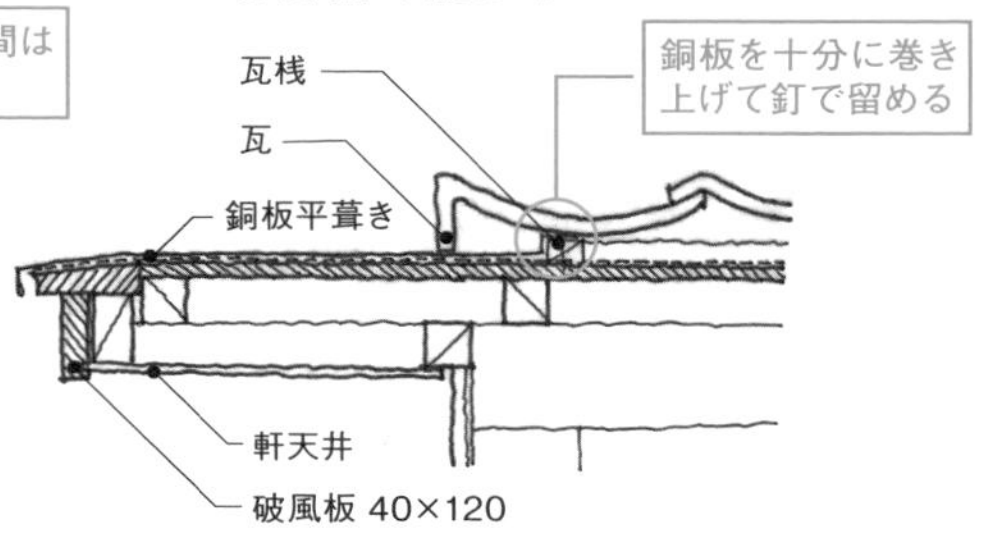
瓦桟
瓦
銅板を十分に巻き上げて釘で留める
銅板平葺き
軒天井
破風板 40×120

金属屋根

POINT 緩い勾配の屋根もできる金属葺きは、板幅が小さいほど手間がかかる

金属葺きのメリット

金属は火に強く、耐候性に優れているため、屋根に適した材である。また、材が薄く曲げ加工が容易にでき、防水性のよい接合が可能であるため、1／10程度の緩い勾配の屋根ができる。

一方、金属屋根は強風で吹き上げられることもある。また熱伝導率がよく、直射日光を受けると高温になるため、しっかりと断熱する必要がある。

屋根に使用される金属は、銅、鉄が主流であり、いずれも3～4㎜程度の厚さのものを葺き方に応じて裁断して葺く。鉄は安価だが錆びる欠点がある。当然ながらメッキや塗装が必要であるが、最近はフッ素樹脂などの耐候性の優れた製品も出ている。

金属屋根の種類と葺き方

金属板の葺き方には一文字葺き、菱葺きなどの平葺き、そして瓦棒葺きがある。

一文字葺きは長方形に切った金属板にハゼを取り付け、互いに組み合わせる葺き方である。ハゼの線は左右チドリに、上下は水平段上に現れる。板の幅が小さいほど手間がかかり上級の仕事になる。葺き下地にはアスファルトルーフイングを使用する。葺き板は伸縮による動きを考慮して直接野地板に留めずに吊り子で固定する。比較的強風に吹き上げられる弱点があるため、入念な施工が求められる。

瓦棒葺きは屋根の下地に瓦棒という角材を打ち付け、双方より金属板を立ち上げて、瓦棒上部で細長の金属片を巻き込み、蓋をする。この葺き方は施工が早く、雨洩りも少ないとされている。瓦棒の心材を入れずに金属板の端部を立ち上げて雨仕舞をする葺き方を、立てハゼ葺きと呼んでいる。

2
外装

図1｜金属屋根瓦棒葺きの構成

①アイソメ図

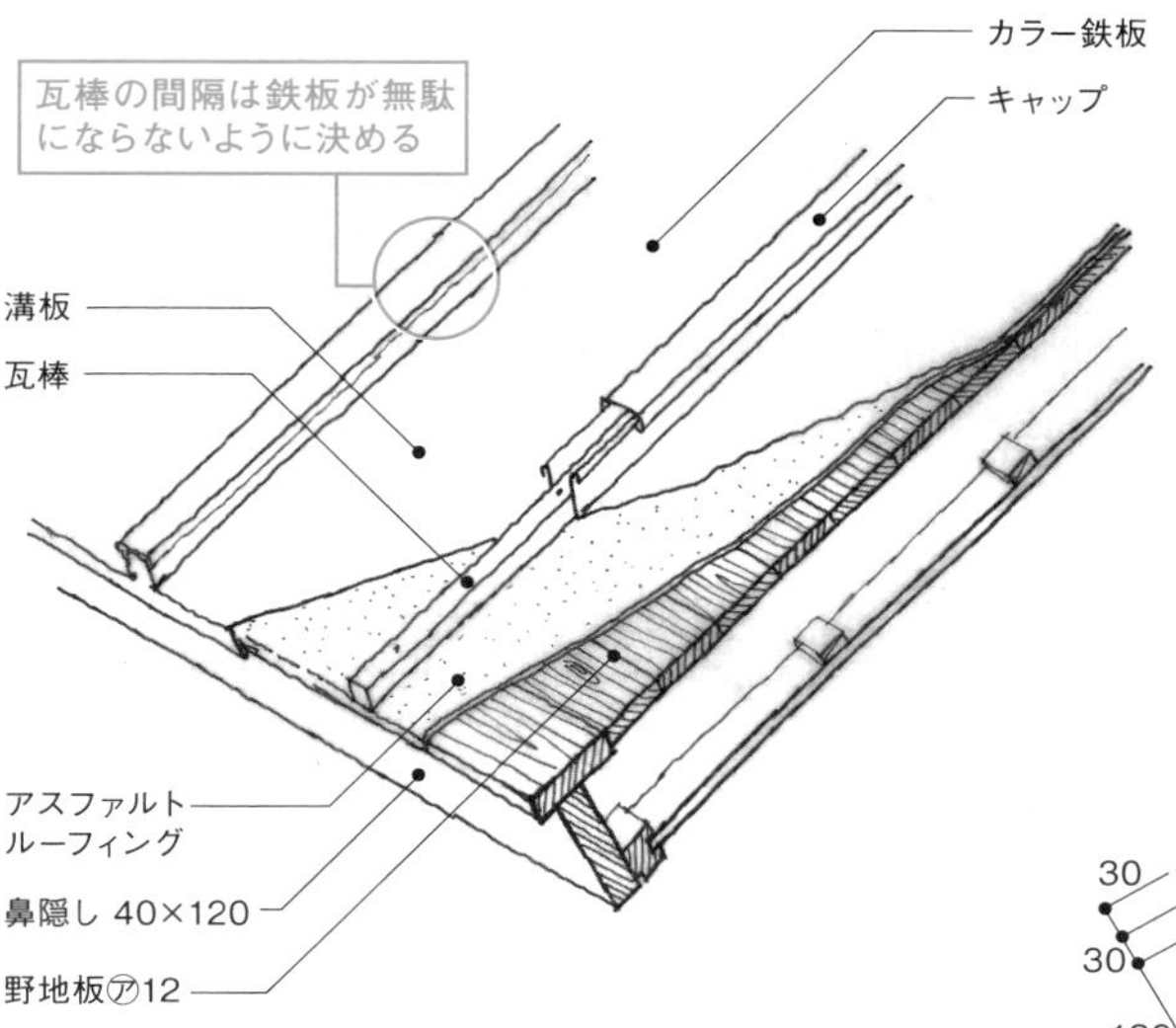
瓦棒の間隔は鉄板が無駄にならないように決める
カラー鉄板
キャップ
溝板
瓦棒
アスファルトルーフィング
鼻隠し 40×120
野地板㋐12

②断面図

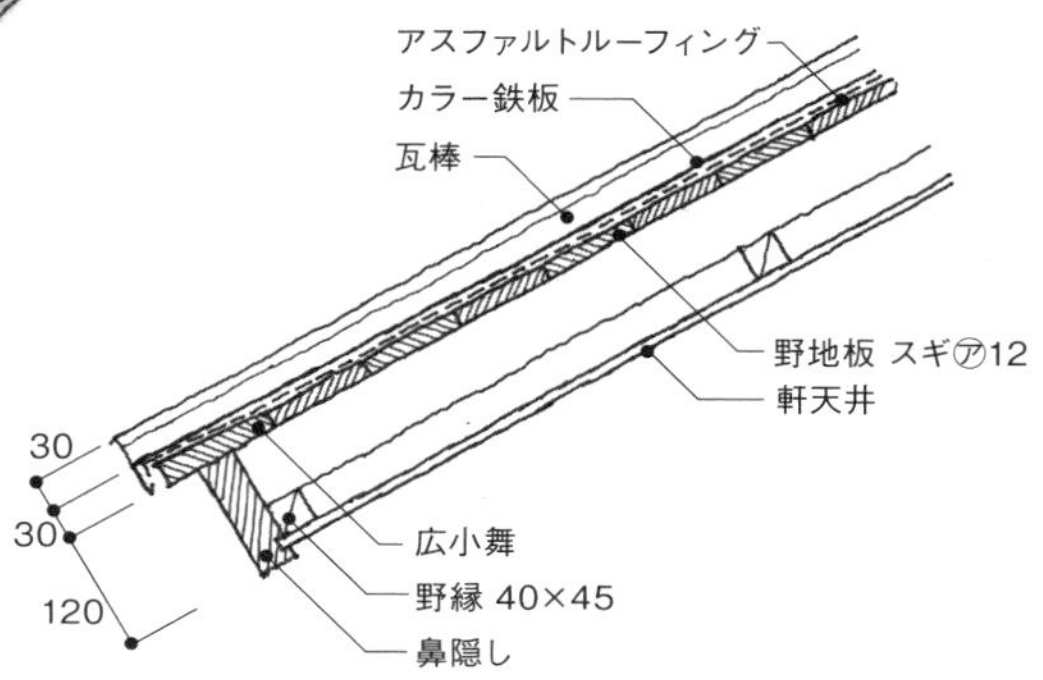
アスファルトルーフィング
カラー鉄板
瓦棒
野地板 スギ㋐12
軒天井
30
30
120
広小舞
野縁 40×45
鼻隠し

図2｜金属瓦棒葺きの種類

①化粧軒天井の場合

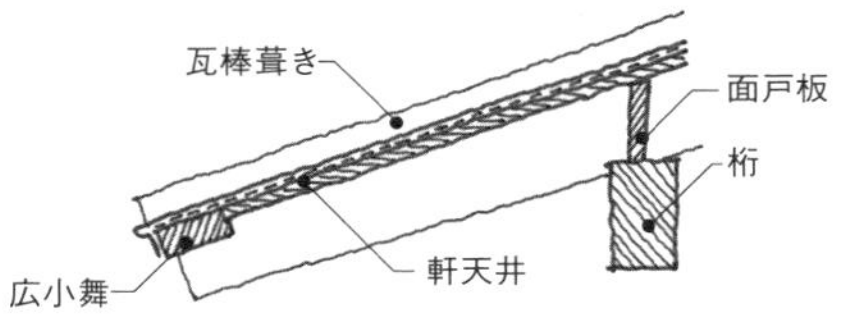
瓦棒葺き
面戸板
桁
広小舞
軒天井

③棟の納まり

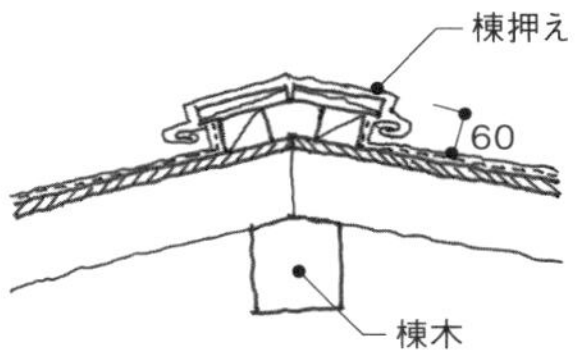
棟押え
60
棟木

②二重の軒天井

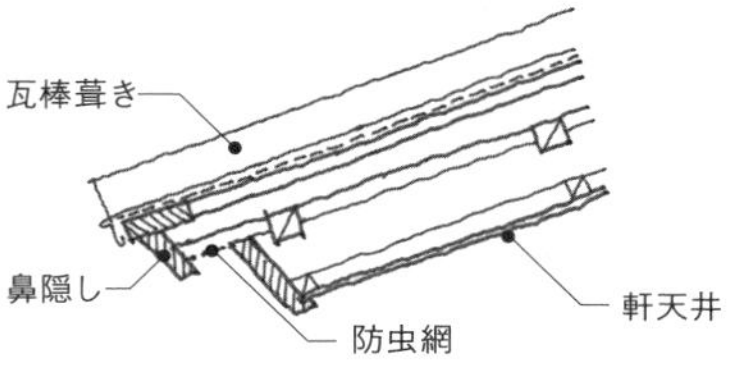
瓦棒葺き
鼻隠し
防虫網
軒天井

④桟木省略の瓦棒葺き

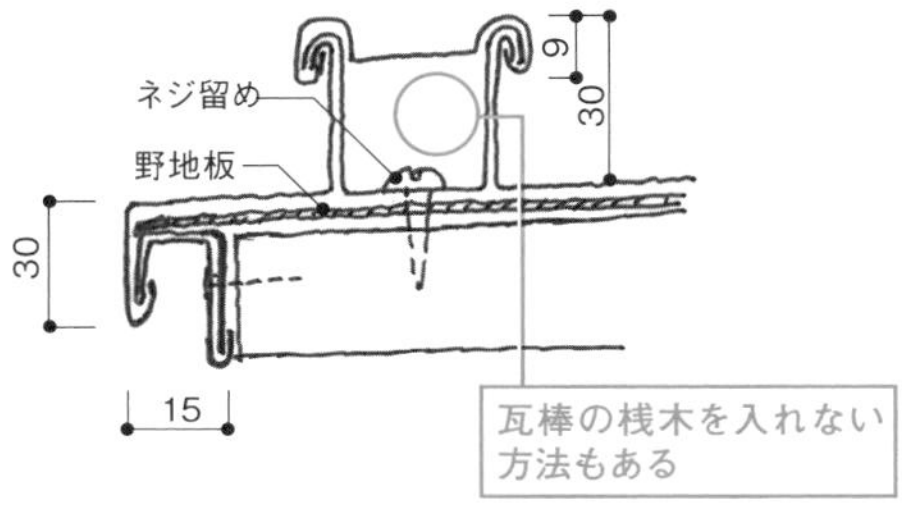
ネジ留め
野地板
9
30
30
15
瓦棒の桟木を入れない方法もある

スレート屋根

POINT
棟や軒先、けらば部分では水切り鉄板を十分に入れて水の浸入を防ぐ

天然スレートの風合いを生かす

近年、屋根を天然スレートで葺くケースが少なくなった。天然スレートは時間を経ても劣化が少なく、何度でも葺き替えが可能な点と、自然石ならではの風合いと趣をもっているのが好まれる所以である。

一方で、重量が重く、衝撃に弱い点、また自然石ゆえ製品にムラが出やすい点が短所といえよう。

通常の天然スレートの葺き方は、野地板の上にアスファルトルーフィングを敷き、それに桟を打ち付け、それにスレートを打ち付けて重ねて葺いてゆく。棟や軒先、けらば部分の納まりは複雑になりやすいので、水切り鉄板を十分に入れて、吹上げによる水の浸入に配慮しなければならない。また、重量が重いため、建築全体の構造体を強くしておかなければならない。

図1 | スレート屋根の葺きパターン

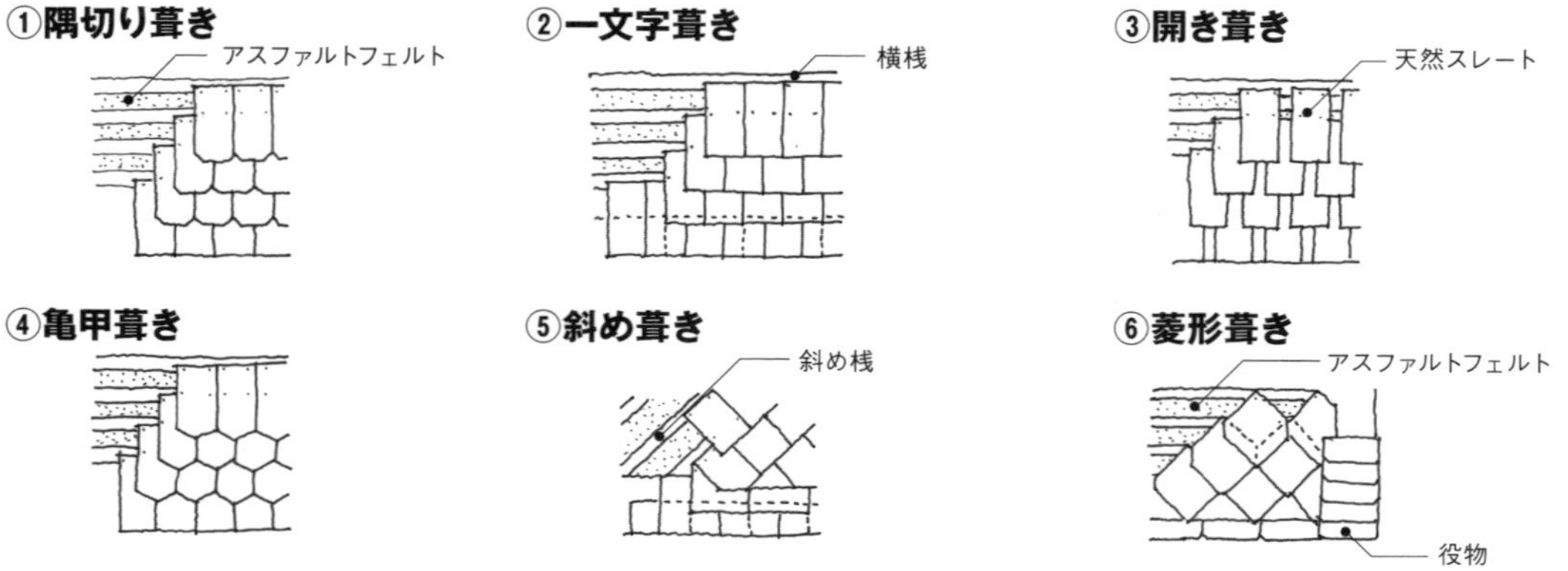
①隅切り葺き
アスファルトフェルト
②一文字葺き
横桟
③開き葺き
天然スレート
④亀甲葺き
⑤斜め葺き
斜め桟
⑥菱形葺き
アスファルトフェルト
役物

図2 | スレート屋根葺きの構成

①アイソメ図

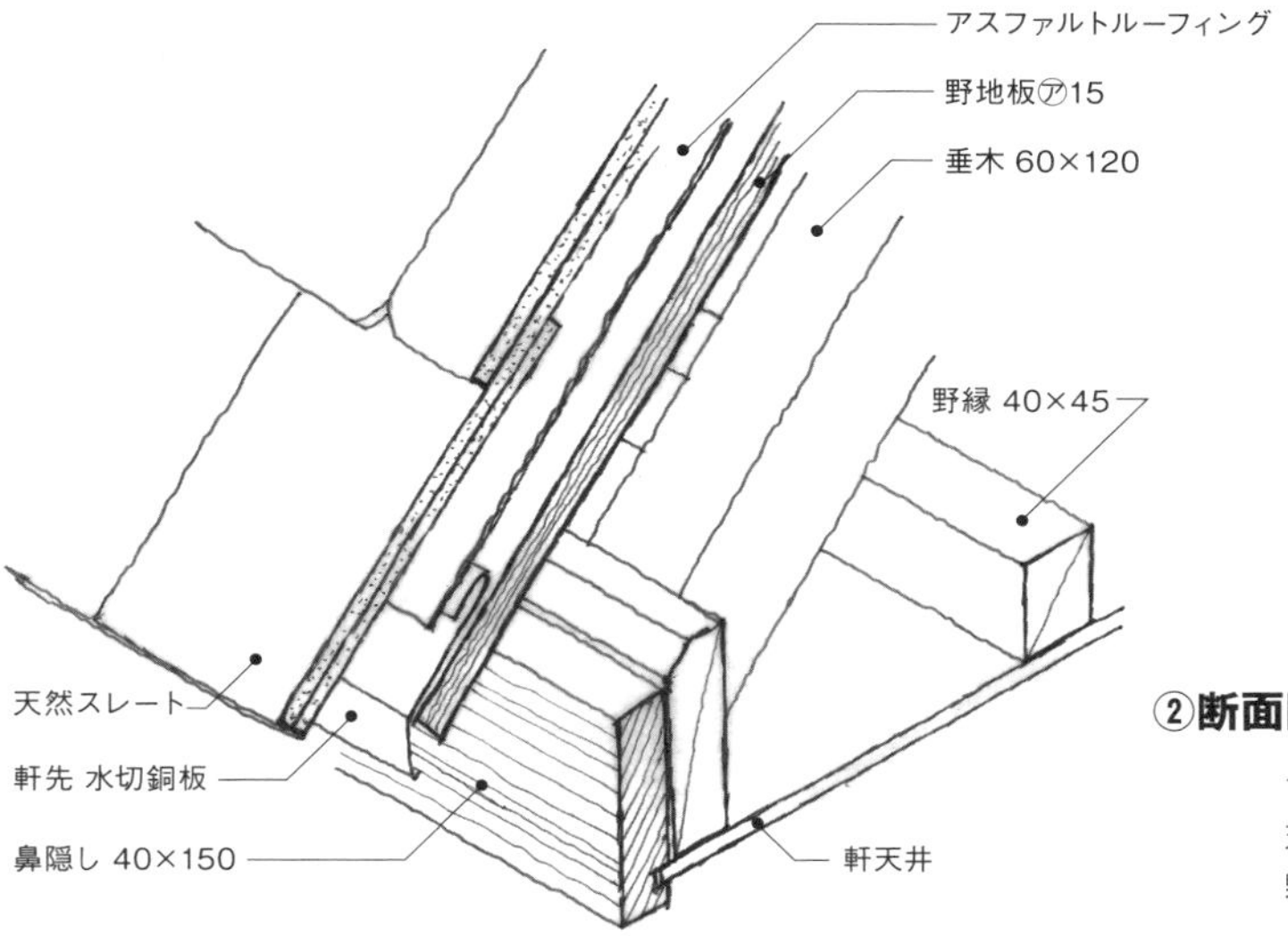
アスファルトルーフィング
野地板㋐15
垂木 60×120
野縁 40×45
天然スレート
軒先 水切銅板
鼻隠し 40×150
軒天井

②断面図

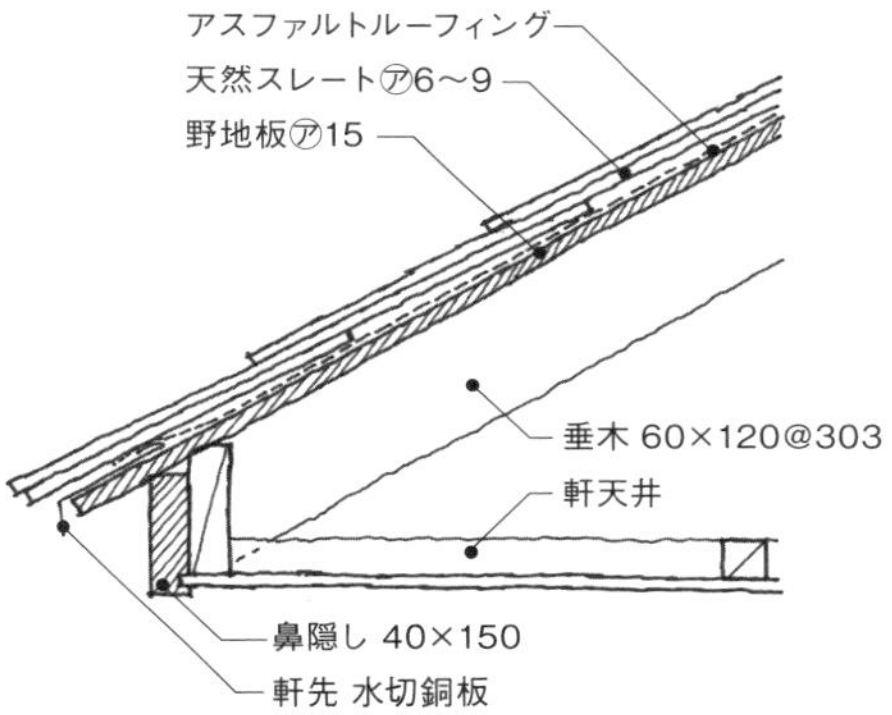
アスファルトルーフィング
天然スレート㋐6～9
野地板㋐15
垂木 60×120@303
軒天井
鼻隠し 40×150
軒先 水切銅板

図3 | スレート屋根の端部の納まり

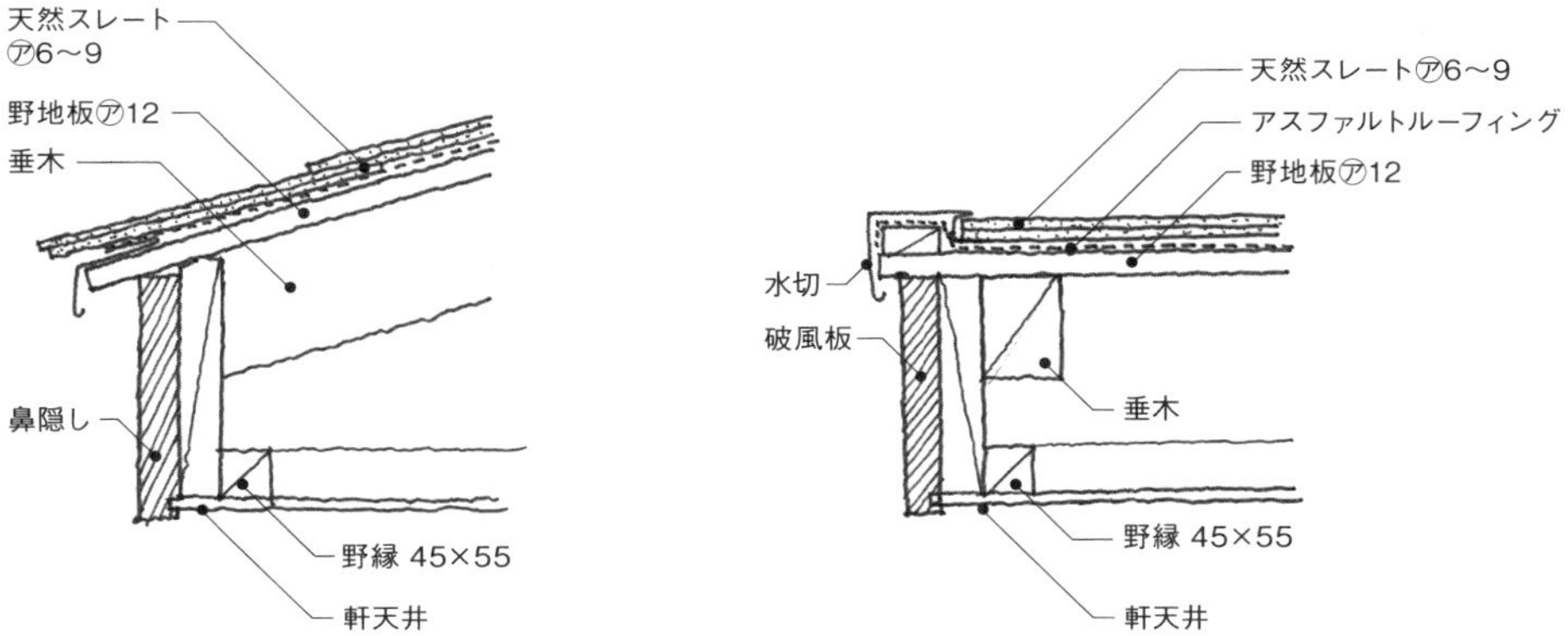
天然スレート
㋐6～9
野地板㋐12
垂木
鼻隠し
野縁 45×55
軒天井
天然スレート㋐6～9
アスファルトルーフィング
野地板㋐12
水切
破風板
垂木
野縁 45×55
軒天井

庇と下屋

POINT 庇は外壁との納まりに留意し、外壁の下地部分に水切り金属板を十分に差し込む

庇と下屋の役割と構成

庇は外壁から持出しで支えられた小屋根をいう。庇は霧除け、または差し掛け屋根ともいわれている。その用途に応じて庇の出や形式はさまざまである。板に金属板を張った簡単なものから、腕木や桁に装飾を施した化粧庇といわれるものもある。庇を支持する材として、柱から腕木という片持ち梁で支える方法、持送り板という材で支持する方法などがある。

下屋は外壁から出た屋根を先端の柱で支持する形式の屋根をいう。下屋は縁側や土間空間を構成することが多く、内部でもなく外部でもないという中間領域を形成するのに役立っている。

庇と下屋の納まりで留意しなければならない点は、外壁と庇屋根の納まりである。外壁の下地部分に水切り金属板を十分に差し込み、シーリングを施しておくことが大切である。

図1 | 庇の納まり

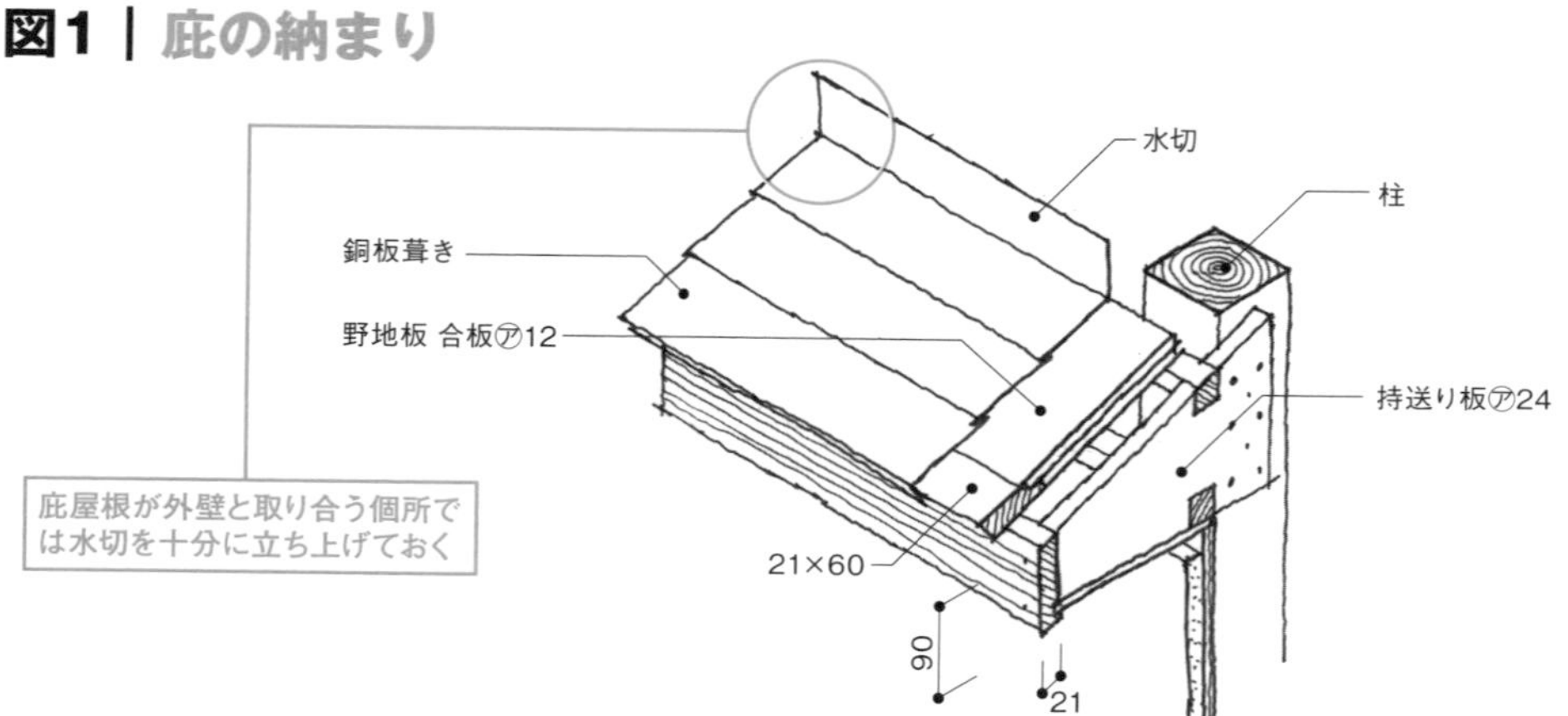
水切
柱
銅板葺き
野地板 合板㋐12
持送り板㋐24
庇屋根が外壁と取り合う個所では水切を十分に立ち上げておく
21×60
90
21

図2｜庇と下屋の構成

①アイソメ図

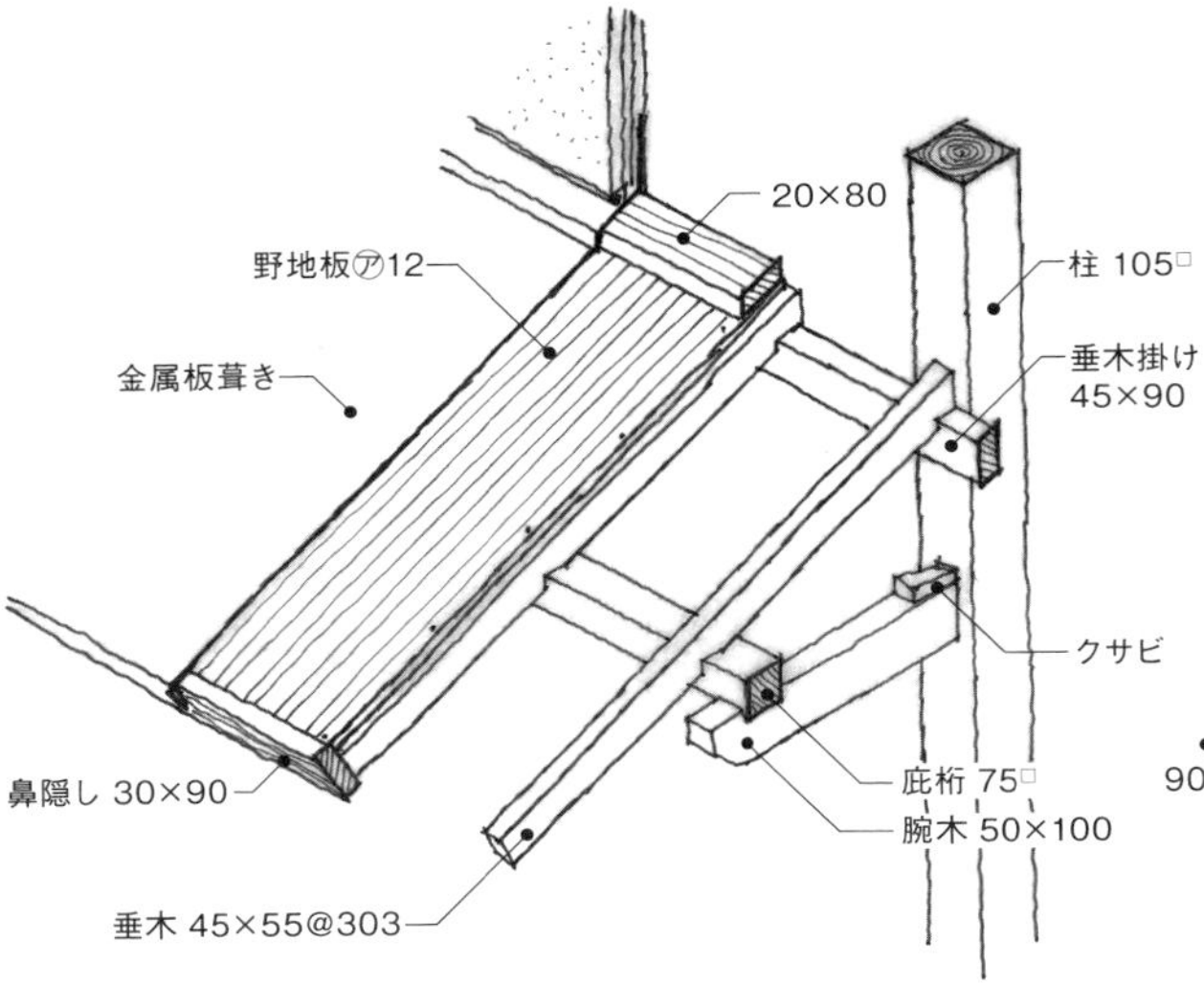
20×80
野地板㋐12
柱 105□
金属板葺き
垂木掛け
45×90
クサビ
鼻隠し 30×90
庇桁 75□
腕木 50×100
垂木 45×55@303

②断面図

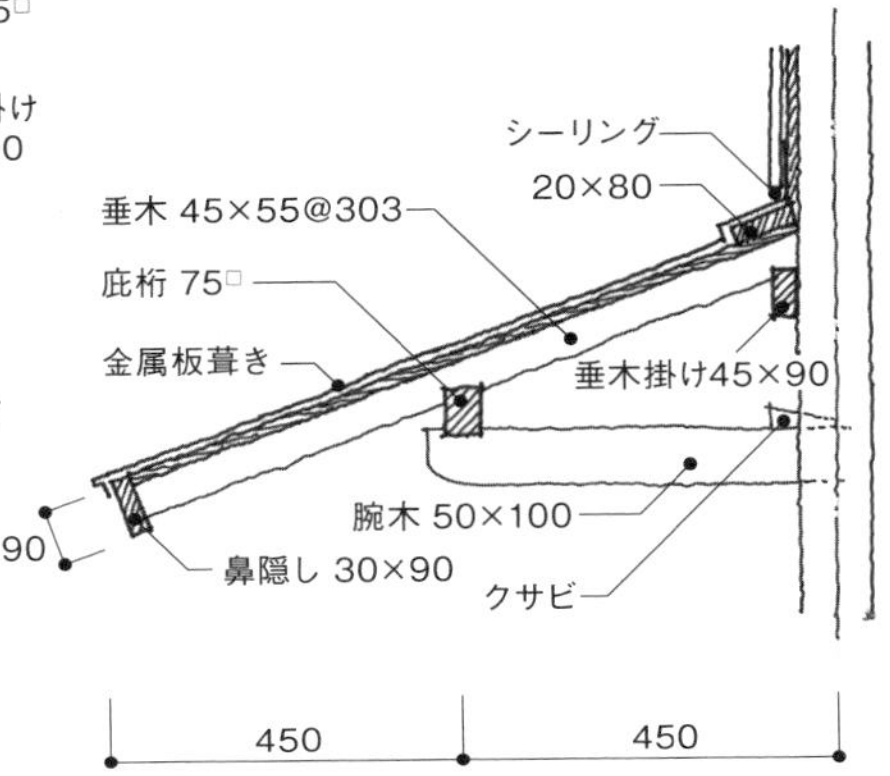
シーリング
20×80
垂木 45×55@303
庇桁 75□
垂木掛け45×90
金属板葺き
腕木 50×100
90
鼻隠し 30×90
クサビ
450
450

図3｜庇のバリエーション

①腕木で持ち出す場合

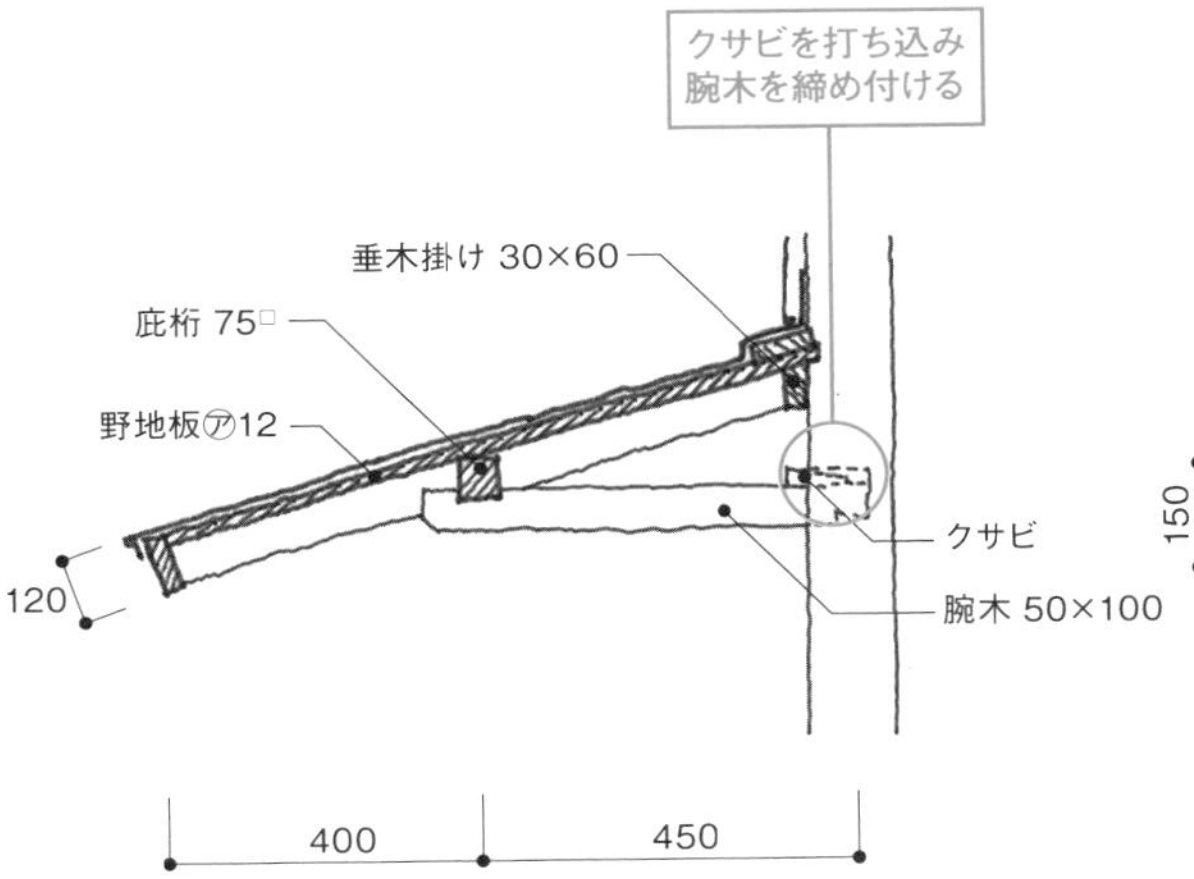
クサビを打ち込み
腕木を締め付ける
垂木掛け 30×60
庇桁 75□
野地板㋐12
クサビ
120
腕木 50×100
400
450

②軒裏を張る場合

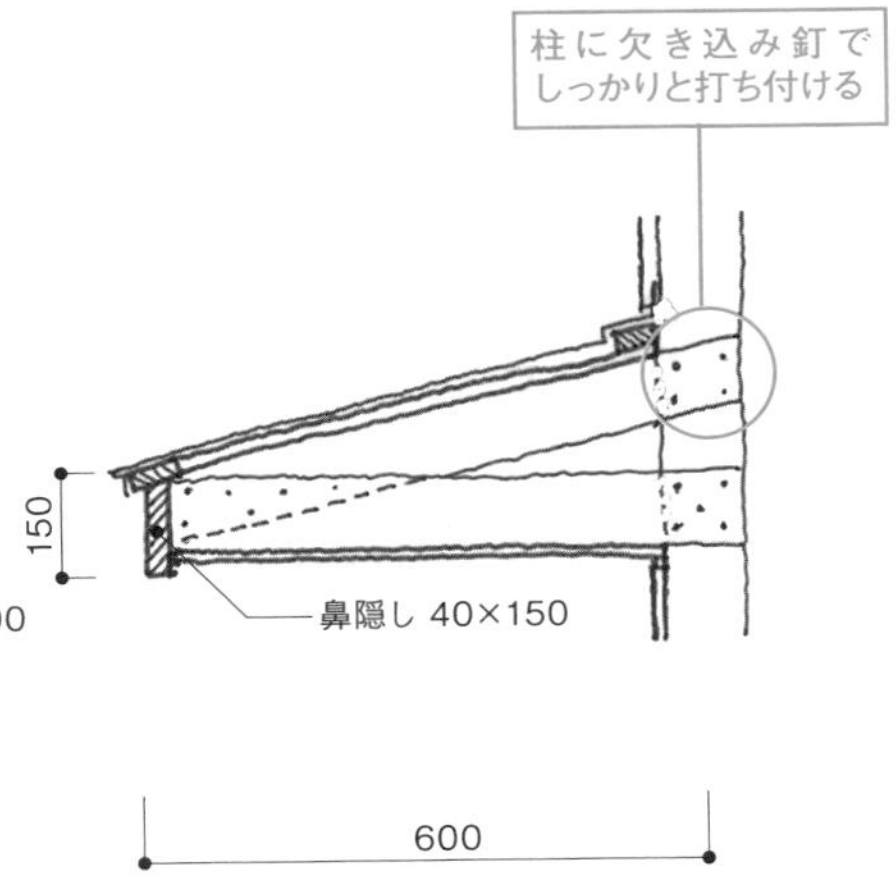
柱に欠き込み釘で
しっかりと打ち付ける
150
鼻隠し 40×150
600

樋

POINT 樋を外部から見えないようにする隠し樋とする場合は特に、物を詰まらせないことが大切

軒樋の構成と意匠

樋は軒樋、縦樋とそれをつなぐアンコウで構成されている。銅やステンレスなどの金属製もあるが、最近では安価な塩化ビニル製のものも多く出回っている。樋の断面形状はおもに丸樋であるが、高級な住宅などでは角樋を使う場合もある。

軒樋は910㎜間隔で樋受け金物を鼻隠しや垂木に打ち付けて支える。樋の勾配は20ｍに10～15㎜程度の緩い勾配をつける。樋の径は屋根の面積に応じて変わってくる。

意匠的にアンコウを見せないですっきりと納めたい場合には、縦樋の太さを十分にとる。

また、軒や壁の内側に隠して設ける樋を隠し樋（内樋）というが、雨仕舞いに注意しないと雨漏りの原因となる。隠し樋の場合には、枯れ葉などが詰まらないように、アンコウ上部に金網を付けておく。さらに樋の断面寸法を十分確保したうえ、万が一のためオーバーフローを設けておく。

図1 | 雨樋の納まり

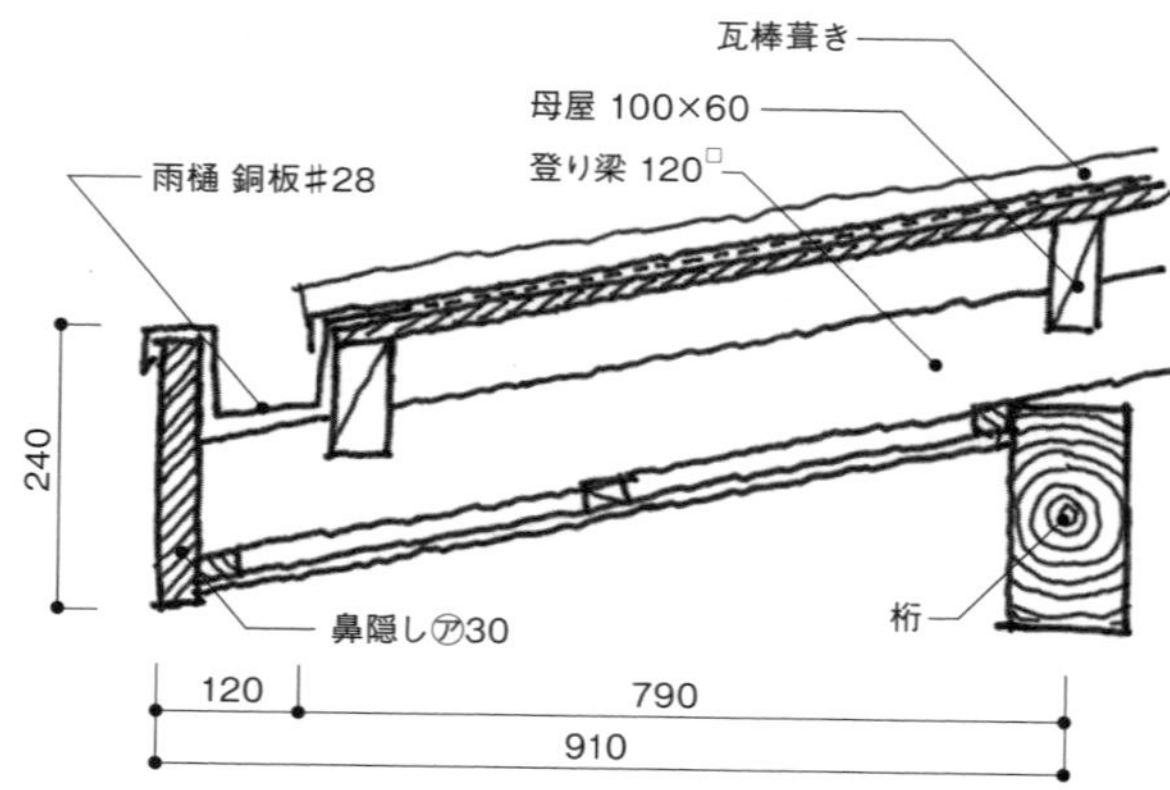
瓦棒葺き
母屋 100×60
登り梁 120□
雨樋 銅板#28
240
鼻隠し㋐30
桁
120
790
910

図2｜箱樋と軒先の構成

①アイソメ図

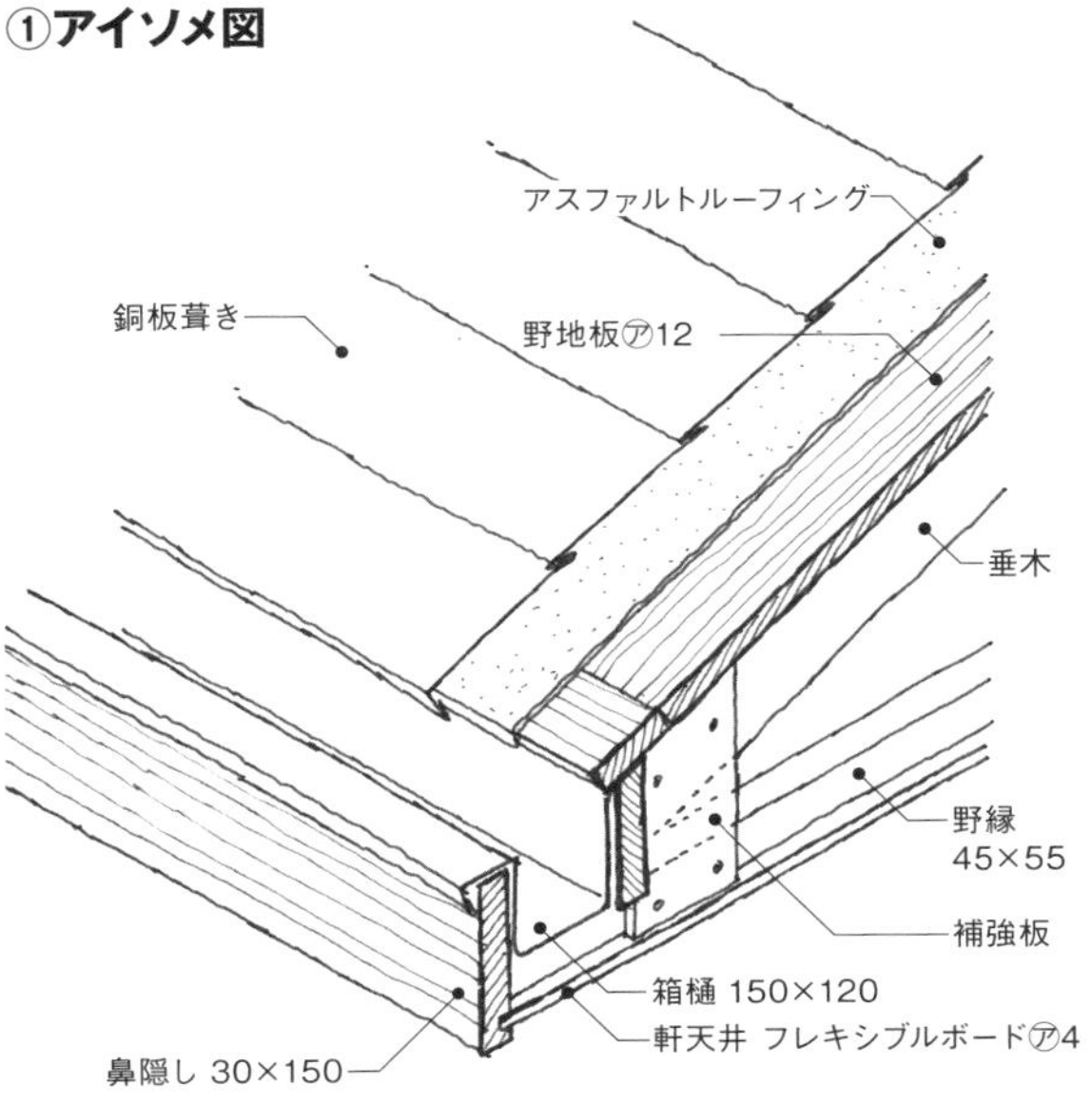
アスファルトルーフィング
銅板葺き
野地板㋐12
垂木
野縁
45×55
補強板
箱樋 150×120
軒天井 フレキシブルボード㋐4
鼻隠し 30×150

②断面図

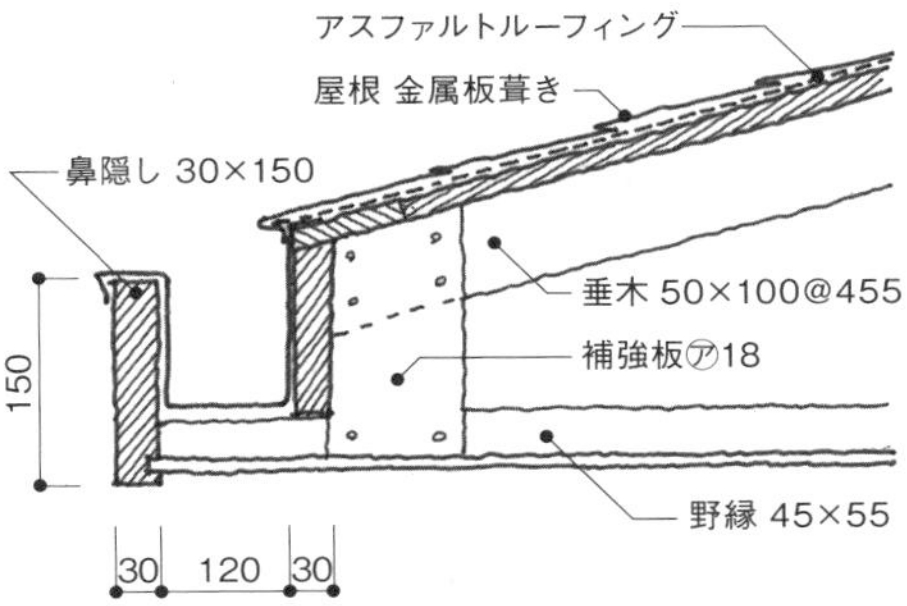
アスファルトルーフィング
屋根 金属板葺き
鼻隠し 30×150
垂木 50×100@455
補強板㋐18
野縁 45×55
150
30
120
30

図3｜樋の納まりのバリエーション

①箱樋の納まり

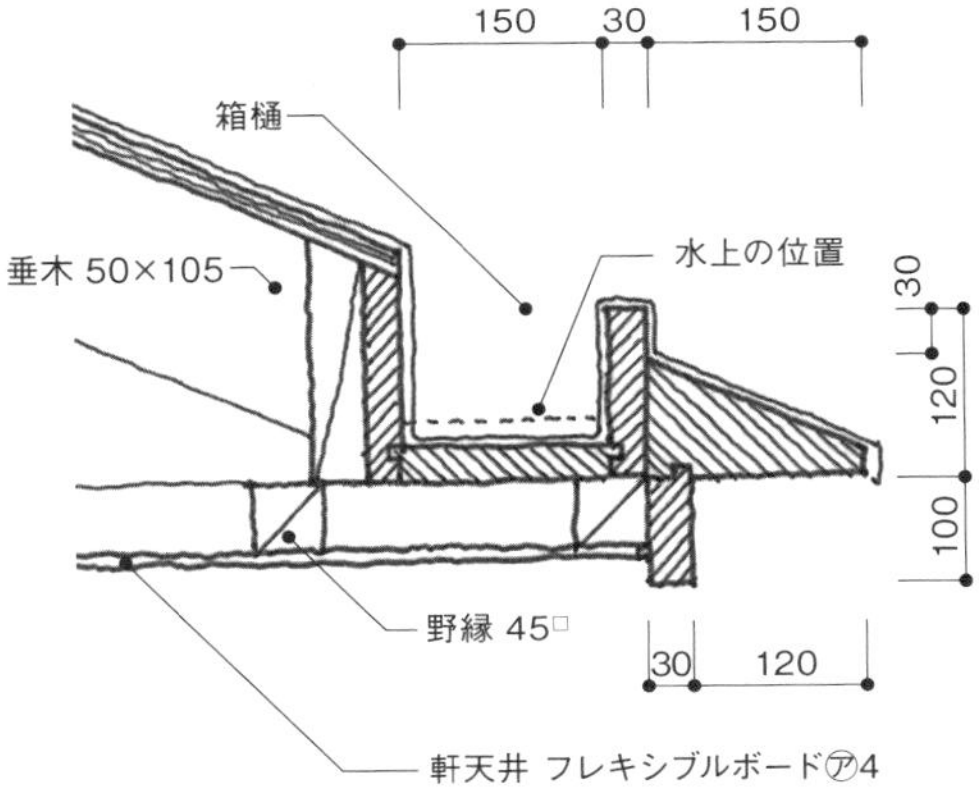
150
30
150
箱樋
垂木 50×105
水上の位置
30
120
100
野縁 45□
30
120
軒天井 フレキシブルボード㋐4

②軒樋の納まり

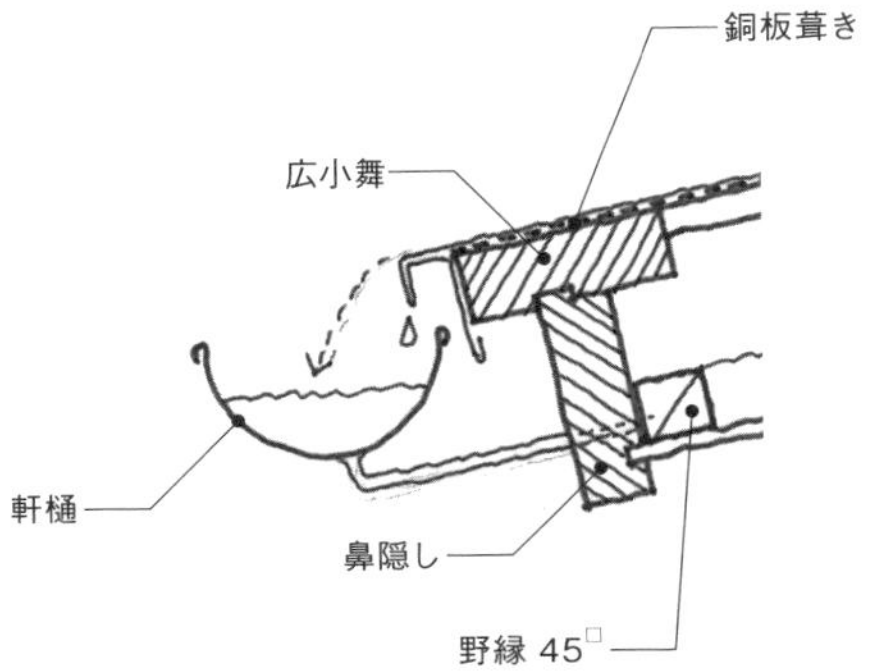
銅板葺き
広小舞
軒樋
鼻隠し
野縁 45□

③樋を隠す納まり

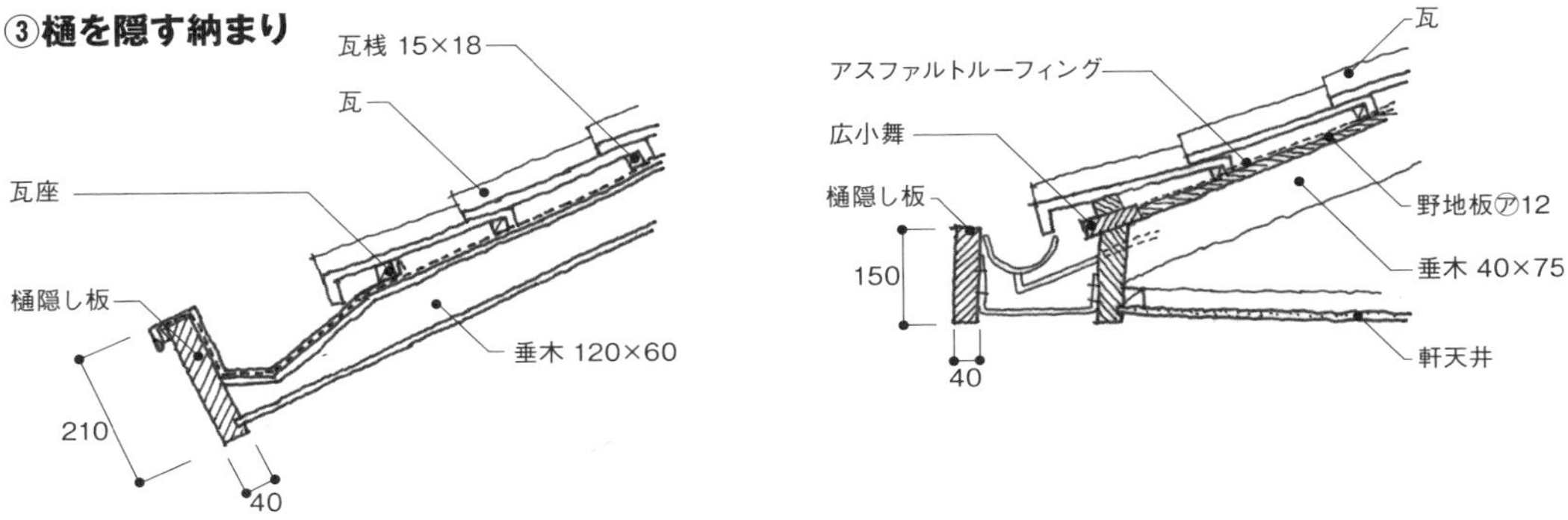
瓦桟 15×18
瓦
瓦座
樋隠し板
垂木 120×60
210
40
瓦
アスファルトルーフィング
広小舞
樋隠し板
野地板㋐12
垂木 40×75
150
軒天井
40

軒天井・換気口

POINT
小屋裏に熱気をこもらせない通気口は、虫や小動物の侵入に注意する

断熱の工法で変わる通気の役割

小屋裏は日光の直射を受け、熱がこもり高温になりやすい。そのため十分な通気と換気が不可欠である。通常は軒下の天井部部分に給気口を設け、切妻の棟の下端に排出口を設ける。

最近では建築に断熱を施すことが当たり前になり、通気換気のあり方や必要性が変わってきた。

特に外張り断熱工法では、屋根仕上げの下地である野地板の下に断熱層をとり、建築全体を断熱材でくるむ工法であるため、小屋裏に熱気がこもることは少なくなった。

壁の間に断熱材を入れる充填断熱工法の場合は、天井の上に直接断熱材を敷き並べることが多く、従来と同じく小屋裏の換気が必要になる。

通気口は虫やネズミが侵入しないように大きさを検討しておく。また、孔にとり付ける防虫網の形状・粗さに気をつける必要がある。

図1 | 小屋裏換気のとり方

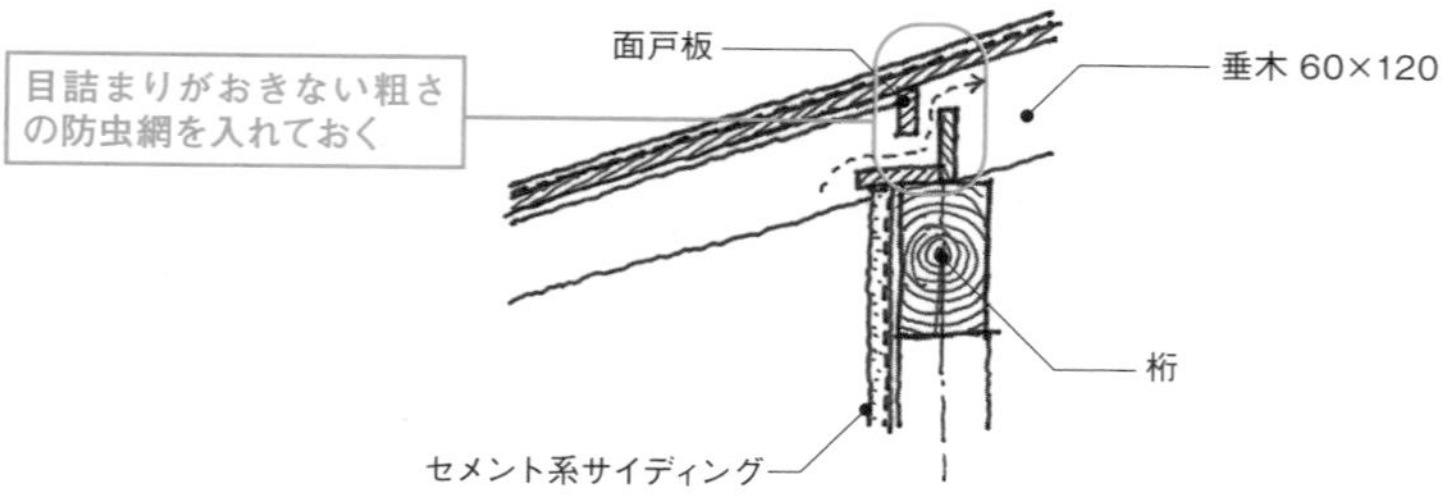
面戸板
垂木 60×120
目詰まりがおきない粗さの防虫網を入れておく
桁
セメント系サイディング

図2｜屋根裏・軒先換気口による通気の考え方

①アイソメ図

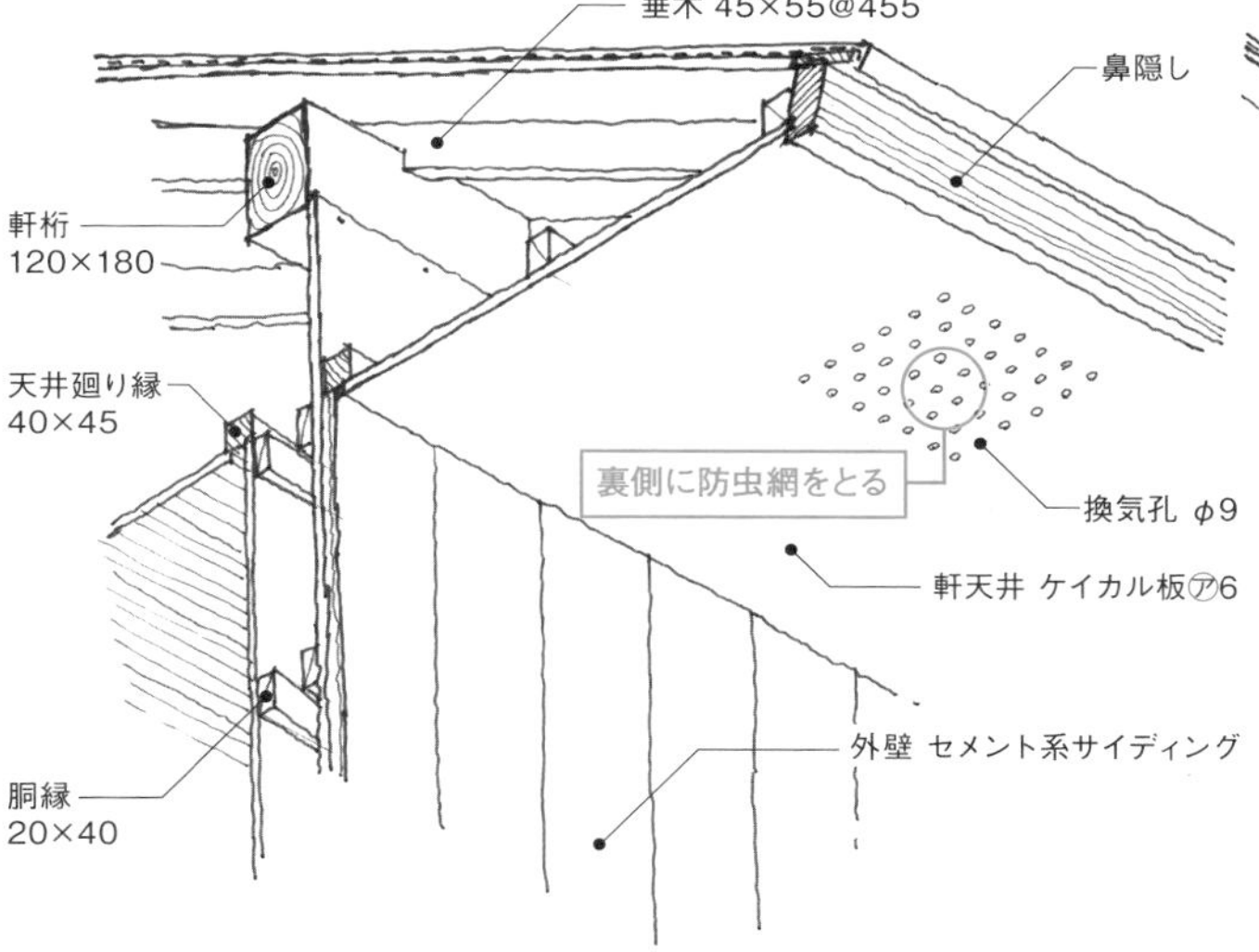

垂木 45×55@455
鼻隠し
軒桁
120×180
天井廻り縁
40×45
裏側に防虫網をとる
換気孔 φ9
軒天井 ケイカル板㋐6
外壁 セメント系サイディング
胴縁
20×40

②断面図

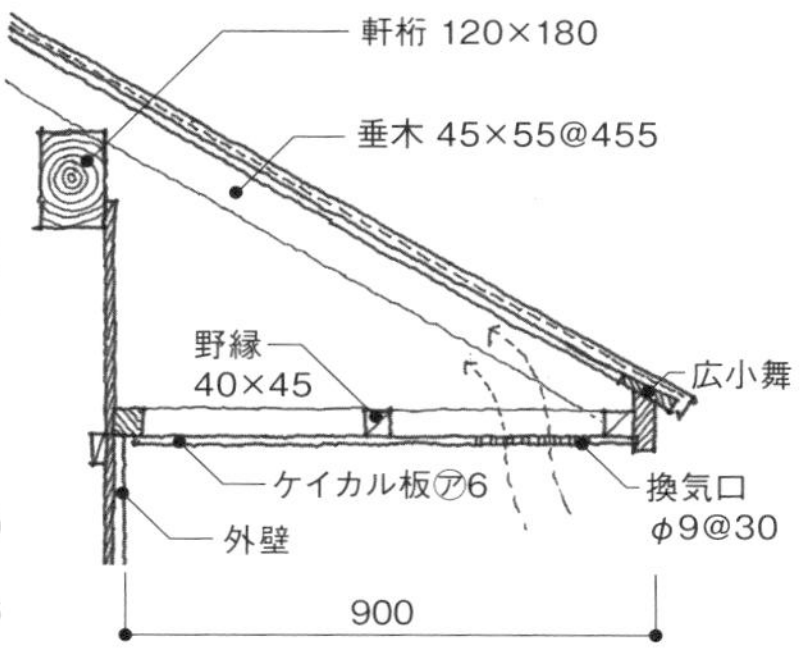

軒桁 120×180
垂木 45×55@455
野縁
40×45
広小舞
ケイカル板㋐6
換気口
φ9@30
外壁
900

図3｜軒先換気口の納まり

①アイソメ図

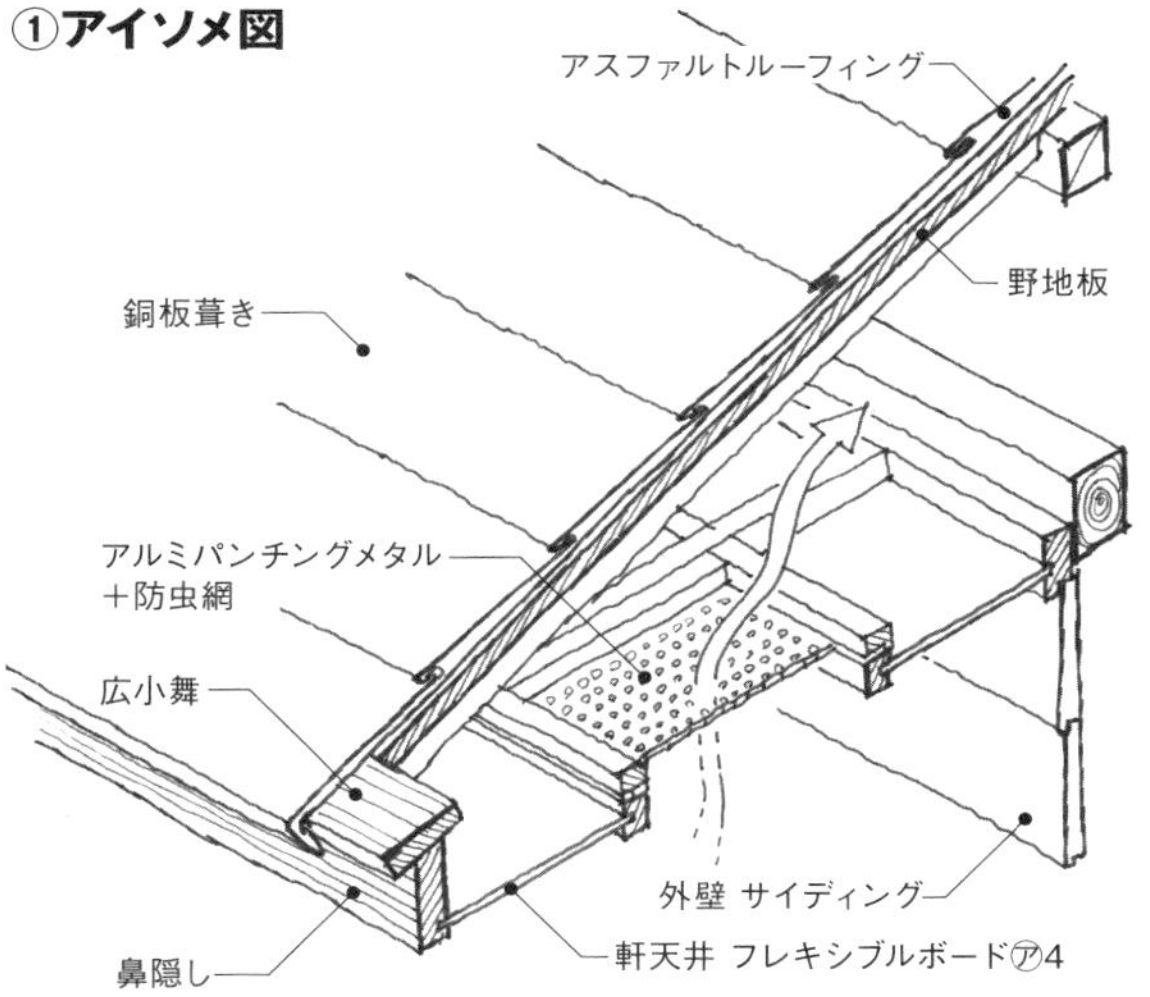

アスファルトルーフィング
野地板
銅板葺き
アルミパンチングメタル
＋防虫網
広小舞
外壁 サイディング
軒天井 フレキシブルボード㋐4
鼻隠し

②断面図

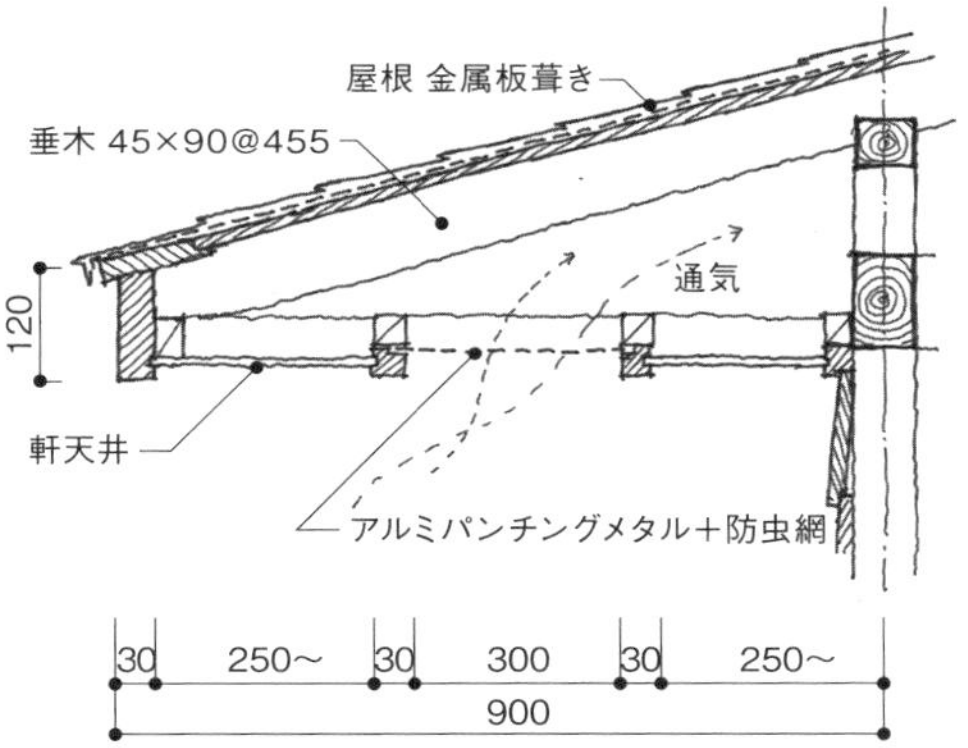

屋根 金属板葺き
垂木 45×90@455
通気
120
軒天井
アルミパンチングメタル＋防虫網
30
250～
30
300
30
250～
900

図4｜通気のバリエーション

①面戸板の通気

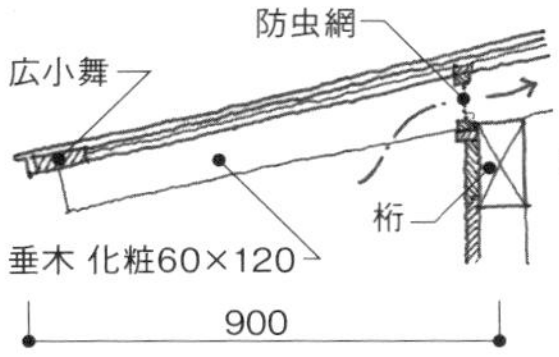

防虫網
広小舞
桁
垂木 化粧60×120
900

②二重鼻隠しの通気

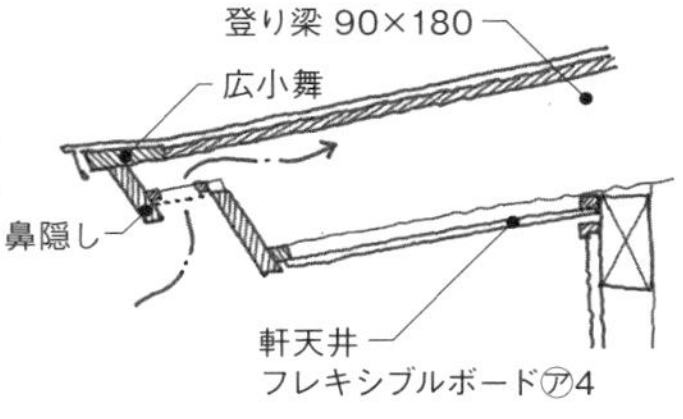

登り梁 90×180
広小舞
鼻隠し
軒天井
フレキシブルボード㋐4

③勾配軒天井での通気

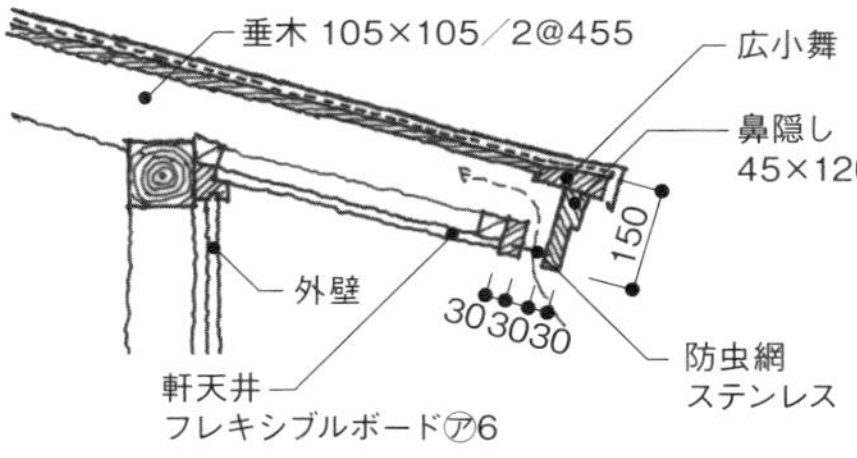

垂木 105×105／2@455
広小舞
鼻隠し
45×120
150
外壁
303030
防虫網
ステンレス
軒天井
フレキシブルボード㋐6

屋根廻りの防水・断熱

POINT
防水や断熱の材料の性能向上に頼り切らず、建築的な納まりで性能を確保する

シーリングと断熱技術の向上

近年では屋根材の種類が豊富になり、耐久性、耐候性も一段とよくなった。屋根材のジョイント部分が改良工夫され、材の精度が安定して雨仕舞いの性能が向上している。

また、接合部の防水には欠かすことができないシーリング材の性能も向上し、さらに安価になったため、建築の防水性能が上がった。ただ、すべての個所にわたってこのシーリングを施すことに頼ると、建築的な納まりの部分に対して工夫することが少なくなってしまう。

また、省エネルギーの観点から建築に断熱を施すことは不可欠である。外張り断熱と充填断熱を併用する場合も少なくない。断熱材の種類もガラス繊維、発泡樹脂、木片や古紙を加工した製品などさまざまで、さらに形状も綿状、パネル、現場で吹き付けるなど、状況によって断熱の方法が選択できるようになった。

図1 | 外断熱の仕組み

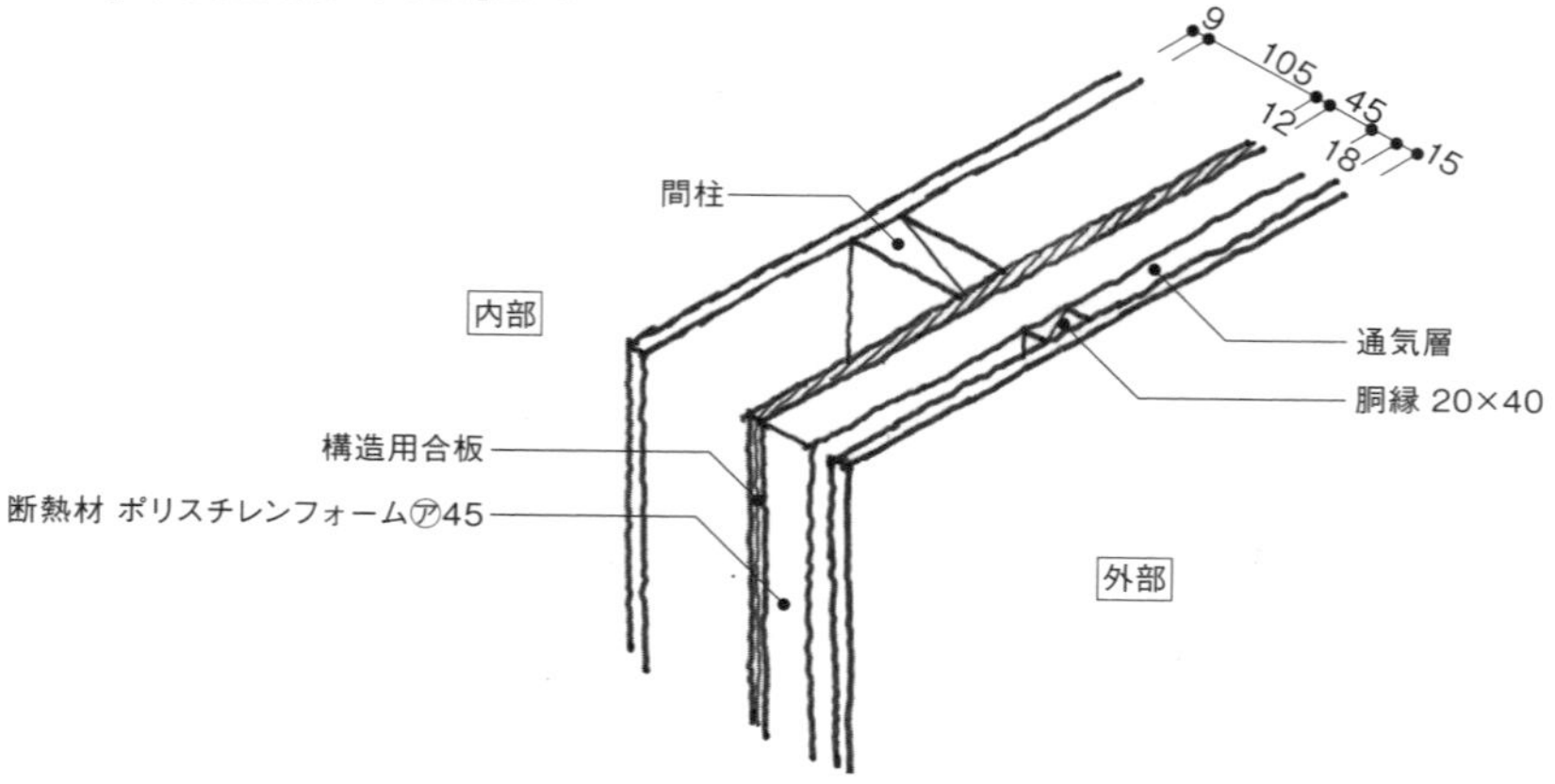
9
105
45
12
18
15
間柱
内部
通気層
胴縁 20×40
構造用合板
断熱材 ポリスチレンフォーム㋐45
外部

図2｜パラペット部の構成

①アイソメ図

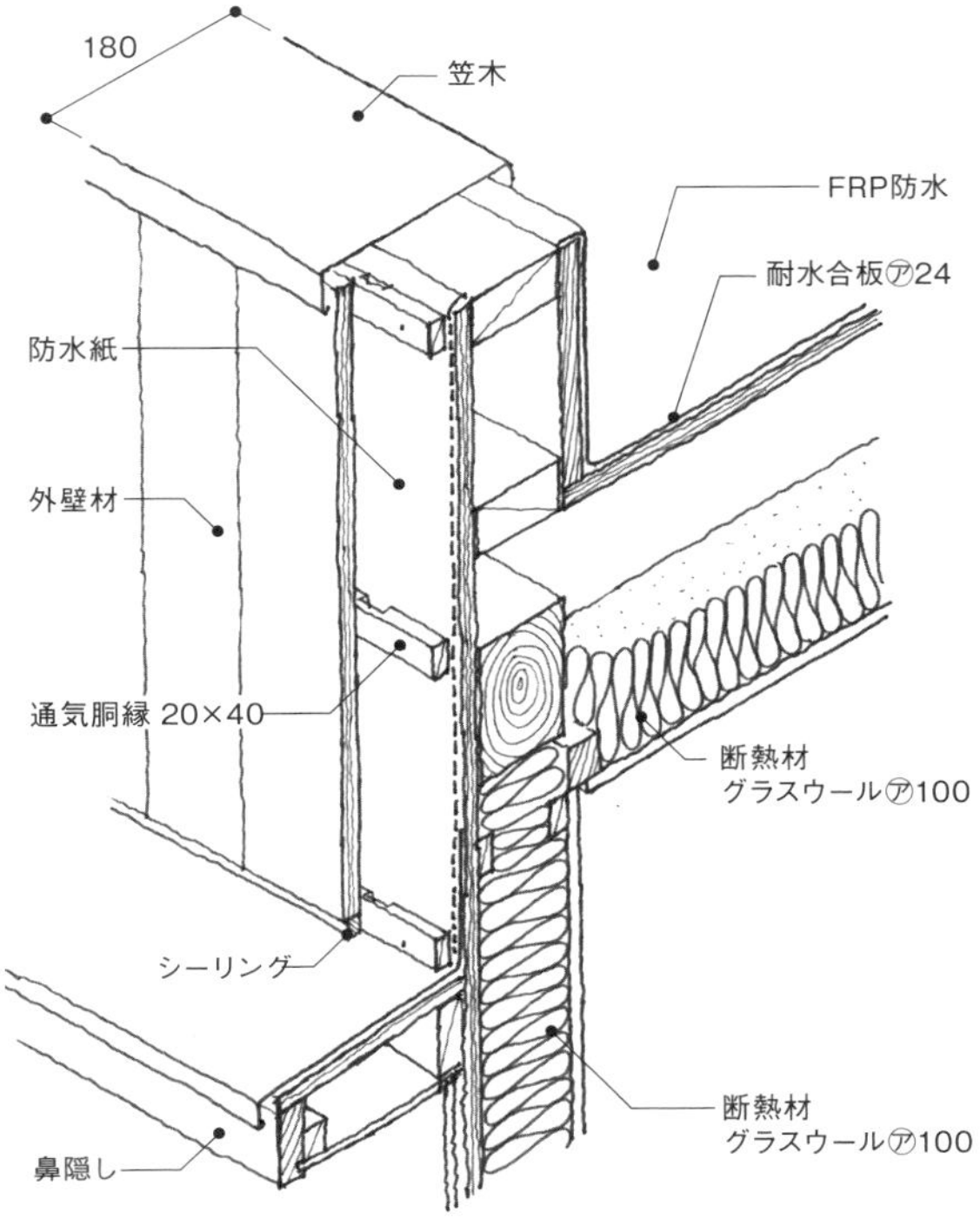
180
笠木
FRP防水
耐水合板㋐24
防水紙
外壁材
通気胴縁 20×40
断熱材
グラスウール㋐100
シーリング
断熱材
グラスウール㋐100
鼻隠し

②断面図

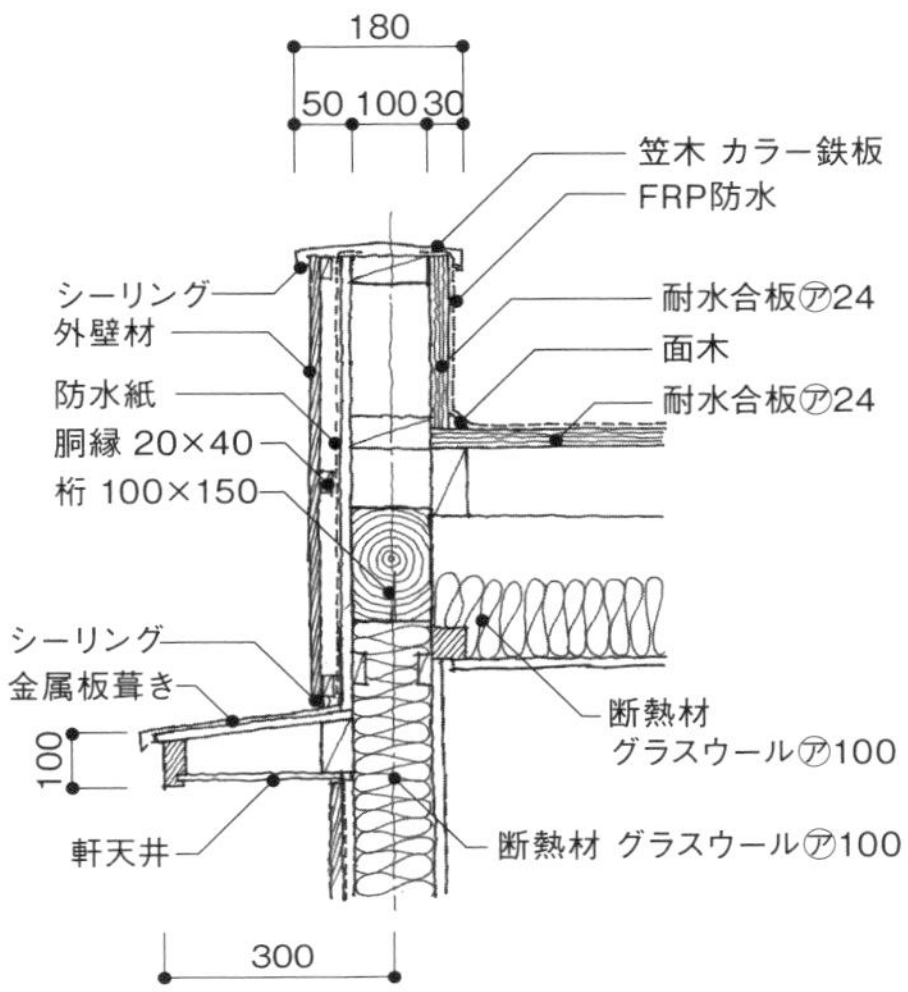
180
50 100 30
笠木 カラー鉄板
FRP防水
シーリング
外壁材
耐水合板㋐24
面木
防水紙
耐水合板㋐24
胴縁 20×40
桁 100×150
シーリング
金属板葺き
断熱材
グラスウール㋐100
100
軒天井
断熱材 グラスウール㋐100
300

図3｜軒桁廻りの断熱の納まり

①外張り断熱の軒の仕組み

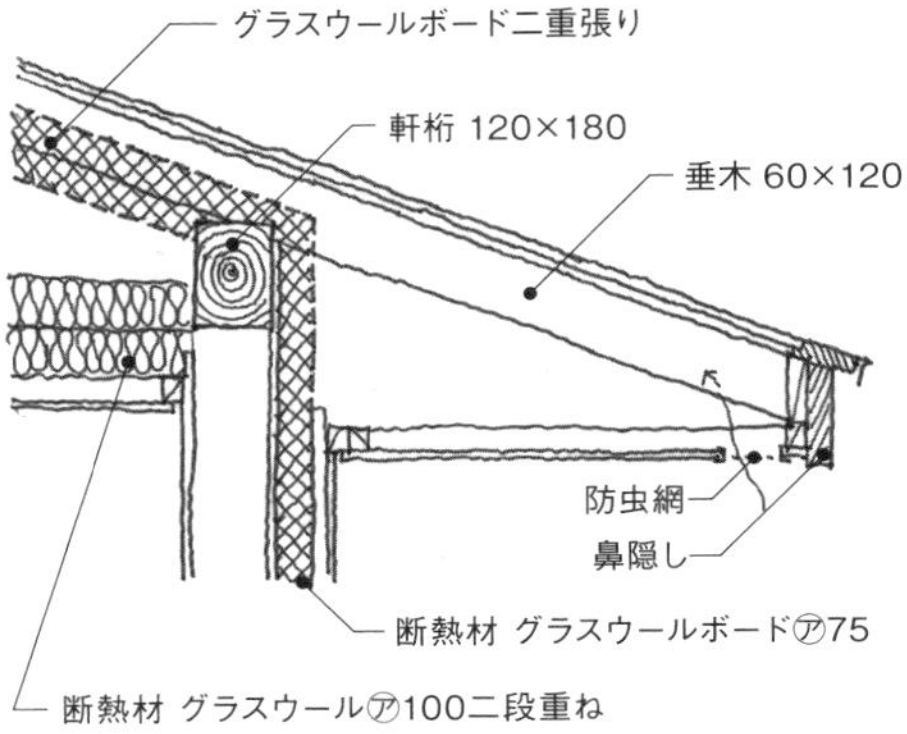
グラスウールボード二重張り
軒桁 120×180
垂木 60×120
防虫網
鼻隠し
断熱材 グラスウールボード㋐75
断熱材 グラスウール㋐100二段重ね

②充填断熱の軒の納まり

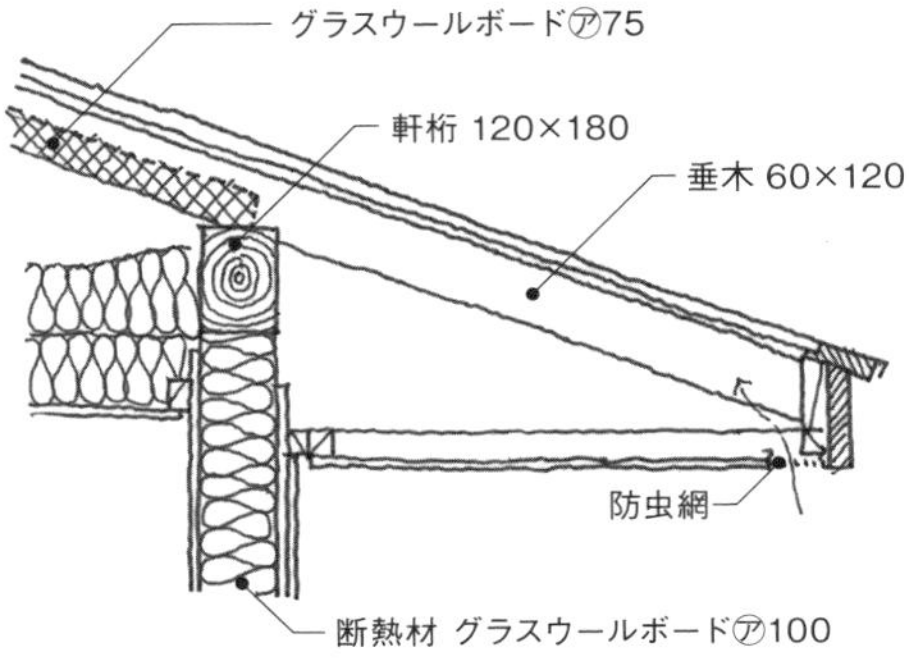
グラスウールボード㋐75
軒桁 120×180
垂木 60×120
防虫網
断熱材 グラスウールボード㋐100

外壁廻りの防水・断熱

POINT 外張り断熱では通気層を確保し、外壁と屋根部分の取合いで断熱が切れないようにする

内断熱と外断熱のメリット

外壁の断熱の工法として、内断熱（充填）工法と、外張り断熱工法がある。

内断熱は壁のなかに断熱材を充填していく工法である。断熱材はグラスウールを使うことが多いが、長い時間経過するとダレが生じやすい。

そのため、スタイロフォーム材やグラスウールボード材などを間柱の間に入れるが、細部で隙間ができやすく、手間がかかるのが弱点である。それで外壁の仕上げと断熱材の間には、結露を防止するために通気層を設ける。

外張り断熱の構成と注意点

外張り断熱は、建物全体を断熱材でくるんでしまう工法のため断熱性能もよく、最近よく使われる工法である。下地に構造用合板を打ち、グラスウールボードなどの断熱材を張る。その上に透湿防水シートを張り、胴縁を付け外壁材を張って仕上げる。通気層は胴縁の部分でとる。この場合、断熱は外壁と屋根との接合部で切れてしまうことが多いため、施工には十分注意する。

図1 | 外張り断熱と庇の取合い

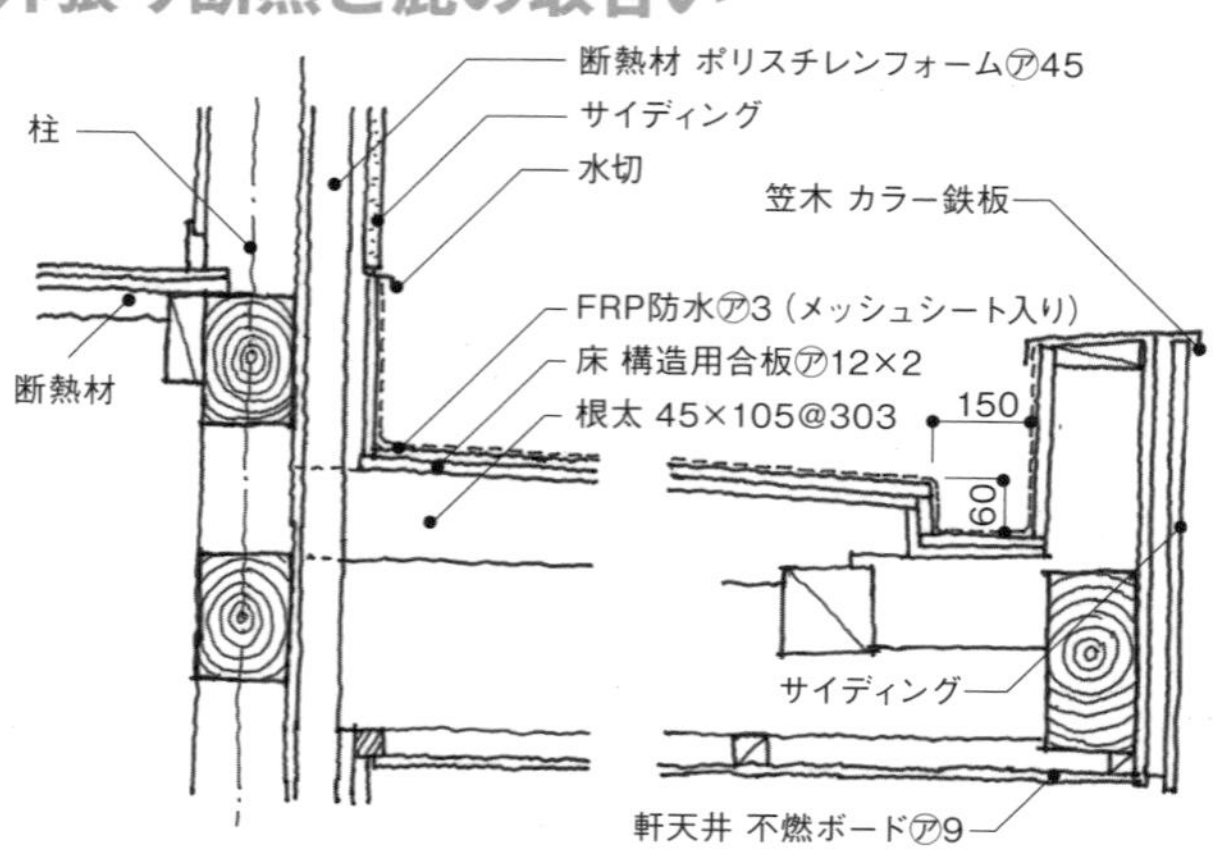
断熱材 ポリスチレンフォーム㋐45
サイディング
水切
柱
笠木 カラー鉄板
断熱材
FRP防水㋐3（メッシュシート入り）
床 構造用合板㋐12×2
根太 45×105@303
150
60
サイディング
軒天井 不燃ボード㋐9

図2｜外張り断熱と防水の構成

①アイソメ図

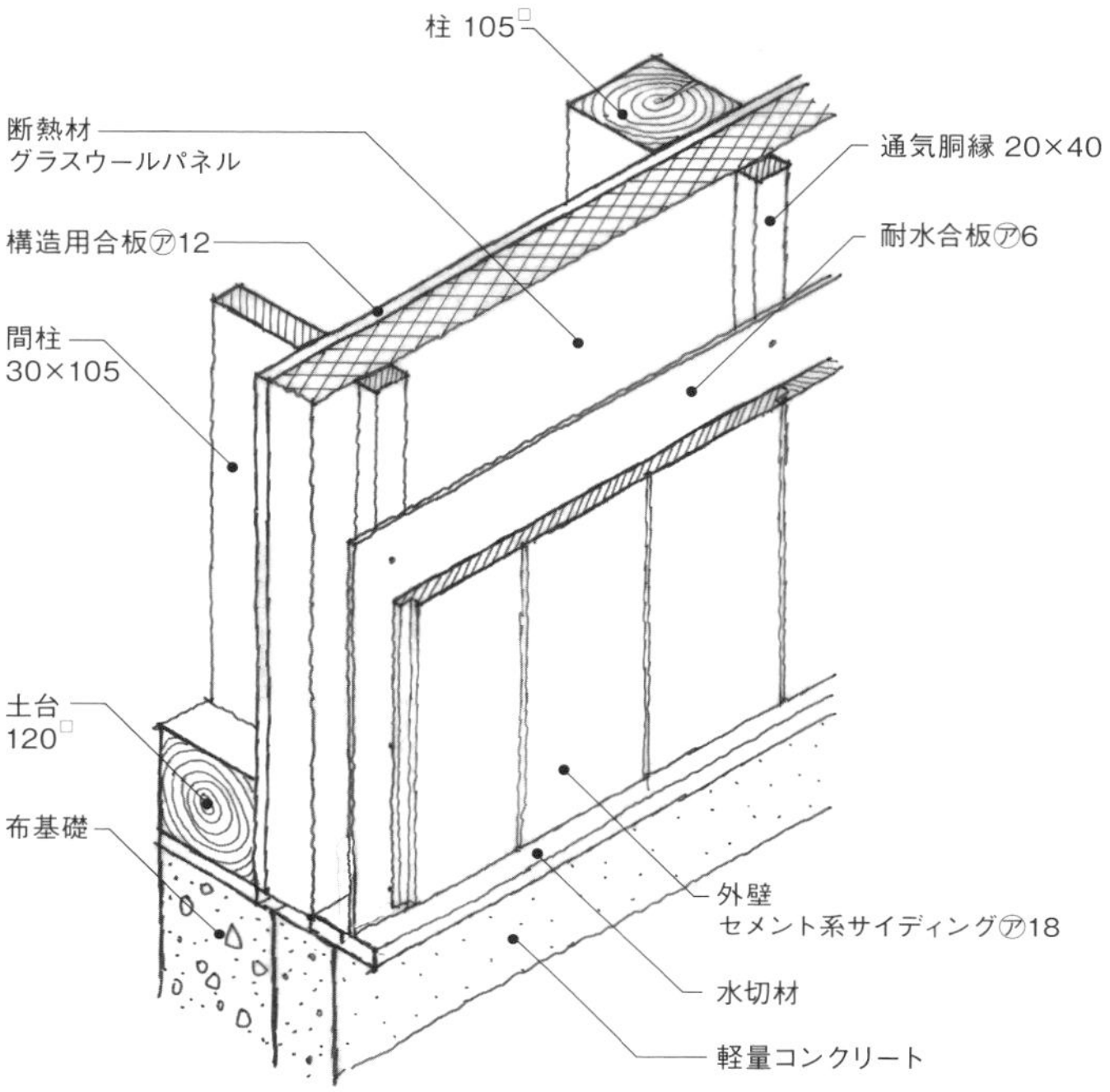
柱 105□
断熱材
グラスウールパネル
通気胴縁 20×40
構造用合板㋐12
耐水合板㋐6
間柱
30×105
土台
120□
布基礎
外壁
セメント系サイディング㋐18
水切材
軽量コンクリート

②断面図

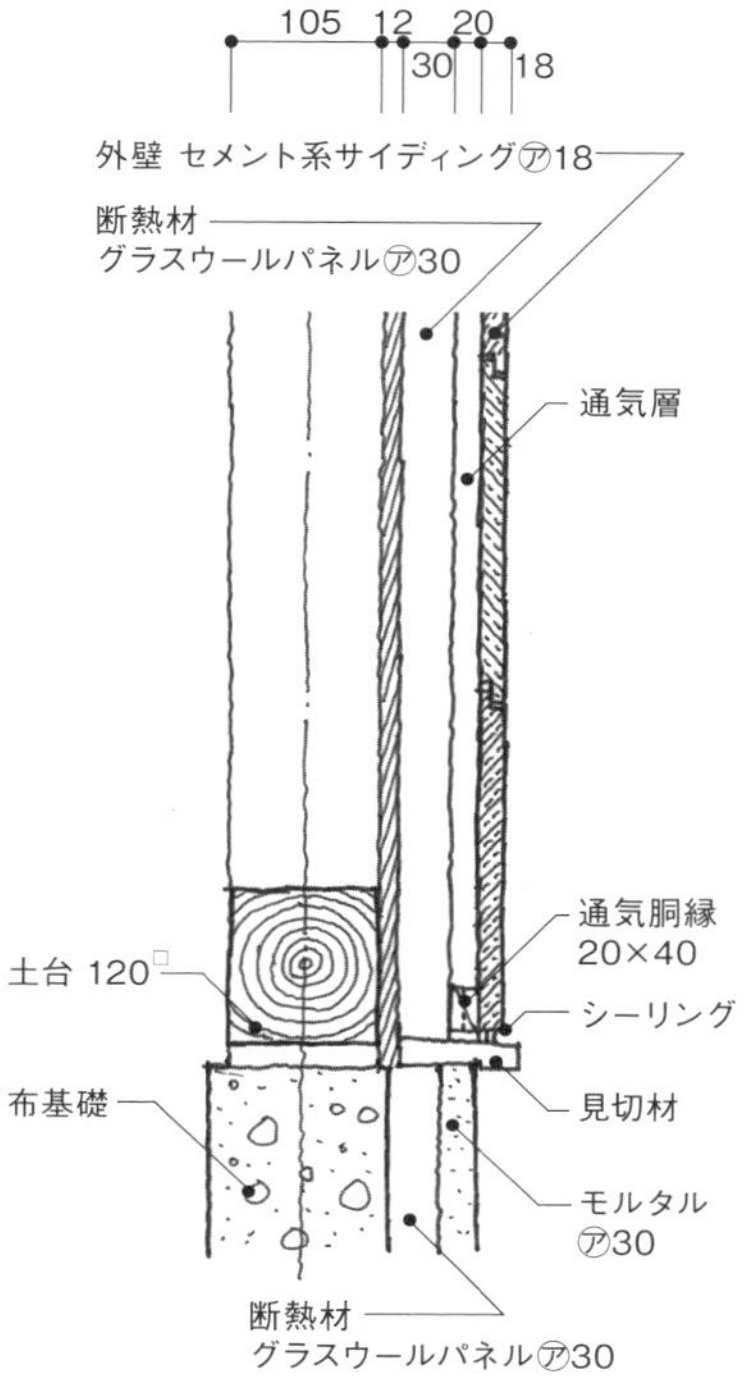
105
12
20
30
18
外壁 セメント系サイディング㋐18
断熱材
グラスウールパネル㋐30
通気層
通気胴縁
20×40
土台 120□
シーリング
見切材
布基礎
モルタル
㋐30
断熱材
グラスウールパネル㋐30

図3｜断熱工法の種類

①充填断熱の納まり

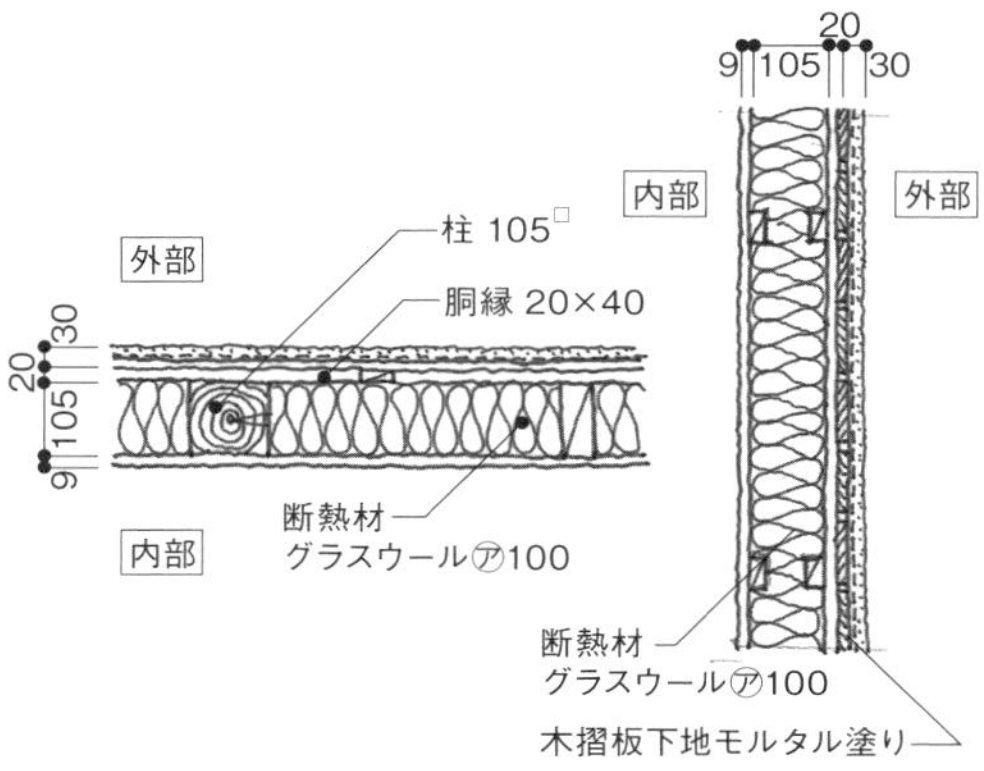
外部
柱 105□
胴縁 20×40
30
20
105
9
断熱材
グラスウール㋐100
内部
20
9
105
30
内部
外部
断熱材
グラスウール㋐100
木摺板下地モルタル塗り

平面図　断面図

②外張り断熱の納まり

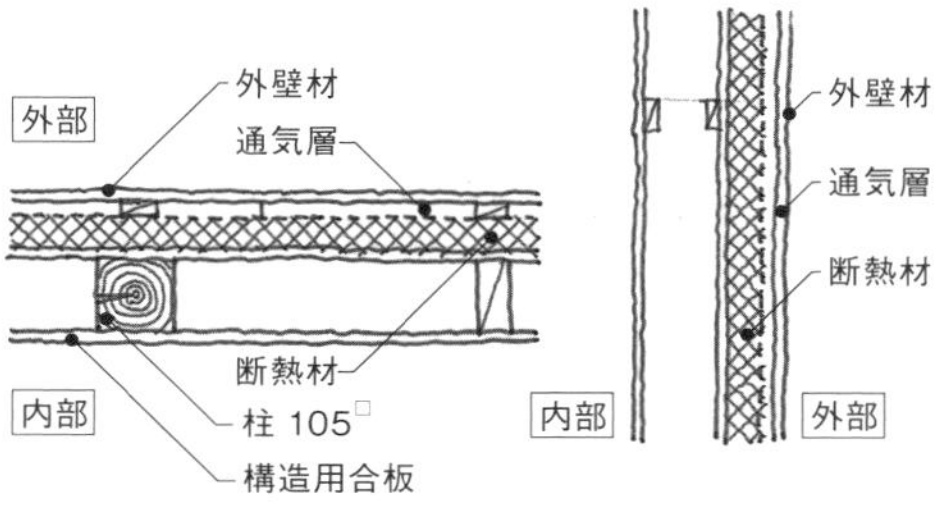
外部
外壁材
通気層
断熱材
柱 105□
構造用合板
内部
外壁材
通気層
断熱材
内部
外部

平面図　断面図

バルコニー

POINT バルコニーは美観とともに耐久性が強く求められるため、建築本体とできるだけ切り離す

バルコニーの役割と耐久性

2階に設けられた外部床をバルコニーという。近年、住宅の敷地が徐々に狭小化する傾向にある。それに伴って、庭などの外部空間のスペースが少なくなってきたため、バルコニーの利用度は高い。

一般に洗濯の干し場や、草花の育成場所として使われ、風雨にさらされるため耐久性・耐候性が求められる。また、バルコニーと建築本体を出来るだけ切り離した納まりにして、屋内に水が入らないように配慮しなければならない。最近は耐候性の優れたアルミ製のものもあるが、風合いと美観の点では木で製作するバルコニーにはかなわない。

通常は、屋根や下屋の上に土台を敷き、床をスノコで張ることが多いが、最近はＦＲＰ製のすぐれた防水材の開発によって、木造住宅でも屋根上などにバルコニーを設置するケースが多くなった。

図1 | バルコニーの納まり例

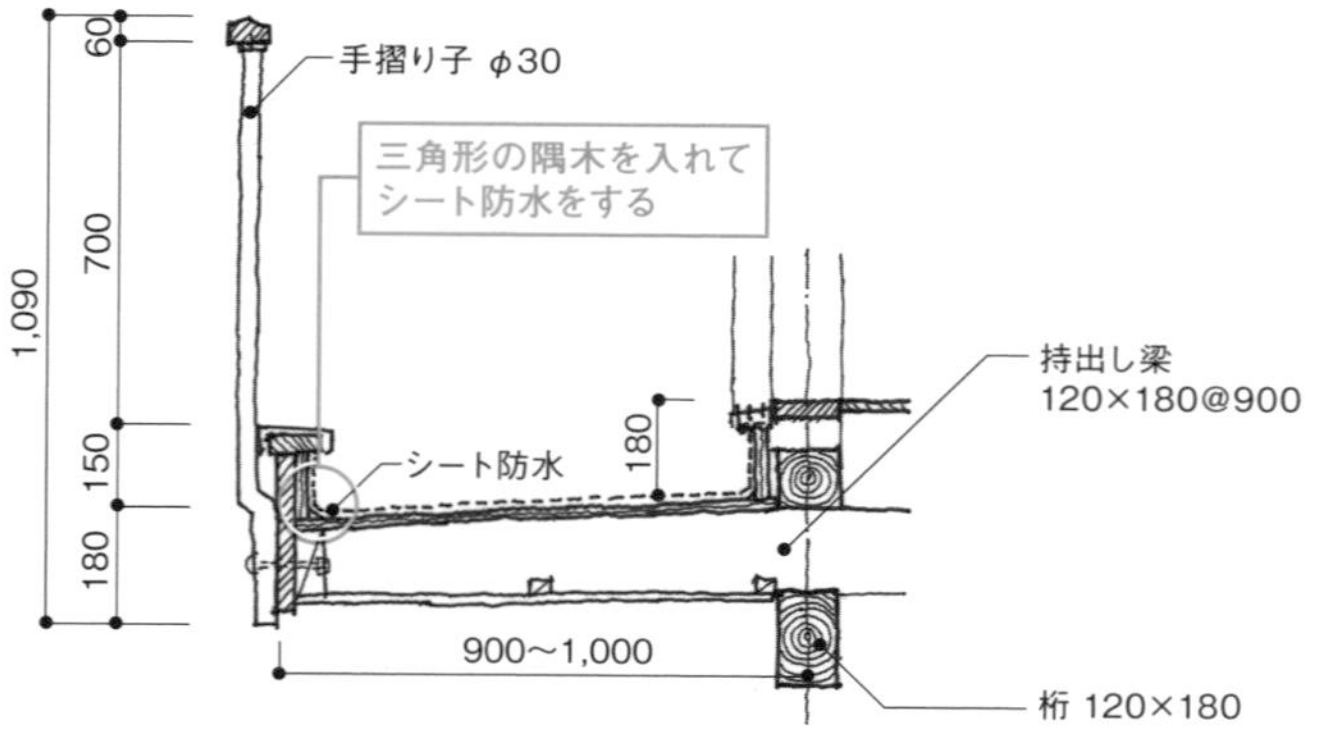
手摺り子 φ30
三角形の隅木を入れて
シート防水をする
持出し梁
120×180@900
シート防水
桁 120×180
900〜1,000
1,090
60
700
150
180
180

図2｜バルコニーの構成

①アイソメ図

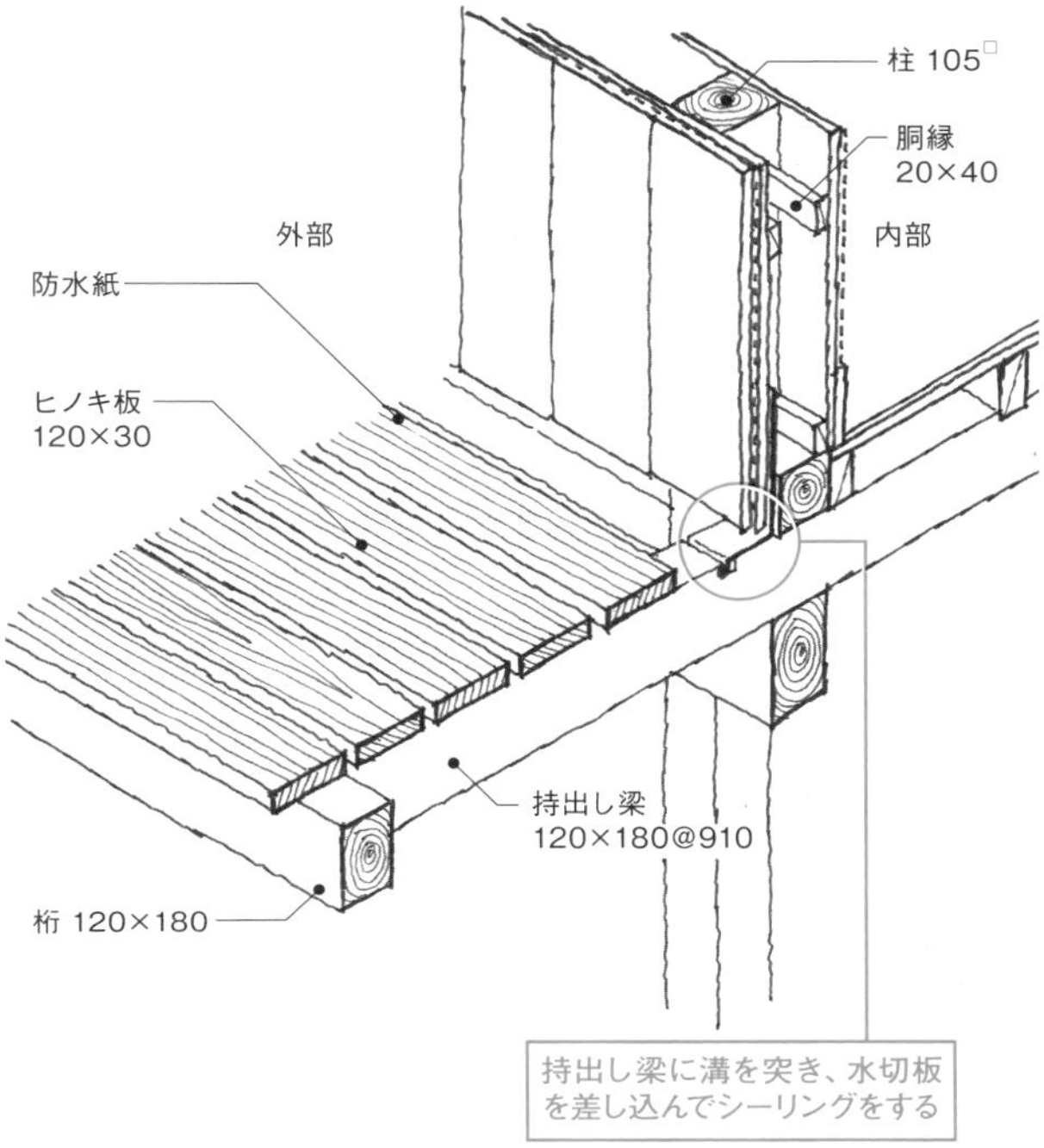
柱 105□
胴縁
20×40
外部
内部
防水紙
ヒノキ板
120×30
持出し梁
120×180@910
桁 120×180
持出し梁に溝を突き、水切板
を差し込んでシーリングをする

②断面図

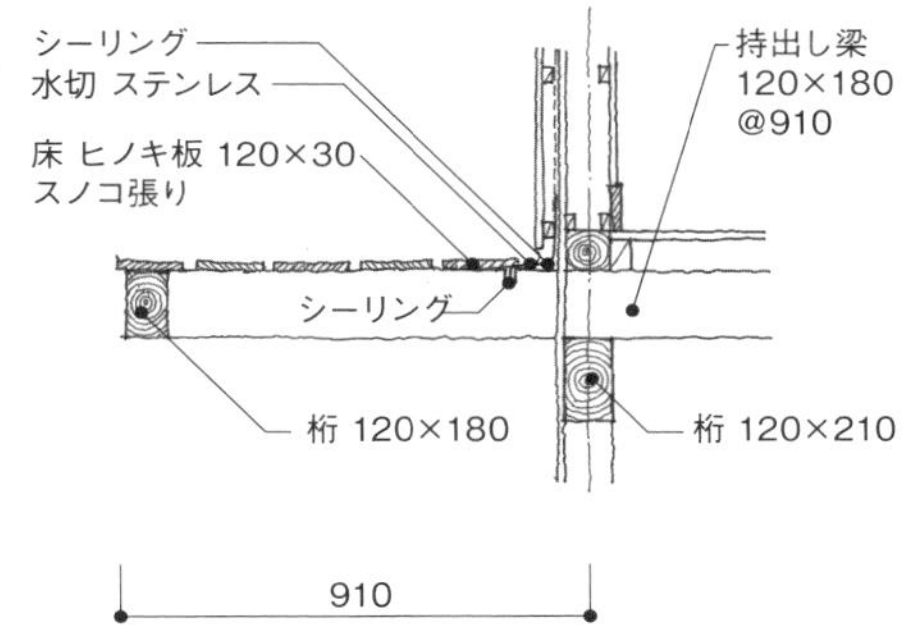
シーリング
水切 ステンレス
床 ヒノキ板 120×30
スノコ張り
持出し梁
120×180
@910
シーリング
桁 120×180
桁 120×210
910

図3｜バルコニーと手摺りのバリエーション

①スノコ床の場合

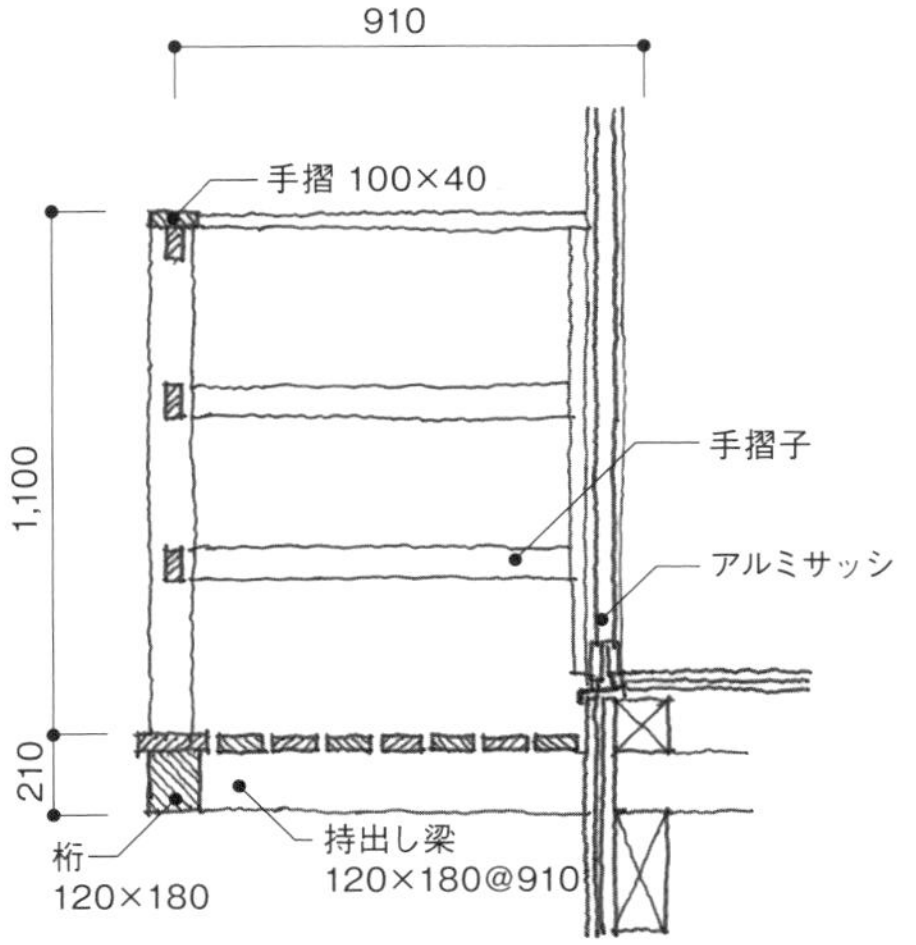
910
手摺 100×40
手摺子
アルミサッシ
1,100
210
桁
120×180
持出し梁
120×180@910

②FRP防水を施す場合

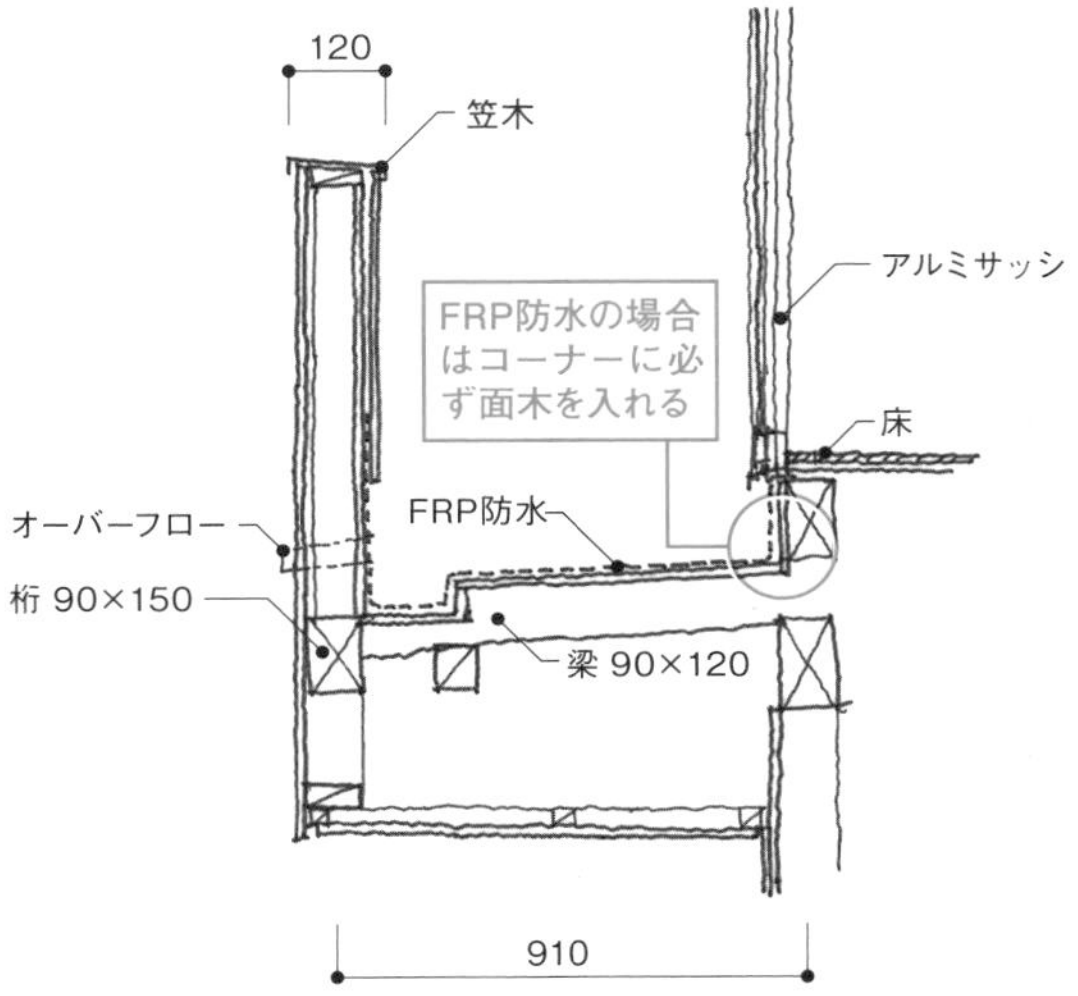
120
笠木
アルミサッシ
FRP防水の場合
はコーナーに必
ず面木を入れる
床
オーバーフロー
FRP防水
桁 90×150
梁 90×120
910

外部開口部(開き戸)

POINT
1つ1つの建具金物は建具本体と一体となり、扉の性能を決定づける

外部開口部の役割と種類

外壁に設けられる開口は、人やモノの出入りを主とする開口と、人の出入りを主目的とせずに外からの日の光を入れ、通気・換気をする開口に分けることができる。これら建具の開閉方式は、開き戸方式と引き戸方式に大別でき、出入口の建具は外開き戸・内開き戸・引き戸・引込み戸などである。

扉の性能を左右する金物

開き戸の開閉を支えるのは、建具金物である。金物は建具本体と一体となって、断熱・遮音・気密・水密性などの物理的特性や採光、通気、視線の調節機能、防犯性能などを発揮するため、金物の材質、寸法と数量、正しい取付け方を的確に指示しておくことは、開き戸のすべての機能を十分に果たすための基本である。

図1 | 扉金物の種類

金物類はすべて建具の製作にかかる前に決定しておかなければならない。金物選定時には、建具の大きさや開き勝手を伝える。框の各寸法、戸厚、重量や錠の性状などを無視してかかると後では取付け不可能ということになってしまう

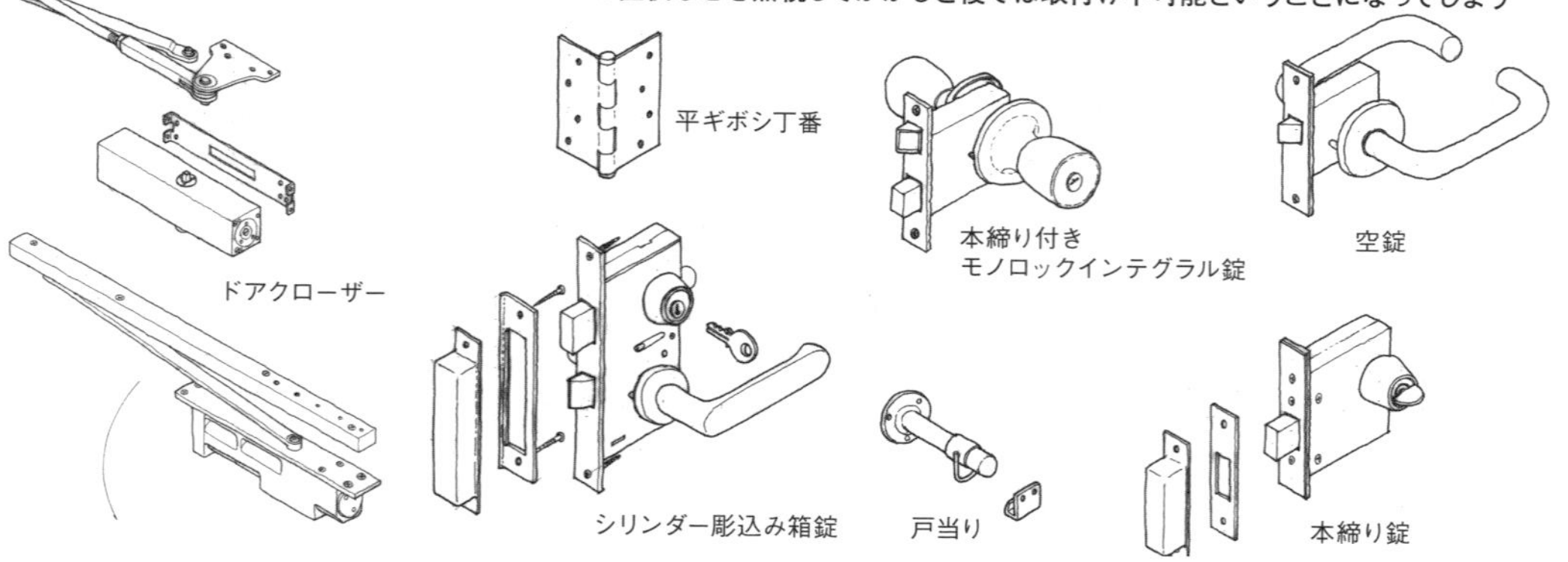
平ギボシ丁番
本締り付き
モノロックインテグラル錠
空錠
ドアクローザー
シリンダー彫込み箱錠
戸当り
本締り錠

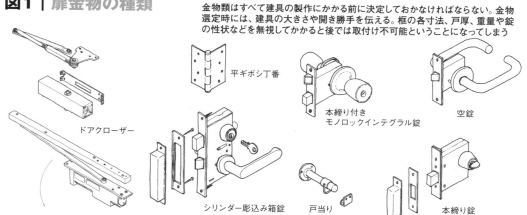

図2｜扉金物の選定

①外開き扉の場合

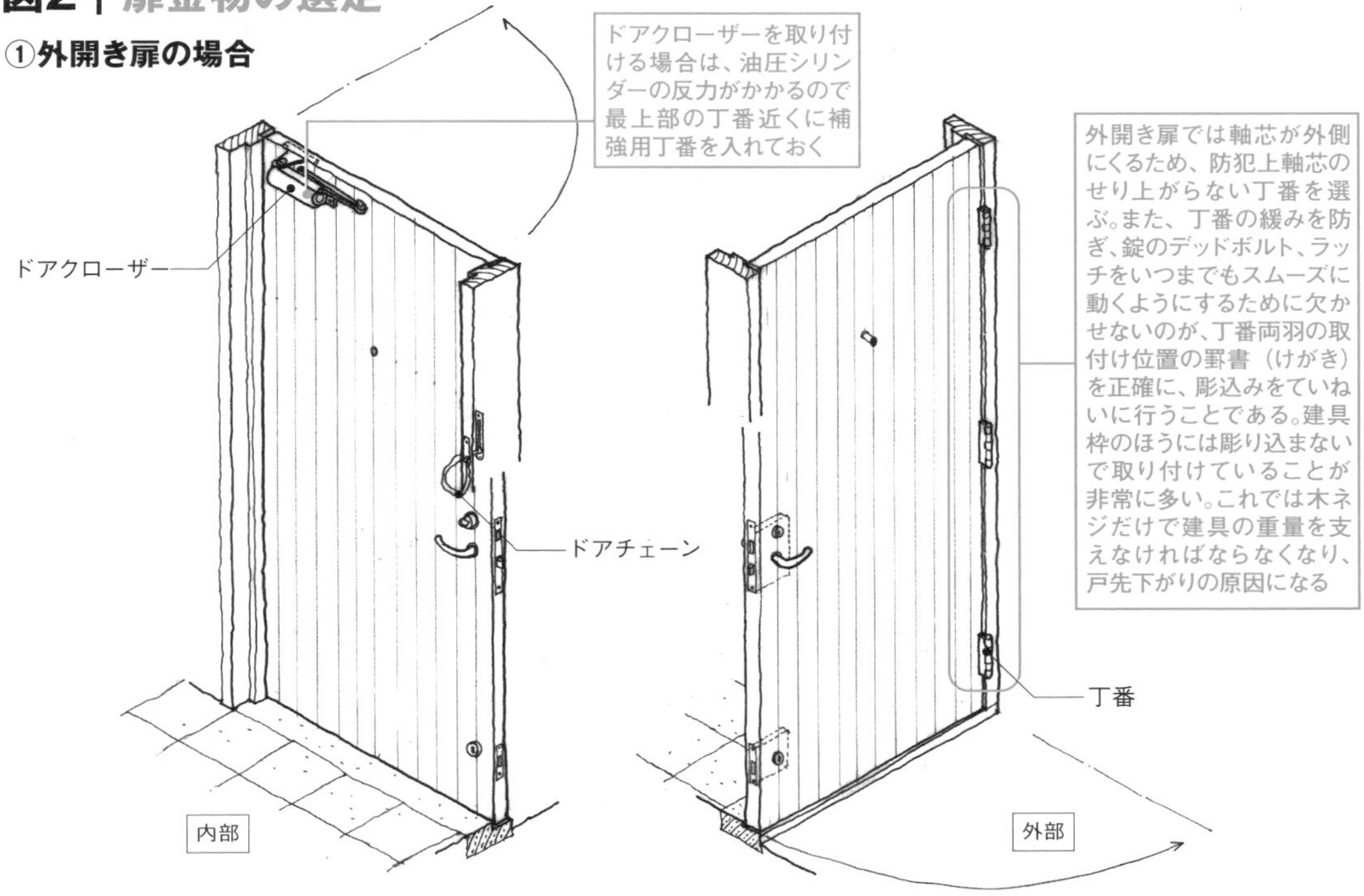
ドアクローザーを取り付ける場合は、油圧シリンダーの反力がかかるので最上部の丁番近くに補強用丁番を入れておく
ドアクローザー
ドアチェーン
内部
外開き扉では軸芯が外側にくるため、防犯上軸芯のせり上がらない丁番を選ぶ。また、丁番の緩みを防ぎ、錠のデッドボルト、ラッチをいつまでもスムーズに動くようにするために欠かせないのが、丁番両羽の取付け位置の罫書（けがき）を正確に、彫込みをていねいに行うことである。建具枠のほうには彫り込まないで取り付けていることが非常に多い。これでは木ネジだけで建具の重量を支えなければならなくなり、戸先下がりの原因になる
丁番
外部

②内開き扉の場合

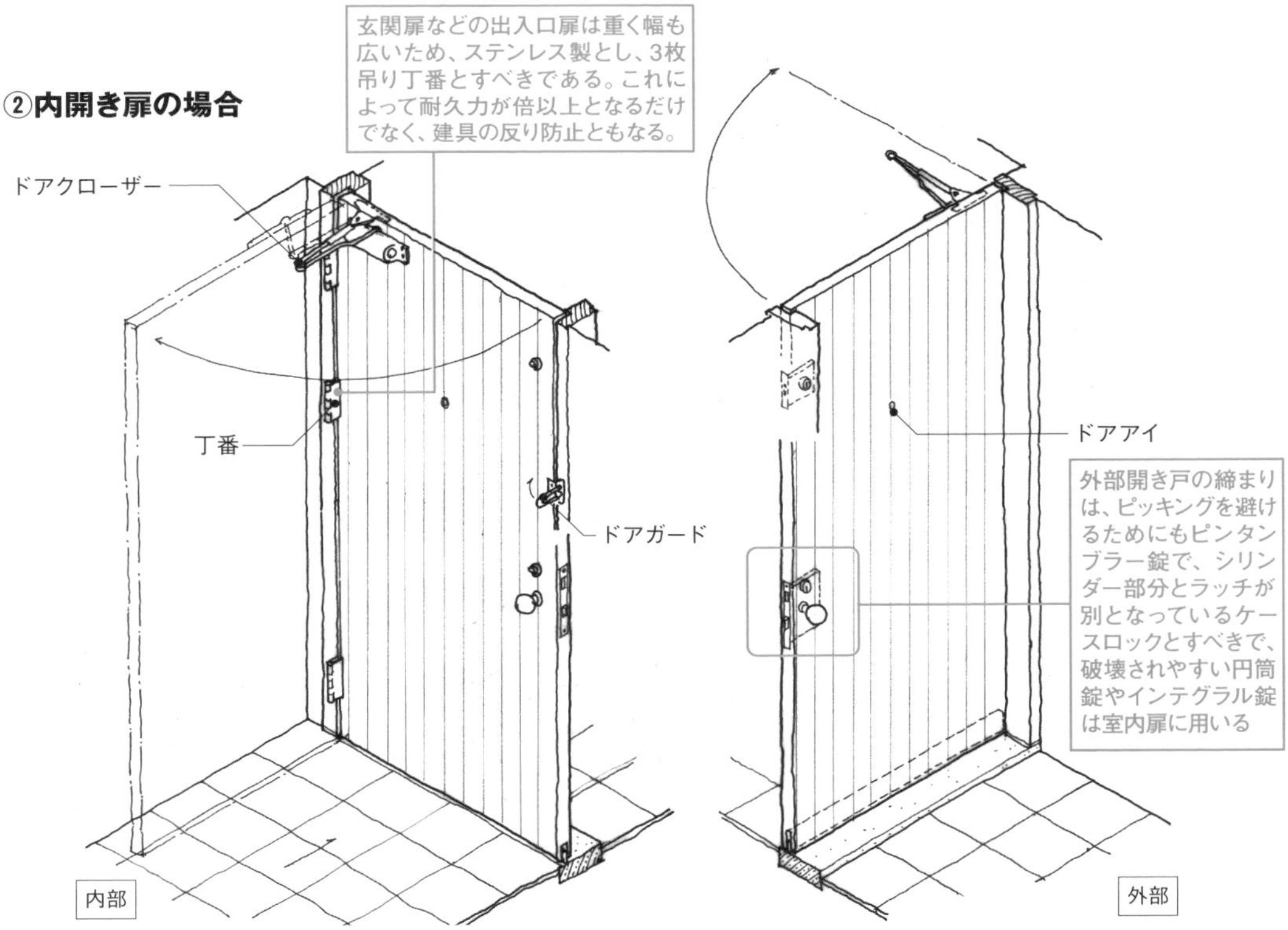
玄関扉などの出入口扉は重く幅も広いため、ステンレス製とし、3枚吊り丁番とすべきである。これによって耐久力が倍以上となるだけでなく、建具の反り防止ともなる。
ドアクローザー
丁番
ドアガード
内部
ドアアイ
外部開き戸の締まりは、ピッキングを避けるためにもピンタンブラー錠で、シリンダー部分とラッチが別となっているケースロックとすべきで、破壊されやすい円筒錠やインテグラル錠は室内扉に用いる
外部

外部開口部(引き戸)

POINT 木製の引き戸を考えるときには、引き戸用金物とその納まりをおさえておく

木製引き戸にまつわる金物

外部の引き戸は、近年ではアルミサッシが圧倒的に多い。アルミ押出し材のサッシバーによるノックダウン方式で組み立てられる外部建具は、かつてないほど気密性を与えてきた。しかし、毎日のように人の手に触れ、目に触れる住宅の開口であり、豊かな表情と温かさを与えたいところである。木製の引き戸建具に取り組む場合には、各種引き戸用建具金物とその納まりを知っておくことは必要不可欠である。

外部引き戸金物として一般的なのはレール、戸車、ドアハンガー、引き手と各種締りである。玄関の引違い戸や引込み戸のレールは敷居の御影石にステンレス製角型レールを埋め込み、ステンレス製袖平型戸車などを使用し、レールの端は竪枠との間を20㎜程度あけ、土間の洗い水の排水に備える。

図1 | 外部引き戸に使う金物

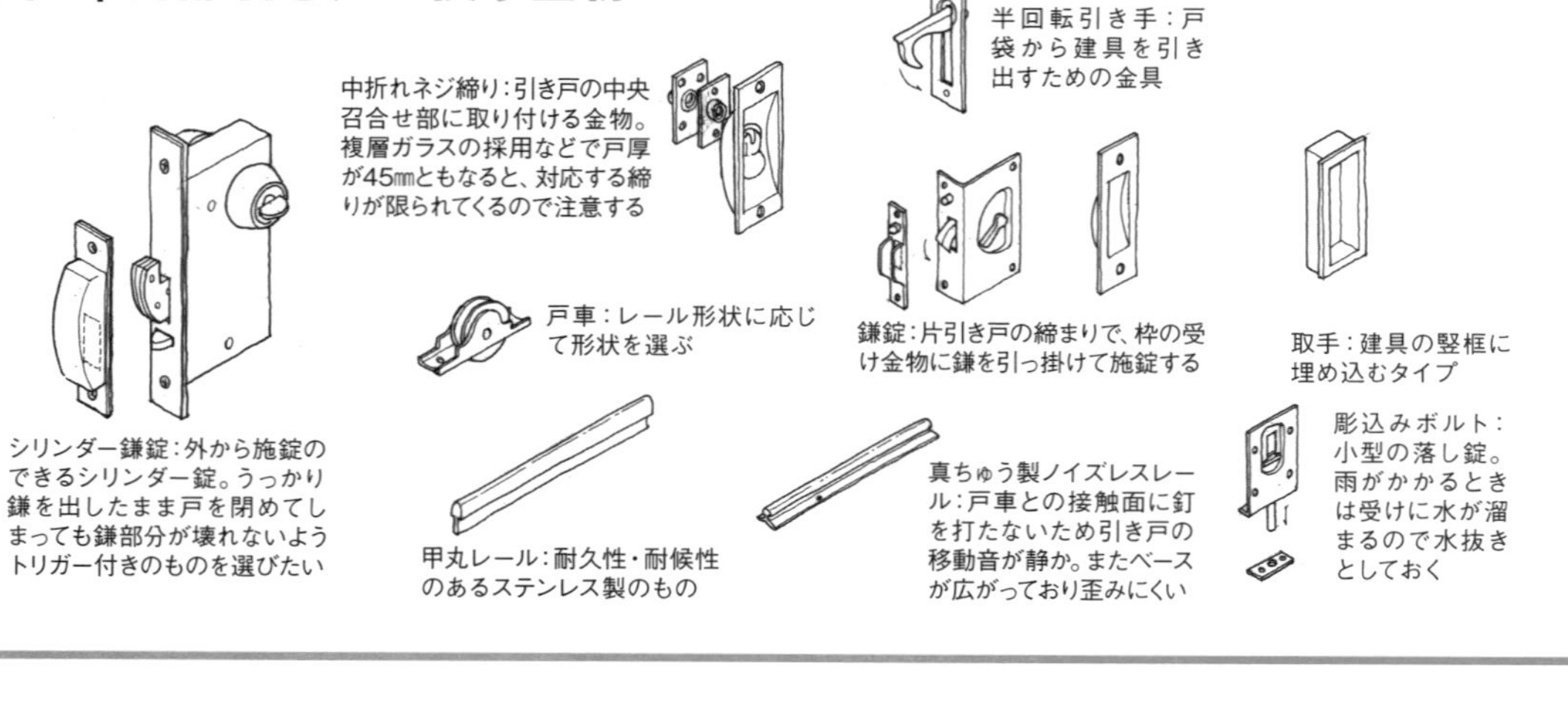
半回転引き手:戸袋から建具を引き出すための金具
中折れネジ締り:引き戸の中央召合せ部に取り付ける金物。複層ガラスの採用などで戸厚が45㎜ともなると、対応する締りが限られてくるので注意する
戸車:レール形状に応じて形状を選ぶ
鎌錠:片引き戸の締まりで、枠の受け金物に鎌を引っ掛けて施錠する
取手:建具の竪框に埋め込むタイプ
彫込みボルト:小型の落し錠。雨がかかるときは受けに水が溜まるので水抜きとしておく
シリンダー鎌錠:外から施錠のできるシリンダー錠。うっかり鎌を出したまま戸を閉めてしまっても鎌部分が壊れないようトリガー付きのものを選びたい
甲丸レール:耐久性・耐候性のあるステンレス製のもの
真ちゅう製ノイズレスレール:戸車との接触面に釘を打たないため引き戸の移動音が静か。またベースが広がっており歪みにくい

図2｜木製玄関建具の構成と納まり

①アイソメ図

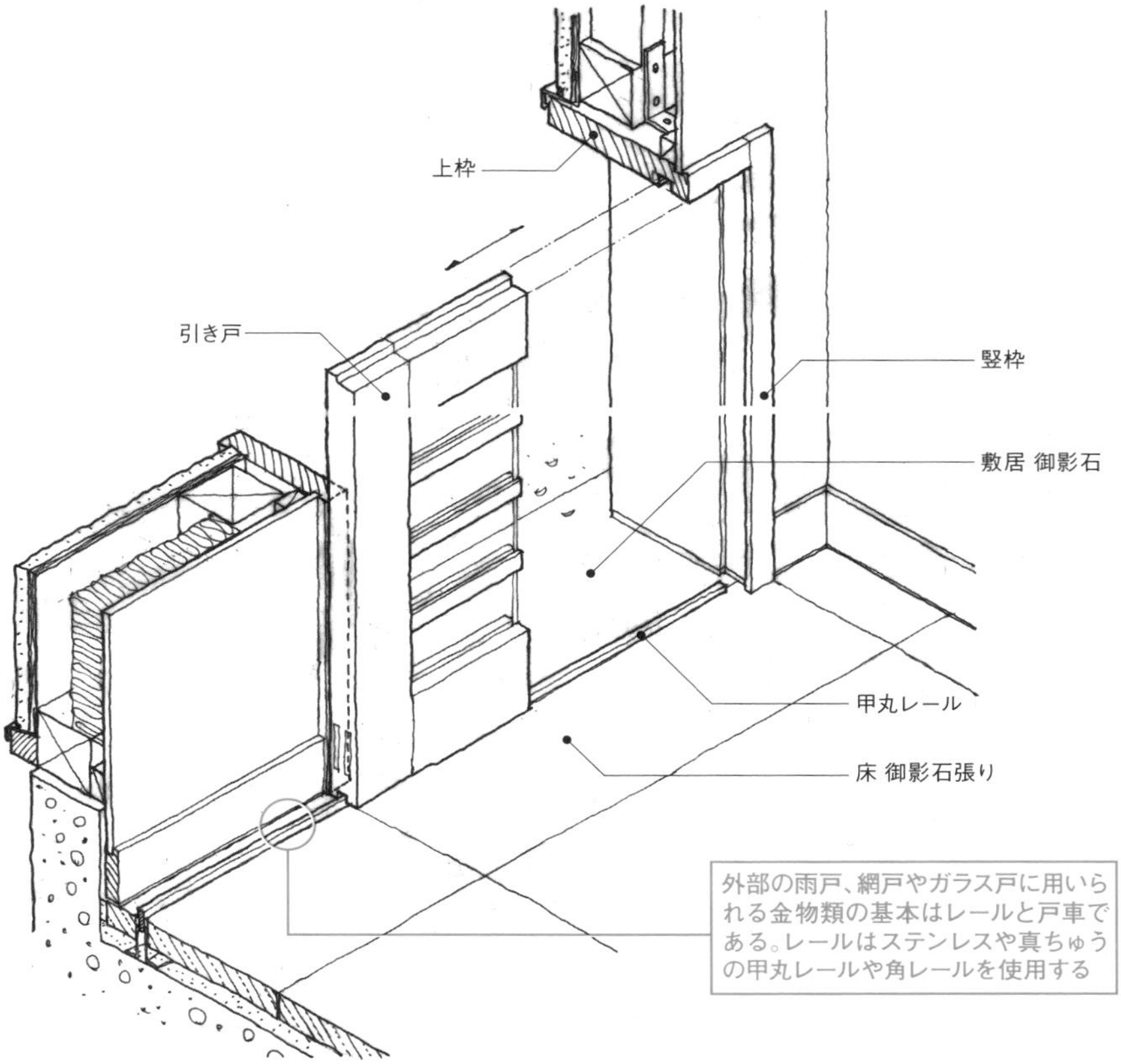
上枠
引き戸
竪枠
敷居 御影石
甲丸レール
床 御影石張り
外部の雨戸、網戸やガラス戸に用いられる金物類の基本はレールと戸車である。レールはステンレスや真ちゅうの甲丸レールや角レールを使用する

②平面・断面詳細図

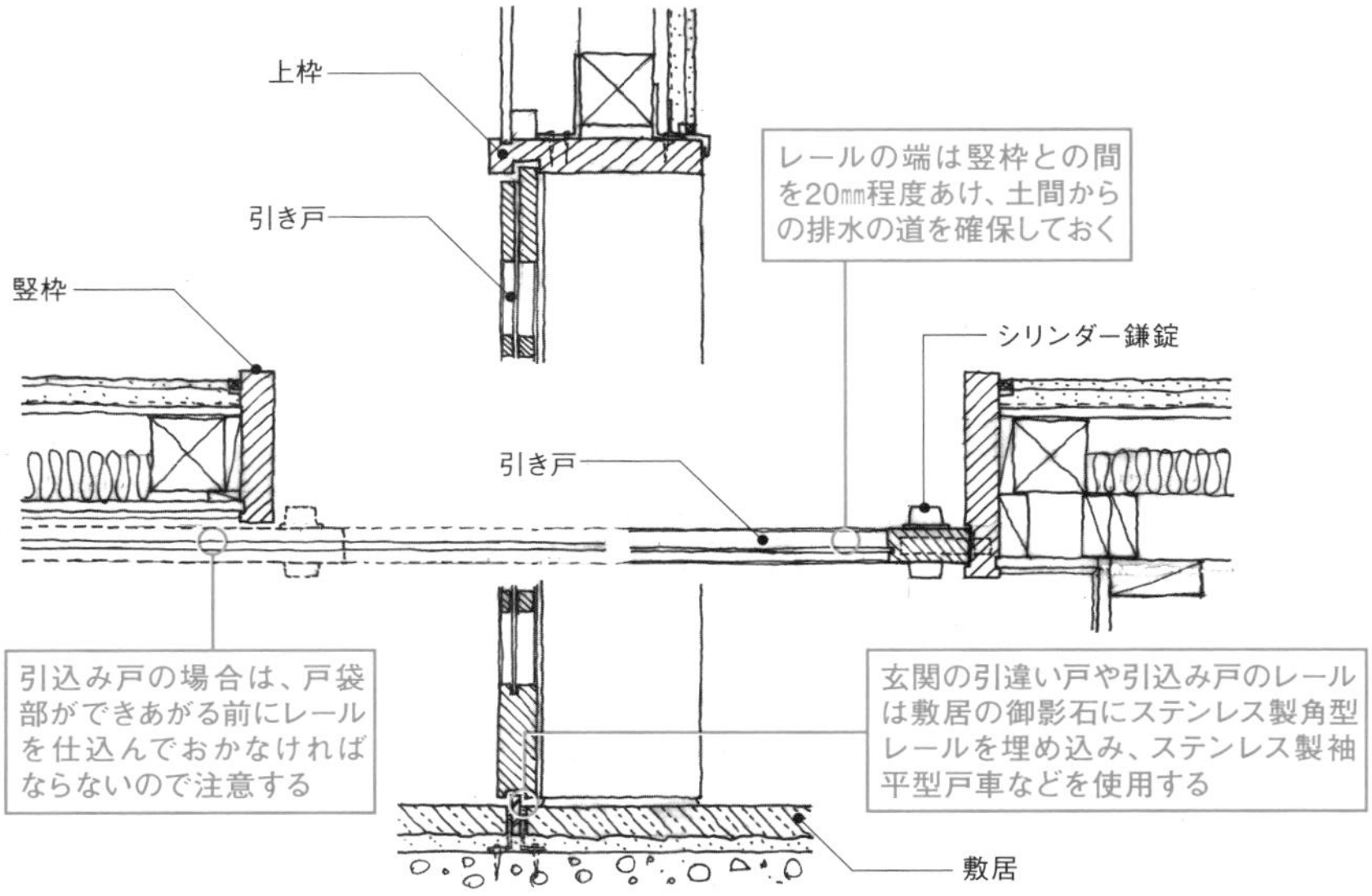
上枠
引き戸
レールの端は竪枠との間を20㎜程度あけ、土間からの排水の道を確保しておく
竪枠
シリンダー鎌錠
引き戸
引込み戸の場合は、戸袋部ができあがる前にレールを仕込んでおかなければならないので注意する
玄関の引違い戸や引込み戸のレールは敷居の御影石にステンレス製角型レールを埋め込み、ステンレス製袖平型戸車などを使用する
敷居

外部開口部の雨仕舞い

POINT　開き戸は枠廻りで、引き戸では立上がりを設けることで雨仕舞いをとる

開き戸では枠廻りで対処

外部開口部に求められる機能や性能のうち雨仕舞いに関して重要なのは、建具と開口部の接する部位である枠廻りの納まりである。つまり、開き戸、引き戸いずれの場合も敷居（下枠、沓摺り）と、三方枠といわれる鴨居と竪枠が水密性のある状態を確保できているかによって性能が決まる。

開き戸の枠廻りでは、三方枠に戸当りを設ける。外開きの場合は下枠にも戸当りを設けたり、内開きの場合は建具下部や下端に水切やシール材が上下する特殊金物を取り付けることになる。内開き戸では、開けたときに室内側の土間水勾配のため戸先が床に当たらないよう敷居との隙間を大きくとっておかなければならず、注意を要する。

気密性をさらに高めるためには三方枠にネオプレンゴムやシリコン製の気密材を取り付けるが、これは雨仕舞いのうえからも有効である。

引き戸では立上がりが必須

引き戸の枠廻りでは、三方枠のうち竪枠に気密性をよくするため深さ3㎜程度の戸《と》決《じゃく》りを設け、敷居には1／10以上の水勾配と15㎜程度の水返しの立上がりをとるのが基本である。ていねいな納まりとして立上がり下部に小さくエアスペースをとっておくと、より有効な雨仕舞いとなる。

一筋《ひとすじ》雨戸を設ける場合は、敷居をさらに1段15㎜落として設け、戸袋内に排水口を用意するとともに、敷居溝の雨水を排除するため敷居外樋端に水抜きをつくる。外部引き戸の場合、雨戸、網戸、ガラス戸と建具数が増すとともに枠の持出し寸法が大きくなり、敷居だけでなく、上枠上部の防水、水切をしっかりとしたものとする。

図1 | 外開き扉の水仕舞い

①アイソメ図

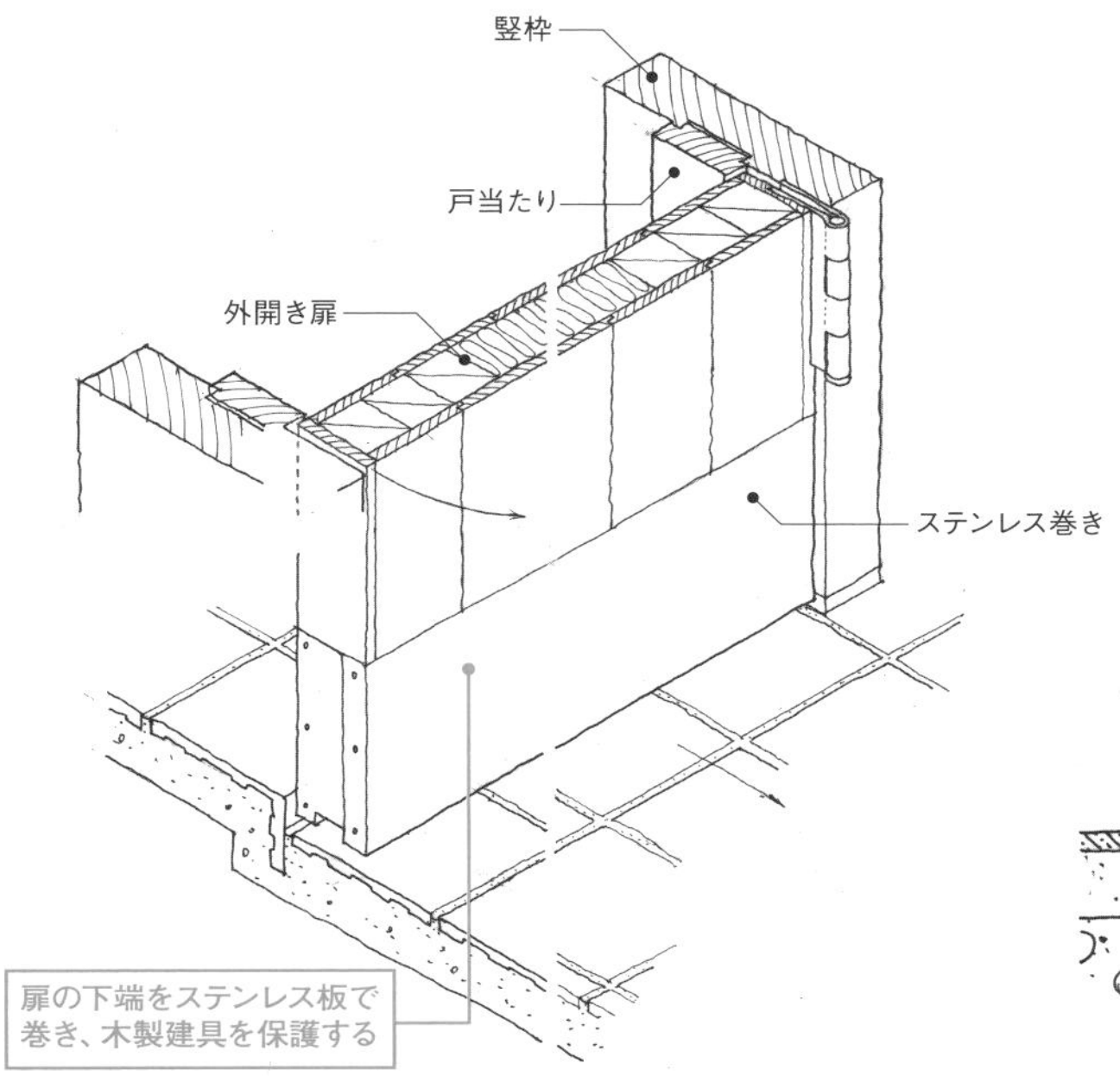

竪枠
戸当たり
外開き扉
ステンレス巻き
扉の下端をステンレス板で
巻き、木製建具を保護する

②断面図

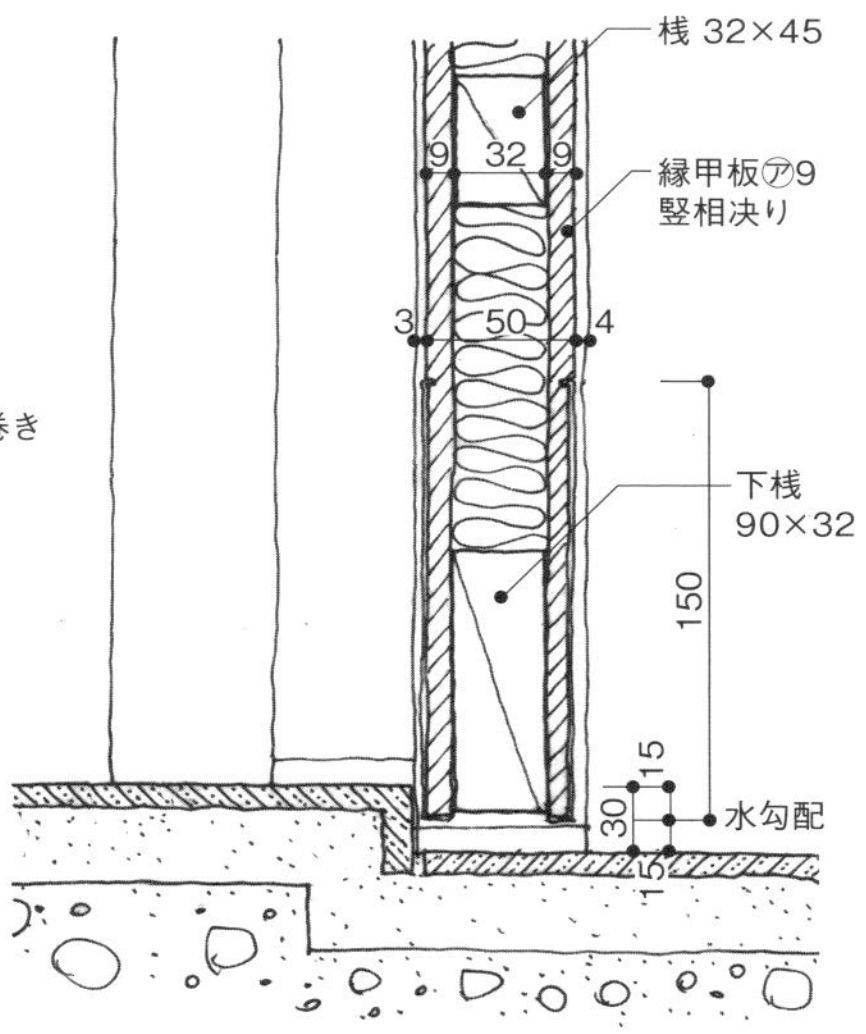

桟 32×45
9
32
9
縁甲板㋐9
竪相決り
3
50
4
下桟
90×32
150
15
30
15
水勾配

図2 | 内開き扉の水仕舞い

①アイソメ図

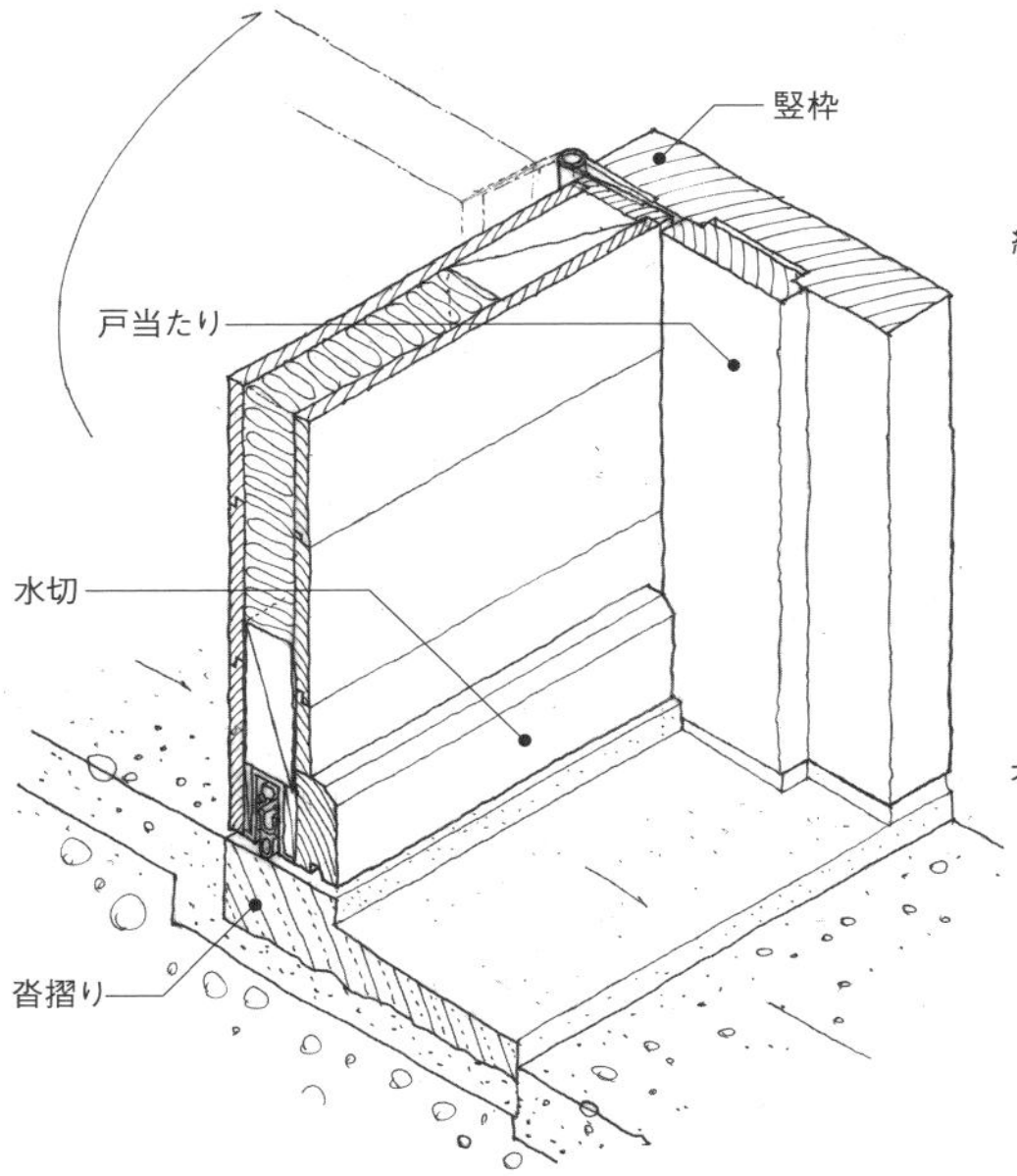

竪枠
戸当たり
水切
沓摺り

②断面図

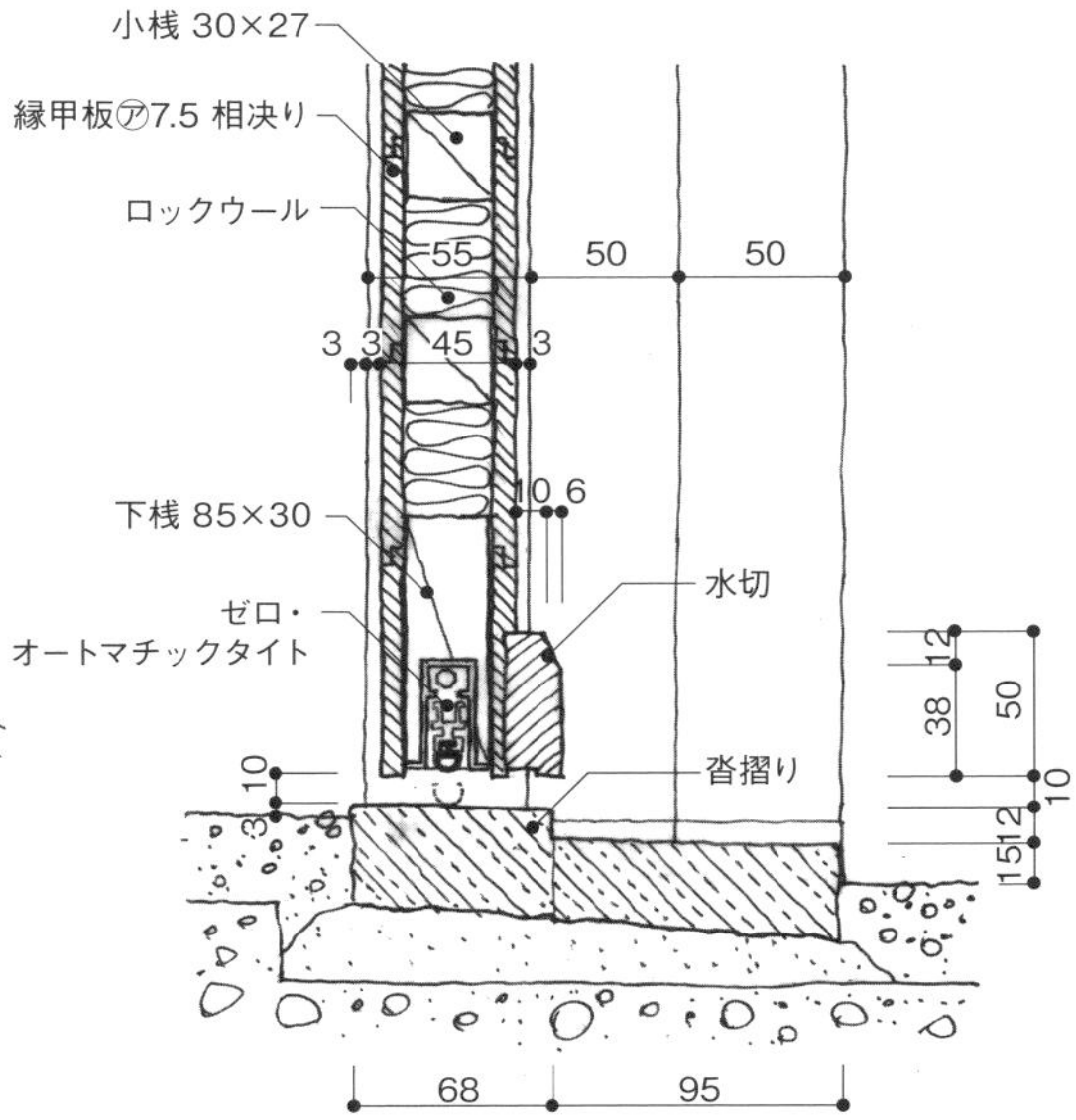

小桟 30×27
縁甲板㋐7.5 相決り
ロックウール
55
50
50
3
3
45
3
下桟 85×30
10
6
ゼロ・
オートマチックタイト
水切
12
38
50
10
沓摺り
10
12
15
10
68
95

スチール枠建具

POINT
スチール枠の木部への取付けは、スチールプレートと枠内側からのビス留めを併用する

スチール枠が有効な場合

木造住宅の玄関扉では、建具を木製とする場合であっても欄間窓や扉脇に小窓を併設するなど開口部分が多く発生する。そのなかで枠を細く見せたいとき、また重量も大きな堅固な建具を吊り込みたい場合、あるいは外壁の仕上げ材の金属パネルとの意匠上のつながりなどの理由から、しばしばスチール枠を使うことがある。

スチール枠を木部の柱や梁へ取り付けるには、あらかじめ木部にスチールプレートをビスで留めておく。そこにスチール枠を枠内側からビス留めして取り付ける。アルミサッシの取付けと基本的には同じ方法である。

スチールによる枠では、建具と建具枠と隙間に入れるネオプレンゴムなどの気密材をしっかりと納める溝がつくりやすく、木製の枠組みでは得られない遮音性と気密性を確保することができる。

錆への対応が大切

いうまでもなく鉄は錆びやすい。庇を大きくとるなど、雨がかり部分での設置を避けたいところである。塗装に際しては、枠下地の防錆処理と、床や壁との接続部分へのシーリングが重要である。

シーリングに際しては接続相手となる素材に対応したシーリング材とプライマーを選定するとともに、バックアップ材やボンドブレーカーなどの挿入を忘れないようにしたい。バックアップ材部分でシーリングを切り離すことで2面接着を保持し、経年によるシーリング材の劣化を防ぐ。

スチール枠は塗装やシーリングなどのほか、メンテナンスがことさら大切とされる。

図｜スチール枠を用いた玄関扉の納まり

①アイソメ図（開放時）

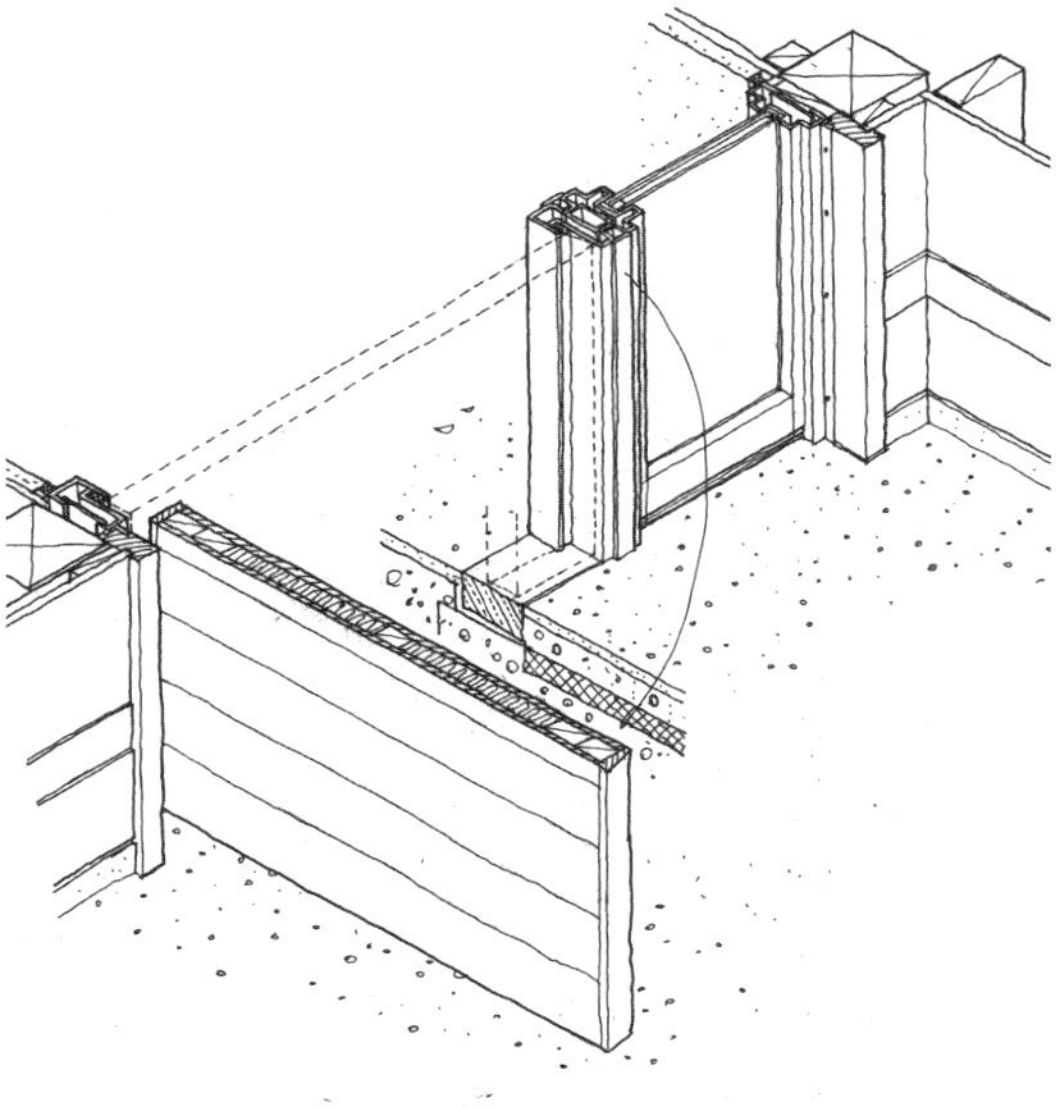

②アイソメ図（閉鎖時）

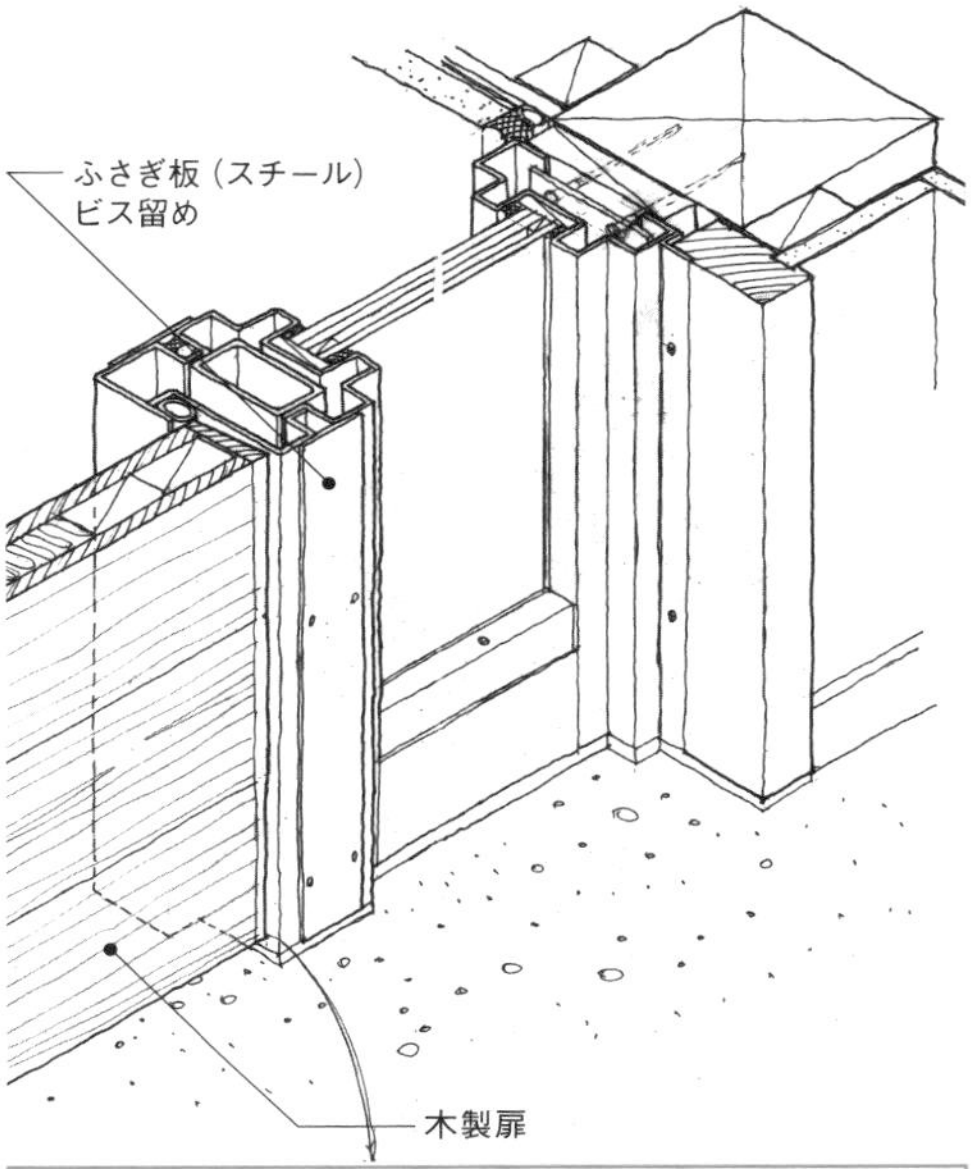
ふさぎ板（スチール）
ビス留め
木製扉

木製扉とスチール枠を併用した玄関。スチール枠にシーリングを施す際は、隣り合う材料に適したものを指定しておく

③断面図

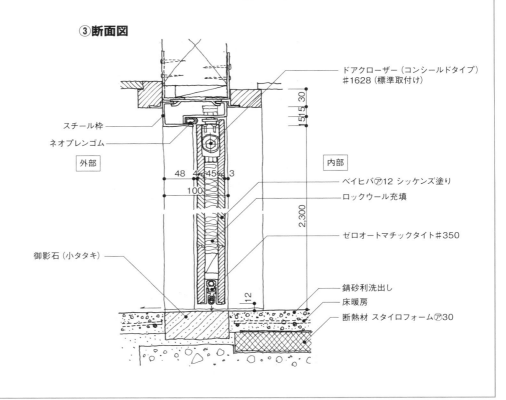

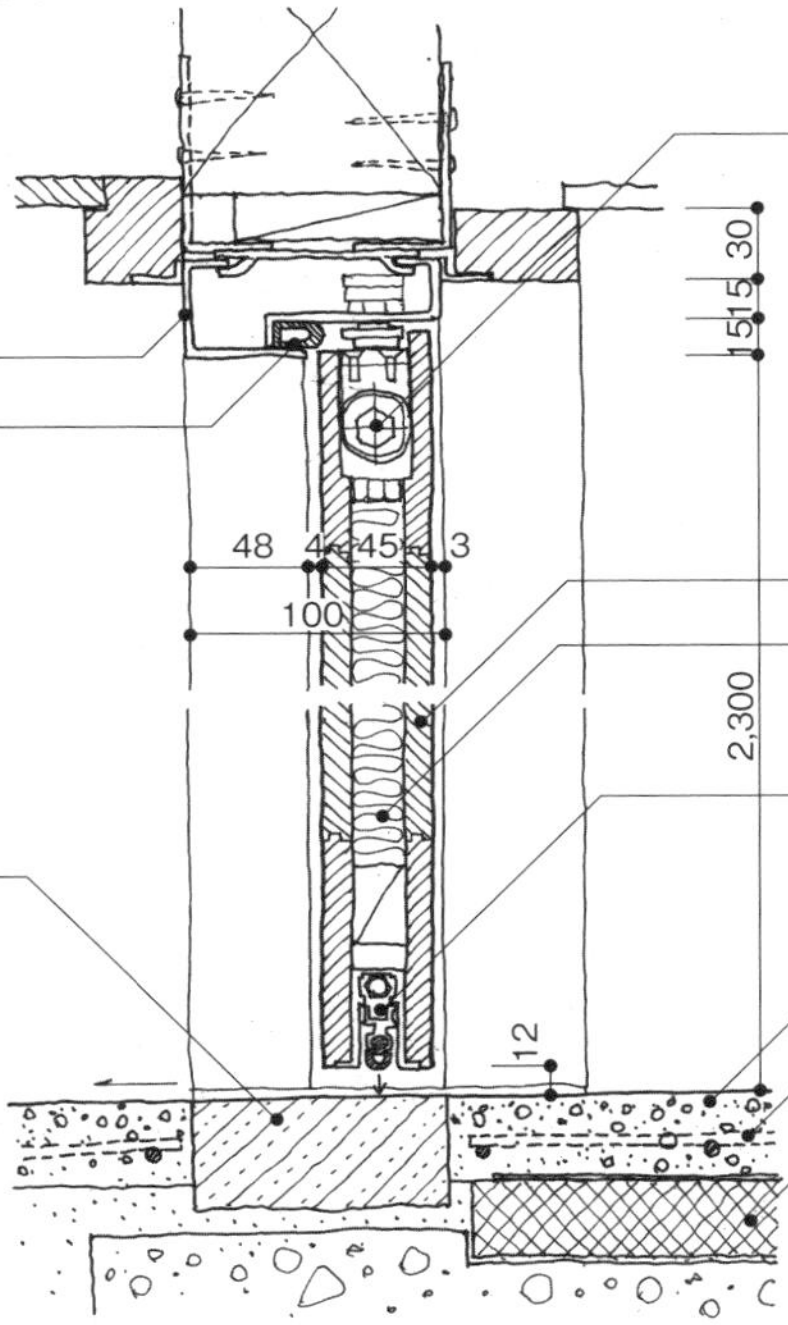
ドアクローザー（コンシールドタイプ）
#1628（標準取付け）
スチール枠
ネオプレンゴム
外部
内部
30
15
15
48
4
45
3
100
2,300
ベイヒバ㋐12 シッケンズ塗り
ロックウール充填
ゼロオートマチックタイト#350
御影石（小タタキ）
12
錆砂利洗出し
床暖房
断熱材 スタイロフォーム㋐30

アルミサッシの取合い

POINT アルミサッシは、半外付けタイプが多くの外壁材に対応するので主流となっている

内・半外・外付けの分類

既製品の住宅用アルミサッシを納まりの面からみると枠の形状によって、内付け、半外付け、外付けに分けられる。各メーカーは開き窓、引違い窓をはじめあらゆる開閉方式のサッシでも共通の枠材で対応できるよう考え、外壁仕上げ材との取合いを含めて構造体への取付け方法をカタログなどで分かりやすく案内している。

また各種性能や表情、機能などとともに寸法上のバリエーションがある。各社ともその選択の範囲は豊富で、真壁、大壁問わずさまざまな壁面開口に対応させている。

雨仕舞いと見え方に注意する

通常、木造建築ではビスを使って躯体に直接固定され、外壁仕上げ材に対しては防水材やシーリング材を介して接続する方法で納められるが、通気層を確保しながら、防水テープでサッシアングル、防水シート、水切り金物など接続部をしっかりと留め、雨仕舞いに十分配慮することが重要である。

半外付けタイプは、サッシ枠が多くの外壁材に直接対応できる外額縁を兼ねているので扱いやすく、今では主流となっている。外付けサッシは、多くが真壁用に使われる。室内側にサッシ枠を見せない納まりも可能であり、紙貼り障子も納めやすい。大壁での取付けでは、室内仕上げ材や室内の木枠に対してはアングル金物で対応することが一般的だが、室内側の部材を樹脂系に変えて結露防止と金属の冷たい質感を避けようとする製品もある。

内付けサッシは、躯体内側にすっぽりと納まるものである。三方外額縁の取付けと下端に水切りが必要となるため、特に外壁との取合いが難しい。

図1 | 半外アルミサッシの取付けと納まり

①アイソメ図

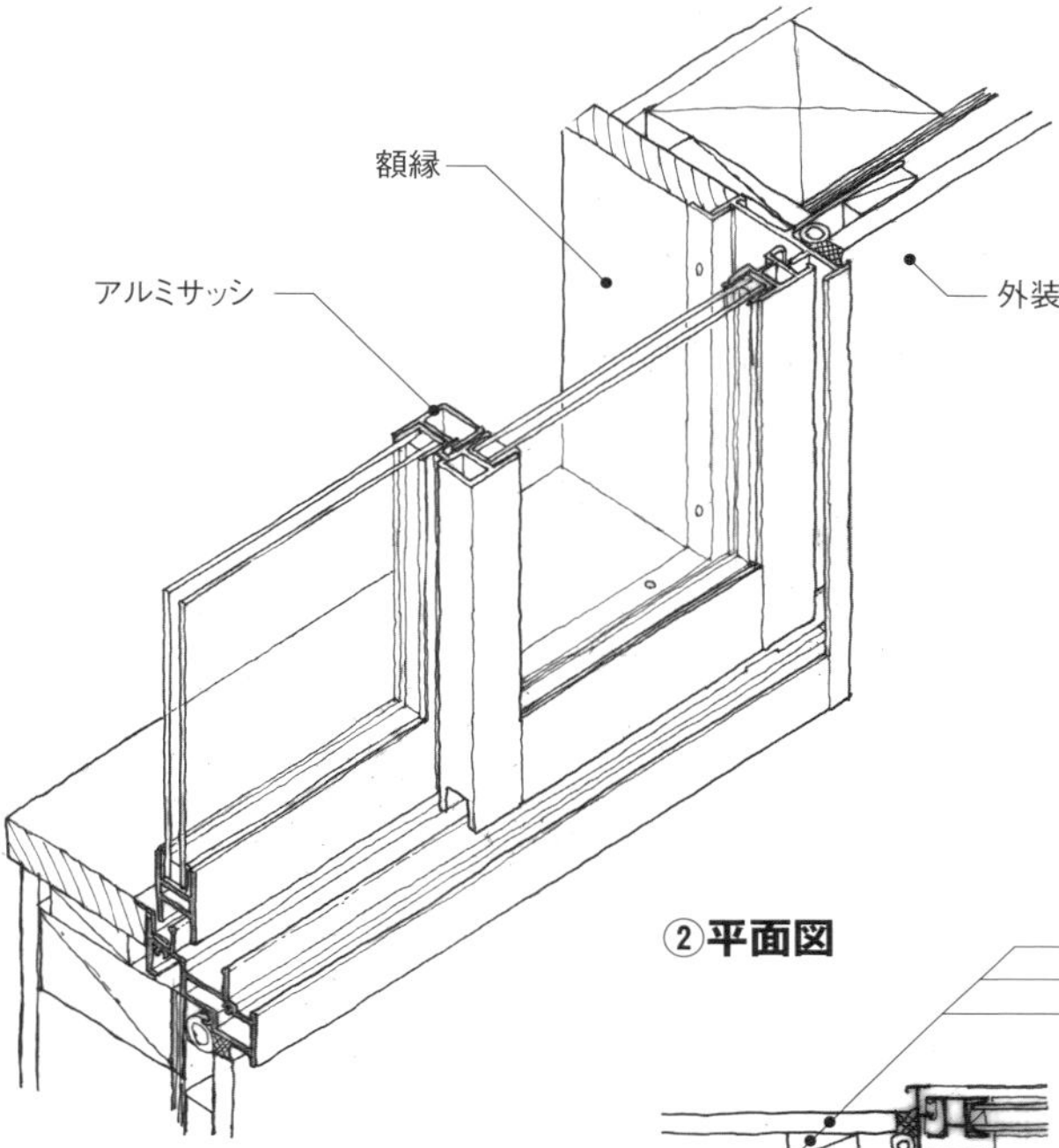
額縁
アルミサッシ
外装材(サイディングなど)

②平面図

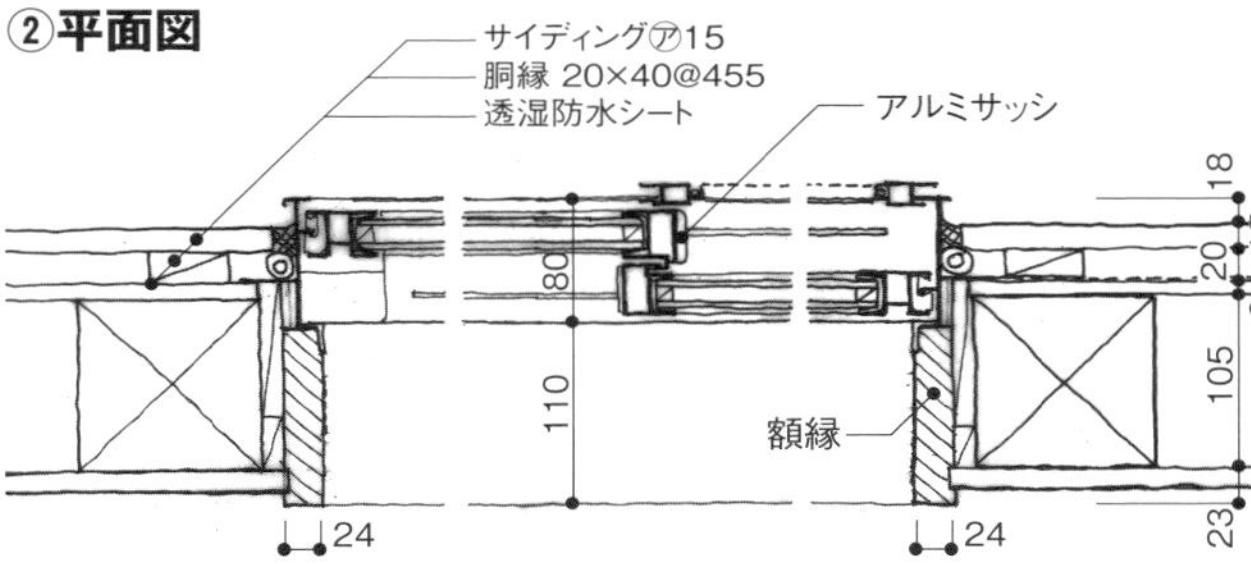
サイディング㋐15
胴縁 20×40@455
透湿防水シート
アルミサッシ
額縁
80
110
18
15
20
9
105
23
24
24

図2 | 半外と外付けの納まりの違い

①半外タイプのサッシ

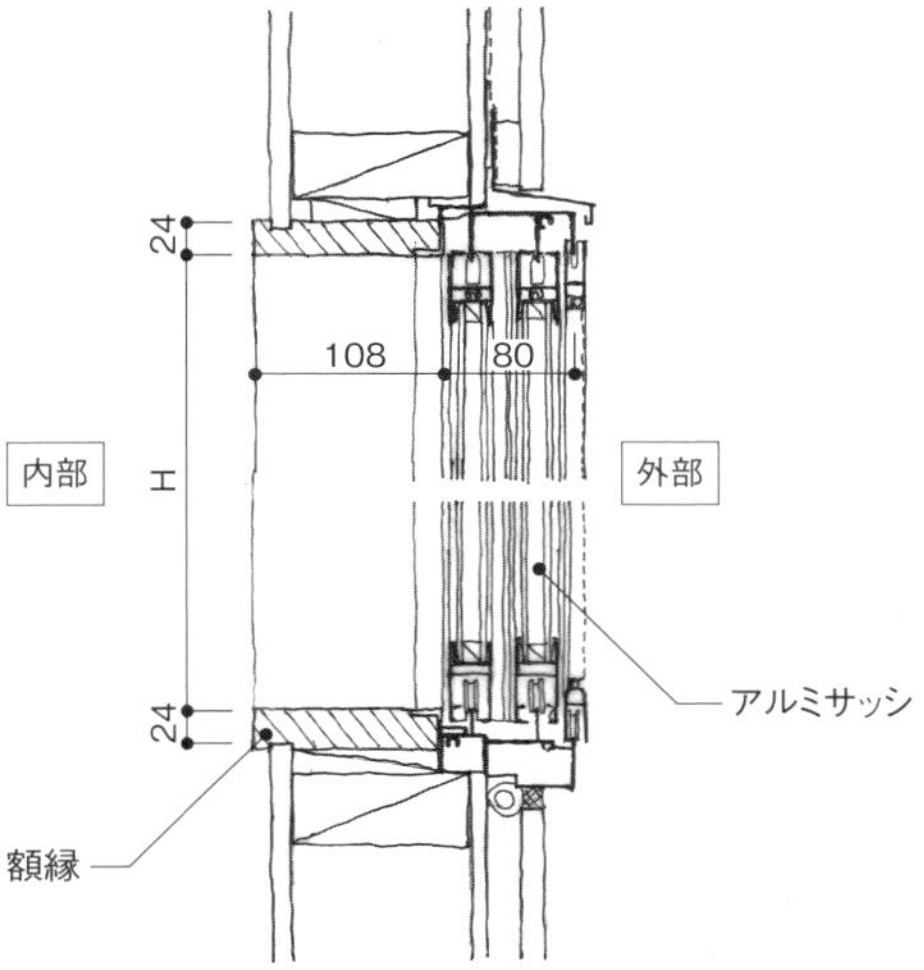
24
108
80
内部
H
外部
24
アルミサッシ
額縁

②外付けタイプのサッシ

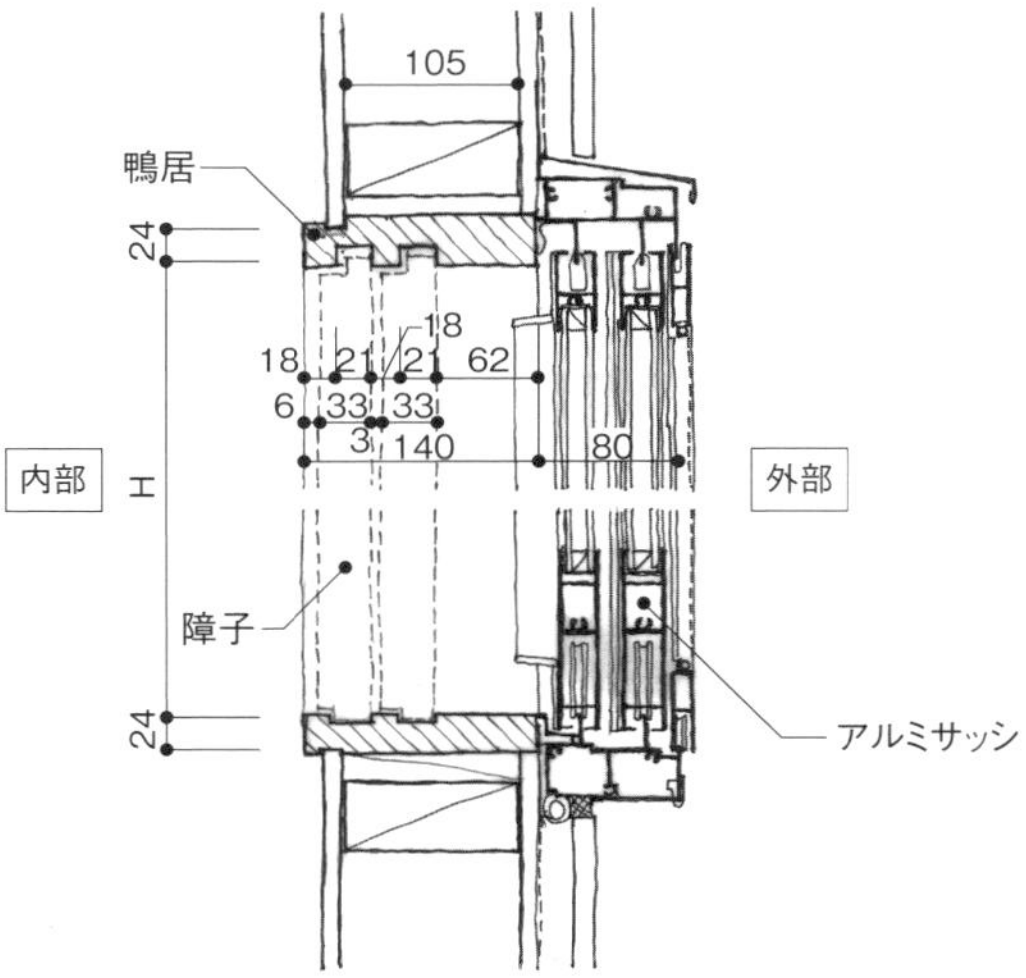
105
鴨居
24
18
21
21
18
62
6
33
33
3
140
80
内部
H
外部
障子
24
アルミサッシ

外部引違い窓

POINT 外部引き戸の雨仕舞いはネオプレンゴムなどの気密材で対応する

外部引き戸の雨仕舞い

外部引き戸の枠廻りディテールを考えるとき、最も留意する点は建具枠にまつわる部位の雨仕舞いや隙間風、防音対策である。引違い戸を構成する雨戸や網戸、ガラス戸、障子などは、木製建具であっても外部空間と室内空間の接点として、アルミサッシなどに劣らない機能をもつものとしたい。

柱や外壁面より外側に建具枠を取り付け、雨戸、網戸や重量のかさむガラス戸を設置することが多い。外枠の外壁からの出寸法が大きくなるため、下枠の垂れ下がりを防止するように十分な補強を入れておかなければならない。

外部引き戸はレールの上を移動するため、枠に対して隙間が大きくなる。気密性を高めるために、敷居や鴨居との間に気密材を取り付け、竪枠に深さ3㎜程度、幅が戸厚＋3㎜の戸決《とじゃく》りを施す。

ガラス戸の場合に複層ガラスを使い気密性能の向上を図る場合などは、建具大手（高さ方向の小口）にネオプレンゴムなどの気密材を取り付けることもある。これは雨仕舞いや音の漏れを少なくするのにも有効で、部屋に輻射暖房を設備した場合などでは、開口部全体の透過損失を少なくするためにも有効である。

引き戸の施錠は、中折れネジ締り、クレセント錠、雨戸錠、鎌錠がある。注意すべきは、障子とガラス戸のあき寸法を最低60㎜はとっておかないとネジ締りの操作が不可能であること、クレセント錠の場合もレバーの回転をかわす隙間を確保しておかなければならないことだ。図例では、中折れネジ締り操作のためもあり、引込み障子としてこれに対処している。

図｜外部木製建具の構成と納まり

①アイソメ図

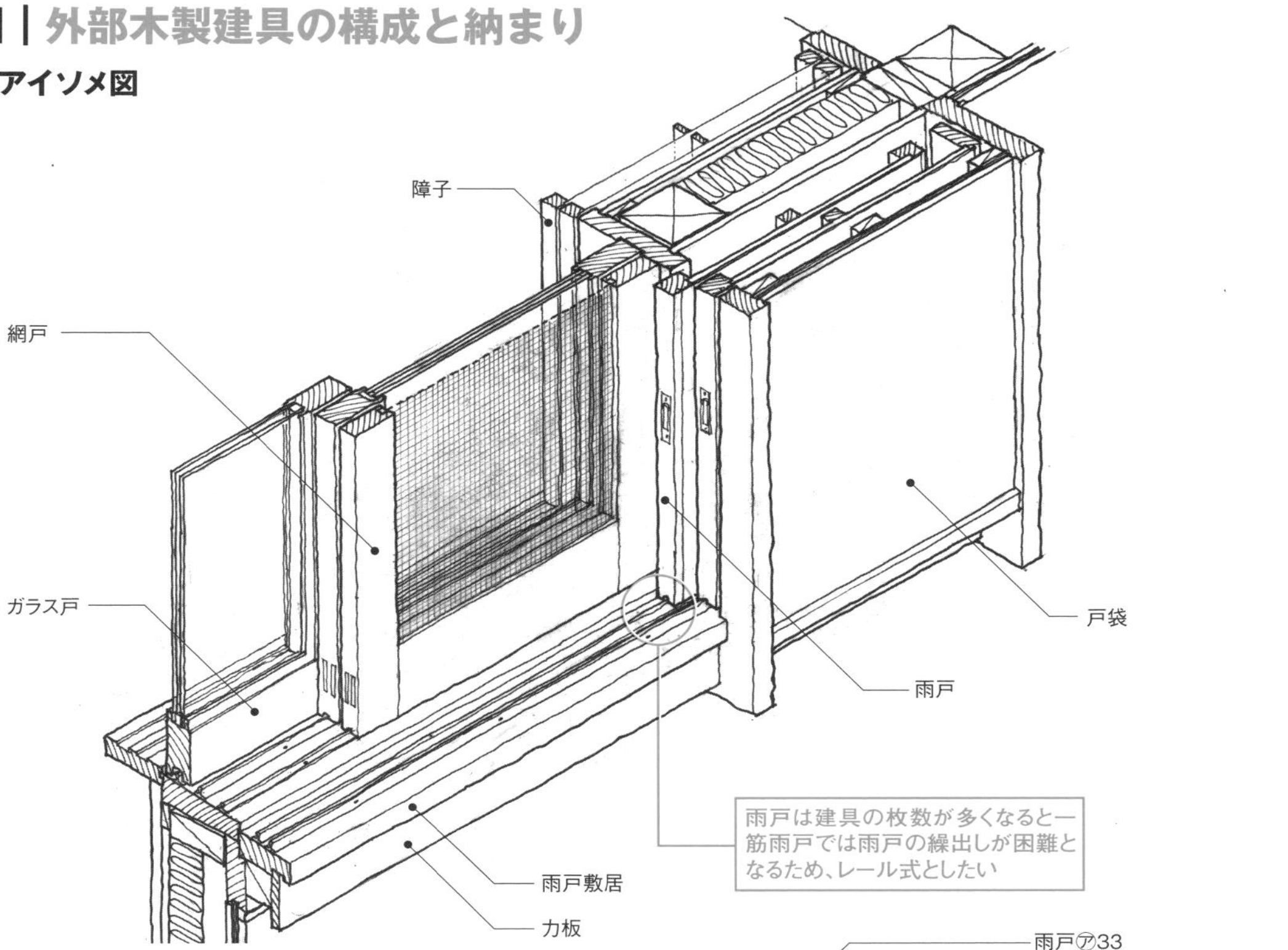

②平面詳細図

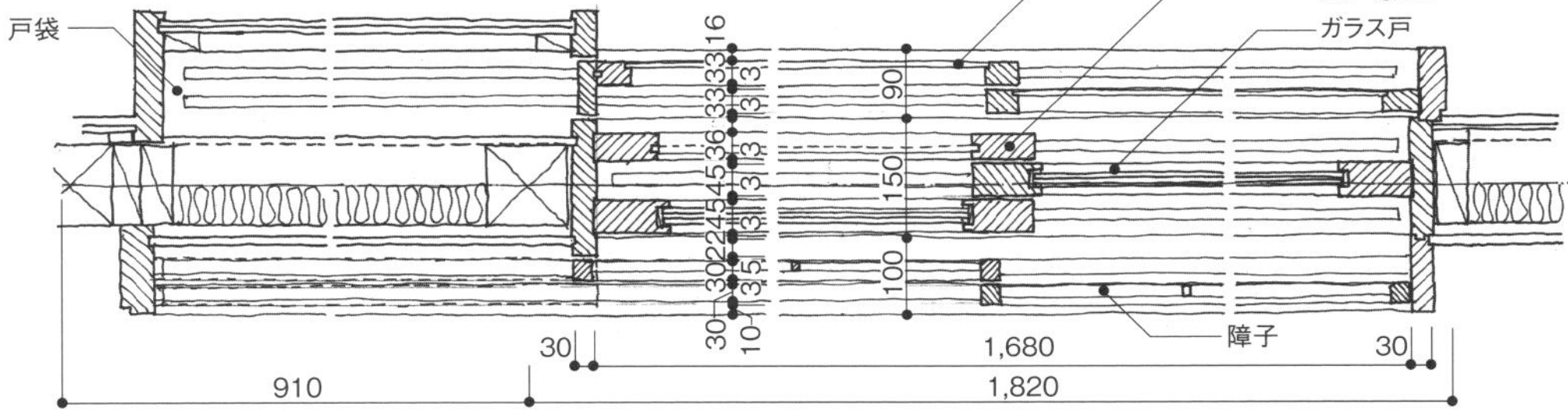

③雨戸部断面詳細図

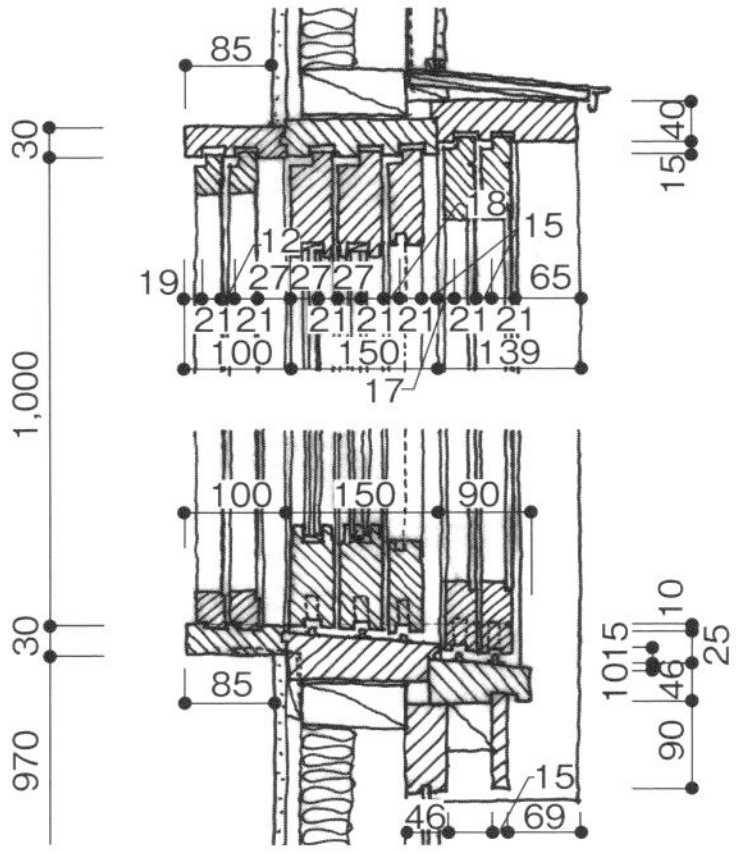

④戸袋部断面詳細図

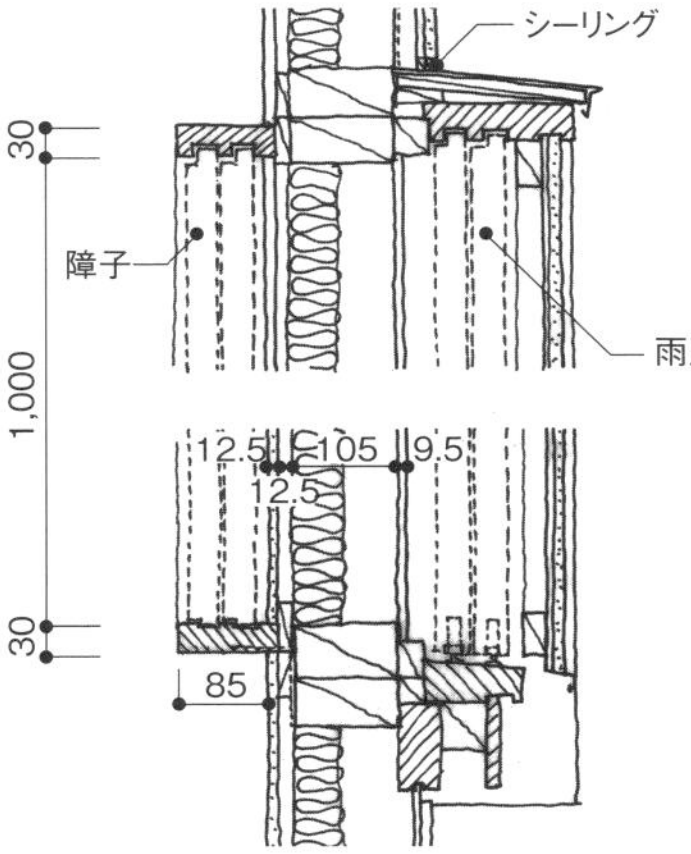

外部辷り出し窓

POINT

辷り出し窓は動作範囲内のどこにおいても止めることができ、気密性や水密性もよい

開き戸窓では網戸も肝心

外部開き窓にもさまざまな動作のものがあるが、辷《すべ》り出し方式の特徴は、片開きの回転軸が移動しながら開閉し、動作範囲のどこででも開いたままにしておくことができることである。比較的小型の窓に適し、気密性や水密性も得やすく、部屋内からもガラス外面の清掃ができる。開閉の形式によって竪辷り出し、横辷り出しがある。

辷り出し窓を低い位置に取り付ける場合、外を人が頻繁に通る場所では開けたままの建具が障害となることがあるので取付け場所に気を付けなければならない。また、室内でも吹抜け部分の通気や視線の確保などに手軽に使うことができる。

図例は、アルミに耐候性のある粉体塗装を施したフリクションステーを使った木製の横辷り出し窓で、枠と建具の間に気密材を仕込み、簡単な窓締りと小型彫込みボルトを設けている。

一般に、このような開き戸系の建具では、外面の清掃が困難な形式も多く、網戸の取付けができない、もしくは網戸の取付けに工夫を要する場合が多い。ここでの網戸は室内側の壁仕上げのなかに引き込む納まりで、網戸を隠すこともできるよう考慮したものである。引込み戸の場合、網戸は夏の暑い季節では開口部の主役にもなり得るため、ガラス戸や雨戸、障子とともに意匠上も大切に扱われるべきである。

網戸に使われる網は合成樹脂の塩化ビニル製やポリプロピレン製、ステンレス網などがある。通風のよさ、汚れにくさ、耐久性や外の景色を妨げないようにと考えればステンレス網としたいが、モノや動物がぶつかった後などに戻りにくいなどの不安もあり、合成樹脂製の黒い網を使うこともある。

図｜外部横辷り出し窓の構成と納まり

①断面・平面詳細図

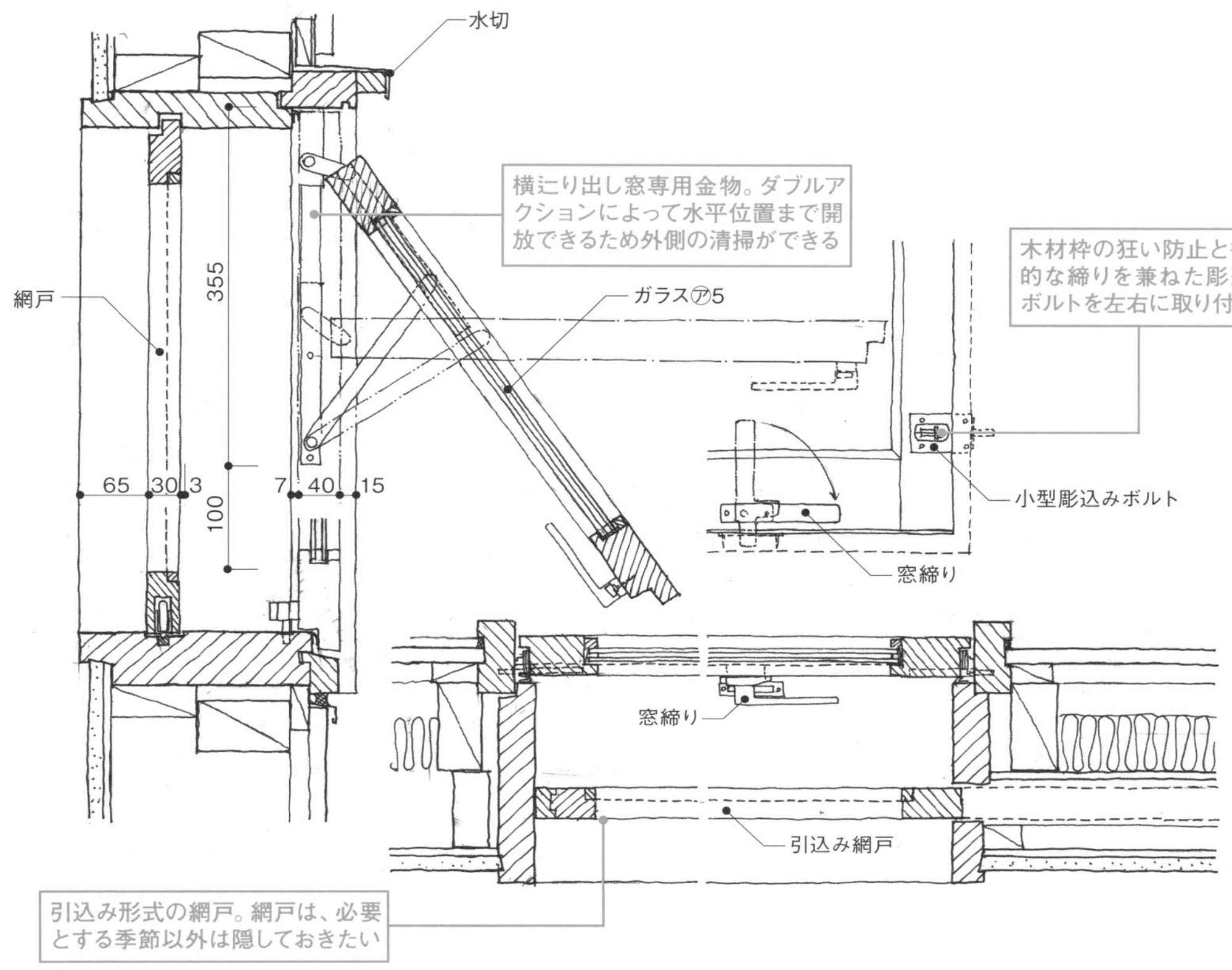

水切
横辷り出し窓専用金物。ダブルアクションによって水平位置まで開放できるため外側の清掃ができる
木材枠の狂い防止と補助的な締りを兼ねた彫込みボルトを左右に取り付ける
網戸
355
ガラス㋐5
65
30
3
7
40
15
100
小型彫込みボルト
窓締り
窓締り
引込み網戸
引込み形式の網戸。網戸は、必要とする季節以外は隠しておきたい

②網戸姿図

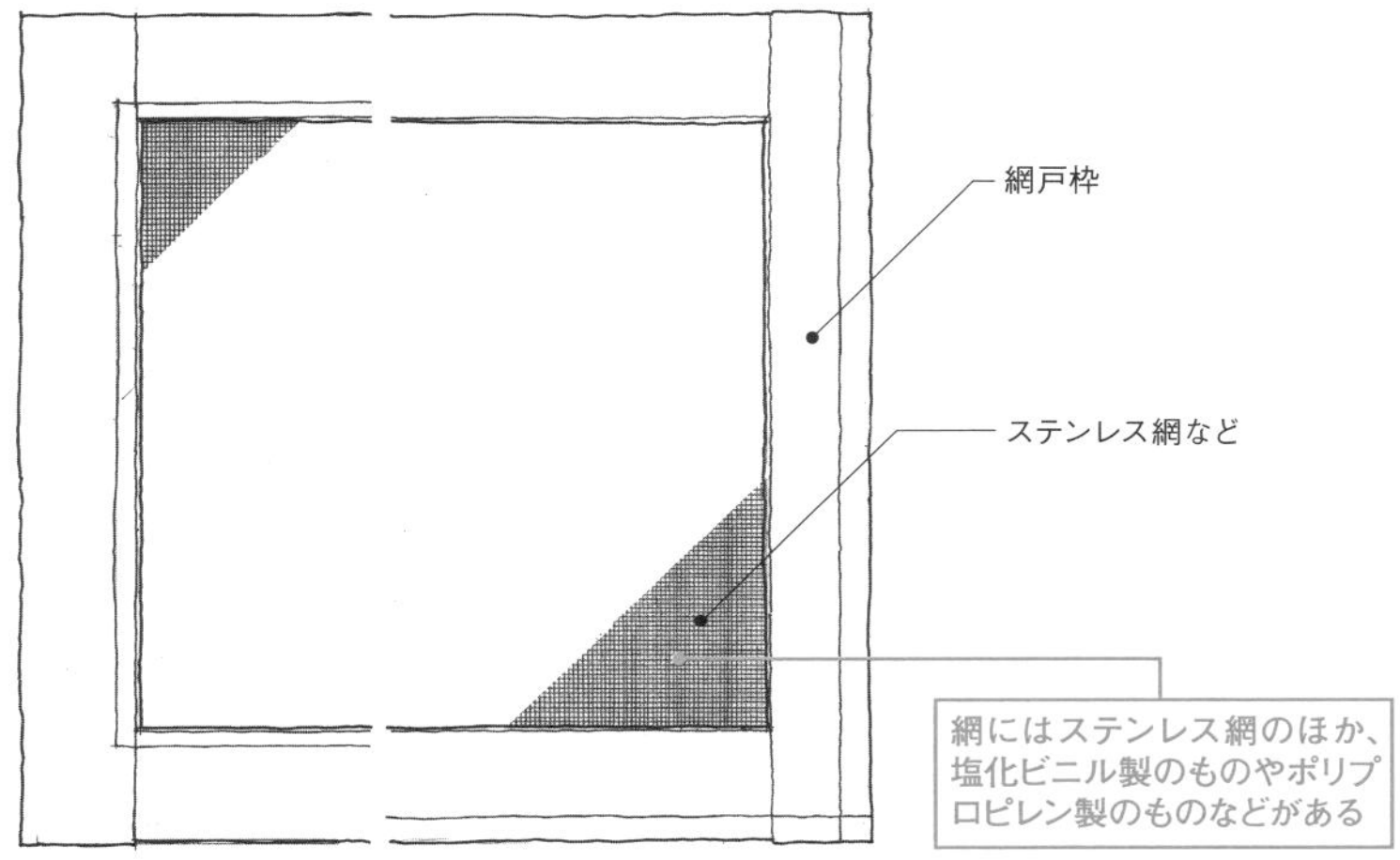

網戸枠
ステンレス網など
網にはステンレス網のほか、塩化ビニル製のものやポリプロピレン製のものなどがある

天窓・地窓

POINT
天窓の設計ではガラスの仕様、雨仕舞い、結露対策、メンテナンス性などに重点を置く

天窓は雨仕舞いを重点的に

天窓は、開閉可能なものを取り付けるとなれば雨仕舞いを考え、手動式、電動式を問わず既製品を採用することになるが、はめ殺しにする場合でも既製品を使うケースが多くなっているようだ。

しかし、天窓をスリット状に長くしたり、極めて小さな開口を屋根に求めようとするときには既製品の寸法体系では対応できず、製作することになる。その際は、ガラスの性状把握と雨仕舞いはもちろんのこと、結露対策、メンテナンスのしやすさ、遮光や調光の可能性、通気・換気など細部にわたる検討を経て、納まりが決定される。

図例は住宅北面、厨房の天井に設置した幅300㎜ほど・長さ2間の長大な天窓で、合わせガラスを使ったものである。

地窓は通風以外の役割も

地窓は室内床に接して設けられ、掃出し窓なども呼ばれる。一般には通風を得るための小窓である。反対側の窓に向かって入ってくる微風の心地よさが狙いであるとされている。

また、地窓はここから覗かれる小さな外の風景とともに部屋全体の重心を低く感じさせる効果も大きく、むしろこの効果を見込んで設けられることも多い。

納まり上は特別なことはないが、雨による跳ね返りがないようにする必要がある。また、地面への工夫、防犯対策、外からの視線などが考慮される。

図例の地窓は、はめ殺しのガラス、遮光と防犯を兼ねた板戸と障子で構成されている。開口部に余分な素材を見せたくないという主旨でつくられたもので、室内側の枠は刃欠《はっか》け納めである。

図1 | 天窓の構成と納まり

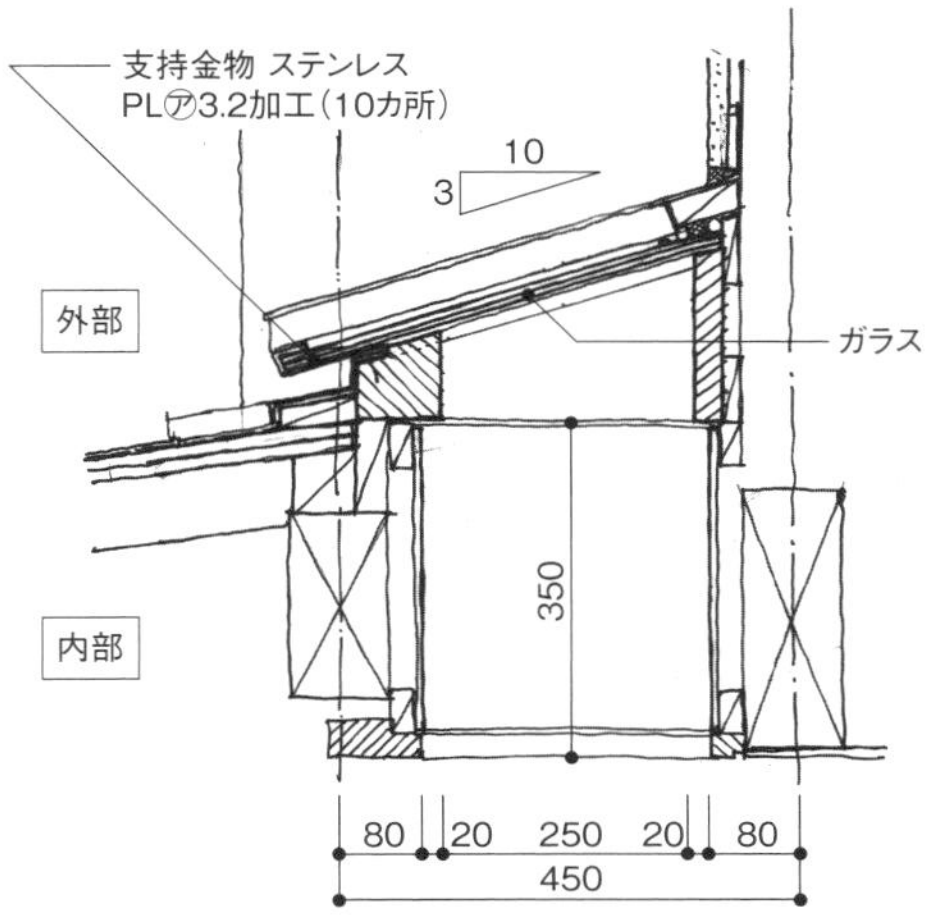
支持金物 ステンレス
PL㋐3.2加工（10カ所）
10
3
外部
ガラス
内部
350
80
20
250
20
80
450

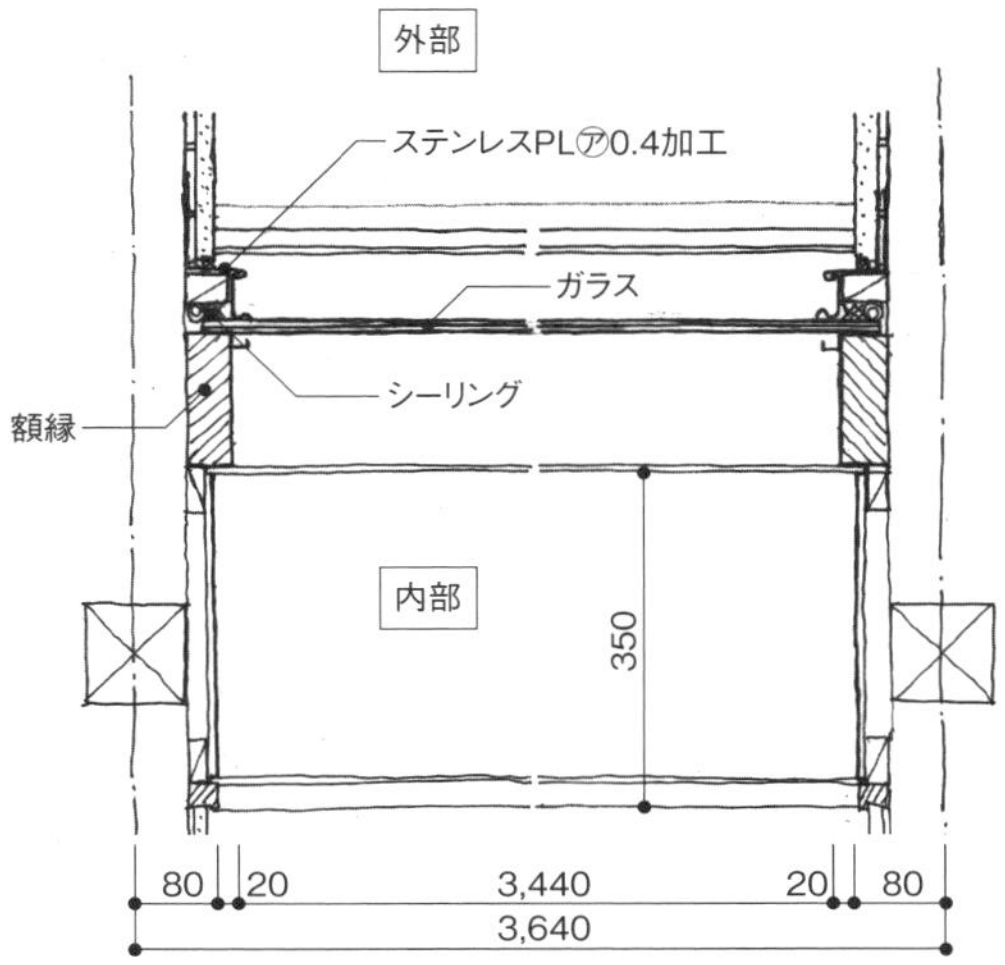
外部
ステンレスPL㋐0.4加工
ガラス
額縁
シーリング
内部
350
80
20
3,440
20
80
3,640

図2 | 地窓の構成と納まり

①アイソメ図

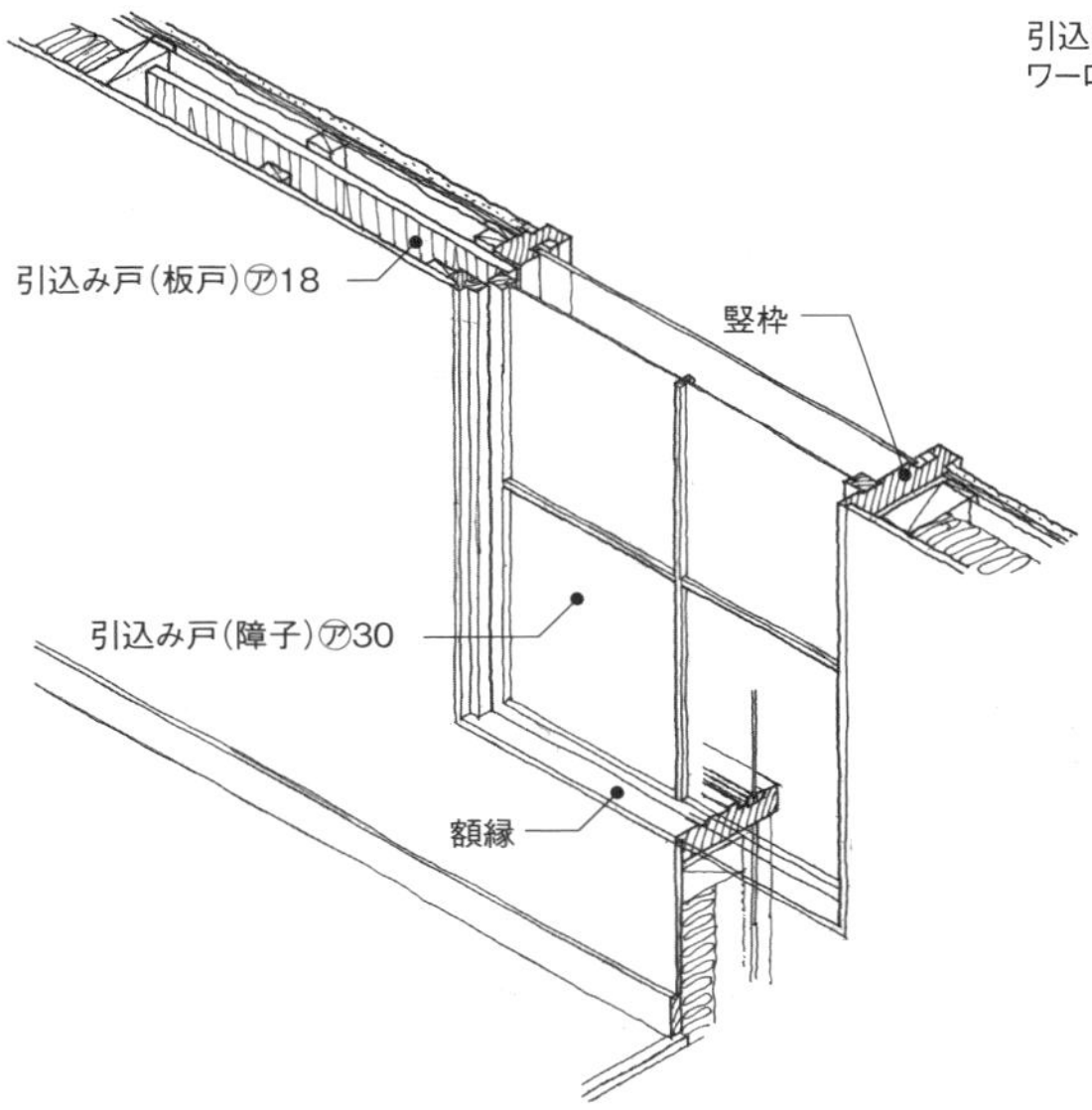
引込み戸（板戸）㋐18
竪枠
引込み戸（障子）㋐30
額縁

②断面図

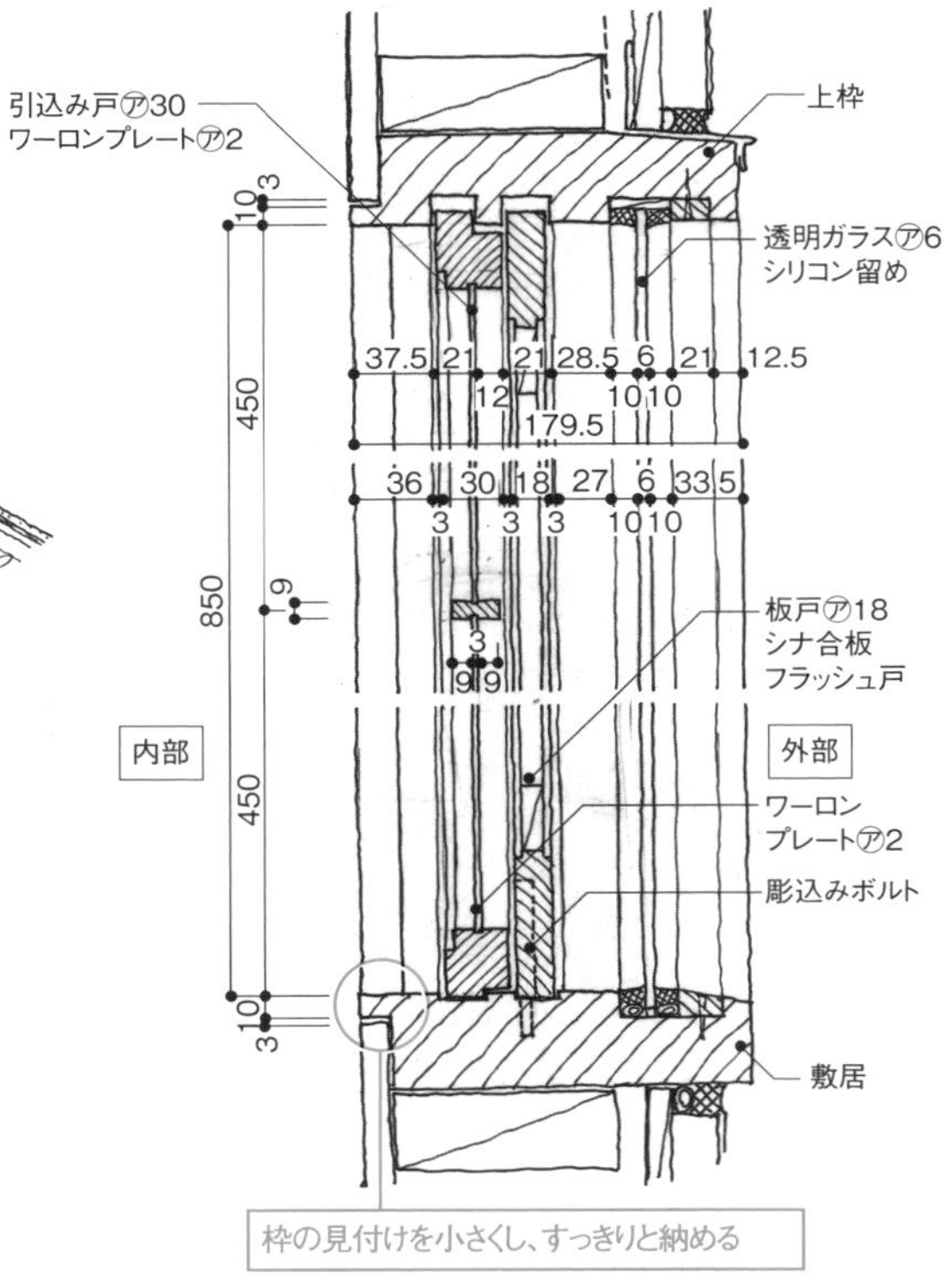
引込み戸㋐30
ワーロンプレート㋐2
上枠
透明ガラス㋐6
シリコン留め
37.5 21 21 28.5 6 21 12.5
12 10 10
179.5
36 30 18 27 6 33 5
3 3 3 10 10
450
850
9
3
9 9
450
10
3
板戸㋐18
シナ合板
フラッシュ戸
内部
外部
ワーロン
プレート㋐2
彫込みボルト
敷居
枠の見付けを小さくし、すっきりと納める

出窓

POINT 出窓は庇との兼ね合いを含め外観も考え、構造や断熱にも配慮する

出窓は法規制にも注意

出窓を付けると部屋が広々と感じられる、外の光をより取り込みたいといった理由などから出窓の設置を望まれることがある。どのような開閉方式の建具を納めると扱いやすいのかなど、使い勝手や外からの見え方、取付け方法、雨仕舞いを含めて納まりが考慮されることになる。

出窓は外壁面から外側に張り出すもので、建築基準法では張出し寸法が500㎜未満、出窓の床高さが床面より300㎜以上また内部から見たときに開口部の見付面積が出窓部分の見付面積の1／2以上となっていれば、突き出た部分は建築面積にも床面積にも算入されないとなっている。そのほか、出窓が屋根と一体でないこと、地袋などの物入れがないことなどの条件があるので、よく確認しておきたい。

構造や断熱にも配慮を

図例の出窓は外壁の柱から片持ちで取り付くもので、袖壁は柱からの金物併用の片持ちで納めている。窓下に力《ちから》板《いた》を入れ、集成材を用いた出窓カウンターは、吸付き桟を付けて出窓全体の補強も兼ねている。

出窓の屋根は軽快に見せるため、建物本体とカーテンボックス上部の横材に垂木を載せ、金属板葺きとしている。

出窓の間口が広い場合は、垂れ下がりを防ぐための納まりが必要となる。その際、補強金物や出窓屋根の架け方などが、窓建具とともに、出窓全体の表情に深くかかわってくる。

また、出窓は、庇がないことが多く、開口部を含め大きな熱負荷を生じさせることにもなるので、構成する部位それぞれの断熱方法にもしっかりと注意を払っておかなければならない。

図｜出窓の構成と納まり

①アイソメ図

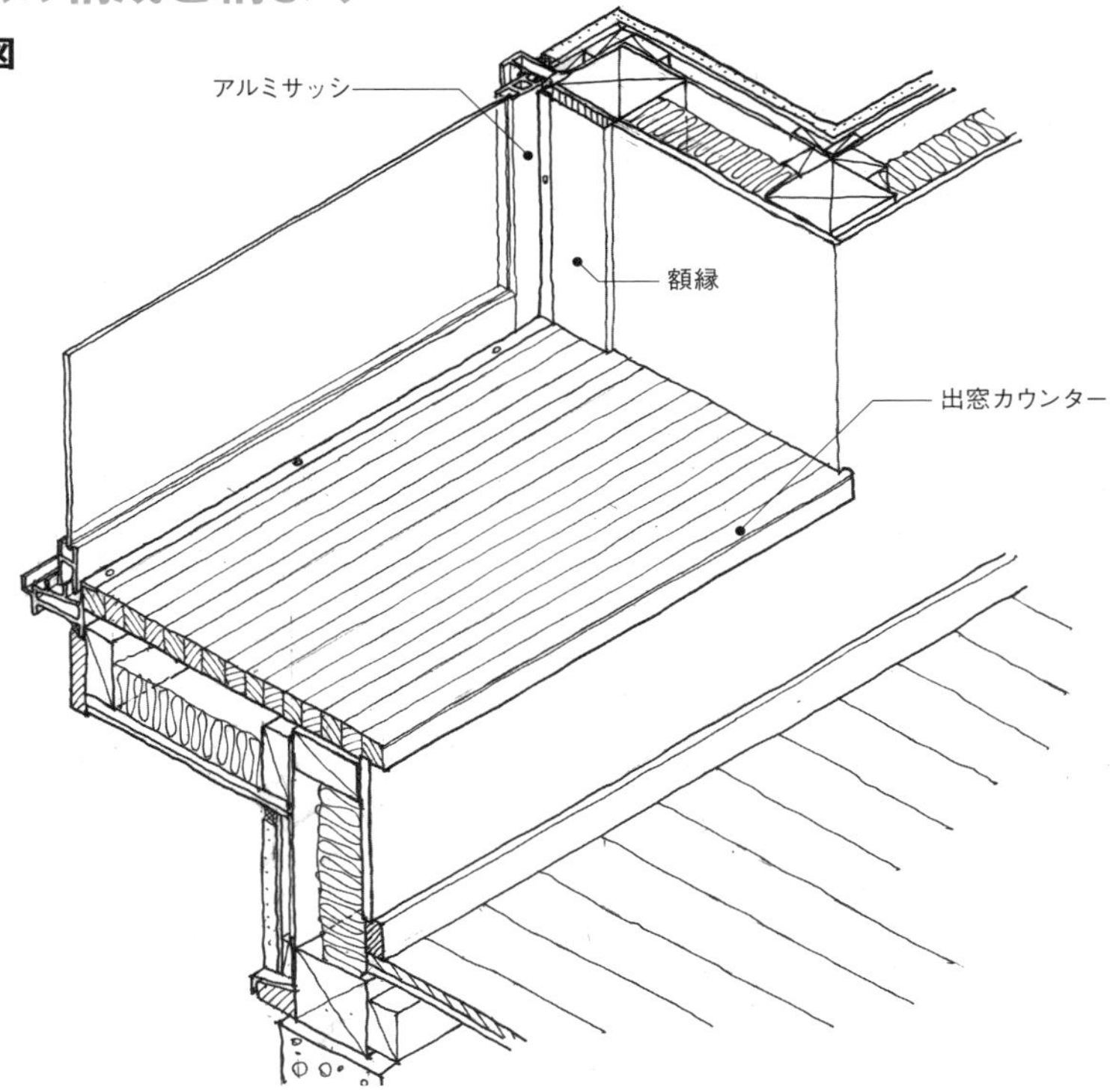

アルミサッシ
額縁
出窓カウンター

②断面詳細図

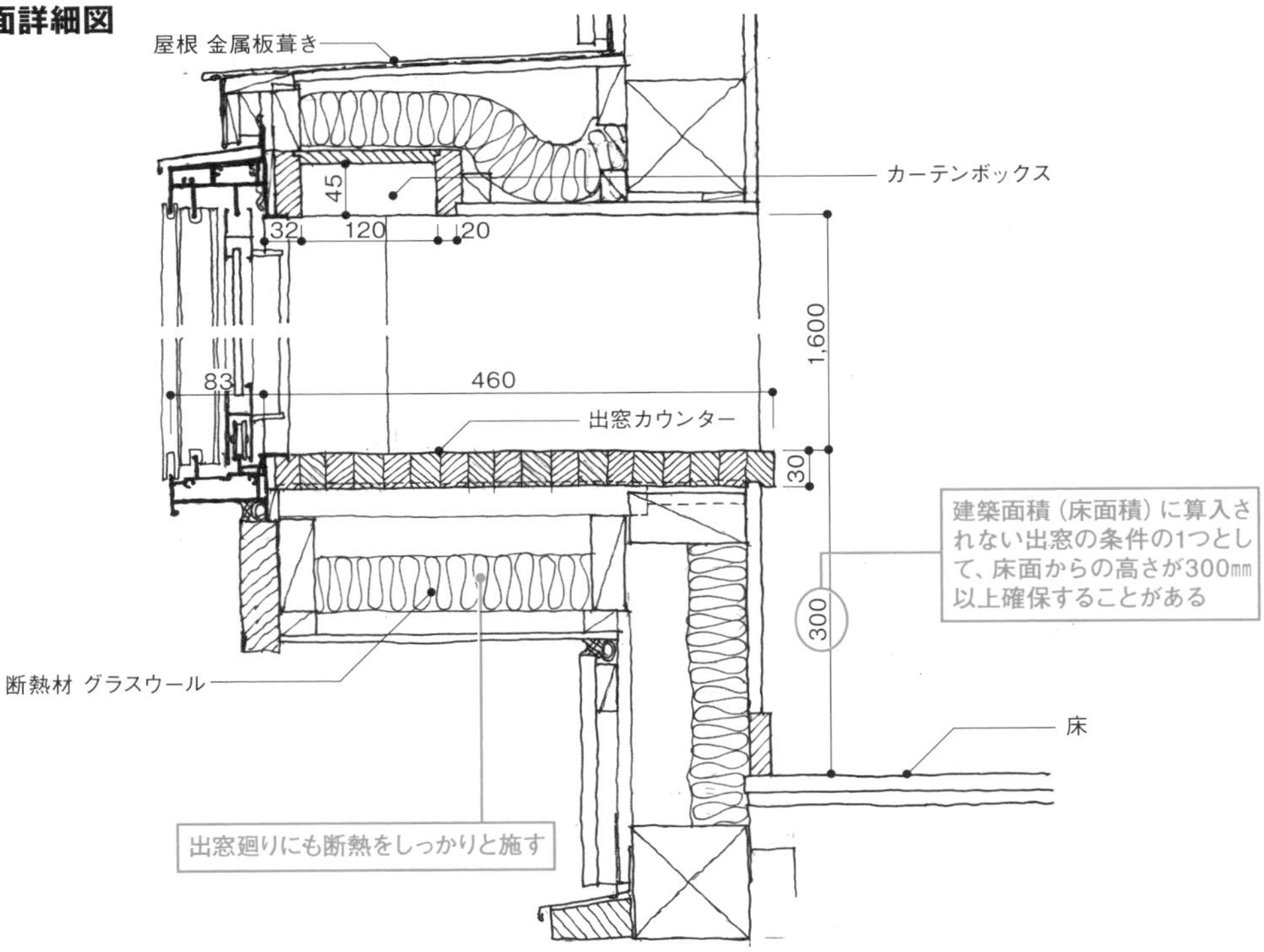

屋根 金属板葺き
カーテンボックス
45
32
120
20
1,600
83
460
出窓カウンター
30
建築面積（床面積）に算入されない出窓の条件の1つとして、床面からの高さが300㎜以上確保することがある
300
断熱材 グラスウール
床
出窓廻りにも断熱をしっかりと施す

雨戸・戸袋

POINT 最後に戸袋に入る雨戸は、すべて格納されたときに蓋となるようにつくる

木製建具に欠かせない雨戸

従来、ガラス戸は雨仕舞いの性能が十分でなかった。そのため、外部開口においては、木製雨戸は普段はしまっておくとしても文字どおり雨除けの建具として、日本の住宅には欠かせないものであった。

住宅向けアルミサッシの普及とともに、雨戸や戸袋も一体商品となって広がった。しかし、それらの触感にひとたび物足りなさを感じると、木造の外部開口には性能確保を前提としたうえで、木製建具を導入し、木製の雨戸と戸袋が積極的に取り上げられることになる。

図例は、縁框の1本溝に戸厚30㎜の雨戸を滑らせる一筋雨戸である。戸袋の懐寸法は雨戸1本に対して6㎜の余裕をもたせた奥行が必要で、幅は、雨戸幅より15㎜ほど広くする。

最後に戸袋に入る雨戸を蓋戸というが、蓋戸は、戸袋の妻板厚さ分幅を広くし、格納されたとき戸袋の蓋となるようにつくる。雨戸の取出しは、戸袋妻板を30×120㎜ほどの切欠き口を利用する。

外壁のデザインを左右する戸袋

戸袋内は、雨戸を横にずらして格納するよう、敷居と鴨居の外樋端を切り落とし、敷居と面一に厚12㎜の戸袋床・皿板が張られる。皿板には水抜き穴が開けられる。戸袋は建物本体に接続する両妻板が支えとなり、上長押、下長押がこれらを結びつけ、間を舞良羽目板でふさいでいる。

ここはしばしば外壁デザインの要となる場所で、かつては大工や左官匠たちが技を競ったところである。上長押は戸袋の屋根付き、下長押には水切を付けている。

図 | 雨戸・戸袋の構成と納まり

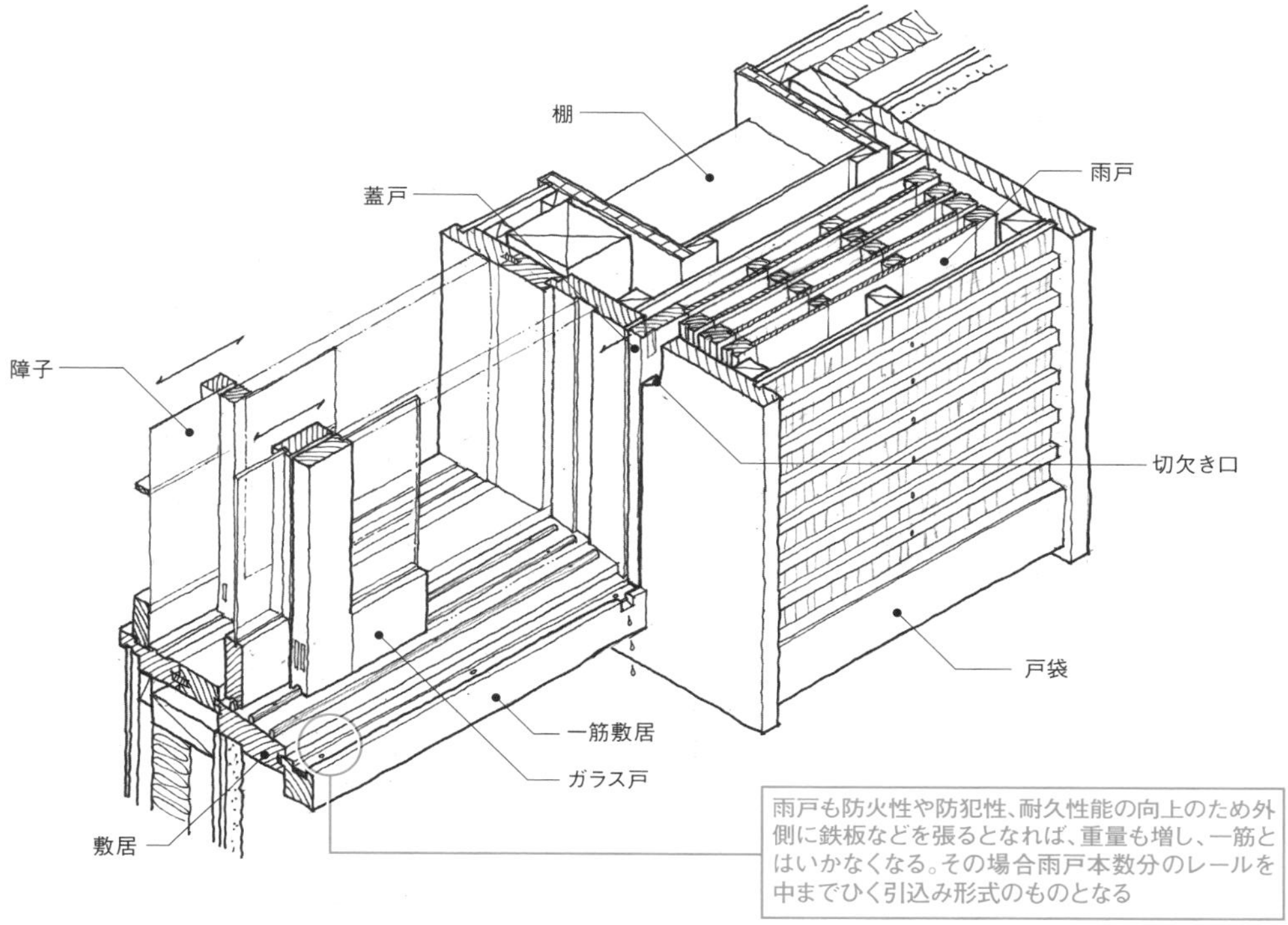
棚
蓋戸
雨戸
障子
切欠き口
戸袋
一筋敷居
ガラス戸
敷居
雨戸も防火性や防犯性、耐久性能の向上のため外側に鉄板などを張るとなれば、重量も増し、一筋とはいかなくなる。その場合雨戸本数分のレールを中までひく引込み形式のものとなる

②雨戸部の詳細断面図

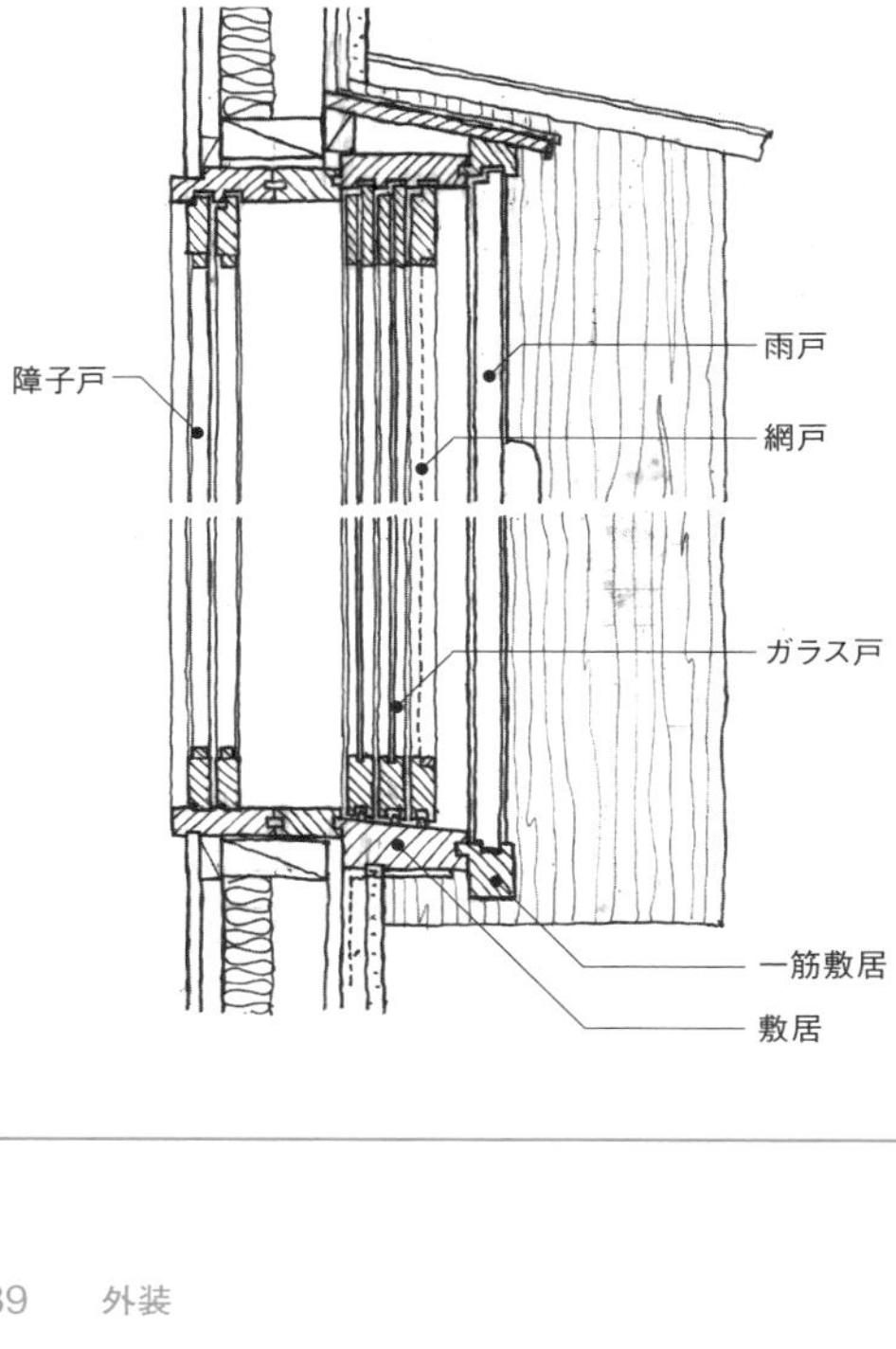
障子戸
雨戸
網戸
ガラス戸
一筋敷居
敷居

③戸袋部の詳細断面図

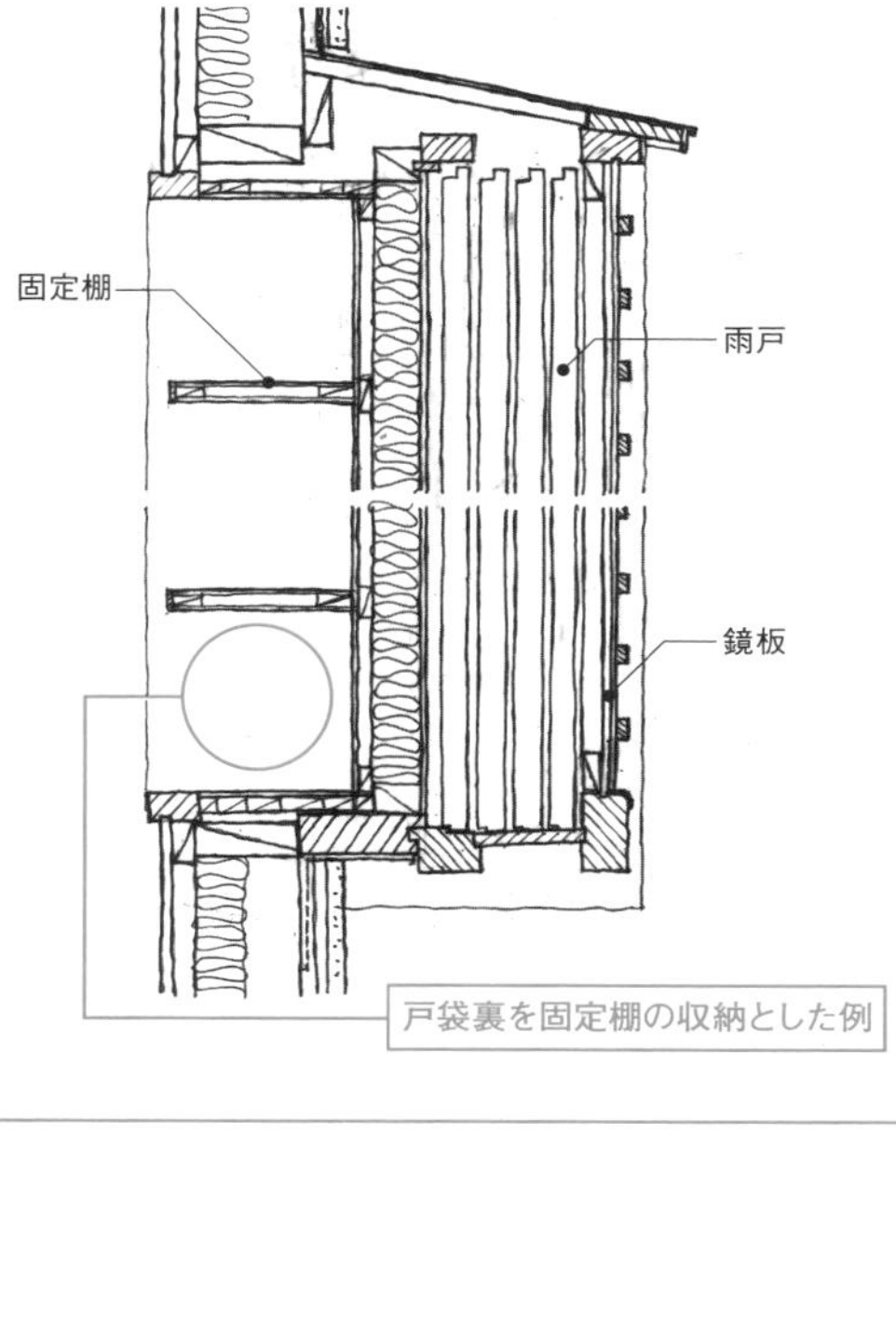
固定棚
雨戸
鏡板
戸袋裏を固定棚の収納とした例

防犯用建具

POINT
防犯の需要が高まるなか、建具も各種の錠や金具などで防犯性能を高めておく

防犯の意味合いも大きい外部扉

外部扉の機能を考えるとき、真っ先に取り上げなければならないのは、防犯対策であるといえる。

かつて米国カリフォルニア州に住む友人を訪ねたとき、家の窓締り金物がごく単純なものにもかかわらず、大きな玄関扉には7つもの錠前が取り付けられていて驚いたことがある。不審者は必ず玄関から侵入してくるものだという。

錠の選定と防犯の扉

今日、完璧な防犯性を求めることは困難としても、外部扉に外からの施錠が可能な金物を取り付けているのが玄関扉と勝手口の扉である。ピッキングされにくい錠を選ぶことが必要だが、一般にこれらの扉に適し防犯性の高いといわれるのは「ピンタンブラー・シリンダー錠」の彫込み錠である。

さらに、外開きでは建具枠と錠の間にラッチやデッドボルトを見えなくするための「ガードプレート」を取り付け、補助錠としてデッドボルトだけの本締り錠を併設するとよい。

モノロックと呼ばれる円筒錠は、こじ開けなどの衝撃に弱く、ノブをもぎ取られれば簡単に開いてしまうので外扉での使用は避けるべきである。

さらに前述したように外開き戸の吊り金具は、ステンレス製を選び外部からは軸芯を抜くことのできない構造かどうかを確かめる。訪問者を確認するためのドアアイや扉が中途までしか開かなくするドアチェーンやドアガードの取付けも忘れてはならない。

図例は雨戸も兼ねた、開口部用の木製折れ戸である。防犯対策として、無機質なアルミシャッターを設置するのではない1つの方法である。

図｜防犯用扉の納まり

①アイソメ図（上部）

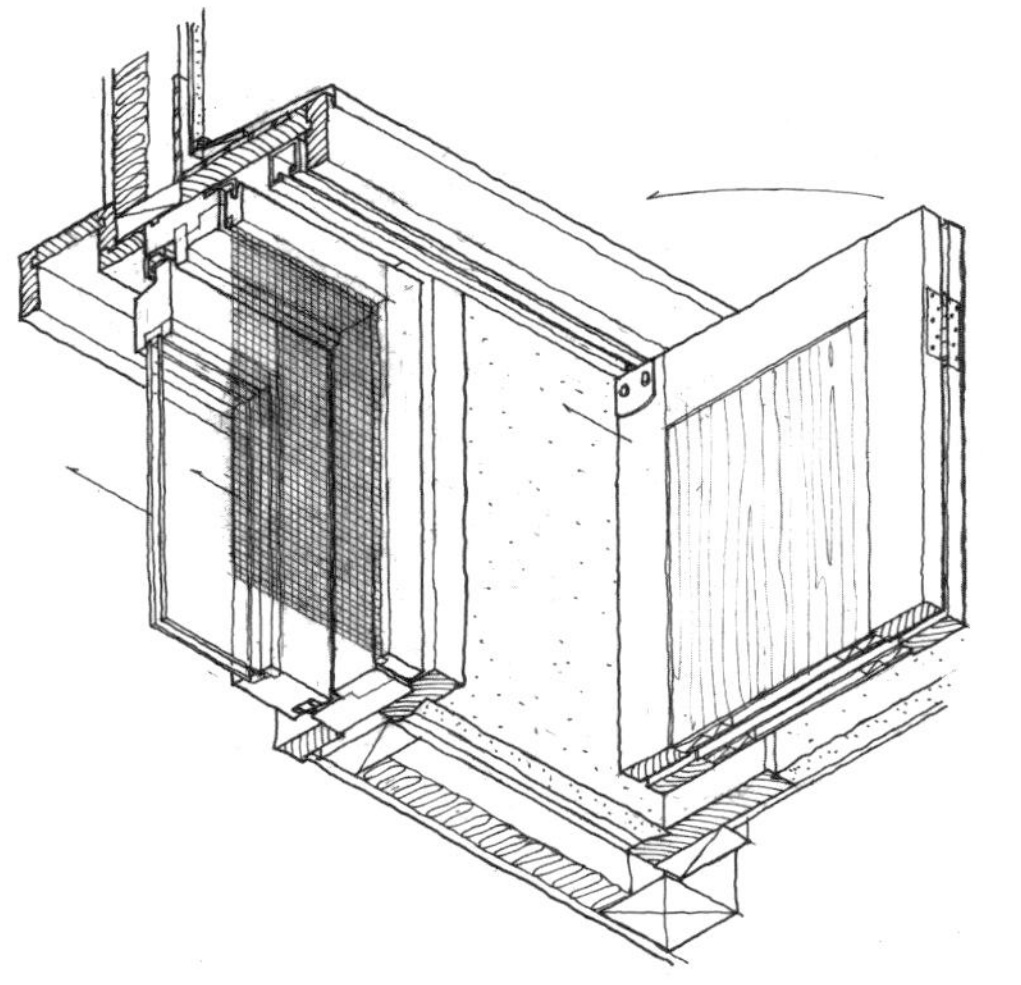

②アイソメ図（下部）

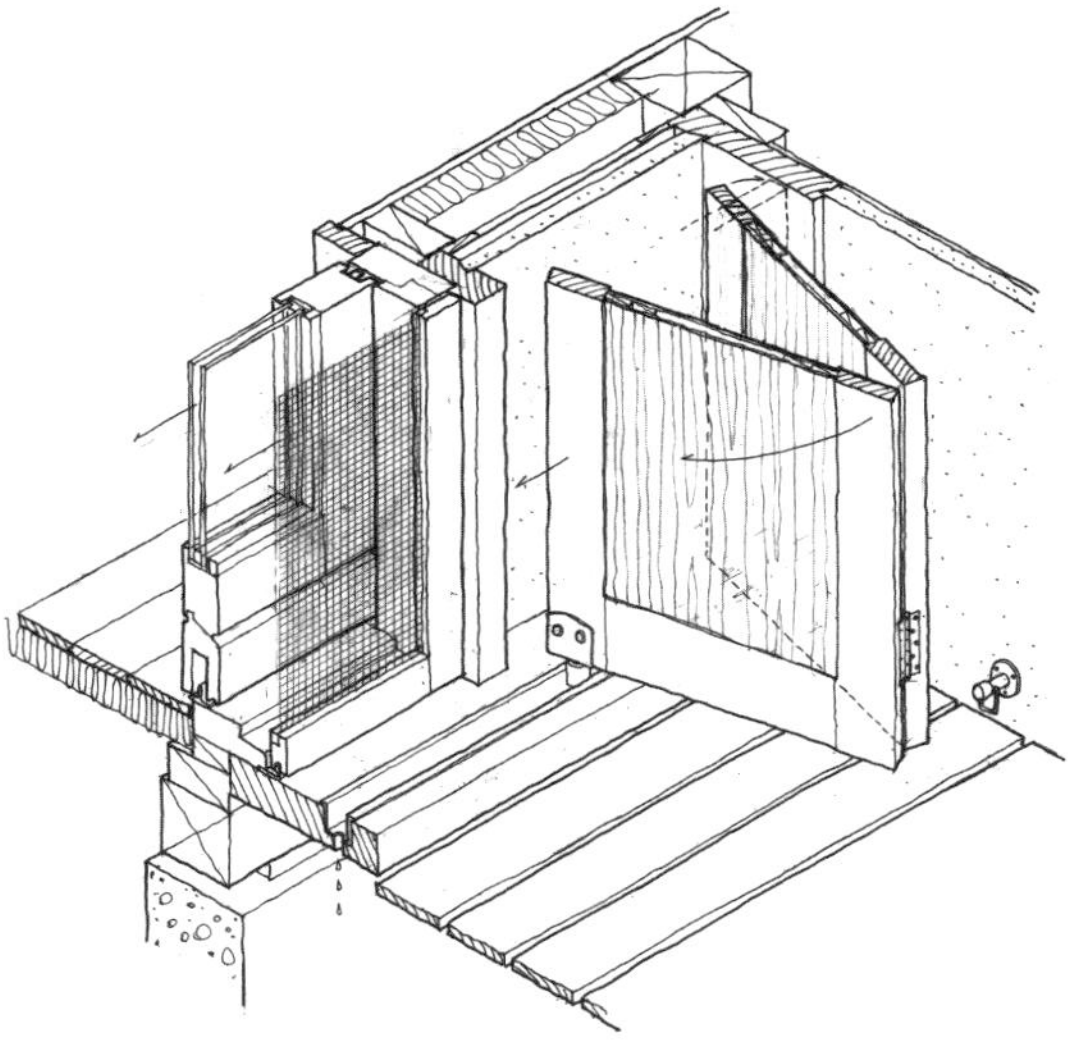

③断面図

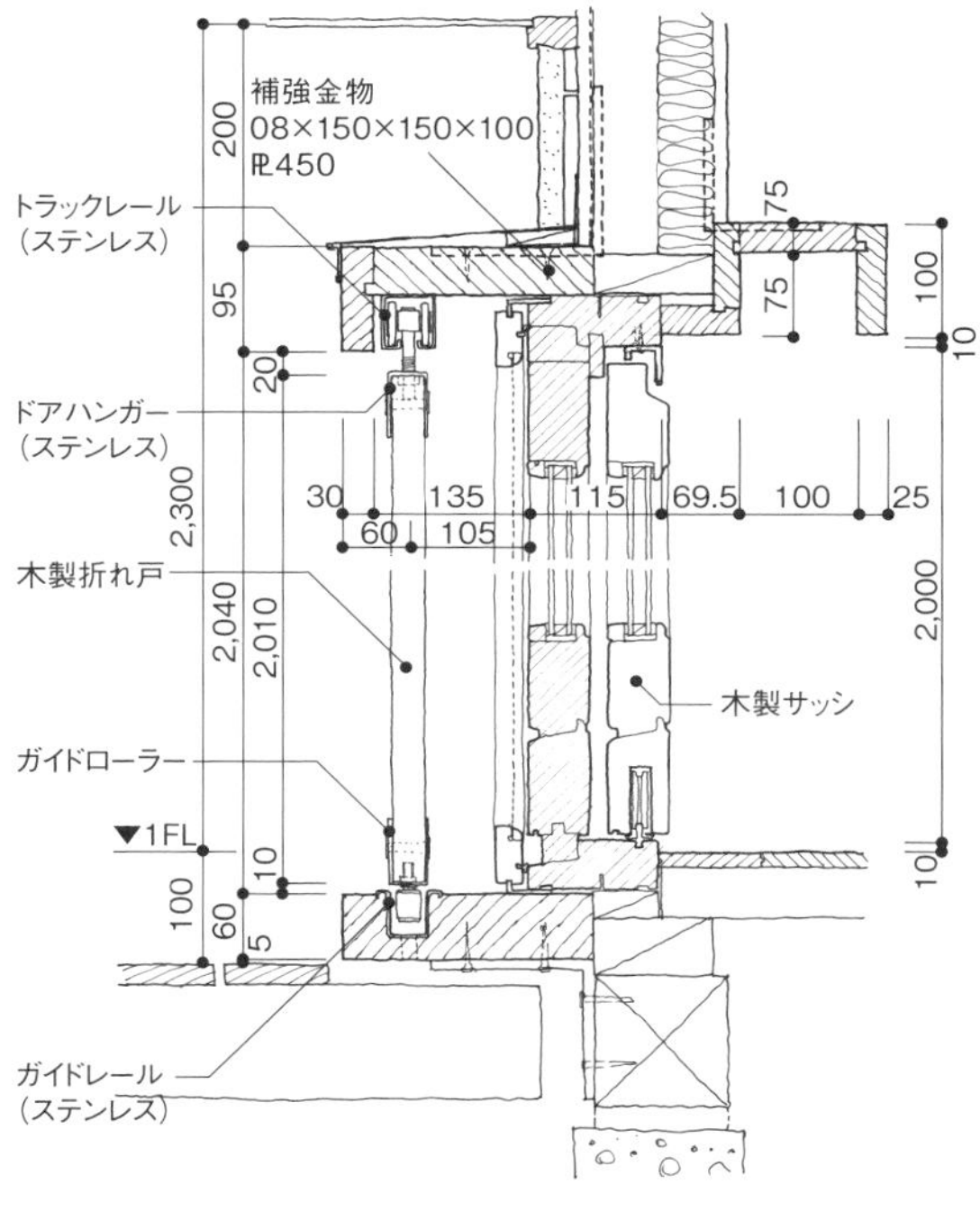
補強金物
08×150×150×100
PL450
トラックレール
（ステンレス）
ドアハンガー
（ステンレス）
木製折れ戸
ガイドローラー
▼1FL
ガイドレール
（ステンレス）
木製サッシ
200
95
20
2,300
2,040
2,010
10
100
60
5
30
135
115
69.5
100
25
60
105
75
75
100
10
2,000
10

④平面図

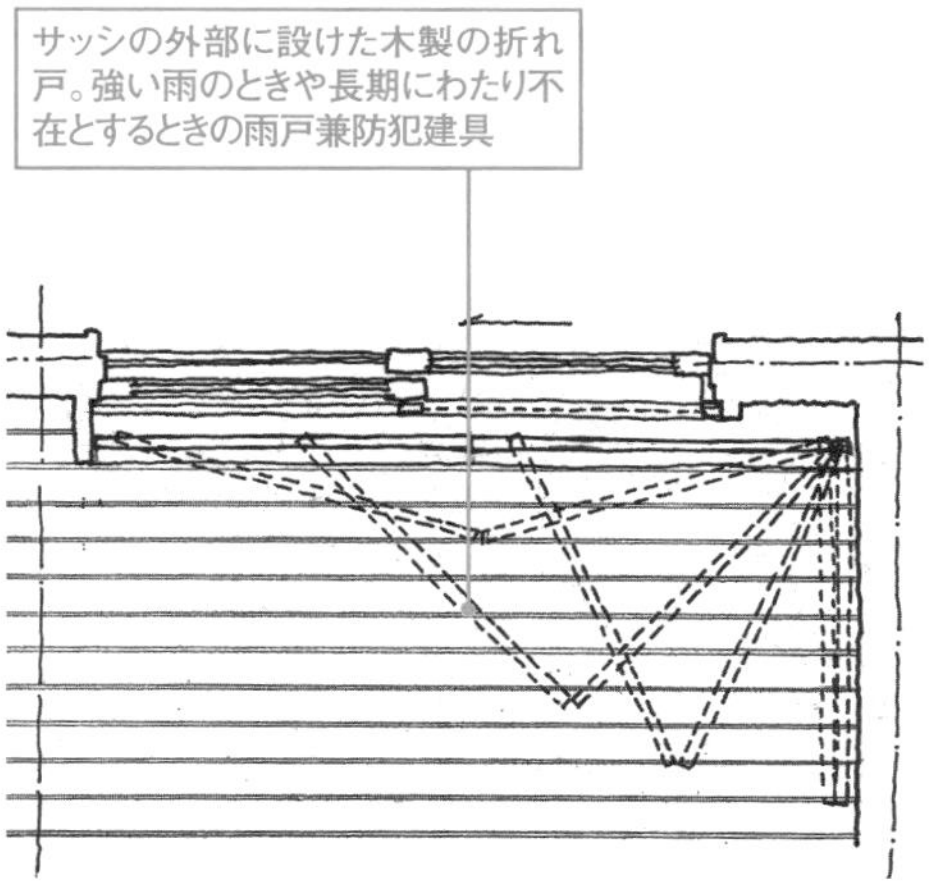
サッシの外部に設けた木製の折れ戸。強い雨のときや長期にわたり不在とするときの雨戸兼防犯建具

格子

POINT
格子は、竪格子の見付け寸法とあき寸法、窓枠の竪見付寸法の調整で見え方が変化する

格子と連子

格子は、本来は竪横正方形に角材で組んだ建具のことで、竪方向に並べたものは連子《れんじ》と呼んでいた。ただし、今日ではこれも格子といわれている。いずれも建築の採光側に設け、内部への採光と通風を確保しながら、外部からの視線をコントロールし、防犯の役割も兼ねる。木製格子は意匠的にアルミサッシを隠したい場合にも用いる。

枠内か外かで異なる納まり

外壁より外側に張り出して取り付けられた格子のうち、窓の外側に、格子の上下を切放しのまま打ち付けられたものは打付け格子、取付け格子などと呼ばれる。窓枠の外から大工職の手で取り付けられる。打付け格子は、比較的簡単に窓枠の鴨居と敷居に隠し釘で取り付ける場合が一般的である。

一方、格子の周囲に枠を回したものは、建具職の手になるもので、建具格子や連子格子と呼ばれている。窓外に倹飩《けんどん》［※］で建て込まれる格子をデザインする際は、格子竪子見付け寸法と空き寸法の関係や内側の建具の見え方の関係にも注意を払いたい。窓の竪の見付けと竪子見付けを同寸としたり、場合によっては竪子の見付け寸法と空き寸法を同寸の小間返しとしたりとバリエーションは豊富だ。さらに、竪子上端の腐れを防止するため銅板でふさいでおくなどの配慮も大切である。

また、建具の取外しが可能なだけのあきを窓と格子との間にとっておくことも忘れてはならない。

図例の建具格子は、甲丸レールを利用した倹飩式で、レールを下桟につけて雨水の溜まりを防止する納まりをとっている。この場合、アルミサッシの脱着は格子を外して行える。

※　枠上下に溝をつけ、戸を上に持ち上げることで下枠へ付け外しする方式

図1｜打付け格子の構成

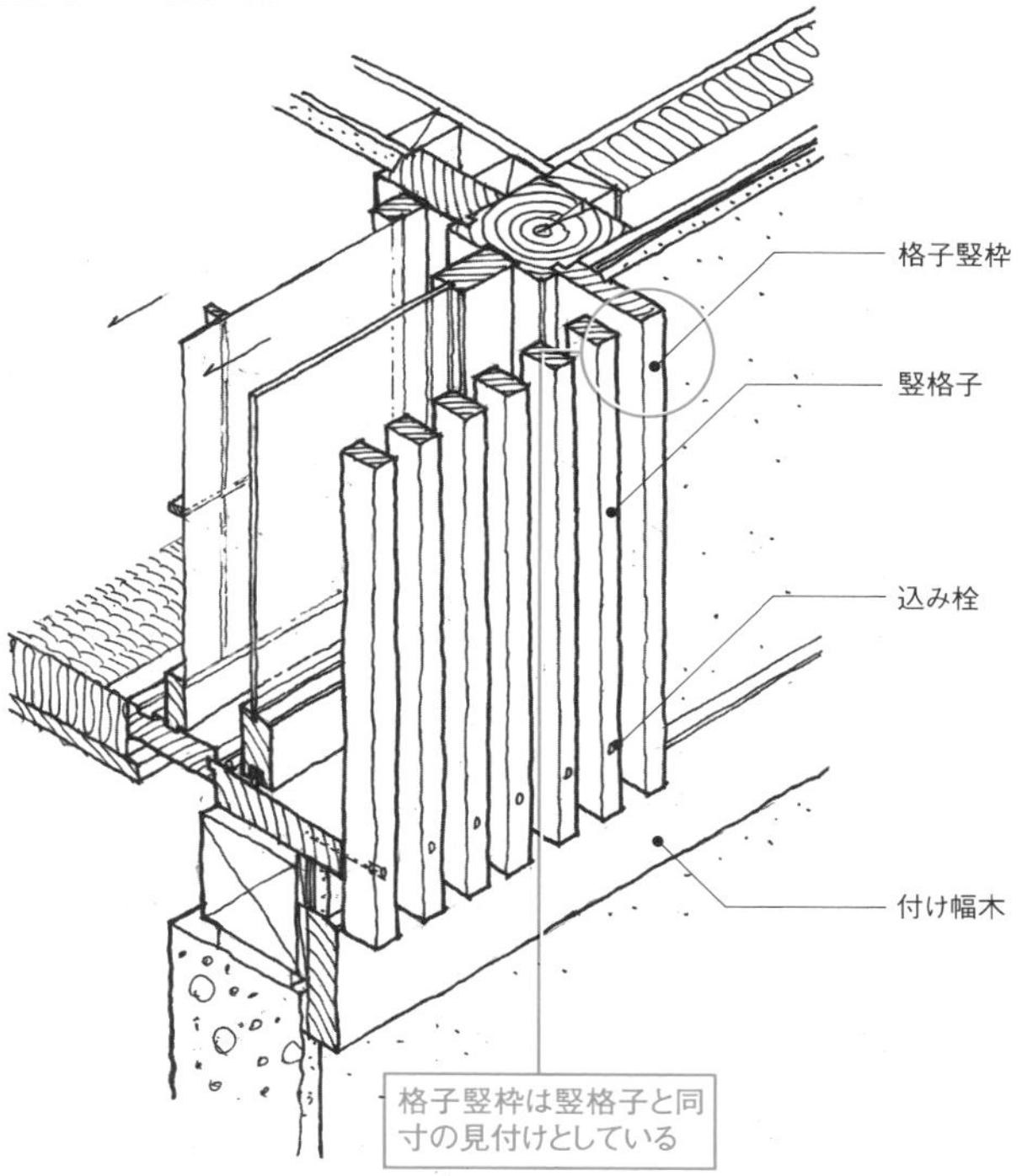
格子竪枠
竪格子
込み栓
付け幅木
格子竪枠は竪格子と同寸の見付けとしている

図2｜建具格子の構成と納まり

①アイソメ図

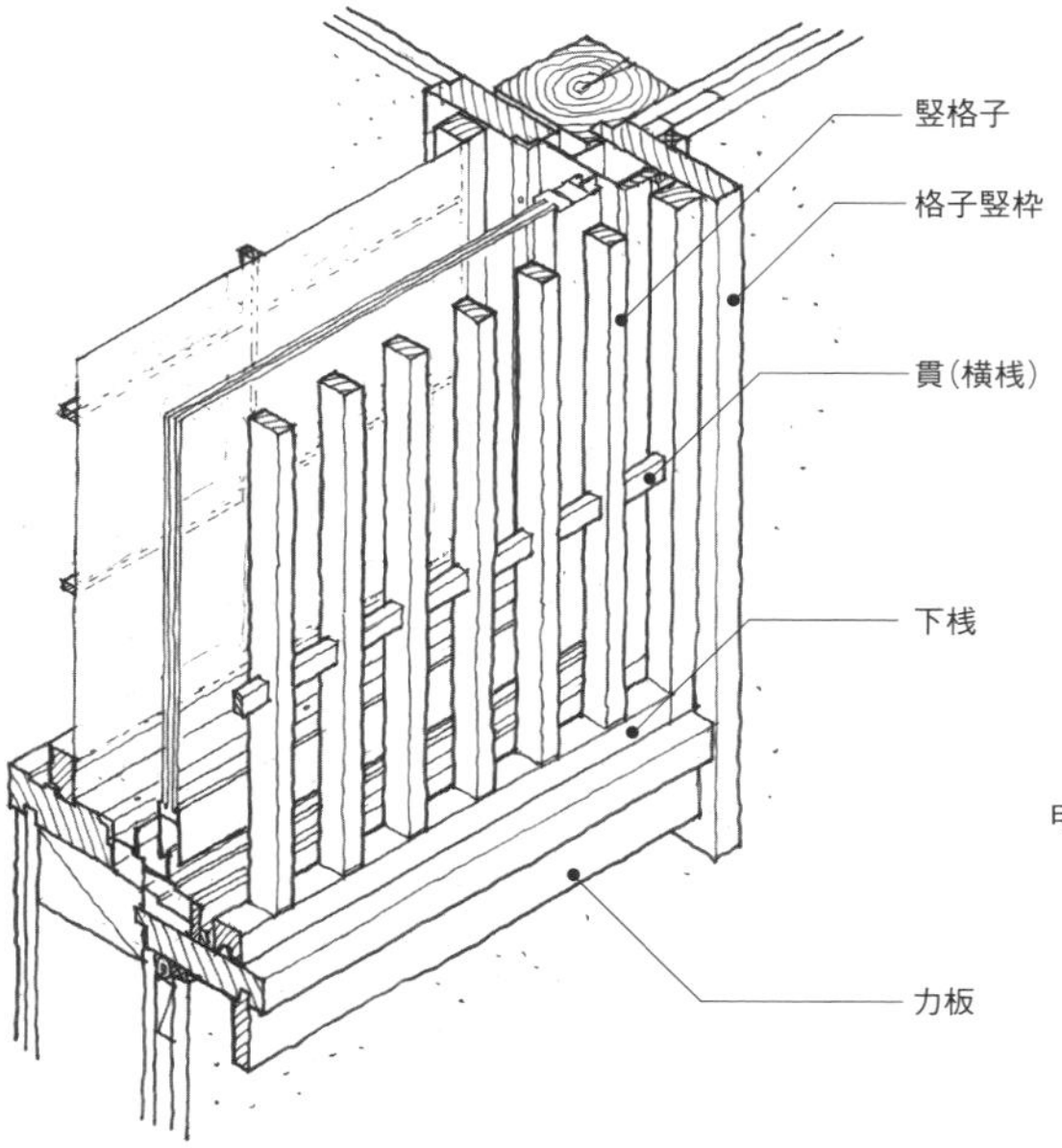
竪格子
格子竪枠
貫（横桟）
下桟
力板

②断面図

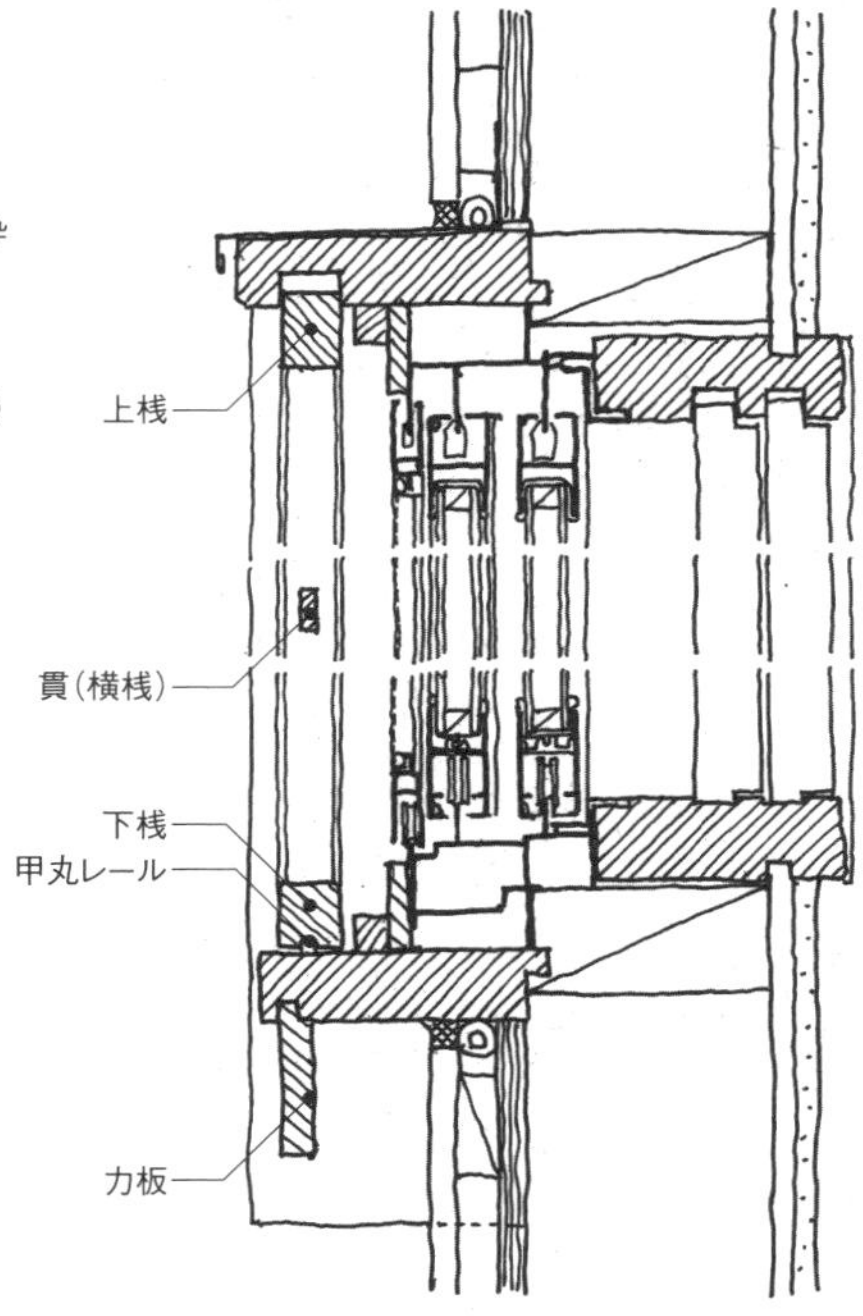
上桟
貫（横桟）
下桟
甲丸レール
力板

外部開口の出隅・入隅

POINT
出隅・入隅の枠と召合せに気を遣うことで、引き戸ならではの開放感が得られる

出隅と入隅に建具が入る効果

外部引き戸の建具どうしが柱や枠なしで出隅や入隅をかたちづくりながら合わさる納まりは、引き戸ならではの特徴を現すものである。引き戸は開いた場面を常態とするためであり、意匠上の効果や開放感を狙って、出隅・入隅部分に開口部を設ける事例は数多く存在する。

特に庭先の光景や遠くの風景を室内のたたずまいの内側にまで飛び込ませ、引き込み、融合させる仕掛けとしてその効果は絶大である。また幾重にも重なる引き戸を2方向に開けていくにしたがって徐々に変化する景色を楽しめるのも、開放的な出隅・入隅の建具の動作ならではのものである。

枠とジョイントに注意

建具と枠の納まりに関しては、引込み戸に順ずるが、納め方に注意を要するのが、まさに出隅、入隅部分の枠と建具の召合せ［※］の納まり、および建具幅と戸袋の関係である。これらは、設計者が中心になって建具職と大工との綿密な連携をとること抜きには実現できない。

隅部を構成する枠はジョイント部の口が経年後も開かないように、枠内に45度で埋め込んだ連結ボルトの締めを確実に行う。建具の出隅・入隅の各召合せ部は片方に小穴を突き、印籠とすると光が漏れなく納まる。こうすると、閉めたときに互いの建具が固定される効果もある。

引き戸錠は、中折れネジ締りのほか、雨戸錠や彫込みボルトなど、敷居や上枠を相手とする締まりを多用することになる。このとき、敷居へのボルト受けの穴は雨水が溜まらないよう貫通させておかなければならない。

※　引違い建具が重なる部分

図1 | 外部開口部の出隅の納まり

①平面詳細図

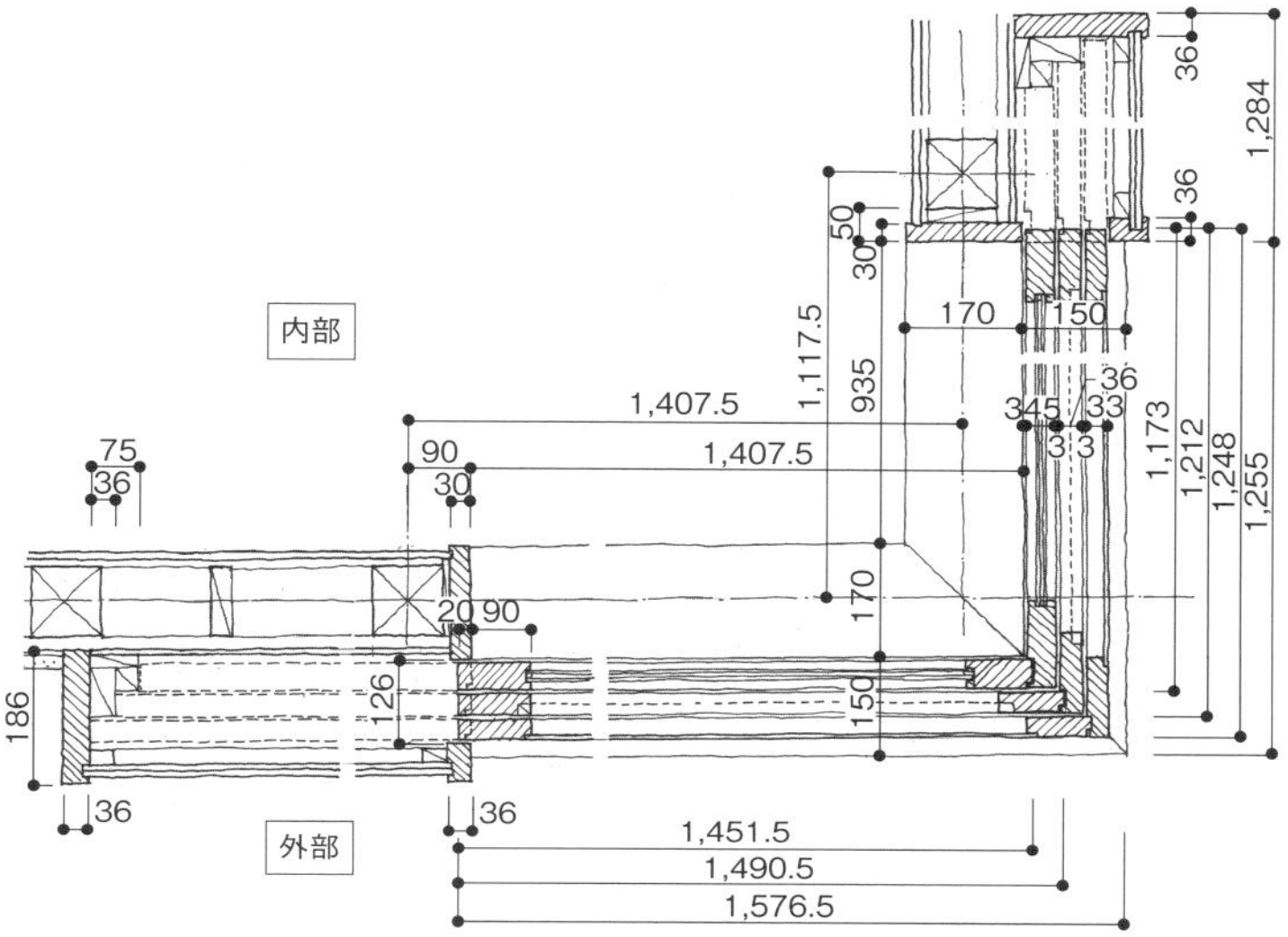

②断面詳細図

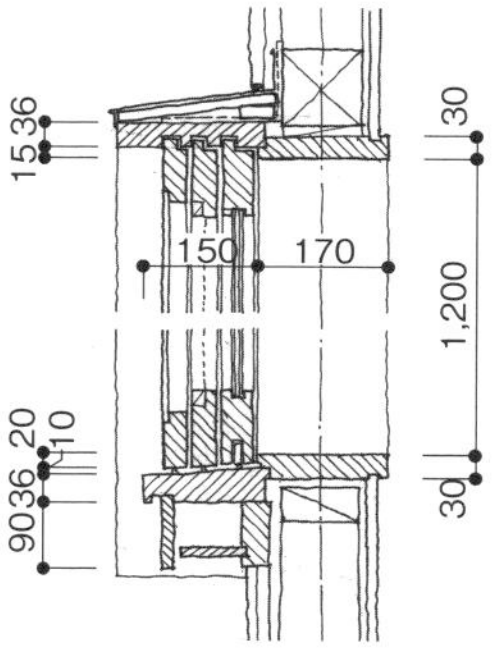

図2 | 外部開口部の入隅の納まり

①平面詳細図

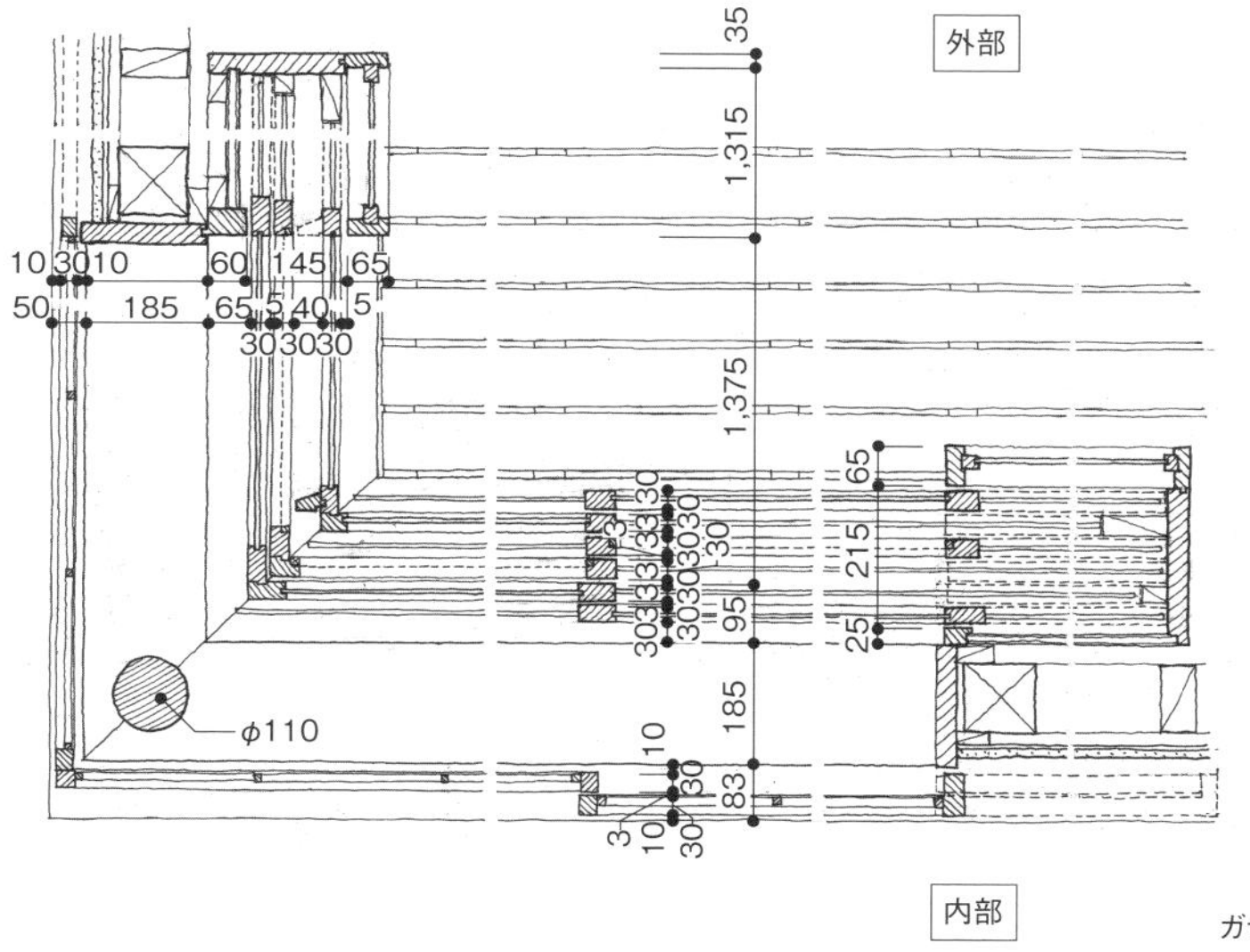

②断面詳細図

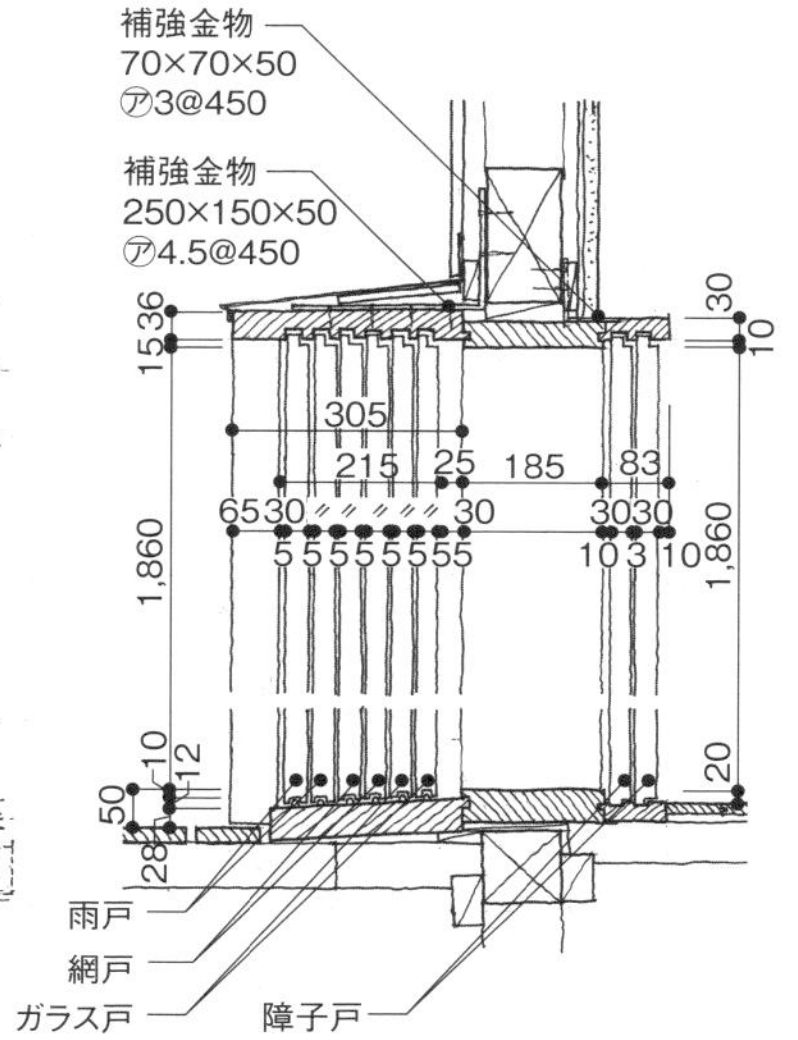

TOPICS 3

多種多様な外部開口部

外部開口部のバリエーションは多種多様で、分類方式もさまざまある。いずれの開口部も扉や戸建具、窓建具で外と内が仕切られ、閉じたり開けたりといった動きを伴いながら、建築の表情を決定づける重要なエレメントになっている。

窓建具については、開き戸方式の窓には、片開き窓・両開き窓・突出し窓・内倒し窓・横辷り出し窓・竪辷り出し窓・折れ戸や回転窓、天窓などがある。

引き戸方式の窓には、引違い窓・引分け窓・片引き窓・引込み窓・上げ下げ窓などがある。はめ殺し窓も含めると種類はきわめて多彩であり、人々の窓に対する思いの深さを物語っているようだ。

形態からみると出入口の建具は、外部ガラス戸、格子戸、板戸フラッシュ戸、網戸や雨戸などが挙げられる。窓を形成する建具も、同じように外部ガラス窓、外部格子窓や網戸、フラッシュ戸としての雨戸などがあり、その他さまざまに分類される。

外部開口部は常に自然と接し、空気、音や光など外部のエネルギーを取り入れたり、遮閉し、調節しながら室内環境を意のままに変化させようとする装置でもあり、その仕掛けによって開閉方式のバリエーションを豊かにしてきた。室の目的に応じた開口部設計が重要である。

①引違い戸

②片開き戸

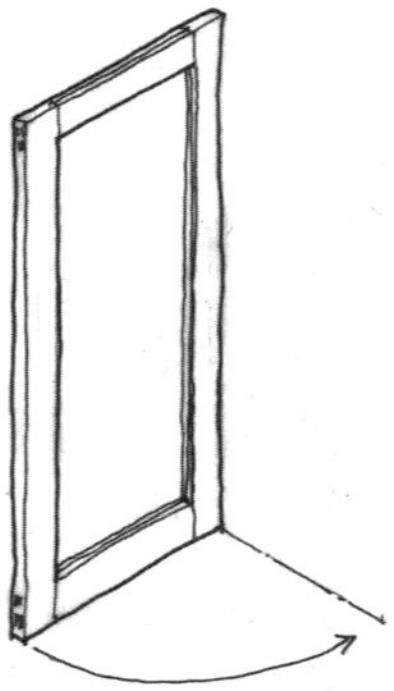

③両開き戸

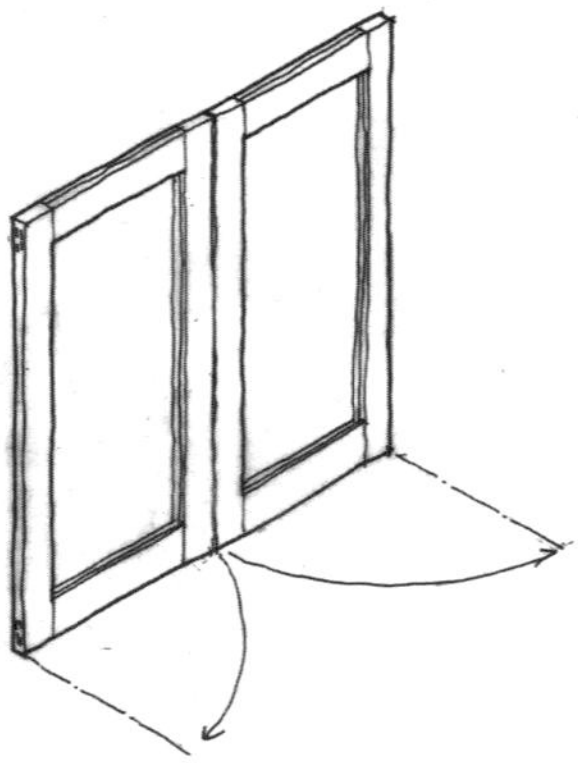

④片開き（ピボットヒンジ）

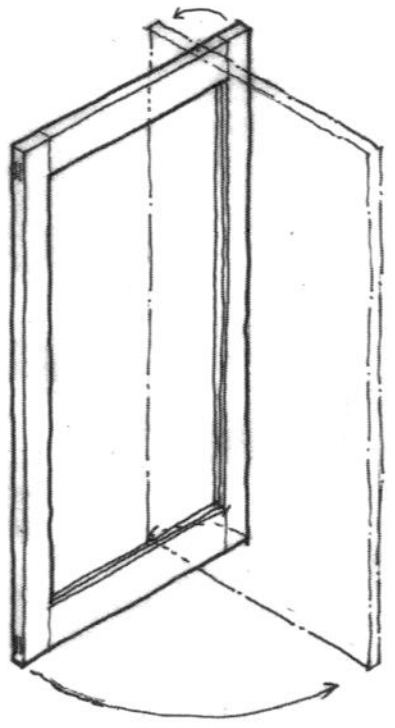

⑤横辷り出し窓

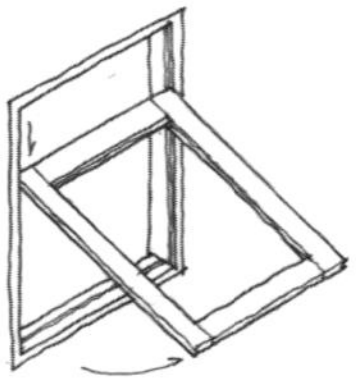

⑥縦辷り出し窓

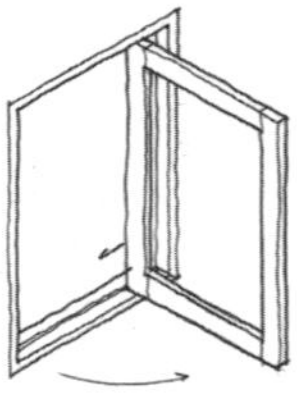

⑦突出し窓

03
内装

式台・上がり框・地板

POINT
土間面と床面との段差が大きい場合、式台や沓脱石を設置する

段差との兼ね合いで設ける式台

床に座って下足を脱いだり履いたりするときには土間面と床面との差は300㎜は必要である。400㎜以上大きくとる場合は、沓脱《くつぬ》ぎ石《いし》を据えたり、1段低く式台をつくることになる。

式台は、もともと玄関に設けられた板の間、板敷きの空間で、送迎の挨拶をするところを指していた。玄関では履物を脱ぎ、1階床まで上がるための造作として生まれたのが式台、沓脱ぎ石である。

靴脱ぎ石は、玄関土間に合った石材と大きさとし、滑りにくくするため小叩き仕上げとする。現代の住宅では玄関の面積も小さく、段差の少ない納まりが多くなってきた。片方の足を床に残したまま靴を履いたり脱いだりするのが一般的になり、沓脱ぎ石を据えなかったり、わずかに石の上面だけをのぞかせるような洒落た納め方も生まれている。

上がり框の意味と設け方

上がり框《かまち》は、土間と上床の見切り材である。地板は床面と同じレベルに納める板材の総称で、玄関では幅広の地板を式台を兼ねた見切り材として用いることもしばしばである。

上がり框は摩耗の激しい部分であると同時に人を迎える大事な部位でもある。そのため、木目の美しいケヤキやマツ、ヒノキ材などの突き板張りとすることが多い。ただし、足当たりを和らげるため面を大きくとり、厚張りとしたい。

小住宅では玄関ホールなどの床と上がり框を同材とするのが原則である。上がり框と玄関土間との段差は200㎜以下に抑え、上がり框の成は90～120㎜程度とするとバランスよく納まる。

図1｜式台を設ける場合の玄関

①アイソメ図

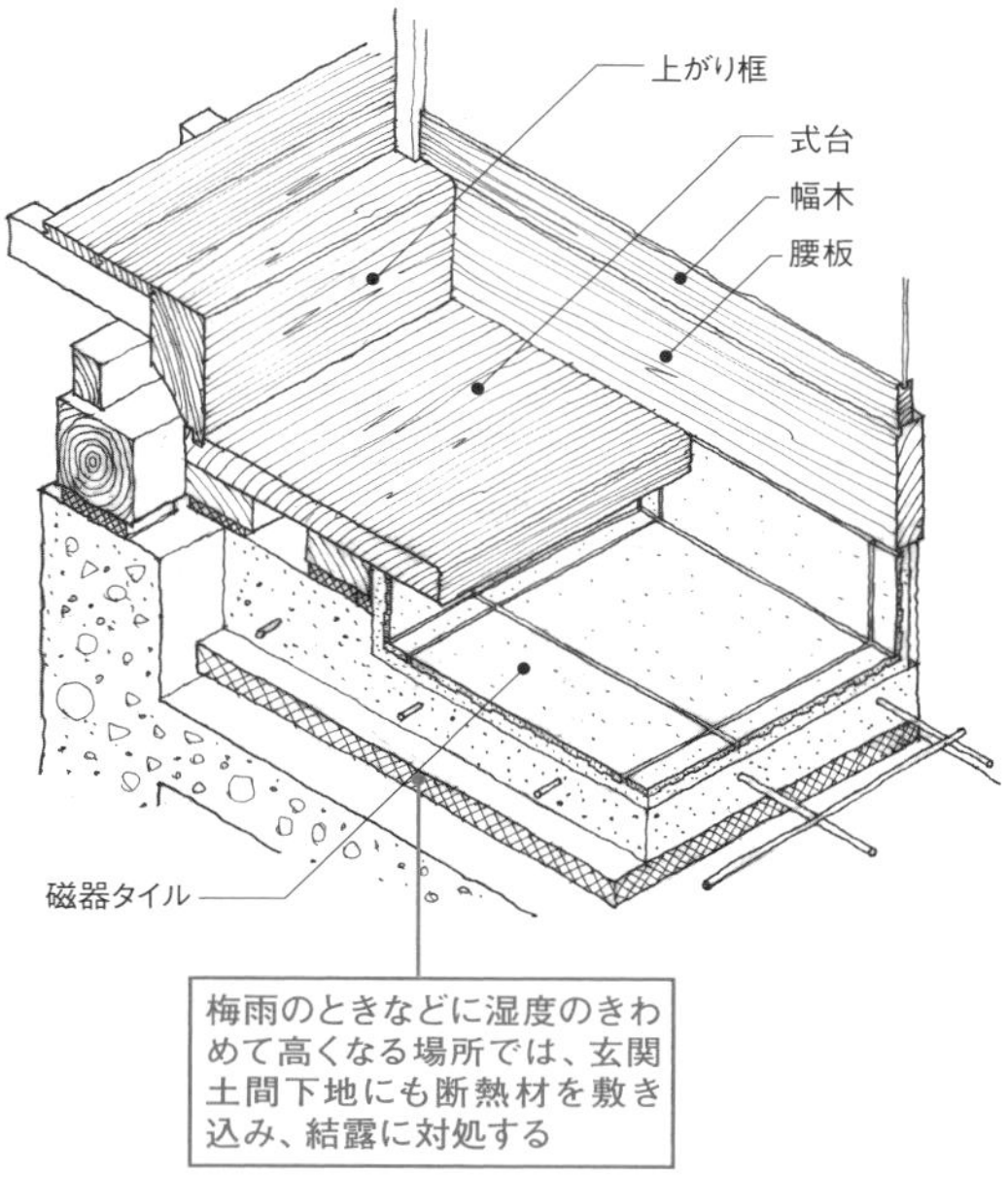
上がり框
式台
幅木
腰板
磁器タイル
梅雨のときなどに湿度のきわめて高くなる場所では、玄関土間下地にも断熱材を敷き込み、結露に対処する

②断面図

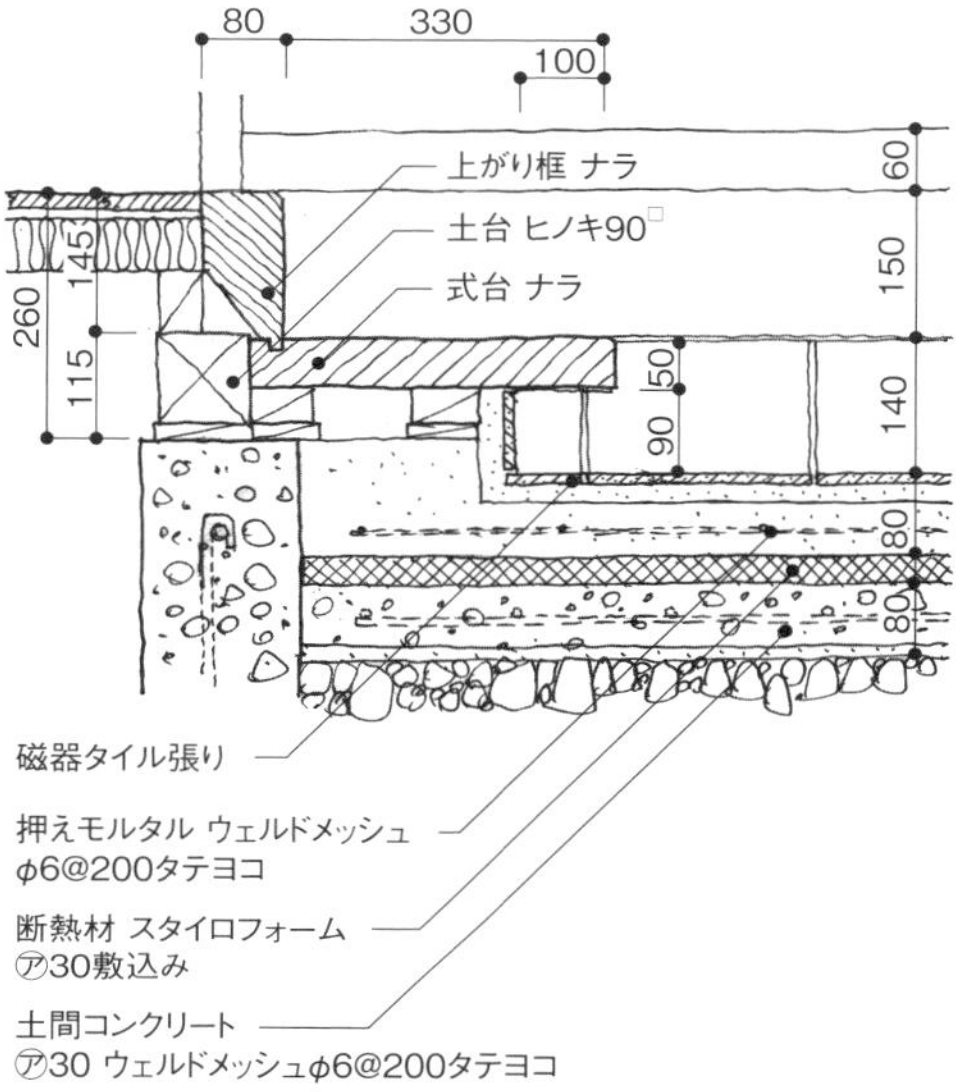
80
330
100
上がり框 ナラ
土台 ヒノキ90□
式台 ナラ
60
150
140
80
80
260
145
115
50
90
磁器タイル張り
押えモルタル ウェルドメッシュ
φ6@200タテヨコ
断熱材 スタイロフォーム
㋐30敷込み
土間コンクリート
㋐30 ウェルドメッシュφ6@200タテヨコ

図2｜上がり框のみの場合

①アイソメ図

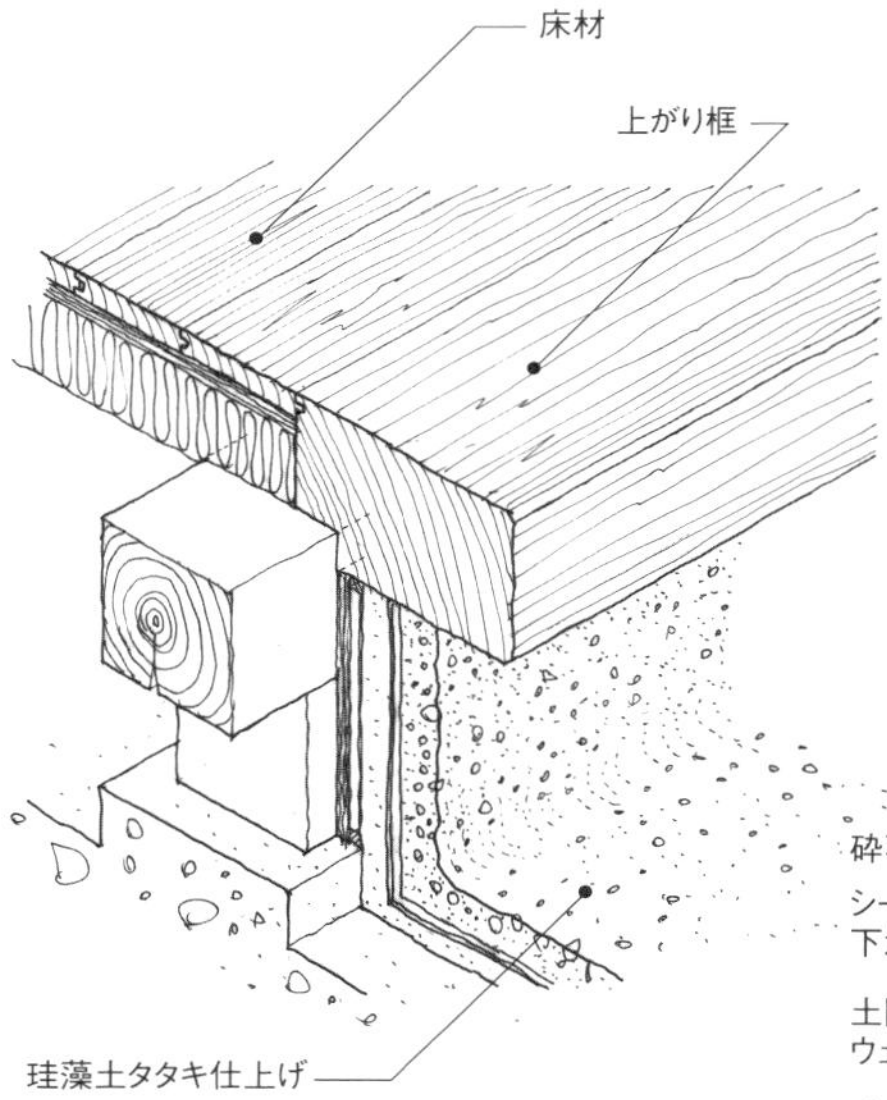
床材
上がり框
珪藻土タタキ仕上げ

②断面図

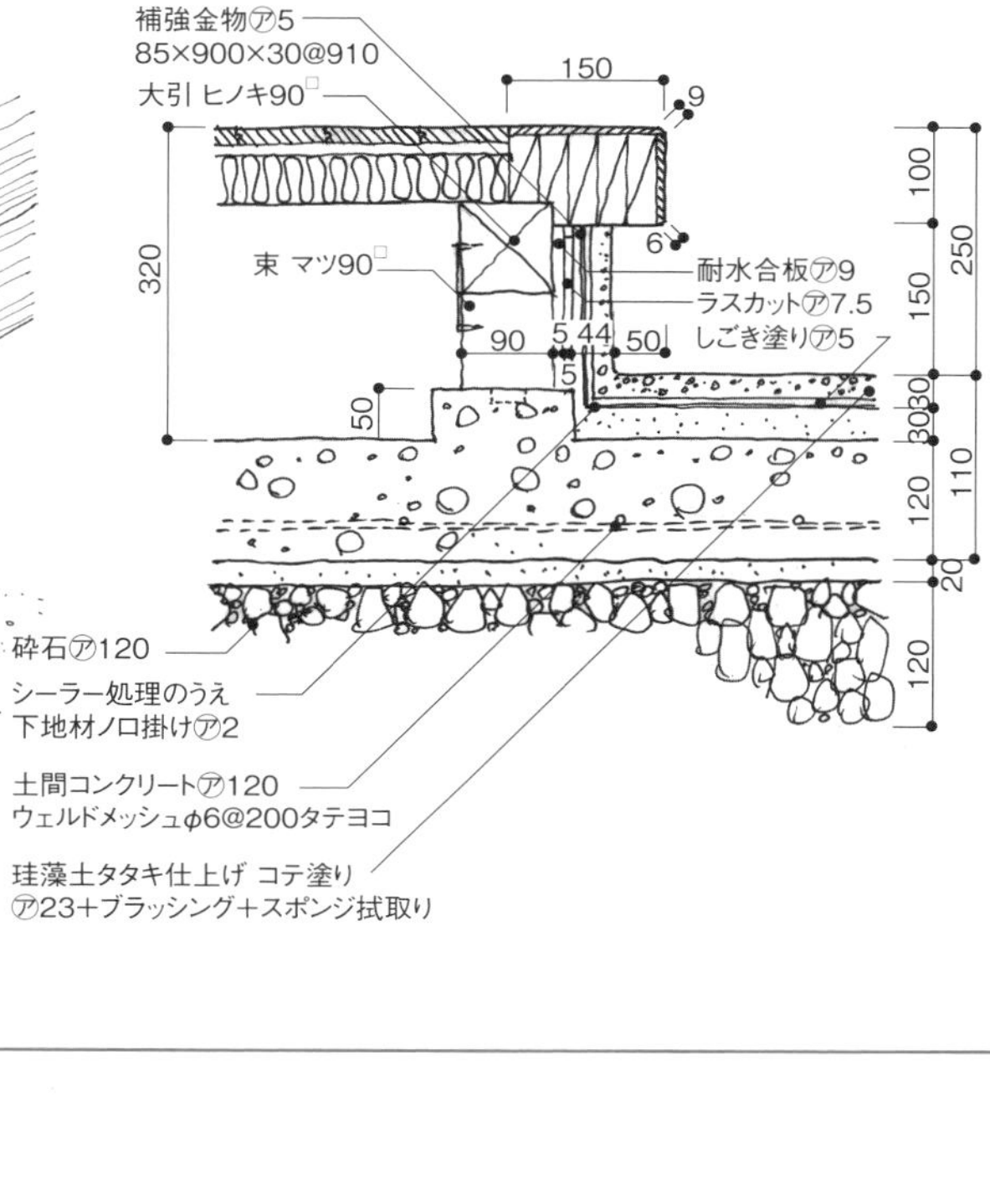
補強金物㋐5
85×900×30@910
大引 ヒノキ90□
束 マツ90□
150
9
6
耐水合板㋐9
ラスカット㋐7.5
しごき塗り㋐5
90
5 44
50
5
50
320
100
150
250
30
30
110
120
20
120
砕石㋐120
シーラー処理のうえ
下地材ノロ掛け㋐2
土間コンクリート㋐120
ウェルドメッシュφ6@200タテヨコ
珪藻土タタキ仕上げ コテ塗り
㋐23＋ブラッシング＋スポンジ拭取り

木質系床材

POINT
フローリングは実《さね》か決《しゃく》りを使って釘の頭が出ないようにし、確実に留めていく

フローリングの留め方

木質の床材は多種多様である。主にフローリングといわれるものが多いが、これには単層フローリングと複合フローリングがある。単層フローリングはムク材（縁甲板《えんこういた》、乱尺《らんじゃく》フローリング、幅広板など）と集成材（フローリングブロック、モザイクパーケットなど）に分かれる。

一般的に広く使用されているのは複合フローリングである。合板を基材とした1種、集成材や単板積層材を基材とした2種、中質繊維板（ＭＤＦ）を基材とした3種がある。複合フローリングはムクの縁甲板よりも狂いが少なく、安価で、製品の供給も精度も安定している点が長所である。しかし、一方接着剤などに有害な物質が含まれていることなどが問題になっており注意が必要である。

これらの床材の厚さは一般的に12〜18㎜のものが多いが、ジョイントは本《ほん》実《ざね》、相決《じゃく》り、雇い実《ざね》、突付《つきつ》けなどがある。本実は最も多く使われているつなぎ方で、表面に釘の頭が出ない納まりができる。相決りは材が薄く本実加工ができない場合などに用いられるが、表面に釘の頭が出てしまうので床材のジョイントには適さない。雇い実は決りを入れた2枚の材をもう1つの部材を差し入れてジョイントするものである。

コルクは下地の不陸に注意

コルクは比重が0・15と軽く、空気を内包しているため断熱効果、弾力性、吸音性に優れた床材である。コルクを粒状にして圧縮加工して板材にするが、下地の不陸がそのまま出やすいので荒床を二重張りなどにする。ジョイントは強く、突付けで張っていく。

図1｜木質系床材の構成

①アイソメ図

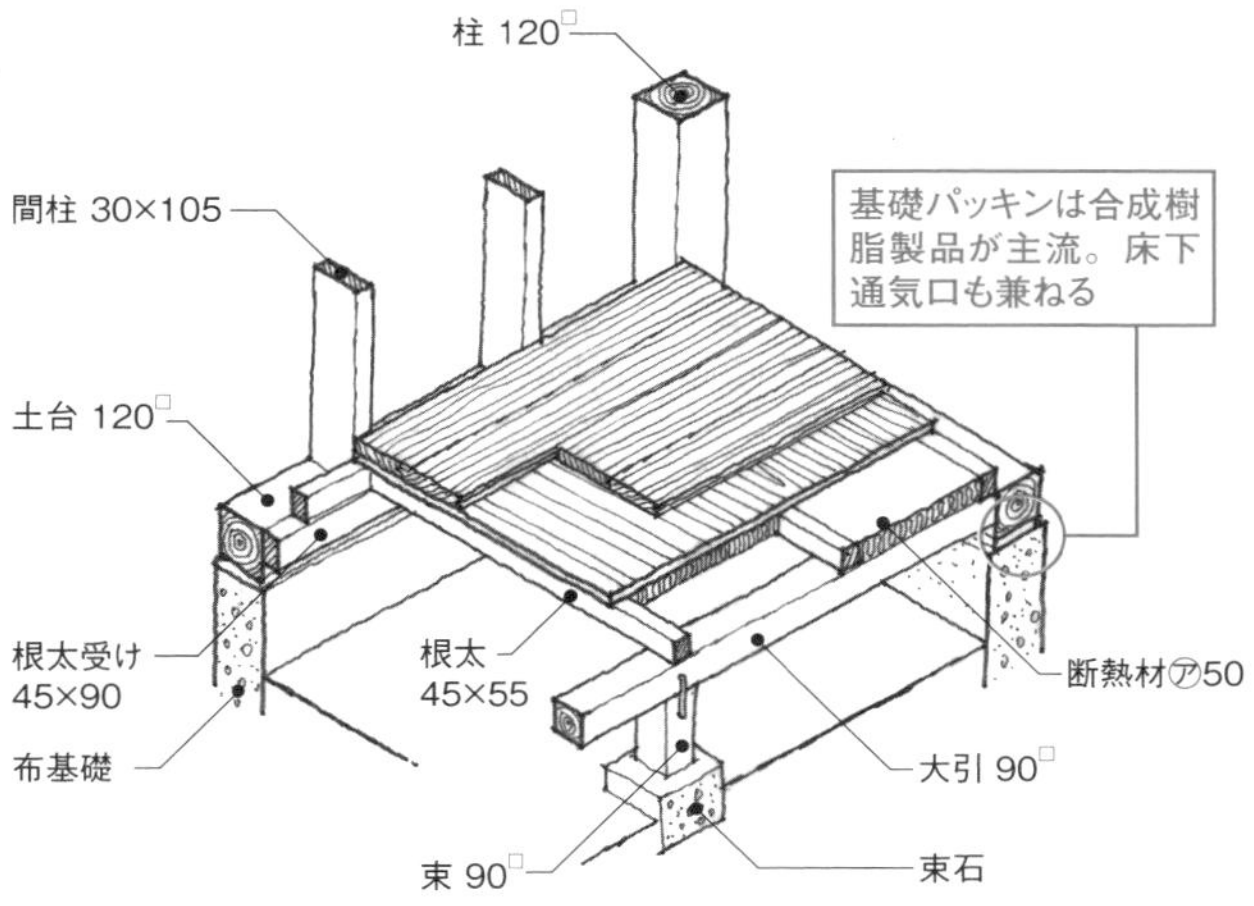
柱 120□
間柱 30×105
基礎パッキンは合成樹脂製品が主流。床下通気口も兼ねる
土台 120□
根太受け 45×90
根太 45×55
断熱材㋐50
布基礎
大引 90□
束 90□
束石

②断面図

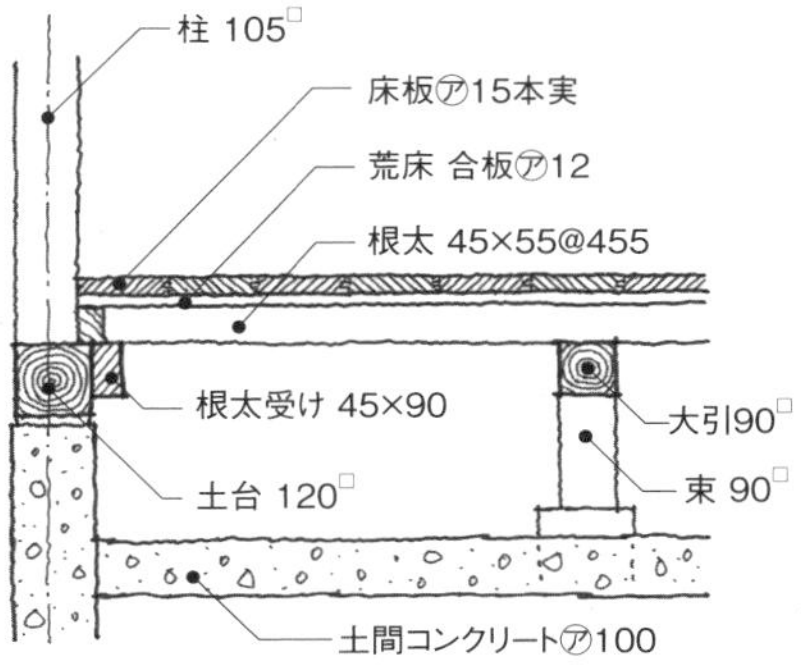
柱 105□
床板㋐15本実
荒床 合板㋐12
根太 45×55@455
根太受け 45×90
大引90□
土台 120□
束 90□
土間コンクリート㋐100

図2｜木質床材の納まりバリエーション

①1階床

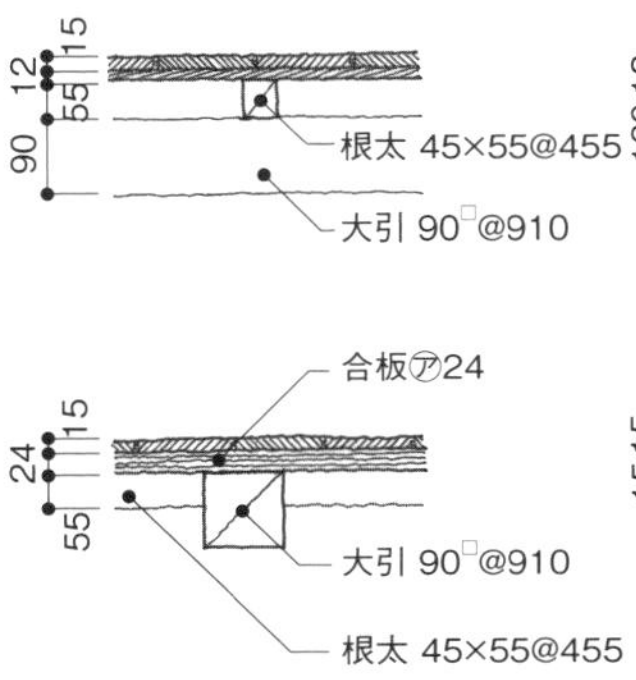
15
12
55
90
根太 45×55@455
大引 90□@910
合板㋐24
15
24
55
大引 90□@910
根太 45×55@455

②2階床

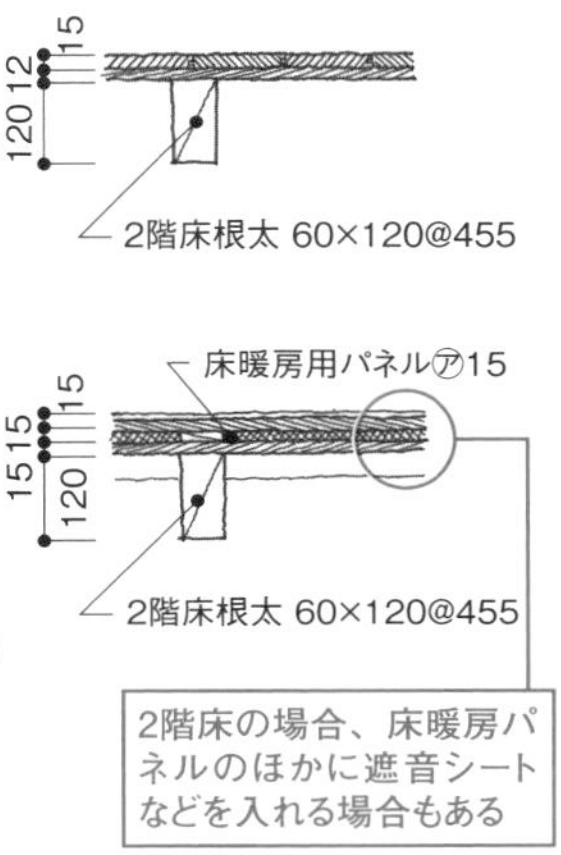
15
12
120
2階床根太 60×120@455
床暖房用パネル㋐15
15
15
15
120
2階床根太 60×120@455
2階床の場合、床暖房パネルのほかに遮音シートなどを入れる場合もある

図3｜ムク床板の留め方

①本実の留め方

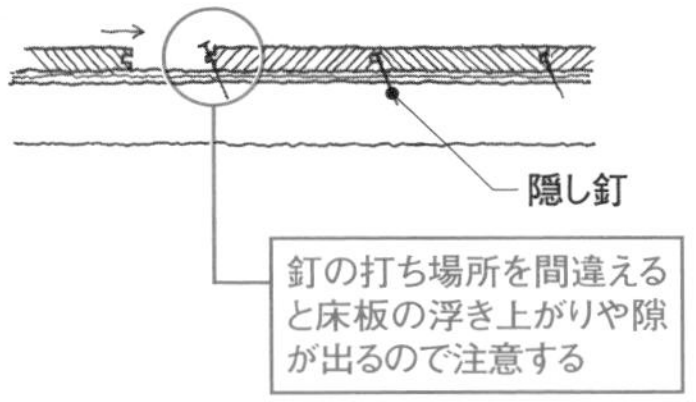
隠し釘
釘の打ち場所を間違えると床板の浮き上がりや隙が出るので注意する

②相決りの留め方

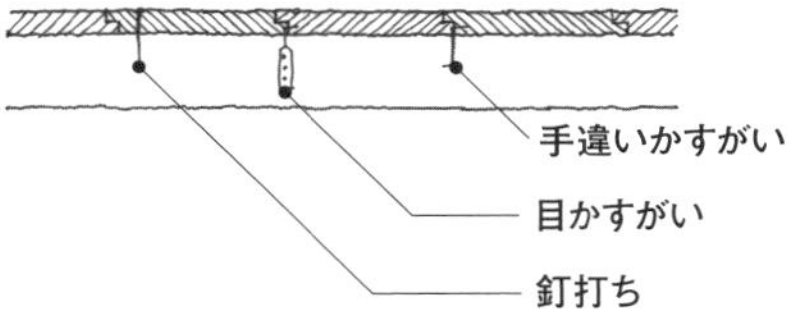
手違いかすがい
目かすがい
釘打ち

③雇い実の留め方

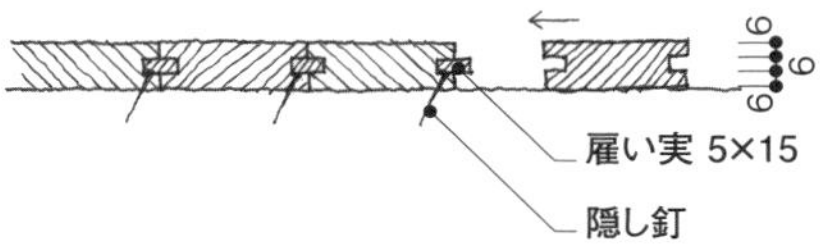
6
6
6
雇い実 5×15
隠し釘

シート系床材

POINT
シート張りの下地となる材料に湿気が入らないように注意する

シート系材料施工の注意点

シート系の床材は施工が簡便かつ安価である。また材の多様性、メンテナンスが容易なことから多用される。主な製品として、長尺塩化ビニルシートと天然リノリウムシートがある。

長尺塩化ビニルシートは塩化ビニル製の厚さ1.2～3㎜、幅1800㎜の長尺材である。下地に合板を捨て張りしシートのジョイントはシーム液などで防水処理をして床下地に水が入らないようにする。材自体には耐水性はあるが、通気性がないため下地に湿気を含んだときに下地が腐食するなどの心配がある。また熱の影響を受けやすく、伸縮が大きいという欠点もある。

リノリウムシート

天然リノリウムシートは天然素材で構成された長尺、またはタイル型の床材である。亜麻仁油に天然の松脂を溶かし、そのなかにコルクの粉や木粉、顔料などを入れてよく練り混ぜ、これを伸ばして熟成乾燥させる。この製品は以前からあった材であるが、塩化ビニルの床材に押されて使われることが少なくなっていた。しかし、天然素材の製品であるためエコ製品として最近需要が増えている。

加工時に必要な天然亜麻仁油は抗菌性があり、燃えにくく、燃えても有毒ガスを発生しない。そのほか、制電性、耐摩耗性に優れている材である。しかし、弾力性に乏しく、曲げに対して脆いという欠点がある。

プラスチックタイル系の床材はプラスチック、アスファルト、ソフトタイルなどの種類があり、主に寸法は303×303㎜のものが多い。施工は捨て張りの上に耐水合板を張り、接着剤で張るという手順をとる。

図1｜シート系床材の構成

①アイソメ図

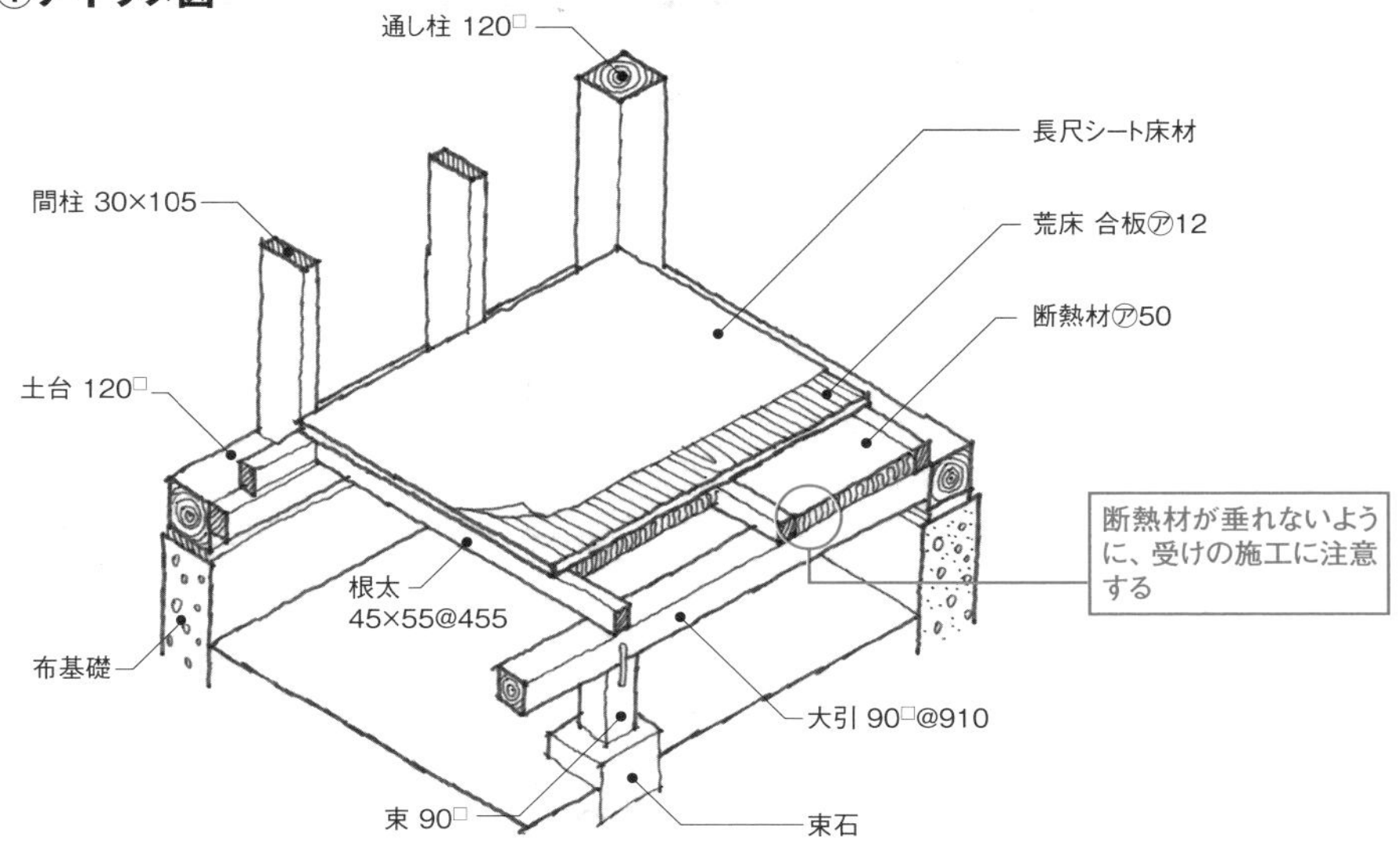
通し柱 120□
長尺シート床材
間柱 30×105
荒床 合板㋐12
断熱材㋐50
土台 120□
断熱材が垂れないように、受けの施工に注意する
根太
45×55@455
布基礎
大引 90□@910
束 90□
束石

②断面図

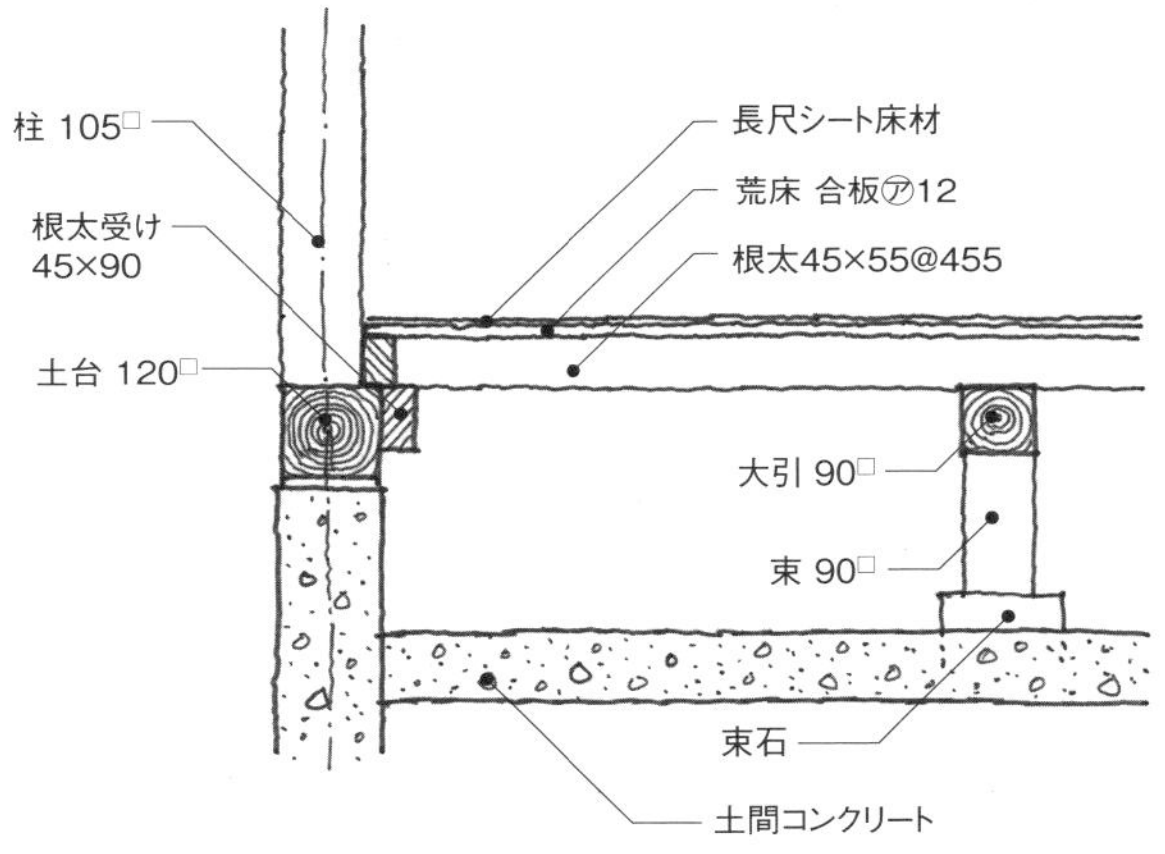
柱 105□
長尺シート床材
荒床 合板㋐12
根太受け
45×90
根太45×55@455
土台 120□
大引 90□
束 90□
束石
土間コンクリート

図2｜壁との取合い

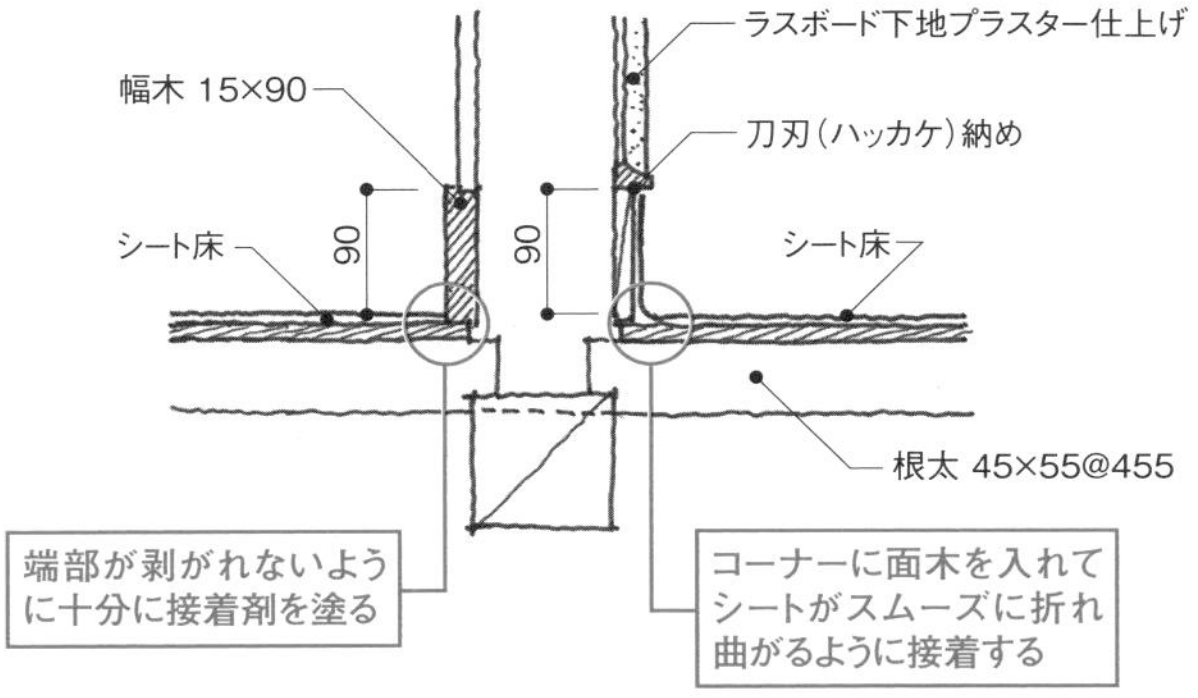
ラスボード下地プラスター仕上げ
幅木 15×90
刀刃（ハッカケ）納め
シート床
90
90
シート床
根太 45×55@455
端部が剥がれないように十分に接着剤を塗る
コーナーに面木を入れてシートがスムーズに折れ曲がるように接着する

畳敷き床

POINT

藁《わら》をふんだんに使った本畳は根強い人気。壁との取合いは畳寄せで納める

畳の敷き方

畳が部屋全体に敷き込まれるようになったのは室町時代の武家屋敷からといわれている。それまでは畳は座具の一種であった。京都では畳の寸法に合わせて柱の寸法を決める畳割りという方法がとられ、これが京間といわれる間取りである。一方、江戸では一間の柱間隔を優先して部屋を決め、その部屋内に畳を敷く方法が江戸間である。

また、畳の敷き方を畳敷き様《よう》といい、縁起のよい祝儀敷きと、凶とされる不祝儀敷きがある。

畳の構成

畳は畳表《たたみおもて》と畳床《たたみどこ》でできている。畳表はイグサを横糸にして織ったものである。畳床は畳の台になるもので、藁《わら》を3層、または5層に重ね合わせた昔からある藁床《わらどこ》である。

最近では、スチレンフォームやインシュレーションボードを藁で挟み込んだサンドイッチ畳床や、藁をまったく使わずスタイロフォームなどを使った建材畳床なども多い。軽量で、断熱性、防音性、防虫性能も優れているが、風合いや肌触りなどが乏しい。

畳の納め方

床は根太上に合板の荒床を敷き、畳を敷くが、壁との納まりは、真壁造りの場合、畳寄せを入れて壁と見切るのが一般的である。

畳寄せは柱と同一の面、高さで揃える。真壁では柱の面と壁の面の差が出るため、その隙間を埋める役目を果たすのと同時に、壁仕上げの見切りとしての役割をもっている。畳寄せの材の寸法は40×50㎜程度だが高さを畳の厚さに合わせるため、450㎜程度の間隔で飼木を挟みこみ、取り付ける。

図1｜畳床の納まり

①アイソメ図

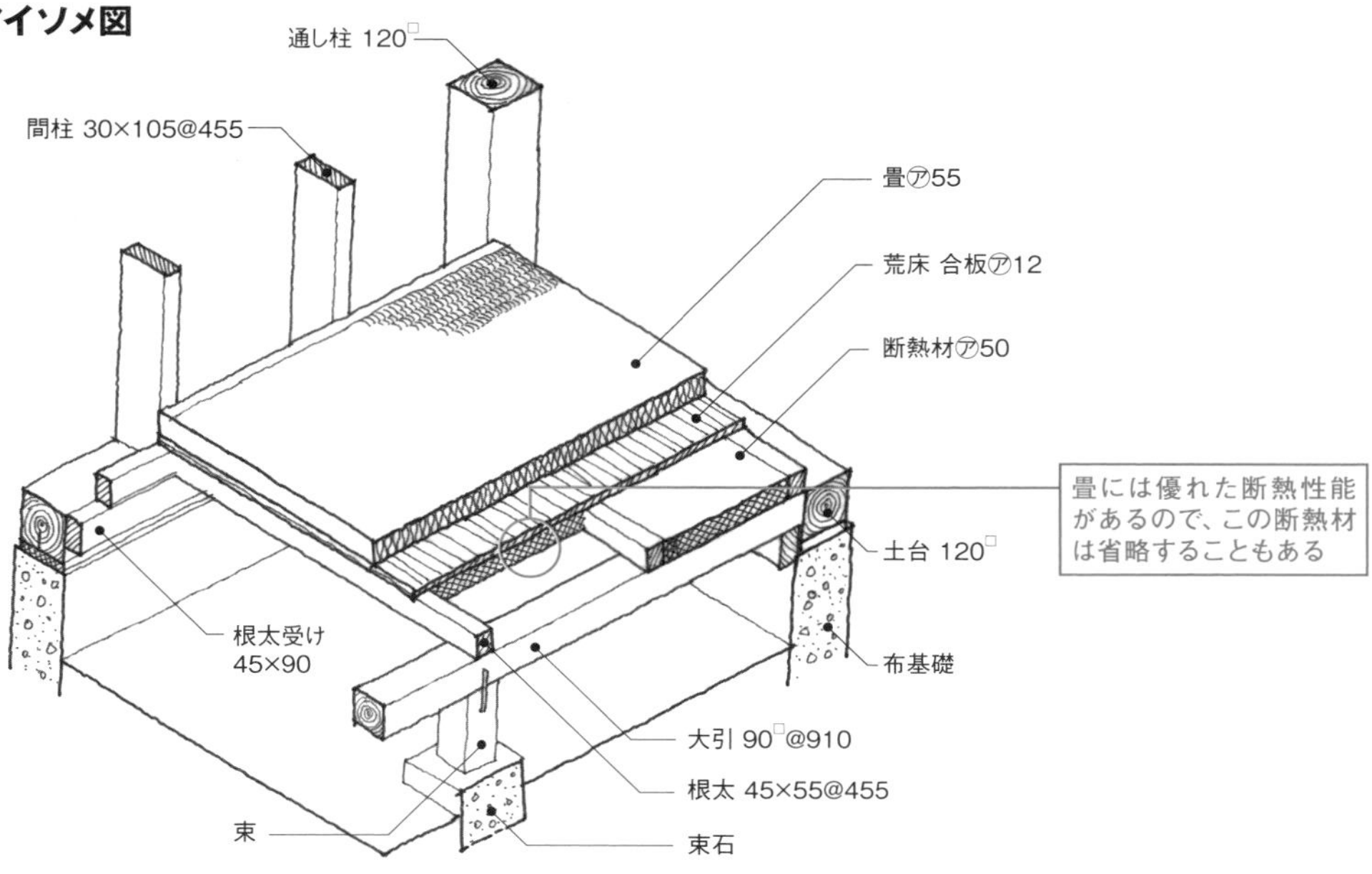
通し柱 120□
間柱 30×105@455
畳㋐55
荒床 合板㋐12
断熱材㋐50
畳には優れた断熱性能があるので、この断熱材は省略することもある
土台 120□
布基礎
根太受け
45×90
大引 90□@910
根太 45×55@455
束
束石

②断面図

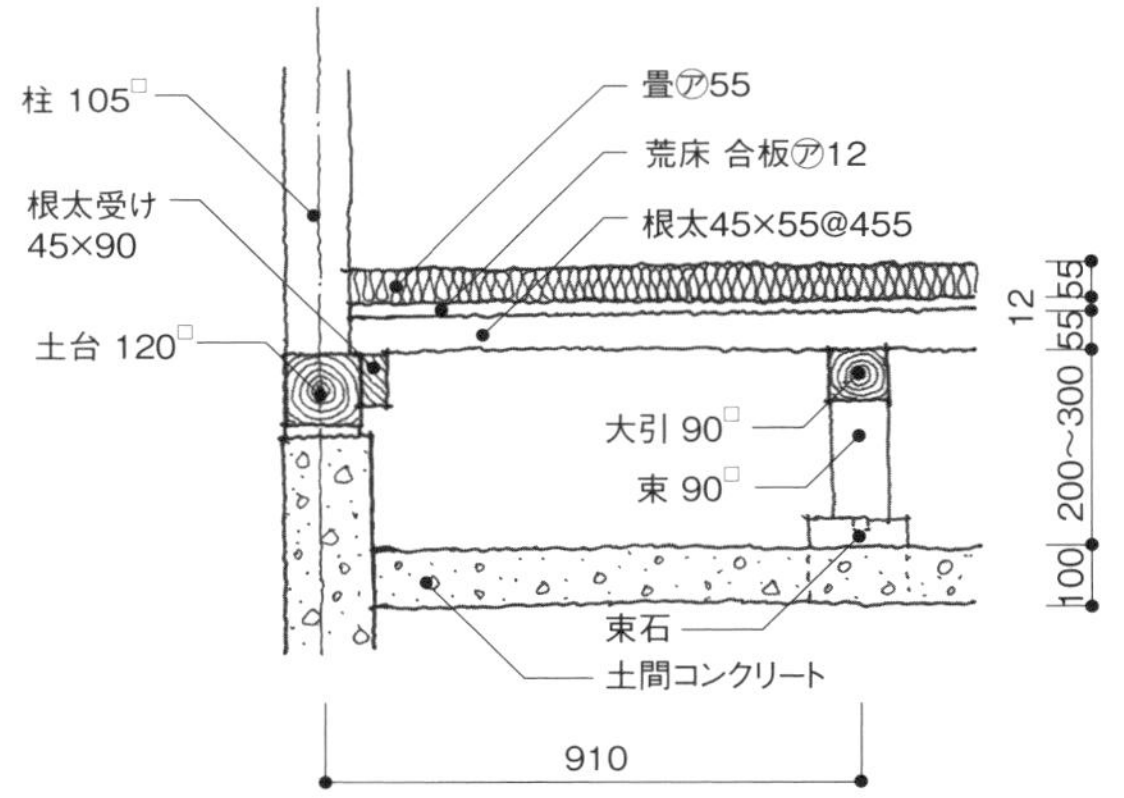
柱 105□
根太受け
45×90
土台 120□
畳㋐55
荒床 合板㋐12
根太45×55@455
大引 90□
束 90□
束石
土間コンクリート
55
12
55
200～300
100
910

図2｜畳と各部の納まり

①畳と敷居の納まり

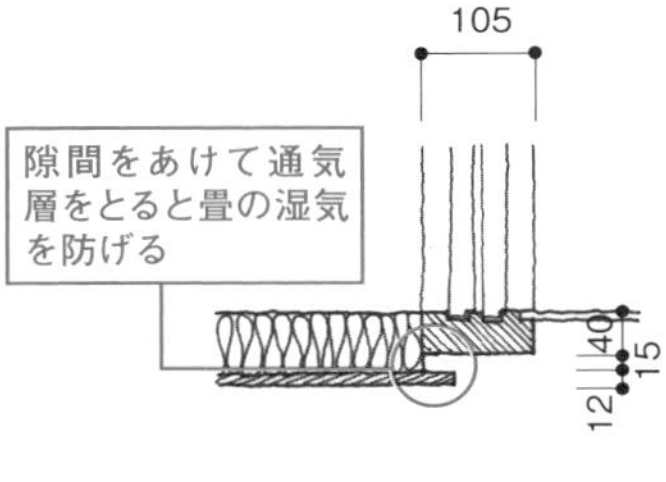
105
隙間をあけて通気層をとると畳の湿気を防げる
40
15
12

②畳と無目の納まり

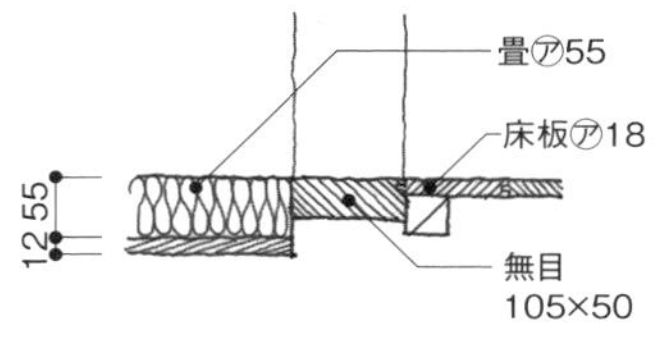
畳㋐55
床板㋐18
無目
105×50
55
12

③畳と床板の納まり

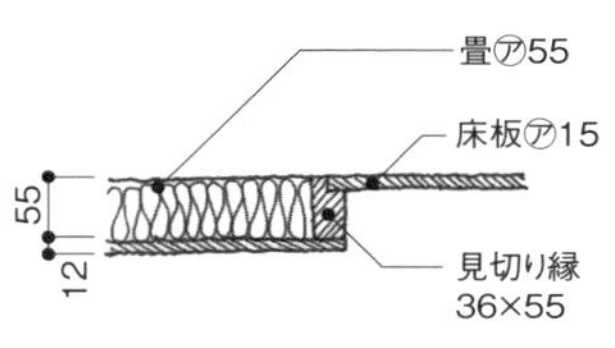
畳㋐55
床板㋐15
見切り縁
36×55
55
12

047

内壁①

板張り壁

POINT
板の伸縮に対応するジョイントとして、釘頭の見えや隙間を防ぐ

板壁の樹種

壁に使用するムク板を羽目《はめ》板という。板を横に張る横羽目、縦に張る場合は竪《たて》羽目という。

材としては長尺のものがとりにくい広葉樹よりも、ヒノキ、スギ、ヒバなどの針葉樹系のものが多く使われる。

材のジョイント（矧《は》ぎ合わせ）の仕方は、突付け張り、本実《ほんざね》張り、相決《じゃく》り張り、雇《やと》い実《ざね》張りなどがある。

板張りの種類と工法

突付け張りは、接合個所になんの加工もせずに突き付けて張るもので、材の伸縮があると接合部に隙間ができてしまうことと、留める際にどうしても釘の頭が見えることが短所である。

本実張りは板の長手方向に雄雌の実《さね》加工を施した材を差し込んで張っていく。隙間が見えにくい点と釘の存在を隠せる利点がある。

相決り張りは板の長手方向に決りを入れて加工した板を張る方法である。突付け張りの板の伸縮による隙間を補う張り方であるが釘の頭が見える。

雇い実張りは板の長手方向に雌の実加工をし、その2つの材の間にもう1つの材を挟み込んで張る工法である。雌の実加工した部分に隠し釘を打てるため、釘の存在を見せないで張ることができる。しかし、雇い実の材料取りと加工の手間がかかるのが欠点である。

張る下地は胴縁に直接打ち付けるが、合板などの捨て張りをしてから張るという丁寧な仕事もある。

板張りで本実加工の板張り以外は表面に釘の頭が出てしまうので、化粧釘か隠し釘などを使用する。また、本実目透かし張りとする場合は、材の膨張収縮を継ぎ目部分で調整してくれるという利点もある。

図1｜板張りのジョイント（竪羽目）

①本実張り

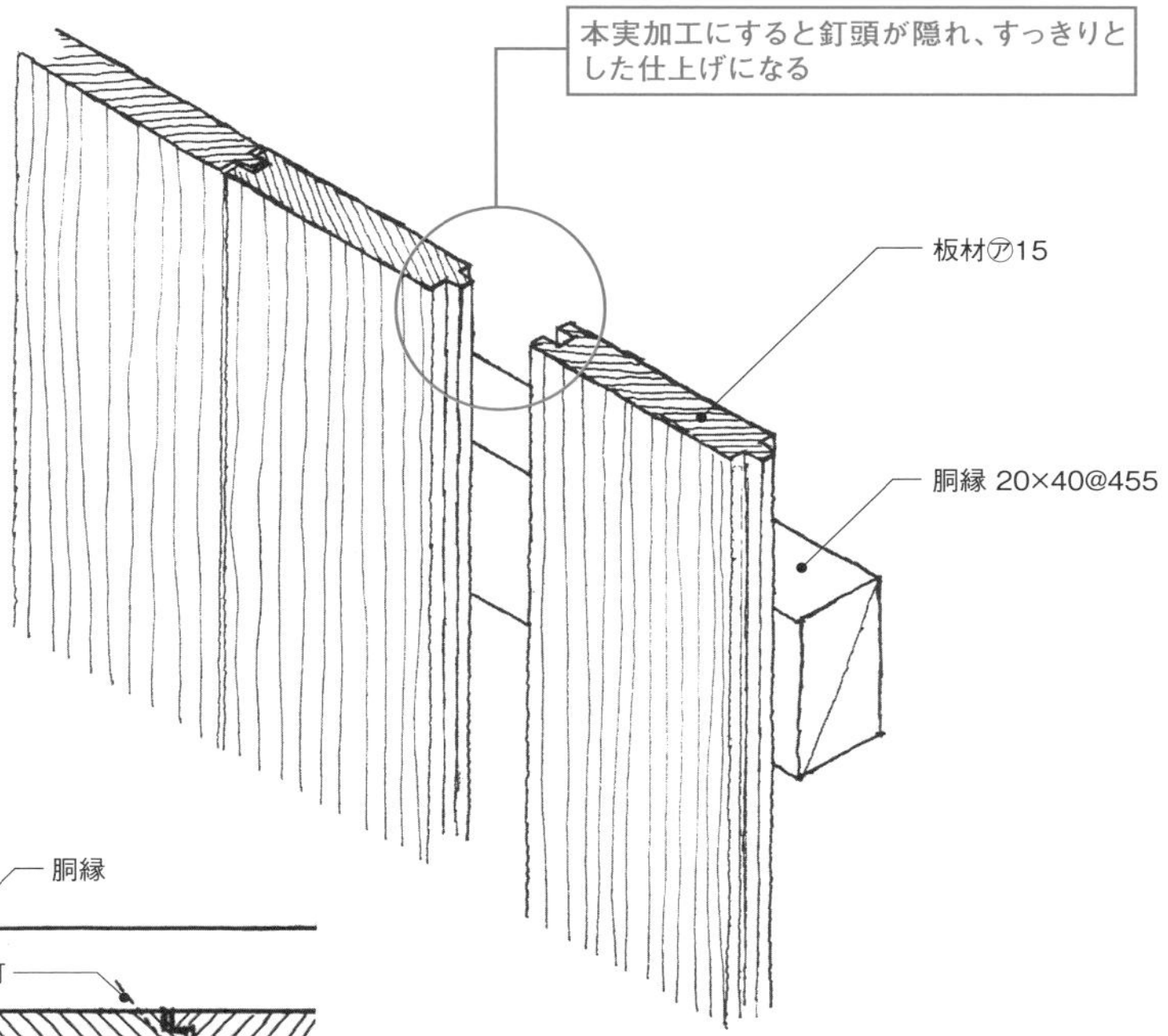
本実加工にすると釘頭が隠れ、すっきりとした仕上げになる
板材㋐15
胴縁 20×40@455

②本実の留め方

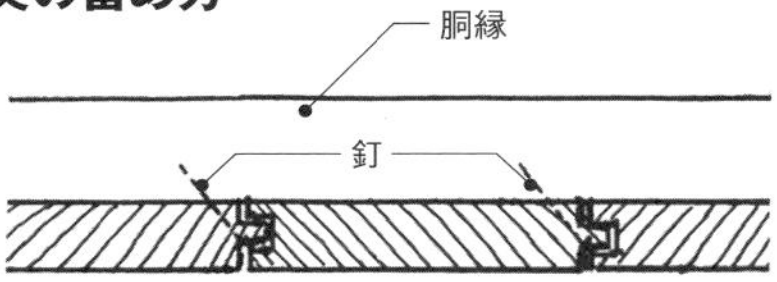
胴縁
釘

図2｜敷目板張りと目板張り

①敷目板張り

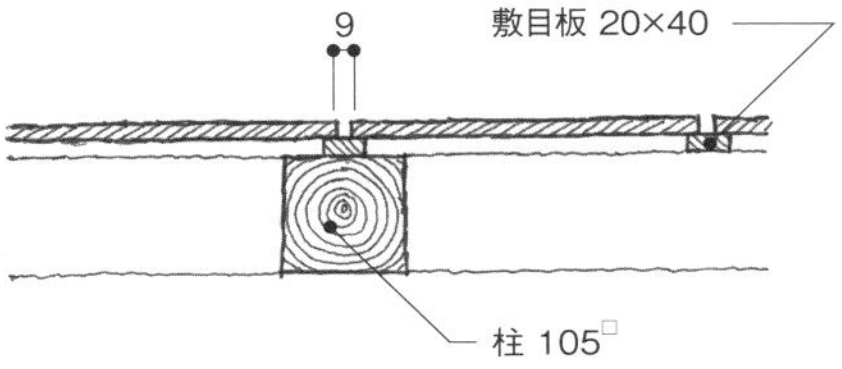
9
敷目板 20×40
柱 105□

②目板張り

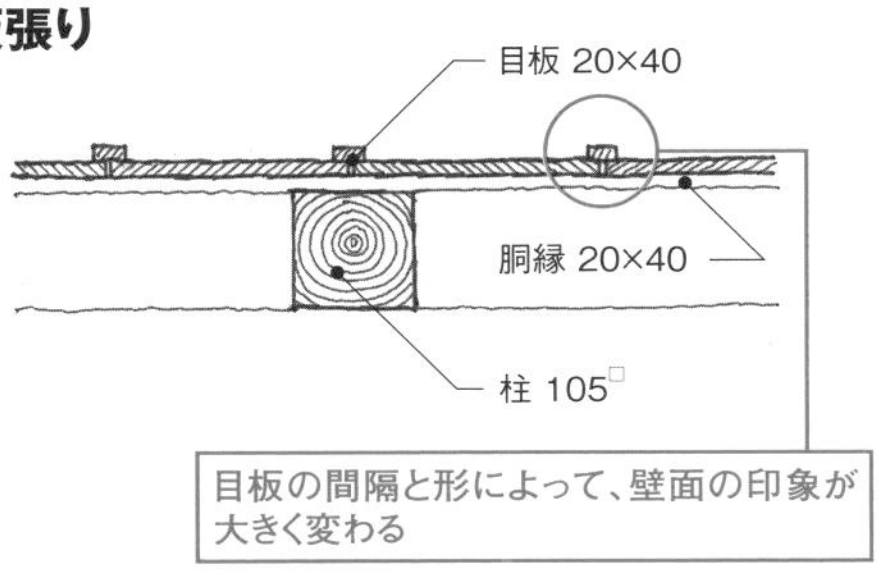
目板 20×40
胴縁 20×40
柱 105□
目板の間隔と形によって、壁面の印象が大きく変わる

図3｜壁板の見切り

断面図

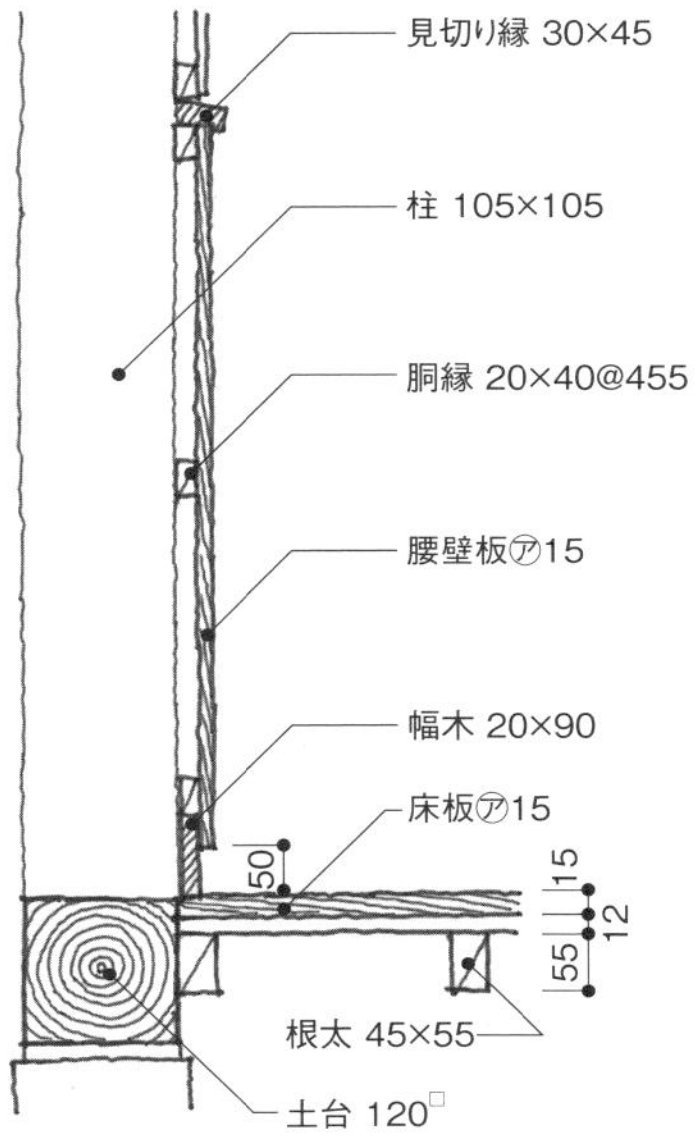
見切り縁 30×45
柱 105×105
胴縁 20×40@455
腰壁板㋐15
幅木 20×90
床板㋐15
50
15
12
55
根太 45×55
土台 120□

048

内壁②

左官仕上げ壁

POINT

構成が変化している左官仕上げでも、乾燥収縮で隙間ができないようにチリ決りを入れる

簡略化される左官仕上げ

最近、左官の仕事が減ってきたといわれている。工程が複雑で、乾燥に時間がかかること、一人前の職人になるためには厳しい修行が必要なことなどがその原因とされている。しかし、土の風合いや独特の質感があり、調湿効果があり、環境にやさしい材ということで、見直される傾向にある。また左官仕上げは曲面などの塗り回しができるため意匠的にすっきりと納めることができるなどの利点がある。

幾重の工程を経て仕上げる伝統的な土壁塗りの下地は、貫を通し竹の小舞を組んでいくものだが、時代とともに、下地や仕上げの方法も変化してきた。

下地は、木摺り下地、ラス網下地、石膏ラスボード下地へと変わってきた。木摺り下地は幅36㎜、厚さ7㎜程度のスギ板を横、または斜めに6～9㎜の間隔をあけて間柱に釘留めする。ラス網の場合は木摺り下地や合板などにタッカーなどで留める。

また、石膏ボード下地の場合は仕上げが2～6㎜程度と比較的薄くなるため、ボードの不陸をできるだけ少なくなるように配慮する。

材料自体も変化

一方、塗る材料は土や砂という自然の材料に代わって、合成樹脂を基材にした材料が主流を占めるようになった。貝殻を加工し混入させたものや、珪藻土などの自然素材を利用した環境によいとされる素材も出てきている。これらは調湿性があり、有毒ガスを吸収するといわれる。

どのような材料においても、左官仕上げは乾燥収縮が起きやすいので柱など接合部に隙間ができないように、柱や枠などにチリ決《じゃく》りを入れて納める。

図1｜左官仕上げのコーナー納まり

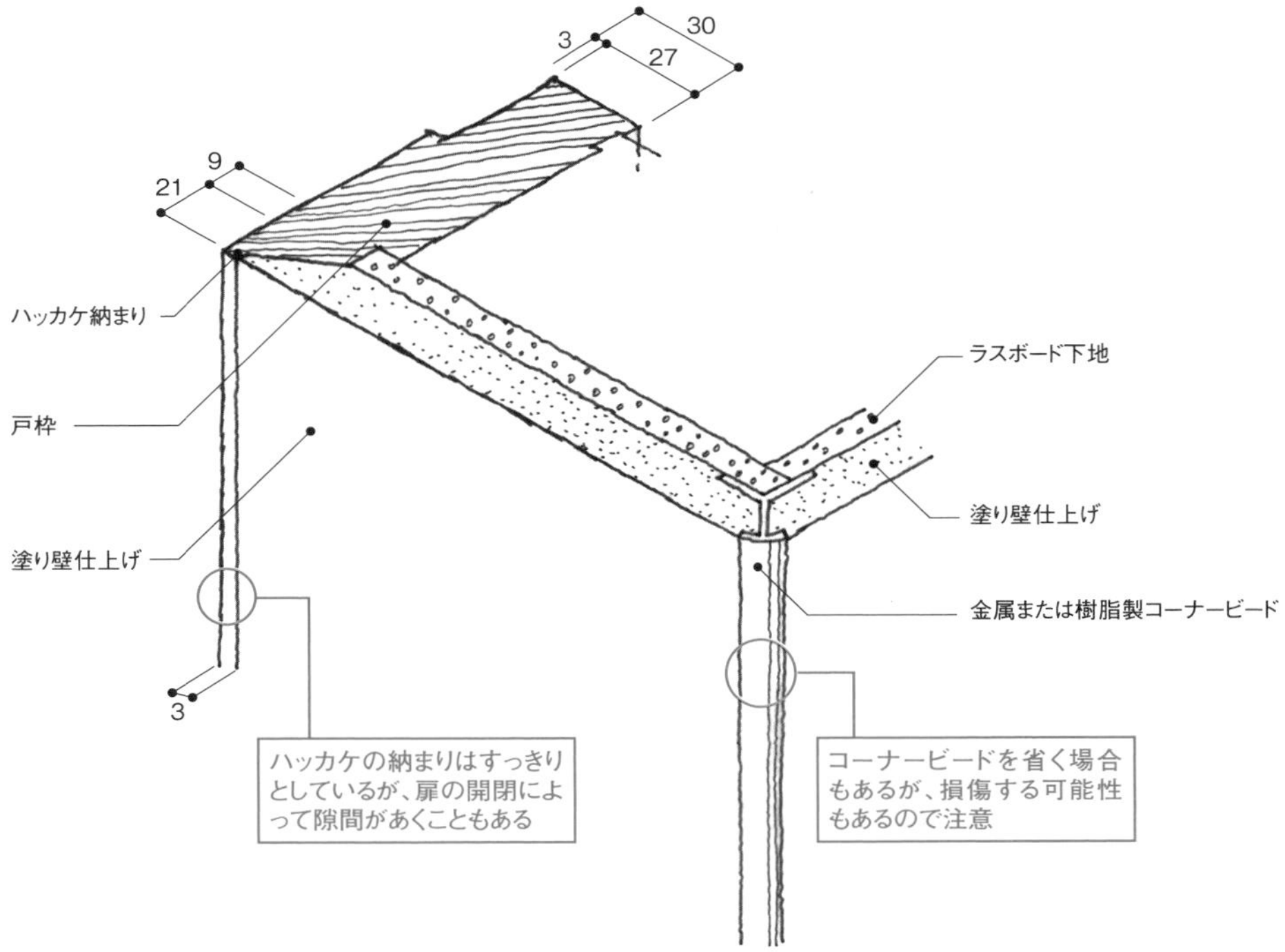

3
30
27
9
21
ハッカケ納まり
戸枠
塗り壁仕上げ
3
ラスボード下地
塗り壁仕上げ
金属または樹脂製コーナービード
ハッカケの納まりはすっきりとしているが、扉の開閉によって隙間があくこともある
コーナービードを省く場合もあるが、損傷する可能性もあるので注意

図2｜柱との取合い

①伝統的な土壁塗り

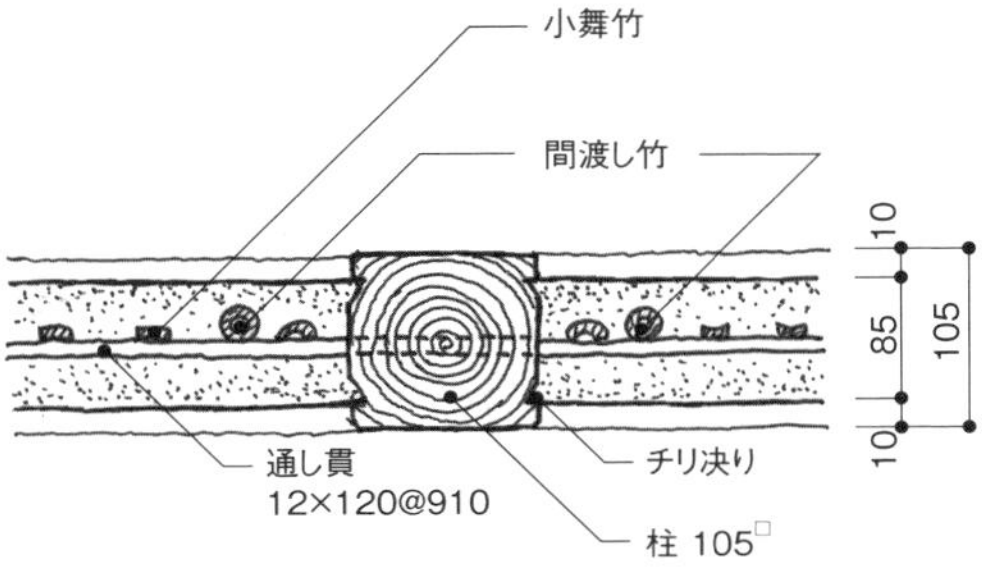

小舞竹
間渡し竹
10
85
105
10
通し貫
12×120@910
チリ決り
柱 105□

②ラスボード下地

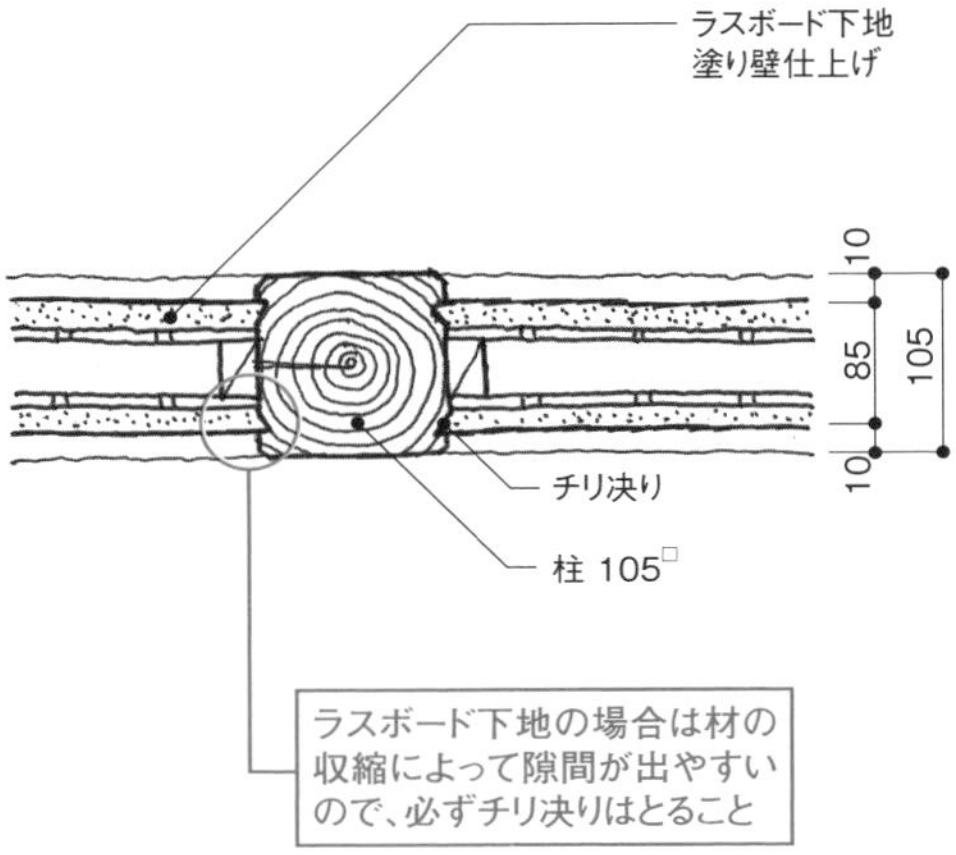

ラスボード下地
塗り壁仕上げ
10
85
105
10
チリ決り
柱 105□
ラスボード下地の場合は材の収縮によって隙間が出やすいので、必ずチリ決りはとること

タイル・石・塗装仕上げ壁

POINT
タイルと石はモルタルを使った湿式工法から、接着剤による乾式工法が主流に

タイル・石仕上げの変遷

タイルや石を内装に用いる場合、主に防水性能が求められる洗面室、キッチンなどの水廻りの個所が多い。施工的には従来のモルタル下地に張り付ける湿式工法に代わり、合板や石膏ボードに有機質接着剤で張る乾式工法が主流になってきた。

接着剤で張り付ける工法は湿式に比べると下地や構造体の変形に追随しやすく、ひび割れや剥離などが少ないことと、施工の手間や、養生期間が少なくてすむ点が長所である。

接着の工法は、全面接着工法、両面塗布接着剤張り工法、点付け工法などがある。全面接着工法は下地全面に櫛《くし》引《びき》状に接着剤を塗り（櫛目引き）、それにタイルを押し込むように張り付ける。両面塗布接着剤張り工法は下地だけでなく、タイル側にも接着剤を塗り、張る工法である。点付け工法はタイル側に接着剤を点状に付けて張り付ける。

タイルや石はその大きさと、張る場所の面積によって目地の幅を計算して、半端が出ないように割りつけて張るが、これを「タイル割り」という。

塗装仕上げは下地が命

近年、ペンキ塗装仕上げも減少する傾向にある。簡単に塗り直しできる利点はあるが、塗装技術の差が出やすいことと、湿式であるため、乾燥に時間がかかる点などがその要因である。

塗装仕上げの場合は下地の出来が仕上がりのよし悪しを決めるため、下地づくりを丁寧に行わなければならない。合板や石膏ボード下地のジョイントには収縮などのひび割れが出ないように寒冷紗《かんれいしゃ》を張りパテで平滑にすること、さらに釘の頭の部分もパテでよくしごいておくことが大切である。

図1｜タイル全面接着剤張り

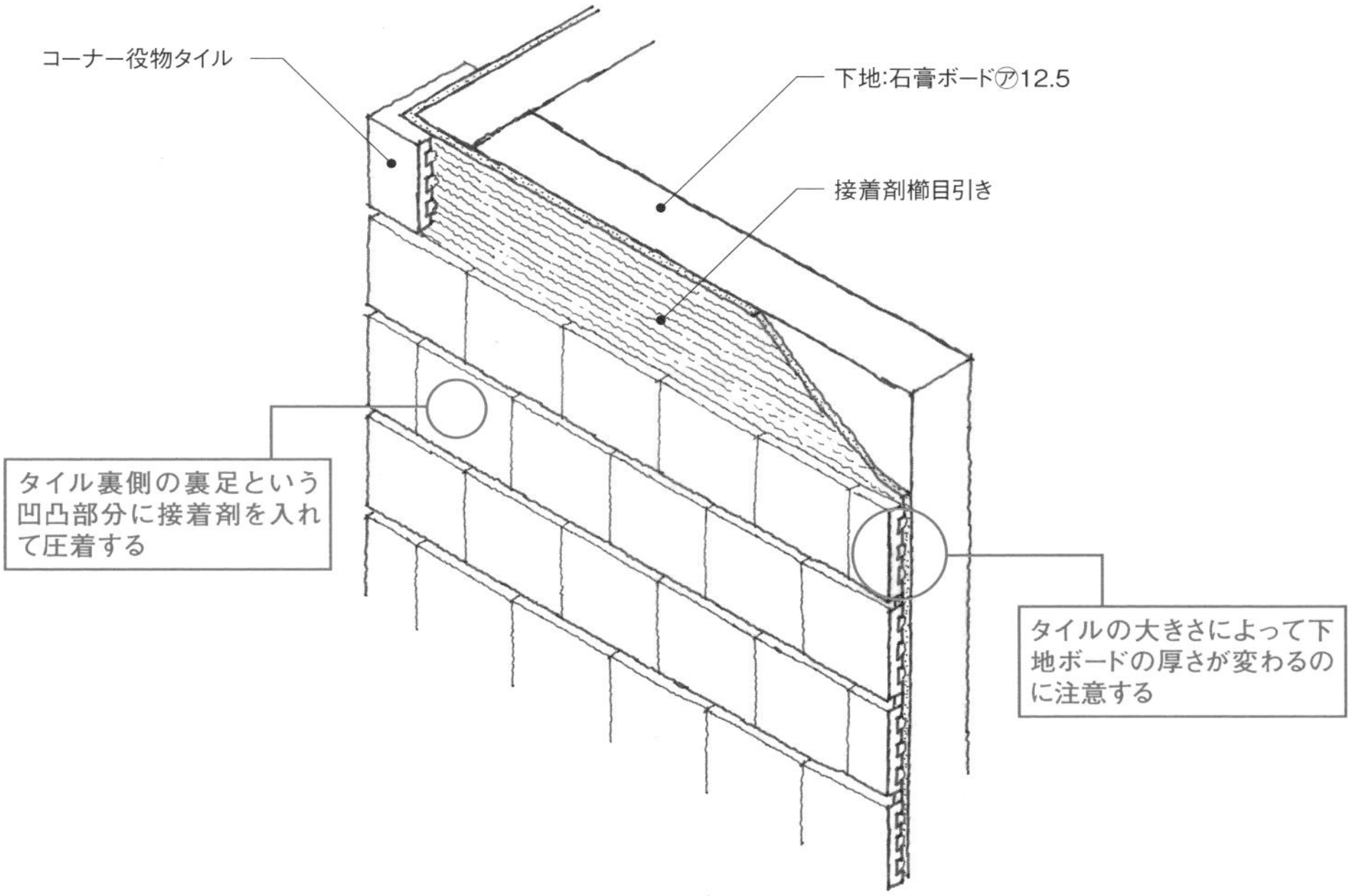
コーナー役物タイル
下地:石膏ボード㋐12.5
接着剤櫛目引き
タイル裏側の裏足という凹凸部分に接着剤を入れて圧着する
タイルの大きさによって下地ボードの厚さが変わるのに注意する

図2｜クロス張りとタイル張り仕上げ

①クロス貼り仕上げ

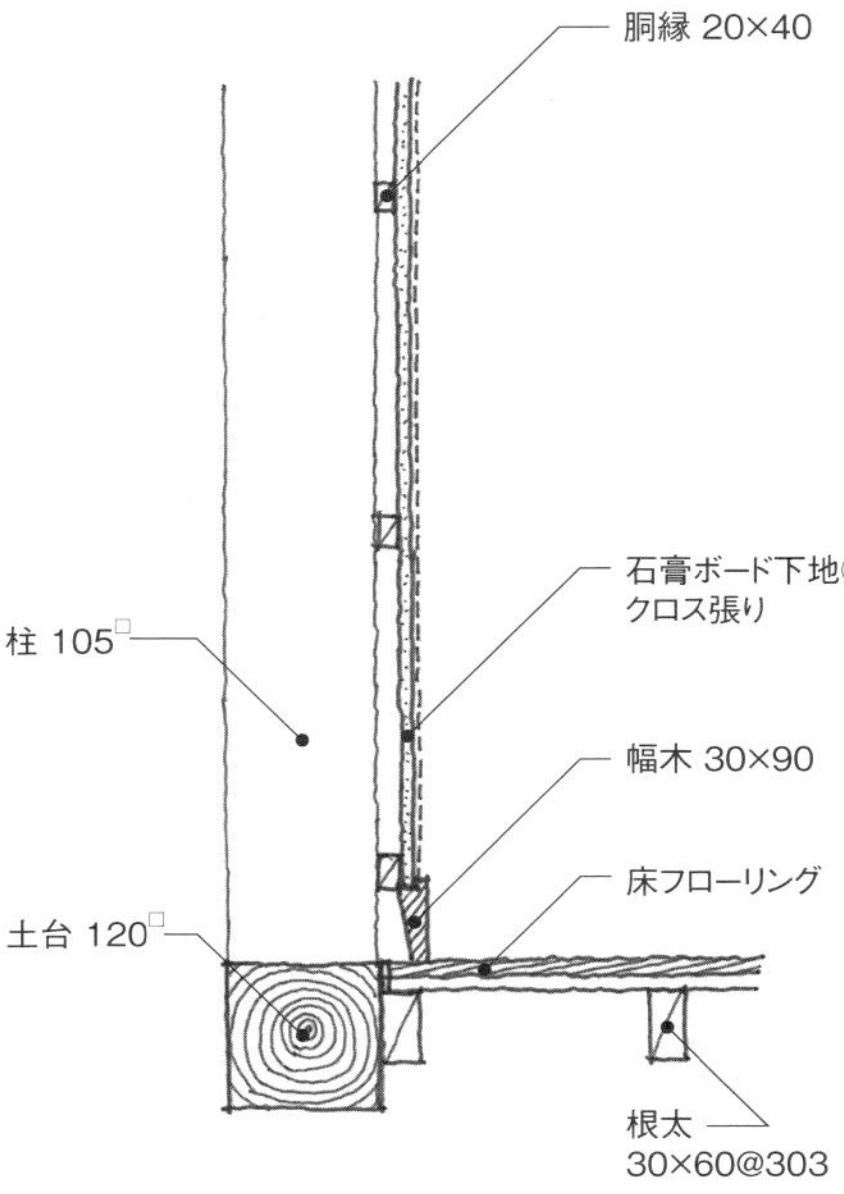
胴縁 20×40
石膏ボード下地㋐12.5の上、クロス張り
柱 105□
幅木 30×90
床フローリング
土台 120□
根太 30×60@303

②タイル張り仕上げ

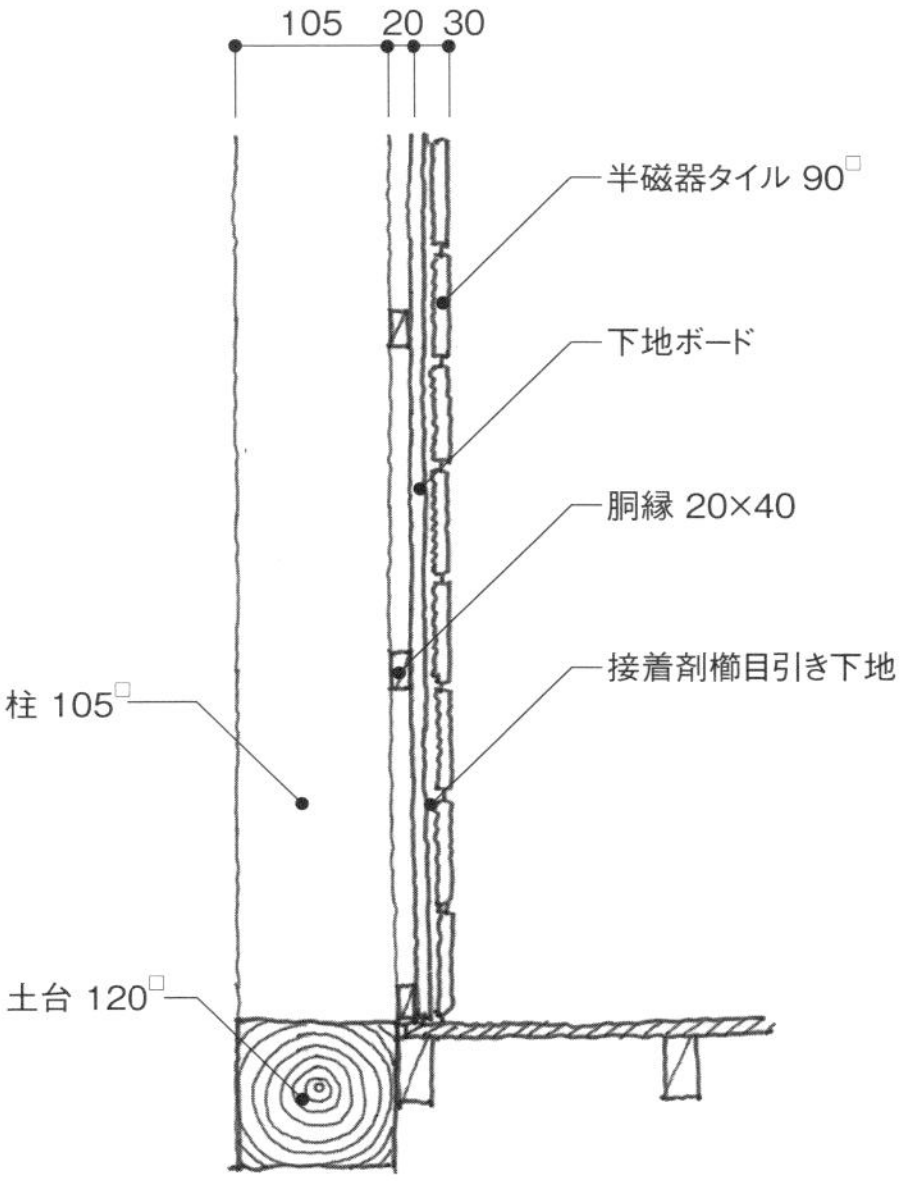
105
20
30
半磁器タイル 90□
下地ボード
胴縁 20×40
接着剤櫛目引き下地
柱 105□
土台 120□

打上げ天井

POINT 打上げ天井は石膏ボードや合板下地の塗装仕上げか、板張りが多い

打上げ天井の構成

打上げ天井は最も一般的な工法で、下地の野縁《のぶち》を組み、それに石膏ボード、合板、縁甲板などの材を下から釘打ちをして留める工法である。

板張りの天井では縁甲板の長手方向に雇い実加工を施した場合は、隠し釘打ち仕上げができるが、相決《じゃく》りにして化粧釘で留める場合もある。

塗装仕上げのときの下地は石膏ボードや合板であるが、ジョイントと部分の伸縮による亀裂を防ぐため寒冷紗を貼り、入念にパテで平滑に仕上げる必要がある。また釘の頭の浮き上がりや錆が出る場合があるため、できれば釘頭に防錆処理をしておくとよい。

また、クロス仕上げの場合、塗装仕上げと同様に、下地の石膏ボードや合板のジョイント部は入念にパテ処理をしなければならない。

図1 | 雇い実で天井板を納める天井

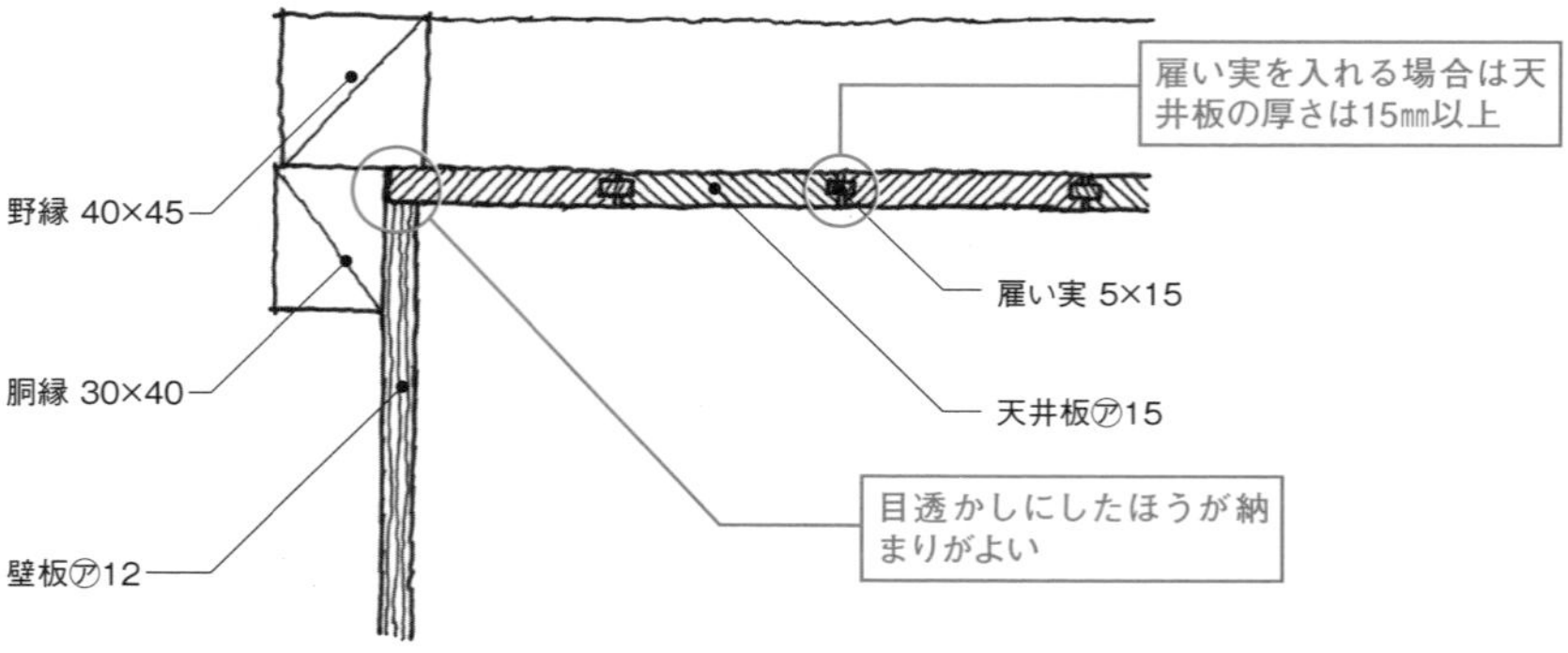
雇い実を入れる場合は天井板の厚さは15㎜以上
野縁 40×45
雇い実 5×15
胴縁 30×40
天井板㋐15
目透かしにしたほうが納まりがよい
壁板㋐12

図2｜打上げ天井の納まり

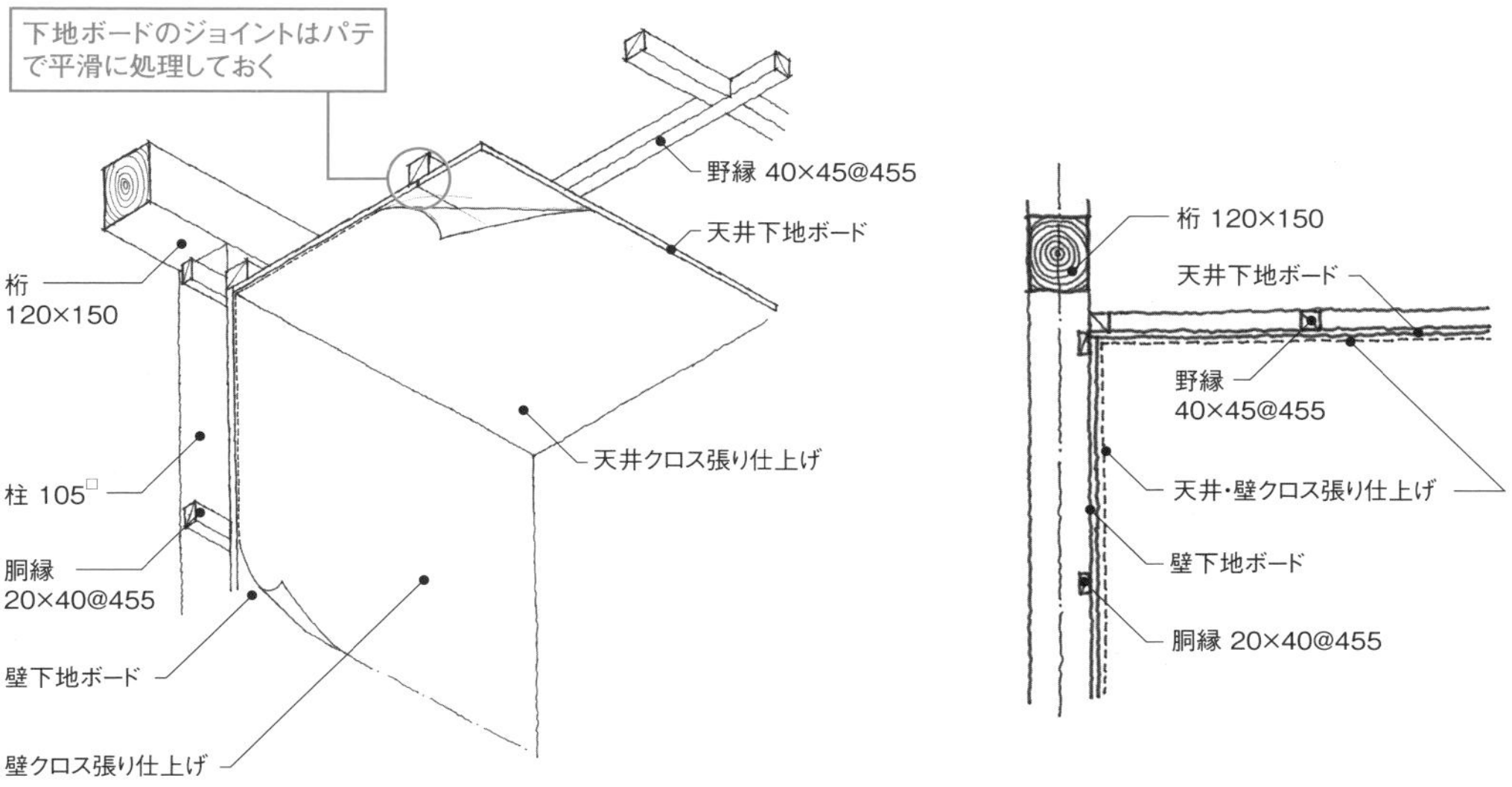
下地ボードのジョイントはパテで平滑に処理しておく
野縁 40×45@455
天井下地ボード
桁 120×150
柱 105□
胴縁 20×40@455
天井クロス張り仕上げ
壁下地ボード
壁クロス張り仕上げ
桁 120×150
天井下地ボード
野縁 40×45@455
天井・壁クロス張り仕上げ
壁下地ボード
胴縁 20×40@455

図3｜天井仕上げのバリエーション

①本実張り

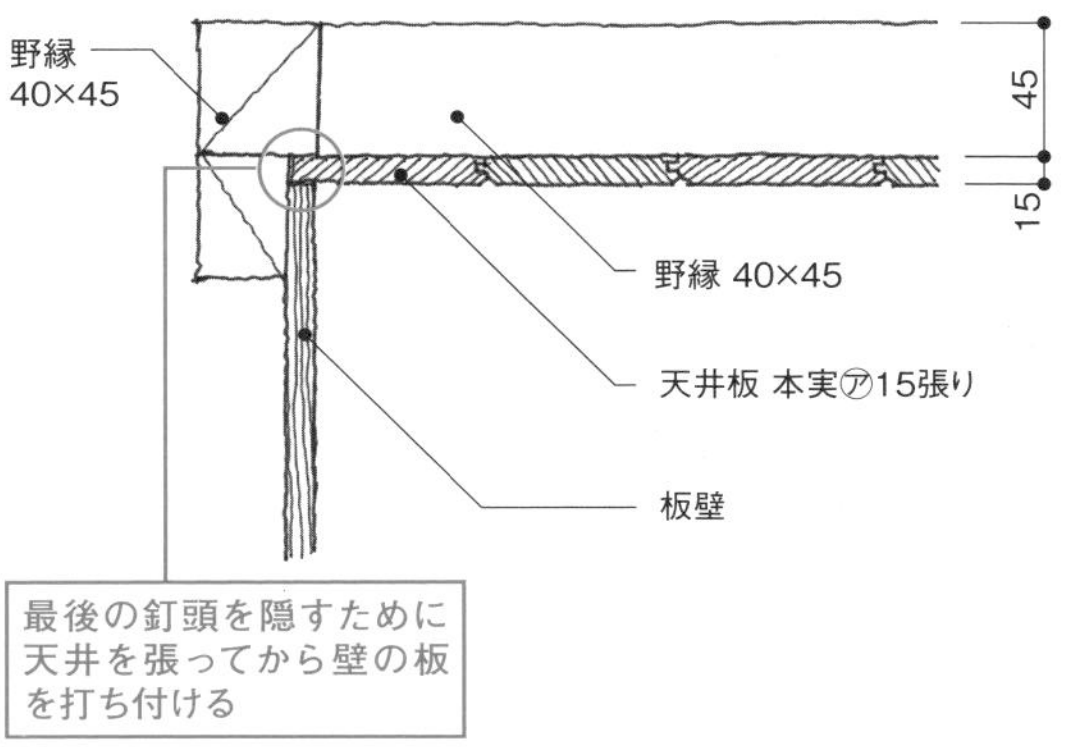
野縁 40×45
45
15
野縁 40×45
天井板 本実㋐15張り
板壁
最後の釘頭を隠すために天井を張ってから壁の板を打ち付ける

②クロス張り

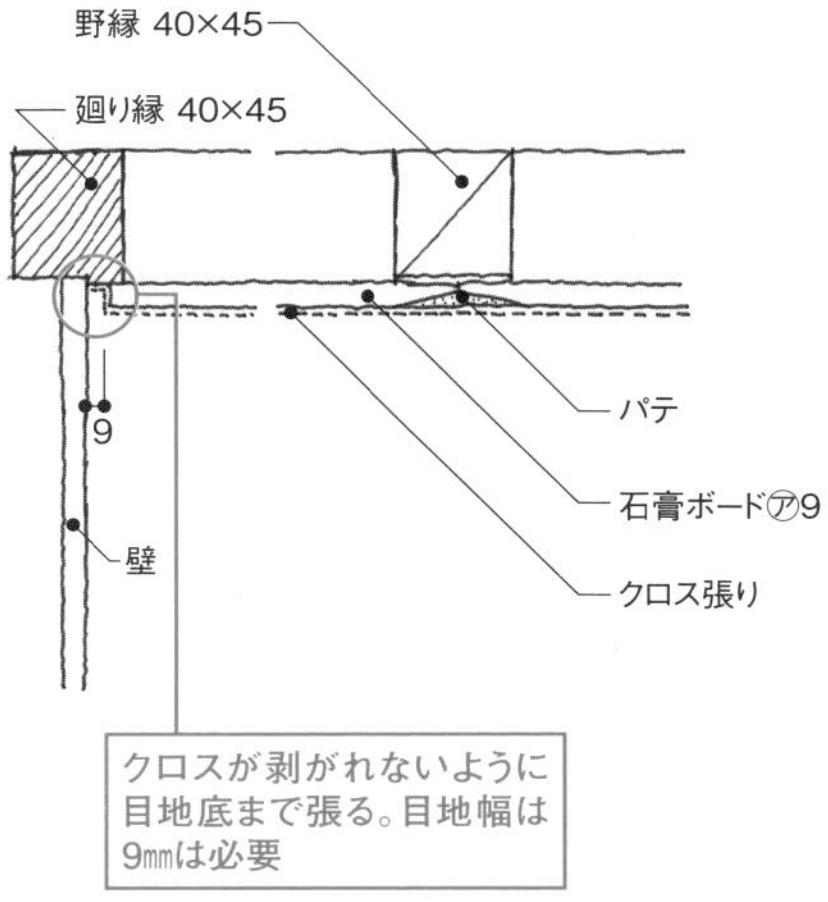
野縁 40×45
廻り縁 40×45
9
壁
パテ
石膏ボード㋐9
クロス張り
クロスが剥がれないように目地底まで張る。目地幅は9㎜は必要

目透かし仕上げ天井

POINT 目透かし張りの目地は、継ぎ目を目立たなくし意匠の役割をもつ

目透かしの役割と工法

ボード、合板、縁甲板に限らず、天井材のジョイントを突付けにしないで目地をとって張るものを目透《めす》かし張りという。目透かし張りは、材の継ぎ目の不陸などを目立たなくする役割と、目地が意匠としての重要な役割も果たす。その場合は、目地の幅、深さ、間隔、そして材料の組合せにより、多様な天井を演出することが可能である。天井を目透かしにする場合でも、目地の底部分に敷目板を用いた天井を敷目板天井という。敷目板張りの敷目板材は天井材と同じ材を使い、幅は6〜12㎜程度が一般的である。

最近では、化粧合板の雇い実加工を施した敷目板天井の既製品が流通している。それらを施工する場合、野縁と接合するために、敷目釘、三山《みやま》釘などの釘を使用する。

図1｜敷目板天井

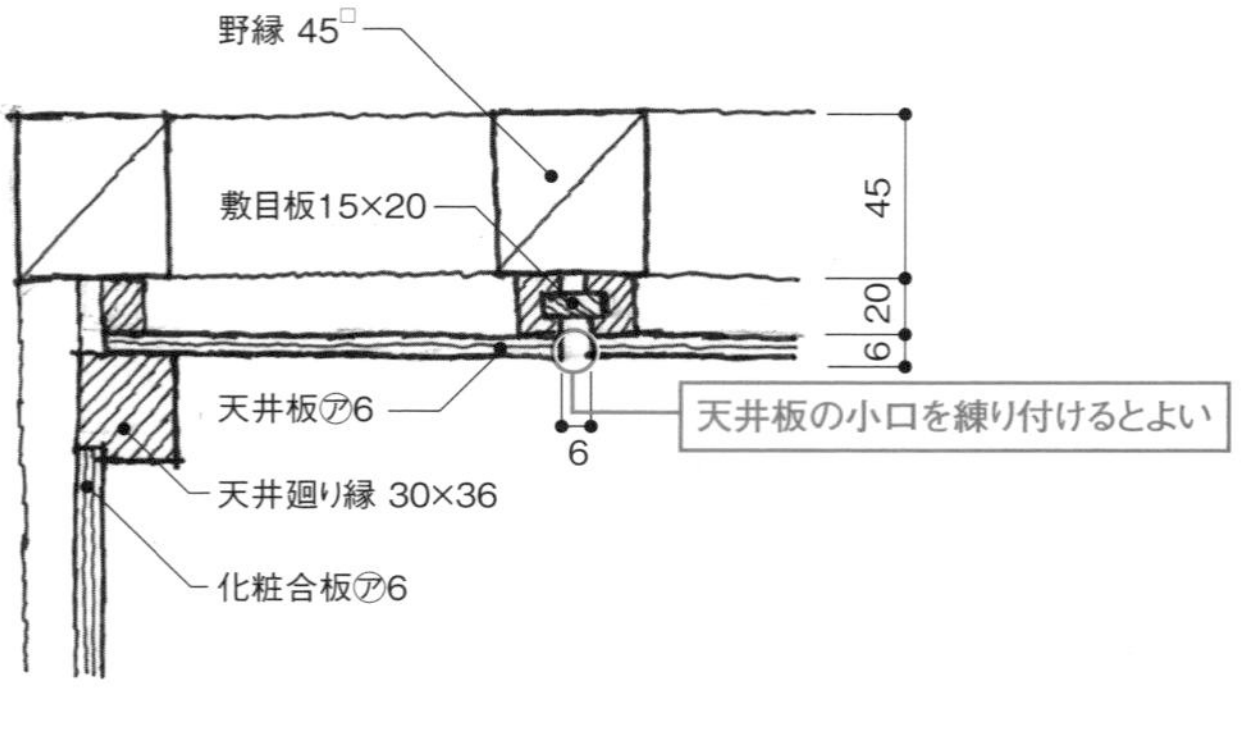
野縁 45□
敷目板15×20
45
20
6
天井板㋐6
天井板の小口を練り付けるとよい
6
天井廻り縁 30×36
化粧合板㋐6

図2｜目透かし仕上げの納まり

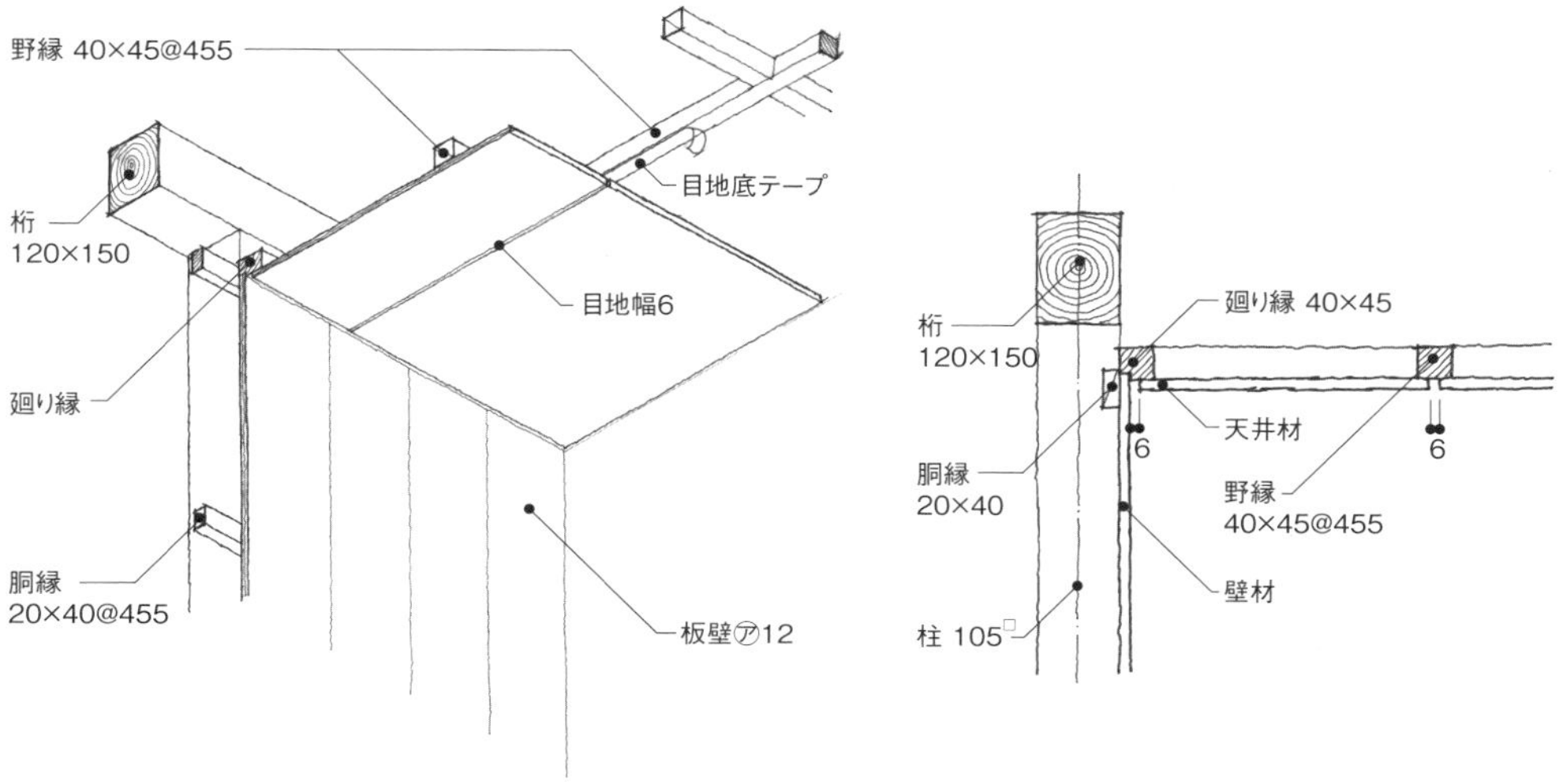
野縁 40×45@455
目地底テープ
桁
120×150
目地幅6
廻り縁
胴縁
20×40@455
板壁㋐12
桁
120×150
廻り縁 40×45
天井材
6
6
胴縁
20×40
野縁
40×45@455
壁材
柱 105□

図3｜天井の目透かし仕上げ

①相决り目透し張り

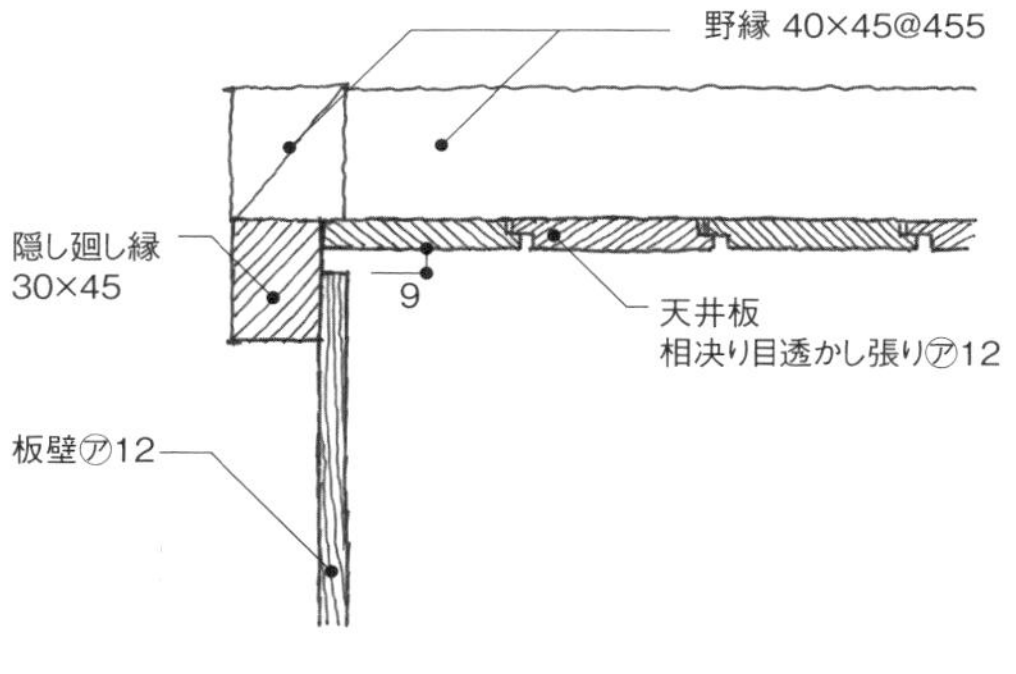
野縁 40×45@455
隠し廻し縁
30×45
9
天井板
相决り目透かし張り㋐12
板壁㋐12

②目地底をテープ張りする

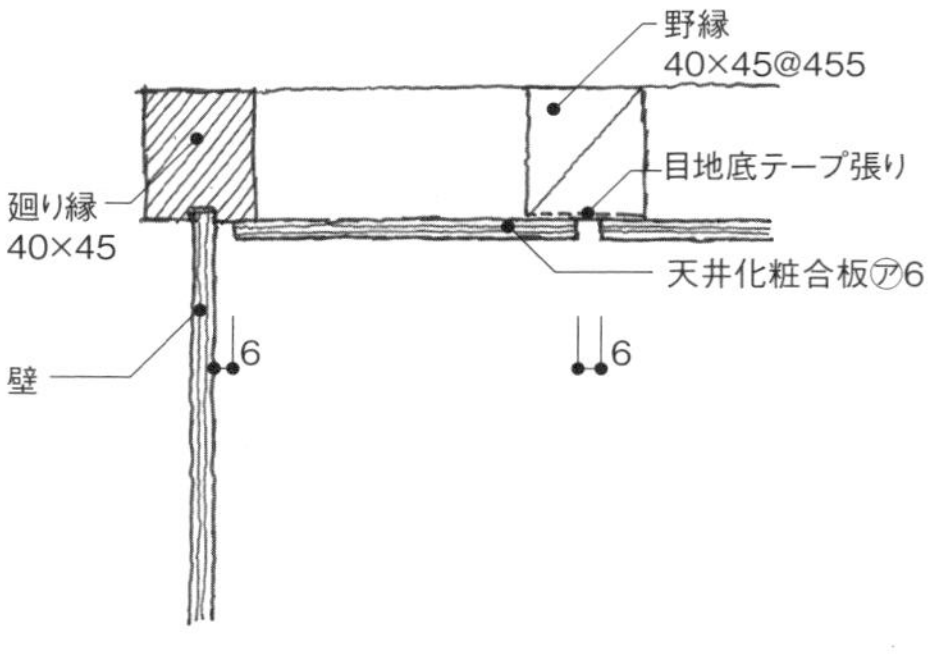
野縁
40×45@455
目地底テープ張り
廻り縁
40×45
天井化粧合板㋐6
壁
6
6

目板張り仕上げ天井

POINT 目地に張り隙間を隠す目板は、張る順序や板幅、方向などで名称が異なる

目板張りと大和張り

目板とはムク板を張る場合に目地の部分に、表から小幅《こはば》板を張って隙間を隠す材である。壁や天井などに使われ、手軽な納まりとして用いられる。逆に敷き目板は目板を先に張り、その部分を透かし目地にして天井板を張っていくもので、敷き目板と天井材は同一材を使う。

一方、大和《やまと》張りは板を1枚おきに重ねて張る方法である。

網代張り天井

網代《あじろ》張り天井はスギ柾《まさ》、サワラ、ヒノキなどのヘギ板（手作業で薄くした板）や竹の皮などを斜めに編み込んだ材を天井下地板に取り付けた天井をいう。網代張り天井は主に茶室の天井などに用いられるが、一般の住宅では床の間の天井に用いられる。

網代天井の下地材は合板で、主に天井の強度を保ち、隙間風の侵入を防ぐ役割をする。網代は垂れを生じないように合板に接着剤で圧着する。網代の編み方は矢羽根編み、石畳編み、市松編み、籠目《かごめ》編み、むしろ編みなどがある。

図1 | 大和張り天井

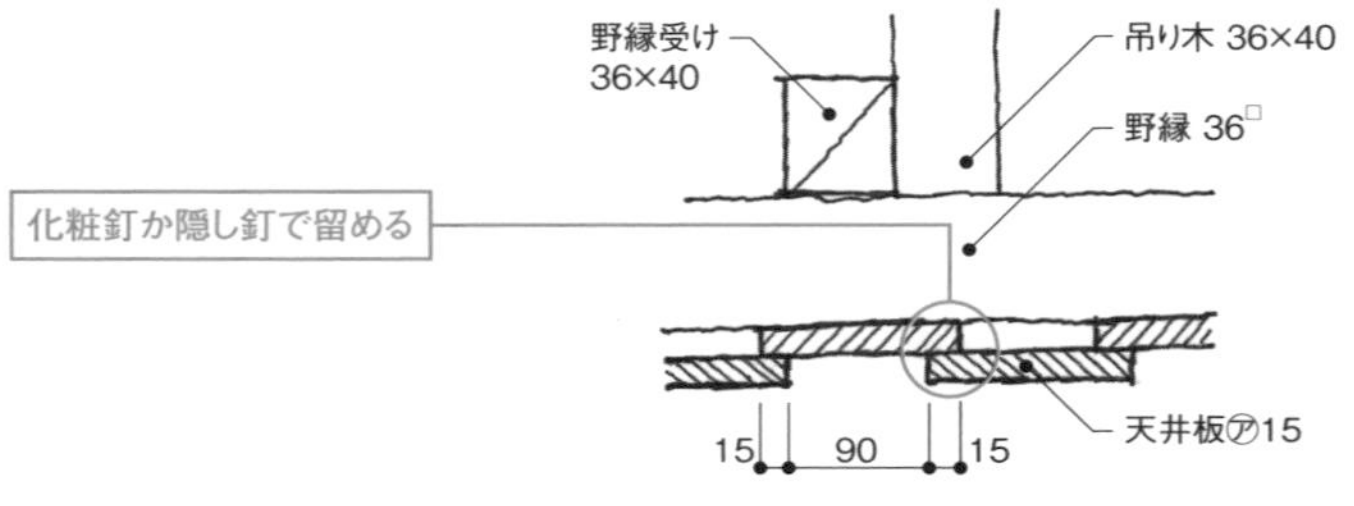
野縁受け
36×40
吊り木 36×40
野縁 36□
化粧釘か隠し釘で留める
天井板㋐15
15
90
15

図2｜目板張り仕上げの構成

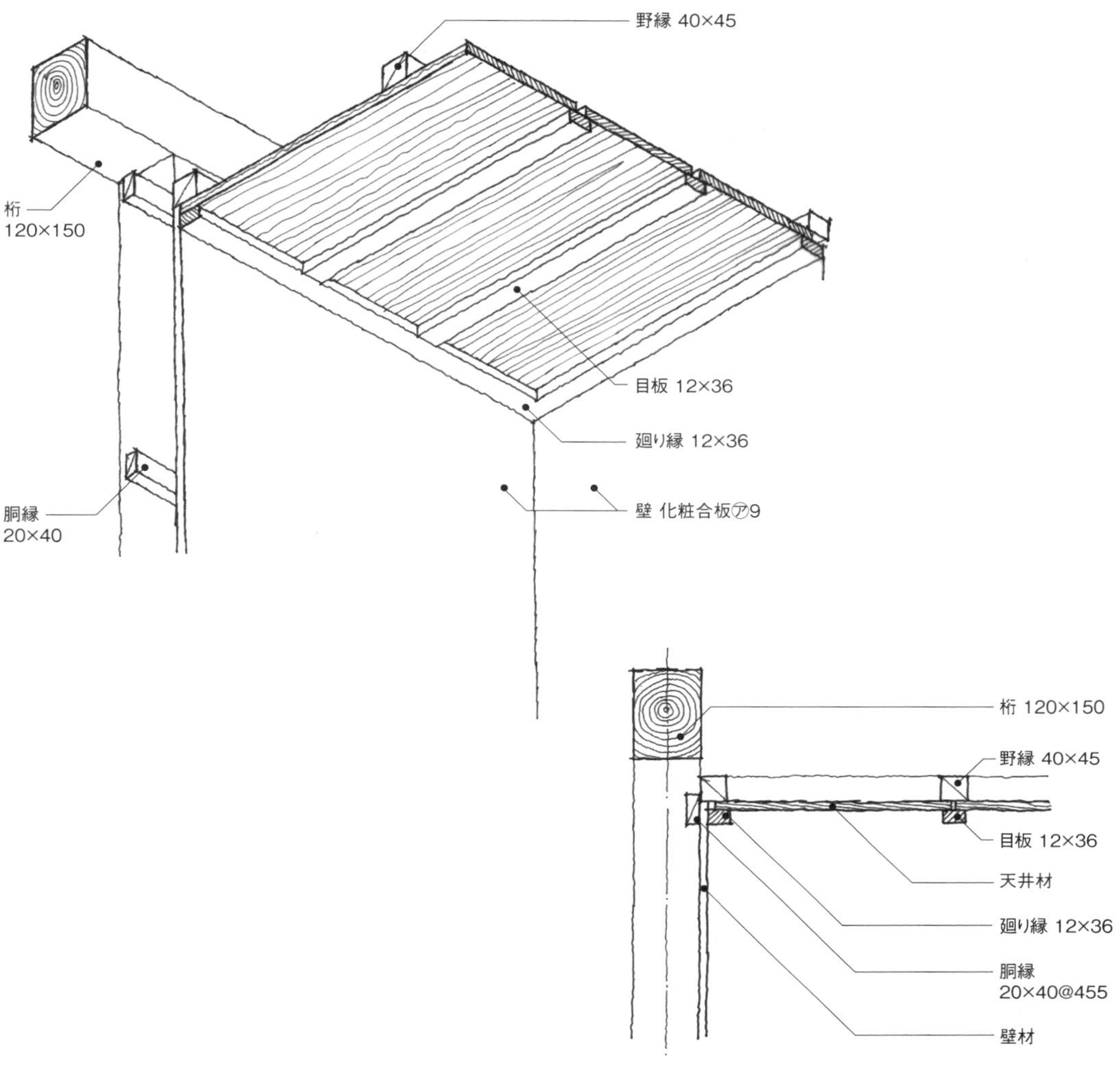
野縁 40×45
桁
120×150
目板 12×36
廻り縁 12×36
胴縁
20×40
壁 化粧合板⑦9
桁 120×150
野縁 40×45
目板 12×36
天井材
廻り縁 12×36
胴縁
20×40@455
壁材

図3｜目板張り仕上げのバリエーション

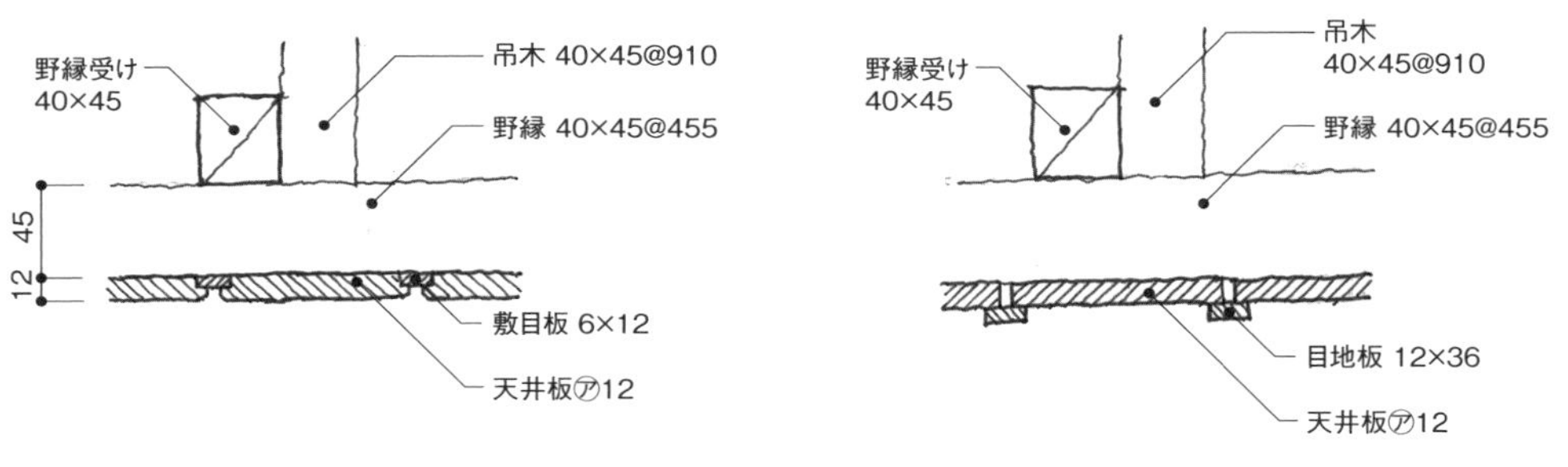
野縁受け
40×45
吊木 40×45@910
野縁 40×45@455
45
12
敷目板 6×12
天井板⑦12
野縁受け
40×45
吊木
40×45@910
野縁 40×45@455
目地板 12×36
天井板⑦12

3
内装

真壁の内法廻り

POINT
敷居や畳寄せ、鴨居以外に長押や欄間といった造作材を和室では細かく押さえていく

真壁納まりの名称と役割

構造材である柱が壁の面に現れている納まりを真壁納まりという。この納まりは和室に多く見られるが、壁から柱が露出する納まりのため、いくつかの造作材が必要になってくる。壁面と床面の接点については、床が畳の場合は、畳寄せが取り付けられ、畳の面と同じ高さで納める。床が板張りの場合は柱と柱の間に幅木が設けられる。

開口部廻りでは、下部に敷居、上部には鴨居《かもい》が取り付けられている。なお、開口部でない壁の部分でも鴨居と同じ高さに付け鴨居が付けられる。

さらに鴨居、付け鴨居の上に長押《なげし》が取り付けられる場合もある。天井と壁との接点には、天井廻り縁《ぶち》が設けられる。この長押、付け鴨居と天井廻り縁との間の壁に格子や飾りの板などをはめ込んだ欄間を設けることもある。

図1 | 真壁の枠と柱の納め方

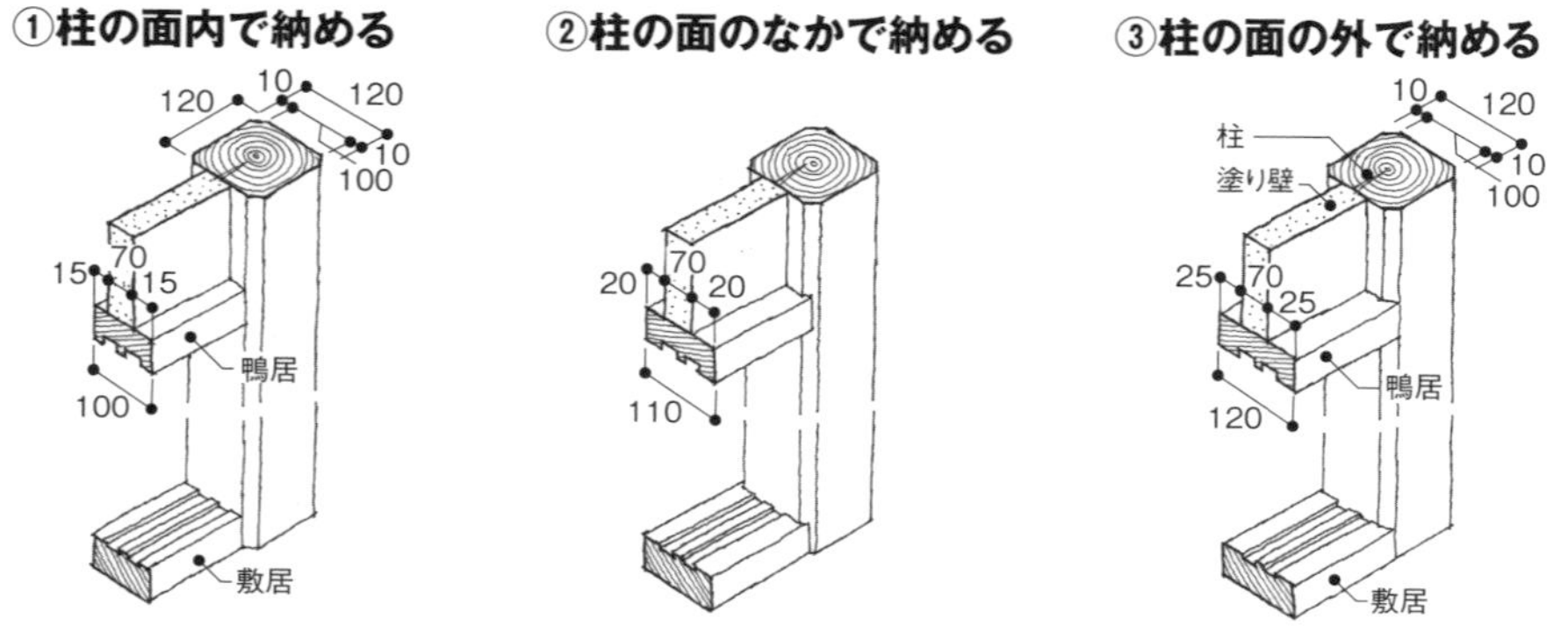
①柱の面内で納める
120
10
120
10
100
15
70
15
鴨居
100
敷居
②柱の面のなかで納める
20
70
20
110
③柱の面の外で納める
10
120
柱
10
塗り壁
100
25
70
25
鴨居
120
敷居

図2｜真壁の内法での納まり

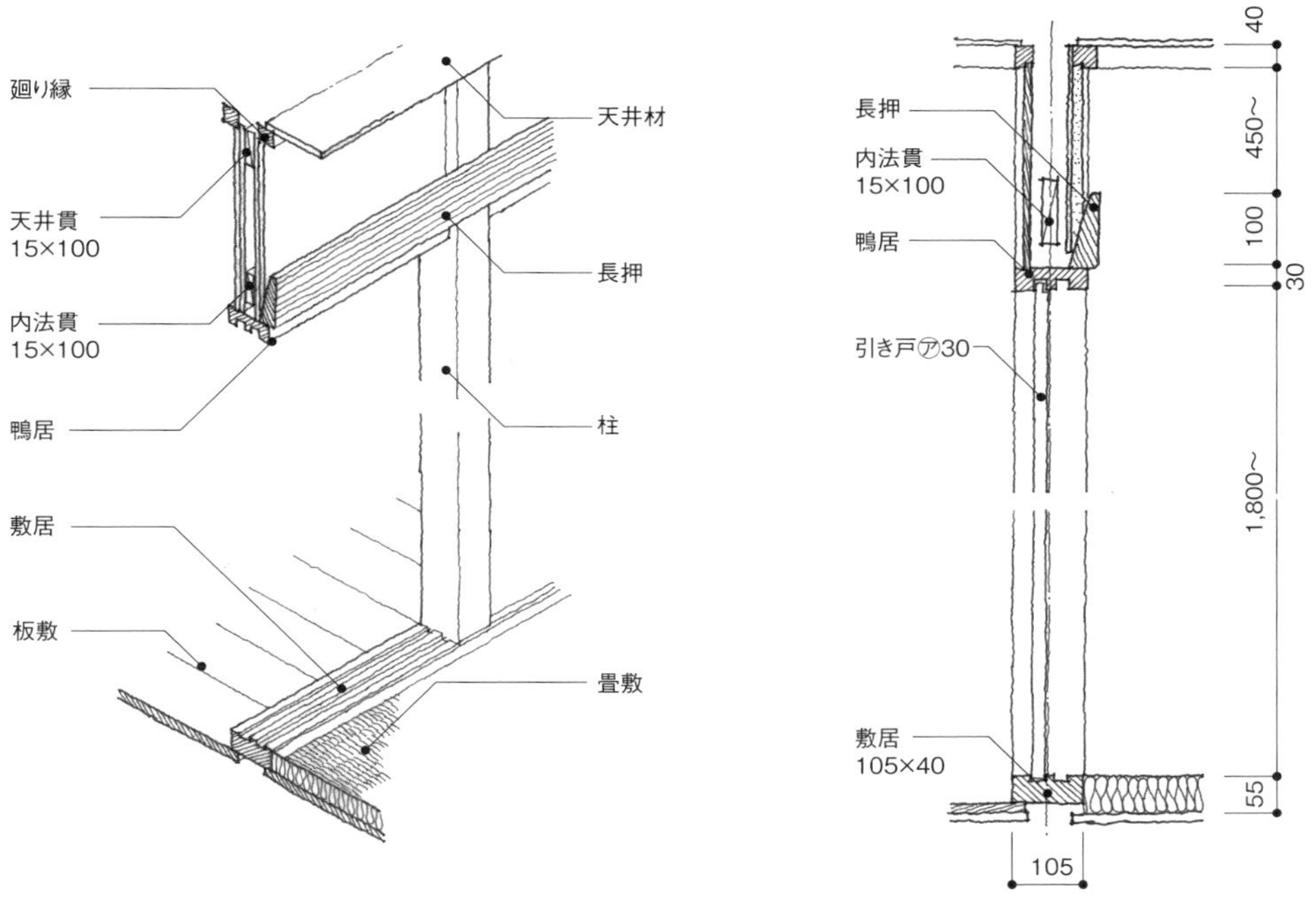
廻り縁
天井材
天井貫
15×100
長押
内法貫
15×100
鴨居
柱
敷居
板敷
畳敷
長押
内法貫
15×100
鴨居
引き戸㋐30
敷居
105×40
40
450～
100
30
1,800～
55
105

図3｜造作材による納まりの違い

①付け鴨居の和室

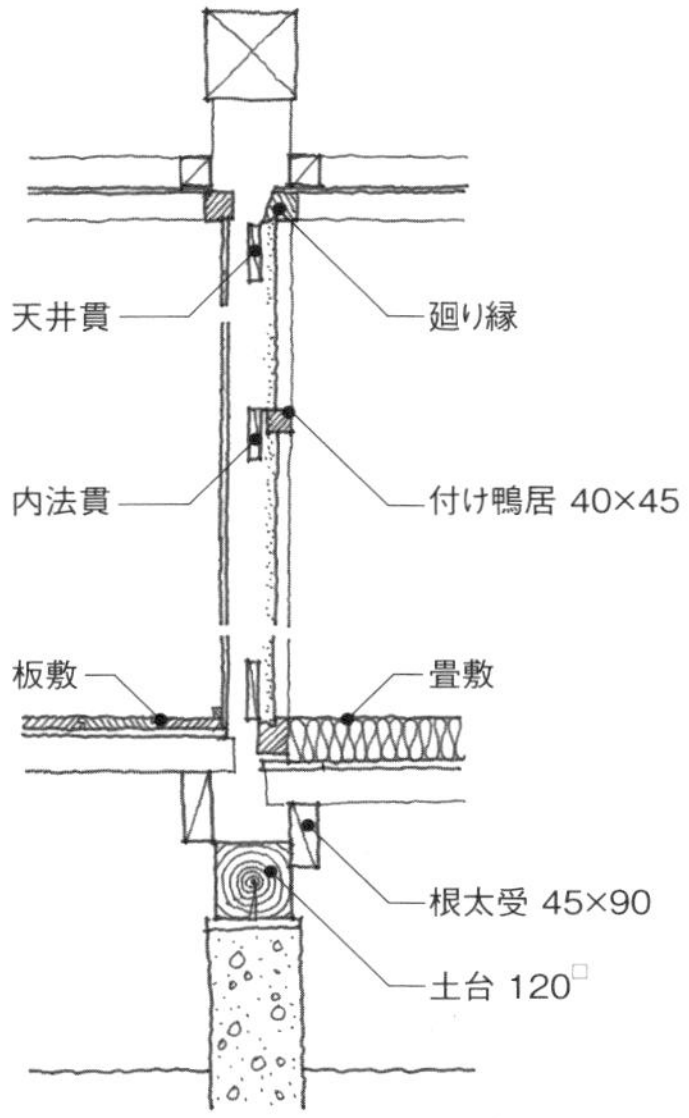
天井貫
廻り縁
内法貫
付け鴨居 40×45
板敷
畳敷
根太受 45×90
土台 120□

②長押の和室

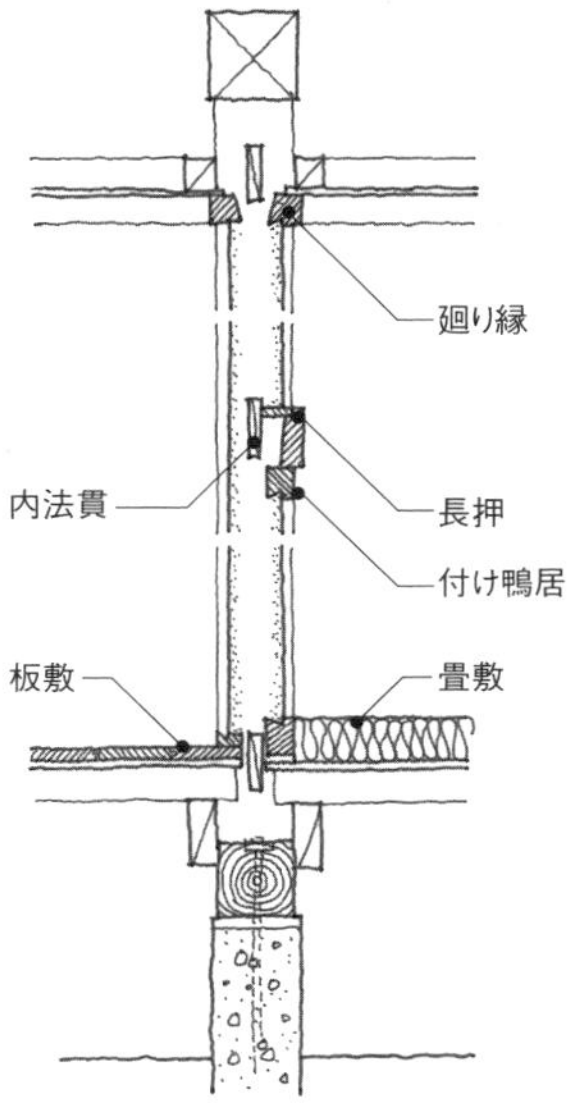
廻り縁
内法貫
長押
付け鴨居
板敷
畳敷

大壁の内法廻り

POINT
大壁では表に現れる造作材が少ないが、枠を隠すなどよりすっきりと納めることもできる

大壁納まりの構成

柱が壁のなかに隠れ、表から見えない納まりを大壁納まりという。主に洋室に多用される。この大壁は柱や梁などの構造材が見えてこないため、構造と意匠を分離して考えられる自由度がある。真壁と比較すると壁が厚いため、断熱、遮音性能はよくなるが、壁内部に構造材が隠蔽されてしまうため、壁内部での漏水や腐りなどの発見が遅くなるという欠点もある。

大壁の造作材は真壁の場合より少なく、意匠的にはすっきりと納めることができる。通常、壁と床面の間には幅木が設けられる。開口部廻りには、竪枠と上枠、沓摺りの四方枠、または三方枠で壁と床で見切って納める。

天井と壁との接合部は天井廻り縁を設けるが、隠し廻り縁などですっきり納めることもできる。時には廻り縁を省略して、クロスを貼りまわし、または塗装を塗りまわして、壁と天井を連続一体化する納まりもある。

図1 | 大壁の内法

①通常の枠の納まり

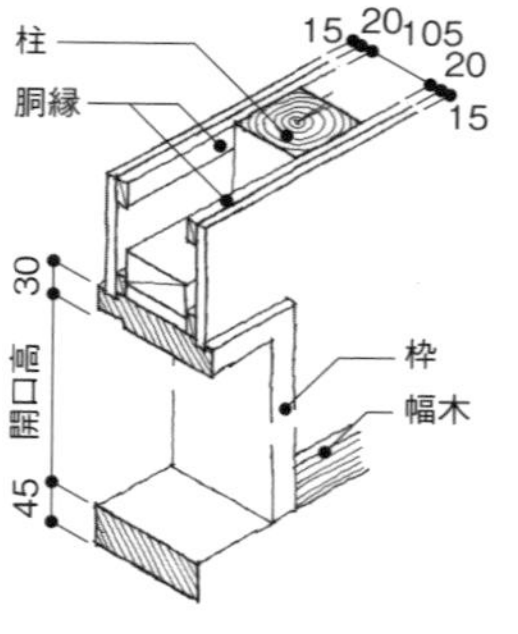
柱
胴縁
15
20
105
20
15
30
開口高
45
枠
幅木

②枠を見せない納まり（刃欠《はっか》け納め）

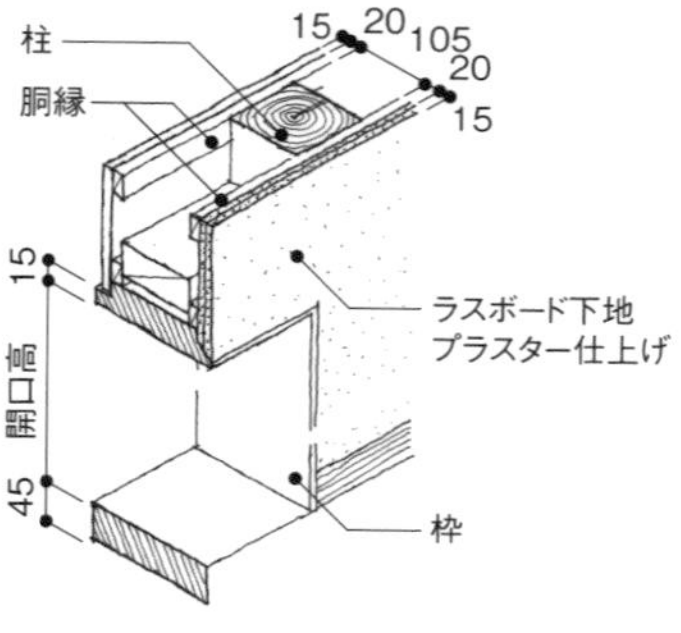
柱
胴縁
15
20
105
20
15
15
開口高
45
ラスボード下地
プラスター仕上げ
枠

図2｜大壁の内法の構成

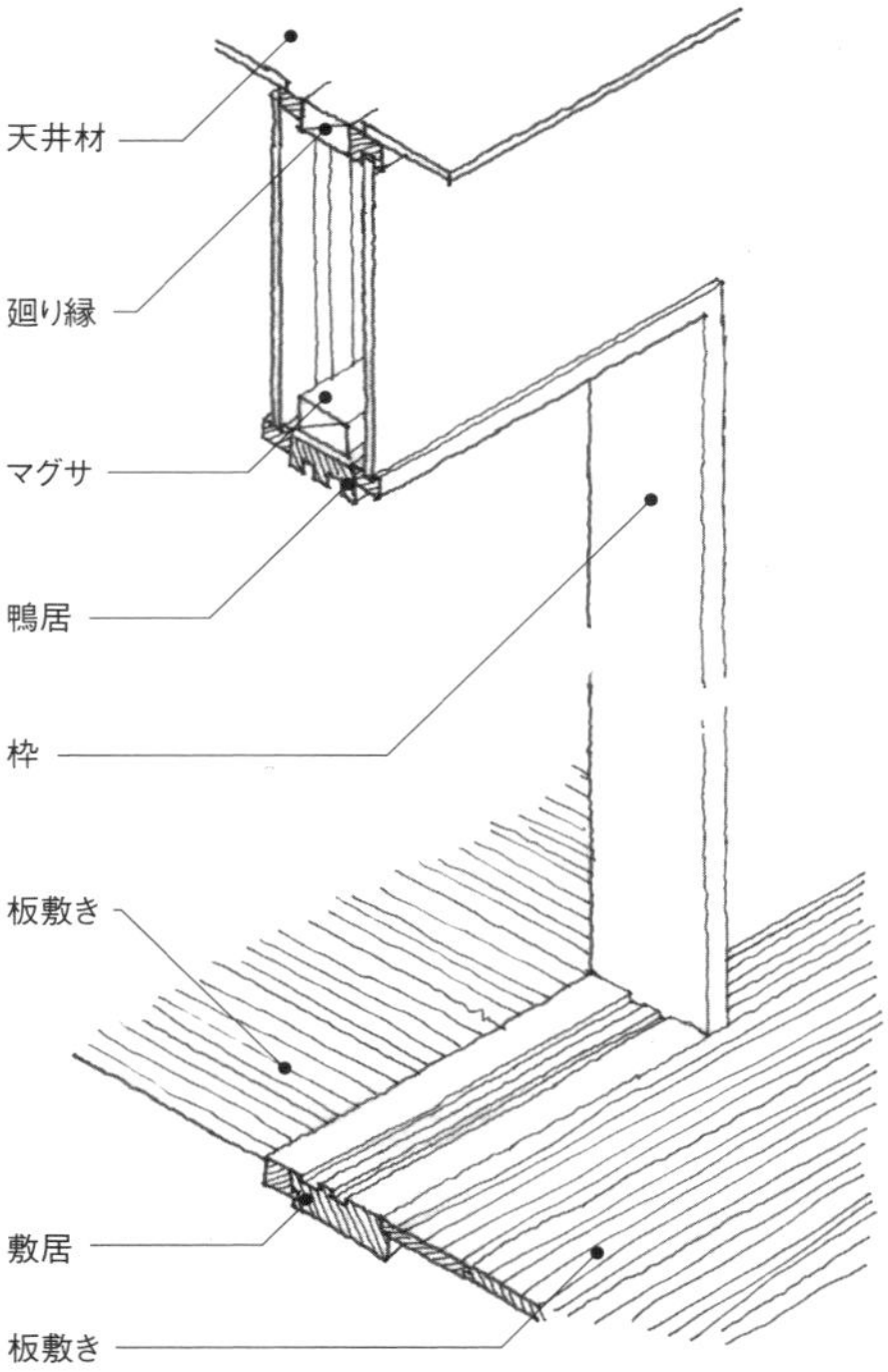
天井材
廻り縁
マグサ
鴨居
枠
板敷き
敷居
板敷き

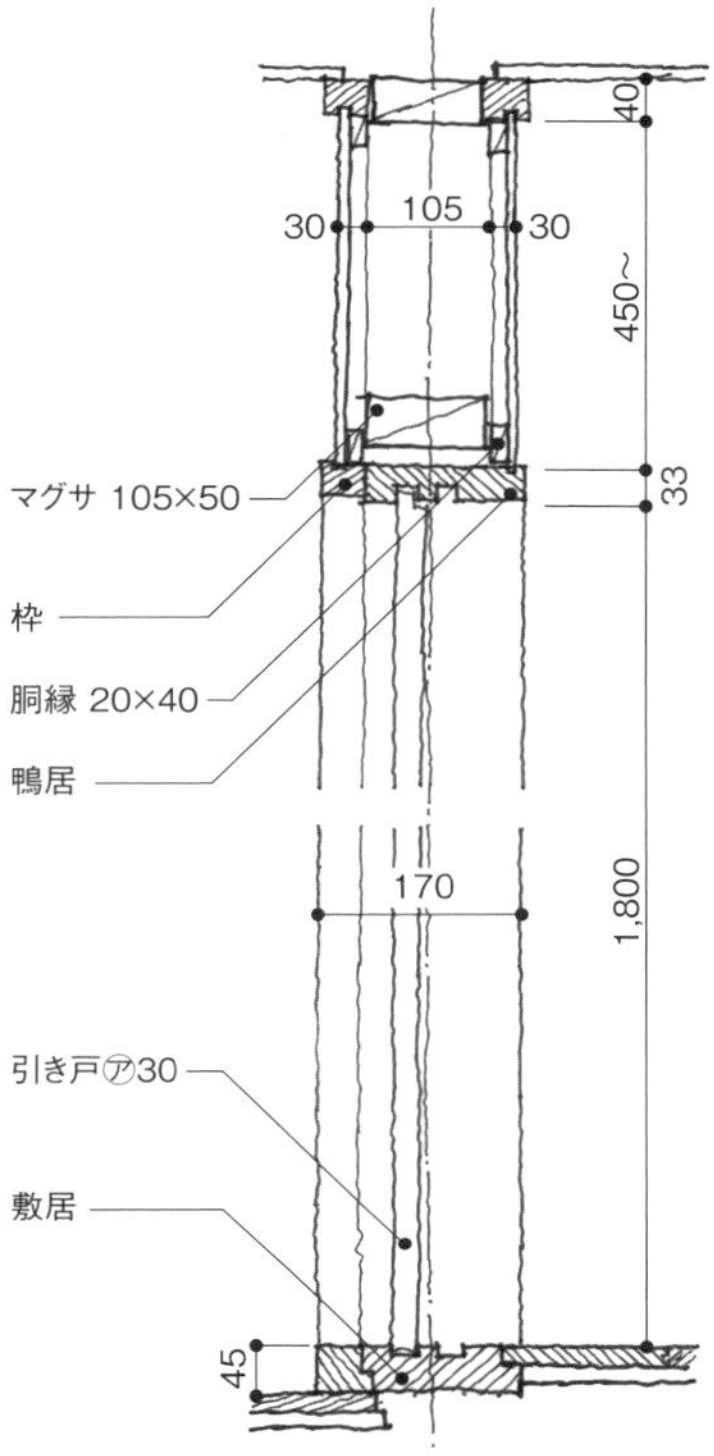
40
30
105
30
450～
マグサ 105×50
33
枠
胴縁 20×40
鴨居
170
1,800
引き戸㋐30
敷居
45

図3｜大壁の内法のバリエーション

①外ー内の納まり

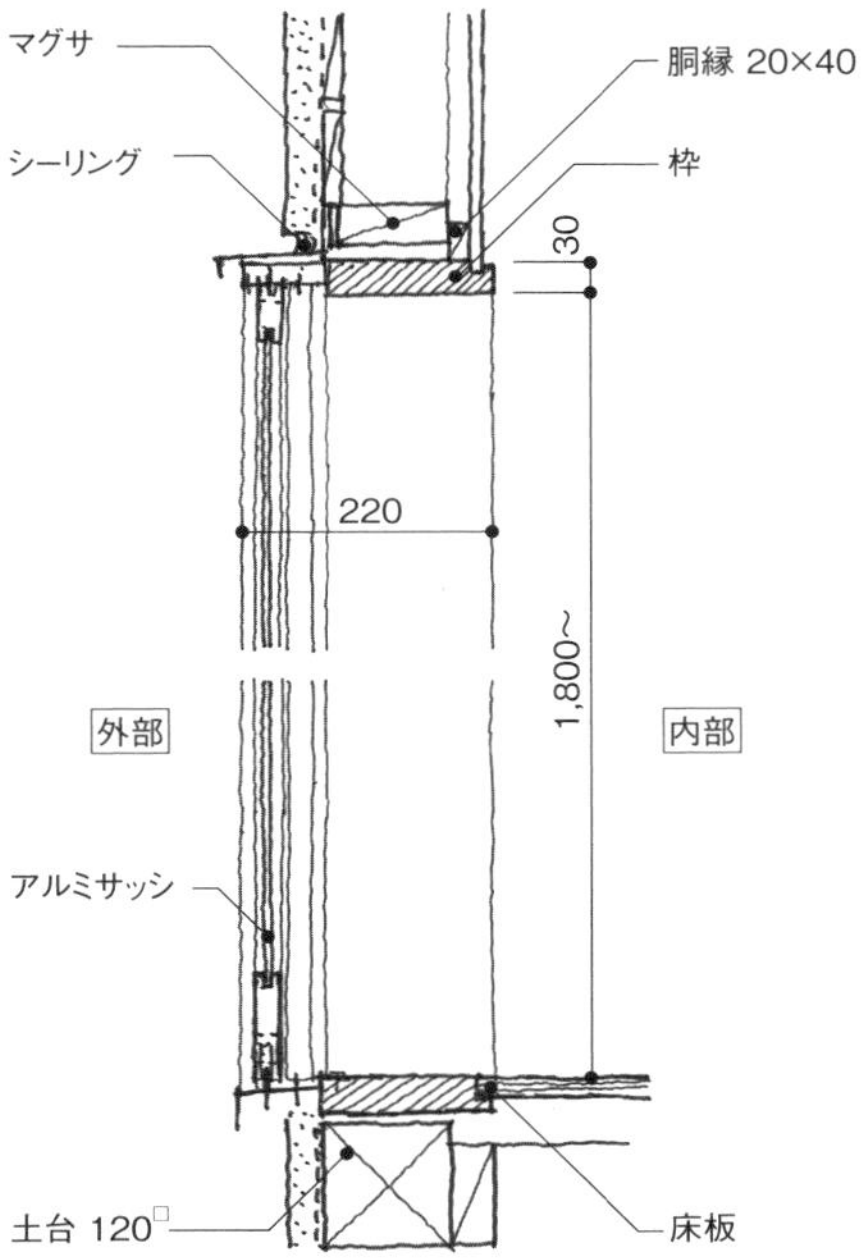
マグサ
胴縁 20×40
シーリング
枠
30
220
1,800～
外部
内部
アルミサッシ
土台 120□
床板

②内ー内の納まり

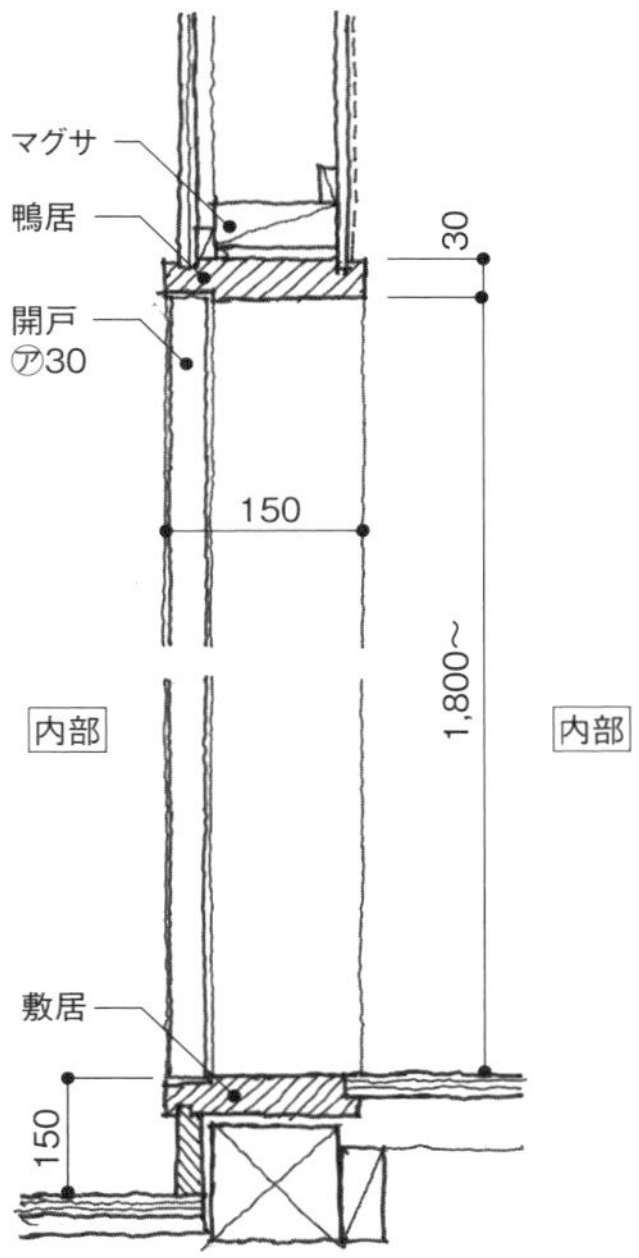
マグサ
鴨居
30
開戸
㋐30
150
1,800～
内部
内部
敷居
150

畳寄せと雑巾摺り

POINT 畳寄せと雑巾摺りは、真壁の室内床面での見切り材で、仕上げの定規にもなる

畳寄せの役割と納め方

真壁の室内で畳と壁が接する部分に設ける見切り材が畳寄せで、柱と同面にし、畳の上端と揃える。畳と壁の隙間を埋め、床・壁の仕上げの定規としての役割もする。断面寸法は壁のチリにより変わるが、40×45㎜程度で柱との間に畳との高さを調節するため飼い木を差し込む。

真壁の場合、壁と地板や棚板と接する部分に設ける小さな見切り材を雑巾《ぞうきん》摺《ず》りという。床の間では床板の壁付きの三方向部分にまわして取り付ける納まりもある。また、押入内部の壁と床、棚などとの縁木も雑巾摺りという。

雑巾摺りの断面寸法は厚さ10㎜で、見込み幅は30㎜程度。左官仕上げの定規にもなるが、壁に隠れてしまう部分に釘を打って留める。また、大壁仕上げのときに、10㎜角程度の雑巾摺りを取り付けて幅木の代わりにすることもある。

図1 | 畳寄せ・雑巾摺りの納まり

①畳寄せ

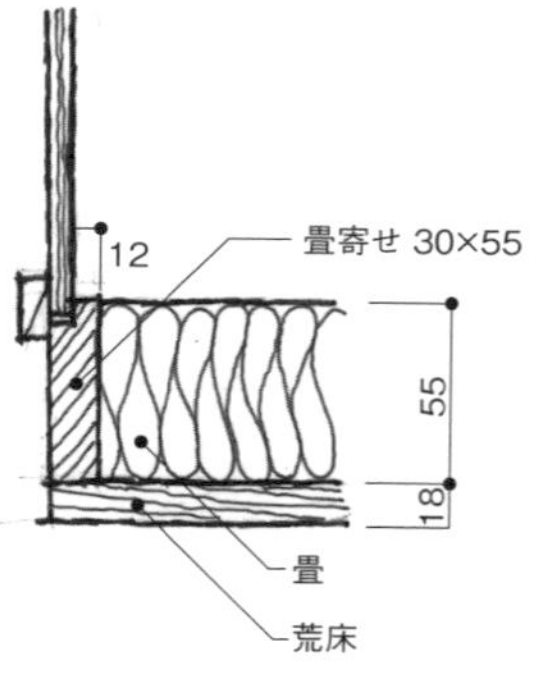
12
畳寄せ 30×55
55
18
畳
荒床

②雑巾摺り

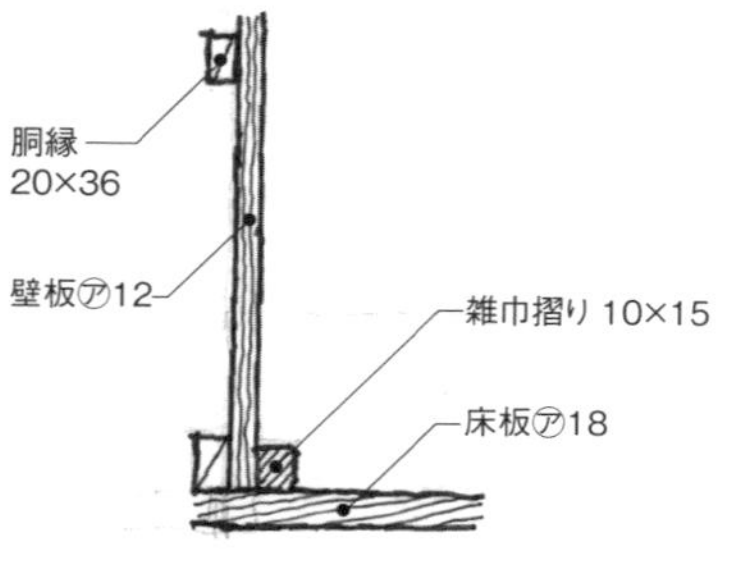
胴縁
20×36
壁板㋐12
雑巾摺り 10×15
床板㋐18

図2 | 畳寄せ・雑巾摺り廻りの構成

①畳寄せ

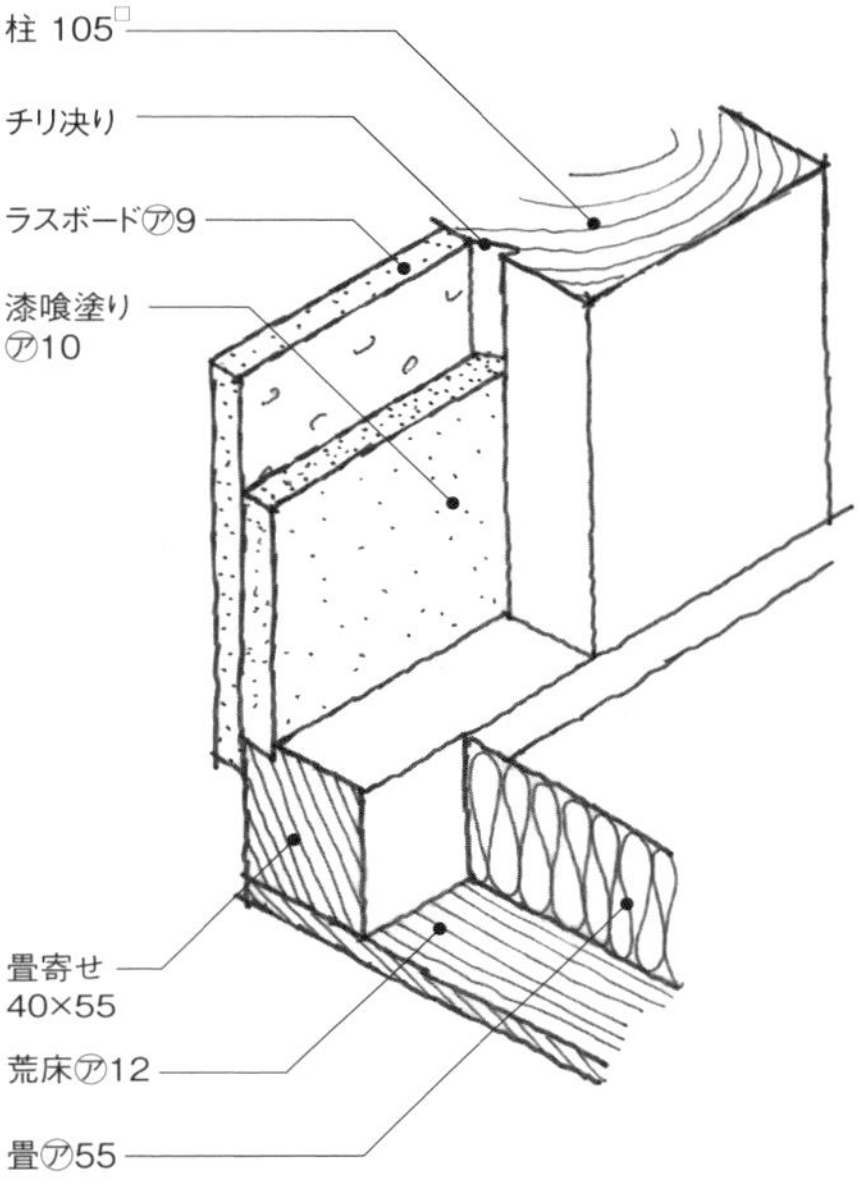

柱 105□
チリ決り
ラスボード㋐9
漆喰塗り
㋐10
畳寄せ
40×55
荒床㋐12
畳㋐55

②雑巾刷り

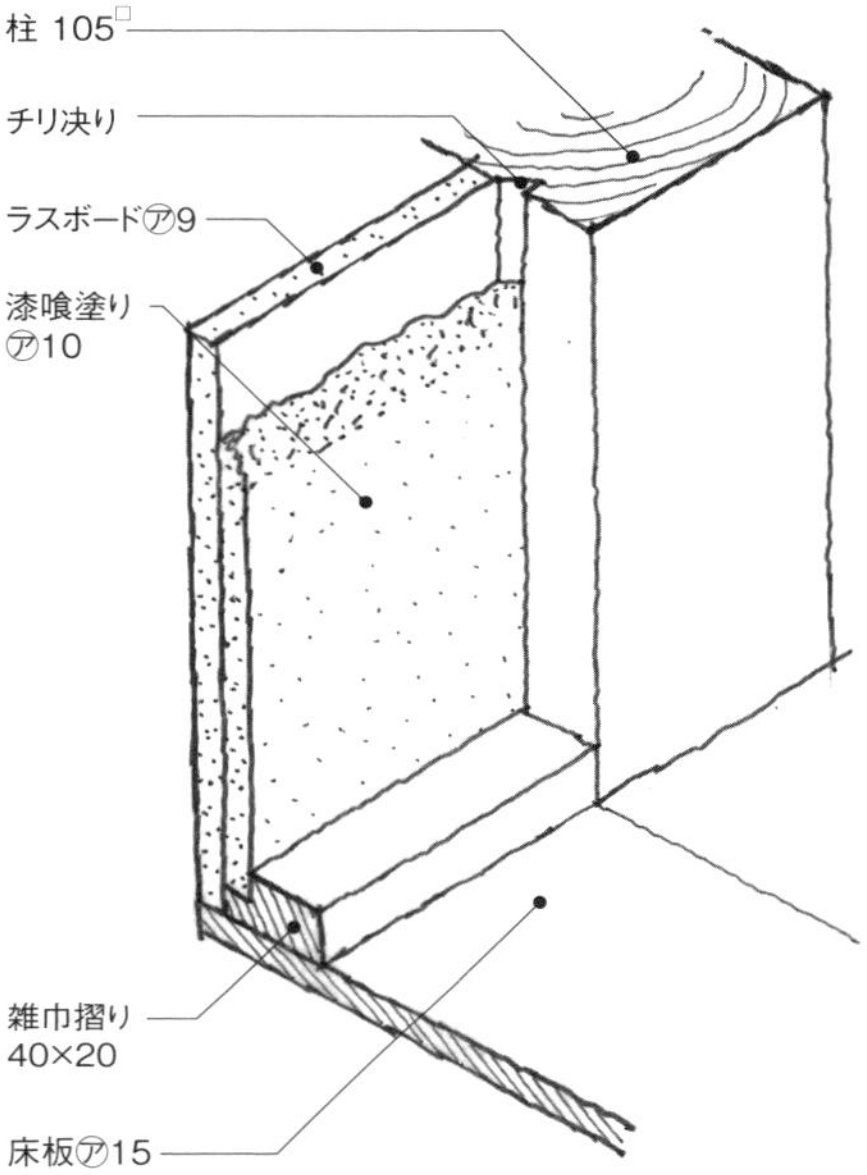

柱 105□
チリ決り
ラスボード㋐9
漆喰塗り
㋐10
雑巾摺り
40×20
床板㋐15

図3 | 畳寄せの種類による納まり

①雑巾摺りも兼ねた畳寄せ

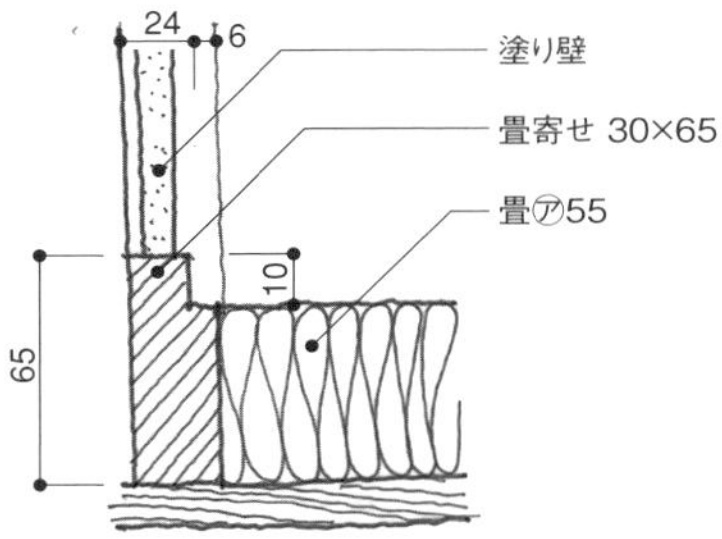

24
6
塗り壁
畳寄せ 30×65
畳㋐55
10
65

②従来型の畳寄せ

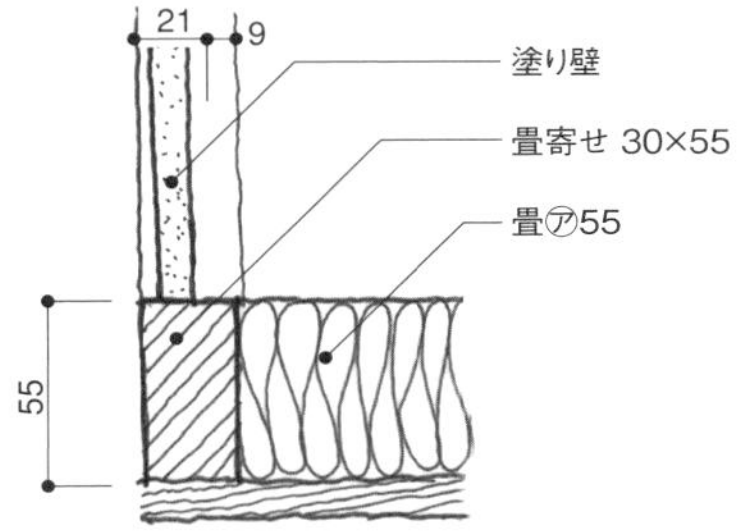

21
9
塗り壁
畳寄せ 30×55
畳㋐55
55

幅木

POINT
大壁の壁と床との接合部に回す幅木は、
壁面からの出で出幅木、平幅木、入り幅木がある

幅木の役割と形状

大壁仕上げの場合、壁と床との接合部に設ける材を幅木《はばき》という。床と壁の見切り材としての役割と、床の清掃時にモップや掃除機が当たり、壁を汚れや傷から保護する役割も兼ねている。

形状によって、出幅木、平幅木、入り幅木の種類がある。施工手順によって、先付け幅木、後付け幅木という分類の仕方もある。

幅木と壁の取合い

出幅木は壁の面より出る納まりの幅木で、最も一般的な施工方法である。一方、入り幅木は壁面よりも内側に引っ込んで納める形式である。

平幅木は壁面と同一の面で納める形式の幅木で、壁と幅木の間に目地をとって納める場合が多い。幅木の成《せい》は60~90㎜程度であるが、意匠的な見地から自由に成を決めてよい。しかし、厚さ、見込み幅、壁とのチリをどのぐらいとるかは、建具枠との兼ね合いがあるので注意が必要である。枠よりも幅木のほうが出てしまうと、幅木の小口が見えてしまうので、幅木の出は枠よりも小さくすることが大切である。

また最近、貼り幅木という既製の樹脂製品が出回っている。これは壁に貼り付けるだけの手軽な製品だが、風合いがいまひとつである。できるかぎり幅木本来の納まりを試みてほしい。

図1 | 幅木の納まり例

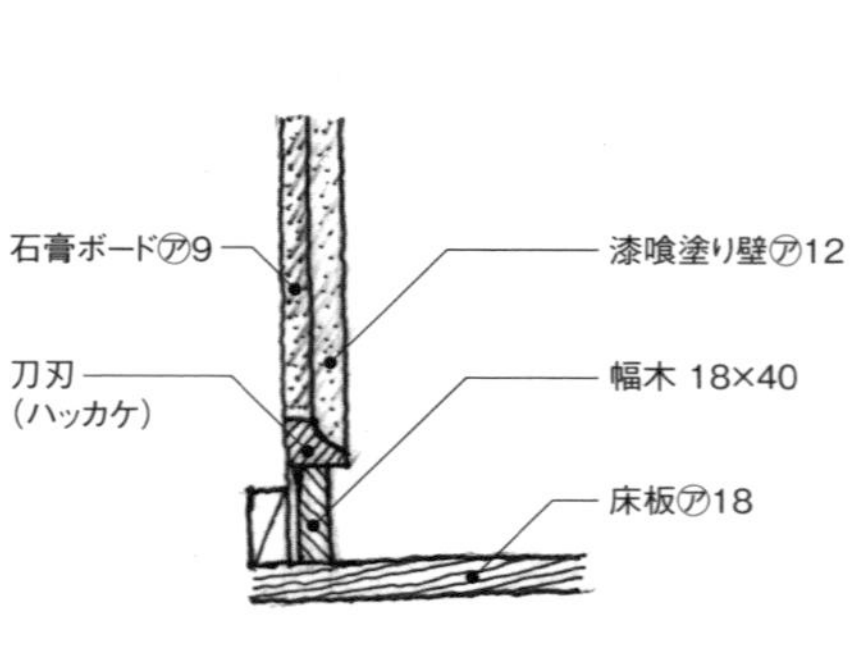
石膏ボード㋐9
漆喰塗り壁㋐12
刀刃
(ハッカケ)
幅木 18×40
床板㋐18

図2｜幅木廻りの構成

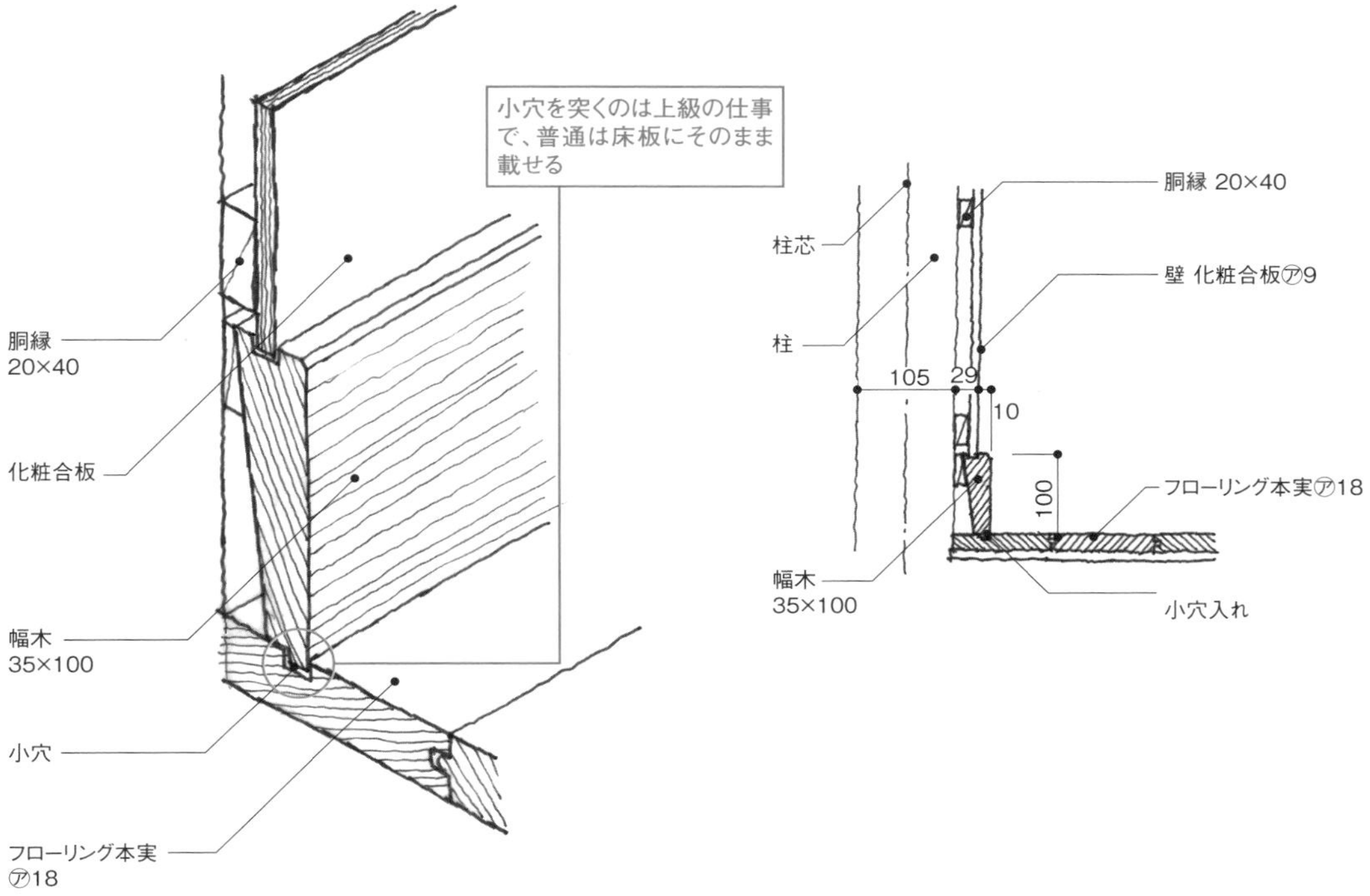
小穴を突くのは上級の仕事で、普通は床板にそのまま載せる
胴縁
20×40
化粧合板
幅木
35×100
小穴
フローリング本実
㋐18
柱芯
柱
胴縁 20×40
壁 化粧合板㋐9
105
29
10
100
フローリング本実㋐18
幅木
35×100
小穴入れ

図3｜幅木の形状別納まり例

①平幅木

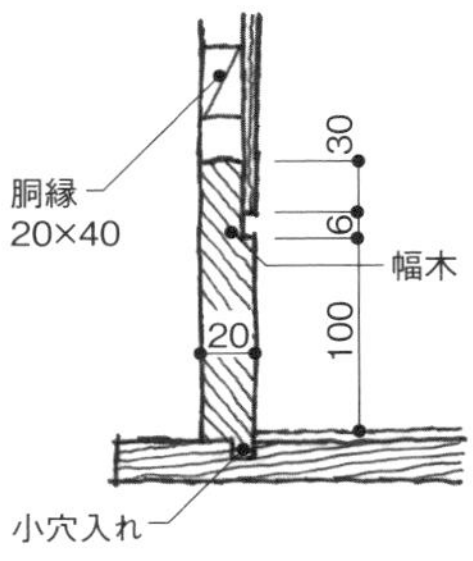
胴縁
20×40
30
6
幅木
20
100
小穴入れ

②入り幅木

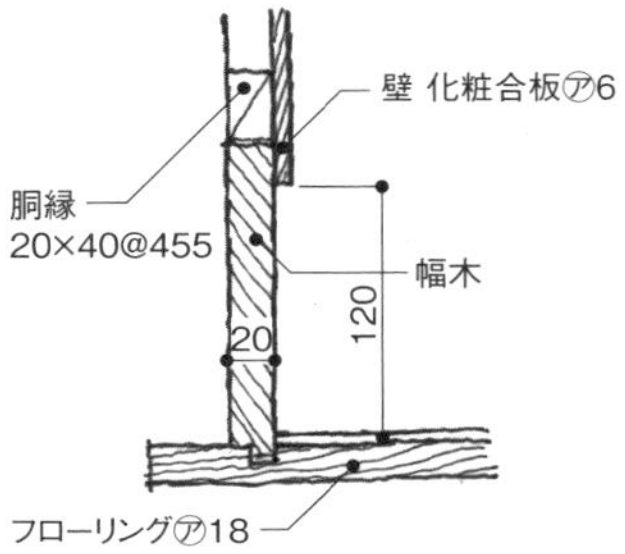
壁 化粧合板㋐6
胴縁
20×40@455
幅木
20
120
フローリング㋐18

③出幅木

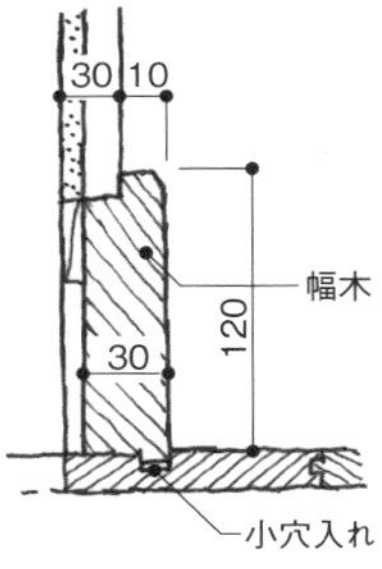
30
10
幅木
30
120
小穴入れ

廻り縁と目透かし

POINT
大壁の場合には、壁面か天井面を目透かしにして隠し廻り縁とする意匠もある

廻り縁の分類と取付け方

天井廻り縁《ぶち》は、壁と天井の見切り材である。通常は廻り縁といえば、天井廻り縁を指す。施工手順により、先付け廻り縁、後付け廻り縁という分類もある。先付け廻り縁の場合、和室に用いられることが多く、天井を張る前に廻り縁を取り付ける場合は上部から釘打ちするが、天井を張った後に壁を仕上げていく場合、廻り縁を取り付けるときには壁で隠れる位置に釘を打つ。

通常は廻り縁を一重で取り付けるが、本格的な書院造りのときには廻り縁を二重に回すこともある。

天井廻り縁は畳寄せと違い、柱の面よりも内側に出て回す。廻り縁の成《せい》は柱幅の4／10～5／10（40～60㎜）。また柱の面からの出は1／8（12～15㎜）、下の面は1／10（10～12㎜）とするのが普通である。

廻り縁の見せ方と納まり

大壁の場合、廻り縁を積極的に見せる意匠と、隠し廻り縁ですっきりと納める意匠がある。

隠し廻り縁には、壁の面を目透かしにして廻り縁を隠すか、天井面を目透かしにして廻り縁を隠す。左官壁の場合には壁目透かしとし廻り縁を刀刃《かたなば》（はっかけ）納まりにするとよい。壁・天井目透かしを問わず天井と壁が化粧合板の場合は、合板の小口処理をし、クロスの場合は下地合板の小口までクロスを巻き込んで納める。

目透かしの納まりは目地幅を揃えなければならないため手間がかかる。目地底を見えないようにすると、すっきりと軽快に見える。天井の場合、目地の幅と奥行きを同程度にすると、目地底が見えにくい。一般的な目透かしの目地幅は9～15㎜程度である。

図1｜隠し廻り縁の納まり(天井目透かし)

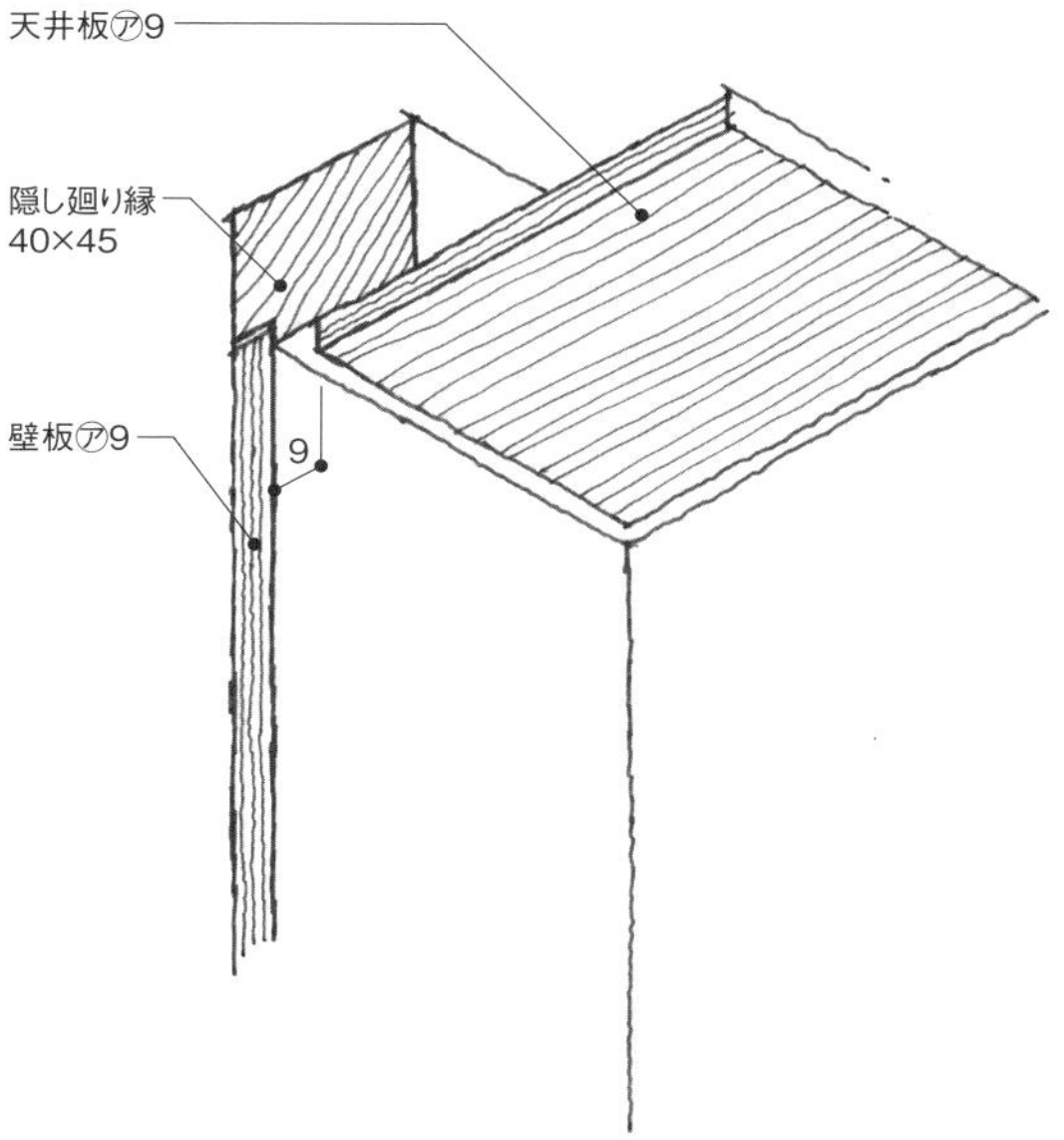
天井板㋐9
隠し廻り縁
40×45
壁板㋐9
9

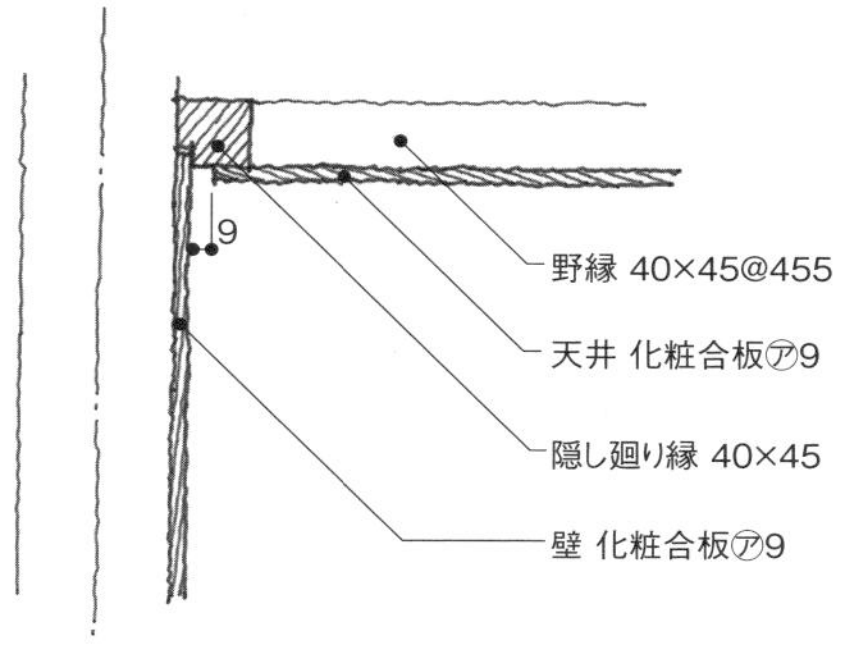
9
野縁 40×45@455
天井 化粧合板㋐9
隠し廻り縁 40×45
壁 化粧合板㋐9

図2｜隠し廻り縁(目透かし)のバリエーション

①壁目透かし納まり

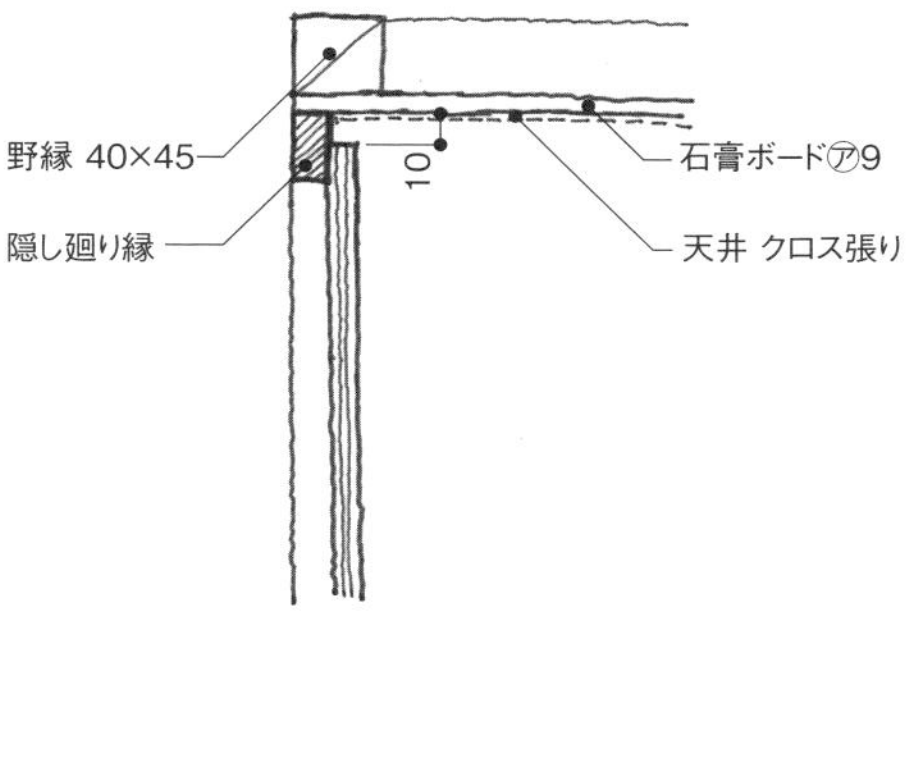
野縁 40×45
隠し廻り縁
10
石膏ボード㋐9
天井 クロス張り

②天井目透かし+ブラインドボックス

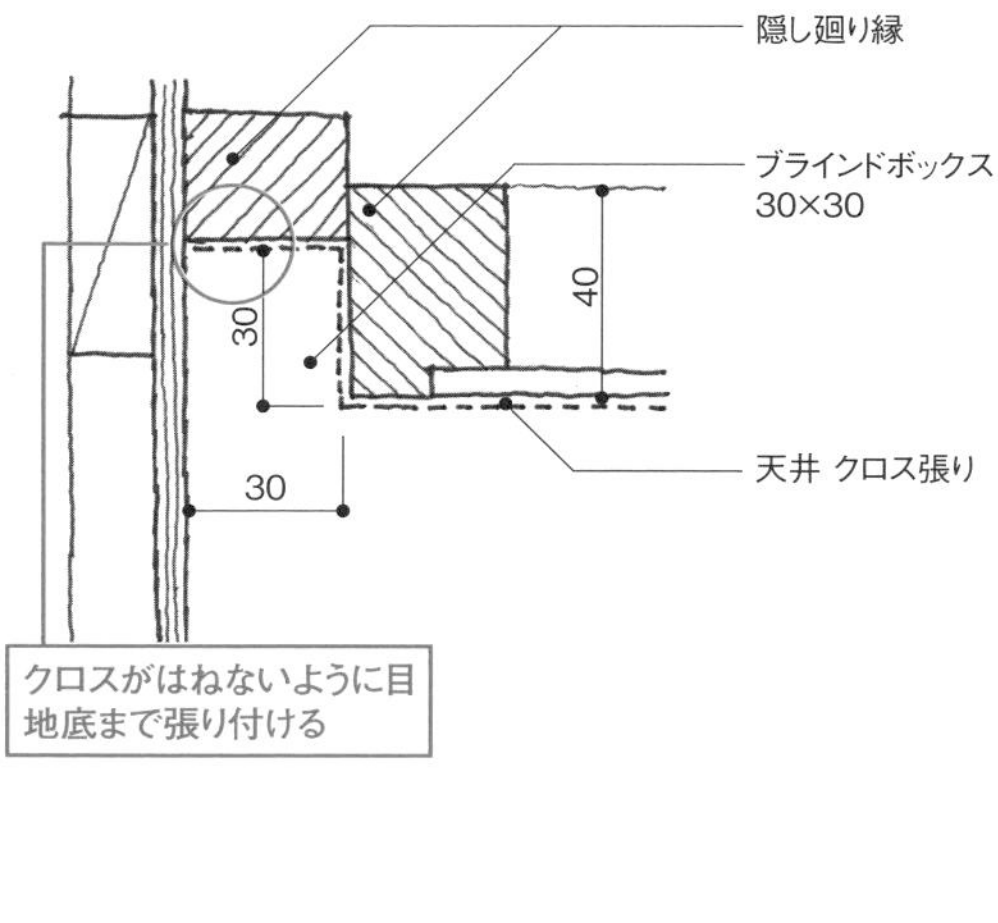
隠し廻り縁
ブラインドボックス
30×30
40
30
30
天井 クロス張り
クロスがはねないように目
地底まで張り付ける

敷居・鴨居・長押・欄間

POINT
敷居・鴨居・長押はいずれも精度と耐久性が求められる部材で、取付けに注意する

敷居と鴨居の役割と構成

敷居は鴨居と対をなす部材で、敷居上端は畳の高さに揃える。板張り床の場合は床を敷居から30㎜（約1寸）程度下げて納めるが、バリアフリーとして両方の床を同レベルで納めることも多くなった。敷居は高い精度が求められると同時に、建具の荷重、開け閉めの衝撃などを受けるため、消耗しやすく狂いやすい部材である。よく乾燥したヒノキやスギなどの柾目材を使用し、敷居下に455㎜間隔で飼木を入れ、隠し釘打ちにする。なお、滑りをよくするためと、磨耗を防ぐために敷居溝に竹やケヤキの材で埋樫《うめがし》を施し、建具の下桟にも摺り桟を付ける。最近では埋樫として合成樹脂製のものも製品化され、使用されることも多い。

鴨居は敷居上部の部材で、建具の開閉のための溝を突いた横木をいう。敷居と同様に、精度が求められる。通常は柱幅の4／10（40～50㎜）程度の厚みの材を使用する。鴨居のスパンが大きくなると、たるみが生じる恐れがあるため、吊束や内法貫から目鎹《めかす》釘で吊り込んでおく。

鴨居には建具とは関係のない付け鴨居や、断面の大きい差し鴨居といわれるものもある。この差し鴨居は伝統的な木造では構造上重要な部材である。

長押と欄間の構成

長押《なげし》は鴨居上部に取り付ける部材である。長押といえば通常は内法長押を指し、見付は柱幅の8／10分（80～100㎜）程度、柱からの出は15～18㎜を標準とする。長押挽《び》きと呼ばれる細長い台形をしている断面の形状は、上端が9～15㎜、下端が45～52㎜である。欄間は部屋を仕切る垂れ壁の部分に取り付ける。

図1｜敷居・鴨居・長押・欄間の構成

①アイソメ図

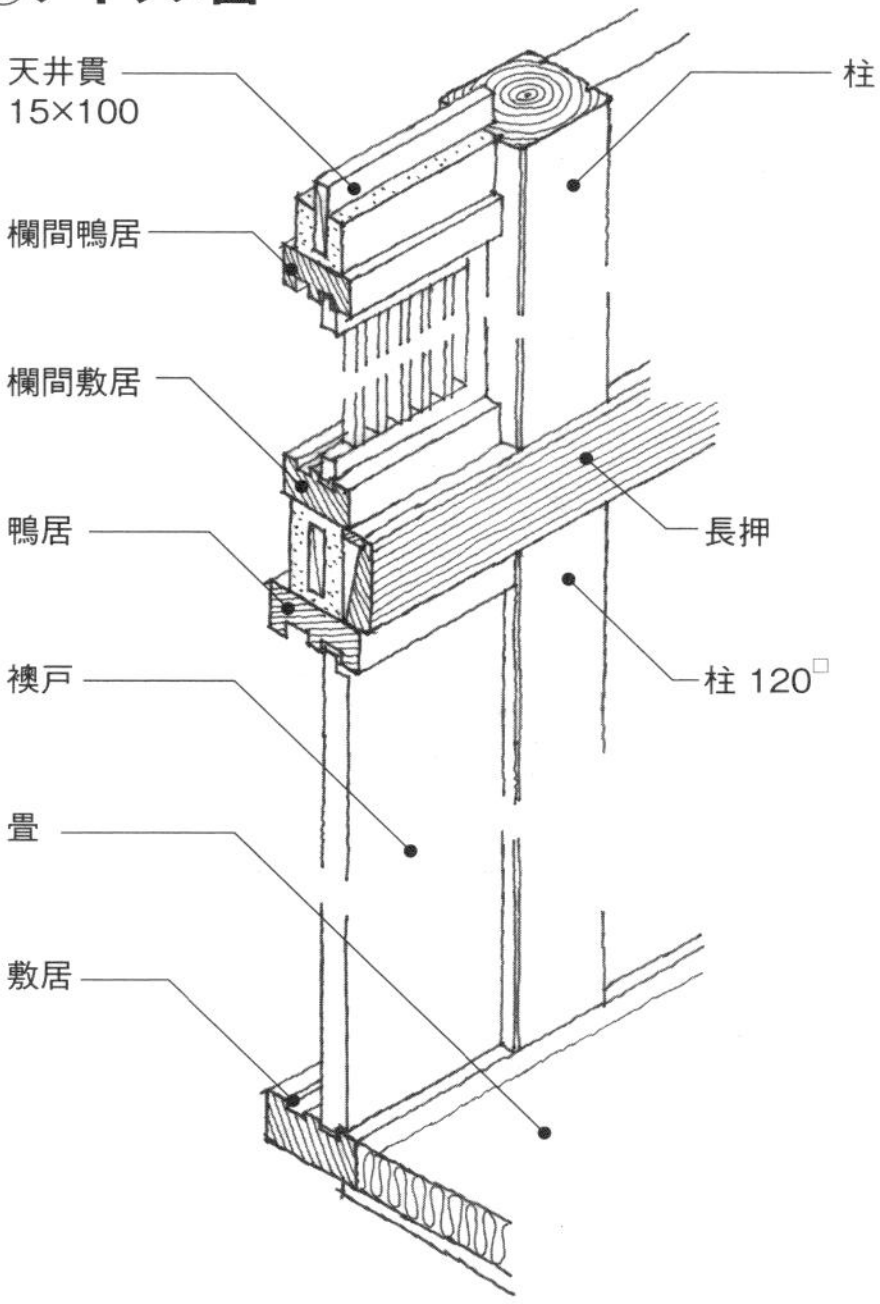
天井貫
15×100
欄間鴨居
欄間敷居
鴨居
襖戸
畳
敷居
柱
長押
柱 120□

②断面図

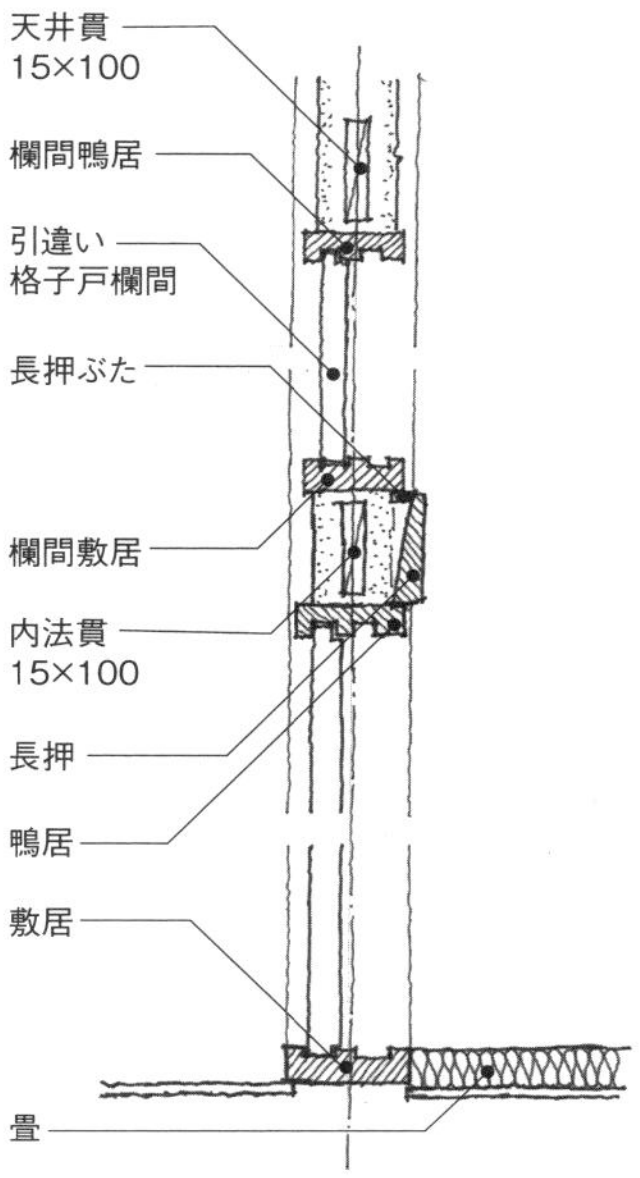
天井貫
15×100
欄間鴨居
引違い
格子戸欄間
長押ぶた
欄間敷居
内法貫
15×100
長押
鴨居
敷居
畳

図2｜内法部材によるバリエーション

①欄間格子を納める

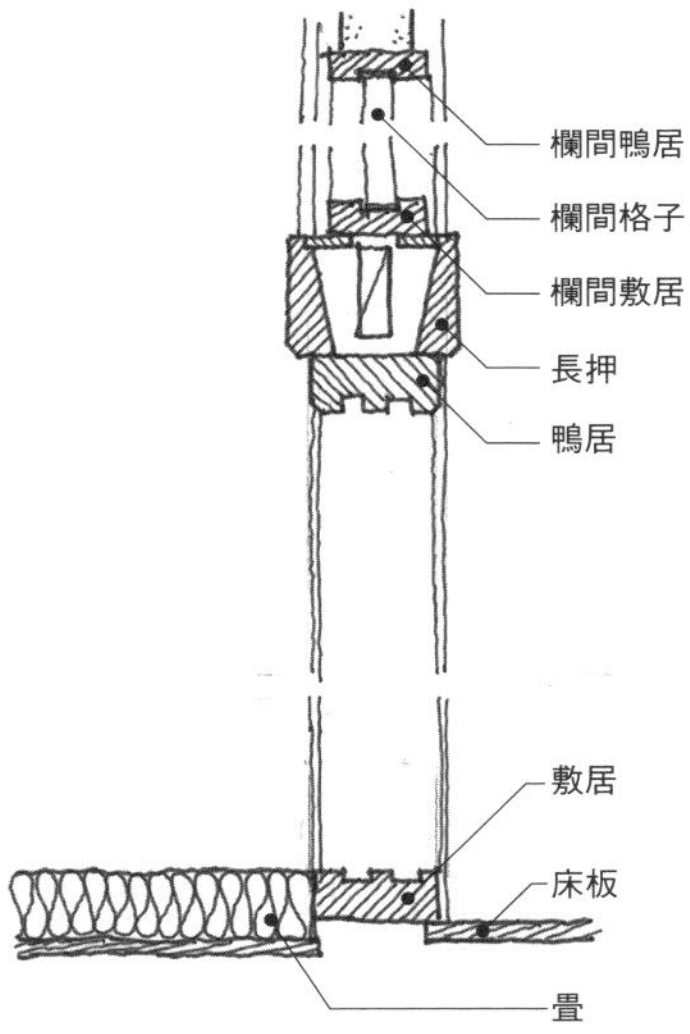
欄間鴨居
欄間格子
欄間敷居
長押
鴨居
敷居
床板
畳

②和室と洋室の内法

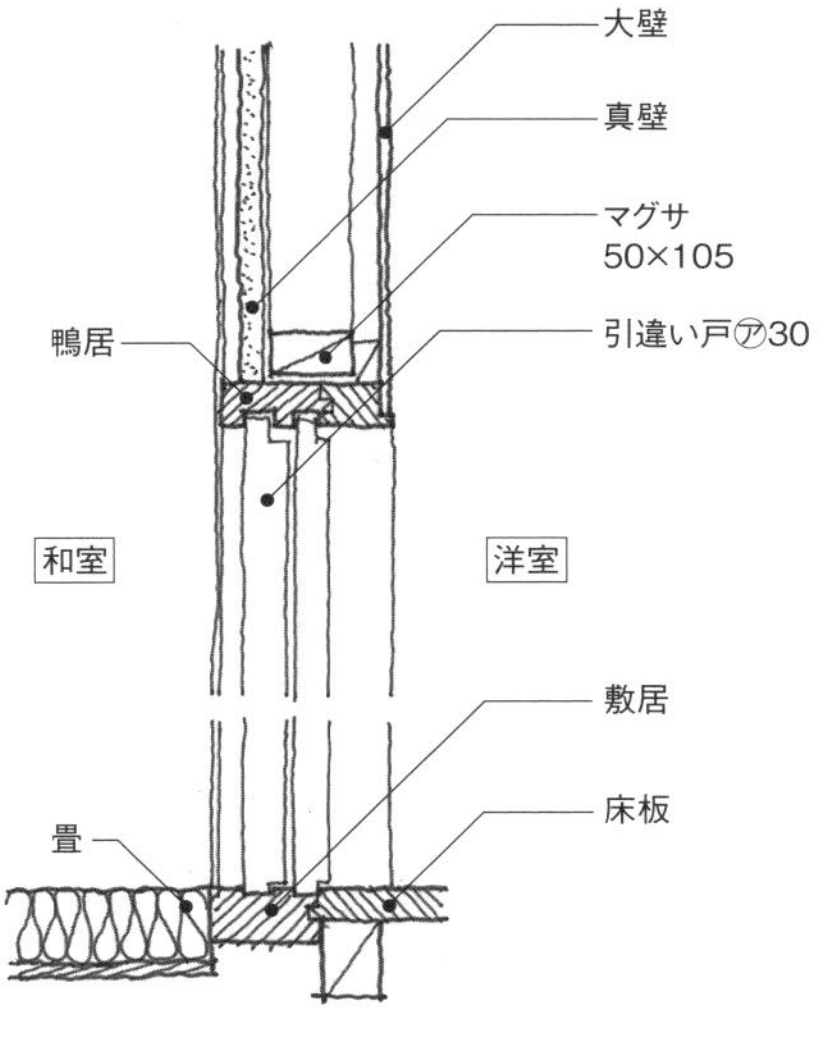
大壁
真壁
マグサ
50×105
鴨居
引違い戸㋐30
和室
洋室
敷居
床板
畳

階段の基本寸法

POINT 階段の蹴上げと踏み面の関係は、階段の上り下りのしやすさとスペースから決定する

階段の種類と段割

階段は床レベルの異なる所をつなぐ段形の通路で、段の平面形状により直進階段、矩《かね》折《お》れ階段、折返し階段、回り階段、螺旋階段などに分けられる。

住宅の階段の設計で最も大切な点は、人の足の運びを踏まえ、その段割・蹴上げと踏み面の関係を理解することである。階高を等間隔に割り付けることを階段割りと呼び、「蹴上げ」はその1段の寸法（R）である。「踏み面」は、階段の足を載せる水平面を指し、その先端を段鼻というが、段鼻から次の段鼻より鉛直に下した位置までが踏み面寸法（T）で、蹴上げと同様に等間隔にしなければならない。

快適に上り下りができる階段は、かつては「R＋T≒50（cm）」が目安とされた。今では大人の歩幅が60～65cmであることから、それをもとに「2R＋T≒60～65」がよく用いられる寸法である。さらに「R＋T≒45」や「R×T≒450」なども含め、寸法割り出しのための提案がされている。

階段の必要寸法

住宅内の事故で最も多いのが階段からの転落といわれる。建築基準法でも住宅では蹴上げ23cm以下、踏み面15cm以上、階段幅は75cm以上とされ、手摺りの設置も義務付けられている。階段幅とは、有効内法寸法をいう。手摺りが壁からの出10cm以内であれば手摺りがないものとして算定するなど、細かい規定がある。手摺りの設置高さは建築基準法では規定されていないが、段鼻から手摺り上端まで75～80cmが最適とされている。階段上の天井高は、最低でも160cm、上階への大型家具などの搬入移動も考慮し、真下方向には200cmはとりたい。

図1｜階段の形状による種類

①直進階段（鉄砲階段）

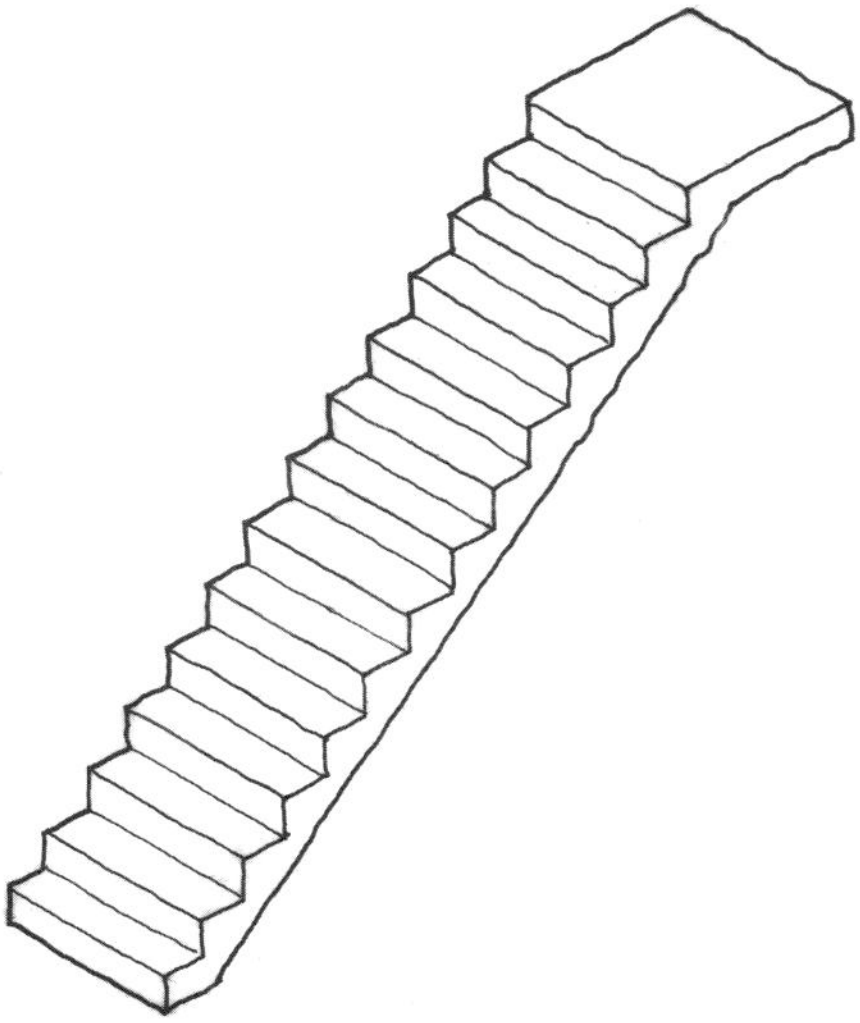

②矩折れ階段

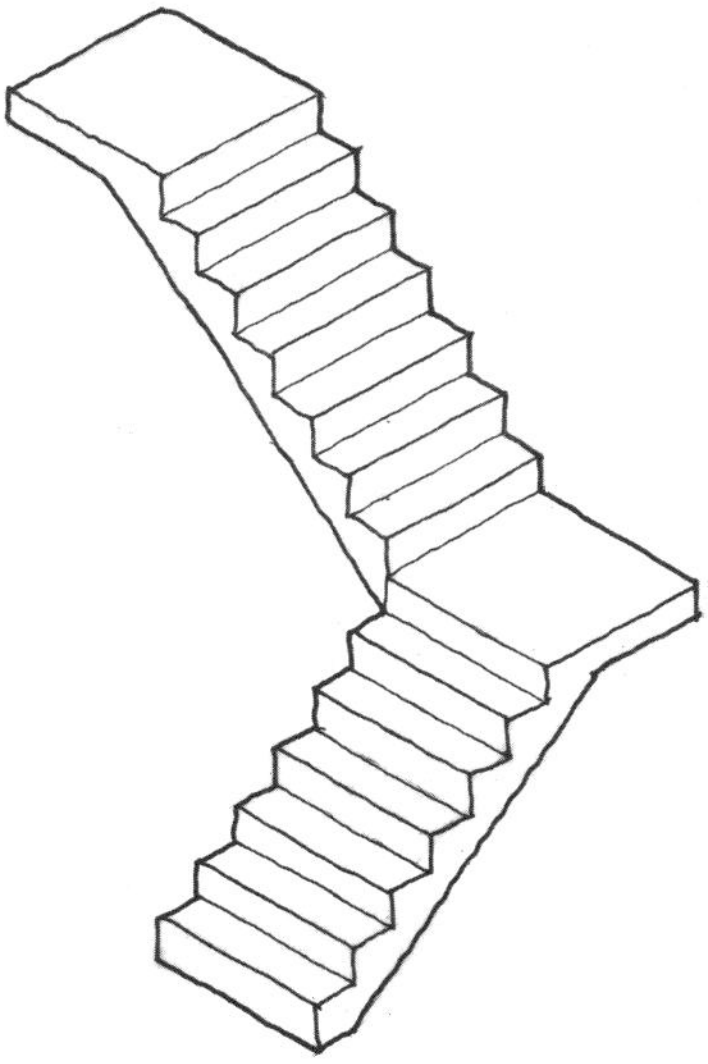

③回り階段

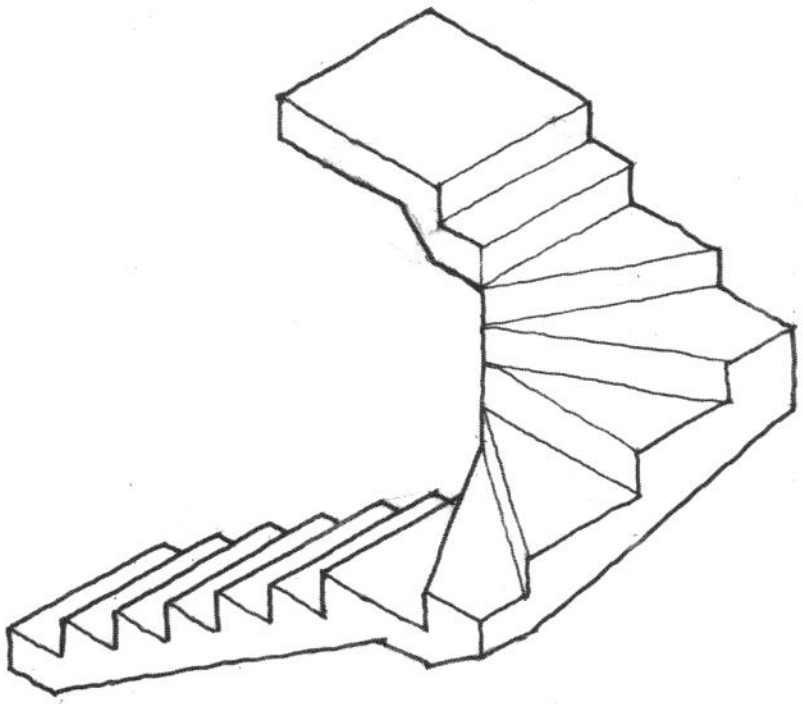

④折返し階段

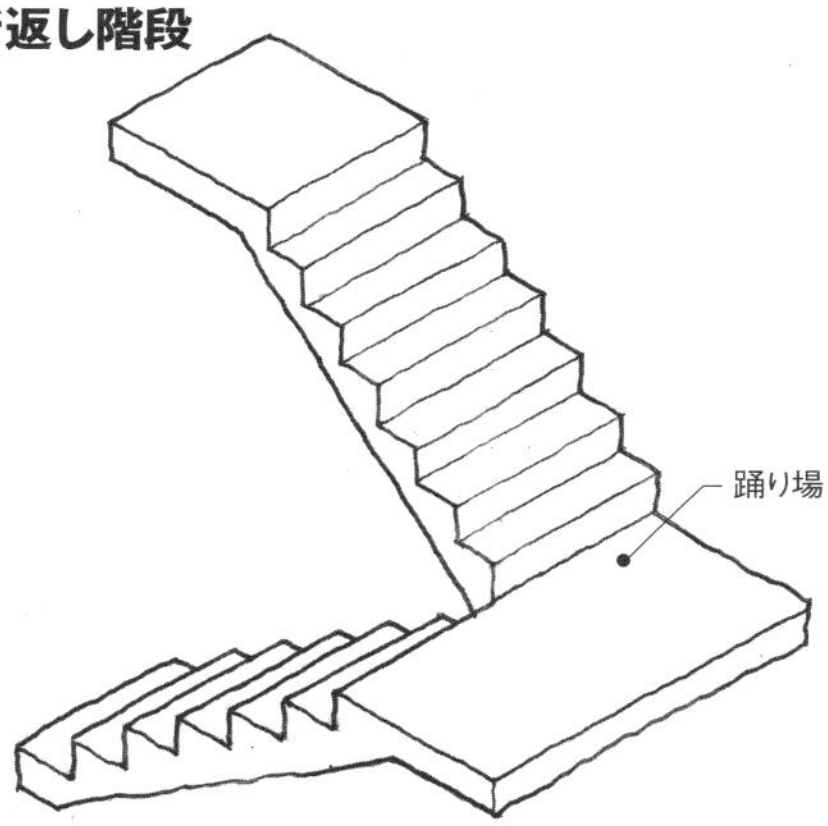
踊り場

図2｜階段の蹴上げ・踏み面と勾配の関係

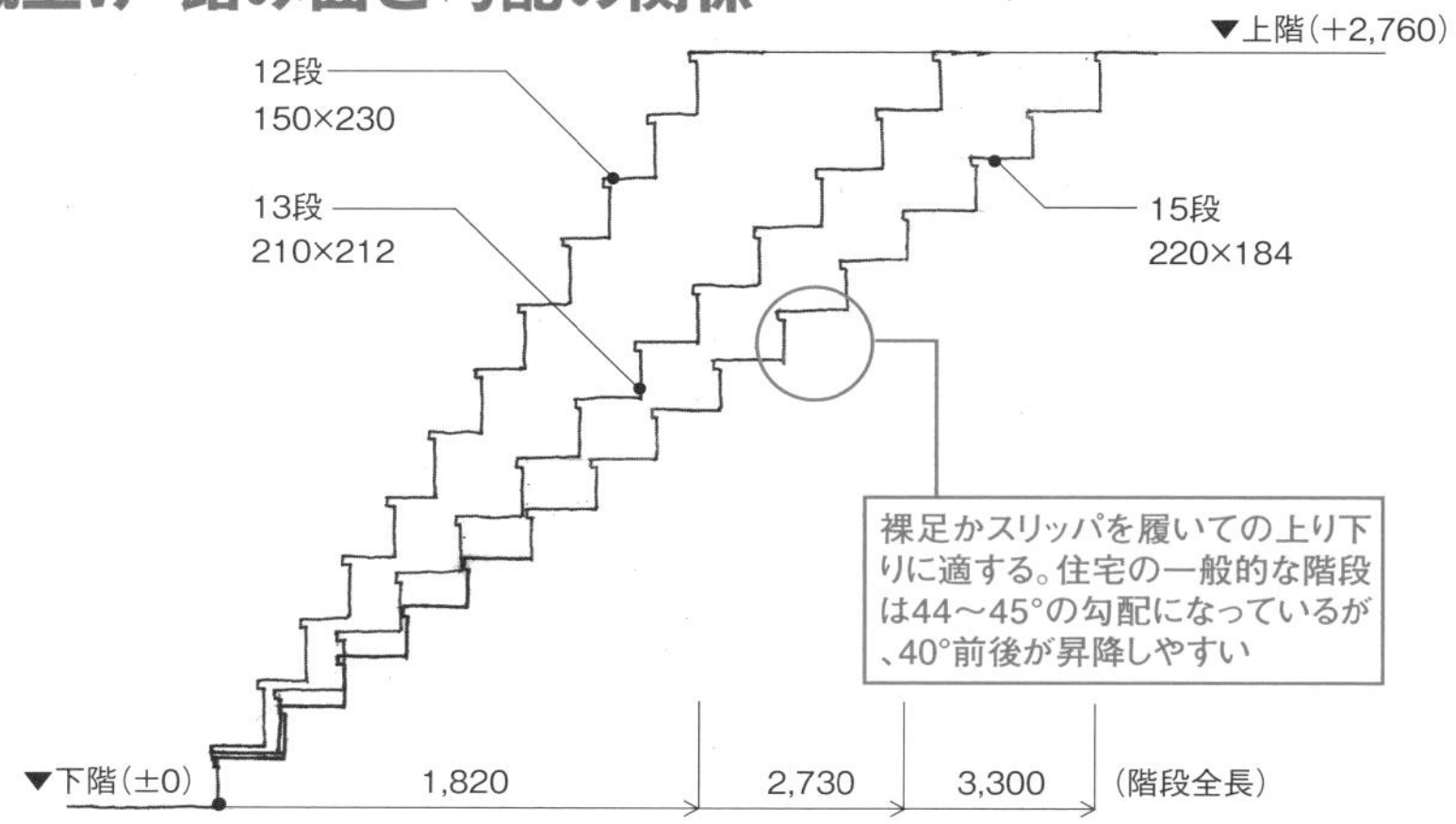
▼上階（+2,760）
12段
150×230
13段
210×212
15段
220×184
裸足かスリッパを履いての上り下りに適する。住宅の一般的な階段は44～45°の勾配になっているが、40°前後が昇降しやすい
▼下階（±0）
1,820
2,730
3,300
（階段全長）

側桁階段

POINT 側桁が壁と接する個所では、仕上げに割れなどが生じないように決りを施す

側桁階段の構成

階段の形式で通常最も多く用いられているのが側桁《がわけた》階段である。これは階段の両側に「桁」となる側桁を斜めに掛け渡し、間に板厚30㎜程度の段板と厚み15㎜程度の蹴込み板をはめ込むものである。

厚さ60～90㎜・板幅300～400㎜の側桁に段板、蹴込み板と裏側のクサビ打ちのため彫込み溝加工をし、段板と蹴込み板を組み付ける。側桁は、側板、登り桁、側木とも呼ばれ、マツ、ヒノキなどの堅木やラワンの集成材などが使われる。

段板と蹴込み板は互いに小穴ホゾ差しとし、裏から隠し釘打ちする。さらに段板と蹴込み板はともに板の反りを防ぐため、また軋みや揺れを少なくするために、階段中央に沿って裏に吸付き桟を取り付ける。吸付き桟は、段板、蹴込み板ともに小穴決《しゃく》りをして差し込み、裏面より釘打ちとする。

側桁と各部の納まり

側桁と柱が当たる場所では「相欠き」とし、ボルトナットで締め付ける。簡単に納めたい場合は、単純に添え付けて釘打ちとしたり、側桁のみ欠込みとしてボルト締めとすることもある。

側桁が壁と接する部分では、壁仕上げにひび割れなどが生じないように「小穴決り」または「チリ決り」を施すことで、段板からの振動に対処するのが一般的である。

側桁は下階の土台と上階の受け梁の間に掛け、土台との納まり部となる段尻は「大入れ蟻ホゾ差し」として、羽子板ボルトで緊結する。側桁上部は、受け梁に同じく「大入れ蟻掛け」として梁に載せ掛け、羽子板ボルト締めとする。

図1 | 側桁階段の構成

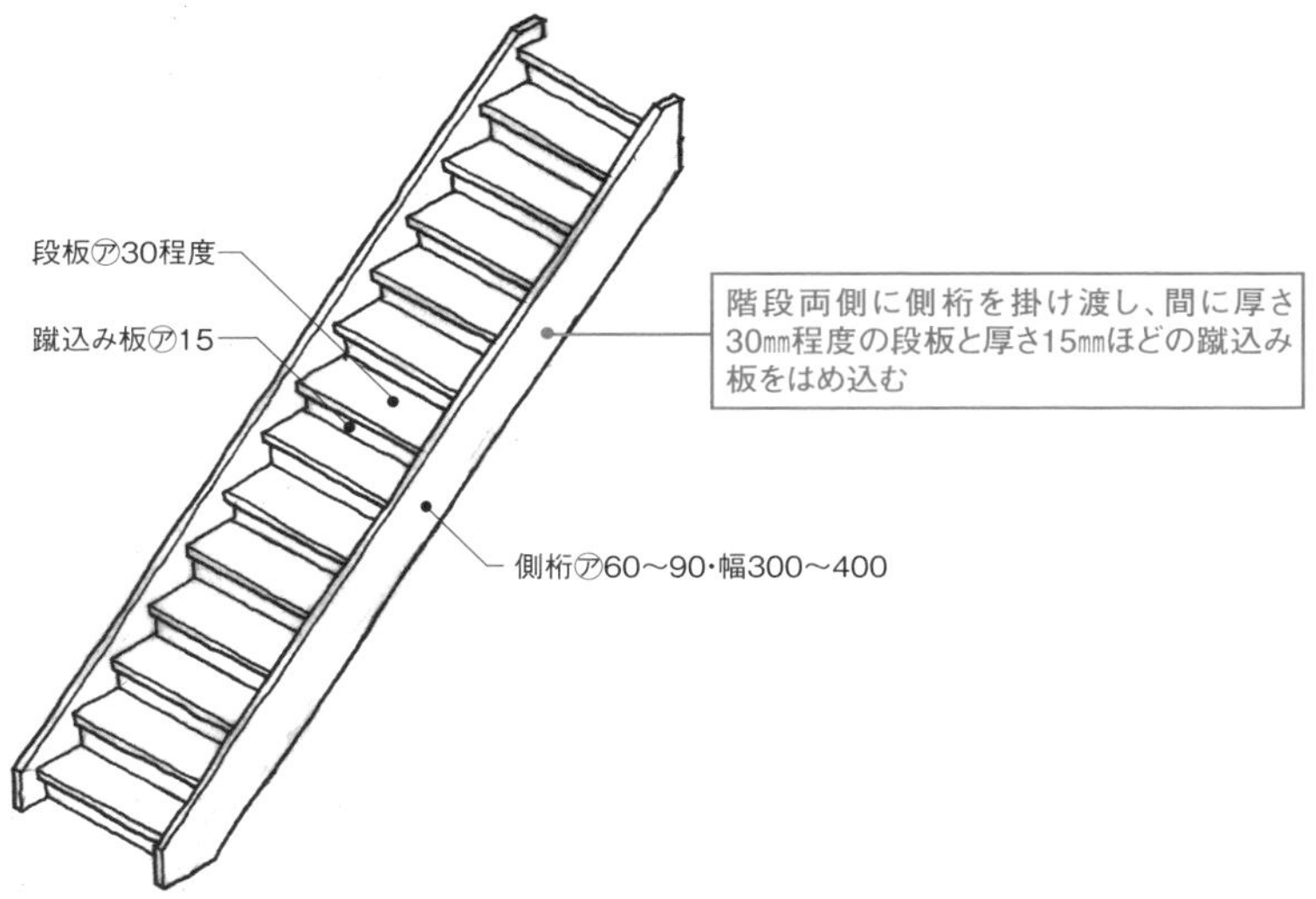
段板㋐30程度
蹴込み板㋐15
階段両側に側桁を掛け渡し、間に厚さ30㎜程度の段板と厚さ15㎜ほどの蹴込み板をはめ込む
側桁㋐60～90・幅300～400

図2 | 側桁階段の断面構成

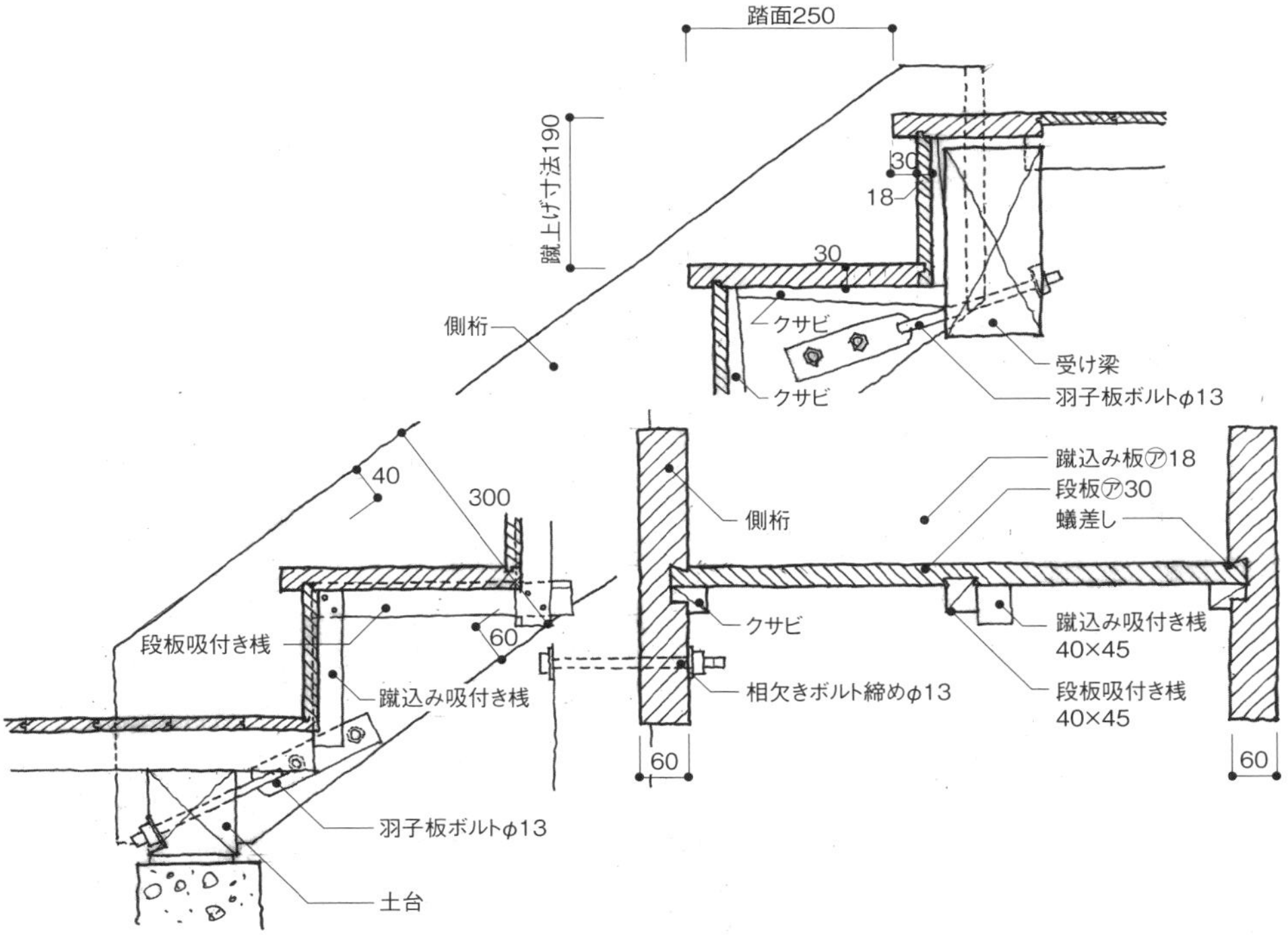
踏面250
蹴上げ寸法190
30
18
30
側桁
クサビ
クサビ
受け梁
羽子板ボルトφ13
40
300
60
段板吸付き桟
蹴込み吸付き桟
羽子板ボルトφ13
土台
側桁
蹴込み板㋐18
段板㋐30
蟻差し
クサビ
相欠きボルト締めφ13
蹴込み吸付き桟
40×45
段板吸付き桟
40×45
60
60

ささら桁階段

POINT 段板の木口を見せる形式のため、構造上ささら桁の成の寸法の取り方に十分注意する

吹抜け空間にも合う軽快さ

段板を受ける桁が雛壇状になっている階段をささら桁階段と呼ぶ。田楽などで奏でられる、竹を削ってつくる楽器「簓《ささら》」のように段々とした形状から、名付けられている。

側板がなく蹴込み板を取り付けない場合が多く開放的な階段となるので、透かし階段の一種ともいわれる。吹抜けなどで階段の背後にも視線を届かせ、上下の移動に軽快感と浮遊感をもたせたいときなどに用いられる。

ささら桁階段は、段板の木口を見せる意匠となるため、ささら桁や中桁の構造となる部分の成は、桁スパンなどによる強度上の寸法の取り方に十分注意する必要がある。

ささら桁と各部の取合い

ささら桁階段では段板が厚み36〜40㎜、板幅も250〜300㎜と大きめで、「蟻差し」でささら桁に差し込むように取り付ける。段板が痩せるなどしたときのズレ防止のために段板面からビス留めし「込栓《こみせん》納め」とする。さらに、ささら桁の上階での取付けは受け梁からの吊りボルトで行い、ボルト頭を耳板でふさぐなどの処理をしておく。

下階の段尻では受け土台との納まりを「大入れ蟻差し」で羽子板ボルト締めとし、床面との取合いをさりげなく納めたい。各部分のディテールは、開放的な階段で隠れる部分が少ないだけに、いっそうの工夫を要する。

手摺りも軽快に透けるように手摺子を細めにしたい。図例では手摺子に小降りのスチール製角棒を用い、桁と段板の2カ所の支持金物で固定させて揺れを小さくしている。また、先端に溶接したプレートを介して手摺り下端にビス留めとしている。

図｜ささら桁階段の構成

①アイソメ図

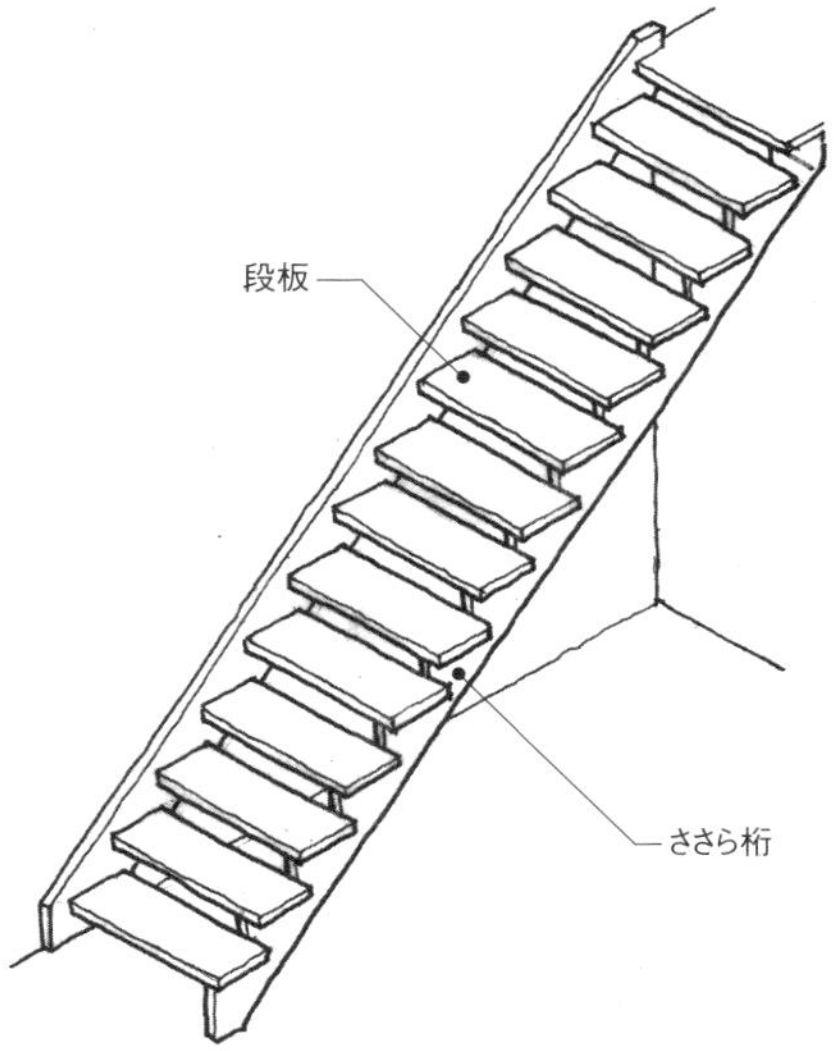
段板
ささら桁

②アイソメ詳細図

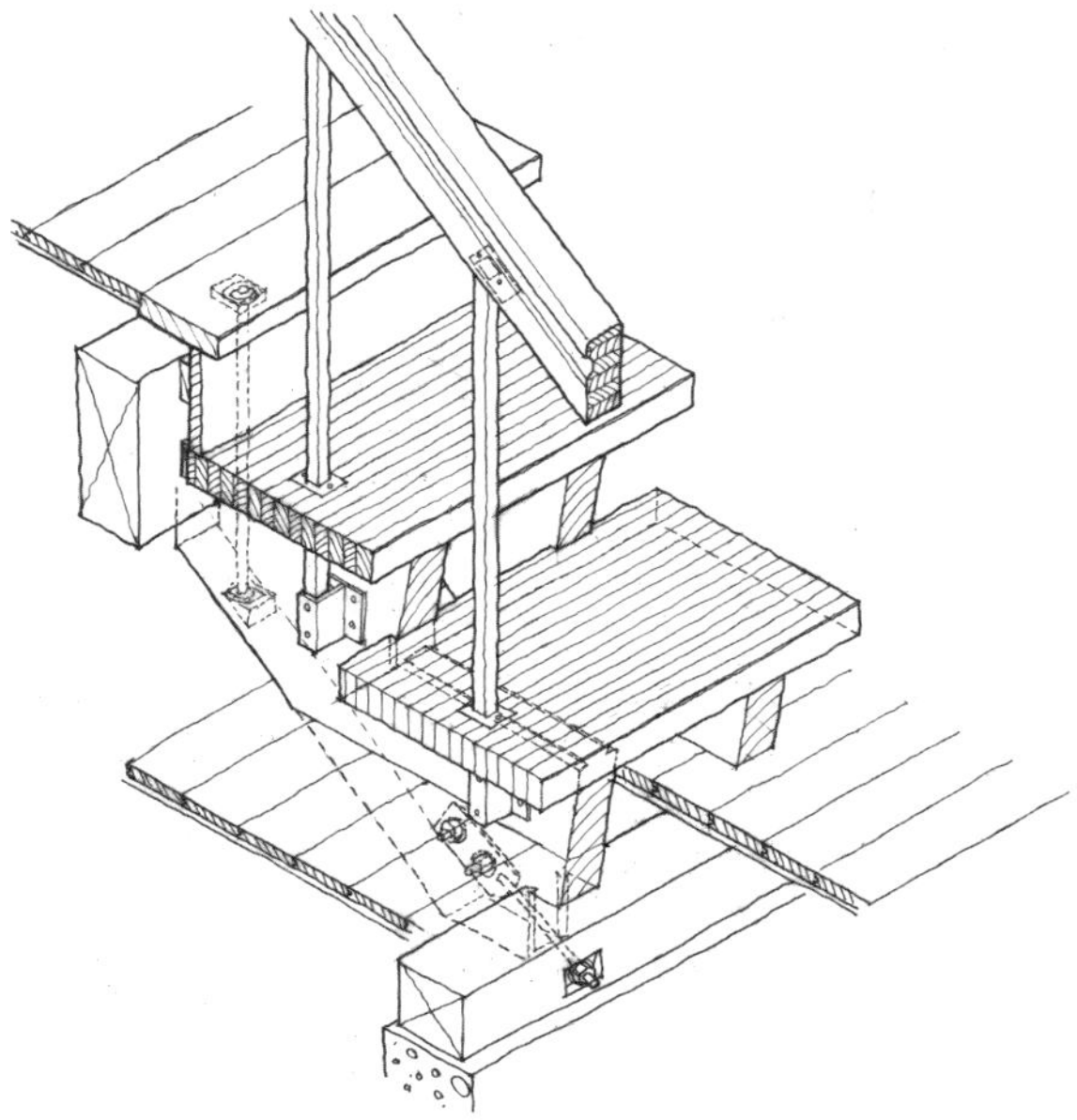

③断面詳細図

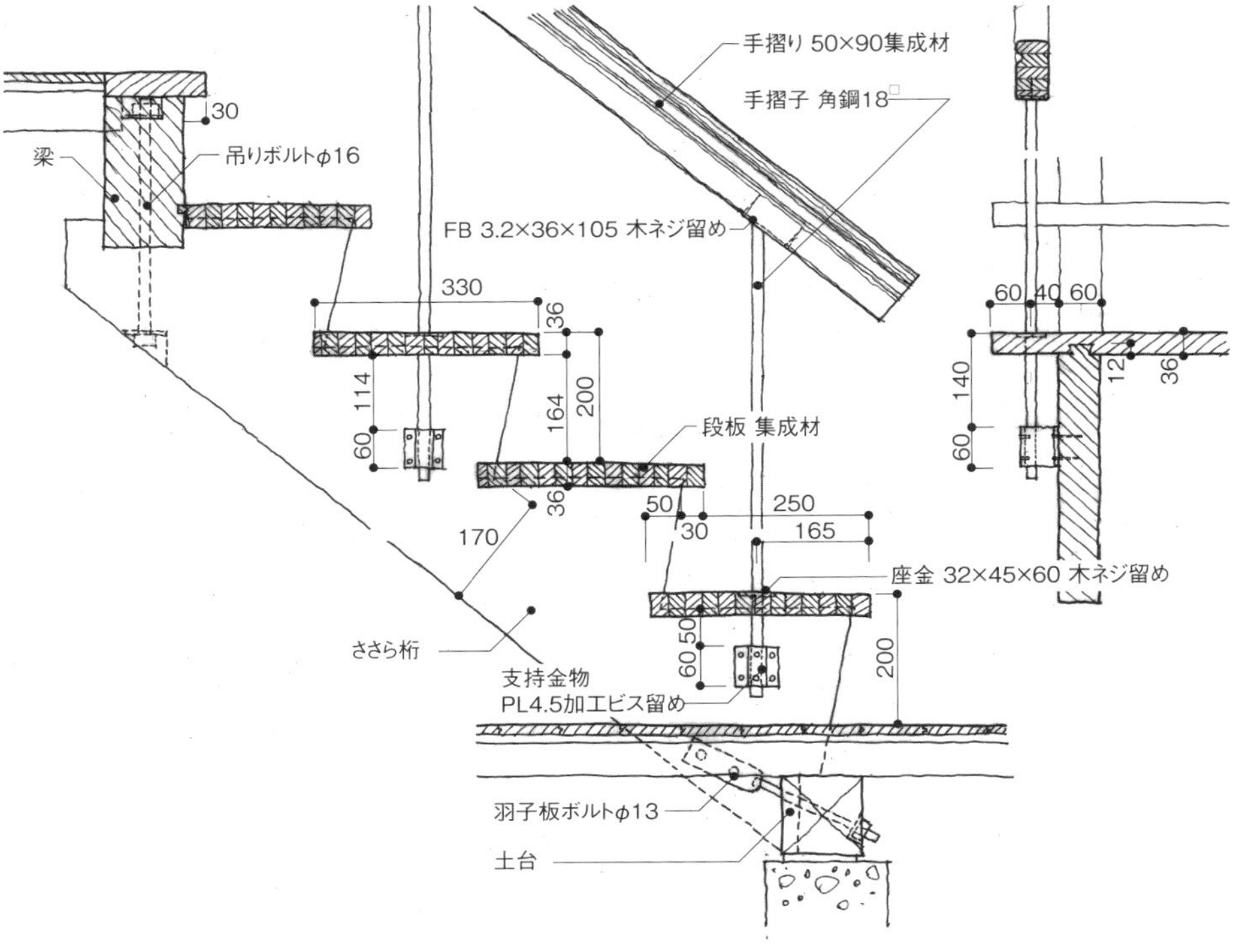
手摺り 50×90集成材
手摺子 角鋼18□
30
梁
吊りボルトφ16
FB 3.2×36×105 木ネジ留め
330
36
114
60
164
200
60 40 60
140
12
36
60
段板 集成材
36
170
50
30
250
165
座金 32×45×60 木ネジ留め
ささら桁
60 50
200
支持金物
PL4.5加工ビス留め
羽子板ボルトφ13
土台

箱階段・中桁階段

POINT
中桁階段は中桁のみで段板を支えるが、片方の側は壁や方立で支持させる

箱階段は2種類

箱階段は、側桁階段の一種で、階段の両側面が壁や建具などで囲まれ、裏が階段勾配に沿ってスギ板などの竪羽目張りでふさがれた形式のものである。これは最も勾配が急で簡単な造りで、梯《はし》子段《ごだん》とも呼ばれ、蹴込み板をもたないのが一般的である。

箱階段には別に、階段が「箱」家具として収納部が段々につくられ、上部が階段の役割をもつものがある。これは商家でも2階建てが許されなかった江戸時代に、禁止されていた階段の造作を家具にカモフラージュするために生まれたといわれているが、今日では箱階段といえば、この箱と家具を合体させた階段を示すことが多い。

中桁階段の支え方

中桁階段は、階段中央に寄せた中桁で段板を支持させようとするもので、力桁階段ともいう。斜めに渡した桁に段板受けを取り付け、これに段板を載せる工法と、1本の桁そのものに加工を施し、受け材なしで段板を取り付ける工法がある。

前者の工法には、力桁の側面に段板受けを釘打ちで取り付けて段板と蹴込み板を取り付ける方法と、力桁上端に小穴を突き、段板受けを取り付けその上に段板を蟻ホゾで組む方法がある。中桁階段は中桁のみで段板を支えるが、構造的に安定させるため片方は壁や方《ほう》立《だて》で支持させるべきである。

受け材なしで段板を支える工法は、1本の力桁とすべての段板をボルトナットで緊結させて化粧埋め木を納める。すっきりとした表情の階段となるが、より堅固な強度とバランスが求められ、場合によっては前者と同様段板の片方を方立や壁面で固定させる。

図1｜箱階段と中桁階段

①箱階段

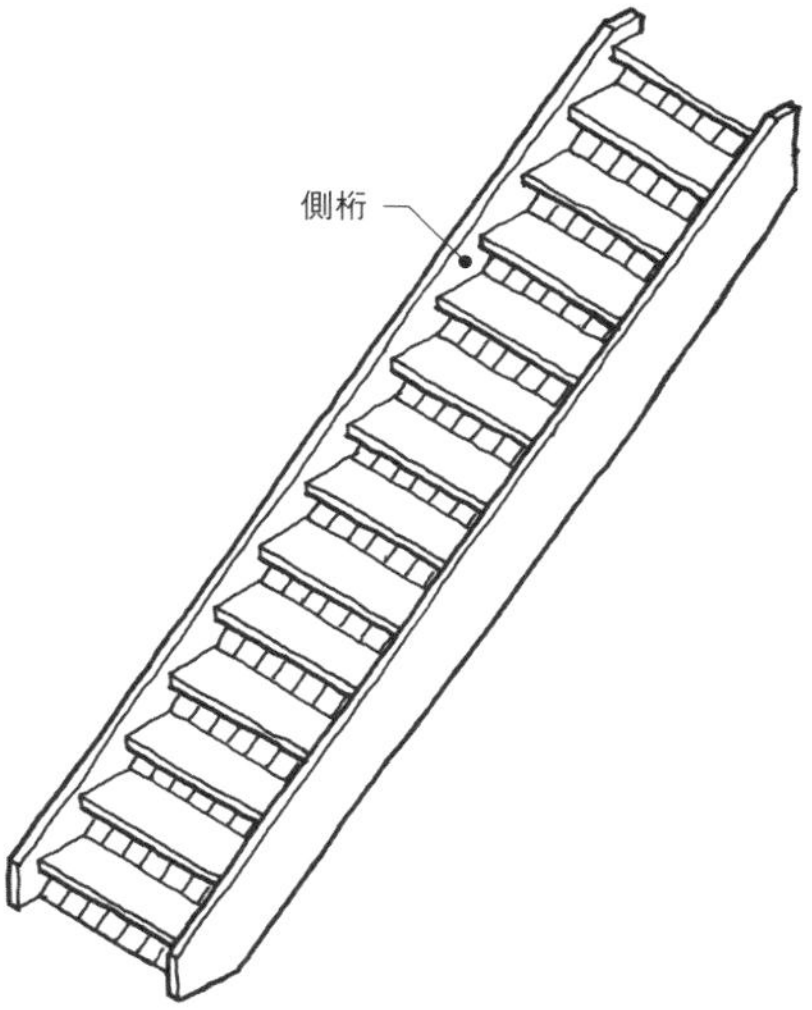

側桁

②中桁階段

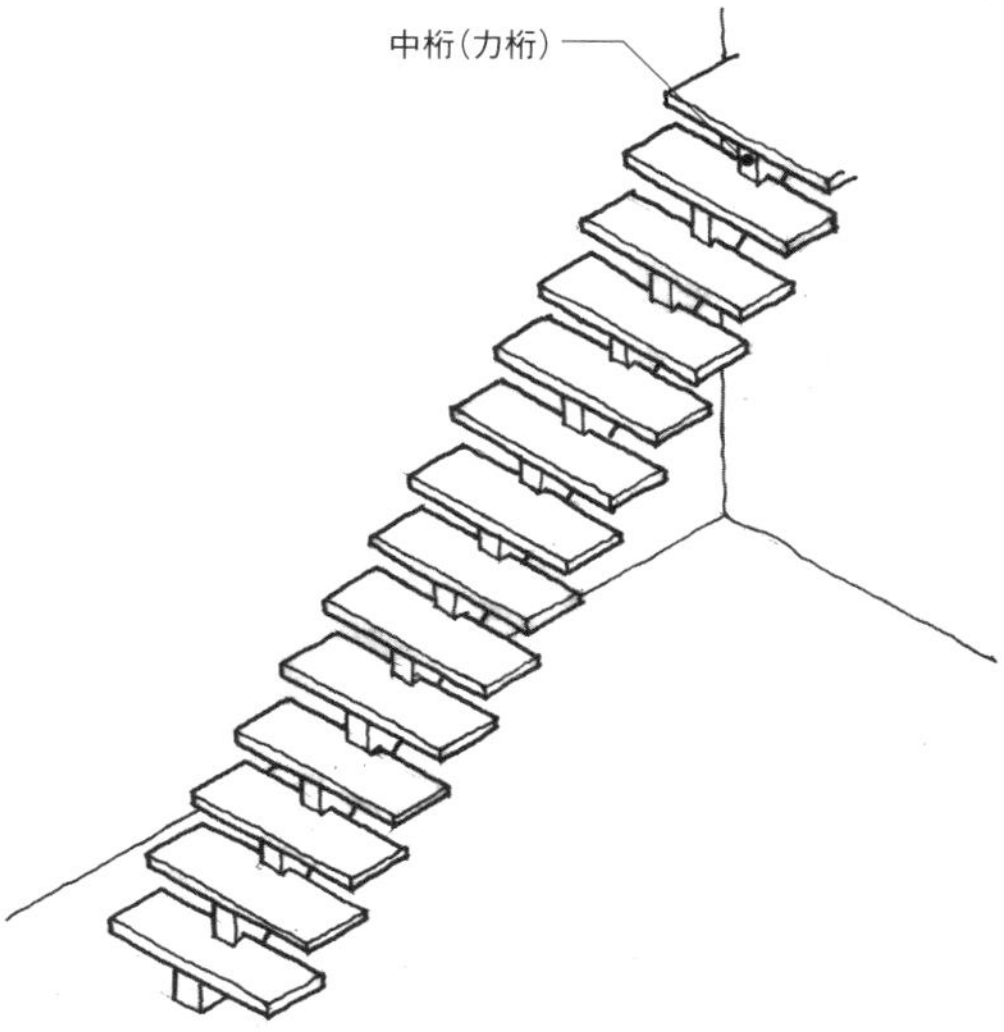

中桁（力桁）

図2｜箱階段の納まり

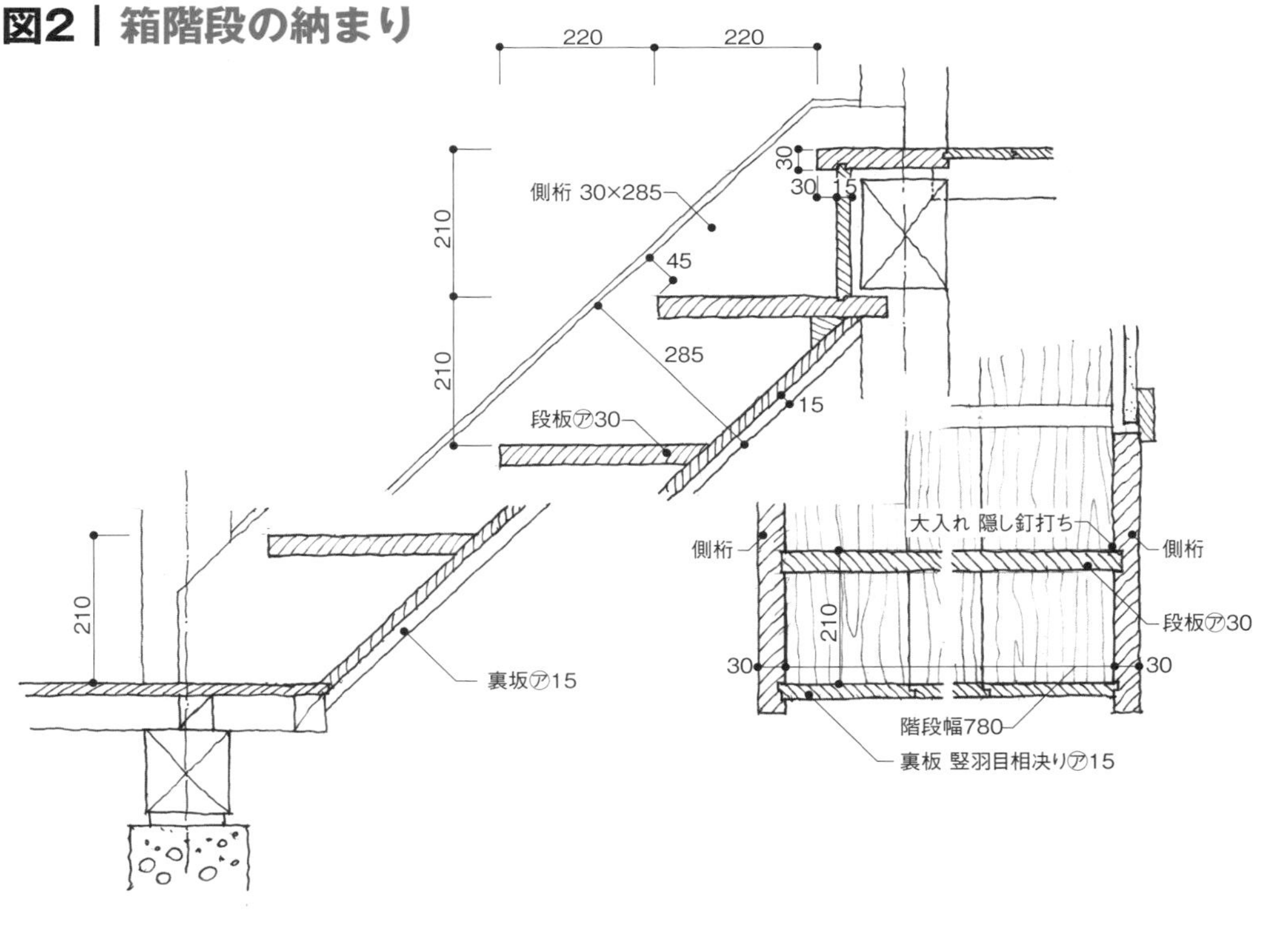

220
220
30
30
15
側桁 30×285
210
45
210
285
15
段板㋐30
210
裏坂㋐15
大入れ 隠し釘打ち
側桁
側桁
210
段板㋐30
30
30
階段幅780
裏板 竪羽目相決り㋐15

階段をすっきり見せる

POINT

幅木や壁との取合いを工夫することで、すっきりとシンプルな表情が得られる

階段を空間で考える

レベルの違う空間をつなぐ役割をもつ階段。その階段にリズムと立体感をもたせようとするとき、閉鎖的空間になりがちな階段室形式のものでなく、空間のなかで階段が視覚的に中心となる要素となっていることが多い。

たとえば、蹴込み板をなくし視線が抜ける階段や、壁に沿って空間を浮遊するように架けられた階段、さらには木造の領域を乗り越えて新たな素材に取り組み、段板に強化ガラス、金属やFRP製のグレーチングを採用する階段などである。それらはシルエットもデザインモチーフとなっている。

壁との取合いを工夫した例

階段からの視覚の移動によって心地よさをもたらそうという試みも重要である。シンプルな表情を階段に求めようとするときに難しいものの1つは、中折れ階段や回り階段の幅木周辺の納まりである。

側桁の幅木ともなる部分と折返し部分の幅木が不連続になって見苦しくなるため、図例のように側桁をすべて壁下地として扱い、段板と蹴込み板に合わせて一般床の幅木と同じように幅木を組み、階段のリズムに同調させることも考えられる。

もう1つの例は、透かし階段の段板を壁から離して取り付け、開放的に見せるものである。段板の受けをカットTとして、両壁面に取り付けた鉄板のささら桁に溶接する。壁面との間に隙間を開けて段板を取り付けることで、軽快な風情をもたらすことができる。また、上方からの外光を蹴込み板に邪魔されることなく、階段の裏側にまで届かせることができる。鉄板のささら桁は壁と同面にし、同色としている。

図1｜側桁階段ですっきりと納める

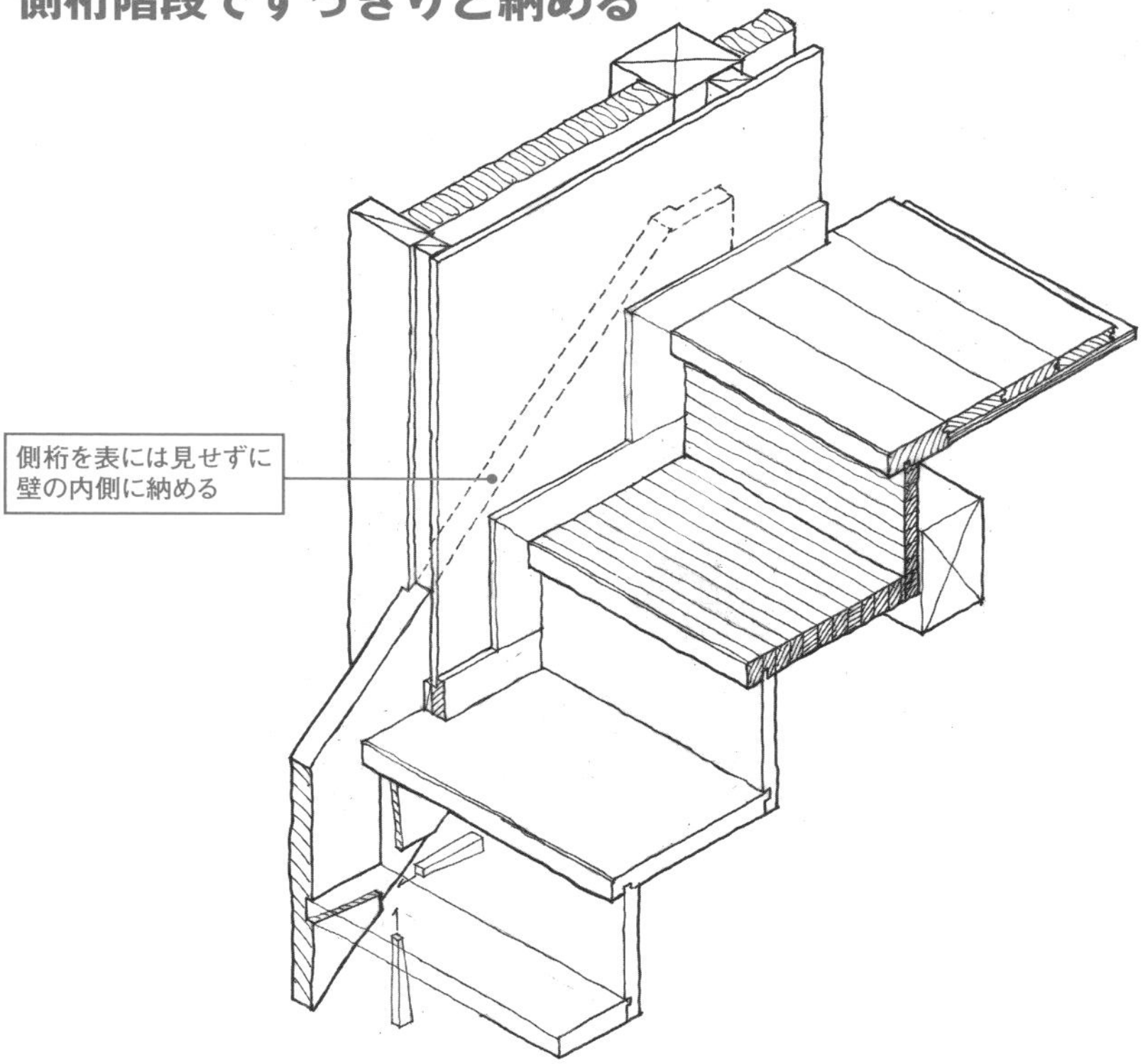
側桁を表には見せずに
壁の内側に納める

図2｜側桁階段での軽快な納まり

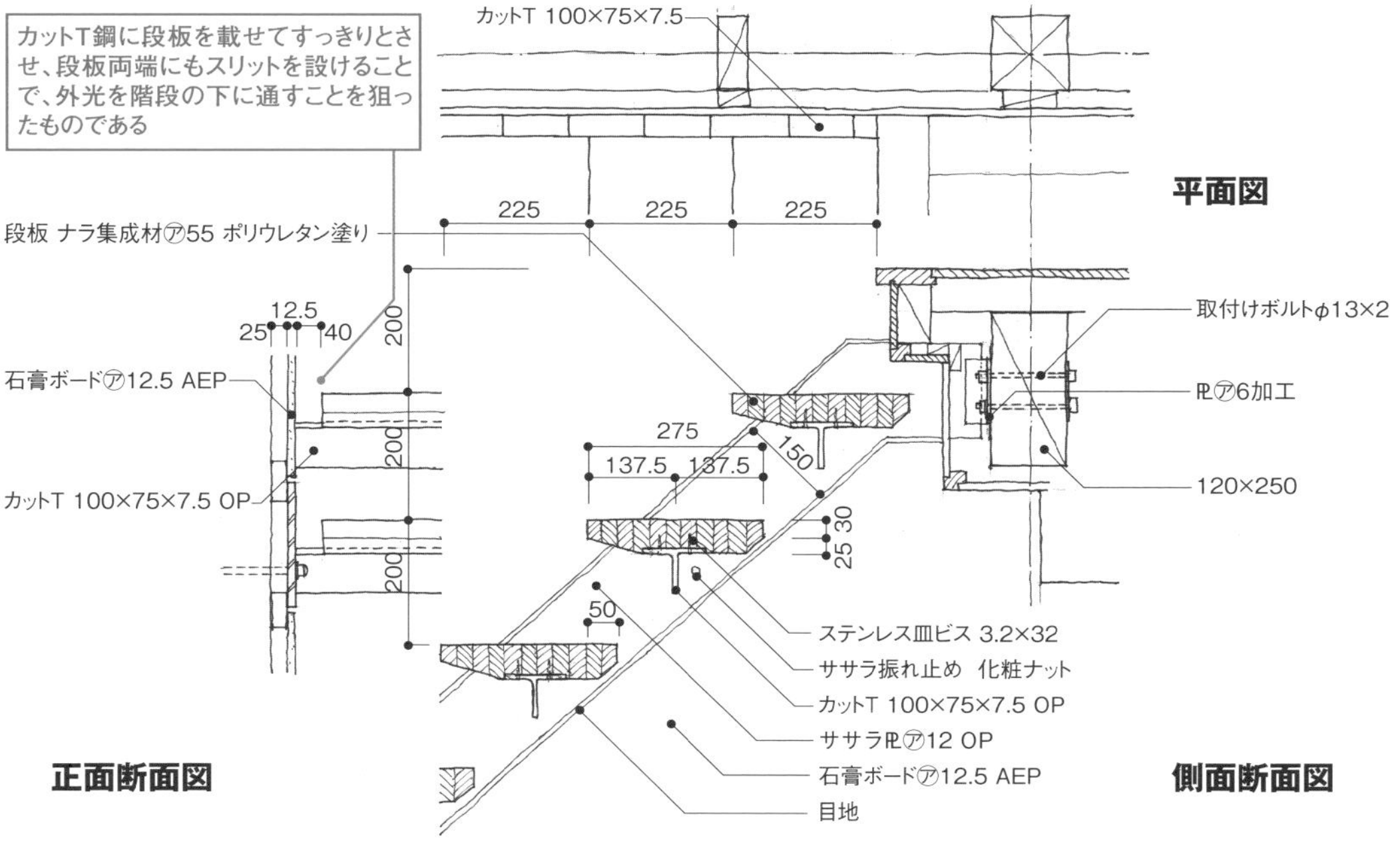
カットT鋼に段板を載せてすっきりとさせ、段板両端にもスリットを設けることで、外光を階段の下に通すことを狙ったものである
カットT 100×75×7.5
平面図
225
225
225
段板 ナラ集成材㋐55 ポリウレタン塗り
12.5
25
40
200
石膏ボード㋐12.5 AEP
200
カットT 100×75×7.5 OP
200
275
137.5
137.5
150
50
30
25
取付けボルトφ13×2
PL㋐6加工
120×250
ステンレス皿ビス 3.2×32
ササラ振れ止め 化粧ナット
カットT 100×75×7.5 OP
ササラPL㋐12 OP
石膏ボード㋐12.5 AEP
目地
正面断面図
側面断面図

手摺り

POINT
階段手摺りの折返し部分では、
手摺りを途切れさせないようにする

手摺りと各部の役割

階段の端部である側桁や壁面には手摺りを取り付けなければならない。手摺りは、手をかけ、掴み手を滑らせるハンドレールとそれを支える腰壁や格子、手摺り子で構成される。

手摺りは、階段での昇り降りの補助をするとともに、手摺り子の部分では、転落を防止するなど、安全性に深くかかわりをもつところである。また、吹抜けとセットで意匠上欠くことのできない要素であるだけに、ことさら腐心をするところである。

手摺りの寸法調整と強度

手摺りは、日常的に身体に最も触れる機会の多いところである。身を乗りだし、体重をかけてもぐらつかないだけの強度をもたせ、使用材料と納まりに対する工夫が重要だ。

階段の手摺りの高さは、段鼻から75～80㎝が適当とされているが、吹抜け部分や廊下の手摺り高さとの高さ調整が必要となることがある。

ハンドレールは階段の上り終わりの端部で300㎜以上水平に伸ばし、端部は袖を引っ掛けないよう下方に曲げ込んでおくこと。中折れ階段や矩折れ階段では折返し部分の手摺りは途切れさせないで連続して手を添えられるように工夫しておく。

さらにハンドレールは、使いやすさを重視し、素材と握りやすい形状にも心掛けておくべきである。丸棒の場合、手のひらに馴染みやすいナラ集成材などを用い、太さは誰にでもつかみやすく、32～36㎜と小振りで強度のあるものにする。また、手摺り子や受け金物は、つかんだまま滑らせるときに指先の移動を邪魔しないデザインが必要である。

図1｜回り階段の手摺り

①アイソメ図

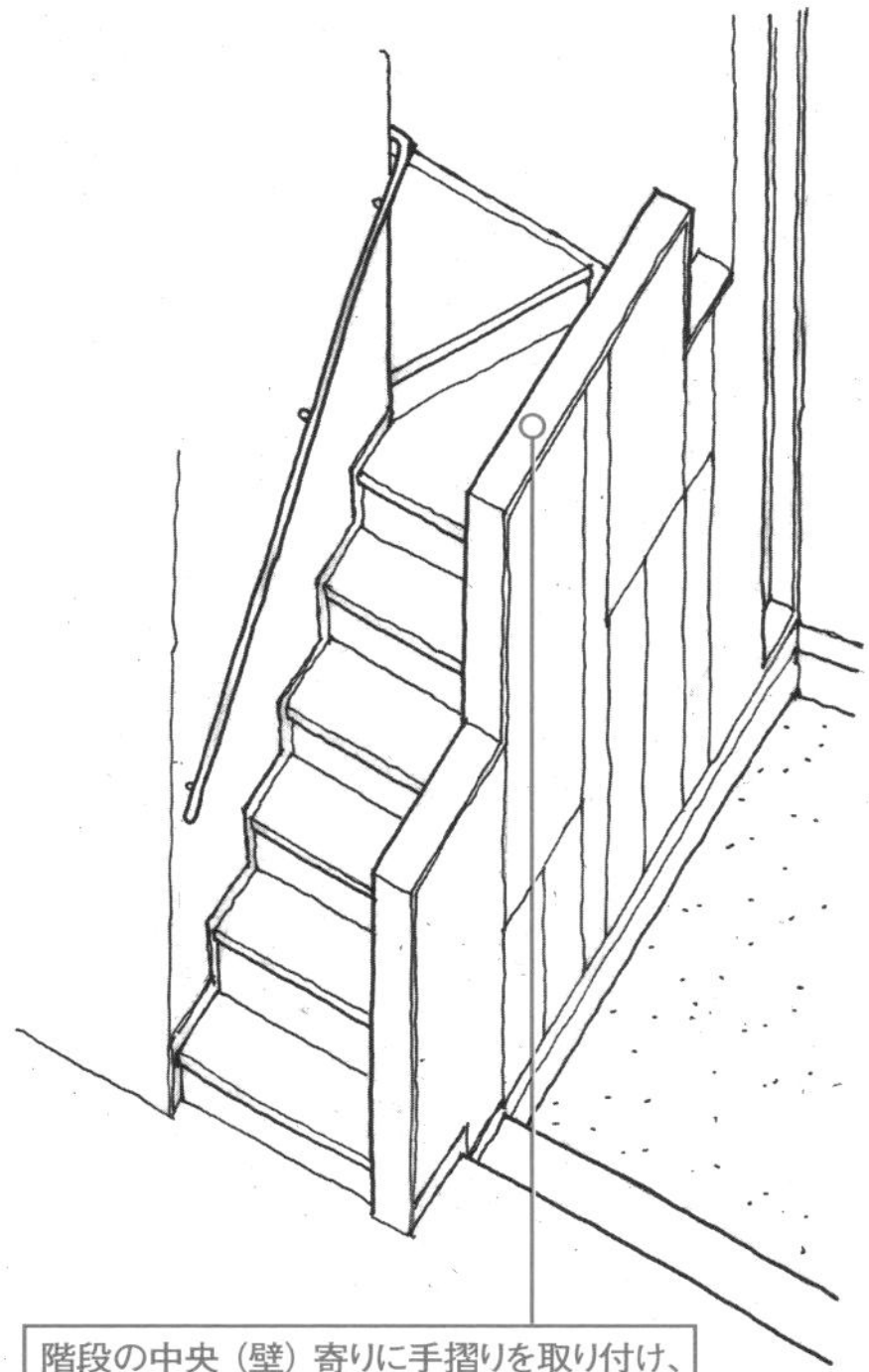

階段の中央（壁）寄りに手摺りを取り付け、反対側の階段の手摺りは階段下の下足入れの造作家具と一体に扱っている

②見返しアイソメ図

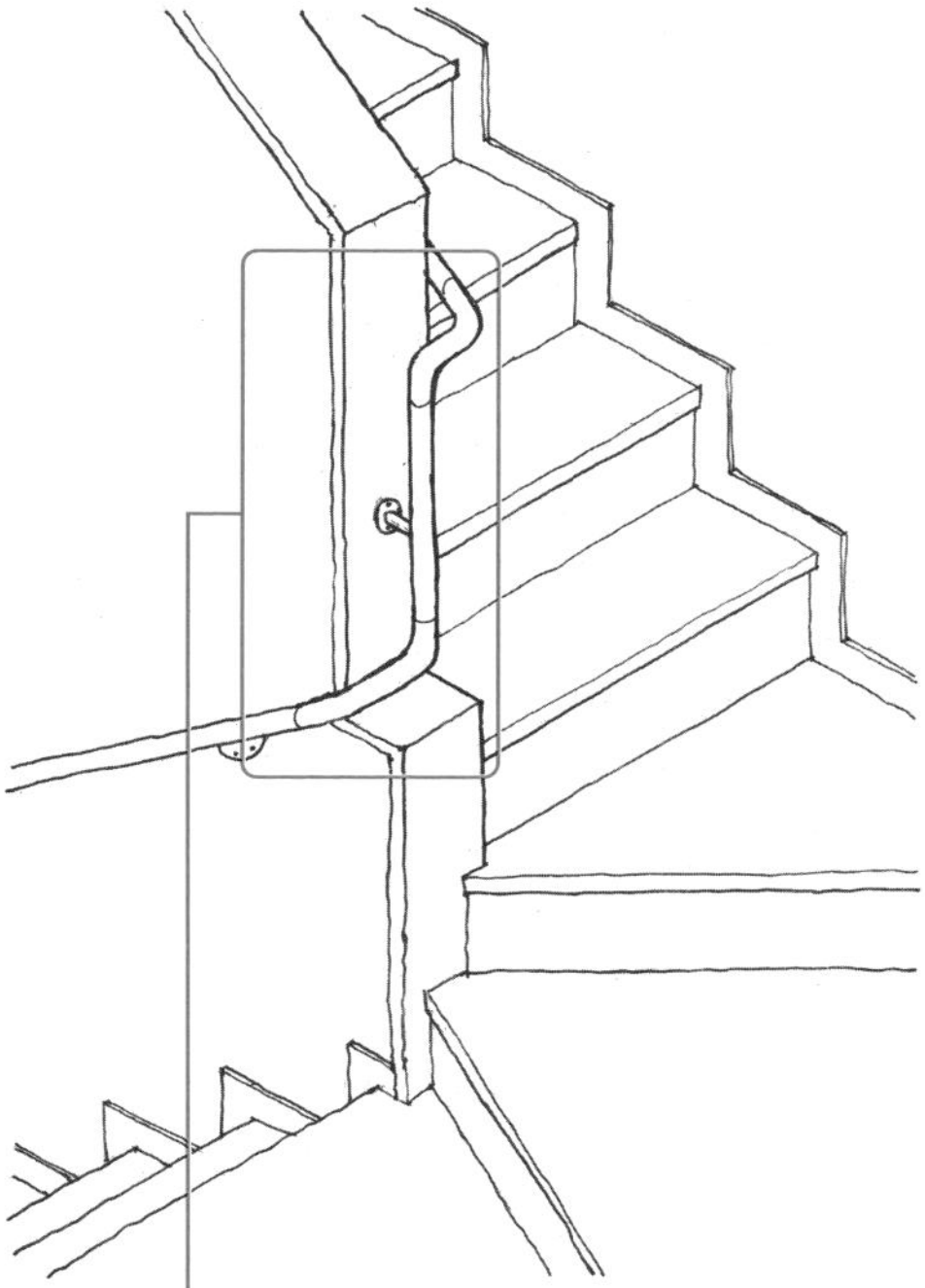

階段での事故を少なくするために手摺りを切れ目なく連続させることが大切。折返し階段や回り階段では手摺りを連続させたい

図2｜階段の立上がりと手摺りを一体化させる例

①アイソメ図

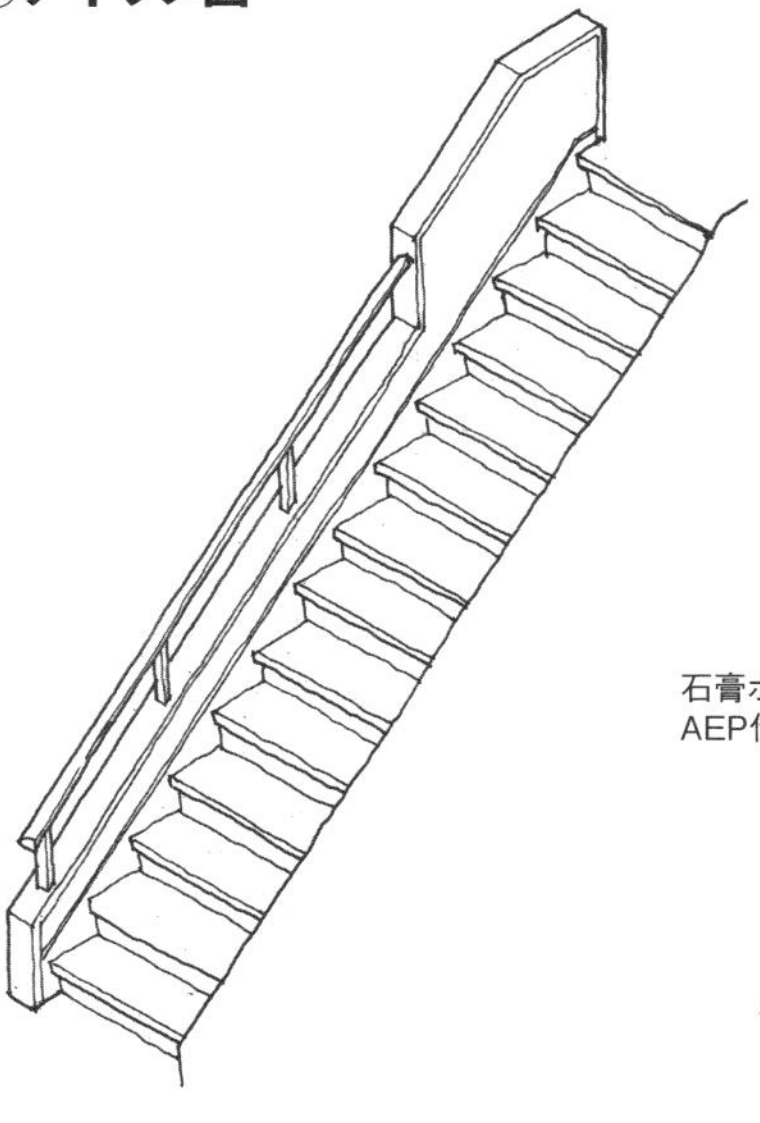

②断面図

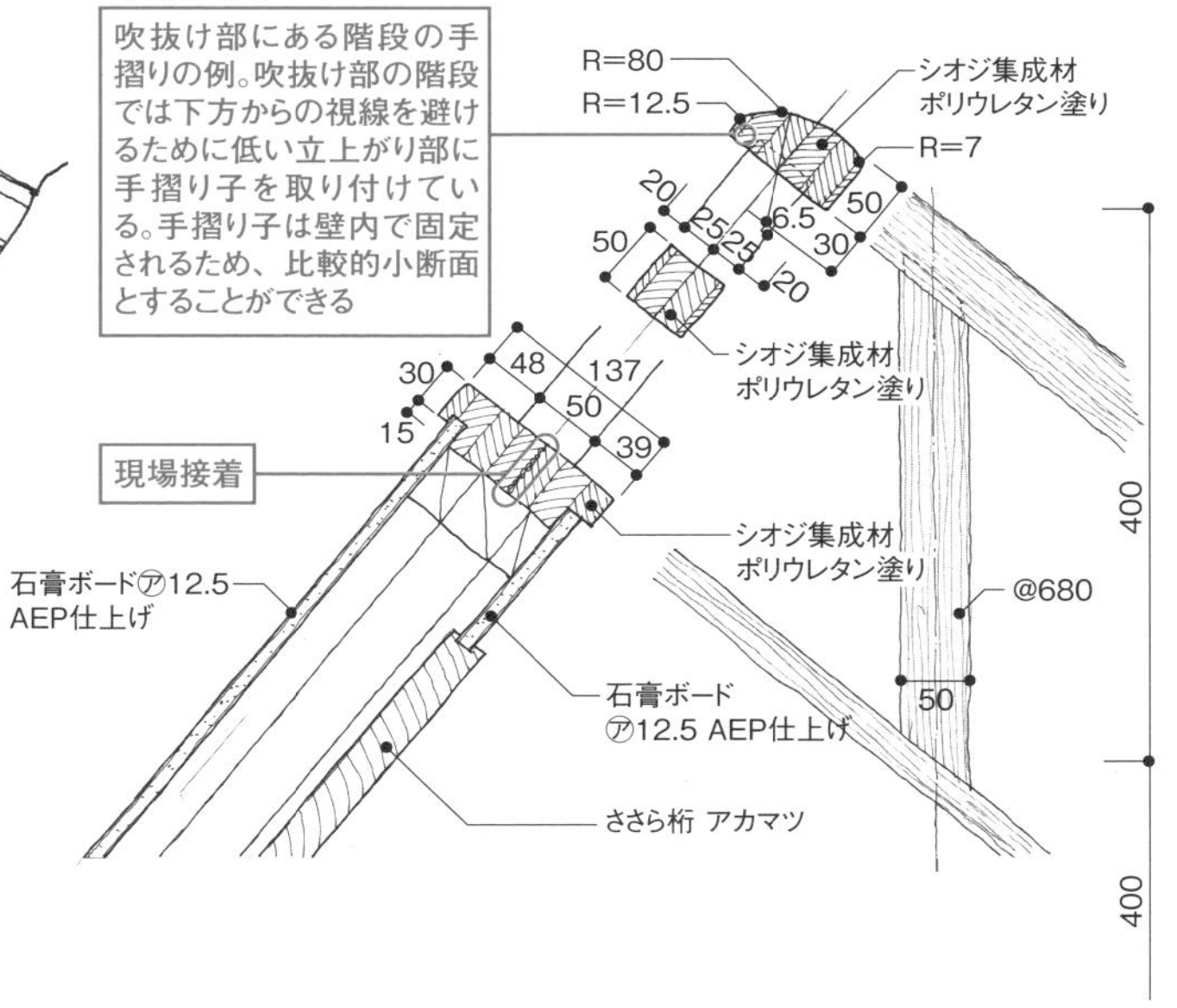
吹抜け部にある階段の手摺りの例。吹抜け部の階段では下方からの視線を避けるために低い立上がり部に手摺り子を取り付けている。手摺り子は壁内で固定されるため、比較的小断面とすることができる
R=80
R=12.5
シオジ集成材
ポリウレタン塗り
R=7
20
25
25
6.5
50
30
50
20
シオジ集成材
ポリウレタン塗り
30
48
137
50
15
39
現場接着
シオジ集成材
ポリウレタン塗り
石膏ボード㋐12.5
AEP仕上げ
石膏ボード
㋐12.5 AEP仕上げ
ささら桁 アカマツ
@680
50
400
400

洋室の建具の種類

POINT

建具の分類は、開閉方式によるものと、框戸とフラッシュ戸とで分けられる

内部建具の種類

　住宅内部の建具は開閉方式により開き戸、引き戸、折れ戸があるが、形態からは、框戸《かまちど》、フラッシュ戸に分けられる。框戸は、建具の四周を枠で囲み、内側に板ガラス、アクリル板、合板やムクの板材などをはめ込むもので、全体の強度を枠の接合部に負担させる建具である。縦方向の2つの部材を竪框《たてがまち》、上段・下段の枠をそれぞれ上桟《かみざん》・下桟《しもざん》と呼び、中間の補強部材を中桟《なかざん》と呼ぶ。框の組み方は竪框を勝たせるのが原則で、上下桟を加工し、竪框の穴に差し込んで留める。

　框戸は、なかにはめる素材によってさまざまな呼び方をし、ガラス戸、ガラリ戸、格子戸、板戸などがある。板ガラスを入れるには、容易にガラスの交換ができる2種類の方法がある。代表的なのが押縁留めでガラスを入れる方式で、竪框に小穴（片方の小穴は倍の深さにする）を突き、遣り返しでガラスを入れ、その後上下桟に押し縁を取り付け、ガラスを固定させる。また、落し込み方式は、上桟を二つ割りにし、竪框に突いた小穴に沿ってガラスを落とし込む方法である。すっきりとした納まりとなるが、ガラスのガタツキを防止するには小穴を大きめにし、間にシーリングを打つなどする。

　フラッシュ戸は、コア材の桟組下地の両面に合板などの面材を張り表面に桟組がない建具で、タッカー釘で芯組みを行った後、接着剤を糊付け機で均一に塗布し表面材を張りプレス機で圧着してつくられる。表面材は、つぶし［※］塗装下地の場合はシナ合板、布張りの場合はラワン合板、突き板合板張り、いずれも厚さ4㎜とすることが一般的だが、その他板厚7㎜程度の縁甲板張りとすることもある。

※　不透明になる塗料を塗ること

図1 | 洋室建具のバリエーション

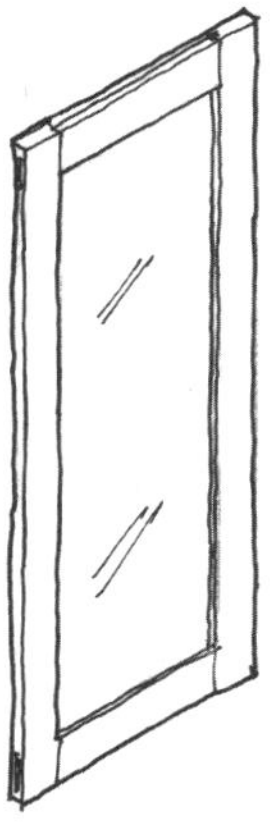
框戸

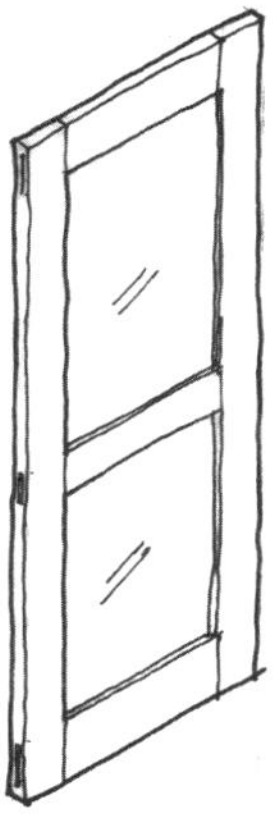
框戸(中桟)

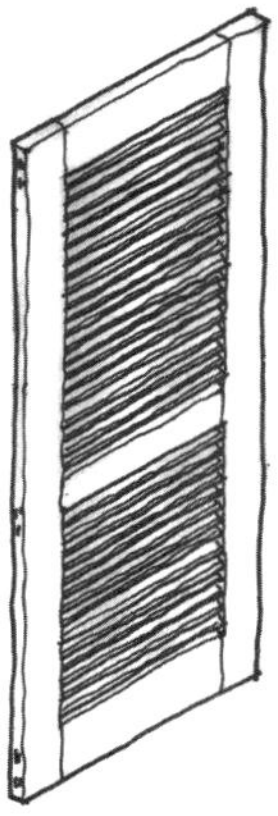
ガラリ戸

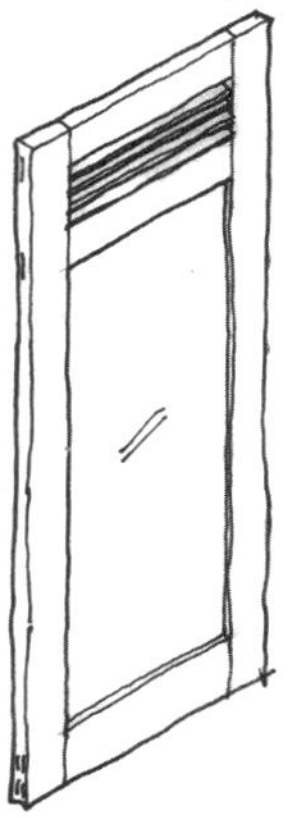
ガラリ戸(アクリル板)

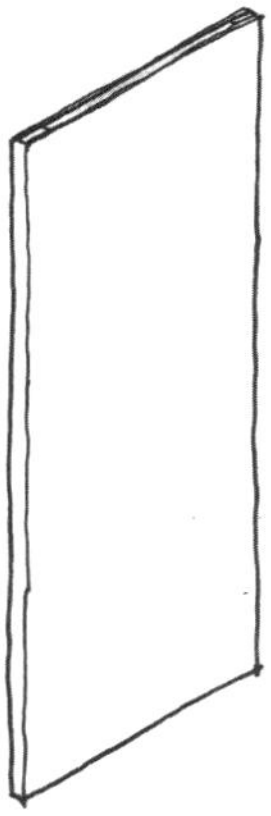
フラッシュ戸

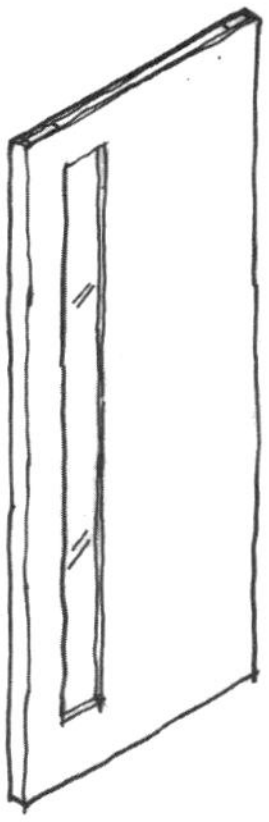
ガラス入りフラッシュ戸

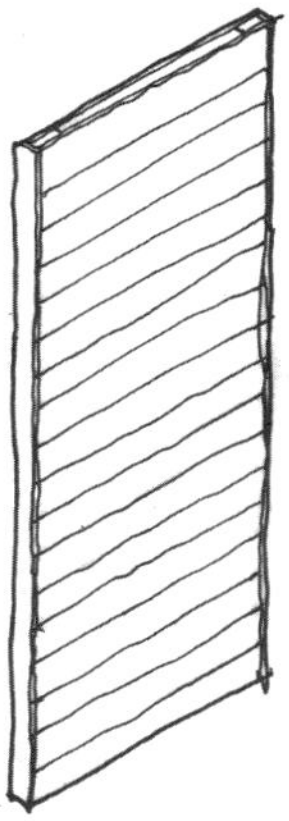
フラッシュ戸板張り

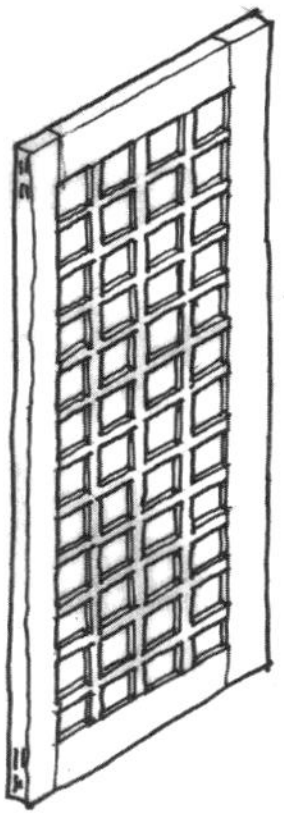
格子戸

図2 | フラッシュ戸と框戸の構成

①フラッシュ戸

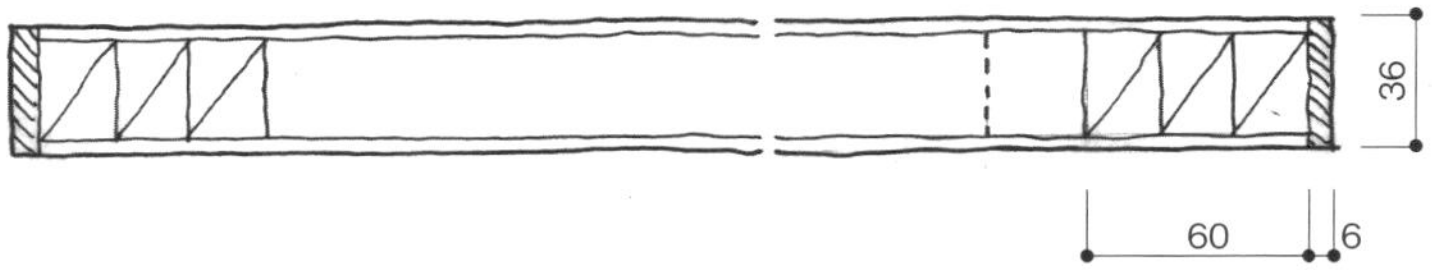

コア材の桟組下地の両面に合板などの面材を張る

②框戸

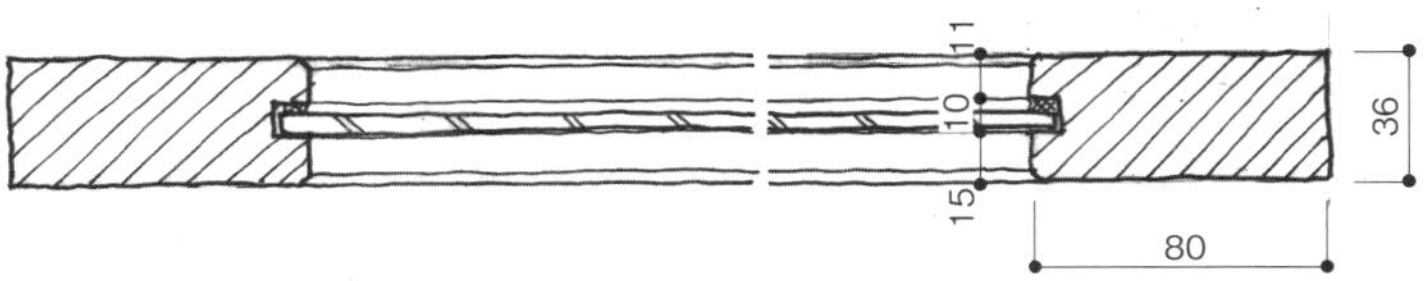

建具の周り四周を枠で囲み、内側に板ガラスなどをはめ込む

洋室建具の製作図

POINT 建具製作図には寸法や材種、仕上げや金物などを詳細に描き込んでおく

建具製作図は詳細に

建具にどのような性能、機能をもたせたいか、それにはどうしておけばよいのかなど十分に承知しておかないと建具職人と渡り合えない。建具表に表される建具図は1／50で描かれることが一般的であるが、描かれるのは枠内法寸法と表面の仕上げ、使用金物の種類、メーカー名などで、それらすら曖昧にすまされていることも少なくない。図の縮尺を上げて多くの情報を盛り込みたい。

建具製作図の事例

ここで取り上げている建具製作図の例は浴室の入り口框戸である。枠の使用材はベイヒバ、塗装は含浸性半透明塗料、手をついても割れることのない乳白アクリル板を入れ、上桟の下に通気用ルーバーをはめ込み、補強も兼ねた中桟《なかざん》も入れている。

建具の材質は耐水性、ビスの保持力などからベイヒバとし、下端は水切りのため浴室に向けてテーパーをつけるよう指示している。ルーバーもベイヒバで、排気ファンで侵入する冷気が直接体に当たらないように建具上部に設けている。アクリル板は押縁留めで、浴室側にシーリングを打ち、シャワーからの湯水の浸入を防いでいる。

竪框にはバックセット51㎜・ケース深さ69㎜のステンレス・レバーハンドルと非常開き装置付き錠を埋め込むので、見付け120㎜、見込み36㎜としている。一般に竪框の見付け寸法はバックセットの2倍を最小寸法とするが、ここでは横桟の接合が2枚で、浸水を嫌い頭が隠れる「打込み」のため余裕をもたせ大きくとっている。丁番は105㎜のステンレスギボシ丁番、建具の反りを防ぐため3本吊りとしている。

図1｜浴室框戸の製作図の例

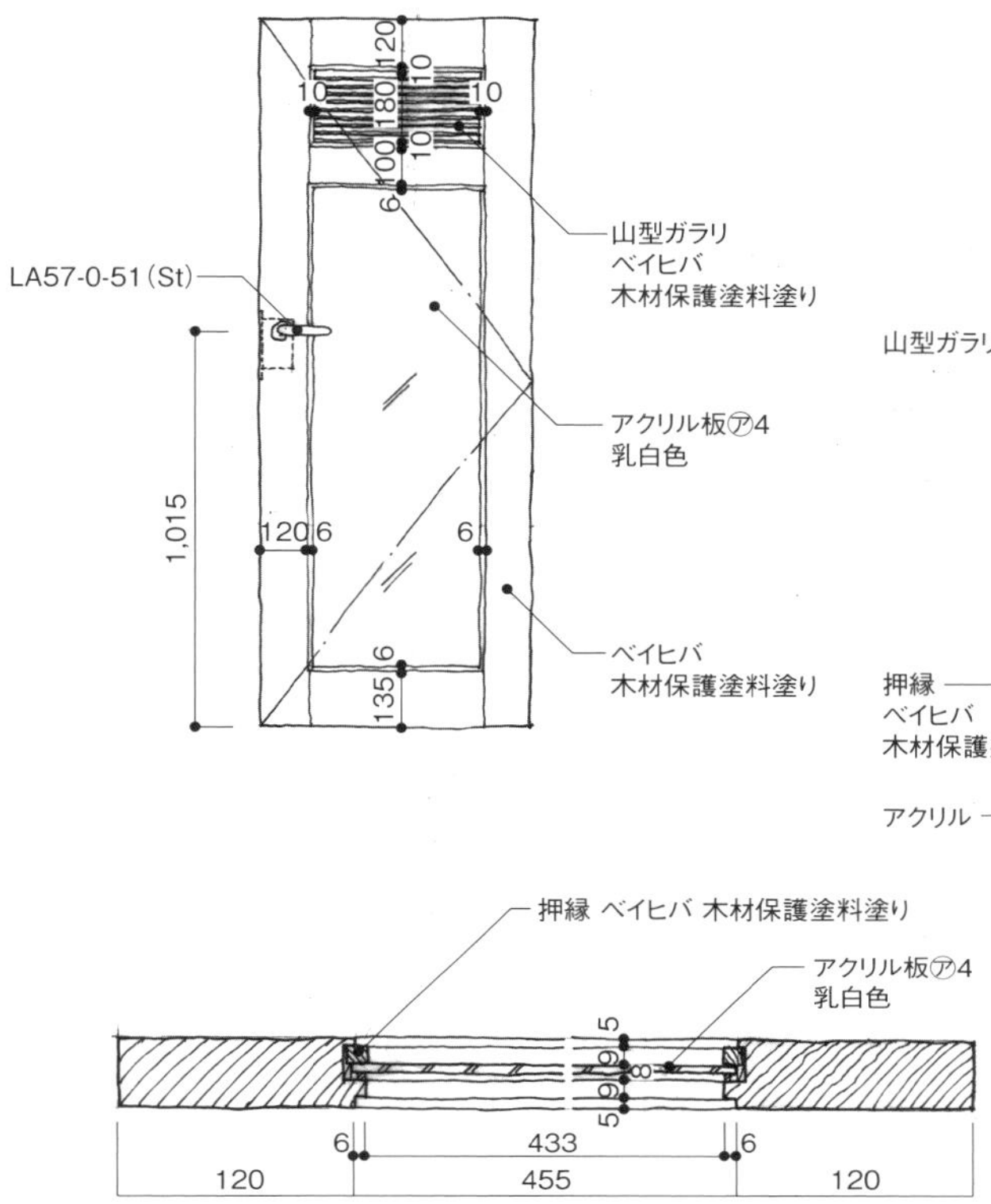
山型ガラリ
ベイヒバ
木材保護塗料塗り
LA57-0-51（St）
アクリル板㋐4
乳白色
ベイヒバ
木材保護塗料塗り
1,015
押縁 ベイヒバ 木材保護塗料塗り
アクリル板㋐4
乳白色
120
455
120
433

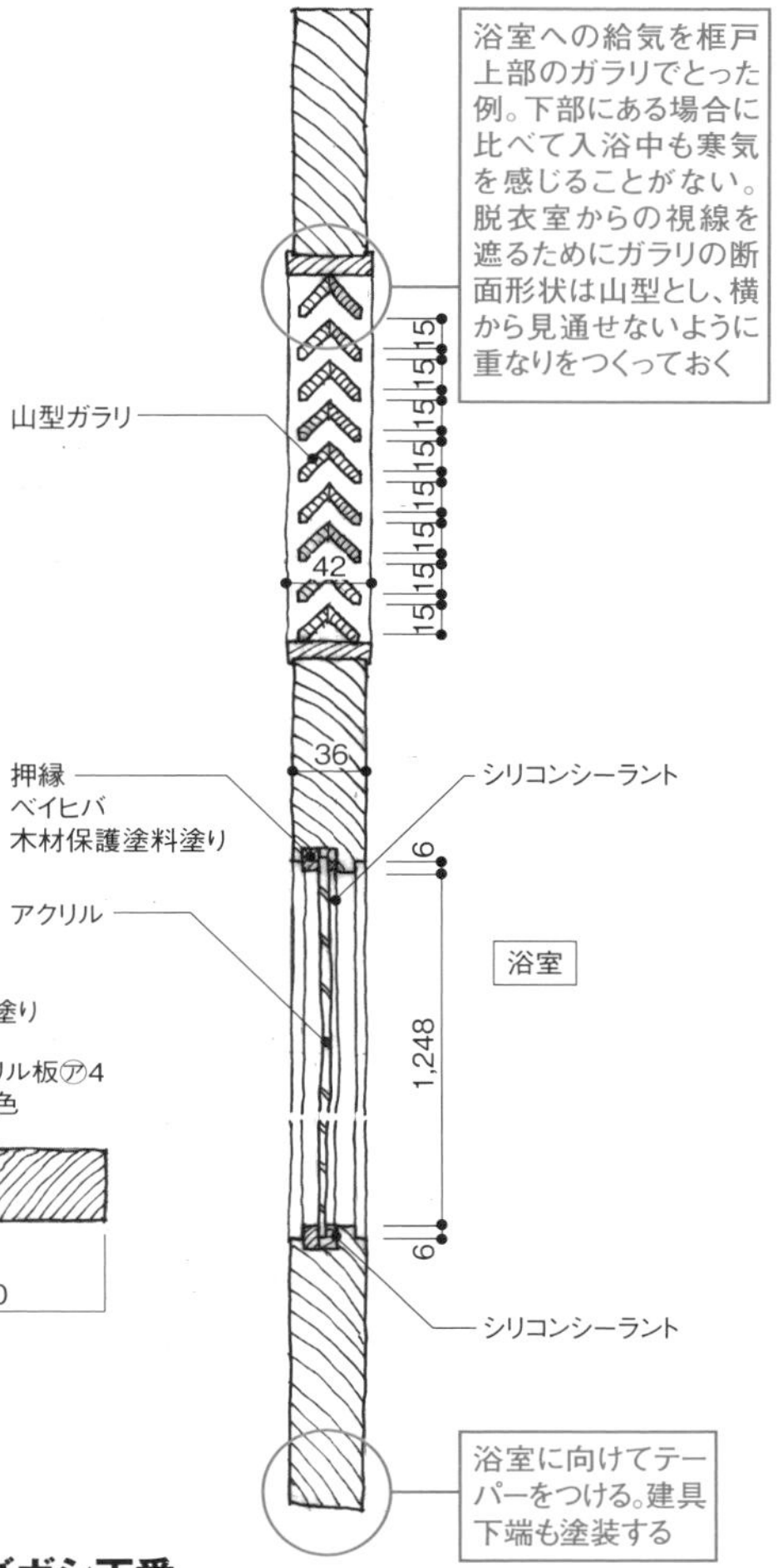
浴室への給気を框戸上部のガラリでとった例。下部にある場合に比べて入浴中も寒気を感じることがない。脱衣室からの視線を遮るためにガラリの断面形状は山型とし、横から見通せないように重なりをつくっておく
山型ガラリ
押縁
ベイヒバ
木材保護塗料塗り
アクリル
シリコンシーラント
浴室
1,248
シリコンシーラント
浴室に向けてテーパーをつける。建具下端も塗装する

図2｜戸に取り付ける丁番の種類

①ピボットヒンジ

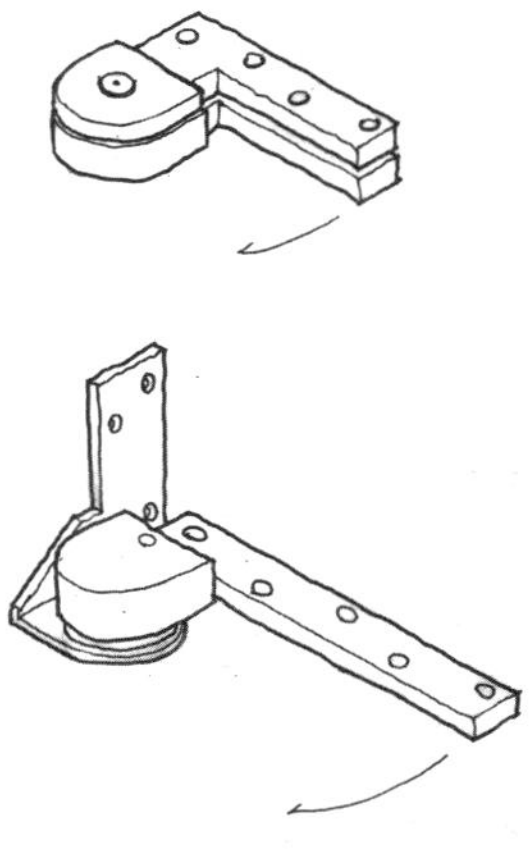

縦枠付け型のもの。扉の上端と下端に取り付けて上下軸を支点に開閉する。金物の見えがかりが小さい

②平ギボシ丁番

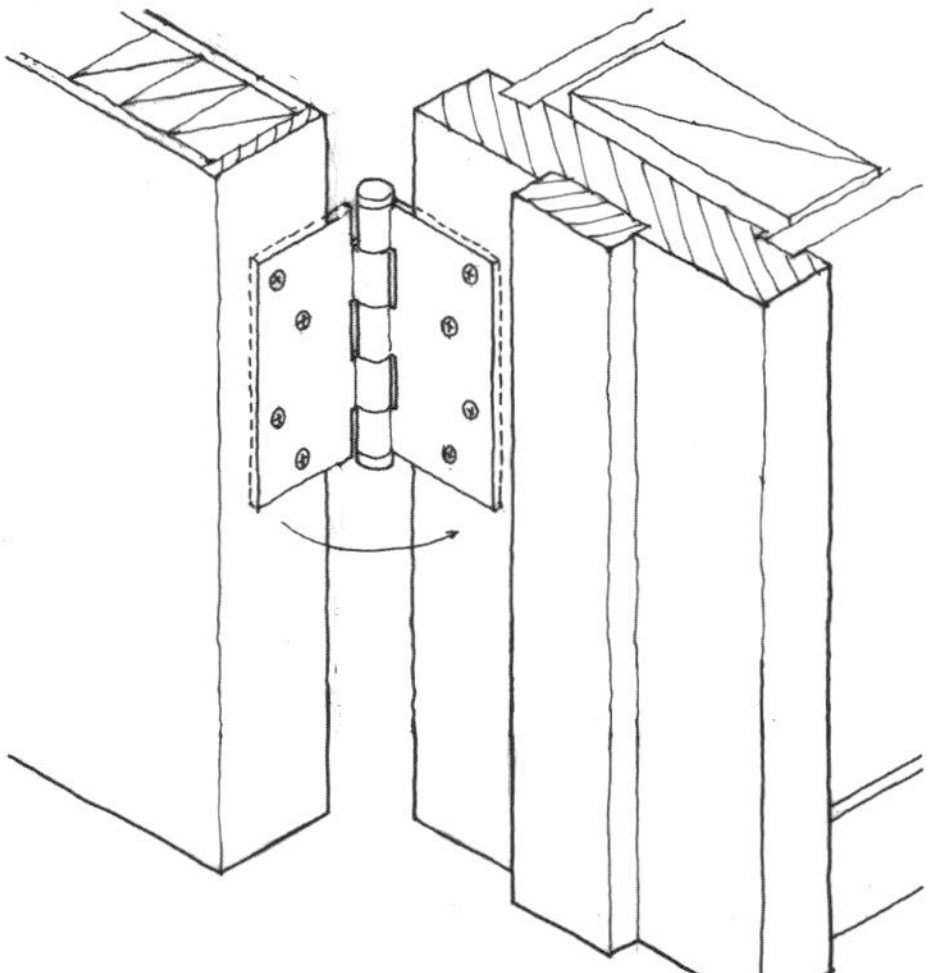

丁番の心棒の先端が平らな形で出ているタイプ

開き戸

POINT
開き戸での遮音性と気密性は建具や建具枠廻りで調整する

開き戸は戸当たりに注意

開き戸は、引き戸と異なり閉鎖を常態とする建具である。枠の形状も戸決《じゃく》りを必要とするなど引き戸とは違ってくる。また、真壁や大壁など、取り付く壁の構成の違いや内外の床仕上げの違い、段差がある場合などによっても納まりにさまざまな相違がでてくる。

内外真壁における開き戸の納まりでは柱に「雇い戸当り」を入れることになるが、柱に塗装を施さないことが一般的なだけに、建具の仕上げ材や建具金物の選定では苦心することになる。

内外大壁では上枠、竪枠（三方枠）を入れることになるが、枠の見込みが大きくなるので狂いのない素姓のよい材を使用する。竪枠に壁の仕上げ材を納めるための小穴を突いたり、枠見込みを小さくし過ぎると丁番の木ネジの保持力が落ちるので要注意だ。

真壁と大壁の隣り合う部分では開き戸の取り付けを大壁側とする場合、強度の点などから丁番を柱付けとするが、丁番の持ち出し量の確認をしておかないと180度開けたとき、建具が額縁に当たってしまうことがあるので注意を要する。

遮音性と気密性を調整

内部扉でも、ある程度の遮音性や気密性を求められることが多い。その場合は建具内に遮音材を挿入するだけでなく枠との間の隙間にネオプレンゴムやシリコン製の隙間ふさぎを取り付けることになるが、肝心なのはあらかじめこれらが取り付くスペースを考えておかなければならないことだ。

逆に、換気のため閉めたままでも空気の流れを得られるように、建具下端を10㎜ほど短くし沓摺りや床面との間に隙間をつくることもある。

図｜壁のつくりによる開き戸の納まり

①開き戸（大壁—大壁）

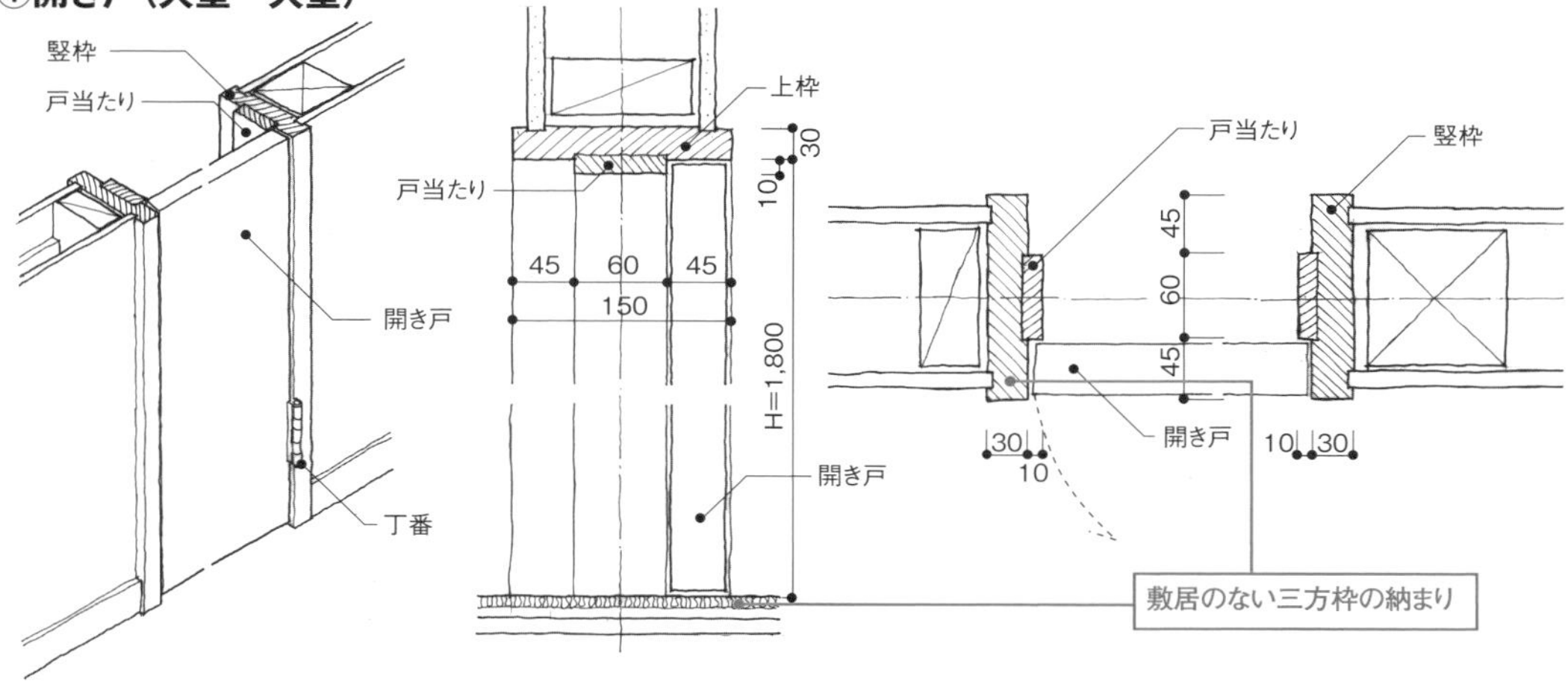

竪枠
戸当たり
開き戸
丁番
上枠
30
10
45
60
45
150
H=1,800
開き戸
戸当たり
竪枠
45
60
45
開き戸
30
10
10
30
敷居のない三方枠の納まり

②開き戸（真壁—真壁）

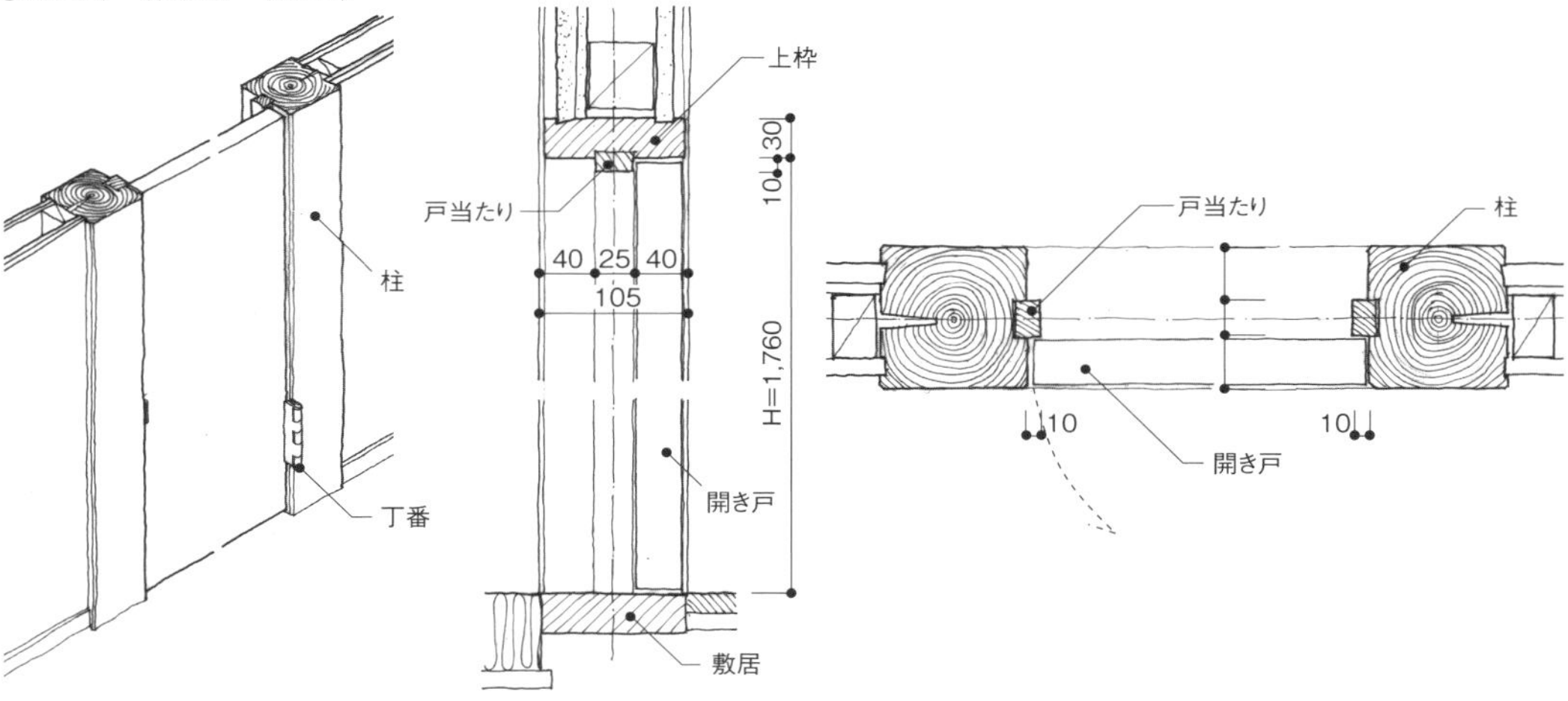

柱
丁番
上枠
30
10
戸当たり
40
25
40
105
H=1,760
開き戸
敷居
戸当たり
柱
10
10
開き戸

③開き戸（真壁—大壁）

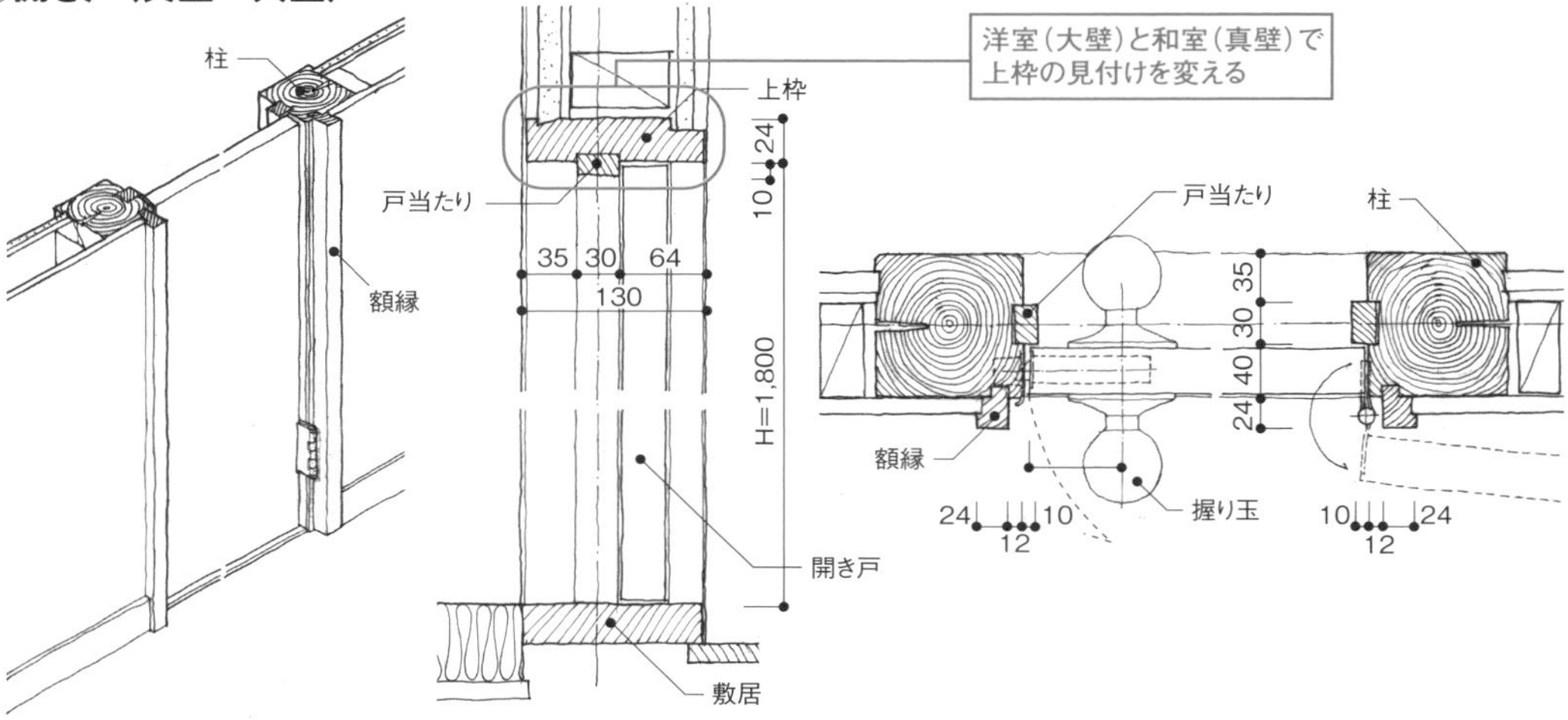

柱
額縁
洋室（大壁）と和室（真壁）で
上枠の見付けを変える
上枠
24
10
戸当たり
35
30
64
130
H=1,800
開き戸
敷居
戸当たり
柱
35
30
40
24
額縁
握り玉
24
12
10
10
12
24

引き戸

POINT 大型で重量のある引き戸ではフラッターレールと専用戸車を採用する

片引き戸の引き方

ここでは和室の障子や襖戸以外の内部引き戸、片引き戸の納まりについて述べる。引き戸は、開放的で風通しのよさや空間の場面展開の変化を実現しようとするときには欠かせない。片引き戸や引き込み戸は、開放が常態の建具ともいえる。そのため、敷居、鴨居をはじめ、枠廻りや袖壁の納まりには、特別な細やかさが求められる。

一般的には戸厚30㎜程度のフラッシュ戸で、ガラスを嵌めこむことがあり、重量面からも襖のように敷居に溝をついて摺ることは難しい。移動をスムーズにするため、七分溝の敷居に平《ひら》戸車《とぐるま》と呼ばれる底車を用いたり、大型引き戸ではフラッターレールと専用戸車を採用する。平戸車を使用し耐久性を重視する場合は、敷居溝に真ちゅう製の角レールを埋め込むこともある。

枠と建具の取合い

また、建具が引き込まれた位置での戸先と方立前面が揃うように、閉めた位置での戸尻と方立が揃うようにするなど、竪枠と建具の取合いも意匠上留意したいポイントである。

内外とも真壁とした場合の引込み戸では、引込み部分の袖壁に十分な壁厚が取りにくい。そのため、壁下地の構成と両面の仕上げ厚に注意しなければならない。

引込み戸の締まりは、一般に「鎌錠」と呼ばれる錠を用いる。これは、枠に取り付けた受け金物に鎌状の金物を引っ掛ける仕組みで、サムターン機構も持つ。建具が枠に当らないと鎌が出てこないようトリガーの付いた「シリンダー彫込み鎌錠」もある。このほか小型で扱いやすい「彫込み鎌錠」も市販されている。

図｜壁のつくりによる引き戸の納まり

①引き戸（大壁―大壁）

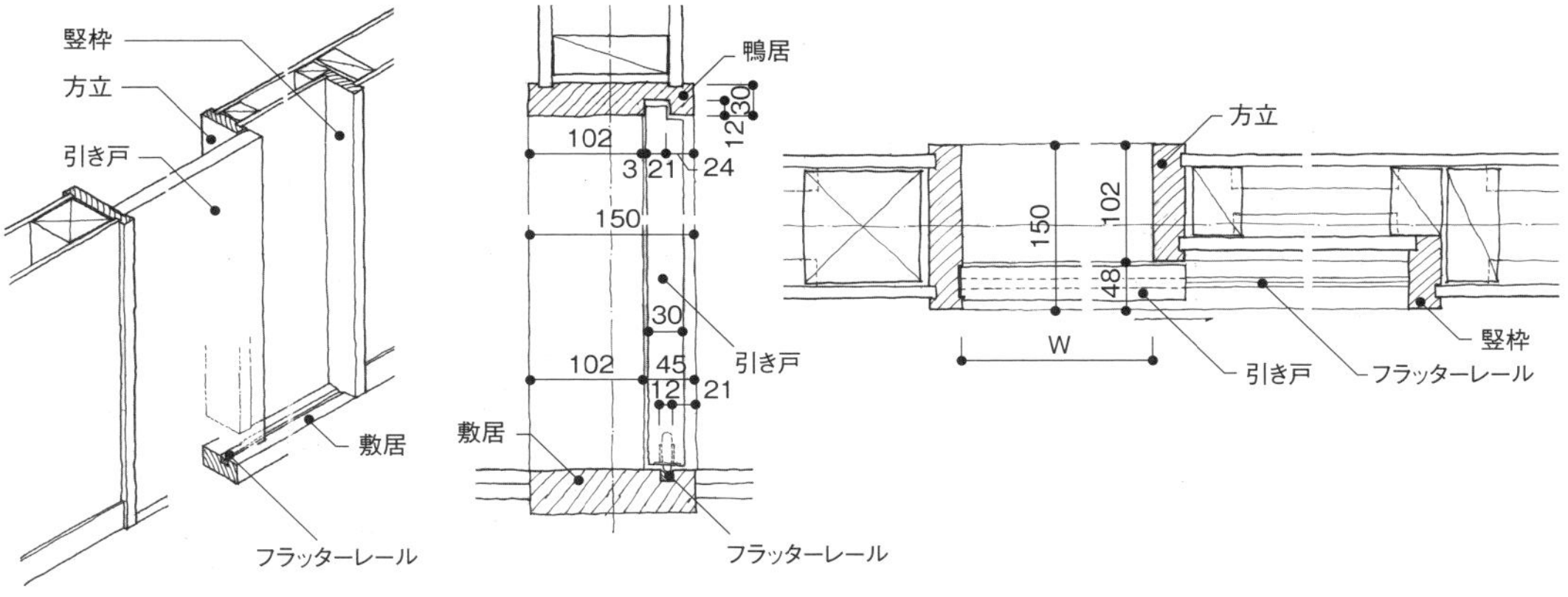

②引き戸（真壁―真壁）

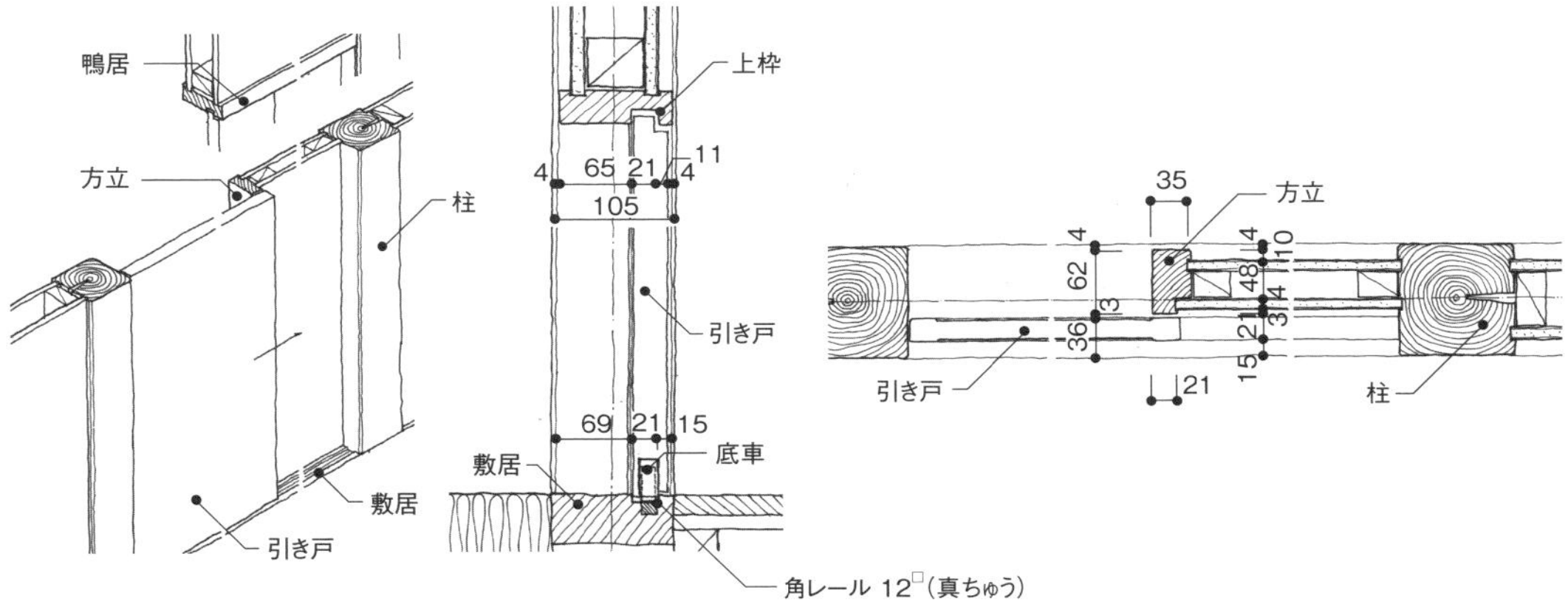

③引き戸（真壁―大壁）

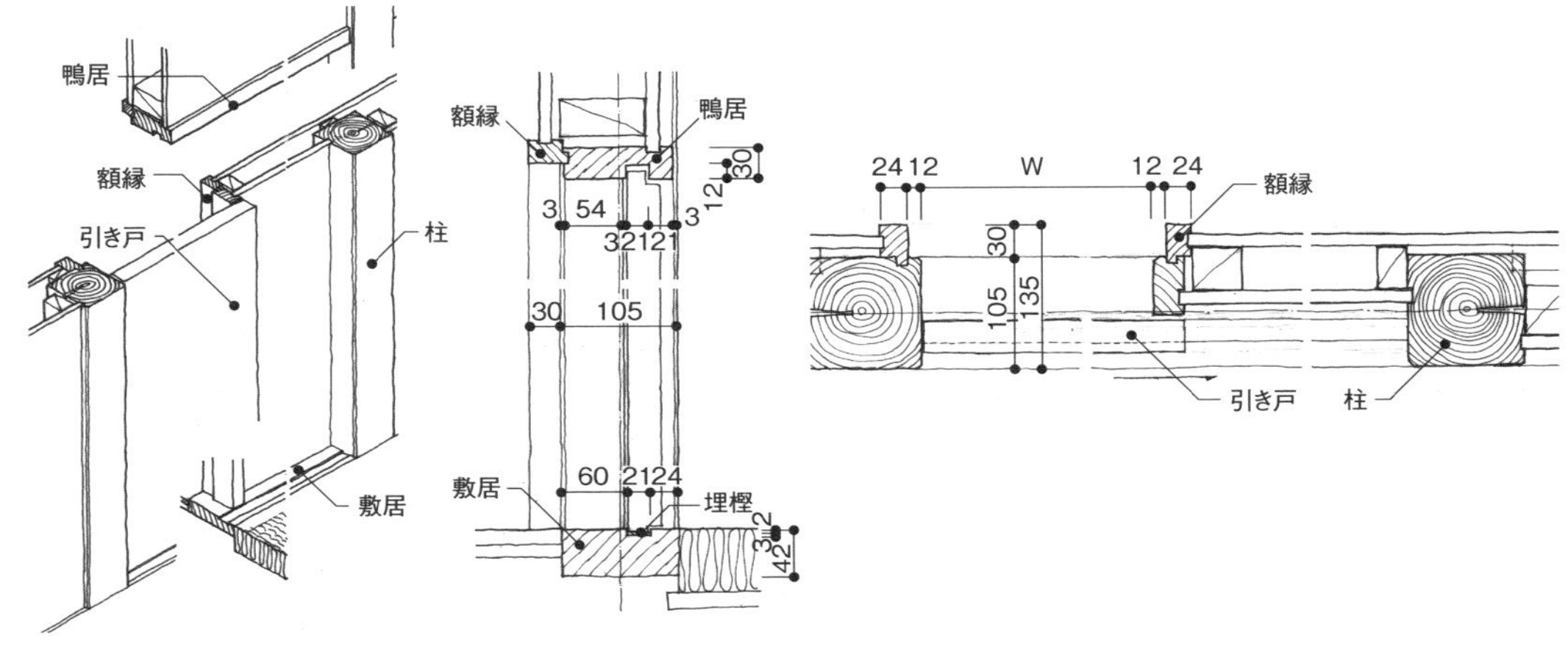

引込み戸

POINT
建具が引き込まれた状態での枠と建具の取合いもあらかじめ考えておく

戸袋と戸の関係を考える

真壁に引込み戸を納めるとき、100～115㎜の柱寸法内に建具と袖壁見切り材の方立をいかにとるかに難しさがある。方立と鴨居、方立と建具の寸法関係から引き込んだ建具をいかに見せるかを閉められた状態とともに考えなければならない。引き込んだ状態で方立と建具大手面、戸先を揃えるため、建具を溝止めにしたり、閉めた建具の戸尻と方立の後面が揃うよう寸法取りするなどの方法がある。

室内の引込み戸は一般に建具が引き込まれる戸袋部分が収納家具の一部であったり、隣室の間仕切り壁を兼ねることが多く、ここでは引込み戸の枠回りの特徴や戸袋口となる枠と建具の関係について述べる。

開口より大きくなる建具をいかに外せるように納めるかが問題となるが、鴨居・敷居に対しては枠を俟飾で納める。鉛直の枠に対しては枠をずらして建具を入れる場合、片方の枠を外せるようにつくり建具の吊り込みに備える方法、建具枠の戸先の部分を取り外せるよう小口ビス留めにしておく方法などが考えられる。

また、戸袋から建具を引き出しやすくするために戸先を50～80㎜ほど戸袋口より引き残して納める方法と、戸先大手に半回転引き手を取り付けて戸先面と枠を揃える納め方がある。

閉めたときに戸先と竪枠の隙間から光が漏れるのを防ぐには、枠にドブの決《しゃく》りを入れることで解決する。2本以上の引き戸を戸袋に納める場合には、建具を閉めたときに戸袋口に建具本数マイナス1本分の隙間ができ、戸袋内部の暗がりが出て見苦しくなるので、戸袋側の建具の戸尻に竪枠と同材のパネルを取り付けて戸蓋とする。

図｜壁のつくりによる引込み戸の納まり

①引込み戸（大壁―大壁）

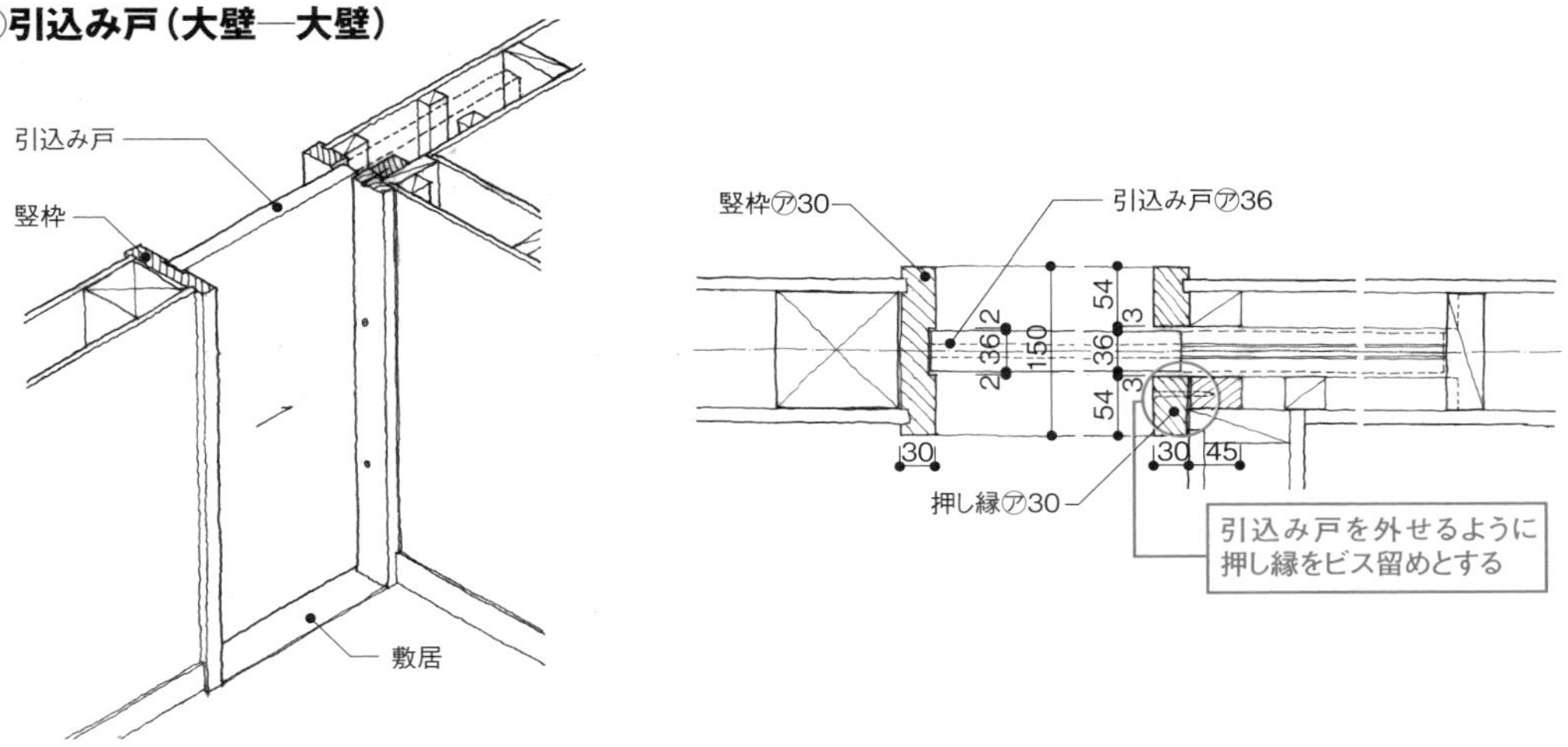
引込み戸
竪枠
敷居
竪枠㋐30
引込み戸㋐36
押し縁㋐30
引込み戸を外せるように
押し縁をビス留めとする

②引込み戸（大壁―大壁）

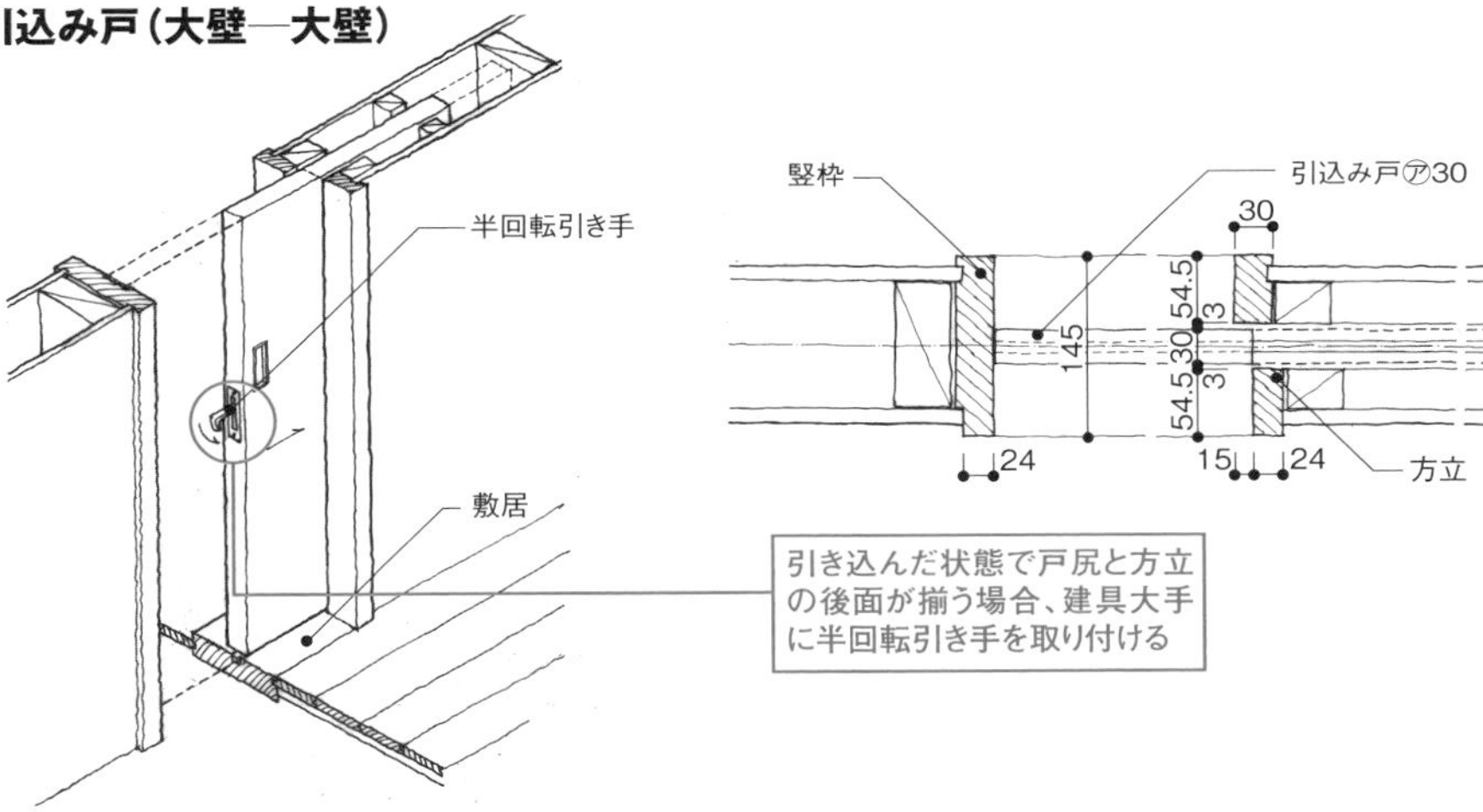
半回転引き手
敷居
竪枠
引込み戸㋐30
方立
引き込んだ状態で戸尻と方立
の後面が揃う場合、建具大手
に半回転引き手を取り付ける

③引込み戸（真壁―大壁）

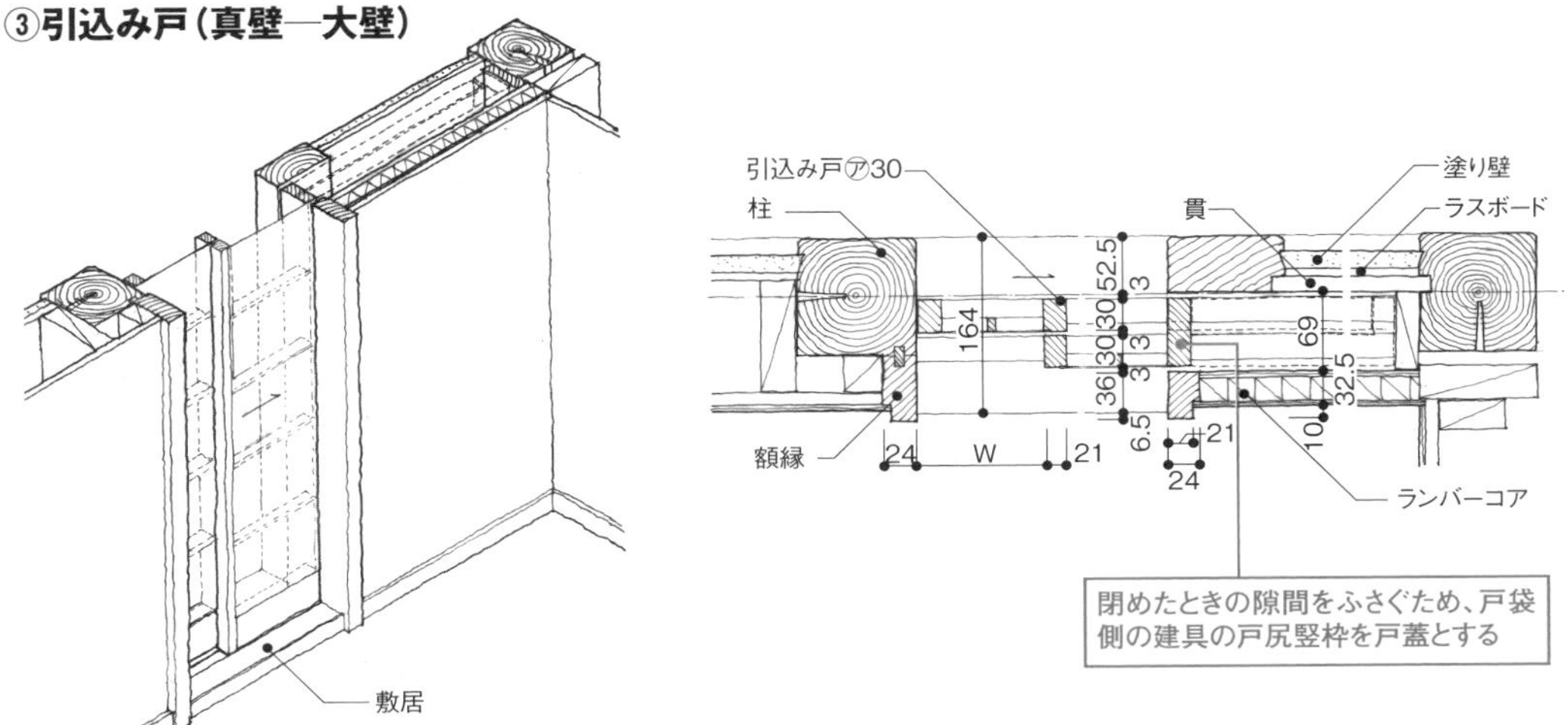
敷居
引込み戸㋐30
柱
貫
塗り壁
ラスボード
額縁
ランバーコア
閉めたときの隙間をふさぐため、戸袋
側の建具の戸尻竪枠を戸蓋とする

折れ戸

POINT

吊り形式の各種金物は、建具の重量限界を守り丈夫なものを選定する

上から吊る折れ戸

子供室を2つに分けたり、普段は開けておき来客時のパーティションとして、また居間と食堂を仕切る簡易間仕切りなどとして登場するのが折れ戸や引き戸間仕切りである。遮音性を確保することは到底かなわないが、広い間口を塞いだり開いたりと空間利用に変化をもたらす仕掛けにもなりうる。

折れ戸は、天井や鴨居に仕込んだレールから吊り下げられ連続するパネルを専用の丁番を介し、床面に埋め込まれたガイドに沿わせて折りたたみ、開閉を行う間仕切りである。これは、どんなに広い開口部であっても、建具のパネルの枚数を増やすことで対応でき、閉めた時はパネルがフラットに納まるため、壁に近い表情をもたせることもできる。

ただし、折れ戸は2枚のパネルを丁番で連結する構造で、閉める操作時に山型に折れた丁番の上下の隙間に指を挟んでしまう可能性があるので注意しなければならない。

折れ戸の金物選定

戸建て住宅向けに製品化された折れ戸用の金物類は比較的脆弱にできているものが多い。そのため、建具に反りなどの生じない材質で、建具重量限界を守るとともに、吊りレールとローラー、ピボットなどを慎重に取り付ける必要がある。

引き手や締りは、一般的には一連の折れ戸用システム金物に含まれていない。建具を固定しておいたり錠として使用できる落し金物「彫込みボルト」など、日常の使い勝手を考慮しながら選定することになる。なお、扉表面を塗装仕上げとする場合は、手アカなどの汚れ対策をしておく。

図｜折れ戸の構成と納まり

①アイソメ図

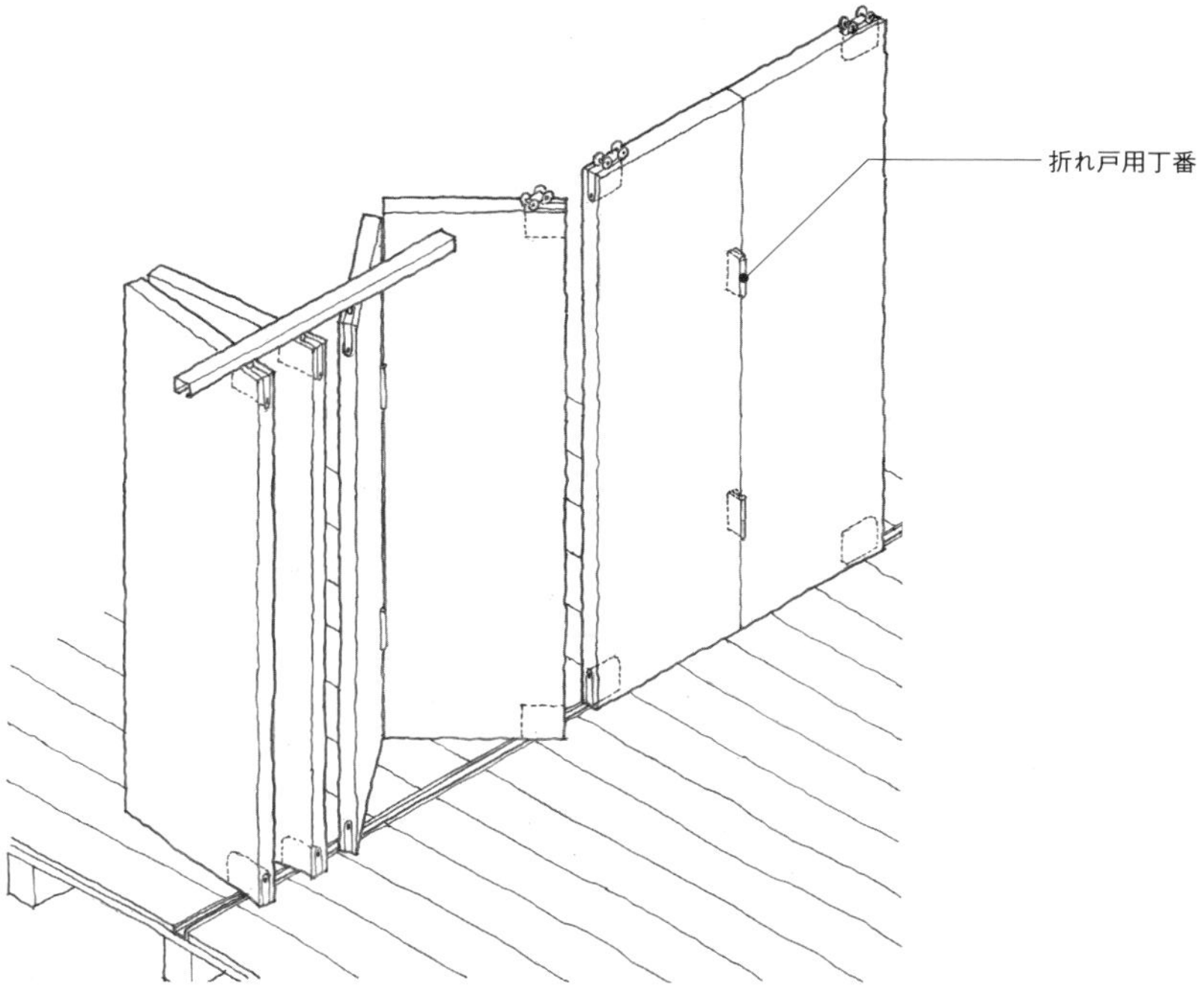
折れ戸用丁番

②断面図

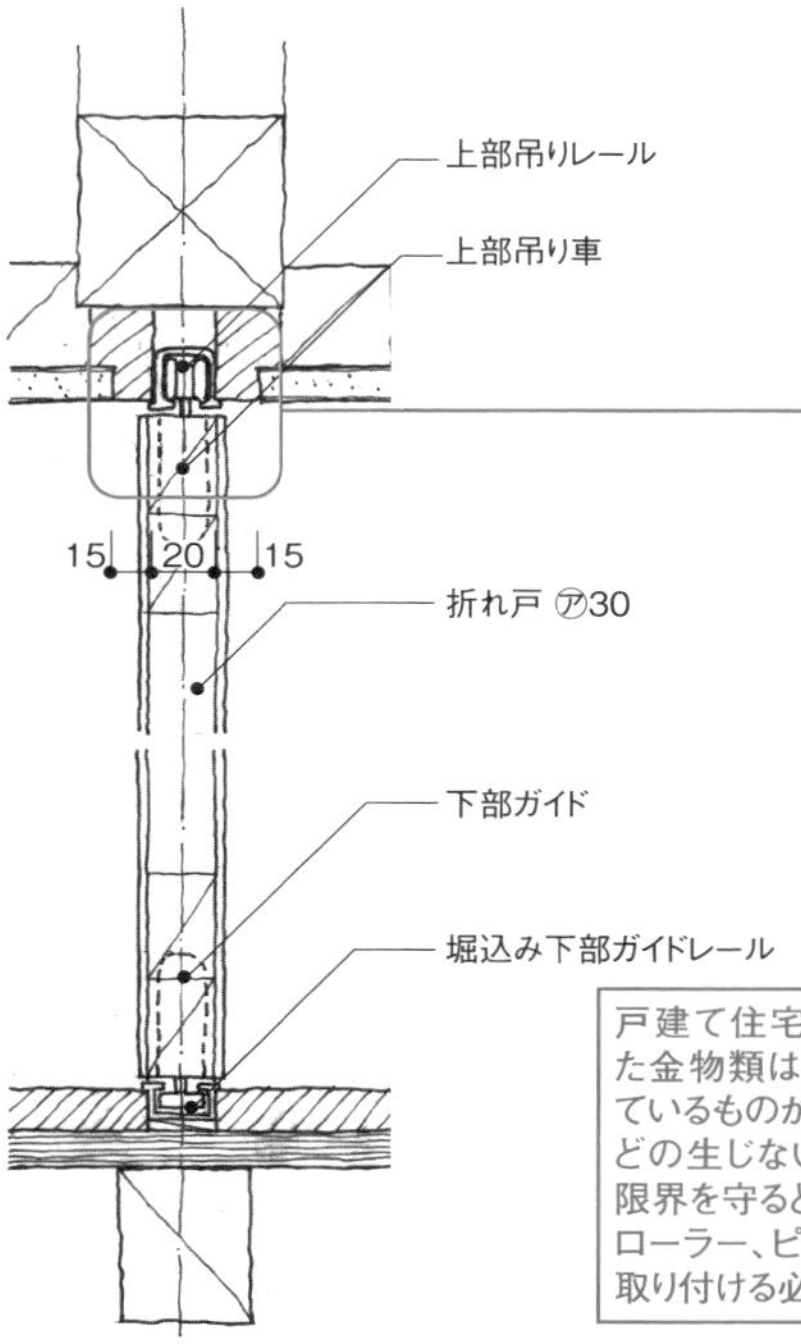
上部吊りレール
上部吊り車
15
20
15
折れ戸 ㋐30
下部ガイド
堀込み下部ガイドレール

③姿図

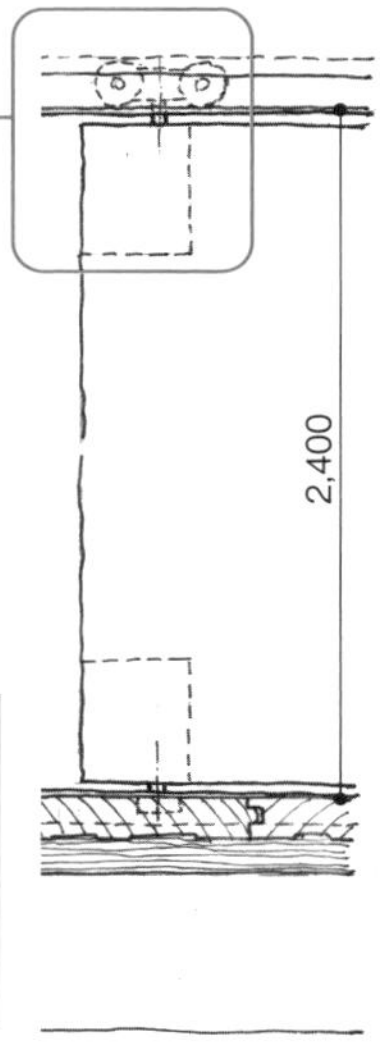
2,400

戸建て住宅向けに製品化された金物類は比較的脆弱にできているものが多く、建具に反りなどの生じない材質で建具重量限界を守るとともに吊りレールとローラー、ピボットなどを慎重に取り付ける必要がある

可動間仕切り

POINT 建具の滑らせ方、戸袋の設け方に加えて建具の遮音性にも配慮する

レールの上を滑らせる引き戸

折れ戸とともに、可動間仕切りとして用いられるのが、引き戸形式の間仕切りである。

引き戸形式の間仕切りは床面に面《つら》一《いち》［※］に納めたフラッターレールの上にレール専用戸車を仕込んだ建具を滑らせるものである。戸袋の納め方・鴨居の溝の突き方や引手の納め方を工夫し、また建具そのものに触れたときの感触やスムーズな動きなどを目指し、より扱いやすい可動間仕切りとする。

遮音性は間仕切り壁に比べると劣るが、少しでも確保したければ引き分け形式とし、建具周囲にピンチブロックなどの隙間ふさぎ材を取り付け、召合せを印籠縁にする。さらには、建具内部に遮音石膏ボードを下地材とし、ロックウールを充填するなどの構造にするとよい。

図1 | 可動間仕切りの導入例

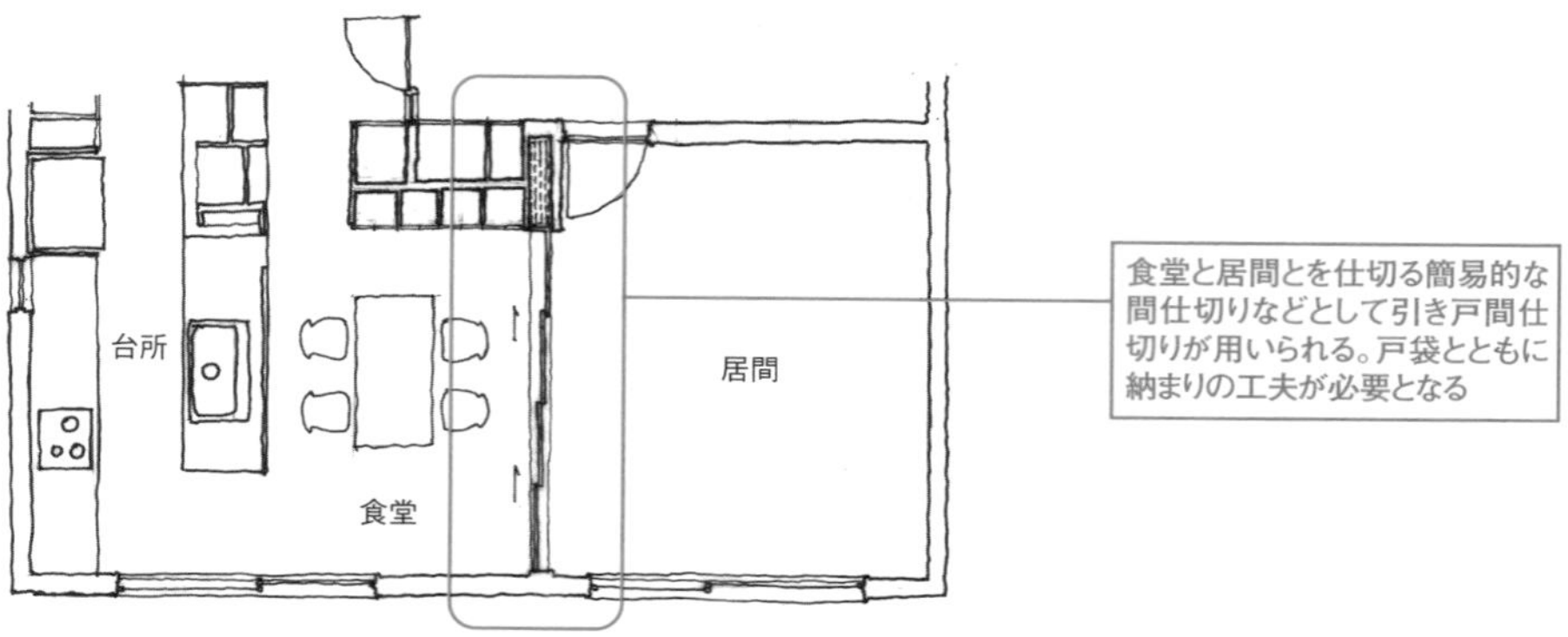
台所
食堂
居間
食堂と居間とを仕切る簡易的な間仕切りなどとして引き戸間仕切りが用いられる。戸袋とともに納まりの工夫が必要となる

※　部材どうしの表面に段差がないこと

図2｜可動間仕切りの構成と納まり

①アイソメ図

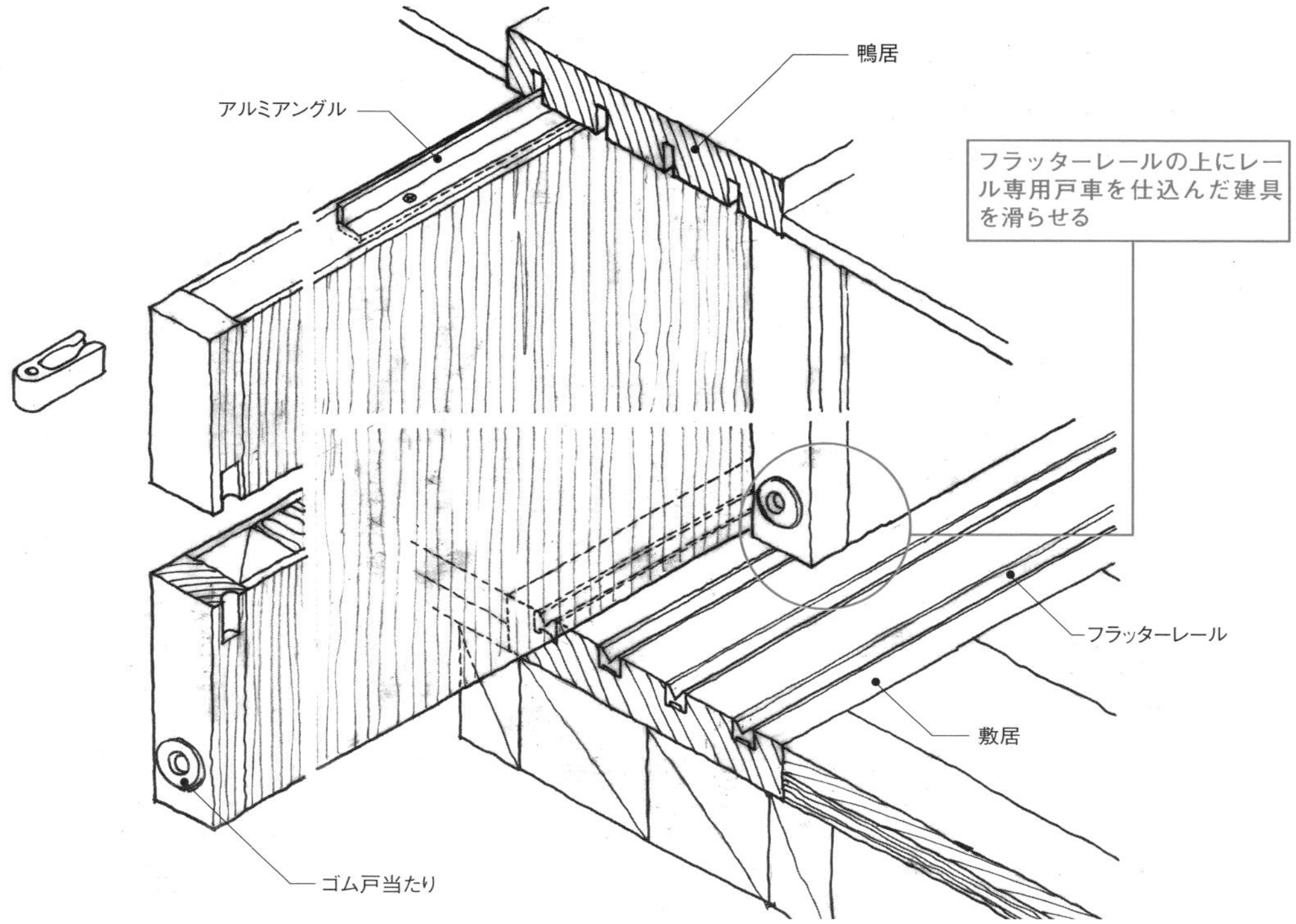

鴨居
アルミアングル
フラッターレールの上にレール専用戸車を仕込んだ建具を滑らせる
フラッターレール
敷居
ゴム戸当たり

②断面図

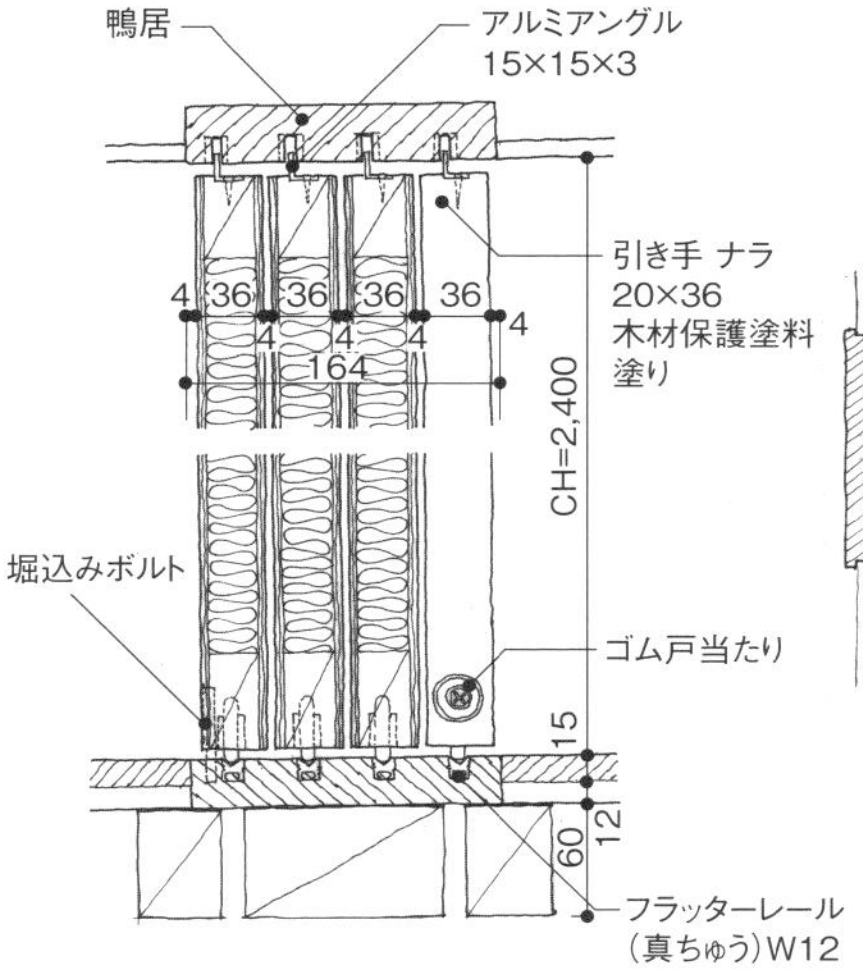

鴨居
アルミアングル
15×15×3
引き手 ナラ
20×36
木材保護塗料
塗り
4 36 36 36 36
4 4 4 4
164
CH=2,400
堀込みボルト
ゴム戸当たり
15
12
60
フラッターレール
（真ちゅう）W12

③平面図

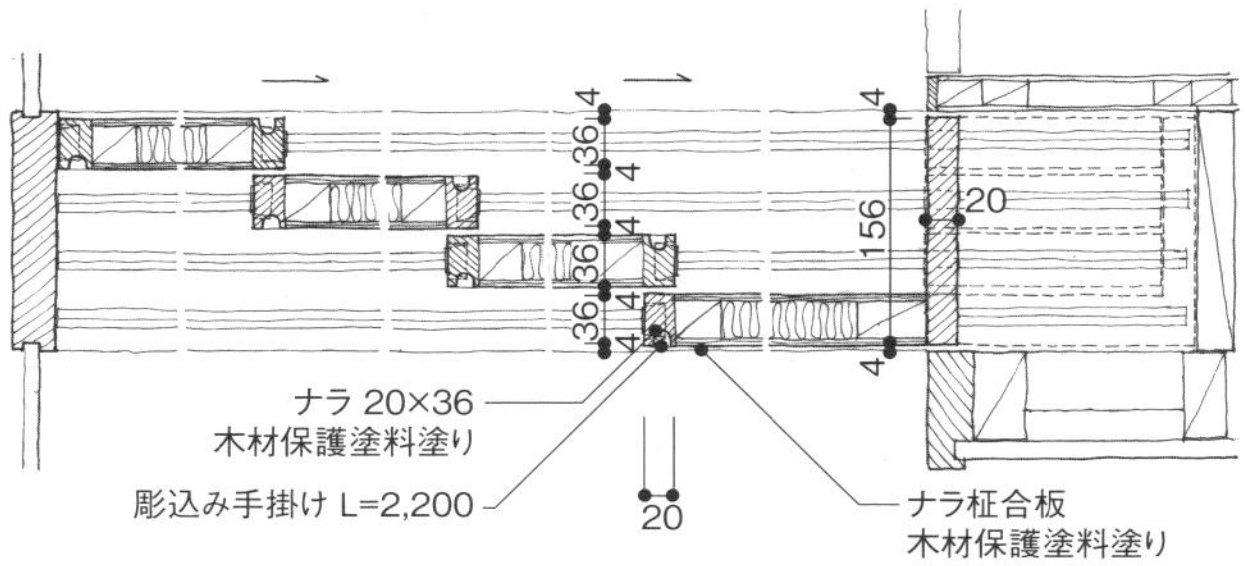

4 36 4 36 4 36 4 36 4
156
20
4
ナラ 20×36
木材保護塗料塗り
彫込み手掛け L=2,200
20
ナラ柾合板
木材保護塗料塗り

防音扉

POINT
扉を構成する材料や枠廻りに気を遣うことで、適度な防音性能は得られる

軽い防音扉の要求に応える

住宅内部でもしばしば間仕切り建具に遮音性を求められることがある。それは、リスニングルームなどのように完璧な遮音性を確保すべくグレモン錠を備え、複雑な断面の枠形状を要する防音開き扉よりも、もっと手軽なものである。また、少し音が漏れる程度の遮音、家のなかの気配が感じられるよう、または家族のもとに適度な音量で楽器の音を届けられるようにと、むしろ柔らかな防音扉である。

枠の納まりは、通常の開き戸と基本的な差異はないが、上枠、竪枠の三方枠にだけでなく、沓摺りにも戸当りを設け、戸当り部分の見付けを通常より大きく15㎜とし、扉の間に隙間ふさぎのネオプレンゴムが入る7㎜程度のスペースを確保する。

扉は、内部に遮音石膏ボードやグラスウールを入れることになるが、戸厚や重量が増すことになる。そのため、丁番を3枚吊りとし、枠扉ともに罫書《けがき》を行ったうえでしっかりとした吊り込みができるよう枠見付を大きめにとっておきたいところだ。

錠は通常のインテグラル錠（シリンダー錠）を使うことになるが、閉めるとき引き寄せ動作を伴うこともあるので、取手はレバーハンドルとし、所定の戸厚に対応し、ガタのこないしっかりしたものを選定すべきである。

引き戸、引込み戸に防音性能をもたせるのは、四周の隙間部の延長が長くなりがちで、いっそう難しい。建具の内部構成は開き戸と同様であるが、枠廻りだけでなく召合せ部、印籠納めとする中央の召合せ部などに隙間ふさぎ材を取り付け、建具の重量に応じたフラッターレールと専用戸車、引き手の納まりに神経を注ぐ。

図｜防音扉の構成と納まり

①アイソメ図

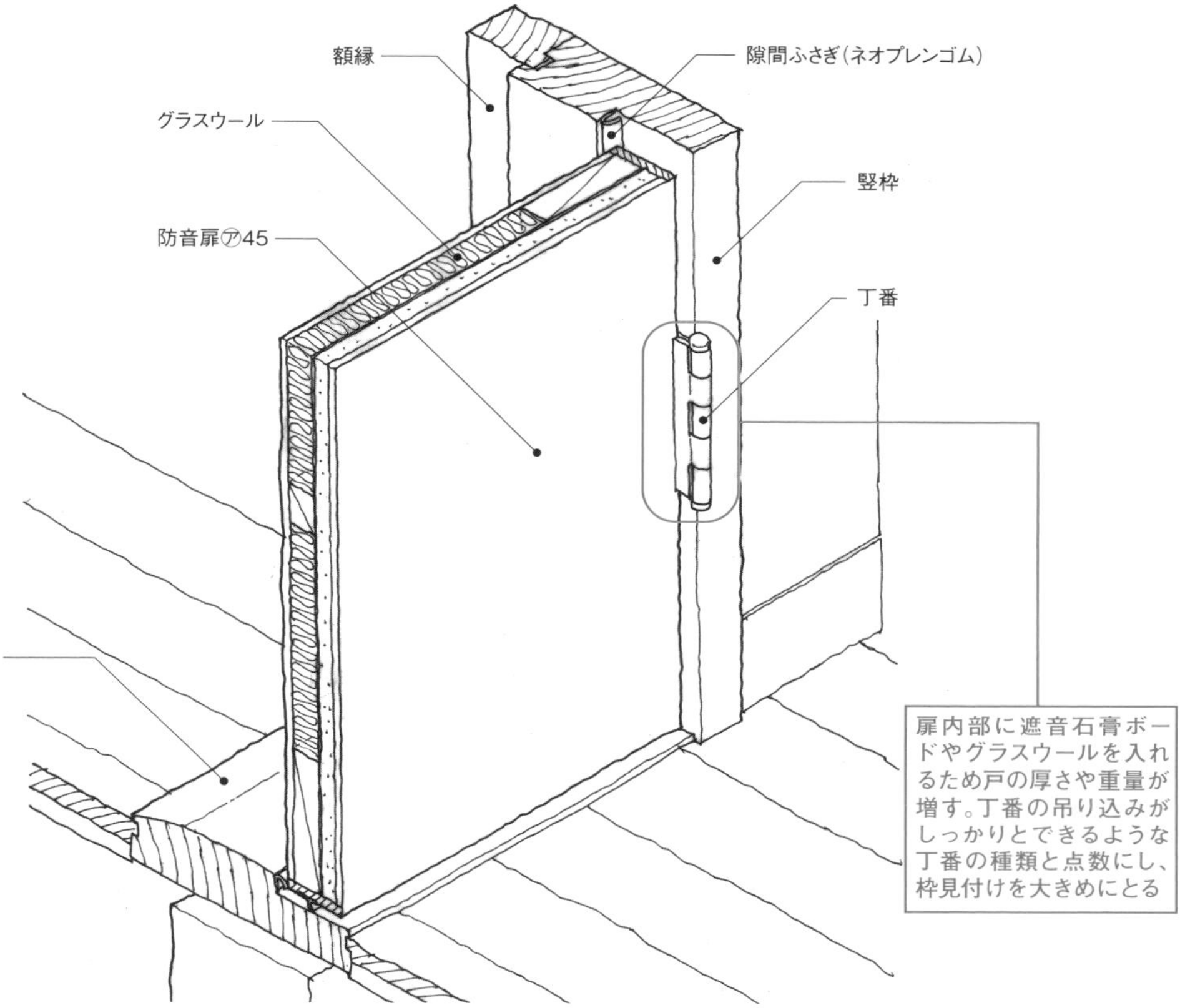
額縁
隙間ふさぎ（ネオプレンゴム）
グラスウール
竪枠
防音扉㋐45
丁番
沓摺り
扉内部に遮音石膏ボードやグラスウールを入れるため戸の厚さや重量が増す。丁番の吊り込みがしっかりとできるような丁番の種類と点数にし、枠見付けを大きめにとる

②断面図

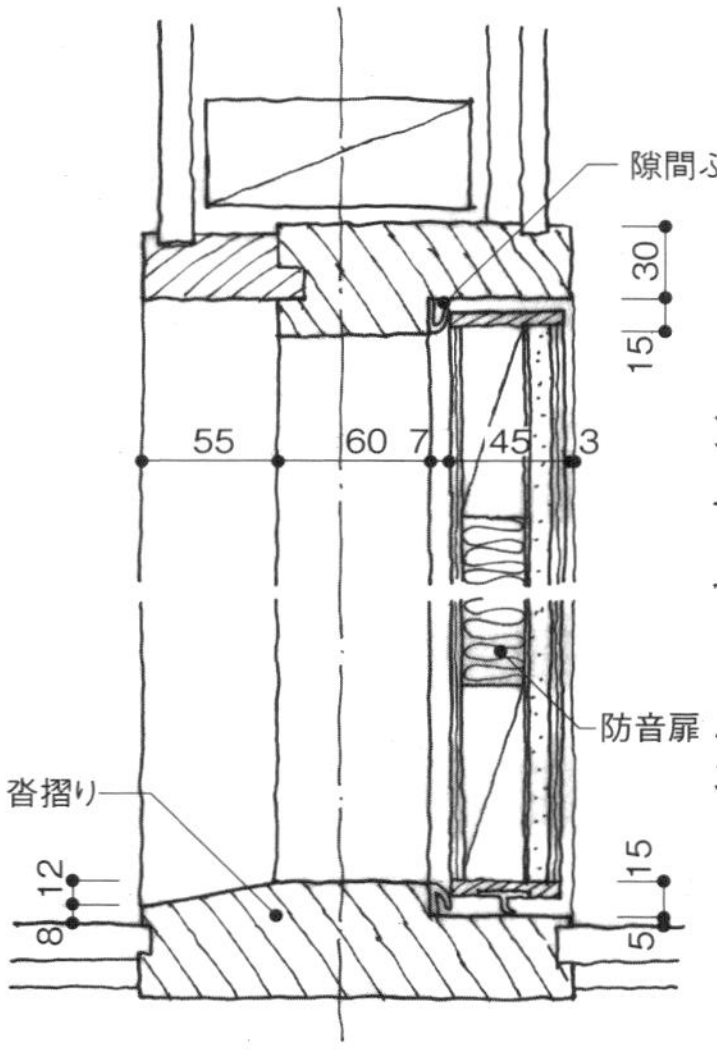
隙間ふさぎ
30
15
55
60
7
45
3
防音扉
沓摺り
12
8
15
5

③姿図

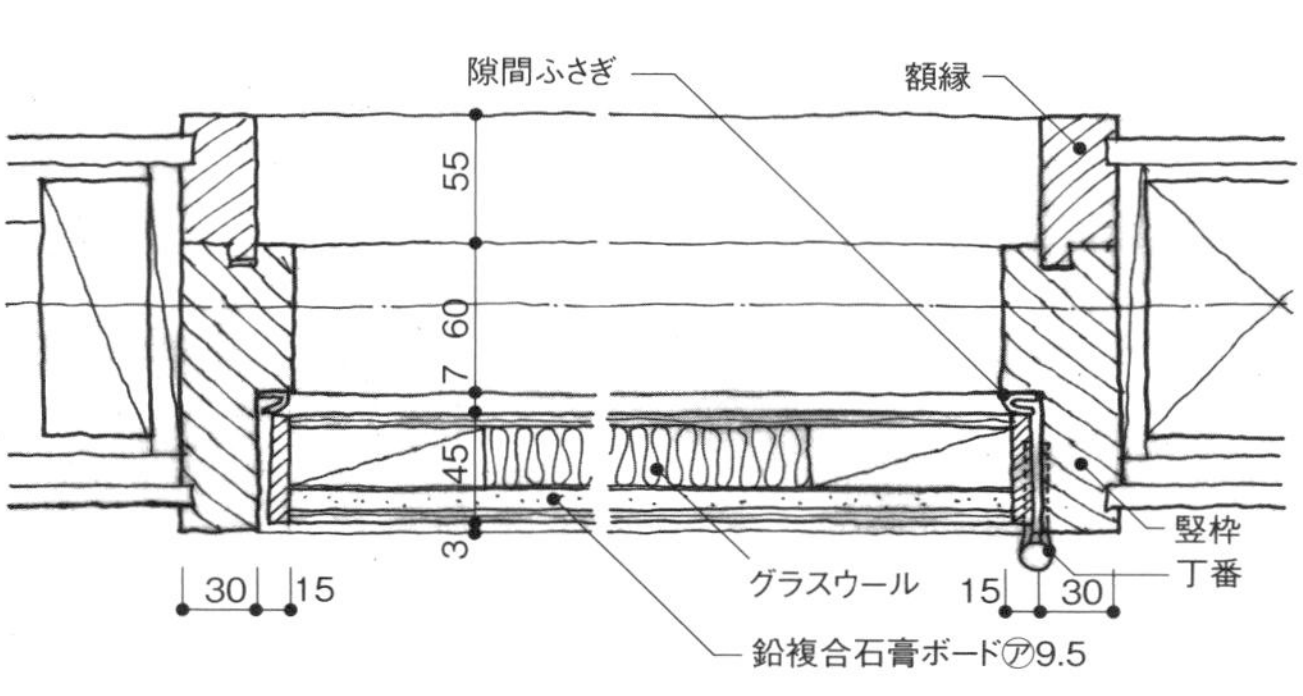
隙間ふさぎ
額縁
55
60
7
45
3
30
15
グラスウール
15
30
竪枠
丁番
鉛複合石膏ボード㋐9.5

浴室扉

POINT
水に接する扉であるため、耐水性とともに水切のディテールを考える

水対策を念入りに行う

浴室扉は水廻りの建具のなかでも、特に水に接することから、耐水性や腐りにくさ、狂いのなさが求められる。そのためアルミ製の既製品建具が使われることが多いが、人が裸のまま触れるものであり、木製の扉の導入も視野に入れておかなければならない。

建具材は、枠廻りと同様にヒノキ、ヒバやサワラなどを選定し、木部の塗装には表面に膜をつくらない浸透性の耐水塗料を使用する。丁番、錠、引き手、ドアハンドル、レールや戸車などの金物は、錆のこないステンレス製とし、錠は非常解錠装置付きのとする。

また、浴室には換気装置を付けるため扉に給気ガラリを忘れてはならない。框戸にガラスやアクリル板を嵌める場合には取付け溝幅を大きめにとり、シーリングは浴室側に打つ。アクリル板（乳白色）は軽く枠への負担が少なく、うっかり手をついても割れないためよく使われる。下桟と竪框の下端は、浴室側にテーパーをとっておくことで水切りがよくなる。

ガラス扉は干渉に注意

開放的な浴室空間のために、ガラス単板の開き戸も考えられる。これは強化ガラスと水廻りにも使える自動閉止機構を内蔵した丁番を利用するもので、強化ガラスは万が一割れても鋭利な破片とならない。透明としない場合はガラスにタペストリー加工（タペ加工）を脱衣室側に施し半透明状にする。

ガラスのサイズや厚みの決定にあたっては、ヒンジに応じた扉の回転軌跡をみて干渉する部位がないかを確かめる。また、ドアハンドルを含め所定の位置に取付け用の穴などの加工をあらかじめ指示しておく。

図｜浴室強化ガラス扉の構成と納まり

①アイソメ図

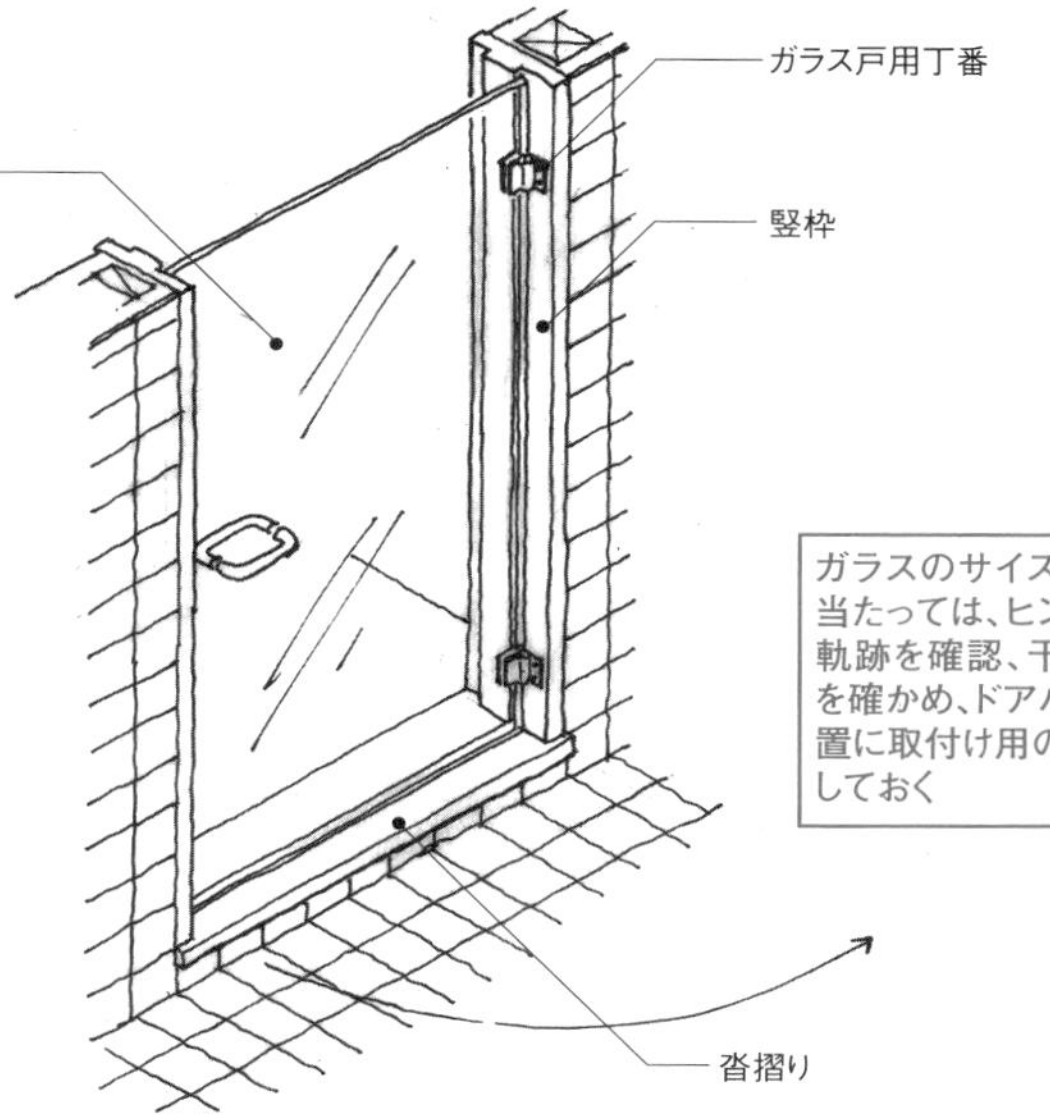
ガラス戸用丁番
強化ガラス戸
竪枠
沓摺り

ガラスのサイズや厚みを決定するに当たっては、ヒンジに応じた扉の回転軌跡を確認、干渉する部位がないかを確かめ、ドアハンドルを含め所定位置に取付け用の穴などの加工を指示しておく

②断面図

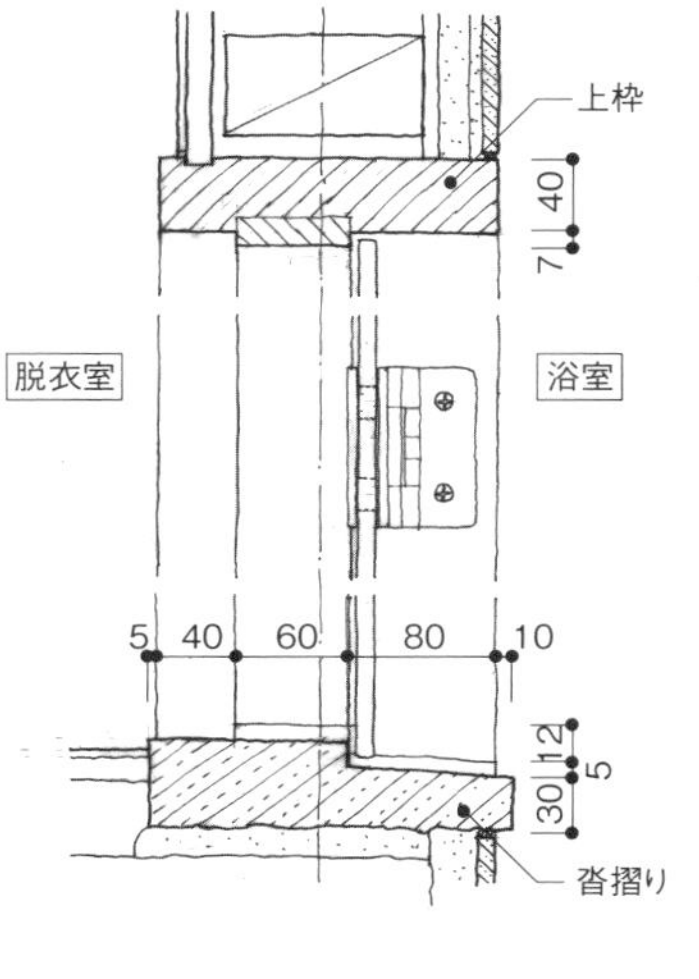
上枠
40
7
脱衣室
浴室
5
40
60
80
10
12
5
30
沓摺り

③平面図

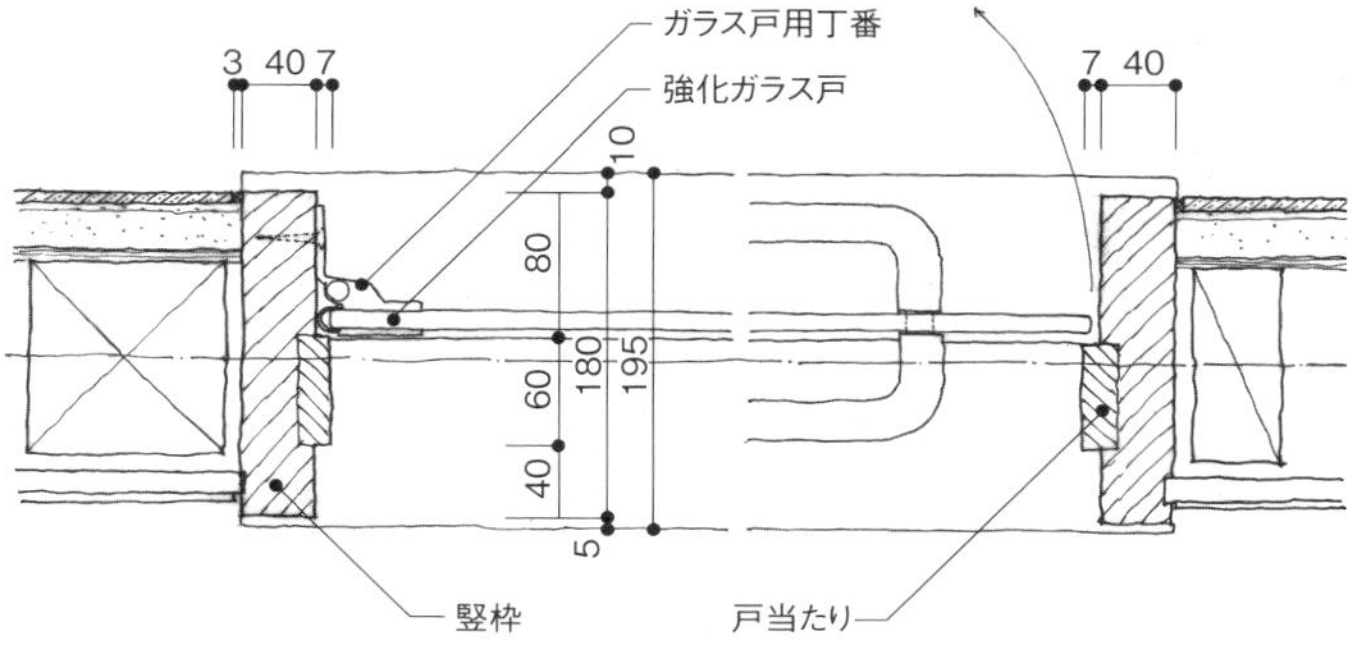
ガラス戸用丁番
強化ガラス戸
3
40
7
7
40
10
80
180
195
60
40
5
竪枠
戸当たり

074 内部開口部⑩

洋室の欄間

POINT 欄間部分に内倒し窓や横辷り窓を設けることで、室内の換気に役立てることができる

窓として活用できる欄間

天井と鴨居の間に設けられた開口部を一般に欄間と呼んでいる。子供室、寝室などの洋室欄間では出入口の枠のなかに組み込まれ、ガラスはめ殺しとすることもあるが、外気に接する部分が部屋の1面にしかとれない場合などでは、出入り口の扉を締め切ったままでも外からの空気の流れを生み出せるよう、そこに開け閉めできる建具を入れることになる。

欄間の開閉方式は、丁番を中鴨居に水平に取り付ける内倒し窓、昔からの欄間専用の金物、「ホイトコ」による横辷り出し窓などがある。それぞれ、開け放したままにすることができるメカニズムの建具金物と、キャッチ錠などの締りが不可欠である。

欄間に使う内倒し窓は、中鴨居に丁番を取り付ける水平開き戸で、一定の角度で開放しておくことができる「押し」と呼ばれるストッパーや上桟に付けるキャッチ錠を利用するもので、建具は、ガラス框戸やフラッシュ戸である。

横辷り出し欄間窓は、同じく水平方向に開くものである。建具の両サイドにホイトコを取り付ければ、建具を自由な角度で止めておくことができる。

枠への取付けは、竪枠に面付け、建具両側面に深さ8㎜程度の決りを入れ、金物が見えにくいように取り付ける。これは丁番を用いないために中鴨居が不要で、下の出入口の建具と一体に見えるよう、面一に立て込むこともできる。

横辷り出し欄間窓は上開きにも下開きにも使えるが、下開きの場合建具が重すぎると自然に閉じてしまうことがあるのでガラス欄間窓とする場合などでは要注意である。

図1｜内倒し窓(押し倒し金物)

①アイソメ図

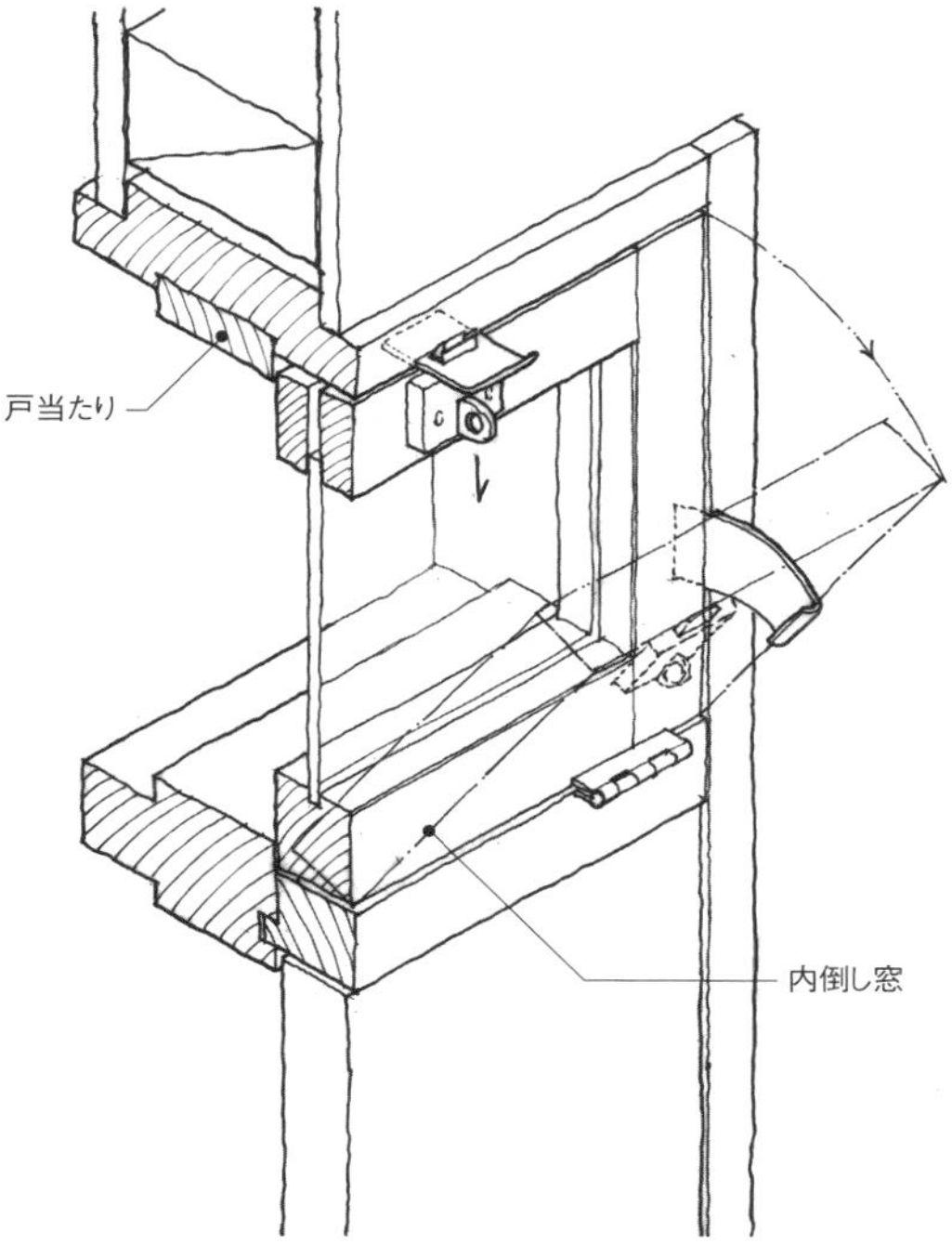

戸当たり
内倒し窓

②断面図

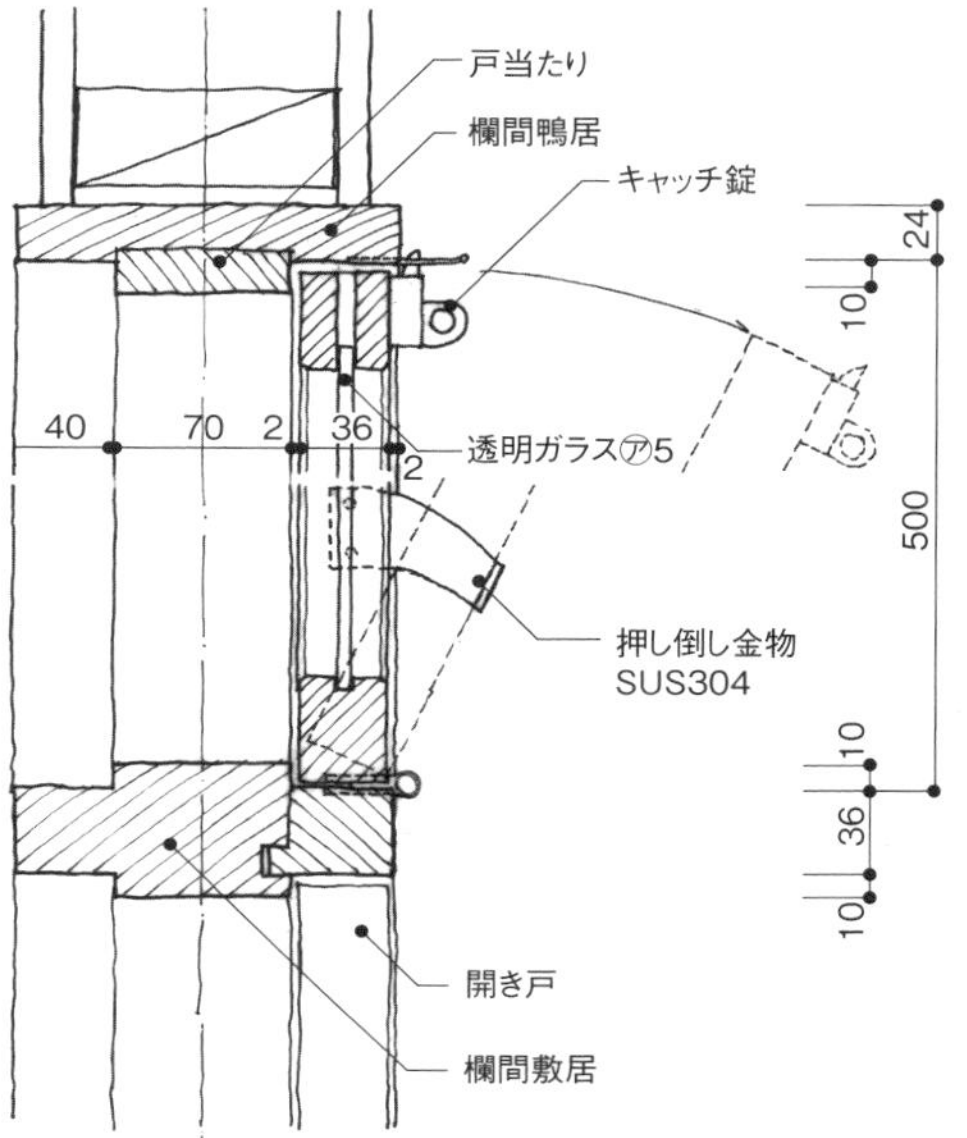

戸当たり
欄間鴨居
キャッチ錠
24
10
40
70
2
36
2
透明ガラス㋐5
500
押し倒し金物
SUS304
10
36
10
開き戸
欄間敷居

図2｜横辷り出し欄間窓(ホイトコ金物)

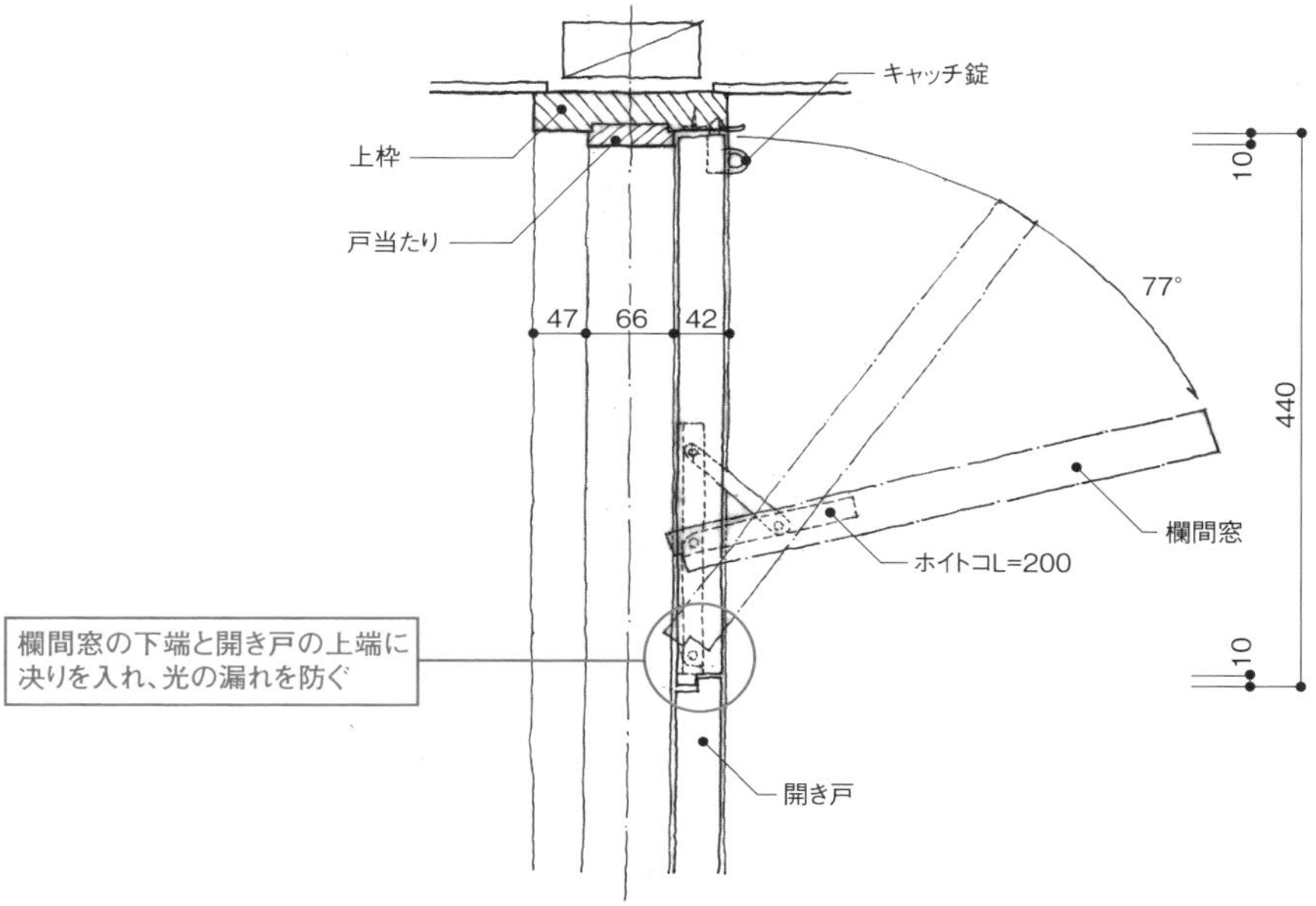

キャッチ錠
上枠
戸当たり
10
77°
47
66
42
440
欄間窓
ホイトコL=200
欄間窓の下端と開き戸の上端に
決りを入れ、光の漏れを防ぐ
10
開き戸

3
内装

間仕切建具の出隅・入隅

POINT 動く間仕切り建具どうしの出隅や入隅では、立体的な納まりを考える

隅部の立体的な納まり

来客を迎えるときや季節ごとの部屋の使い勝手に変化を与え、暮らしにバリエーションをもたらそうとするときなど、状況に応じて室内空間にさまざまな演出効果を与えようとするとき、間仕切り建具は重要な道具立てになる。

そのためには、場面転換に力を発揮する「動く建具」がどこに引き込まれていてどのようにしまわれるか、建具どうしがいかにつながり、いかにぶつかるかなどを織り込んだプランが大切になる。

これらの建具には引き戸が多く使われるが、平面的に動き、開いたり閉まったりするだけでなく、直交方向に動く建具にもつながるとなれば、そこに立体的な出隅や入隅を形づくることになり、視界の広がりを伴った室内風景が生まれることになる。

天井高いっぱいの引き戸は、パネルに反りのこない素材と仕上げ材を選定し、床面に埋め込んだフラッターレールとこれに対応じた戸車を使う。こうすれば間仕切建具が戸袋にしまわれて見えなくなった場面にも備えることができる。

図1 | 引き戸の出隅・入隅が出る場面

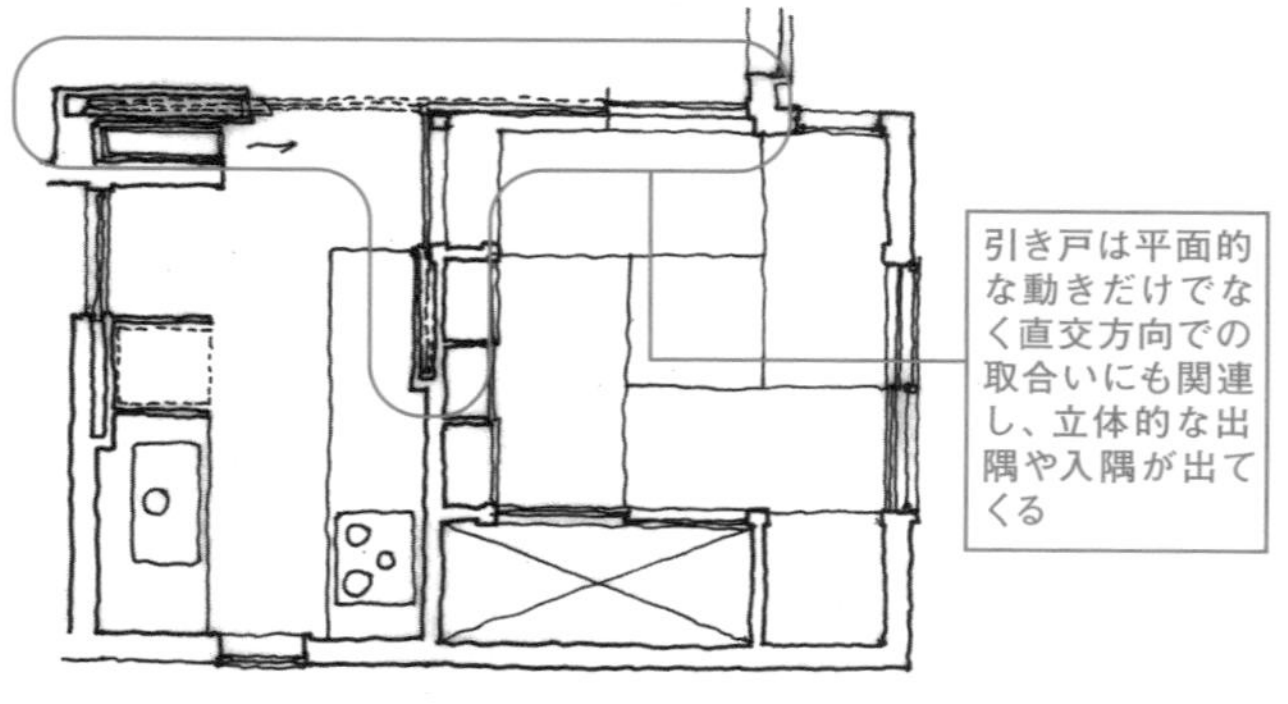
引き戸は平面的な動きだけでなく直交方向での取合いにも関連し、立体的な出隅や入隅が出てくる

図2｜引き戸の取合い例

①平面詳細図

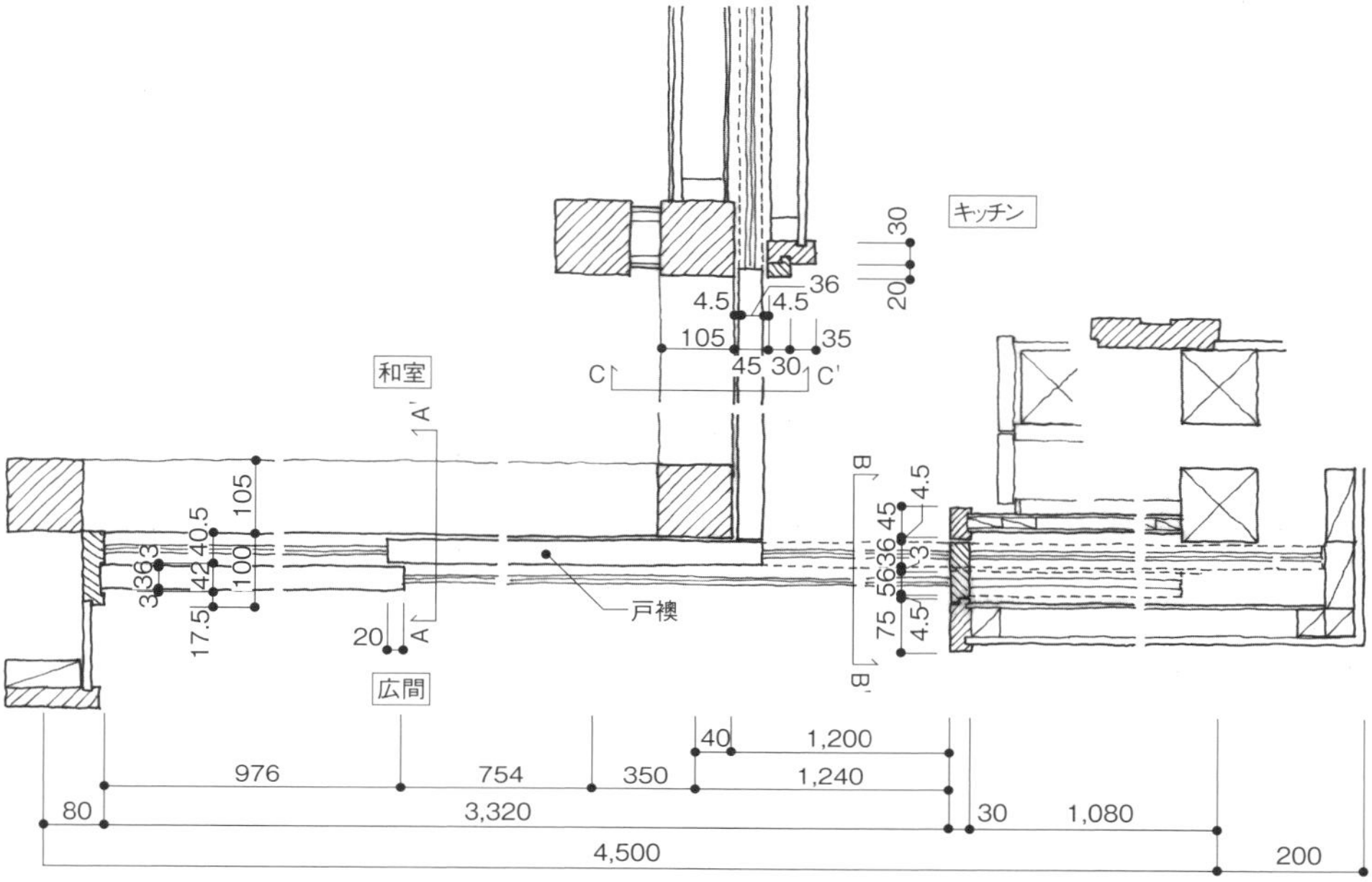

図3｜欄間のバリエーション

②A-A'断面図

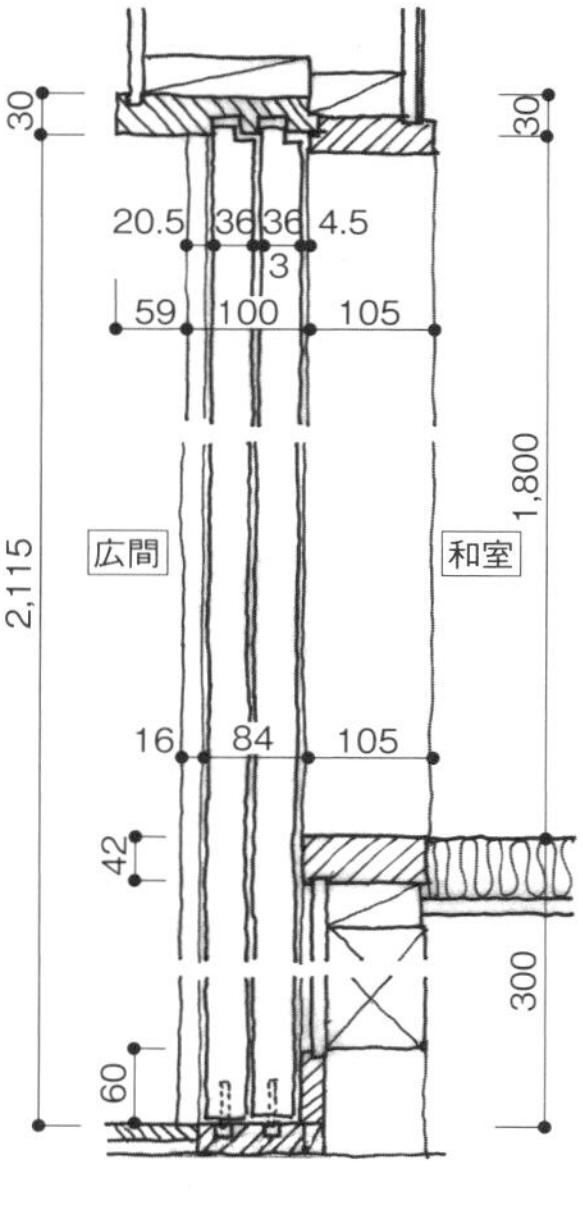

③B-B'断面図

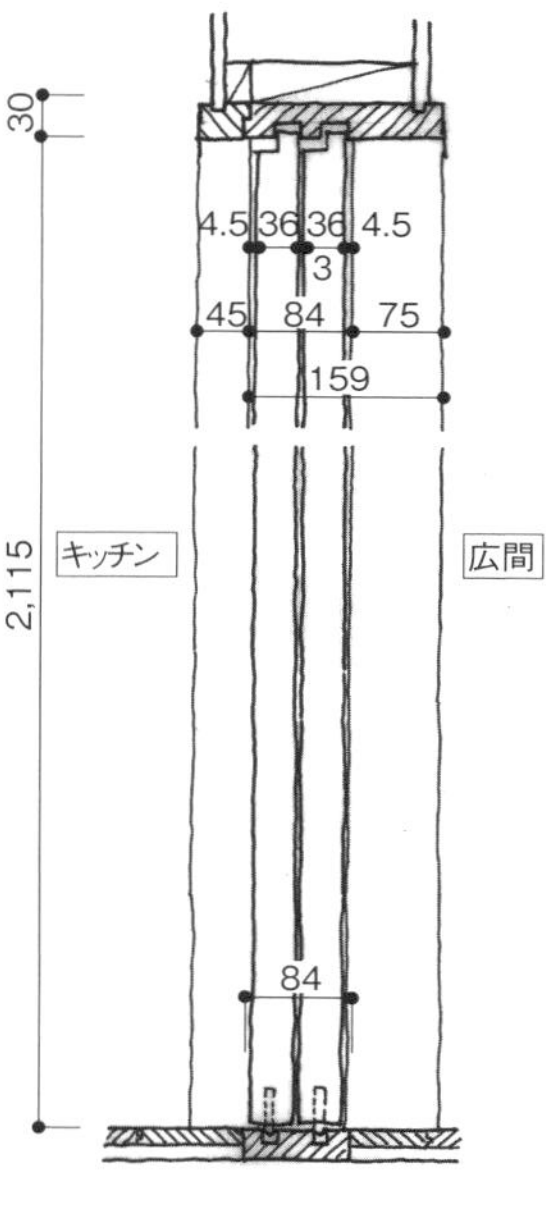

④C-C'断面図

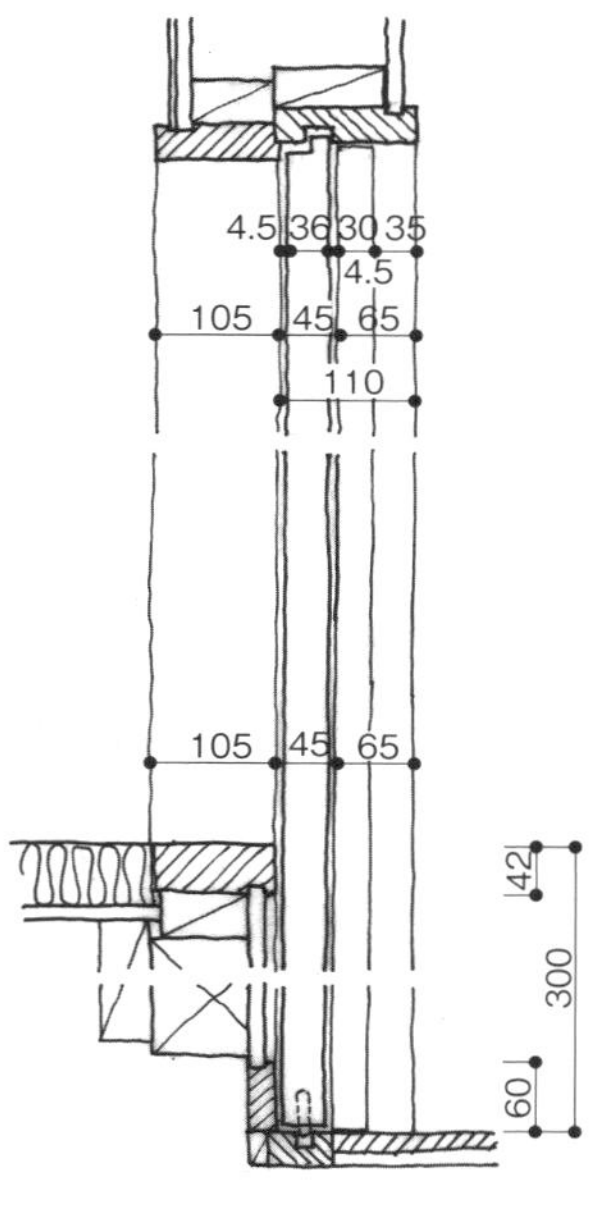

クローゼット

POINT
扉が開いたときの状態も確認し、
ほかの家具などと干渉しないようにする

納められる物を十分に把握する

クローゼットの形式は、衣類をたたまずにハンガーに吊るして収納する洋服ダンスタイプが中心である。

ハンガーに吊るす衣類の種類ごとの寸法や数量のほか、引出しに納める小物類、アクセサリー類、下着やワイシャツ、ブラウス類、セーター類の数量などをあらかじめ知っておくことが大切だ。丈の長いドレスやコート類はハンガー下の寸法が1600㎜以上必要である。さらにはハンドバッグ、カバンやネクタイ、帽子など、納められる品々は実に多彩である。

搬入と取付けを想定した設計

クローゼットは大きく、場所もとるため、意匠上、ほかの部分への影響も大きい。奥行のとり方や建具の大きさ、割付けには注意したい。また搬入や取付けに際し、通路や階段、出入り口からの搬入に支障がないかを検討する。天井高と同じ成の場合は、室内で組み立てることを想定し、あらかじめ天袋部と分割した構成としておくことも重要である。

納まり上の注意点

スペースに余裕の少なくなりがちなベッドルームのクローゼットでは、扉が開いたときベッドなどにぶつからないよう扉幅を小さめにしておく。扉の裏面に姿見の鏡を取り付けるときは、扉を開いたときに見やすくなるように丁番の開き角度を130～170度と大きめにしておくことが必要である。

そして、引出しを組み込む場合は、詰め込まれて盛りあがった衣類が引出しの前受け桟に引っかからないよう水平・中仕切りパネルを入れておくなどの細やかな配慮が求められる。

図｜クローゼットの構成と納まり

①アイソメ図

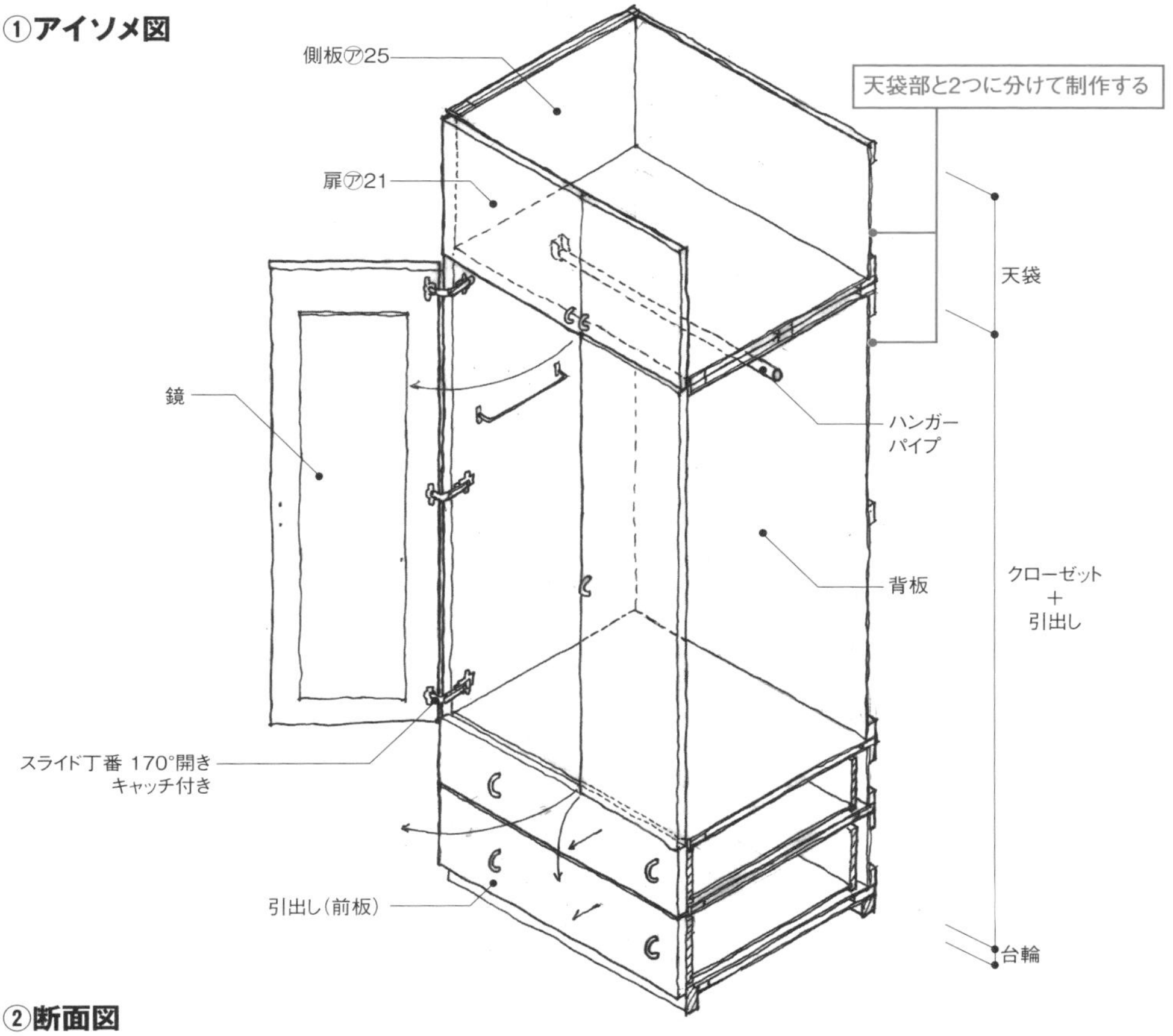
側板㋐25
天袋部と2つに分けて制作する
扉㋐21
天袋
鏡
ハンガーパイプ
背板
クローゼット
+
引出し
スライド丁番 170°開き
キャッチ付き
引出し（前板）
台輪

②断面図

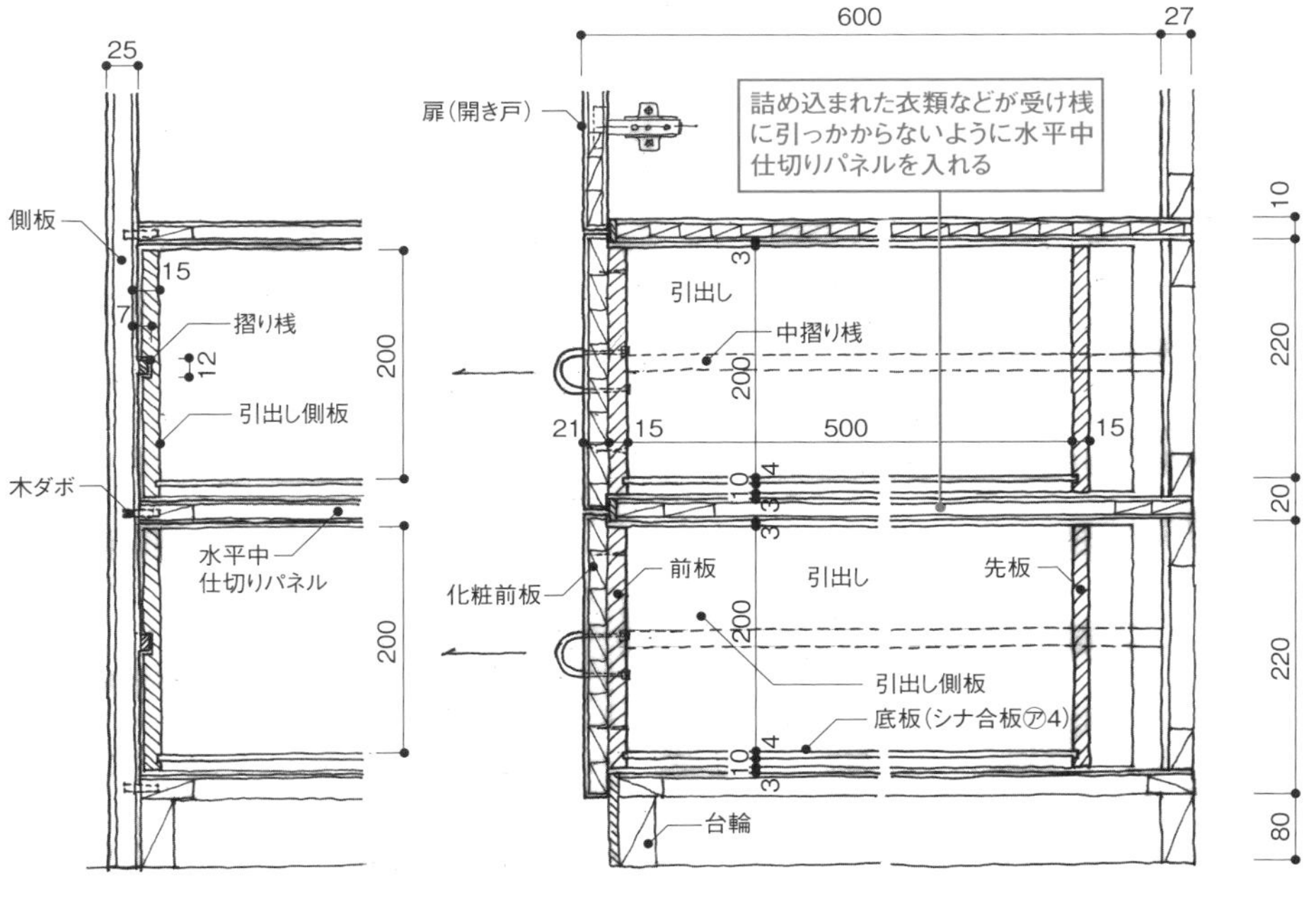
25
側板
15
7
摺り桟
12
200
引出し側板
木ダボ
水平中
仕切りパネル
200
600
27
扉（開き戸）
詰め込まれた衣類などが受け桟
に引っかからないように水平中
仕切りパネルを入れる
10
3
引出し
中摺り桟
200
220
21
15
500
15
10
4
3
3
20
前板
引出し
先板
化粧前板
200
220
引出し側板
底板（シナ合板㋐4）
10
4
3
台輪
80

カウンター

POINT 壁との取合いでは、甲板を壁仕上げに先行して取り付けると逃げがとりやすい

カウンターの役割と納まり

住宅のなかでカウンターといえば代表的なのが台所のカウンターである。調理や煮炊きなどの作業をする、まさに「台」といえる。一般的には下部に収納や設備機器を備え、上端の天板・甲板は堅牢な素材で製作する。その上で耐水性、耐火性、耐薬品性能、耐摩耗性や清掃性などが求められるが、触れたときの感触、柔らかさや表面の美しさに重点が置かれることもある。

カウンター甲板の納まりで重要なのは、まず作業内容に応じたしっかりとした材料の選定をすることである。また、厚みや幅の決定をし、取付け場所への搬入が可能かなどを確認する。通常は甲板と箱体は別々に持ち込まれたうえで現場で取付け作業を行うので、甲板を支える箱体や接する壁体との納まりにも注意する。

甲板の種類と取合い

甲板に使用されるのは、硬度のある広葉樹（ナラ、タモ、サクラなど）の堅木ムク材や集成材、突き板化粧単板、メラミン樹脂化粧板、積層合板、アクリル樹脂人工大理石板、ステンレス板（下地合板で裏打ち）、石材（御影石、大理石）などである。甲板と引出しなどの箱体との取付けに際しては、甲板を勝たせ、箱体の前面との間にチリを最低でも2～3㎜程度はとっておいたほうが逃げが効く。

壁との取合いでは、突付けは逃げが効かないので箱目地をとって納めたいが、水廻りでは使えない。押し縁は簡単で逃げもとりやすいが、甲板との納まりが見苦しくなる。枠との取合いでは枠より出ないように納める。甲板を壁仕上げに先行させて取り付ける納まりは、逃げもとりやすい。

図1｜カウンターの下部収納の納まり

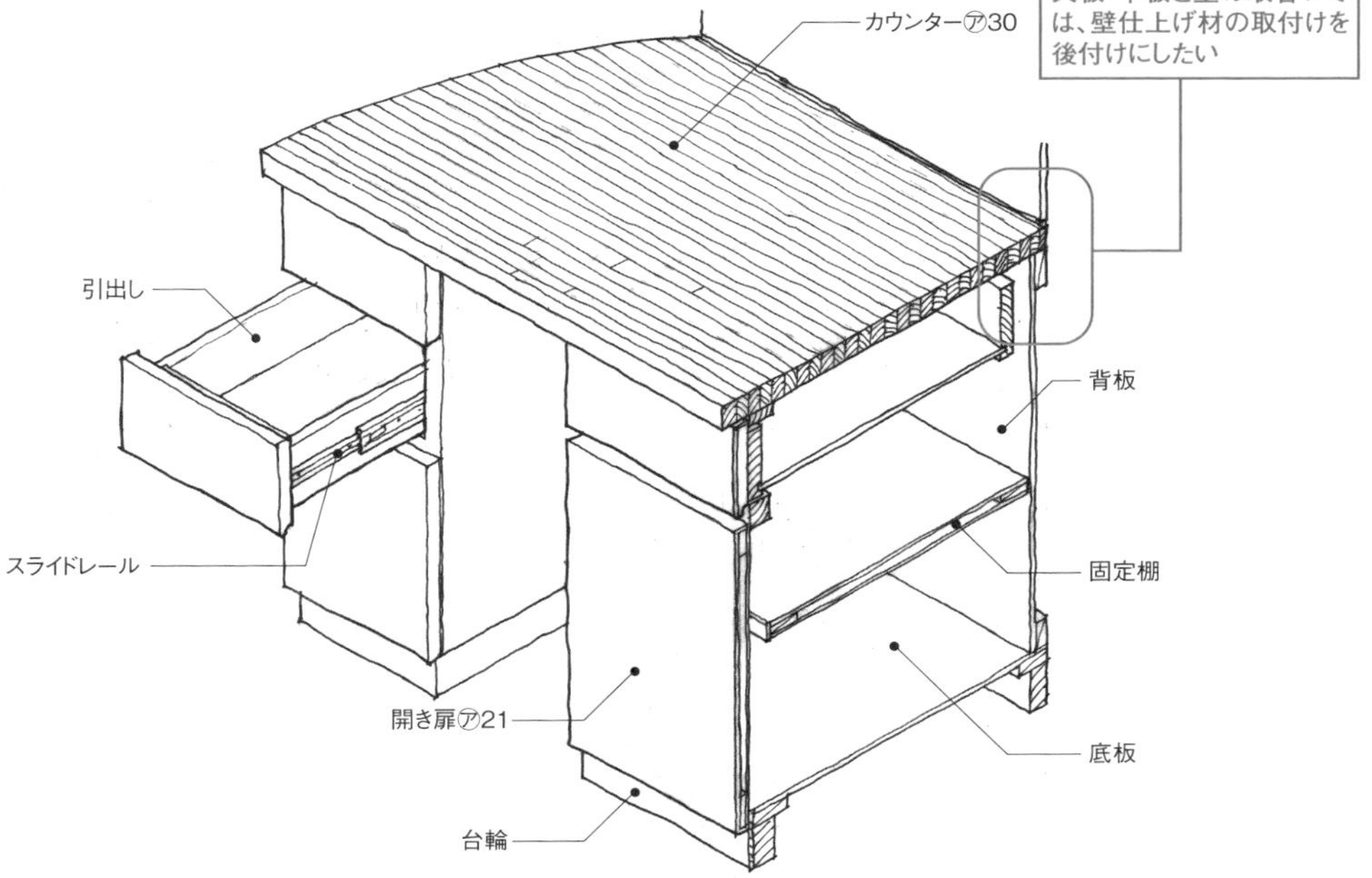

カウンター㋐30
天板・甲板と壁の取合いでは、壁仕上げ材の取付けを後付けにしたい
引出し
背板
スライドレール
固定棚
開き扉㋐21
底板
台輪

図2｜ダイニングキッチン対面カウンターの納まり

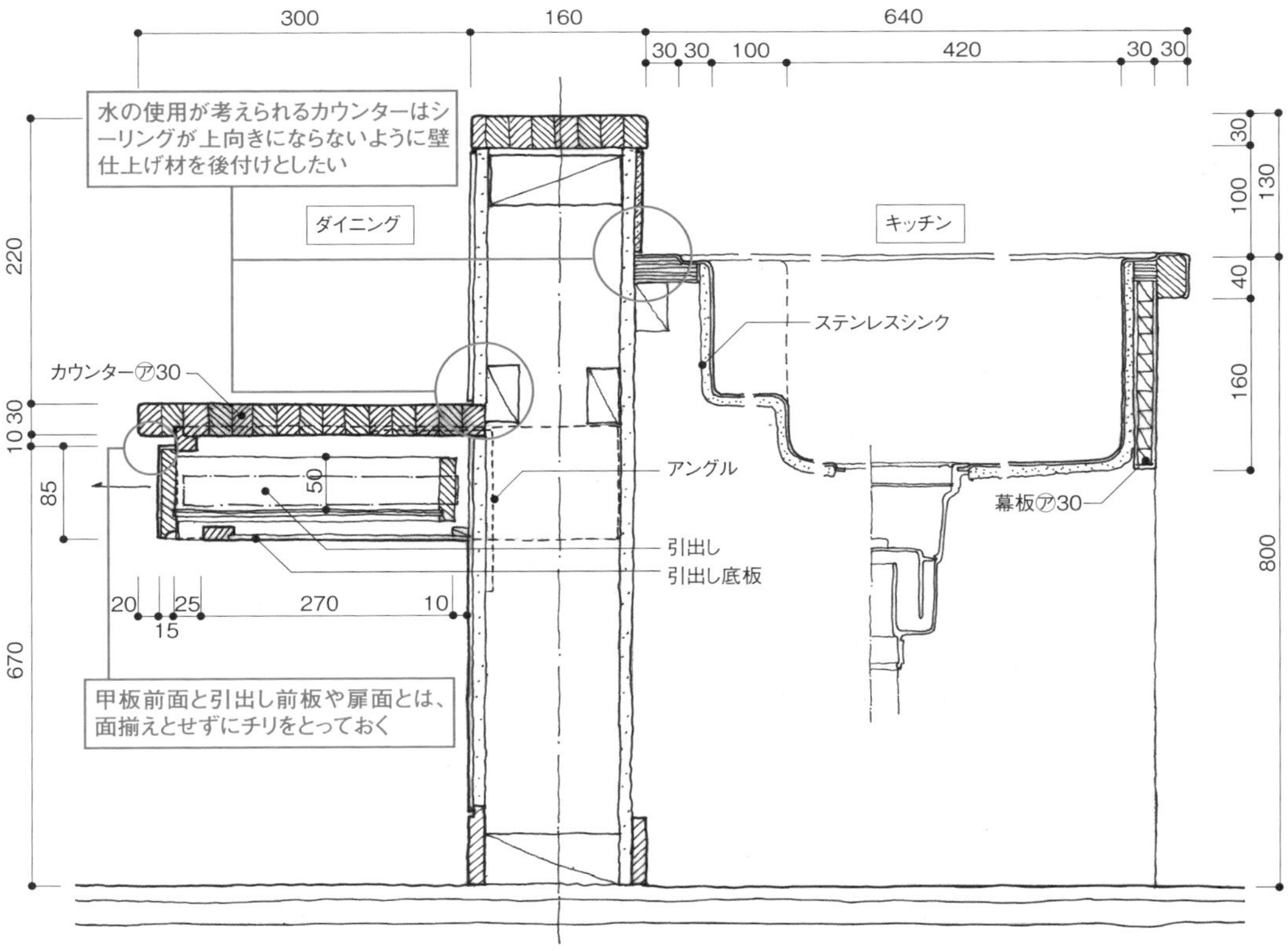

300
160
640
30 30 100 420 30 30
水の使用が考えられるカウンターはシーリングが上向きにならないように壁仕上げ材を後付けとしたい
ダイニング
キッチン
220
30
100
130
40
160
800
ステンレスシンク
カウンター㋐30
10 30
85
50
アングル
引出し
引出し底板
幕板㋐30
20 15 25 270 10
670
甲板前面と引出し前板や扉面とは、面揃えとせずにチリをとっておく

078

収納・家具③

家具の部位名称と基本寸法

POINT 造付け家具の寸法は、現場での搬入や取付けも考えて設定する

造付け家具の基本構成

造付け家具は、箱体のほか箱体の基礎であり幅木の役目をする台輪《だいわ》、箱と壁との間の不陸を調整するフィラー、同じく天井との間の不陸調整や逃げを埋めるための支輪《しりん》からなる。

中心となる箱体は、地板、左右の側《がわ》板《いた》、方立と裏板および天板（甲板）で構成される。中仕切り、固定棚、可動棚などが加えられ、さらに扉や引き戸・引出しが付いて完成となる。地板や側板などのパネルは軽量な合板によるフラッシュ構造が一般的であるが、内部にセットされる可動棚のダボや、引出しのスライドレールや扉のスライド丁番など各種家具金物の取付けをフレキシブルにできるようにとランバーコア材を使用することもある。

パネルの厚みは収納するモノや箱の大きさにもよるが通常は21㎜が多く使われ、箱体を連続させる場合は互いに締結金物で密着させることになる。

裏板は側板と同じフラッシュパネルとすることもあるが、2.5～4㎜厚の合板の片面フラッシュに、内側の仕切りなどに合わせて裏桟を取り付け補強することが一般的である。

現場での取付けも考える

箱体の大きさ、幅、高さ、奥行きは、主に収納するモノの大きさや数量、重さや使い勝手、使用する合板の基準寸法、扉サイズなどで決められるが、建築現場での扱いも重要である。搬入路や階段通路で持ち込めるか、部屋の天井高によっては箱体が立つかなどで、分割し製作するかなどの提案がなされる。家具が大型になれば、分割して製作することは一般的である。あらかじめ分割位置を織り込み、図面化しておいたほうがよい。

図｜造付け家具の構成

①表面（開放棚の場合）

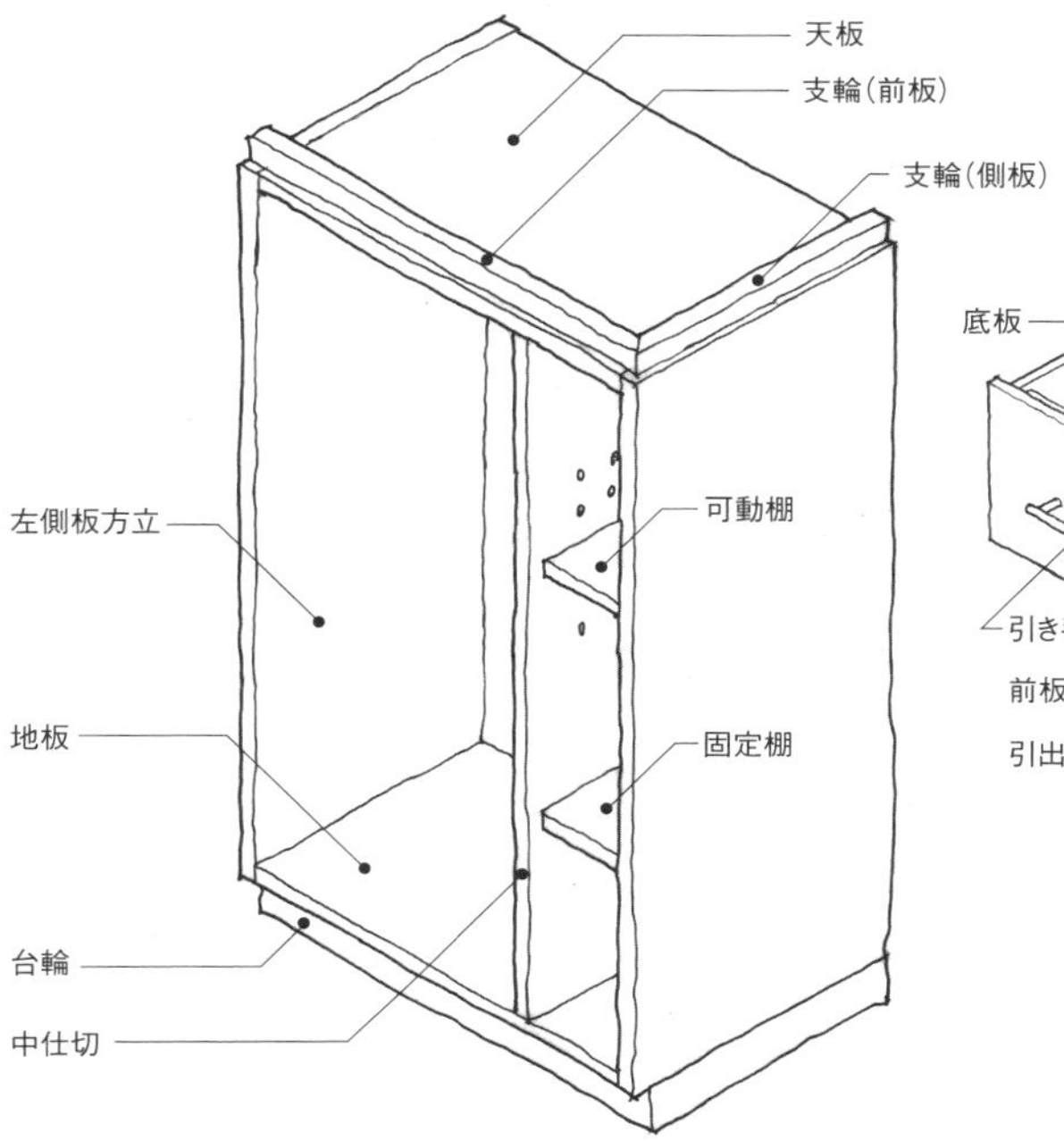
天板
支輪（前板）
支輪（側板）
左側板方立
可動棚
地板
固定棚
台輪
中仕切

②表面（引出しの場合）

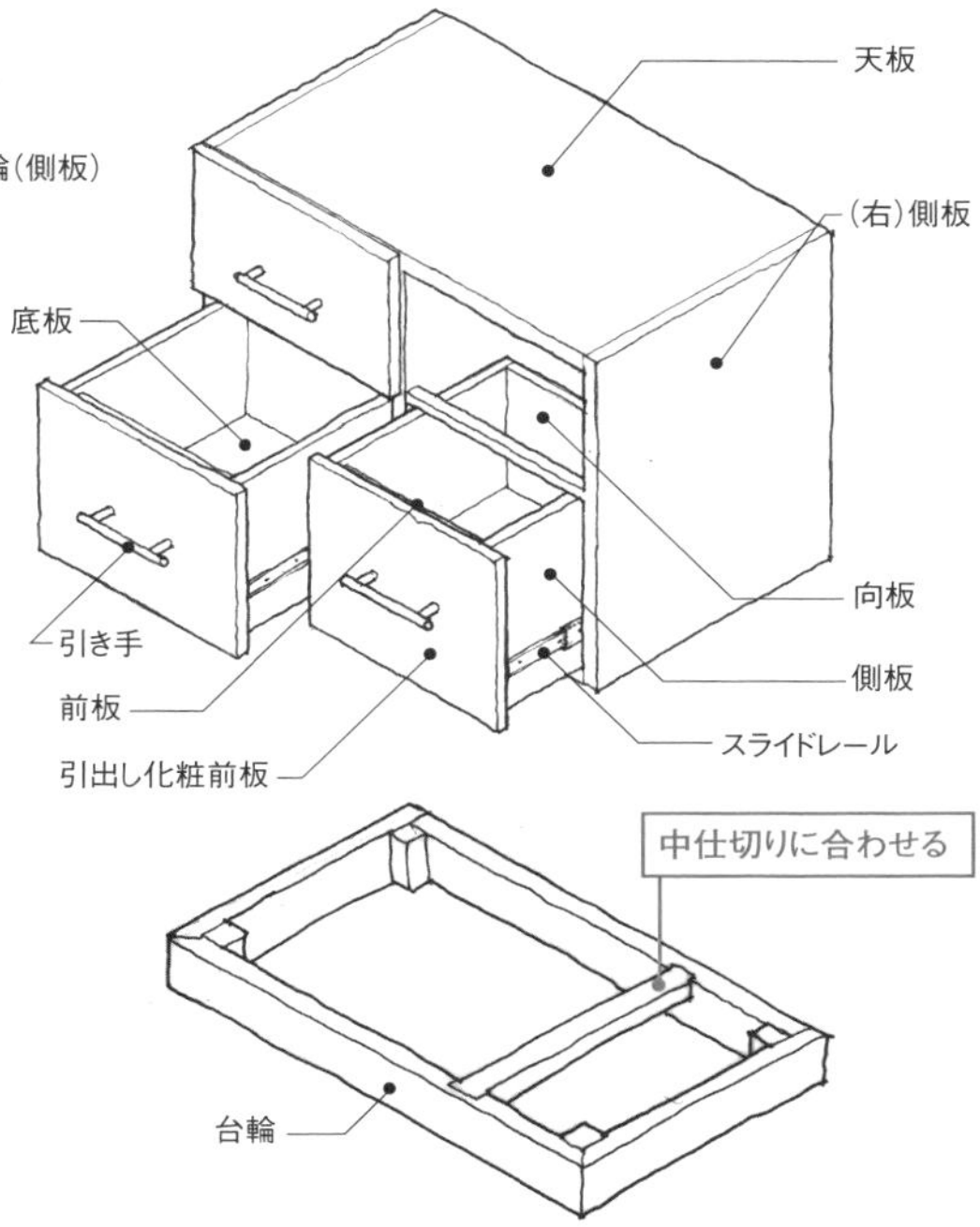
天板
（右）側板
底板
向板
引き手
側板
前板
スライドレール
引出し化粧前板
中仕切りに合わせる
台輪

③裏面

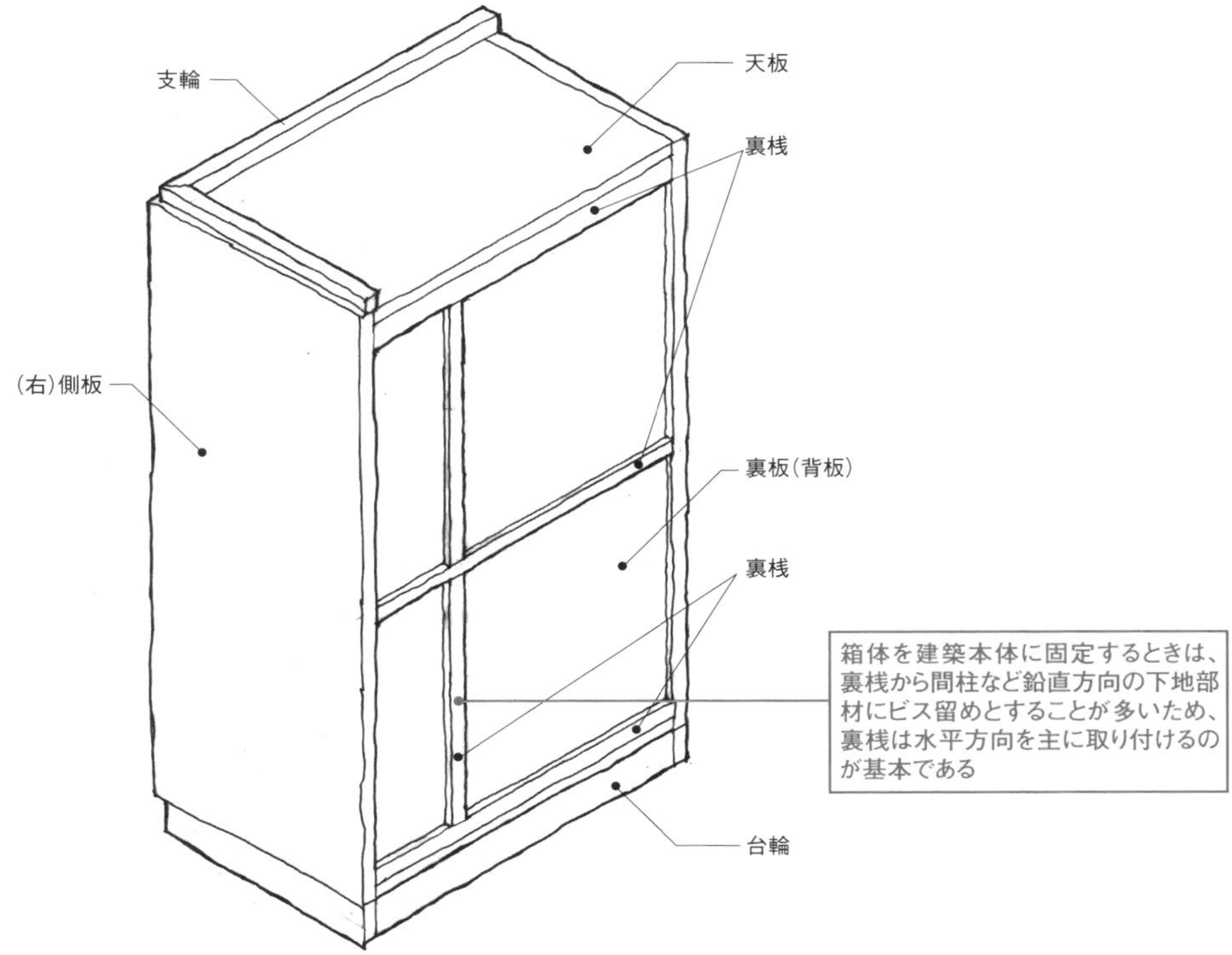
支輪
天板
裏桟
（右）側板
裏板（背板）
裏桟
箱体を建築本体に固定するときは、裏桟から間柱など鉛直方向の下地部材にビス留めとすることが多いため、裏桟は水平方向を主に取り付けるのが基本である
台輪

基本の家具図

POINT
業者との打合せのもととなる家具図には
仕様や品番などを詳細に描き込む

展開図と家具図の違い

造作家具の図面は、一般建築図の室内展開図として表されるものとは別に「家具図」として描かれる。

展開図は、インテリア風景のなかでの整合性、造作家具がほかの壁仕上げ材、開口部建具、設備機器などとどのようなつながりもっているのかが表わされる。1／20や1／30で描けば、棚や引出し、突き板の木目の方向や家具金物など多くの家具情報を盛り込むことができるため、実施設計図では家具図の一部を兼ねることもある。

家具図は、平面図、断面図、立面図と仕様書からなる。平面図は家具の組立てにもよるがカウンター面の見下げ図だけでなく、各部の水平断面図と垂直断面など必要に応じて詳細図として描くことになる。縮尺は1／10～1／20で描くのが一般的であるが、小口の納まりなど特殊な納まりを要するときや、建具や引出しなどで特殊な動作を伴う家具金物を登場させる場合などでは、1／1、1／2、1／3などでの表現となり、これは家具職に設計の意図を伝えるうえで有効な手段となる。

寸法や各部の位置をチェック

家具図の重要なポイントは、クライアントの希望、何が置かれ、何を収納するのか、どのように使用するのかにもとづいた寸法の設定である。引出しの有効寸法、棚の有効幅・間隔、取り付けられる機器のための開口寸法、電源（家具用コンセント）の位置などを明記しておく。

現場を採寸した後で作成される家具職の手になる製作図では、「逃げ」の押さえ方が中心になり、収納部の内法寸法などがないがしろにされがちとなるので要注意である。

図｜基本の家具図

①姿図

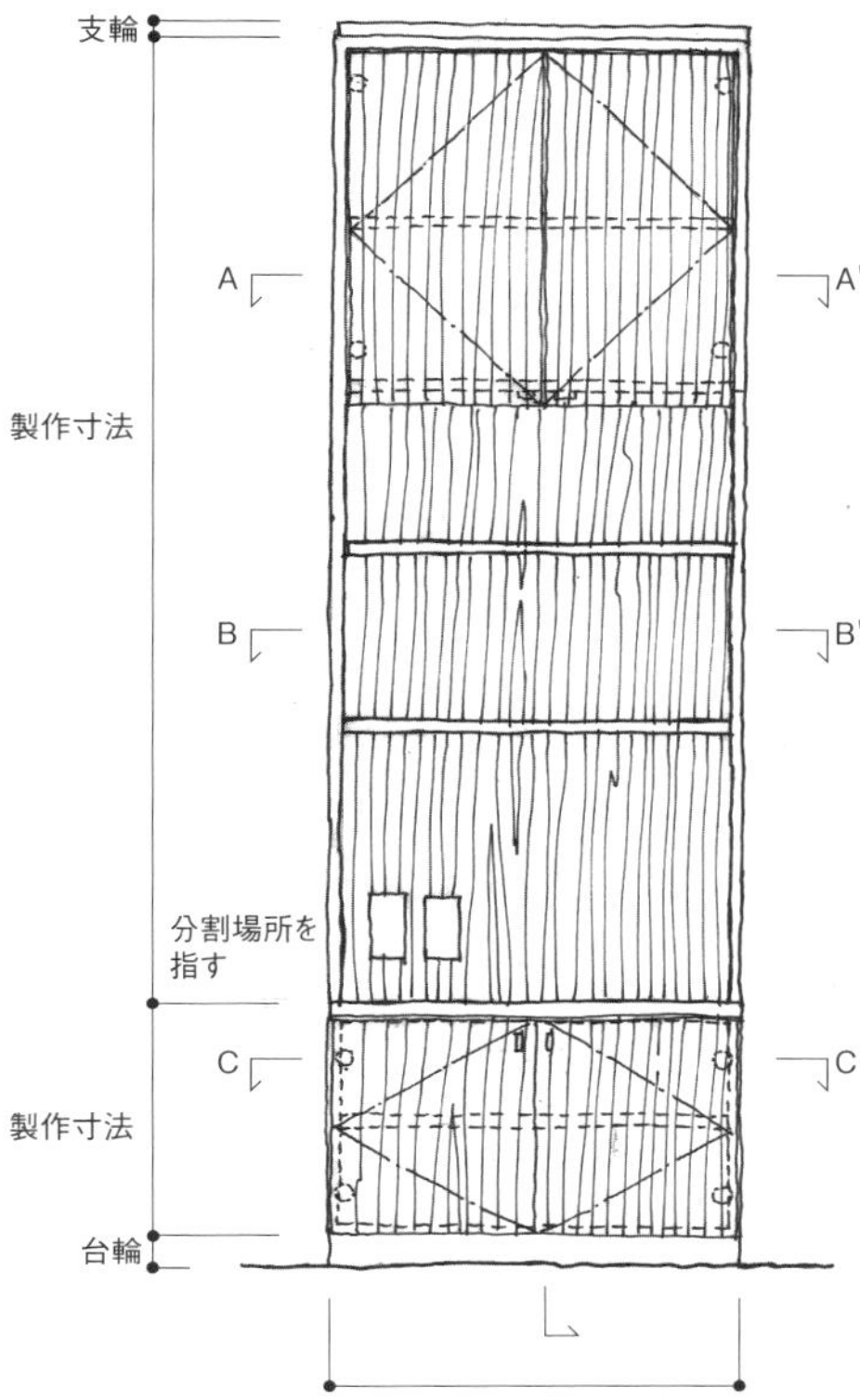
支輪
A
A'
製作寸法
B
B'
分割場所を指す
C
C'
製作寸法
台輪

②断面図

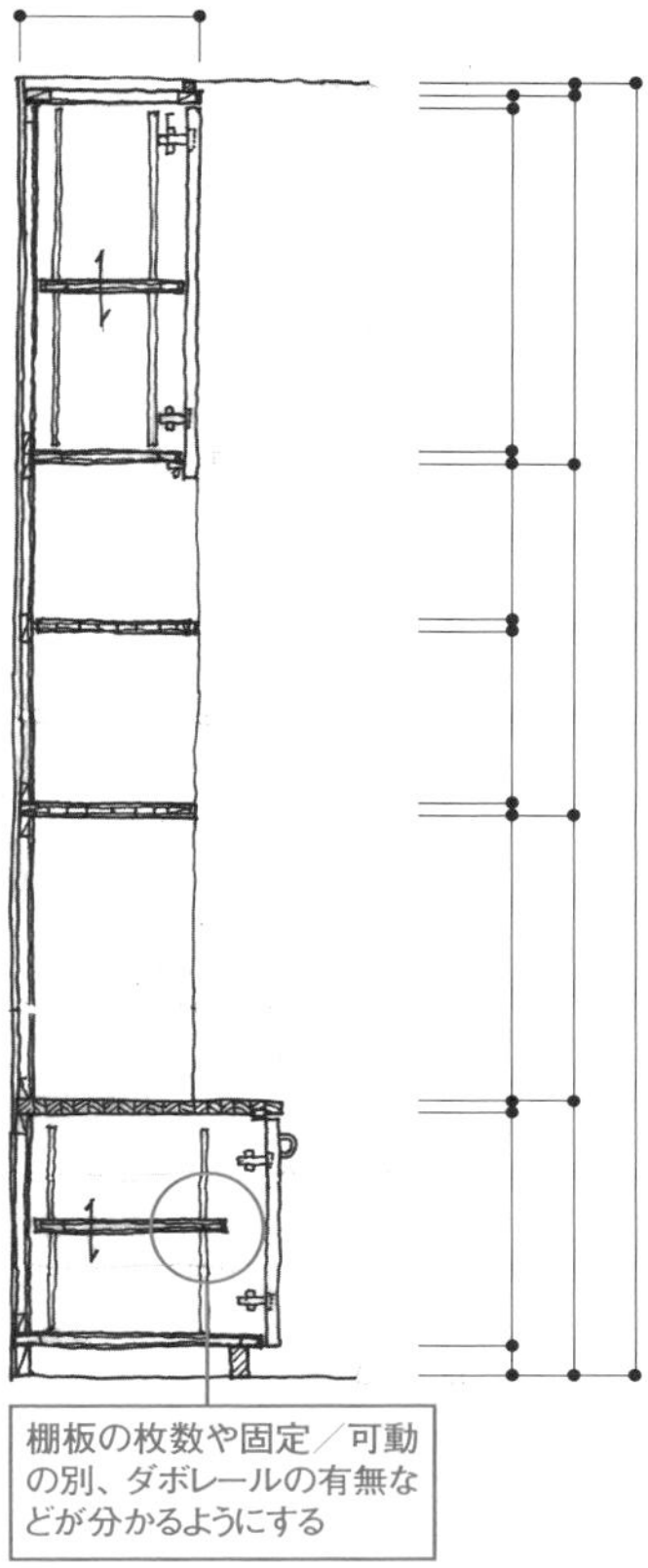
棚板の枚数や固定／可動の別、ダボレールの有無などが分かるようにする

③平面図

平面図A（天袋）

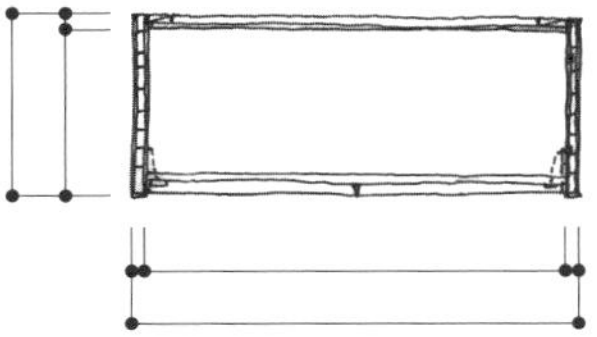

平面図B（カウンター）

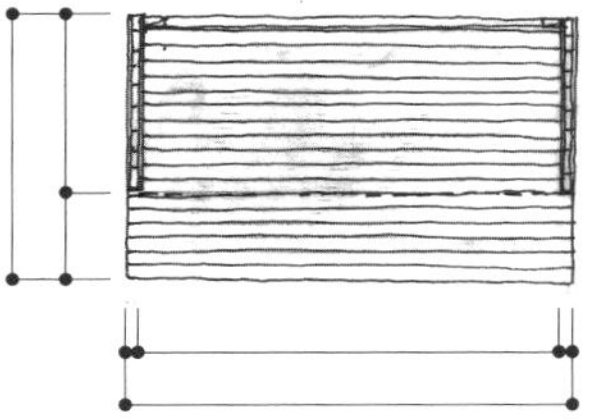

平面図C（地袋）

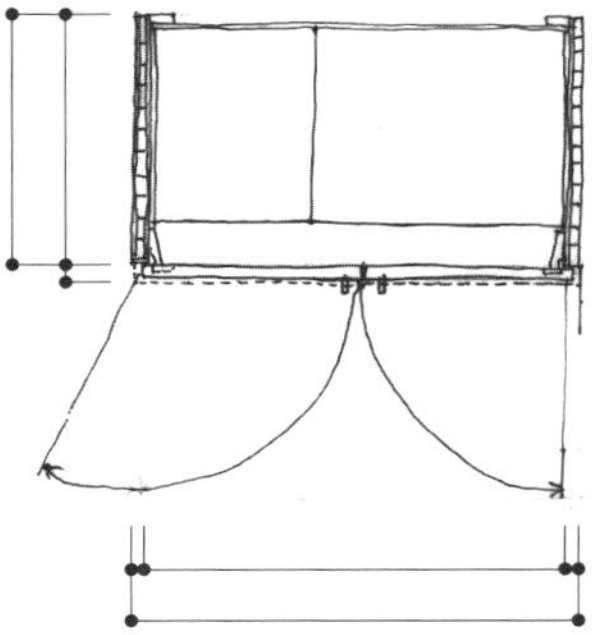

※　寸法線は最低限押さえておくものを表す

※　平面図は必要に応じ数カ所を表現する

設備を隠す

POINT
設備機器類をルーバーなどで隠す場合、機能性を損なわないように注意する

設備機器を納める

今日の住宅では、極めて多くの設備機器・電気製品が必要とされる。設計者はそれらの機能や役割を理解し、使い勝手を考え、納まりや格納方法に挑むことになる。給排水設備の配管類、電気設備の配管配線類や空調換気設備のダクトや冷媒管など、壁内や天井裏、床下などに納められるものは、補修や更新に配慮したパイプスペースや配線スペース、点検口を設けておく。

納まり上難しいのは、手に触れ、目に触れる設備機器類である。市販の設備機器は誰にでも扱いやすいよう機能の向上をみせる一方、形に表情をもたせ過ぎているように感じられる。質感や色合い、表示パネルなども混在する。

更新性にも配慮する

意匠上、壁掛け型のエアコンを壁面や天井に凹みを設けて納めることもあるが、更新しなければならなくなった場合、事態は深刻だ。新機種が同じ大きさであることはまずないからである。それで、設備をむやみに壁体内などに納めることは避けたほうがよい。一方、壁掛け型のエアコン室内ユニットをルーバーで隠す方法もある。その場合、ルーバーはエアコンからの気流を妨げないよう極力薄い材料でつくり、フィルター等の清掃の対応、リモコンからの受信を妨げないこと、機器の交換を可能にする工夫などが求められる。

電気設備に関しては、大きくなりつつある分電盤の納め方に注意する。単層100V、単層三線式200V、深夜電力対応の分電盤、さらに太陽光発電付属機器、情報設備、防災機器などをさりげなく1カ所の壁面にまとめるとなると、配線スペースとともに盤類収納のための造作が欠かせない。

図1｜エアコンを隠すガラリ戸の構成

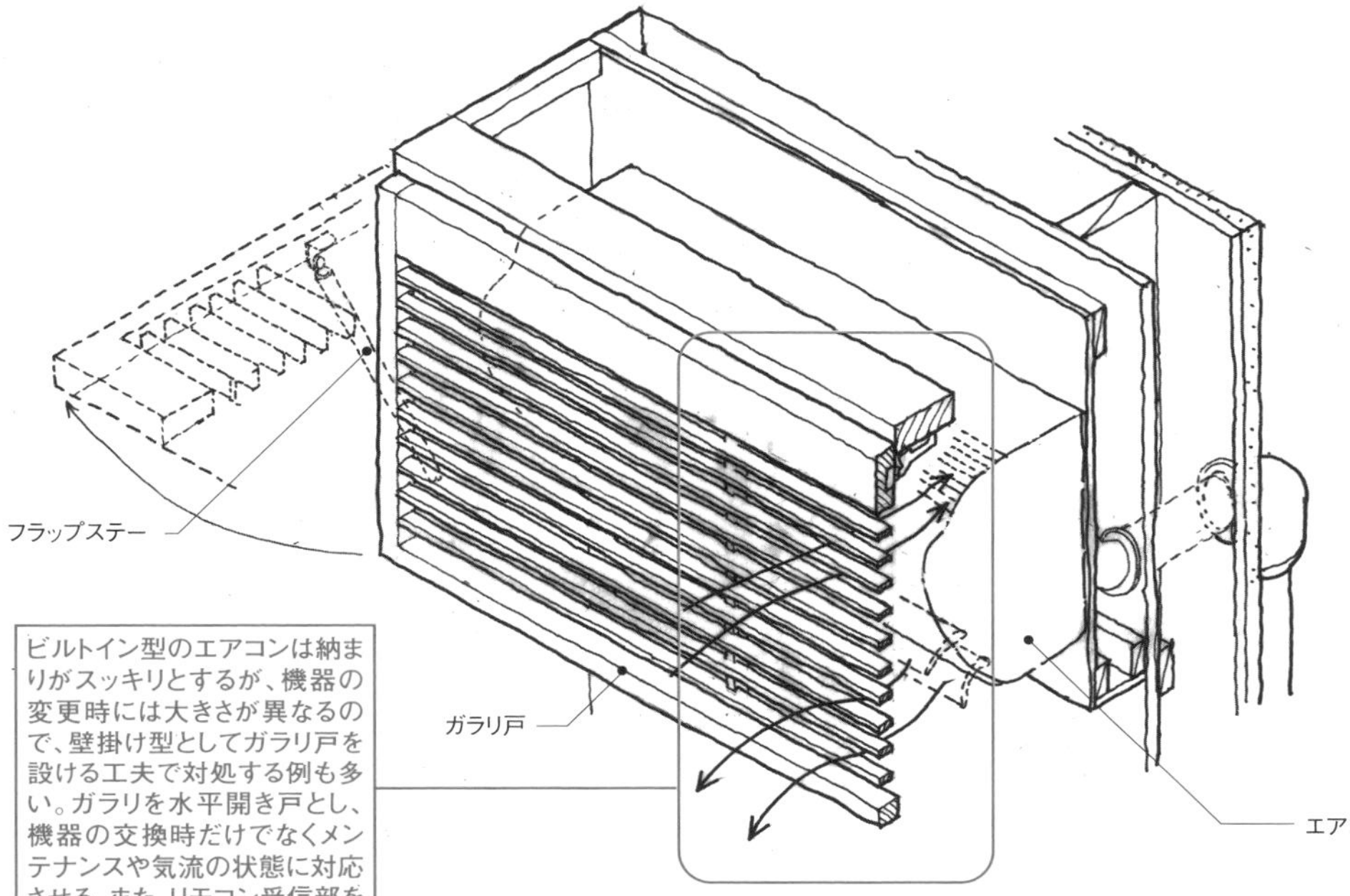
フラップステー
ガラリ戸
エアコン

ビルトイン型のエアコンは納まりがスッキリとするが、機器の変更時には大きさが異なるので、壁掛け型としてガラリ戸を設ける工夫で対処する例も多い。ガラリを水平開き戸とし、機器の交換時だけでなくメンテナンスや気流の状態に対応させる。また、リモコン受信部をふさがないように配慮する

図2｜エアコンを隠すガラリ戸の納まり

①姿図

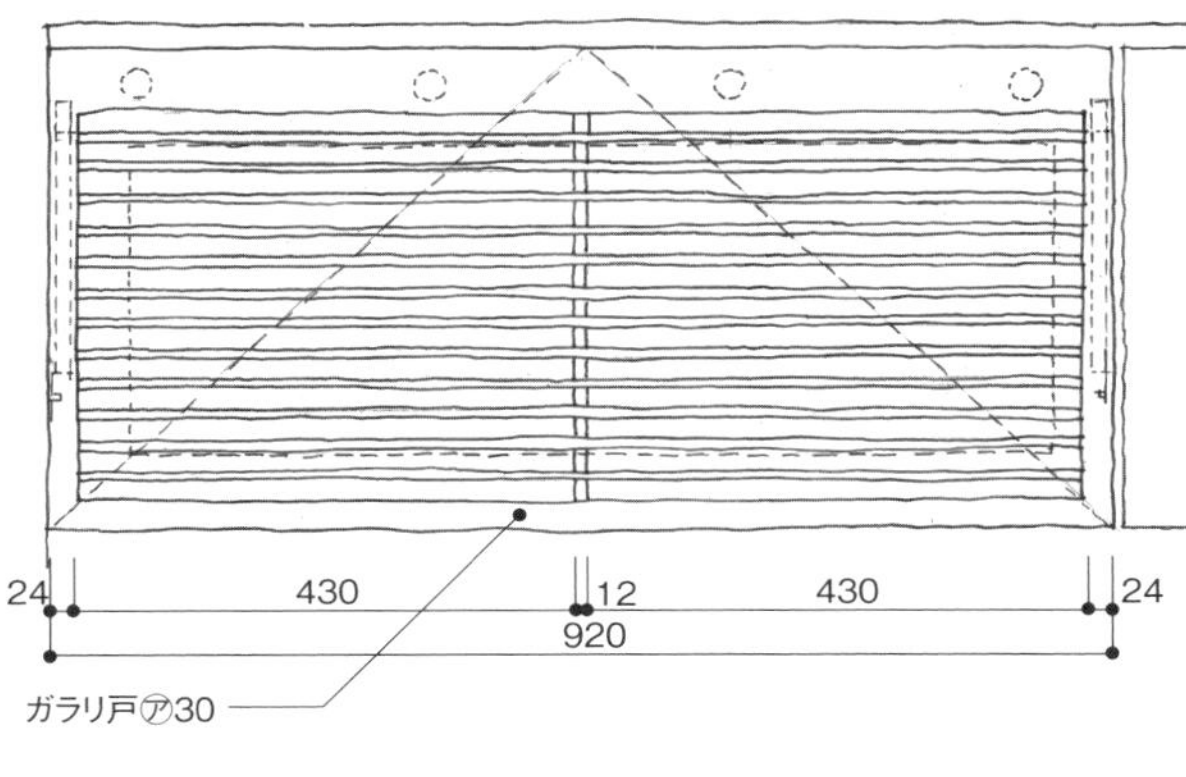
24
430
12
430
24
920
ガラリ戸㋐30

②断面図

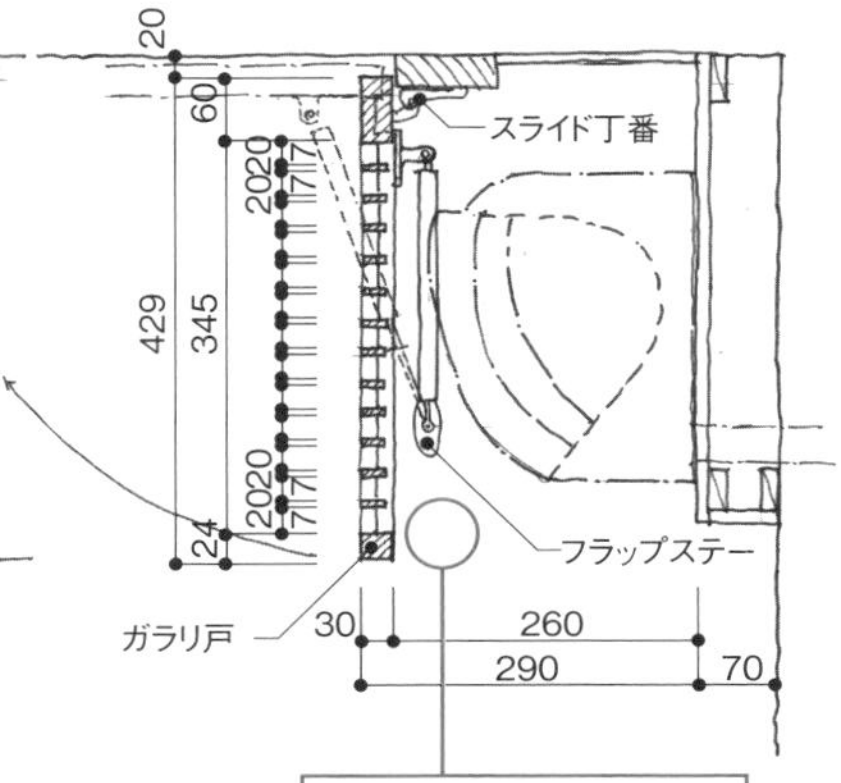
20
60
429
2020
345
2020
24
スライド丁番
フラップステー
ガラリ戸
30
260
290
70

下部をオープンにしておくとエアコンの気流を妨げず、機器の更新もしやすい

TOPICS 4

内装も外装も下地が大切

屋根の野地板を張った後、屋根を仕上げる前に、二次的な防水の役割を果たすアスファルトルーフィングを敷く。内部の床は、根太の上に仕上げ材の下地として合板などの荒床を敷き詰めるが、この荒床は外壁などの下地より先に張られる場合が多い。内部で作業をするのに都合がよいためである。

また、この工程の段階で忘れてはいけないのは、窓や開口部の枠、またはサッシを入れておくことである。建具枠の奥行は外壁と内壁の仕上げと、さらに胴縁などの下地の寸法を加算した寸法であらかじめつくられるが、主構造材の柱や窓台などの副構造材にしっかりと固定しておく。次に壁の剛性を強めるためと、仕上げ材のジョイントのために、外壁と内壁両面に胴縁を打ち付ける。胴縁は柱の外側に打ち付ける場合と、柱と同じ面で仕上げる場合があるが、柱と同面で仕上げる場合は、柱や間柱を欠きこまなければならない。しかし、壁が胴縁の分だけ薄く仕上げられる利点がある。

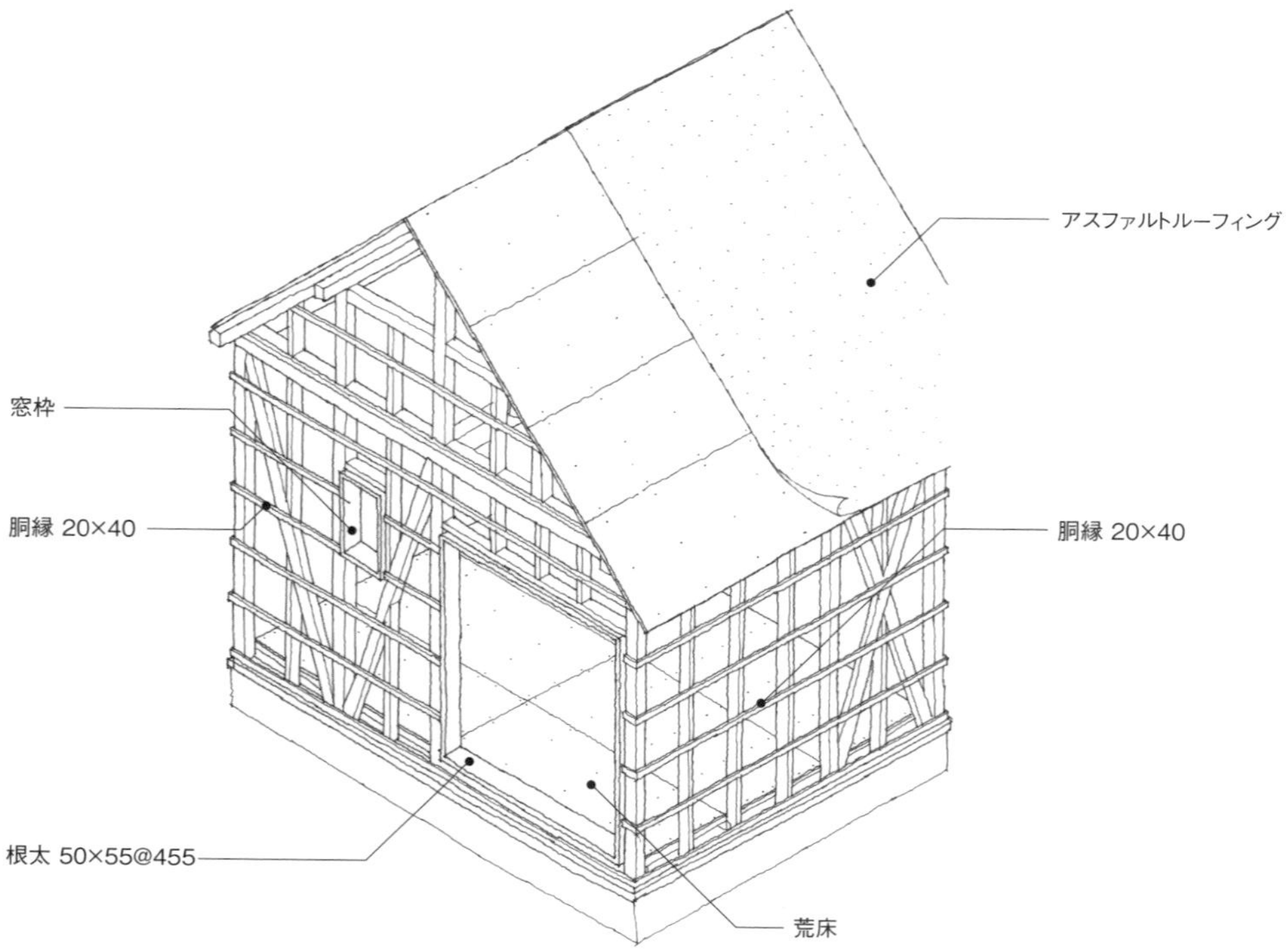
アスファルトルーフィング
窓枠
胴縁 20×40
胴縁 20×40
根太 50×55@455
荒床

TOPICS 5

地鎮祭と上棟式

わが国には家を建てる前に地鎮祭を行い、建物の構造体が組み上がったときに上棟式を行う習慣がある。わが国にはその土地にさまざまな神が住むという、アミニズム的な原始信仰が古くから存在しており、そうした神様に、工事を安全に、そして家主が「これからよろしくお願いします」と挨拶をする儀式が地鎮祭である。

工事が進み、基礎から土台や柱が立てられ、屋根を支える主構造材である棟木が据えられると家の外形が出来上がる。その時に行われるのが棟上げ式（上棟式）である。上棟式では、棟木に家主と棟梁の名前を書いた棟札を打ちつけるが、この棟札によって古い建築の建設年代がわかるため、重要な歴史資料としての側面ももつ。

地鎮祭が土地の神様に対しての挨拶ならば、餅やお菓子、小銭を巻き、近隣の人々へ振舞う上棟式は近燐の人々への挨拶であるといえよう。

この餅まきの風習も都市部ではさまざまな事情から近年では見る機会がなくなったが、見方を変えれば、分譲建売住宅にあいさつなしで人が移り住んでくるという事で、地域の共同体が希薄になった証でもある。

地鎮祭の祭壇

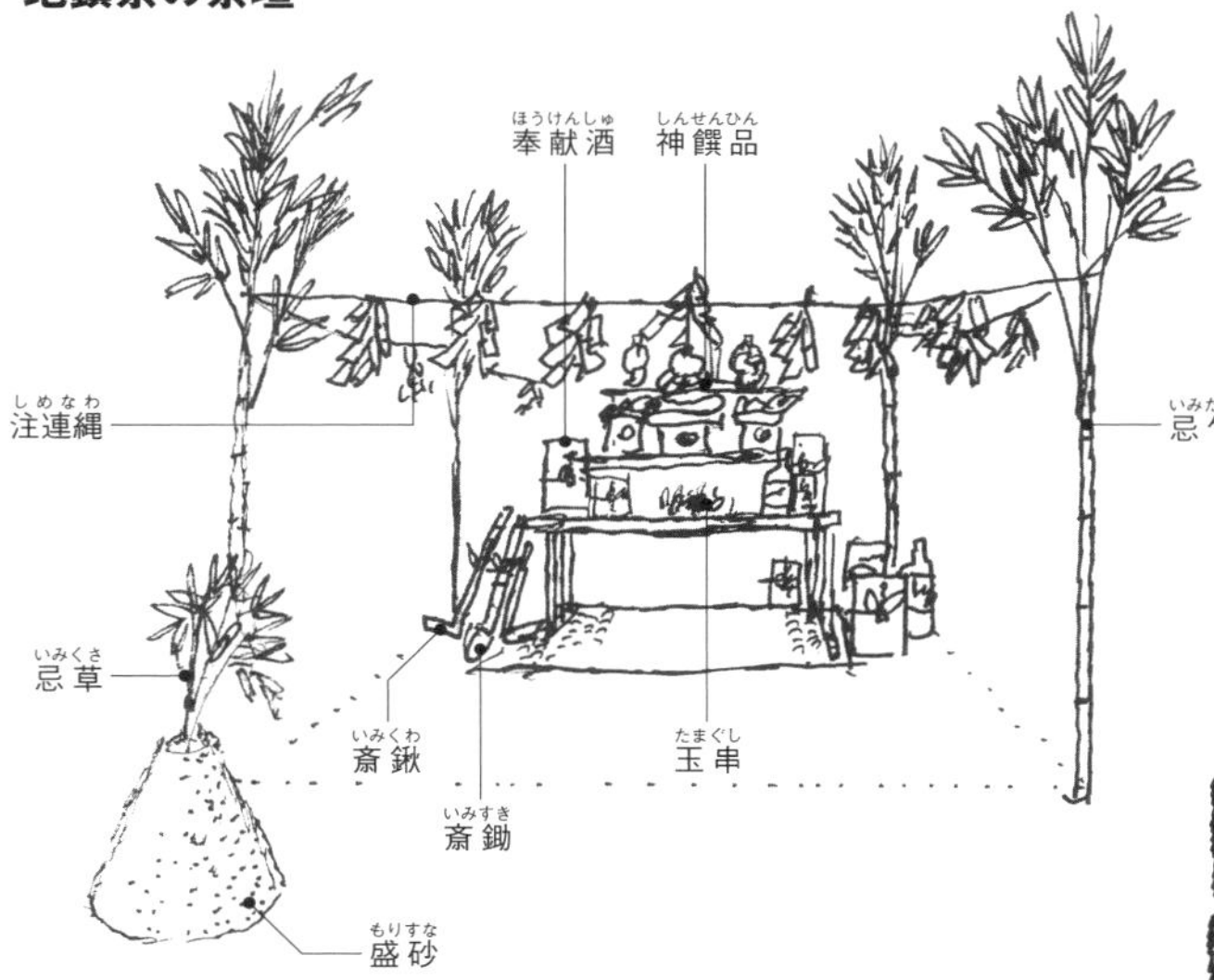

棟札

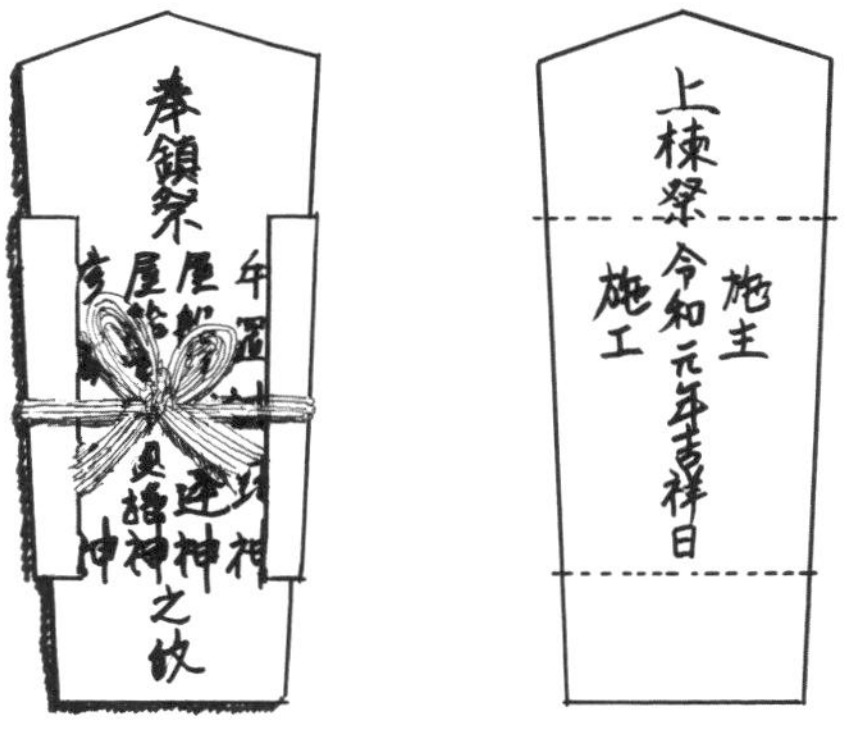

表　　裏

TOPICS 6

断面詳細図と矩計図の違い

「断面詳細図」は建物の一部分を縦に切って、構造材や下地材、仕上げ材の組み合わせや部材の寸法を細かく表現した図面である。断面詳細図では、造り付け家具の特別な納まりや、窓廻りや出入り口の複雑な雨仕舞い、密閉の具合の仕組みなどを表現する場合が多い。

矩計図《かなばかりず》も一種の断面詳細図であるが、建物の軒や棟までの高さ全体を表した断面詳細図といえる。矩計図は、基礎の形、土台から梁や桁、屋根を支える棟木や母屋、垂木の間隔や寸法など、建物全体の構造と仕上げが表現されている図面である。

奥行きを3尺（約900㎜）、高さを軒まで表現した簡単な矩計図を棒矩計図、通称「ぼうかな」（棒矩）などと呼ぶこともある。

また、矩計図の縮尺はS＝1：20が普通であるが、断面詳細図の場合は1：20～1：5までさまざま。時には1：1、すなわち、現寸大の大きさで描く現寸図なども、実際の現場では描く機会がある。正しく納まりを伝えるため、最適な縮尺を選択しよう。

断面詳細図（手書き）の例

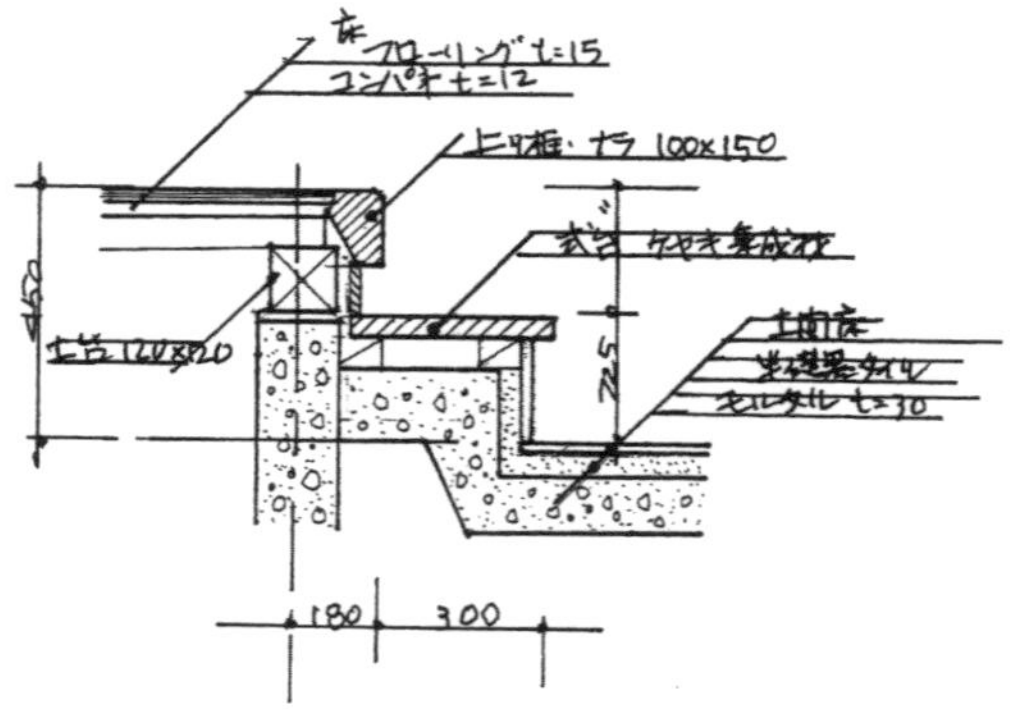

矩計図（手書き）の例

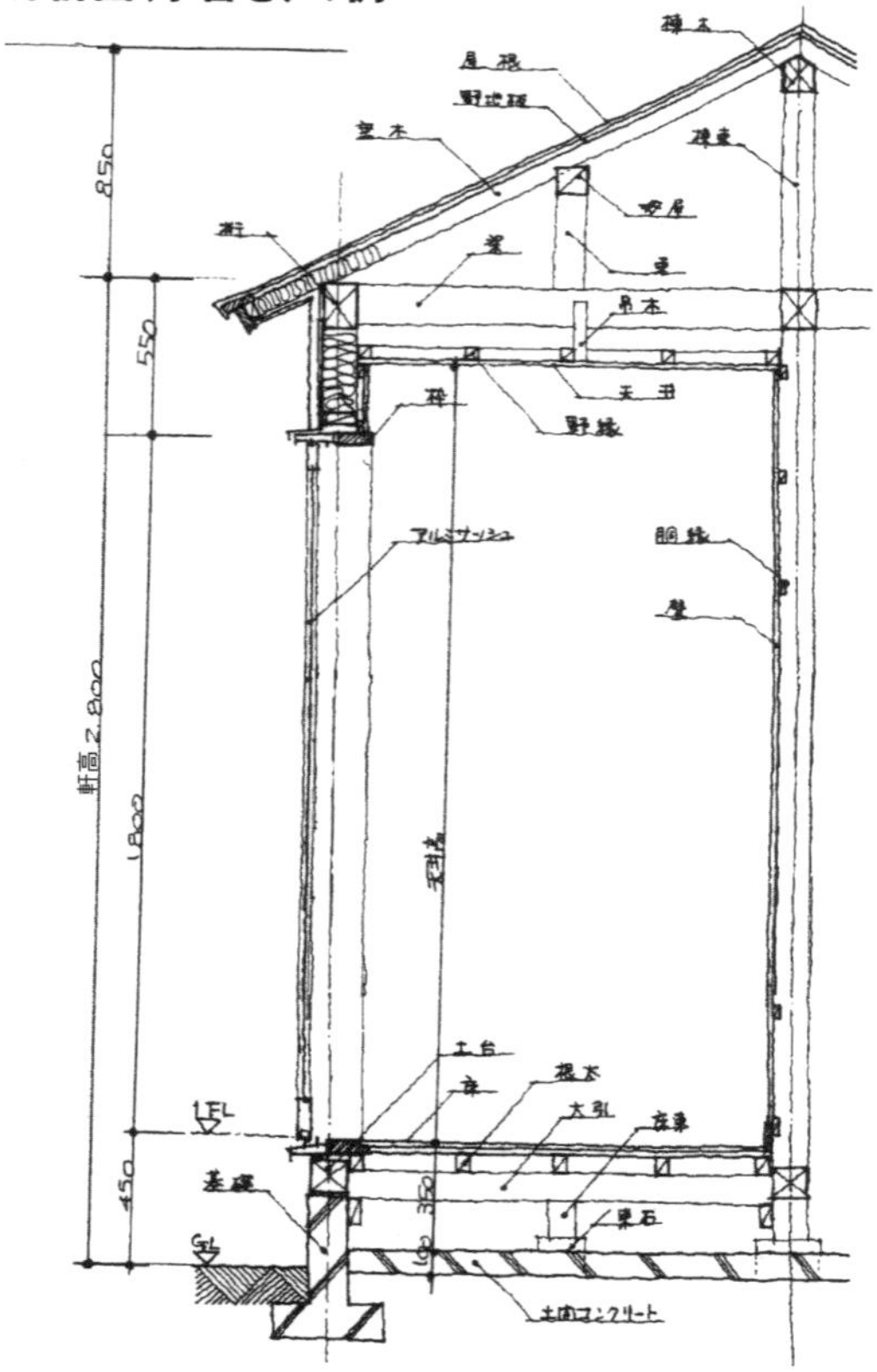

04
伝統工法

和室の基本構成

POINT 和室の床の間は、座敷での視線が向かう重要な場所であり、形式を把握しておく

「真」「行」「草」と床の間

江戸期に武家の住居様式として成立した書院造りは、日本の住宅における和室の基本となっている。床《とこ》の間《ま》は、和室構成の重要な要素で、意匠の中心となっており、その様式や広さに応じてさまざまな形式がつくられてきた。床の間を美しく仕立てるには洗練された感覚や素材などへの趣向の豊かさも大切であろうが、構成要素についての基本を身につけておかなければならない。

床の間は、床柱《とこばしら》、床框《とこがまち》、落し掛けとともに、床、床脇《とこわき》、書院が主要要素である。その格式をどう表現するかで「真」「行」「草」に分けられるといわれ、それぞれの構えに応じて規模、使用材が選択、類別されてきた。「真」は、書道の筆法では「楷書」のことで直線的な「本床《ほんどこ》」を指し、書院、床脇を備える格式を重んじた構えだ。「行」「草」はくだけた、簡素な様相の優しさが表現される小座敷や茶席など数寄屋造りの床の間である。

座敷に客を迎えるとき、床の間近くに主客の座席を用意するのが伝来の作法で、床の間は、南向き、東向きにとられるのがよいとされている。本床では床の間、床脇の大きさは、部屋の広さ8～12畳の場合、それぞれ間口1間(1.8m)、奥行半間(90cm)が普通である。

一方、小さな座敷などで見られる床脇を省いたり間口を短く構える略式床の技法が一般住宅に取り入れられてきた。茶室では床の間と言わず「とこ」と呼び、書院や床脇を設けないのが基本である。このように床の間にはさまざまな形式が生まれてきたが、これらにとらわれることなく、自由な発想で今日の住空間の創造に取り組んでさしつかえない。

図1｜本床と逆床

①本床

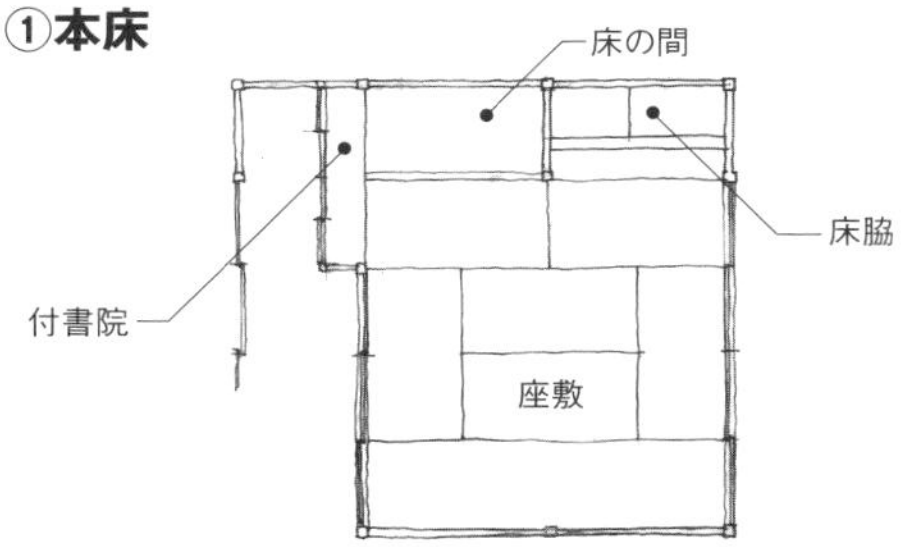

床の間に向かって左側に床の間を置く。「本勝手床」ともいう

②逆床

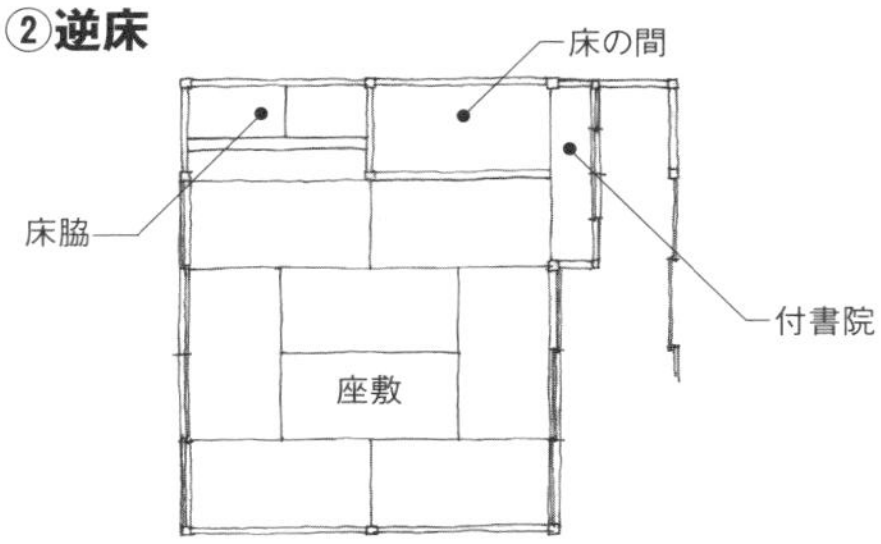

床の間に向かって右側に床の間を置く。「逆勝手床」ともいう

図2｜床の間の種類

①本床

床の間、書院、床脇を備えた形式、床は畳、薄縁を敷いたものが正式とされる。書院は平書院と付書院の2種類がある。出窓風のものを付書院または出書院と呼んでいる

②蹴込床

床板（とこいた）を1枚板とし、床板の小口を見せその下に蹴込板をはめ込み床を1段高くした床の間

③踏込床

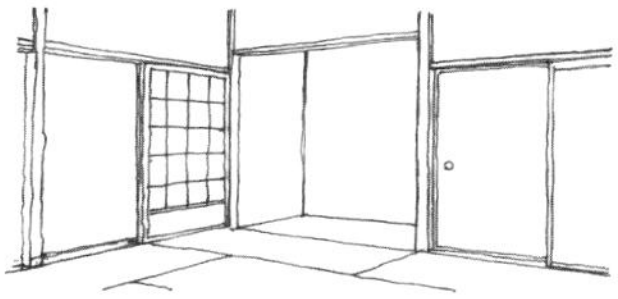

床面を座敷の畳面と同一面にした床の間。床框なしで板床を敷き込むので敷込床ともいう

④袋床

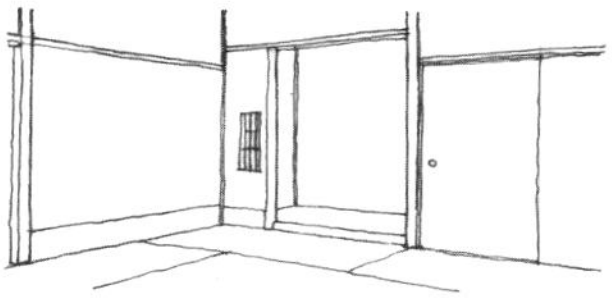

床の間の正面の一部を隠す袖壁を設けたもの。落し掛けの下に柱を立ててつくる袖壁に下地窓を設けたりすることがある

⑤吊床

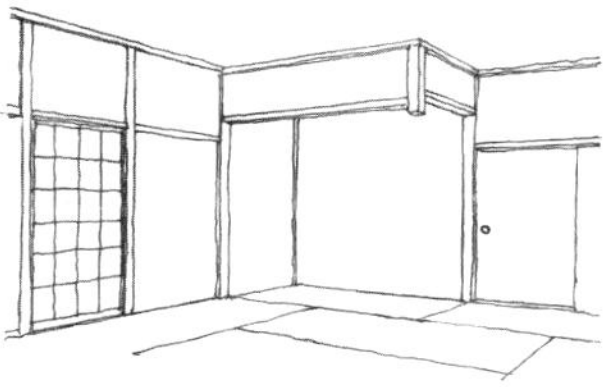

落し掛けと袖壁の上部を天井から吊ったもので、床は畳とすることが多い

⑥琵琶床

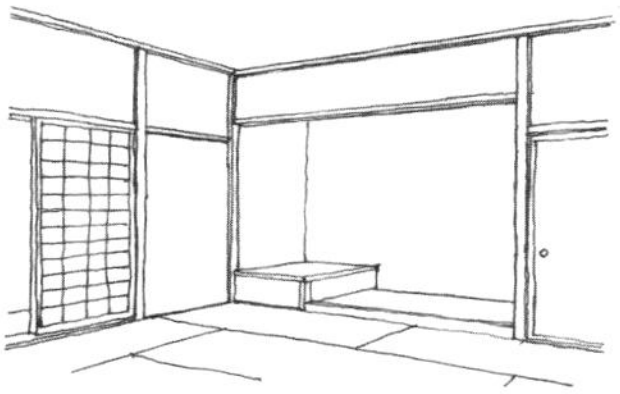

床の間の一隅に一段高く台状の地板を設けたもの。名前の由来は楽器の琵琶を飾ったためで、床板の小口は切りっぱなしで面を取らないとされている

⑦室床《むろどこ》

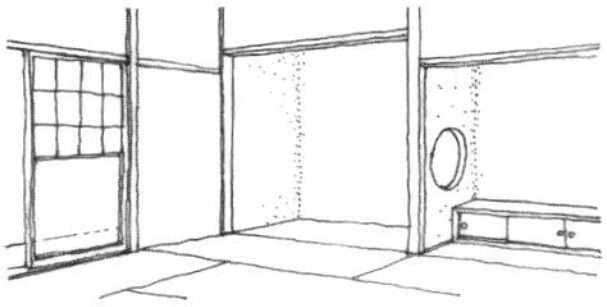

床の間奥の壁入り隅を曲面に塗りまわして隅柱を隠したもの。さらに両側の出隅や落し掛けまで木部を現さずに塗りまわした床の間を洞床（ほらどこ）という

⑧織部床《おりべどこ》

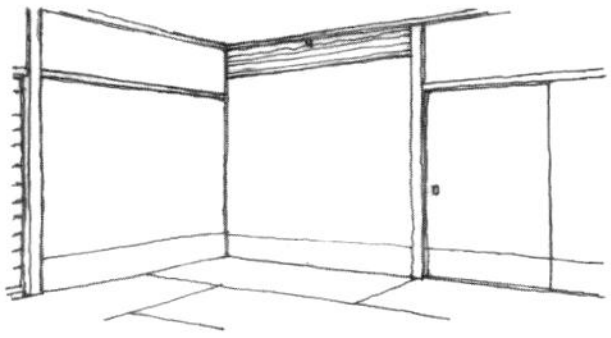

床を設けず、壁面を床に見立て、壁面上部に雲板（くもいた）を取り付け、竹釘に軸を掛ける簡素化された床の間。古田織部の創意によるといわれる

床の間の基本寸法

POINT 伝統木造建築で用いられてきた寸法体系を頭に入れたうえで創意工夫する

木割を踏襲した寸法体系

書院建築をはじめとする伝統木造建築には、「木割」という標準寸法、ルールがある。これが建築様式の伝承とともに歩調を揃え、木工事の担い手、大工職を中心にして今日まで伝えられている。これは広く木造建築の「各部の比例と大きさを決定する原理」とされ、床の間の造作でも、各部の寸法が座敷の広さと扱われる柱材の寸法を軸に受け継がれている。

畳敷きの和室を計画するとき、たとえ小さな住宅でも、畳敷きを描くと同じように間口1.8m（1間）、奥行き0.9m（半間）をいつの間にか類型の床の間として定めることもある。そのとき、すでに床にまつわる空間構成がおのずと頭に描かれているのである。間の抜けた空間にならないためにも各部の比例、寸法を押さえつつ、天然の素材の選択を含め、創意に富んだ表情豊かな空間構成としたい。

図1｜床の間の基本的な寸法（平面）

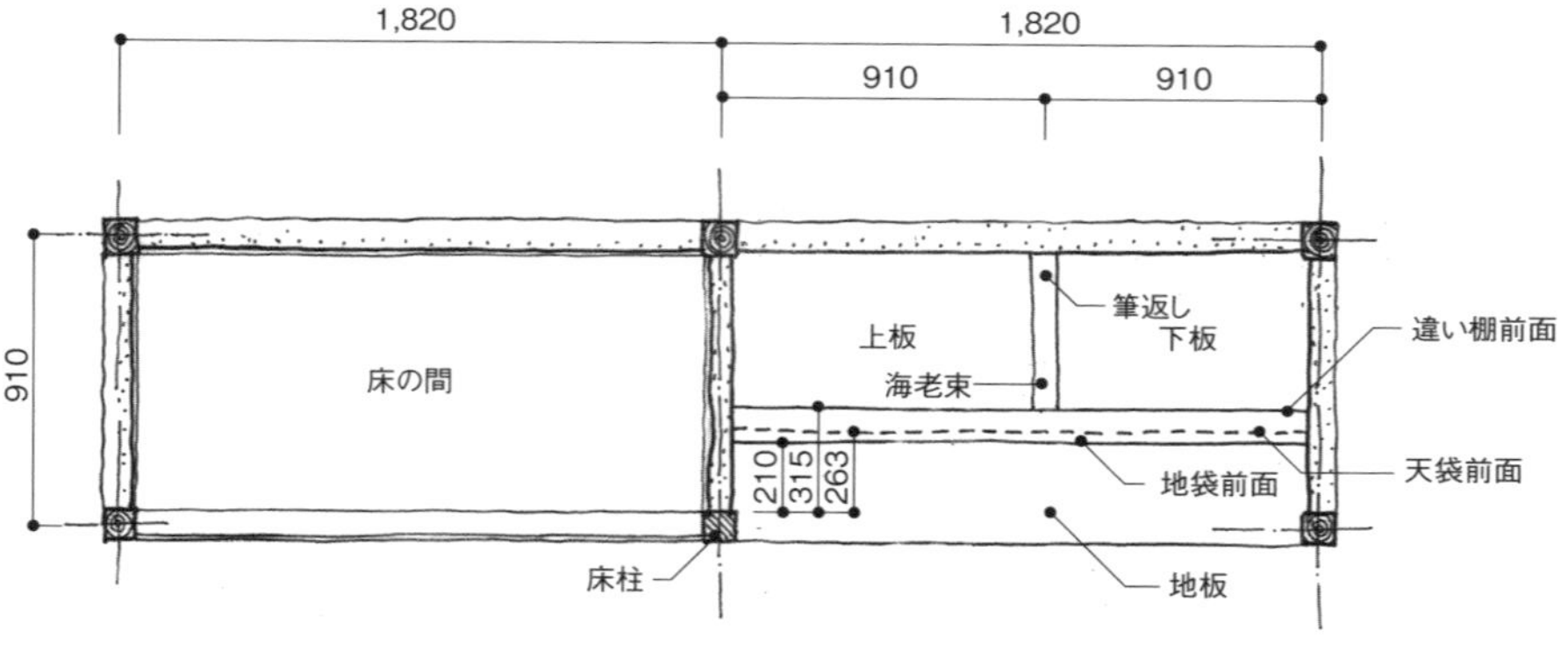
1,820
1,820
910
910
910
床の間
上板
筆返し
下板
海老束
違い棚前面
210
315
263
地袋前面
天袋前面
床柱
地板

図2｜床の間廻りの名称

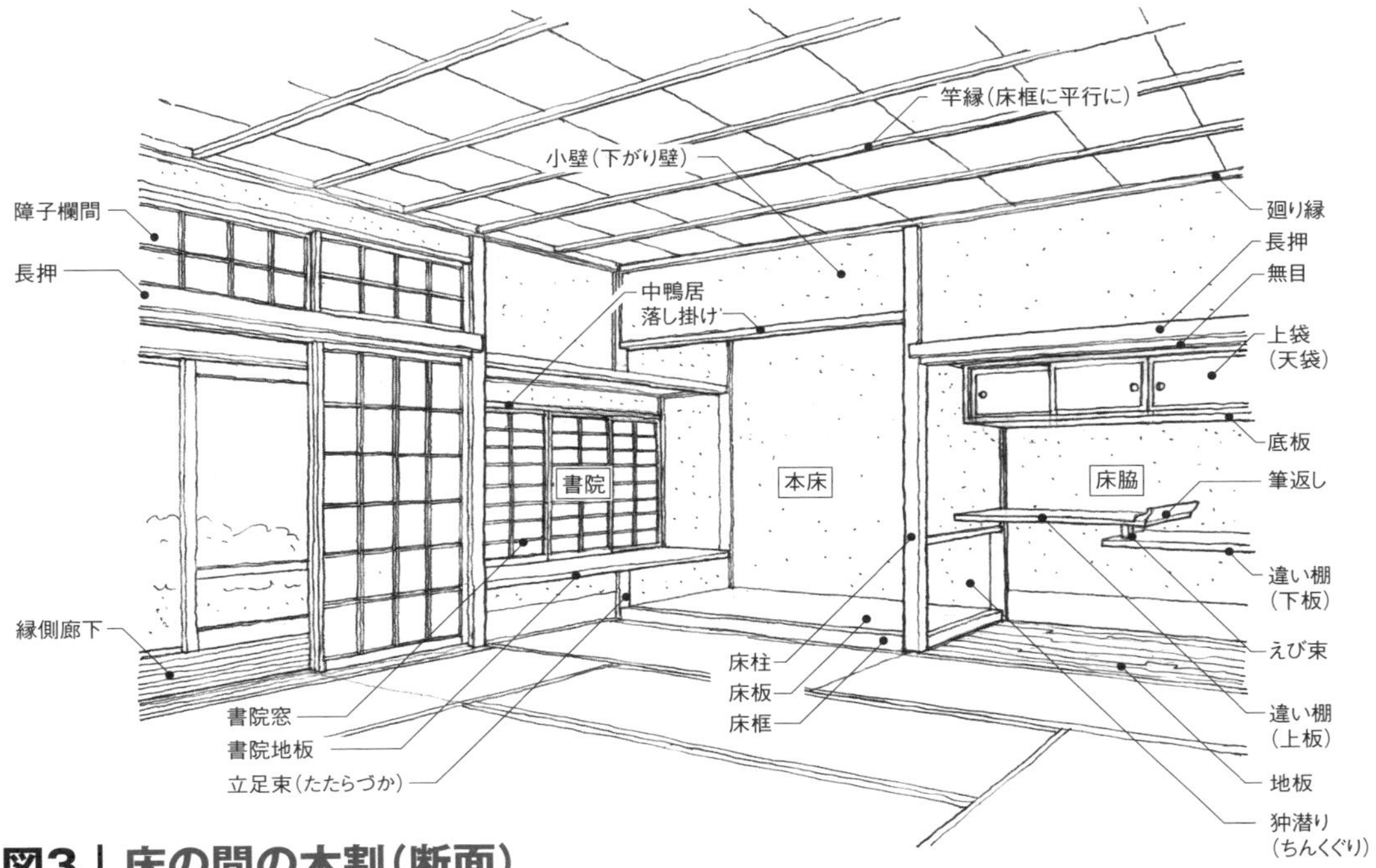
竿縁（床框に平行に）
小壁（下がり壁）
廻り縁
障子欄間
長押
長押
無目
中鴨居
落し掛け
上袋
（天袋）
底板
書院
本床
床脇
筆返し
違い棚
（下板）
えび束
緑側廊下
床柱
床板
床框
書院窓
書院地板
立足束（たたらづか）
違い棚
（上板）
地板
狆潜り
（ちんくぐり）

図3｜床の間の木割（断面）

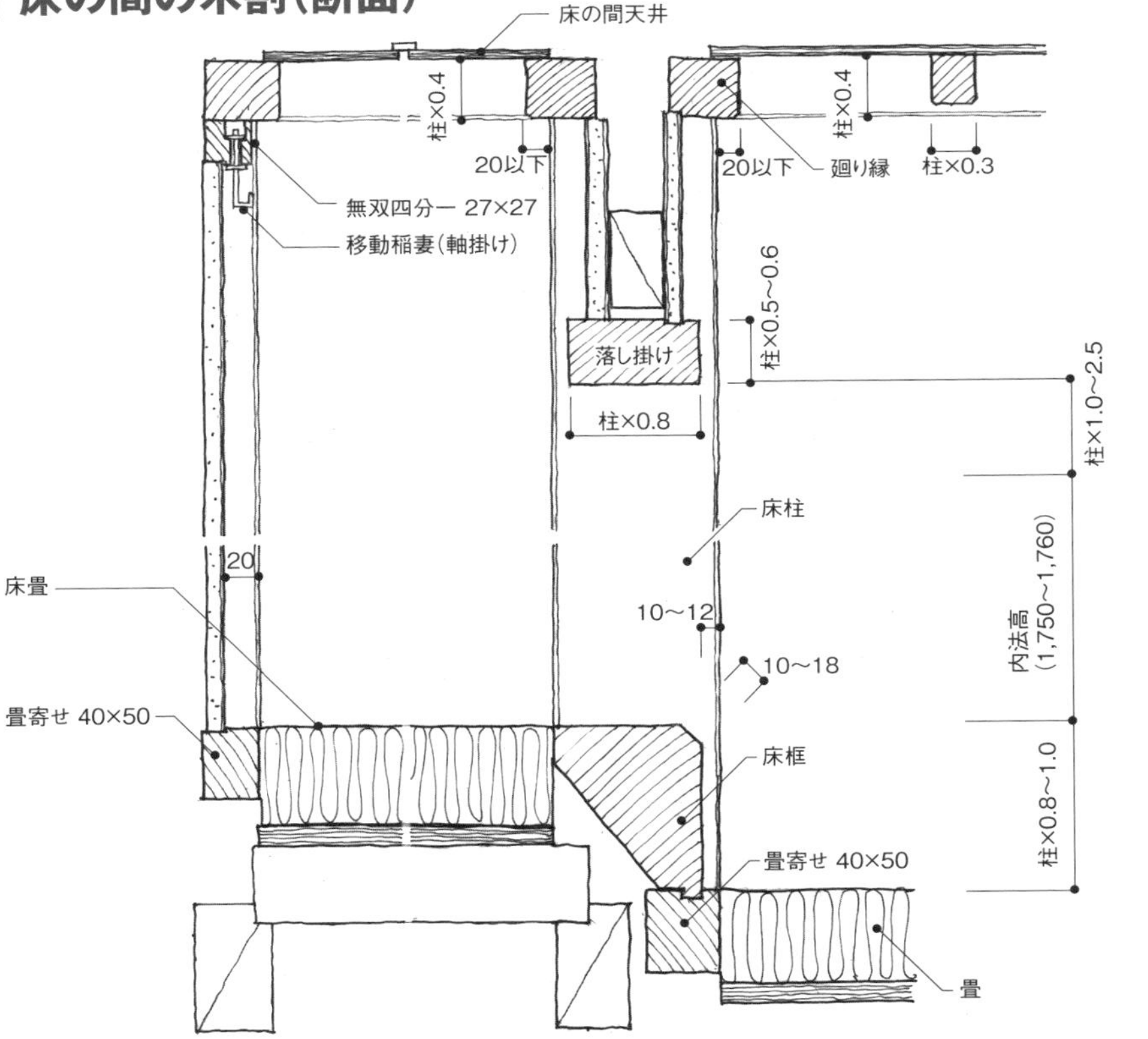
床の間天井
柱×0.4
柱×0.4
20以下
20以下
廻り縁
柱×0.3
無双四分一 27×27
移動稲妻（軸掛け）
柱×0.5〜0.6
落し掛け
柱×0.8
柱×1.0〜2.5
床柱
20
床畳
10〜12
10〜18
内法高
（1,750〜1,760）
畳寄せ 40×50
床框
柱×0.8〜1.0
畳寄せ 40×50
畳

床框

POINT
床の間の重要な意匠となる床框も、形式によって納め方が異なる

床框の寸法と納め方

床の間は床柱、床框、落し掛けなどの各部材で構成される。床框は、床の間の床面を座敷の畳面より1段高くし、畳または床板の端部を納める水平の部材である。木割では床框の高さ（成《せい》）を床柱見付け幅×1.0～1.2としているが、今は同寸または8掛け（×0.8）とすることが多い。欠けたり傷のつきにくいよう大面をとる。

「真」の床框とする場合、ヒノキに黒色の蝋色《ろいろ》漆塗りが最もよいとされるが、取付けに際しては表に傷をつけないよう「カバ入れ」といわれる手法を使う。2本の柱取付け部に「カバ入れ」といわれるクサビ道を含めた床框に合わせた彫込みに床框を納め、裏からクサビを打ち込んで固定する。床框を素地とするときは「矩折《かなお》れ目違い大入れ遣返《やりか》し」という手法で左右に遣り返して納め、込栓で留める。

床框を用いない蹴込床の場合は、蹴込板を畳寄せの小穴に立て、その上に床面と面を合わせる床板を載せる。

図1｜床框と踏込床の納まり

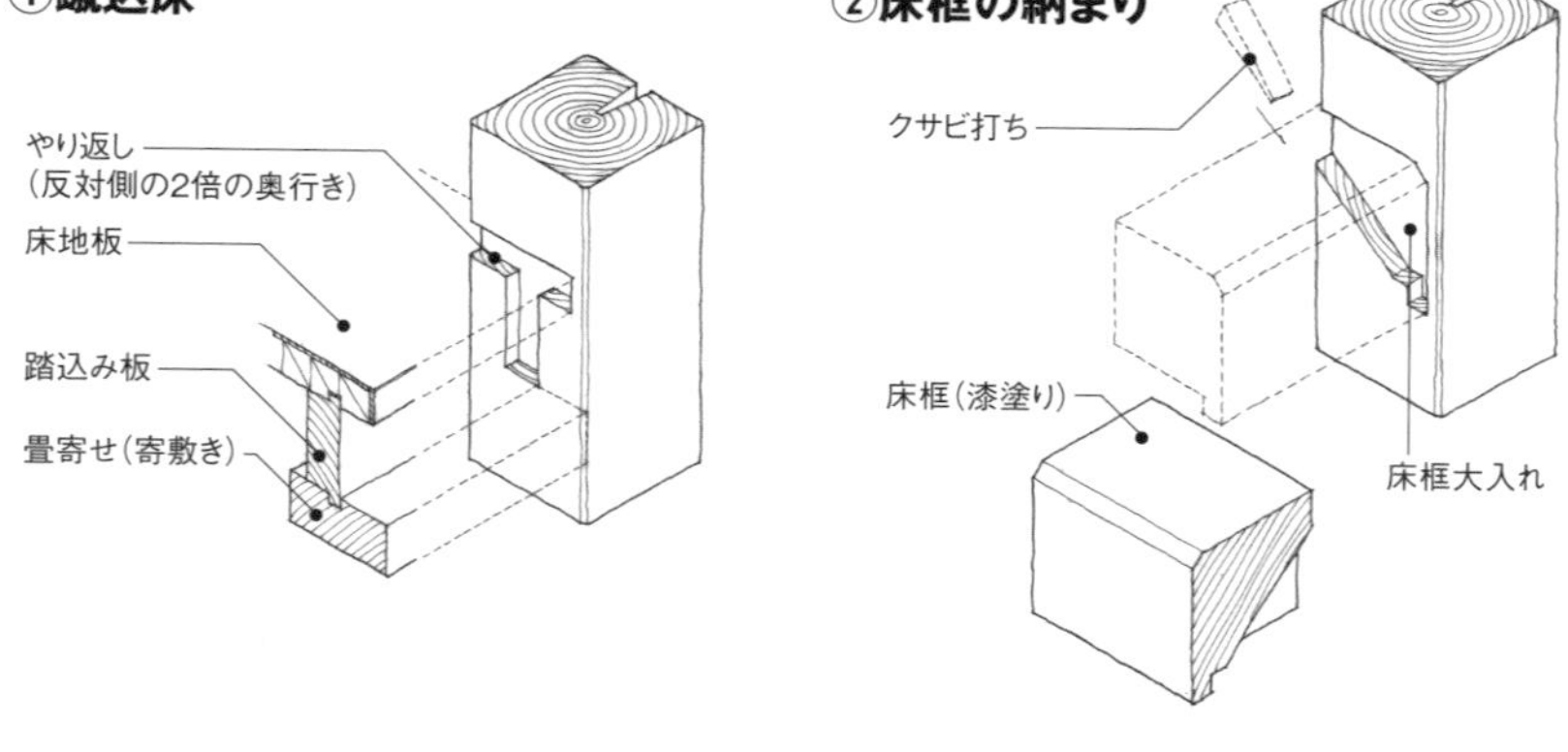
①蹴込床
やり返し
（反対側の2倍の奥行き）
床地板
踏込み板
畳寄せ（寄敷き）
②床框の納まり
クサビ打ち
床框（漆塗り）
床框大入れ

図2｜床框のバリエーション

①本床

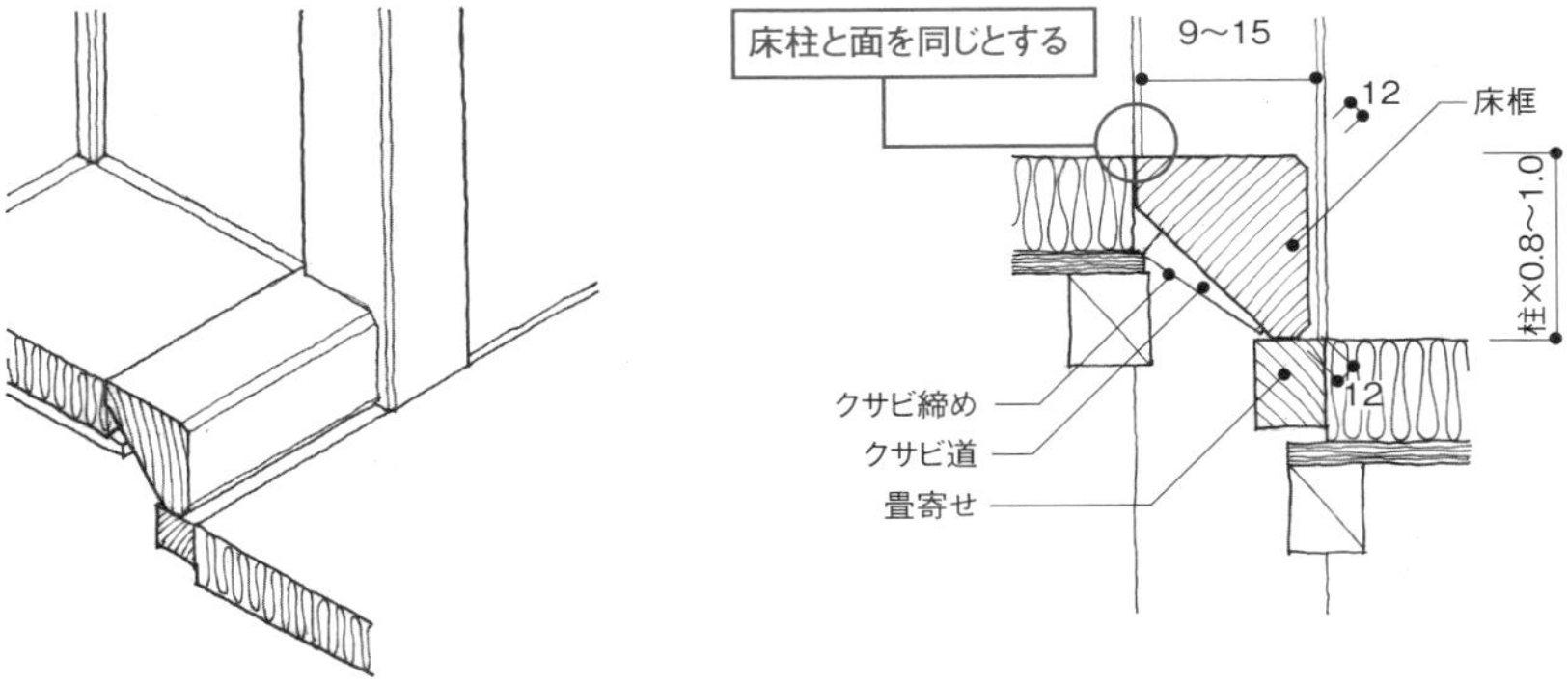

床柱と面を同じとする
9〜15
12
床框
柱×0.8〜1.0
12
クサビ締め
クサビ道
畳寄せ

②薄縁床　本畳の代わりに薄縁（うすべり）を張った板畳を敷き込んだもの

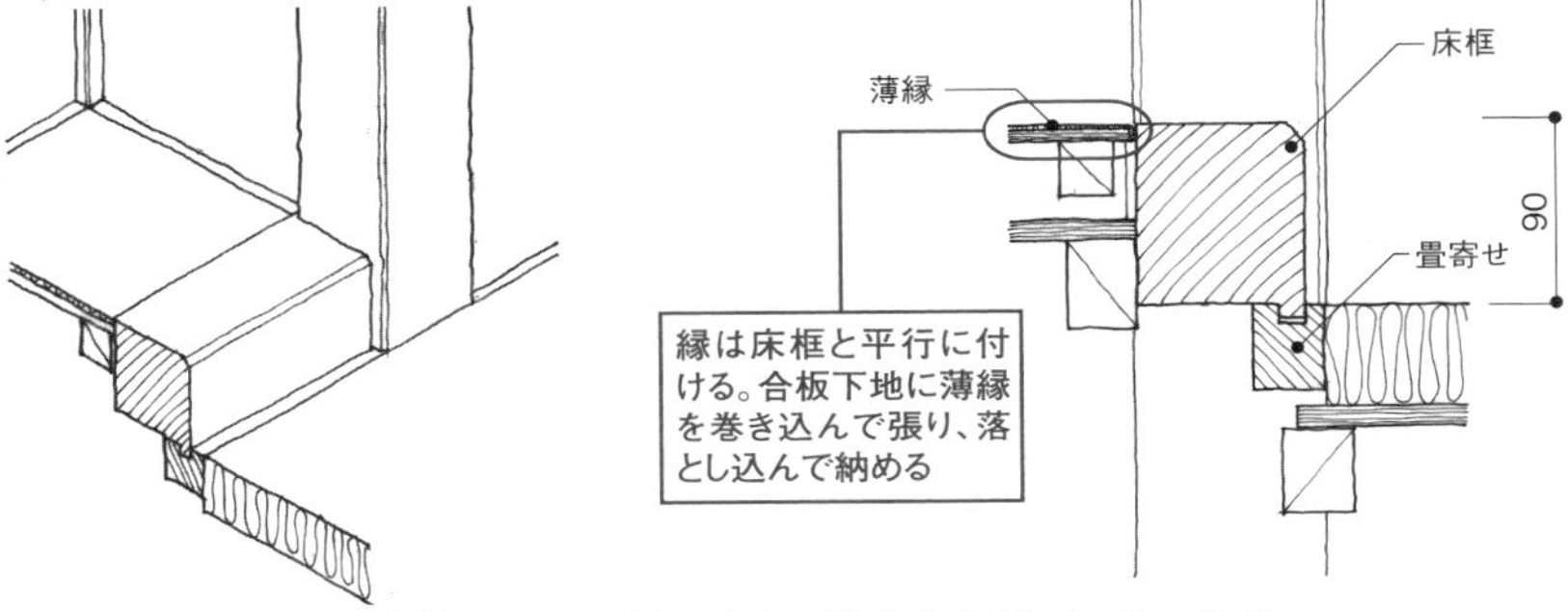

床框
薄縁
90
畳寄せ
縁は床框と平行に付ける。合板下地に薄縁を巻き込んで張り、落とし込んで納める

③蹴込床　畳敷きの代わりに板敷きにし、床框を省いて床板と畳寄せの間に蹴込み板をはめ込んだもの

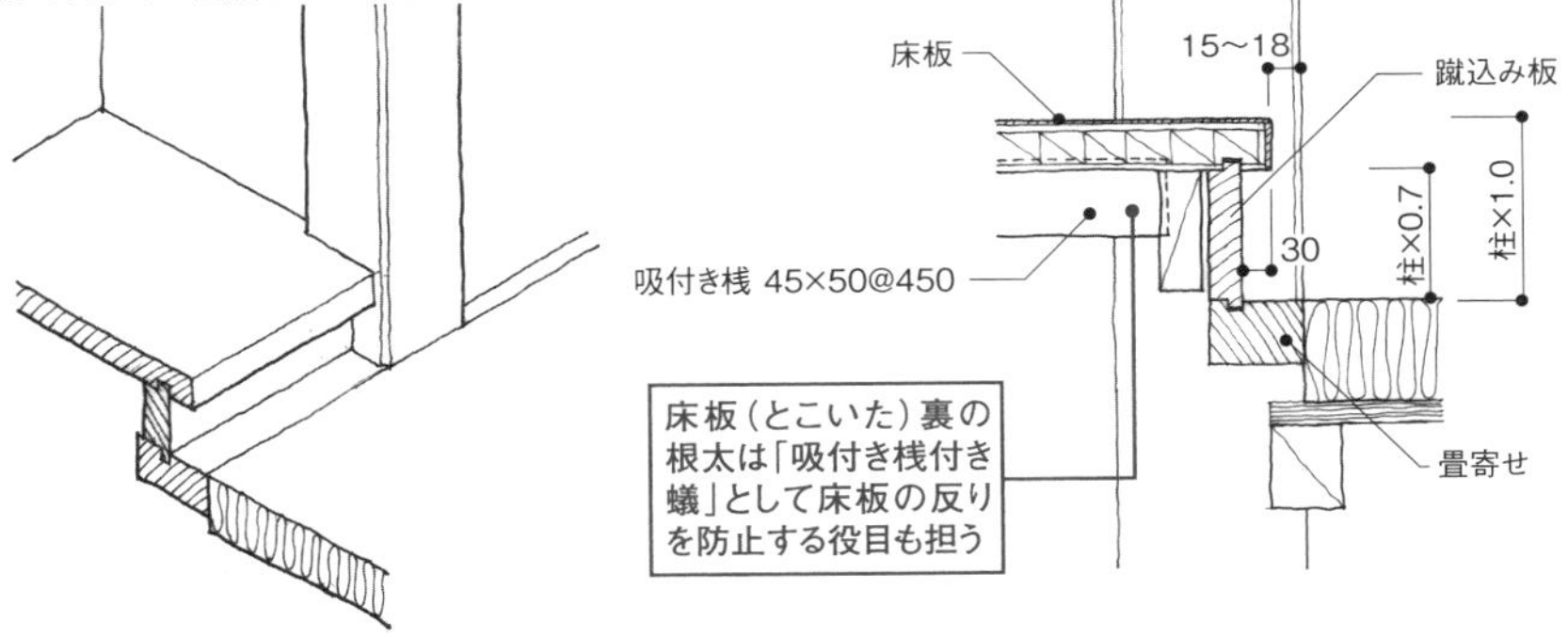

床板
15〜18
蹴込み板
柱×0.7
柱×1.0
30
吸付き桟 45×50@450
床板（とこいた）裏の根太は「吸付き桟付き蟻」として床板の反りを防止する役目も担う
畳寄せ

④踏込床　床框を用いず、畳面と同一面に床板を設けたもの

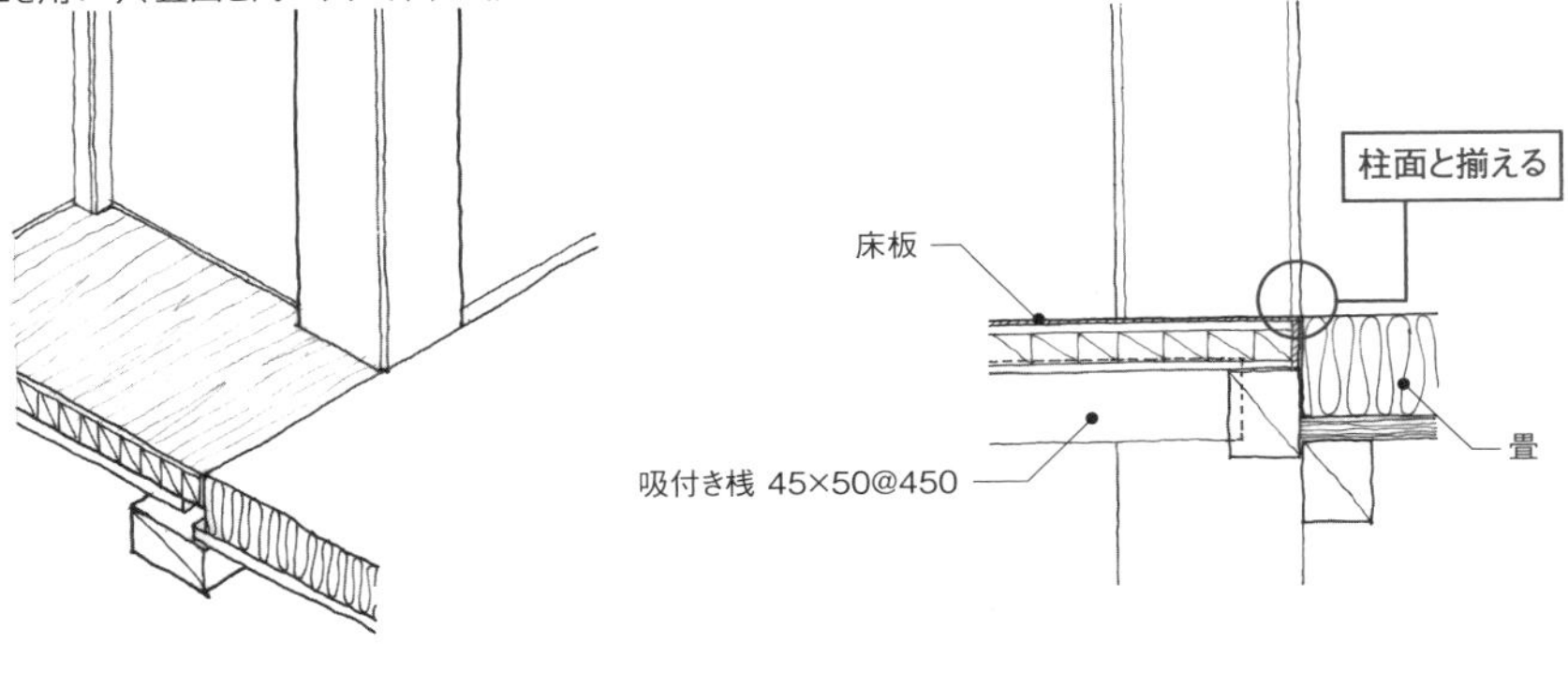

柱面と揃える
床板
畳
吸付き桟 45×50@450

落し掛けと床天井

POINT
床の間の天井は、床の前に座り掛け軸を見たときに軸吊り紐が目に入らないように設ける

落し掛けのプロポーション

床の間の落し掛けは床框と平行に上部の小壁を受け止める横木（無目《むめ》）で、ヒノキやスギ、キリ、マツを使う。木割では内法より柱1～2本分ほど上げて取り付ける。角材の場合その成《せい》は、鴨居より大きめとされているが座敷全体のプロポーションから決めたい。

丸柱と取り合う場合は、柱丸面と落し掛け見込み幅の納まり上、落し掛けの小口が小さく見えるようにし、これを「切目胴付き」と呼ぶ。また、落し掛けをよりシャープに見せたいときの納め方に、刀刃《かたなば》（はっかけ）がある。薄くし過ぎて反ってしまわないよう、また下がり壁との間に隙間が生じないように念入りな手作業が要求される。

床天井廻りの納まり

床の間の天井「床《とこ》天井」は、スギなどのムク一枚板の鏡板とするのが一般的であった。吸付き桟で反りを防ぐなど手の込んだ部位であったが、現在では合板に突き板を張ったものを取り付けることが多い。

天井の高さは座敷の天井高さと関係なく、床前一間ほどのところに座って、軸を見たとき軸吊り紐が目に入らない程度にする。

床天井廻り縁には「無双四分一《むそうしぶいち》」や「雲板《くもいた》」がつきものだ。無双四分一は、細めの掛け軸を二幅、三幅一緒に掛けるとき、それぞれ幅の異なる軸をバランスをとるため、両側に移動式の稲妻を取り付ける横木で、廻り縁の下に取り付ける。

雲板は同じく軸を掛けるための釘を打つ板で廻り縁の下に取り付ける。板はスギの柾目、板幅180㎜程度、廻り縁から30㎜下がった個所に竹釘または折れ釘を打つ。

図1｜落し掛けの構成

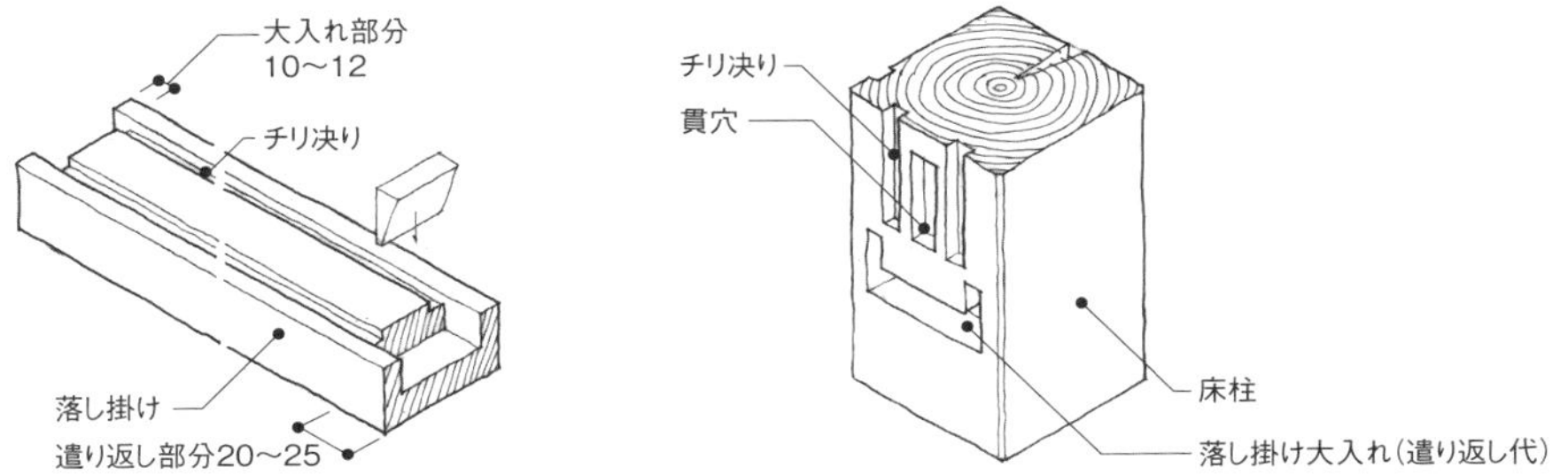
大入れ部分
10～12
チリ決り
落し掛け
遣り返し部分20～25
チリ決り
貫穴
床柱
落し掛け大入れ（遣り返し代）

図2｜落し掛けの種類

①一般的な落し掛け

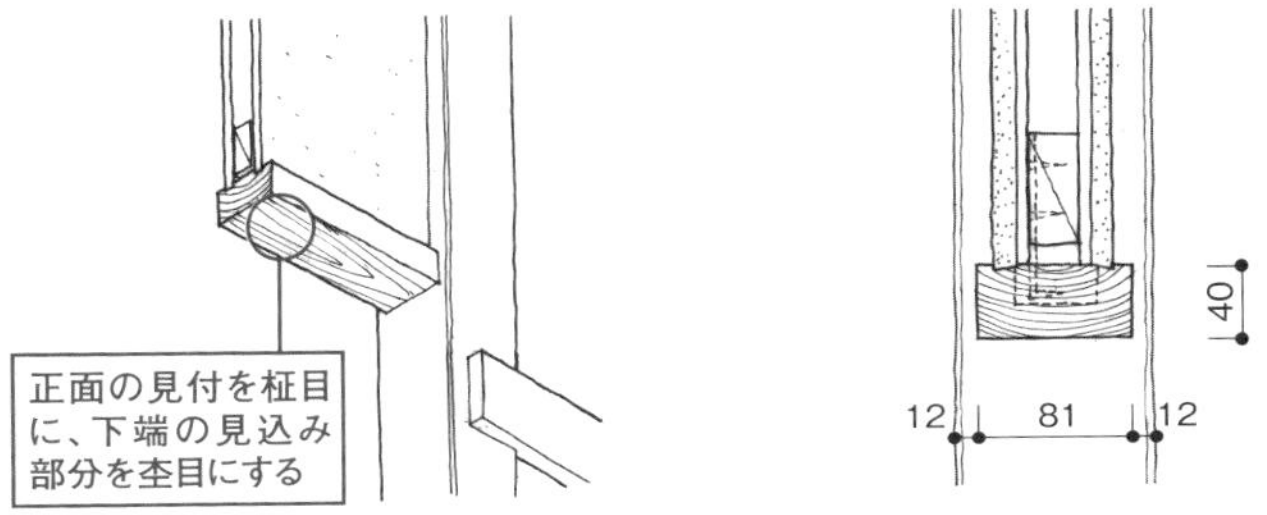
正面の見付を柾目に、下端の見込み部分を杢目にする
40
12
81
12

③切目胴付き

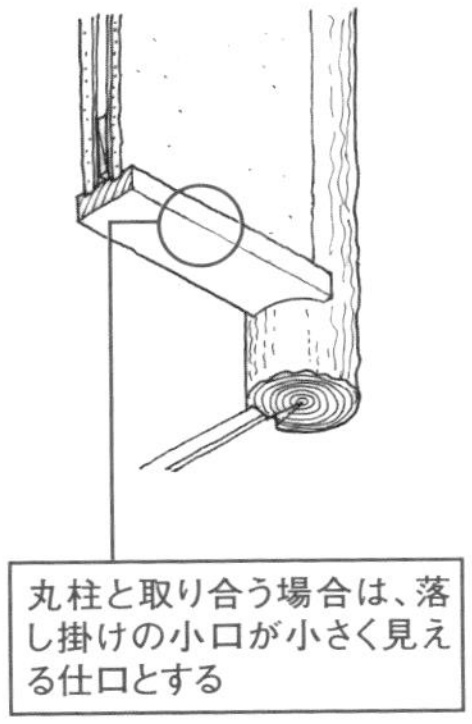
丸柱と取り合う場合は、落し掛けの小口が小さく見える仕口とする

②刀刃《かたなば》納まり

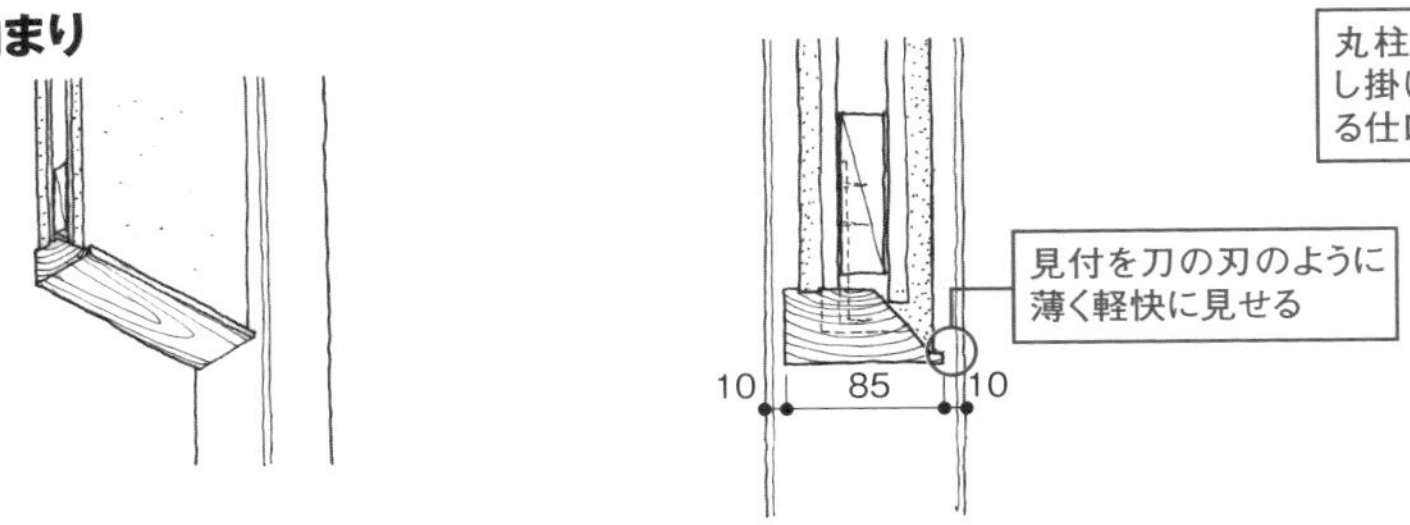
見付を刀の刃のように薄く軽快に見せる
10
85
10

図3｜床天井廻りのバリエーション

①無双四分一

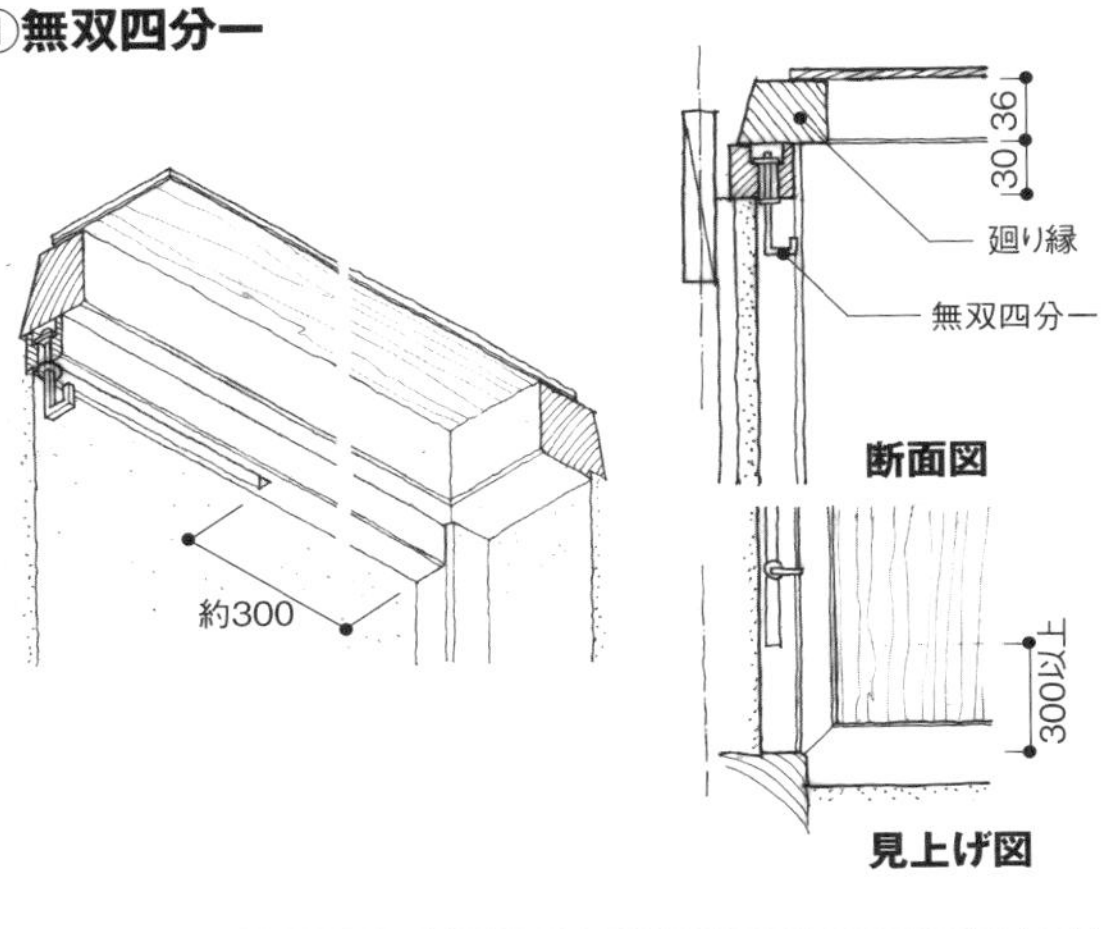
約300
36
30
廻り縁
無双四分一
断面図
300以上
見上げ図

②雲板

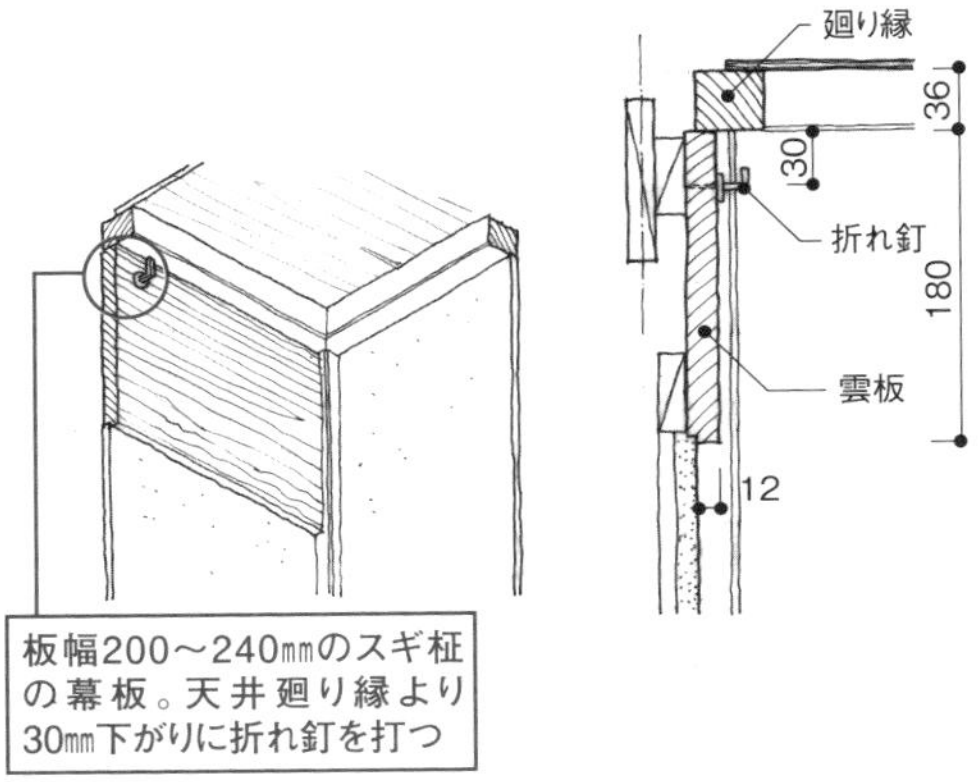
板幅200～240㎜のスギ柾の幕板。天井廻り縁より30㎜下がりに折れ釘を打つ
廻り縁
36
30
折れ釘
180
雲板
12

床脇

POINT 床脇の各部には床の間や書院とともに名称が細かく付けられている

床脇の構成

床の間の隣に畳面と同面に踏み込み地板を納め、その上に地袋、違い棚、さらに天袋を、となれば定石どおりの床脇ができあがる。床脇は、床の間、書院と同様、各材のさまざまな組合せにそれぞれ名称が付けられるほか、床と床棚の間の壁に「下地窓」や、「狆潜《ちんくぐ》り」の開口を設けたりなどとそのバリエーションには際限がないほどで、今日まで、その本来の役割は薄れてきていても装飾的手法として住宅建築に彩りを添えてきた。

床脇の各部位のプロポーション

天袋は、座敷の鴨居の無目の高さに鴨居を設け内法270㎜とする収納棚である。底板は柱の0.2～0.3倍程度の厚みの板で、前面を柱内面より柱の2.5倍後退した位置に合わせる。

地袋は、畳面と同面の踏込み板からの高さは360㎜、前面を柱内面より柱2本分を引っ込めて取り付ける。天板は天袋底板と同じ厚み・同じ樹種を用いるのが定石で、戸当たり束は柱面と同じ位置に、見込みは柱の0.7倍である。

違い棚の棚は、板厚が柱の0.2～0・25倍で、床の間側を上段とし、天袋下端と地袋上端の1／2位置に下棚の上端が、棚全体の前面は柱の3本分後退したところにもってくる。さらに違い棚どうしの隙間は柱1本分あけ、海老束と呼ばれる45～50㎜角の束材で両板を蟻で接続（寄せ蟻）する。

棚端部と海老束《えびづか》とは板厚の1.5倍あけ、上段の端部には成が板厚1.5倍、長さが板奥行きと同じ「筆返し」が吸い付き蟻で取り付けられる。下段の棚板端部の「端燕《はしつばめ》」と呼ばれる端喰《はしばみ》・小口蟻とともに筆返しは、古くから名称が付けられ親しまれてきた。

図1｜床脇の構成

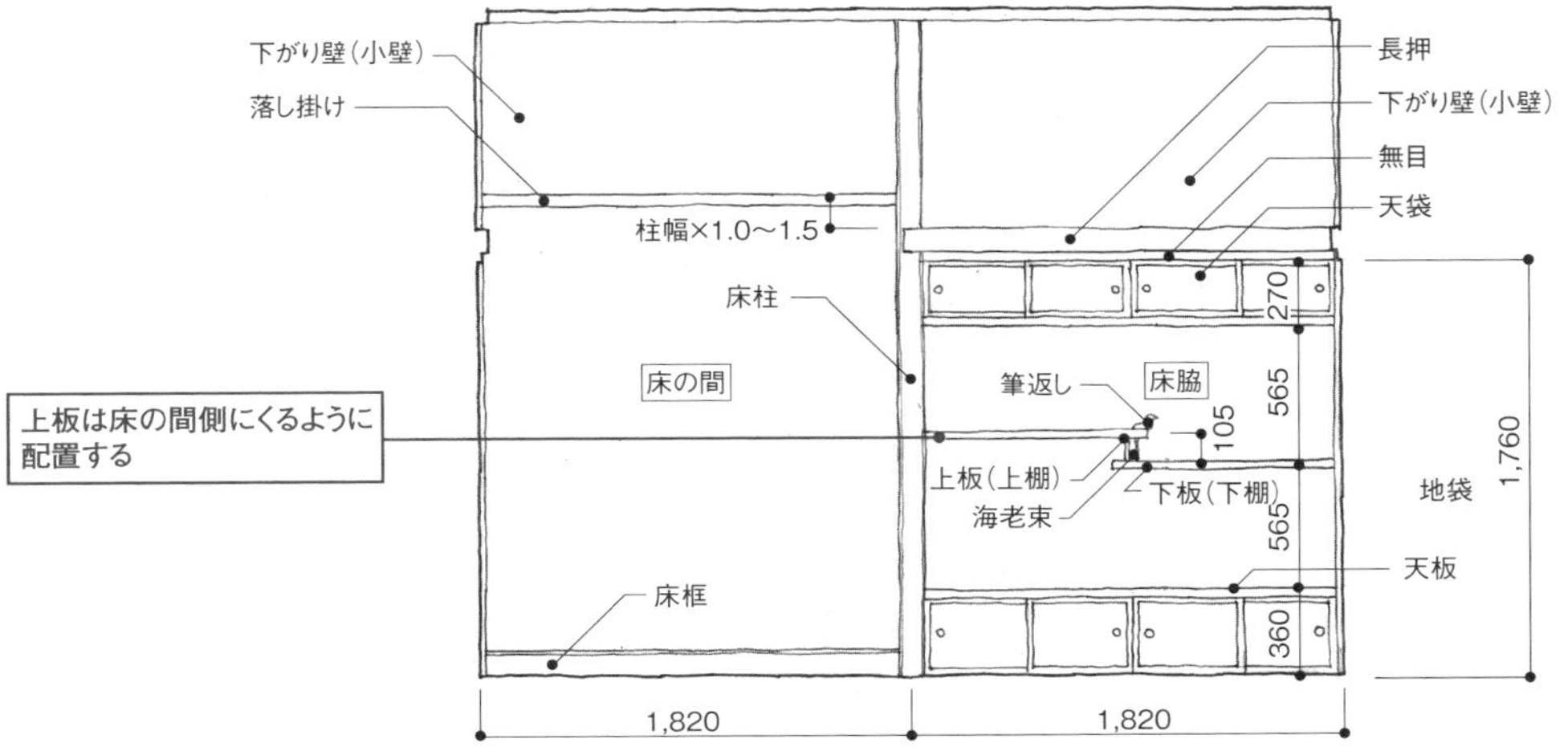
下がり壁(小壁)
落し掛け
柱幅×1.0〜1.5
床柱
床の間
上板は床の間側にくるように配置する
床框
長押
下がり壁(小壁)
無目
天袋
筆返し
床脇
上板(上棚)
海老束
下板(下棚)
天板
地袋
270
565
105
565
360
1,760
1,820
1,820

図2｜床脇のプロポーション

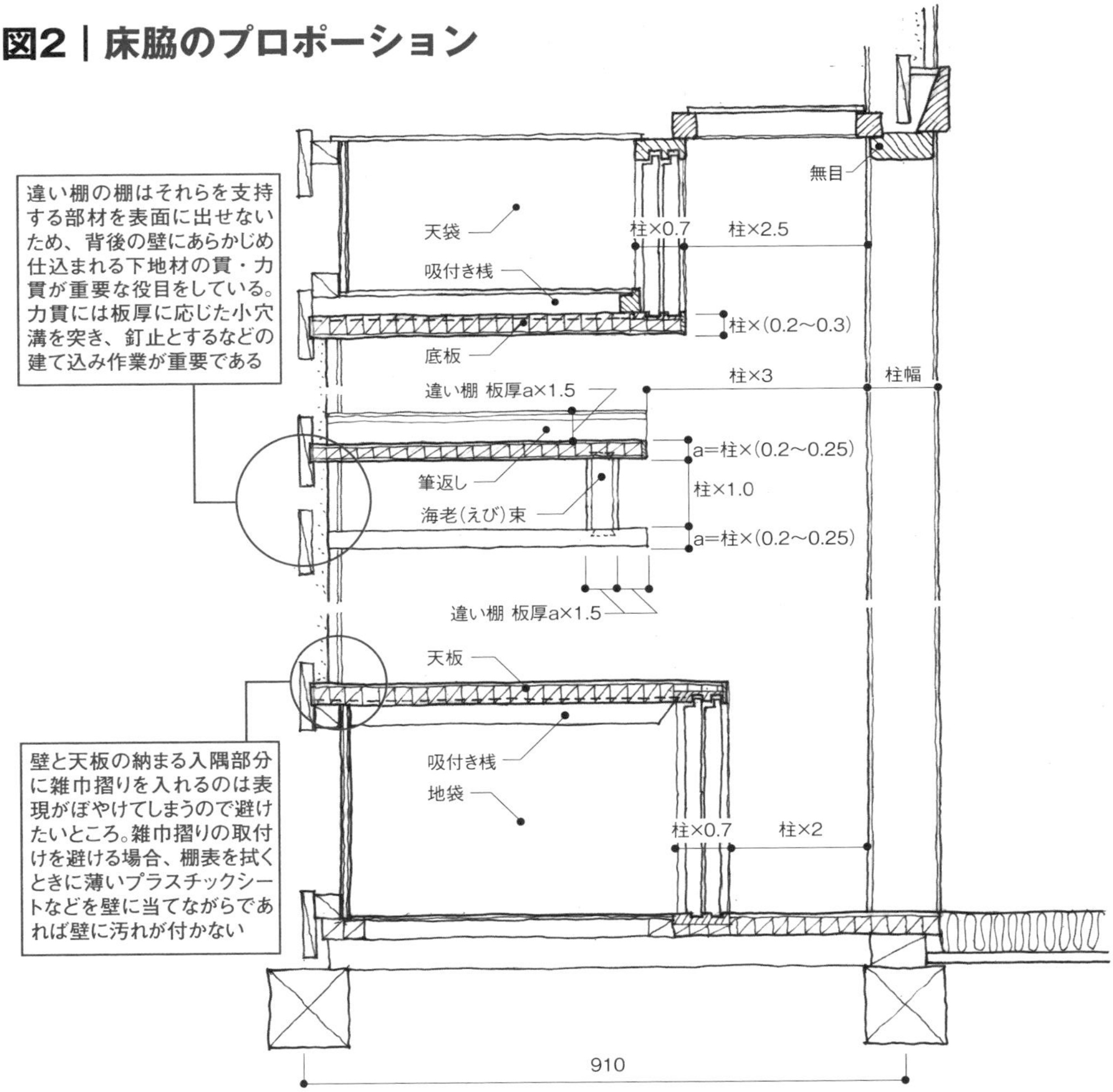
違い棚の棚はそれらを支持する部材を表面に出せないため、背後の壁にあらかじめ仕込まれる下地材の貫・力貫が重要な役目をしている。力貫には板厚に応じた小穴溝を突き、釘止とするなどの建て込み作業が重要である
無目
天袋
柱×0.7
柱×2.5
吸付き桟
柱×(0.2〜0.3)
底板
違い棚 板厚a×1.5
柱×3
柱幅
a=柱×(0.2〜0.25)
筆返し
柱×1.0
海老(えび)束
a=柱×(0.2〜0.25)
違い棚 板厚a×1.5
天板
壁と天板の納まる入隅部分に雑巾摺りを入れるのは表現がぼやけてしまうので避けたいところ。雑巾摺りの取付けを避ける場合、棚表を拭くときに薄いプラスチックシートなどを壁に当てながらであれば壁に汚れが付かない
吸付き桟
地袋
柱×0.7
柱×2
910

書院

POINT
書院の各部の納まりや慣用されてきたプロポーションを示す寸法は豊富にある

2通りの書院とプロポーション

書院は、縁側と床の間の間に設ける開口をもつ仕切りで、座敷の装飾としての床構えの1つである。

書院には、出窓形式の付け書院（出書院）と出窓のない形の平書院の2種類の形式がある。さらに床の間の奥まで窓を設けたものを「取込み付け書院」「取込み平書院」と呼んでいる。

付け書院の出寸法は360～450㎜程度で、縁側の幅員との関係からも考慮されて決められる。書院柱は本柱より8／10程度と小ぶりで、内面を本柱に揃えて立てる。そのほか、縁側床面との段差を調整する地覆、地板、書院窓の障子、中鴨居、欄間や欄間鴨居、台輪、冠木《かぶき》など各部の納まりや慣用されてきたプロポーションを示す寸法の類は豊富である。

地板は厚みが本柱の0・25～0.3倍の30㎜程度とする。高さは360㎜としたり、重心を低くするために240㎜程度とすることもある。地板には障子の建具溝を彫り、反りなどの狂い防止のため吸付き桟を付ける。

障子と欄間の間の中鴨居は、成が本柱の0.3～0.4倍、見込みは書院柱の面内とする。欄間鴨居は納まり上、座敷の鴨居と成《せい》を同寸とする。外側の書院柱の頭つなぎが台輪で、成は縁側の長押寸法との調和を考慮しながら決められる。台輪の上に冠木《かぶき》を載せる場合、その成は、本柱の0.2倍で24㎜ほどである。

図1 | 書院の種類

①出書院（付け書院）

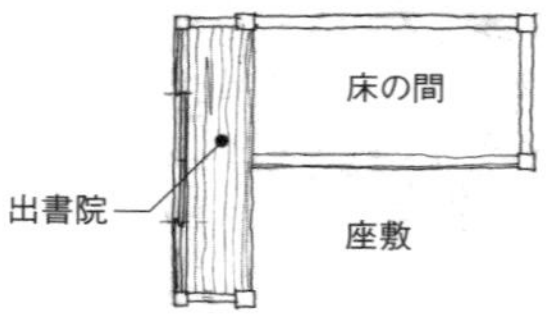

②平書院

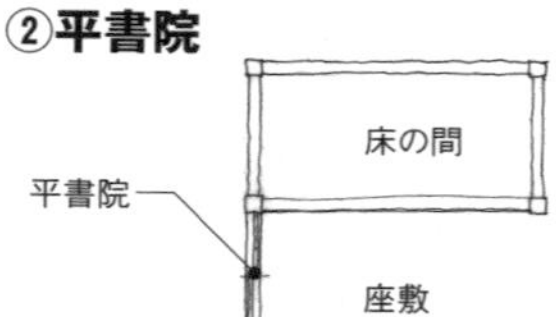

図2｜出書院の構成

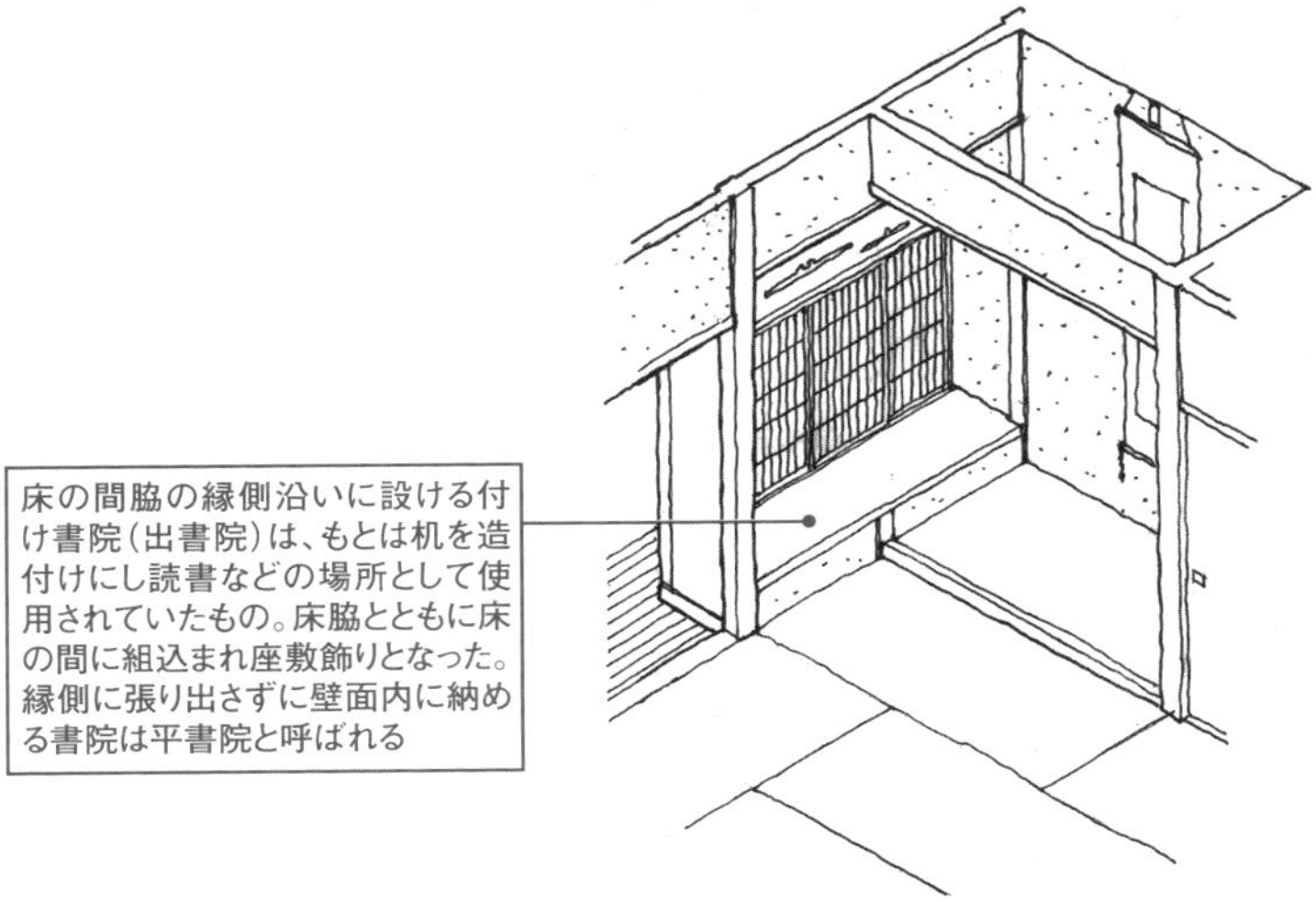
床の間脇の縁側沿いに設ける付け書院(出書院)は、もとは机を造付けにし読書などの場所として使用されていたもの。床脇とともに床の間に組込まれ座敷飾りとなった。縁側に張り出さずに壁面内に納める書院は平書院と呼ばれる

図3｜出書院のプロポーション

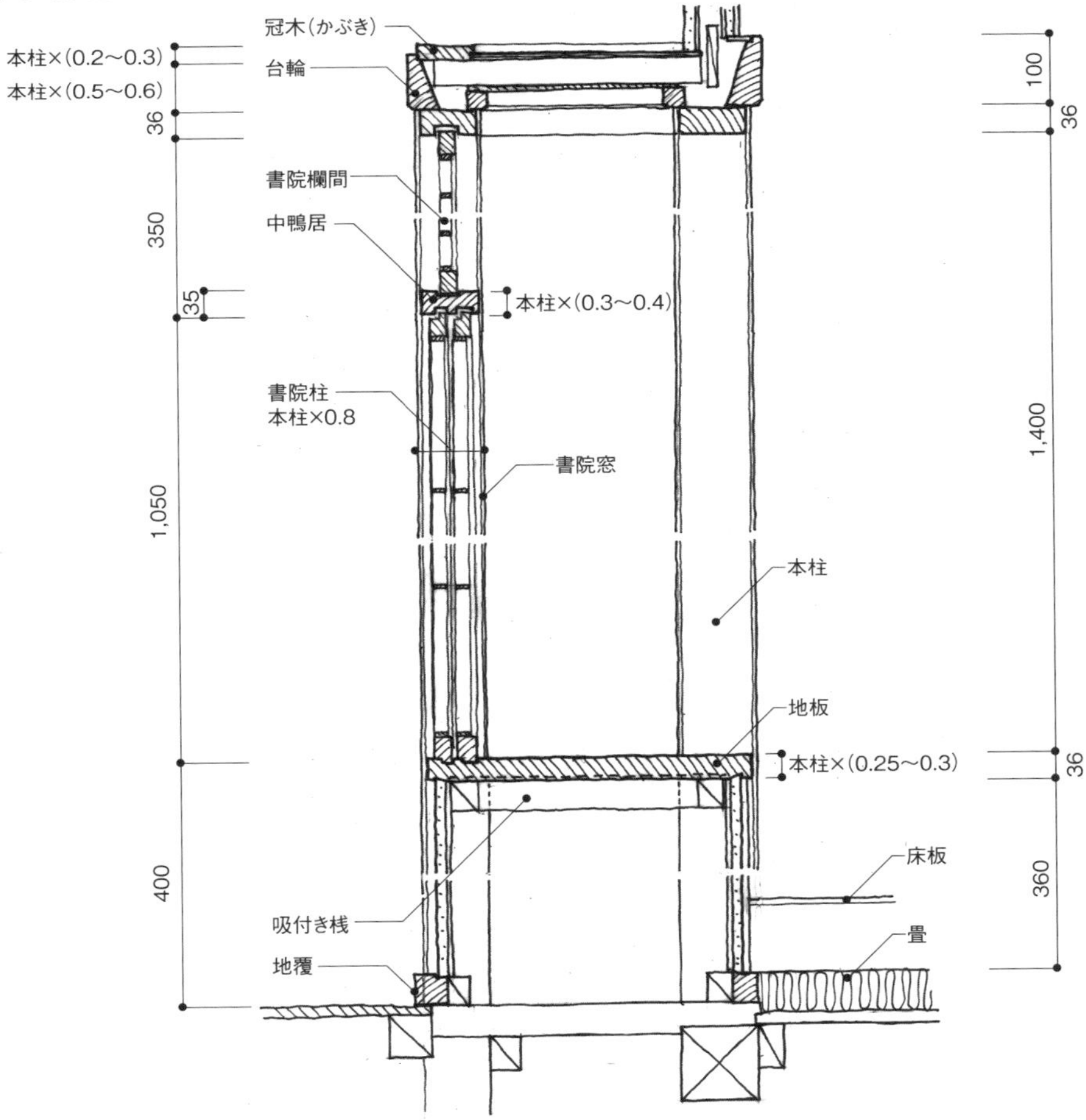
冠木(かぶき)
台輪
本柱×(0.2〜0.3)
本柱×(0.5〜0.6)
36
350
35
1,050
400
書院欄間
中鴨居
本柱×(0.3〜0.4)
書院柱
本柱×0.8
書院窓
本柱
地板
本柱×(0.25〜0.3)
床板
畳
吸付き桟
地覆
100
36
1,400
36
360

竿縁・格天井

POINT 竿縁は張り方による決まりや形状による格式の表し方があるので、注意して指定する

竿縁天井と格天井

竿縁《さおぶち》天井は和室の天井として我が国で最も一般的に使われる形式で、竿縁という細い材を並べ、竿縁と直行方向に天井板を載せた天井のことである。他の天井のように格子状の野縁に天井材を下から打ち付けるのではなく、竿縁が天井の支持材の役割を果たしている点が大きな特徴である。

格天井《ごうてんじょう》は格縁という角材を格子状に組んだものを廻り縁上端に取り付け、格子のなかに正方形の鏡板を張った天井をいう。寺院や城閣、または上級の書院造り建築の天井に見られる。

竿縁の決まりごと

竿縁の入れ方には伝統的ないくつかの約束ごとがある。その1つは、竿縁の方向は必ず床の間に直角に向かってはいけないこと。これは床刺しといって忌み嫌われる。また、廊下などの細長い空間では竿縁を長手方向に入れる。さらに、竿縁と天井板の目地が正方形にならないように竿縁の幅を決める、などがある。

一般的な竿縁の納まりはまず竿縁を流し、直交する方向だけに裏桟といわれる野縁を設ける。上から天井板を竿縁に釘で打ち付けたのち、野縁に吊り木を打ち付けて竿縁を吊る。

竿縁の間隔は尺寸法にしたがって、303、455、606、910㎜などの割付となるが、基本的に広い部屋は竿縁の間隔が広くなり、狭い部屋では間隔を狭くする。また広い部屋は天井板の幅も広く、狭い部屋では狭い天井板を使用する。

竿縁の材はスギやツガなどの柾目材が使われる。断面形状はさまざまであるが、一般的には、角縁、数寄屋造りでよく使われる薄い断面の平縁《ひらぶち》、反対に縦長の成縁《せいぶち》などがある。

図1｜竿縁天井の構成

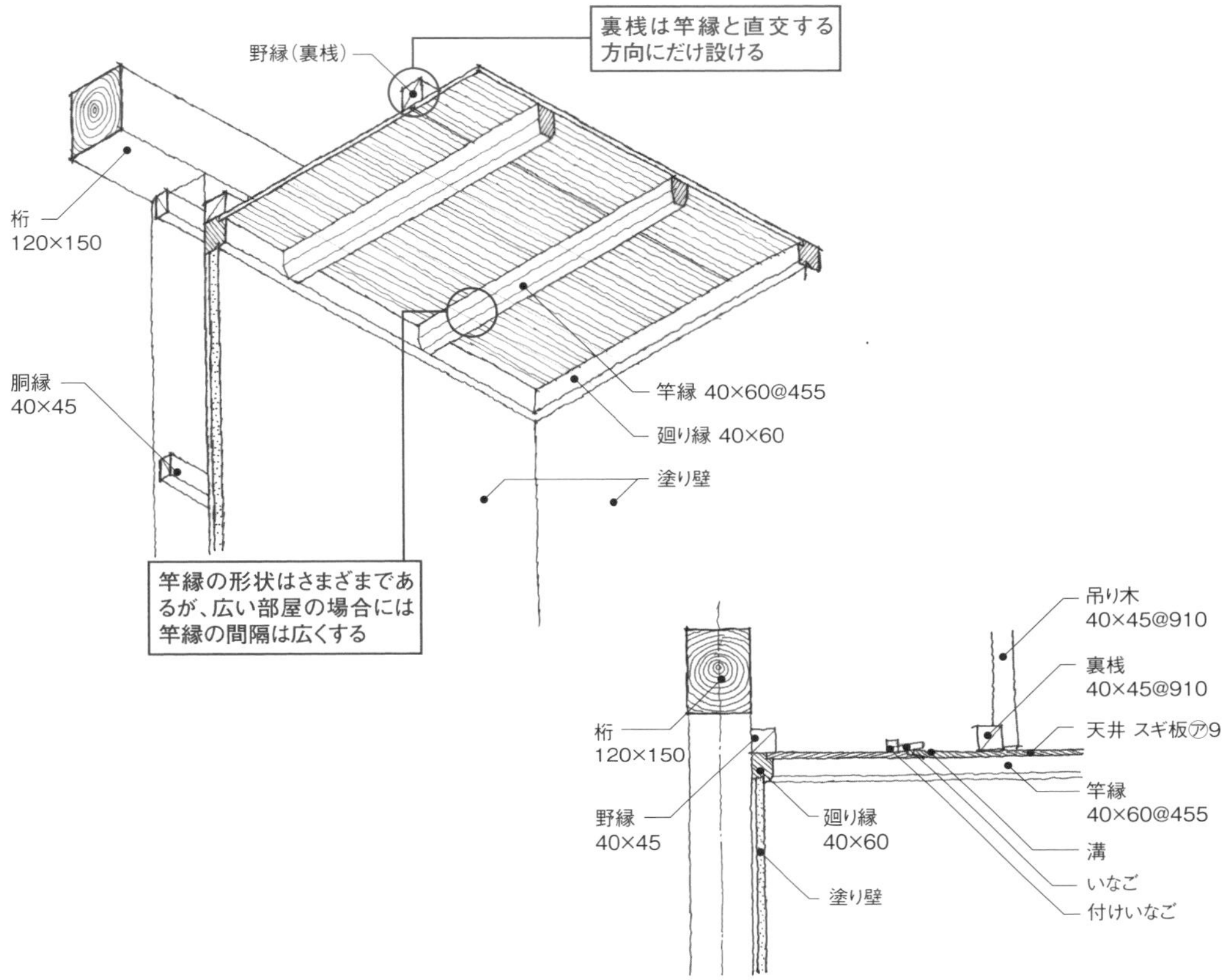
裏桟は竿縁と直交する方向にだけ設ける
野縁（裏桟）
桁
120×150
胴縁
40×45
竿縁 40×60@455
廻り縁 40×60
塗り壁
竿縁の形状はさまざまであるが、広い部屋の場合には竿縁の間隔は広くする
吊り木
40×45@910
裏桟
40×45@910
天井 スギ板㋐9
桁
120×150
竿縁
40×60@455
野縁
40×45
廻り縁
40×60
溝
いなご
付けいなご
塗り壁

図2｜竿縁天井の各納まり

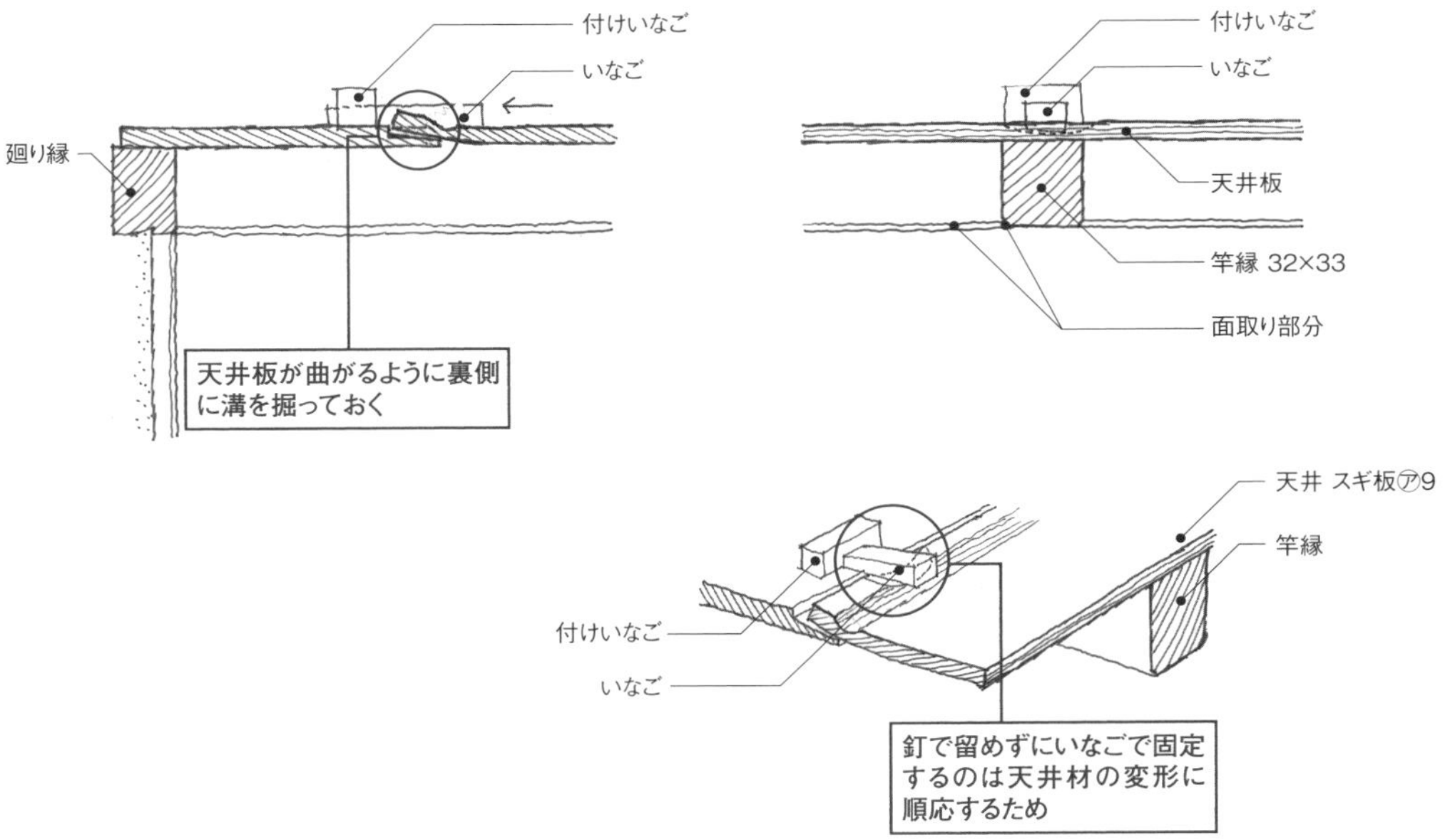
付けいなご
いなご
廻り縁
天井板が曲がるように裏側に溝を掘っておく
付けいなご
いなご
天井板
竿縁 32×33
面取り部分
天井 スギ板㋐9
竿縁
付けいなご
いなご
釘で留めずにいなごで固定するのは天井材の変形に順応するため

088

和室⑧

押入

POINT

押入廻りでは、天井に点検口を設ける場合も断熱材を入れ忘れないようにする

押入の形式と種類

お馴染みの押入は、主に朝夕に出し入れされる寝具や座布団の収納のため、明治期の綿入り布団の出現とともに生まれ、現代にいたるまで引き継がれてきた。何でも入れることのできる極めてフレキシブルな性格を備え、茶の間や座敷など住宅では欠かせない収納空間となっている。

奥行きは柱の芯々で3尺（910㎜）、間口が同じく1間（１８２０㎜）で、中棚を内法高１７６０㎜のほぼ中央に取り付けて2段に仕切り、長押のレベル付近・畳面から１６００㎜あたりに奥行の浅い枕棚を設けて、小壁裏も収納として利用することが基本となっている。

長押より上の部分を天井まで天袋としたり、内法の中間に中敷居を設けて押入を2段に分けたり、中仕切りの下部分に空間をとって吊り押入とすることもある。

断熱材との取合いに注意

押入の施工に際しては、床下や壁で断熱材の入れ忘れに注意する。天井は屋根裏や天井裏への点検口として大きく天井板を外せるように回り縁に載せる納め方とすることもある。

従来、押入の壁は漆喰塗りであったが、今では合板張りが一般的である。床材もかつては厚さ7㎜程度のスギ板を素地のまま相決り《あいじゃく》や突付けで張り、調湿性ももたせていたが、現在では厚さ9㎜のラワン合板などを303～360㎜間隔で根太に釘打ちすることが多い。

天袋の戸を引違い戸とする場合、収納物の荷重で敷居が下がるのを避けるため、天袋の根太受けを敷居と離して取り付ける。大工職に受け継がれてきた細やかさの1つである。

図1｜押入の構成と納まり

①アイソメ図

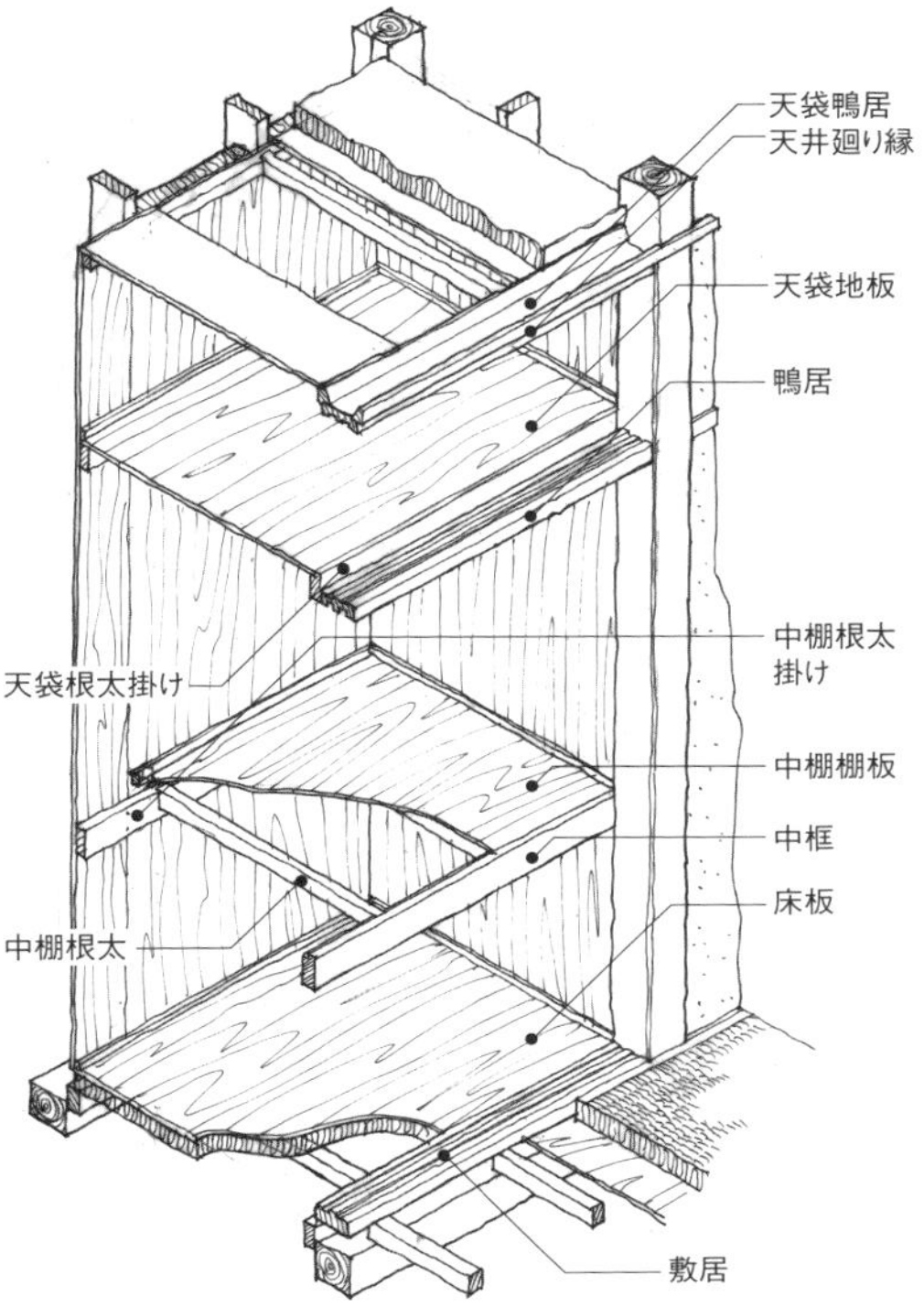
天袋鴨居
天井廻り縁
天袋地板
鴨居
中棚根太掛け
天袋根太掛け
中棚棚板
中框
床板
中棚根太
敷居

②断面詳細図

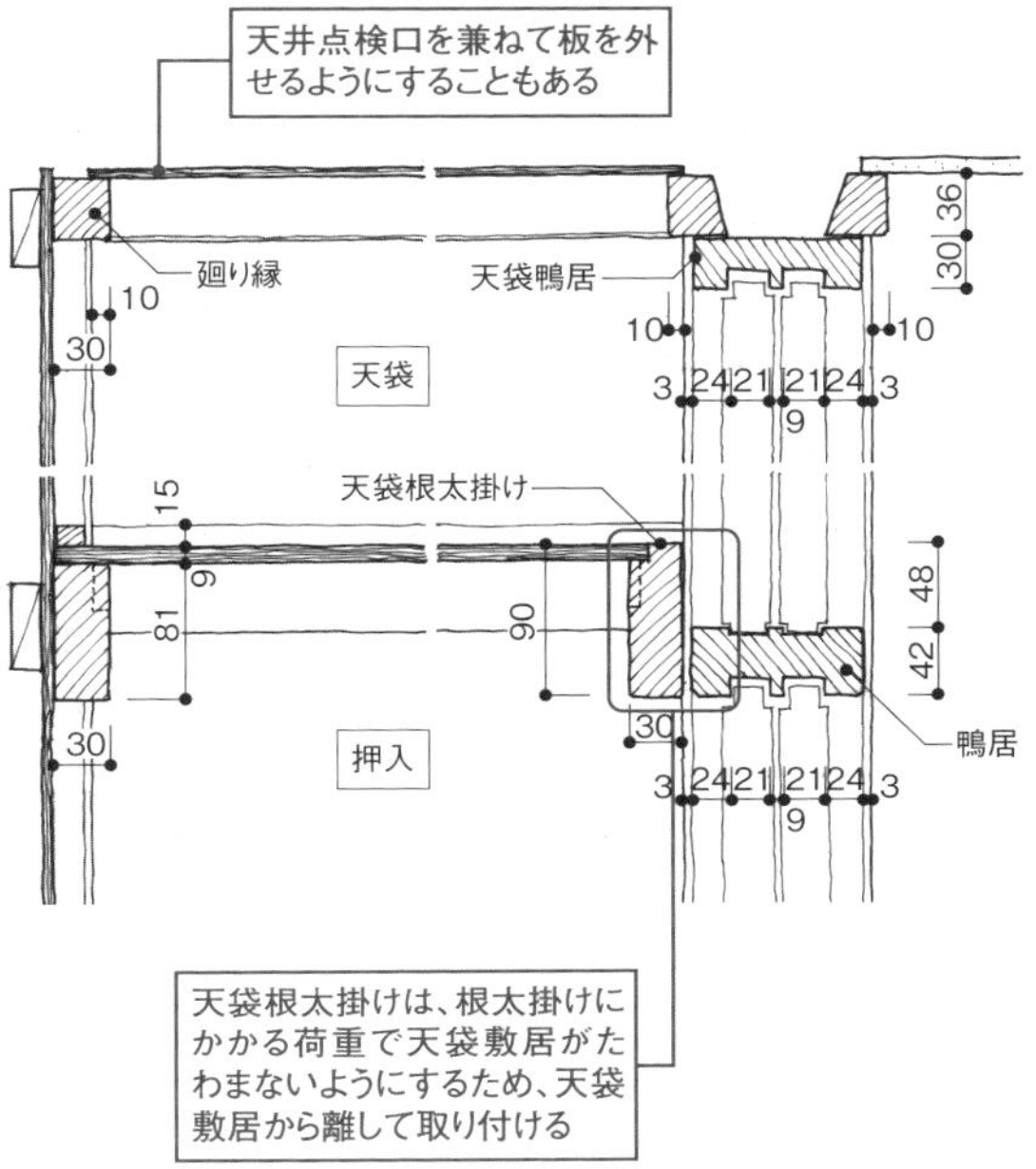
天井点検口を兼ねて板を外せるようにすることもある
廻り縁
天袋鴨居
天袋
天袋根太掛け
押入
鴨居
天袋根太掛けは、根太掛けにかかる荷重で天袋敷居がたわまないようにするため、天袋敷居から離して取り付ける
10
30
36
3
24
21
9
15
81
90
48
42

図2｜押入の天井裏の納まり

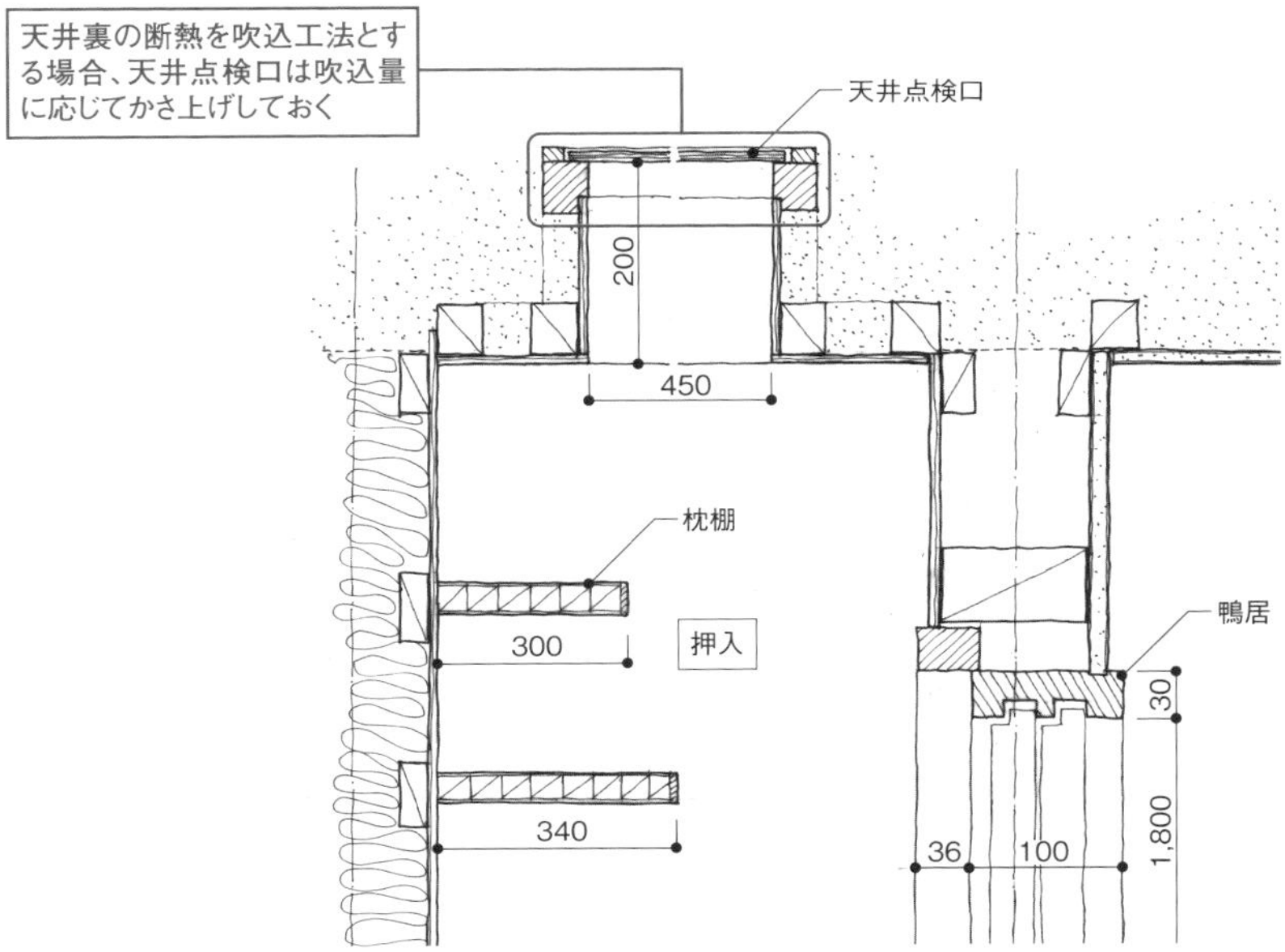
天井裏の断熱を吹込工法とする場合、天井点検口は吹込量に応じてかさ上げしておく
天井点検口
200
450
枕棚
300
押入
340
鴨居
30
36
100
1,800

089

和室⑨

仏壇・神棚のしつらえ

POINT

決まりごとや道具などによる違いもあるが、収納する場合は他の個所との調和を図る

大切にされるしつらえ

仏壇や神棚について建築設計で語られることはめったにない。しかし、亡くなった家族を祀り先祖を祀る厨子《ずし》、祭壇の常設は大切にされてきた。伝来の仏壇や新たな仏壇の設置、また内部に小さな仏像や位牌などを安置するための造作が設計者に委ねられることがある。同様に神道の神を祀る神棚の設置を求められることもあろう。

いずれも家族の宗教上の事物に関わるだけにないがしろにはできない。それらを設計のなかに組み込み、他の要素との調和を目指すこととなる。

仏壇は宗派ごとの決まりごとや仏具に関わる事柄などでの違いがあるため、既製品仏壇の収納に関して計画することも多いが、ここでは1つの例として、一般的で単純な、位牌壇を備えた仏壇収納を取り上げる。

設置個所にも注意する

仏壇には寺の山門を見立てたといわれる中折れ扉がつきものである。しかし、図に示した例は住空間のほかの部分のしつらえとのつながりを考え、スライドレールとスライド丁番を組み合わせて使う引込み開き扉（垂直収納扉）を備えた仏壇収納である。

住宅のなかでの仏壇の設置場所は、南向き、または東向きがよいとされる。また仏壇の上（上階）には室や廊下がないほうがよいなど、地域によって種々の言い伝えも残されている。

神棚の場合も同様に、上階に床のない個所の天井に近い南向き、東向きに設置するのがよいとされる。

そして、仏壇と神棚はお参りする人が他方に背を向けないよう、つまり互いに向き合わないようにすべきなどともいわれている。

図｜開き扉を収納する仏壇

①アイソメ図

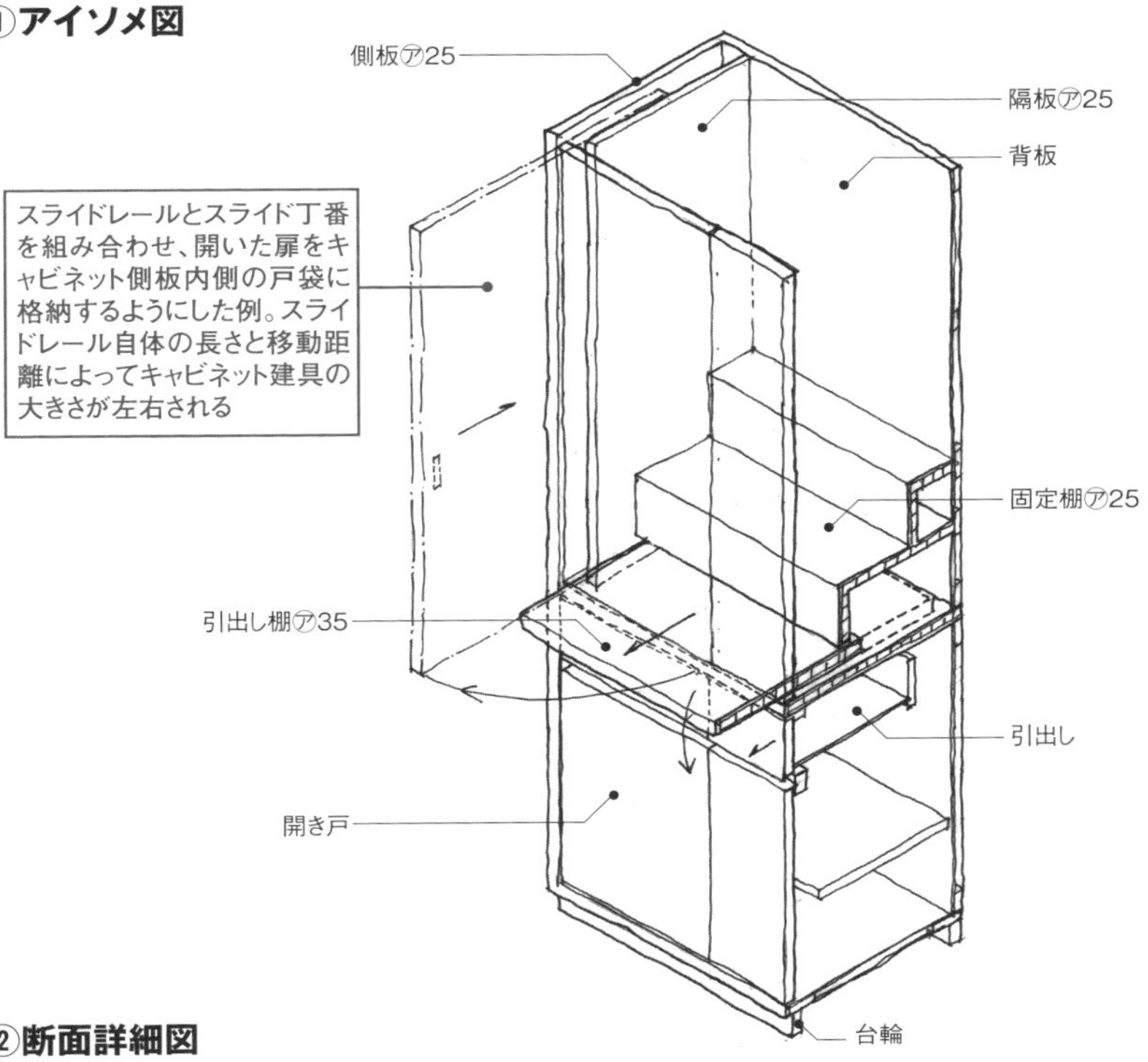
側板㋐25
隔板㋐25
背板
スライドレールとスライド丁番を組み合わせ、開いた扉をキャビネット側板内側の戸袋に格納するようにした例。スライドレール自体の長さと移動距離によってキャビネット建具の大きさが左右される
固定棚㋐25
引出し棚㋐35
引出し
開き戸
台輪

②断面詳細図

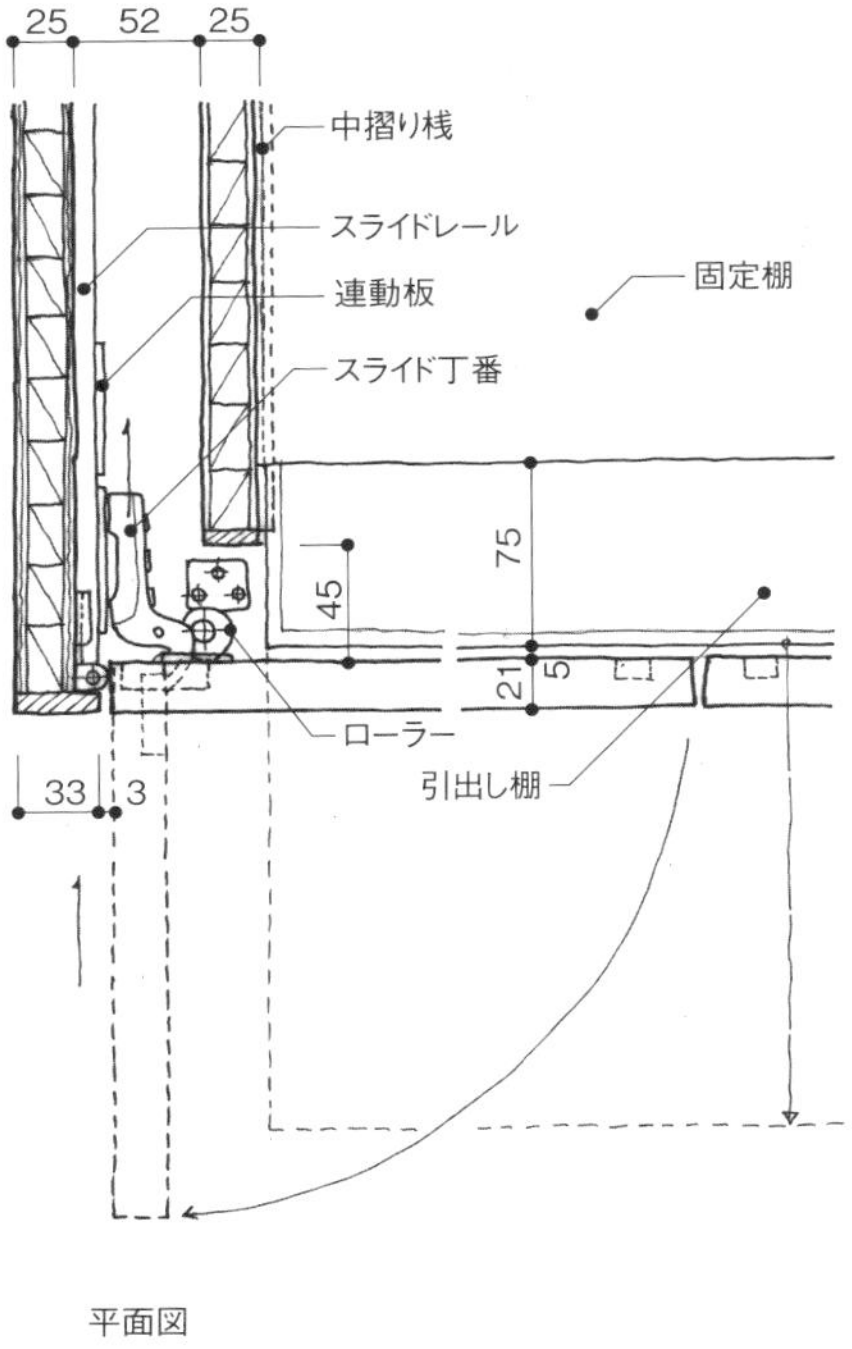
25
52
25
中摺り桟
スライドレール
連動板
固定棚
スライド丁番
75
45
21
5
ローラー
引出し棚
33
3

平面図

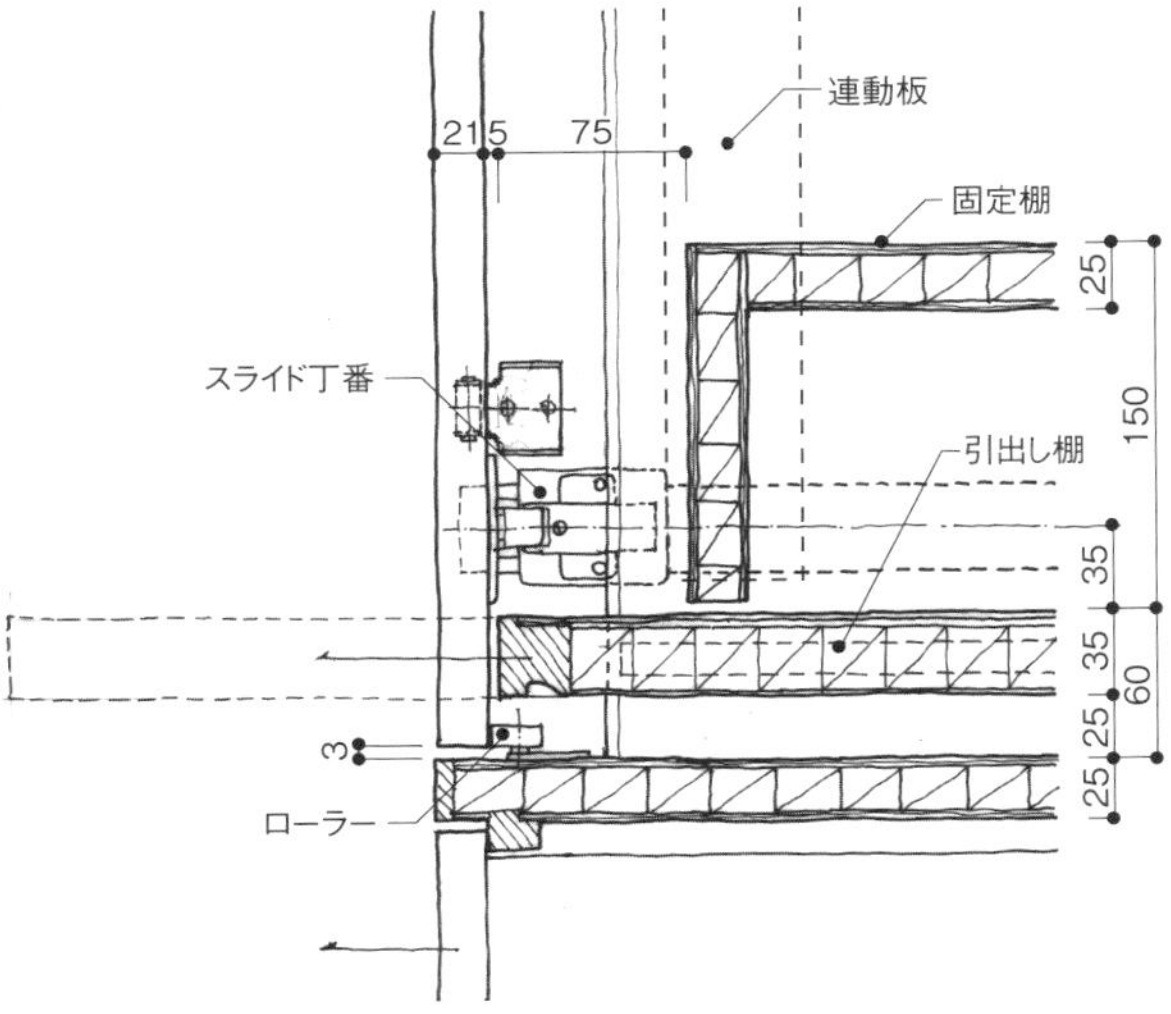
連動板
21
5
75
固定棚
25
150
スライド丁番
引出し棚
35
35
60
3
25
25
ローラー

断面図

和室建具の種類

POINT

和室建具は引き戸が基本。表面の仕様でさまざまなバリエーションがある

和室の建具の開閉方式は、引違いや片引きなどの引き戸が基本で、室内建具としては柱間を占める形式の襖や障子、舞良戸《まいらど》や格子戸などである。いずれも洋室の建具に比べ軽く視線を遮る程度である。

襖は、下地骨と呼ばれる組子に紙を下張りし、襖紙を張り、縁・引き手を取り付けるのが一般的で、種類には「縁付き襖」のほか、縁なしの「太鼓襖」「源氏襖」や「戸襖」などがある。太鼓襖は上下に滑り桟を打ち付けた縁なしの襖で「坊主襖」とも呼ばれ、茶室の出入口に使われてきた。

戸襖は、洋室との間仕切りに使われる建具で、片面を合板張りに布などを張り、和室側は合板に襖紙を張り、縁を付けたもので、表面の仕上げ材の違いから反りやすくなるので要注意だ。

襖紙は、手漉きの本鳥の子や鳥の子、芭蕉布などの繊維襖紙など種類は豊富である。襖縁は、襖の周りを囲う木製の縁で、素地の場合と漆などで仕上げる塗り縁に分けられる。

障子は格子の組子の片面に和紙を張ったもので、組子の組み方によってさまざまな名称がつけられてきた。荒組障子、横組障子、縦繁障子などのほかガラスを嵌《は》め込んで内側に摺り上げ障子をつける「雪見障子」や引き分け小障子をつけた「猫間障子」など、古くから「明かり障子」とも呼ばれ、障子越しの柔らかな光の室内に導く主役であった。組子の素材はスギ、サワラなどの軟木が一般的だが、今日ではスプルスやベイヒバなども使われる。

格子戸は、間にガラスを入れない「吹抜け格子戸」が本来であるが、格子子《こうしこ》を小振りの正方形に組み間に型ガラスを挟む「木連《きずれ》格子引き戸」も空間に優しさをもたらすこともあり、今ではしばしば使われている。

図1｜和室の建具のバリエーション

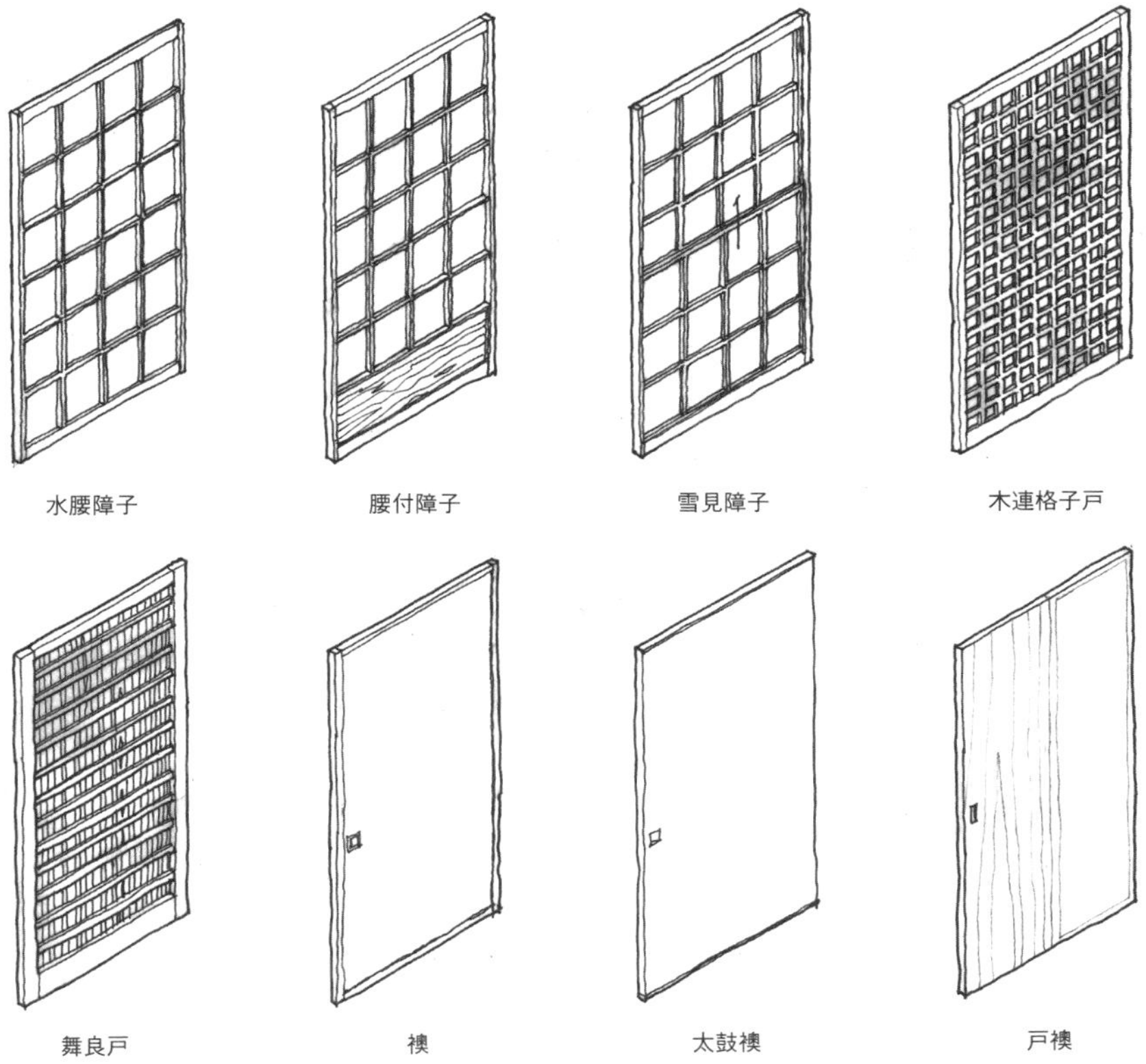

水腰障子
腰付障子
雪見障子
木連格子戸
舞良戸
襖
太鼓襖
戸襖

図2｜格子戸と舞良戸の構成

①格子戸(引き戸)

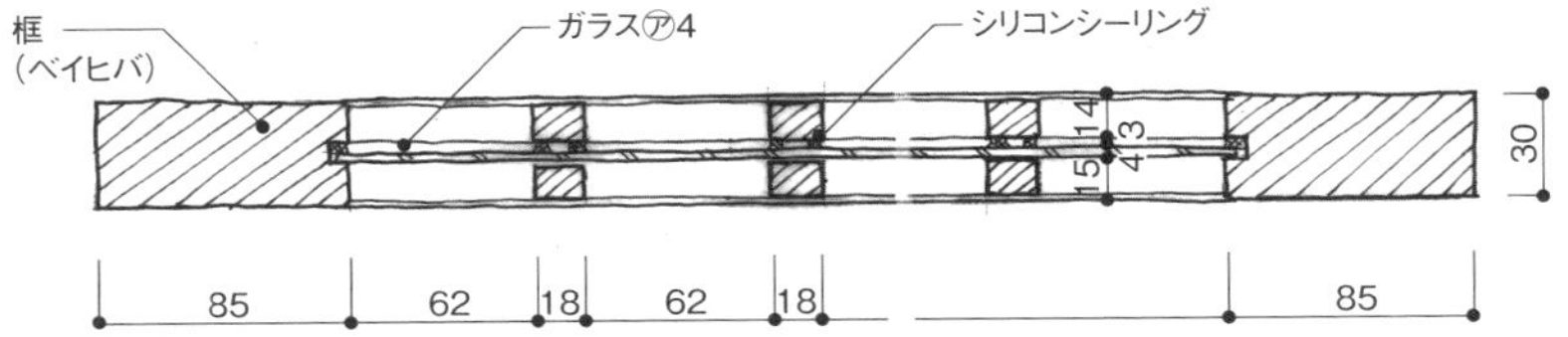

框
(ベイヒバ)
ガラス㋐4
シリコンシーリング
14
4
3
15
30
85
62
18
62
18
85

②舞良戸(引き戸)

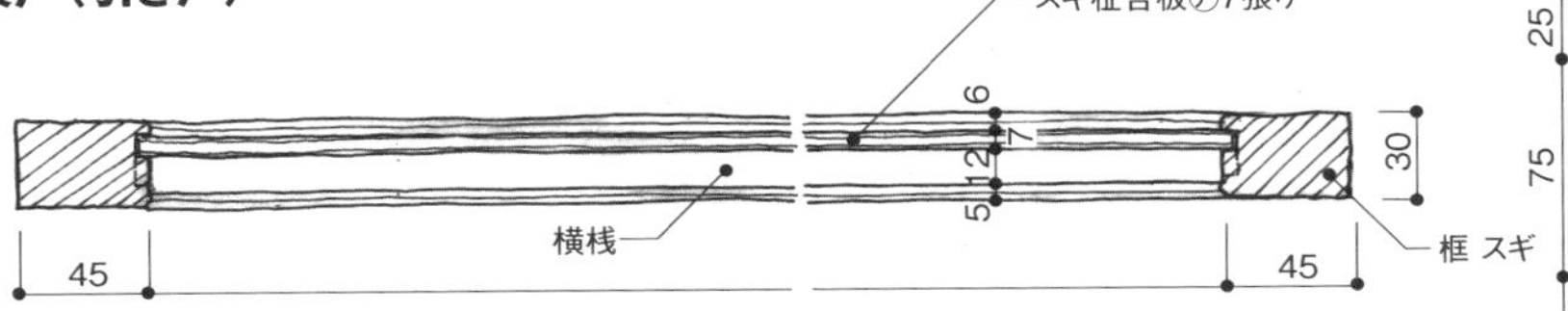

スギ柾合板㋐7張り
6
7
12
5
30
横桟
框 スギ
45
45

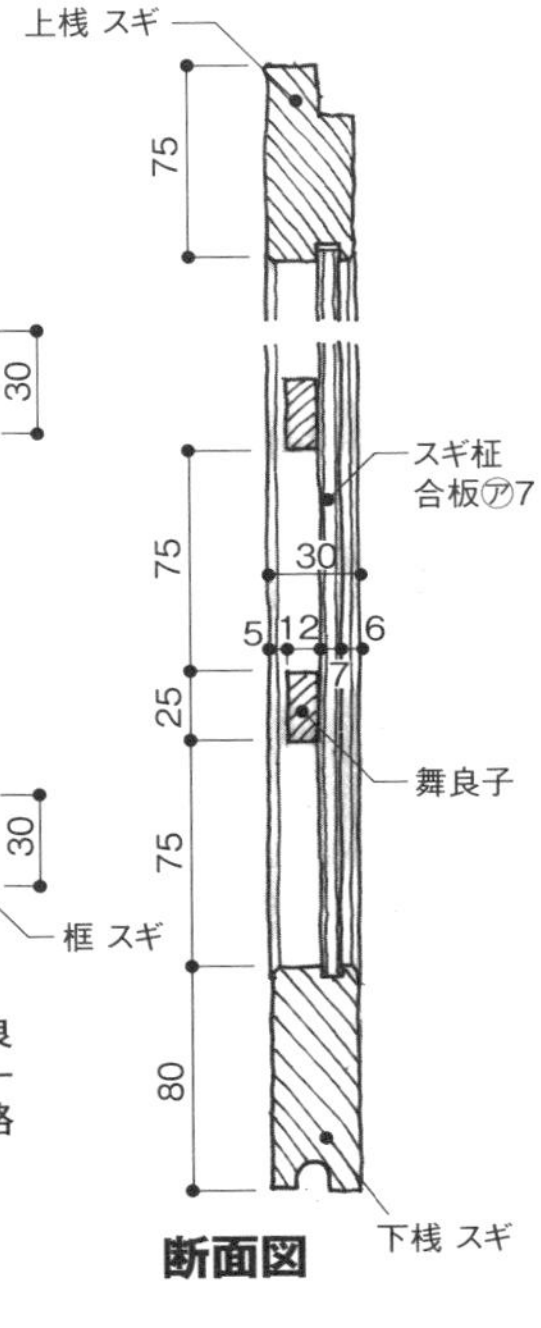

上桟 スギ
75
スギ柾
合板㋐7
75
30
5
12
6
7
25
舞良子
75
80
下桟 スギ

舞良戸は、見付の小さな四周枠にスギ柾合板などの薄板を入れ補強のために小さな桟(舞良子)を一定の間隔で細かく入れた引き戸建具で、表情も軽快である。格子戸は同じく桟戸の一種で、縦桟、横桟の組み方で連子(れんじ)格子戸(竪格子戸)、木連(きずれ)格子戸、荒間格子戸、横格子戸などさまざまな呼び名がある

平面図　　**断面図**

和室建具の製作図

POINT 建具職とのやりとりができるよう、障子の組子や襖の納まりなども図面に落とし込む

障子と襖もなるべく図化する

和室のデザインでは、各部を構成する素材、納まり、寸法などに注目することが多い。主要な要素の建具の設計に関しても同様で、製作図とは呼ばないまでも、障子の組子や襖の納まりなど図化しておけば、大工や建具職たちの手の内に近づくことが可能で、彼らとの交流が中身の濃いものになる。

図例の建具は、「雪見障子」と呼ばれる引き戸で、室内に居ながら庭の風景を楽しもうと摺り上げ障子を組み込んだものである。上げ下げの子障子がずり落ちないように、子障子の竪溝にかつては竹のバネ、今ではステンレスのバネを入れる。見込みの小さななかに動く要素が取り込まれ、材料の選定とともに熟練の技術を要する建具である。なお「水腰障子」とは障子戸の腰部分に腰板などがなく下桟まで全面が紙張りになっているものをいう。

襖は、両面張りの中仕切り襖と押入や脇床の天袋、地袋の片面のみ上張りとしたものがある。「下地骨」と呼ばれる組子組の両面に数工程の下張りと襖紙（上張り）を貼る。組子はアクのでないスギの白木で糊を使わずに組まれ、次に表具師の手で紙の糊が乾いた時の引きの強さを加減しながら張られ、しっかりとした建具となる。

製作図としてこれらを数々の下張り表現するのはまれで、通常は上張りの襖紙や引き手、縁の材質や仕上げを表すことで襖の等級が表現され、それらに応じた手法でつくられる。襖紙としては、雁皮《がんぴ》紙の鳥の子、葛布や芭蕉布、縁には漆塗り、カシュー塗りやスギの素地とする場合や縁なしの袋張りとバリエーションは豊富である。引き手の取付け位置は床から二尺六寸（780㎜）が一般的である。

図1 | 雪見障子の製作図

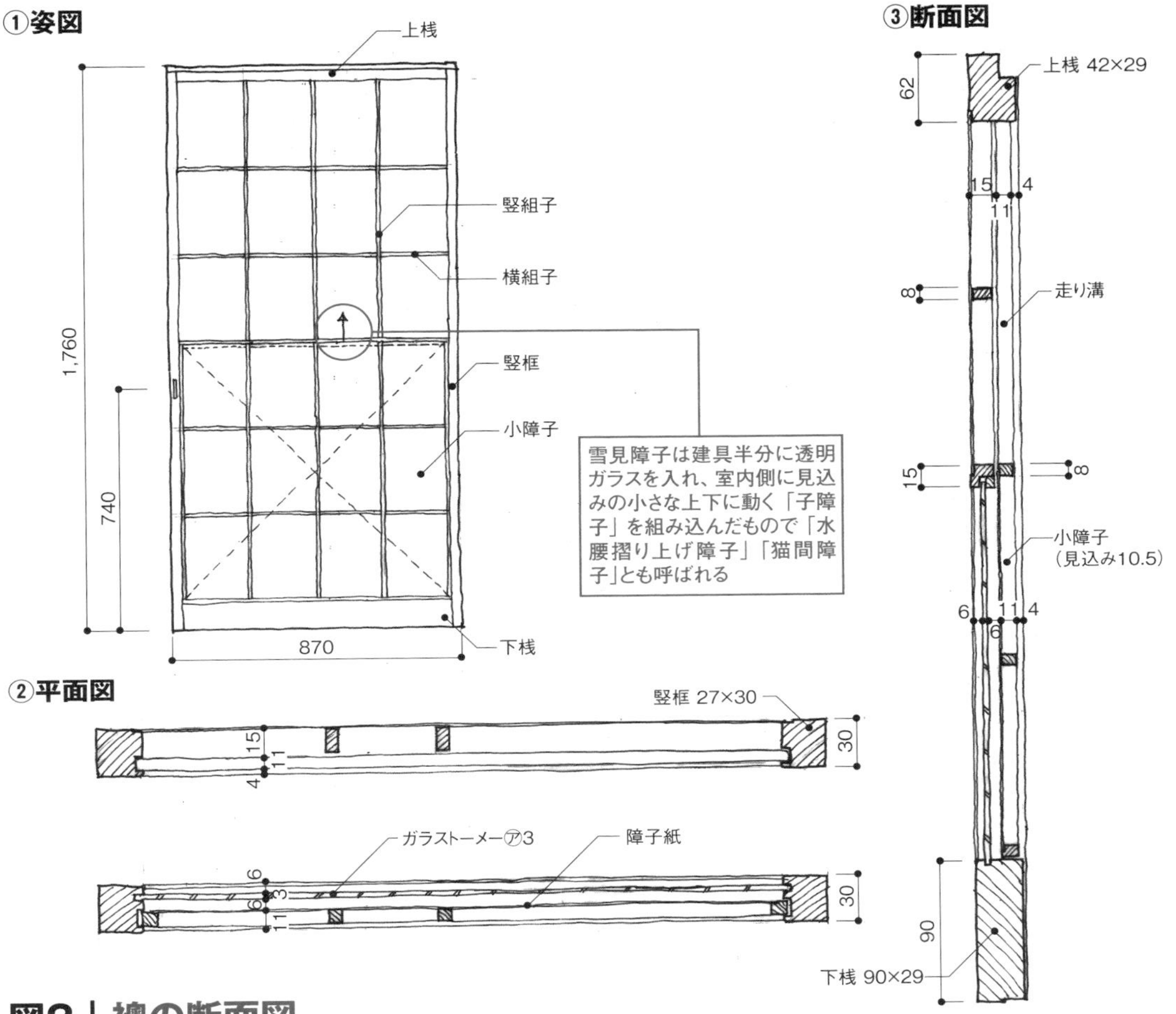
①姿図
上桟
竪組子
横組子
竪框
小障子
下桟
1,760
740
870
雪見障子は建具半分に透明ガラスを入れ、室内側に見込みの小さな上下に動く「子障子」を組み込んだもので「水腰摺り上げ障子」「猫間障子」とも呼ばれる
②平面図
竪框 27×30
15
11
4
30
ガラストーメー㋐3
障子紙
6
3
6
11
30
③断面図
上桟 42×29
62
15
4
11
8
走り溝
15
8
小障子
(見込み10.5)
6
11
4
6
90
下桟 90×29

図2 | 襖の断面図

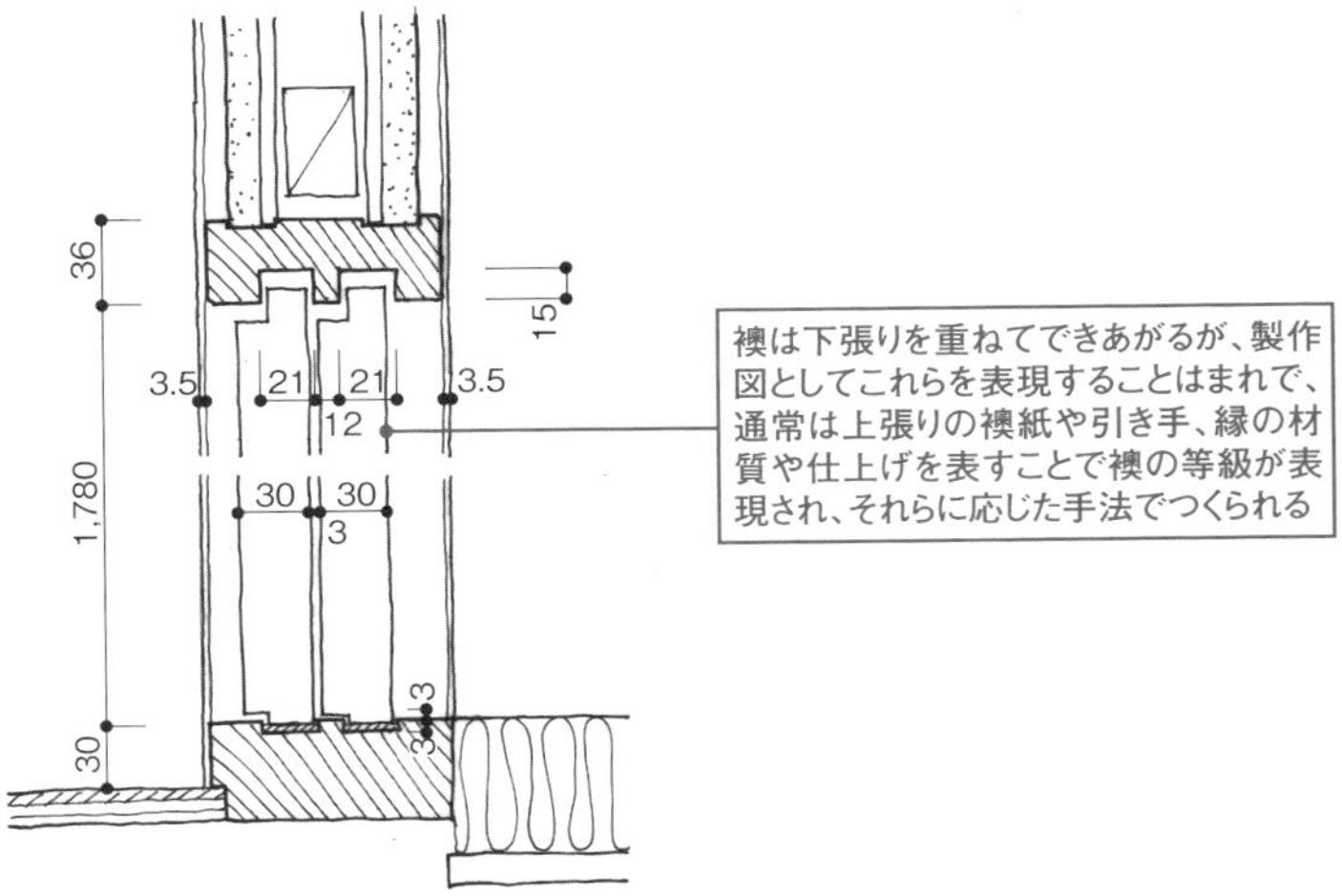
36
15
3.5
21
21
3.5
12
1,780
30
30
3
3
3
30
襖は下張りを重ねてできあがるが、製作図としてこれらを表現することはまれで、通常は上張りの襖紙や引き手、縁の材質や仕上げを表すことで襖の等級が表現され、それらに応じた手法でつくられる

4 伝統工法

和室建具の枠廻り

POINT 和室建具は、敷居と鴨居が建具枠代わりになるので寸法調整を細かく行う

和室建具は敷居と鴨居で納める

和室の建具は、柱間を埋める引き戸で、枠となるのは2本の柱と内法に応じ建具の面内の位置に溝を突いた下枠の敷居と上枠の鴨居が基本である。

和風建築で「内法」といえば内法高さ、敷居と鴨居の内側の寸法を指すのが常識である。引き戸は開き戸に比べ大きな開口をとりやすく、開放性を中心に考えられていて、しかもあらゆる位置で安定した状態で開けておくことができるのが特徴である。長年の積み重ねのうちに、建具の面内方向の移動を支える役割が、枠となる敷居や鴨居に込められてきた。

建具枠と建具の納め方

戸厚30㎜の障子や襖などでは、鴨居に7分（21㎜）幅・深さ15㎜の溝2本と4分（12㎜）の残った部分（中樋端《なかひばた》）で構成する加工を施す。建具どうしのクリアランス3㎜で滑らせるのが通常の納まりである。これを「四七溝《ししちみぞ》」や「四七の溝」と呼ぶ。外側に残る部分を「外樋端《そとひばた》」と呼び、中樋端を「しま」とも呼んでいる。

建具見込みを大きくとる場合は、樋端の見込みを大きく、5分（15㎜）「五七溝」などにして対応させることになる。敷居溝も幅21㎜・深さ1.5～3㎜、摩耗を少なく滑りをよくするためさらに3㎜厚のサクラやカリンなどの堅木（埋樫《うめがし》）を入れることもある。

枠回りに使われるヒノキやスギの選定ばかりでなく、鴨居は木表を下に向け、敷居は木表を上に使い、鴨居は上に、敷居は下に反らせるなど木の性質に合わせた納まりとし、建具が動かなくなってしまうことを防ぐ。これらは、大工職と建具職のコラボレーションがものをいうところである。

図1｜引違い襖のバリエーション

①引違い戸（真壁—真壁）　②引違い戸（大壁—大壁）　③引違い戸（真壁—大壁）

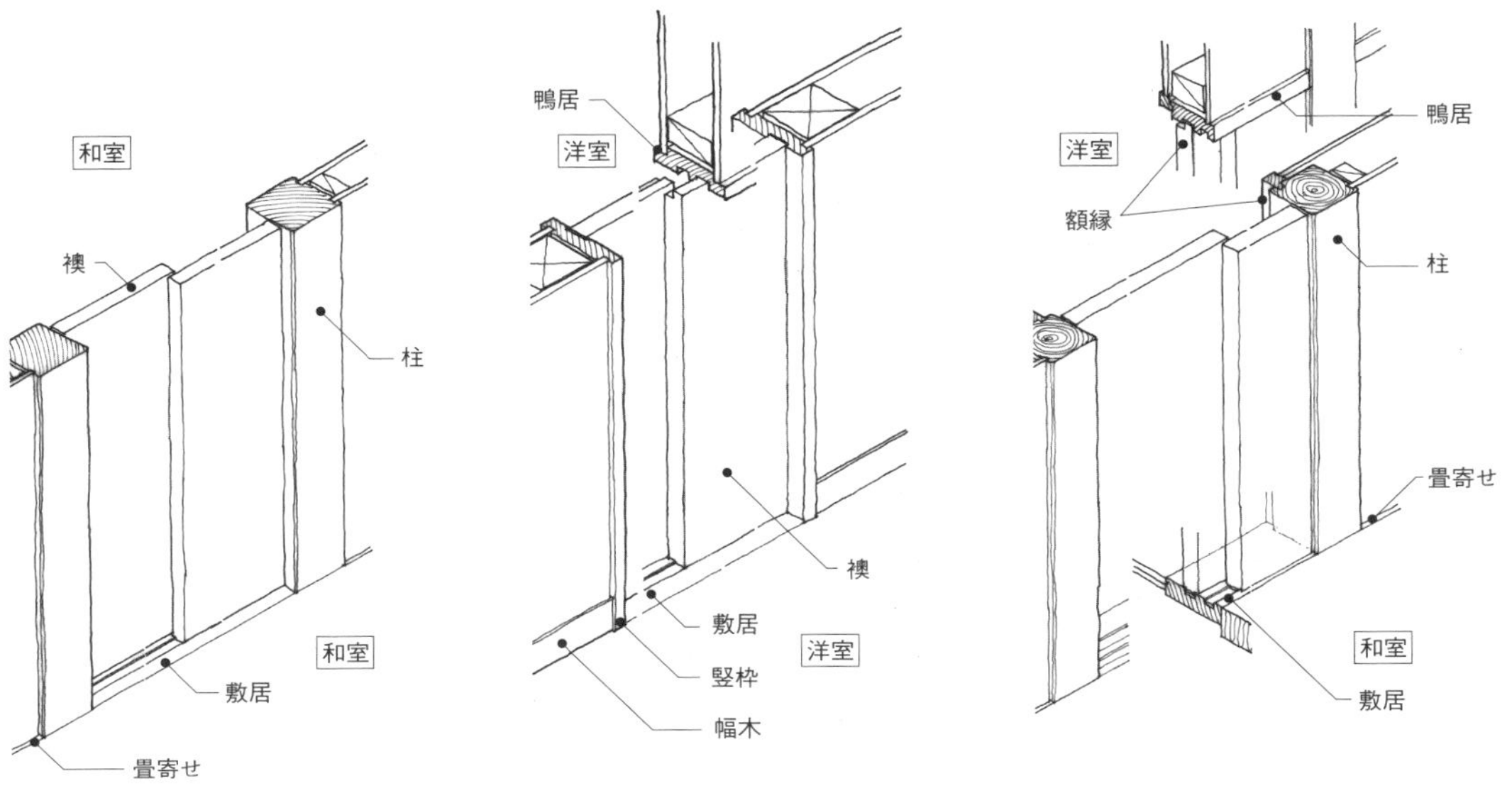
和室
襖
柱
和室
敷居
畳寄せ
鴨居
洋室
襖
敷居
竪枠
幅木
洋室
洋室
額縁
鴨居
柱
畳寄せ
和室
敷居

図2｜引違い襖の断面詳細図

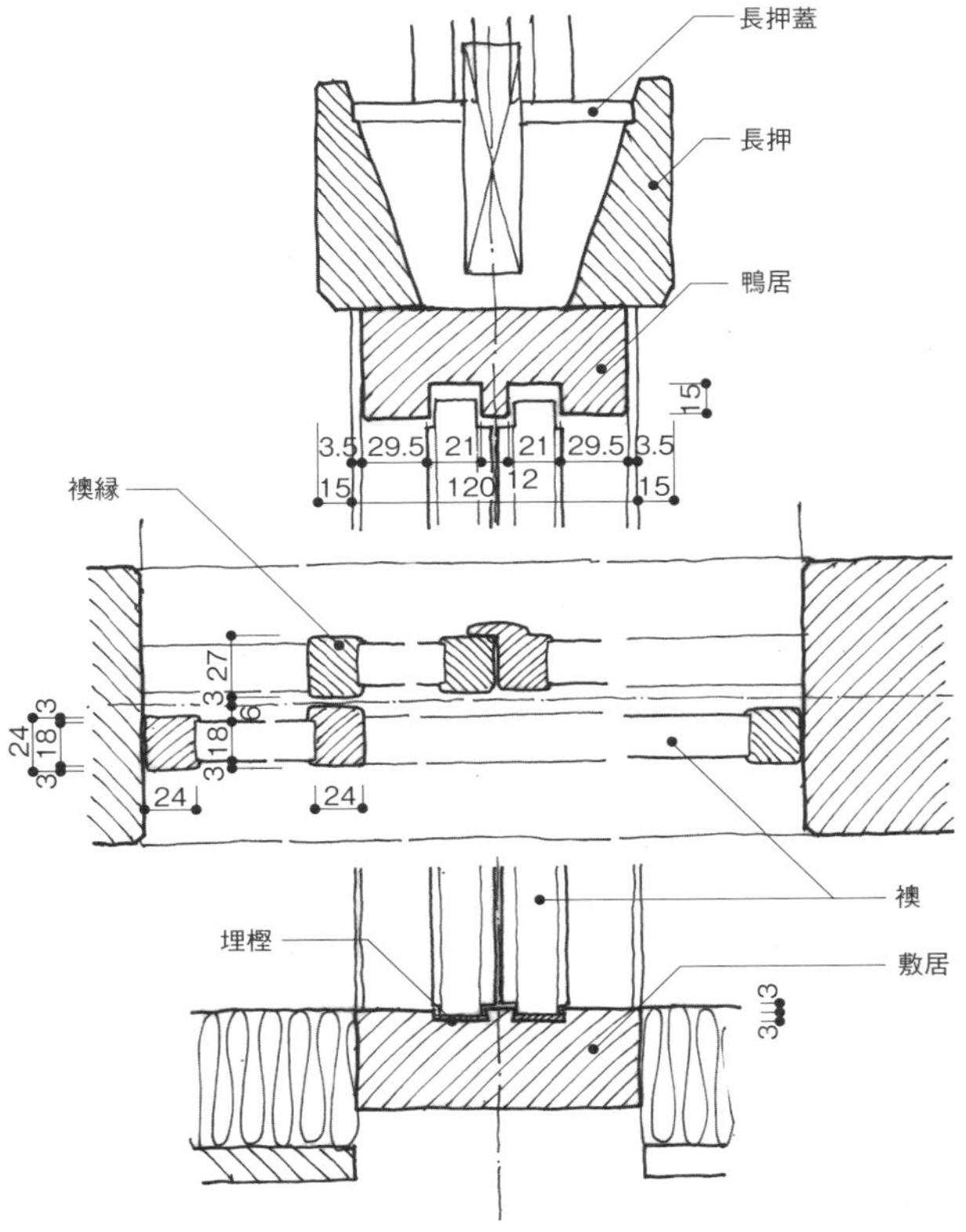
長押蓋
長押
鴨居
15
3.5
29.5
21
21
29.5
3.5
15
120
12
15
襖縁
27
3
6
3
18
3
24
3
18
3
24
24
襖
埋樫
敷居
3
3

和室の欄間

POINT 和室の欄間は、通風・採光の機能性よりも意匠性が発達してきた

意匠の見せ所となった欄間

和室の欄間は、鴨居または内法長押の上に設けた透かし彫りの板、格子や障子の入った開口である。もともとは通風・採光のために設けられたのであるが、同時に欄間は、小壁の意匠としてその部屋の室内空間構成上の重要な演出要素として捉えられ、形状、大きさ、用材などともにさまざまな技巧が工匠や欄間職人たちによって伝えらされてきた。

間仕切り欄間には、筬《おさ》欄間、組子欄間、板欄間、障子欄間などがあり、欄間の開け方によって、塗り回し欄間、通し欄間、角柄《つのがら》欄間などがある。

筬欄間は竪の組子を密に入れたもの、組子欄間は細い材の組子を縦横に組んだ透かし模様の欄間、板欄間は欄間開口部に厚板を入れたものである。

塗り回し欄間は、小壁の開口廻りを左官壁材で塗り廻した欄間である。通し欄間とは柱間いっぱいを欄間としたものをいい、角柄欄間は、柱間の小窓部分の一部に角柄窓を開け、これを欄間としたものを指す。

図1｜欄間の種類

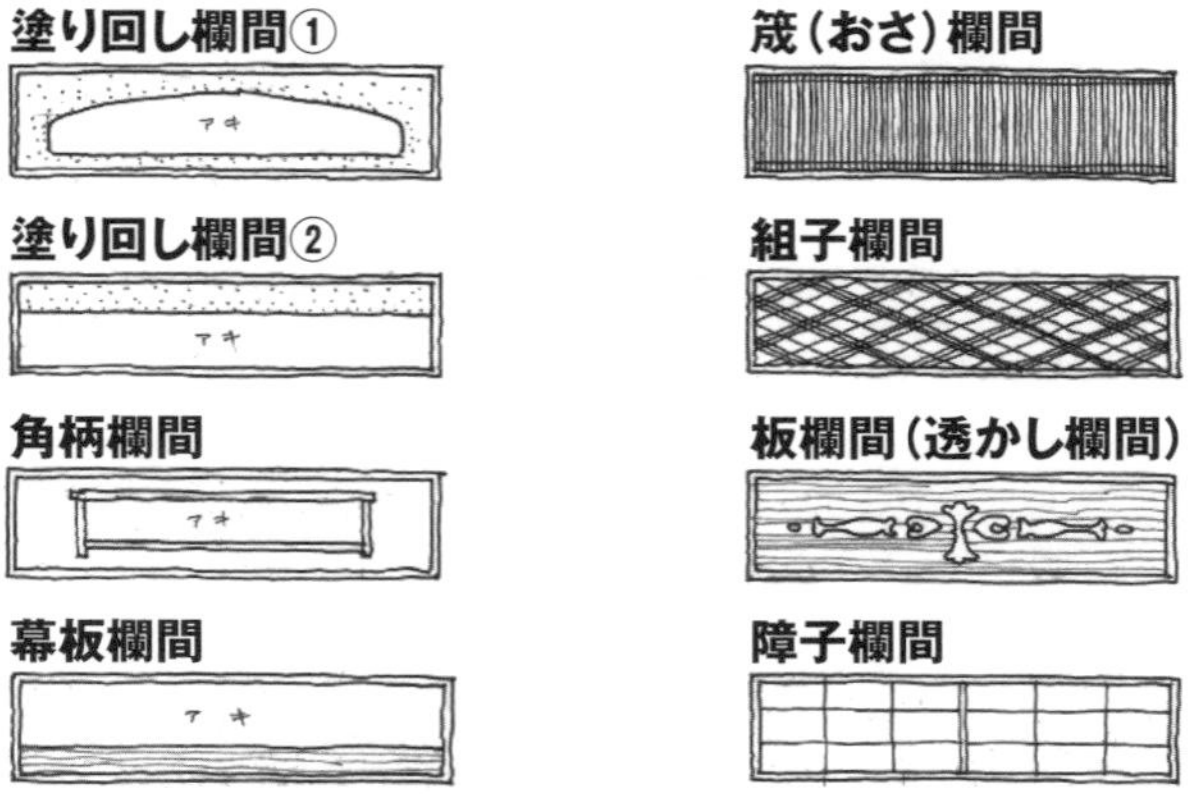
塗り回し欄間①
アキ
塗り回し欄間②
アキ
角柄欄間
アキ
幕板欄間
アキ
筬（おさ）欄間
組子欄間
板欄間（透かし欄間）
障子欄間

図2｜塗り回し欄間の構成と納まり

①アイソメ図

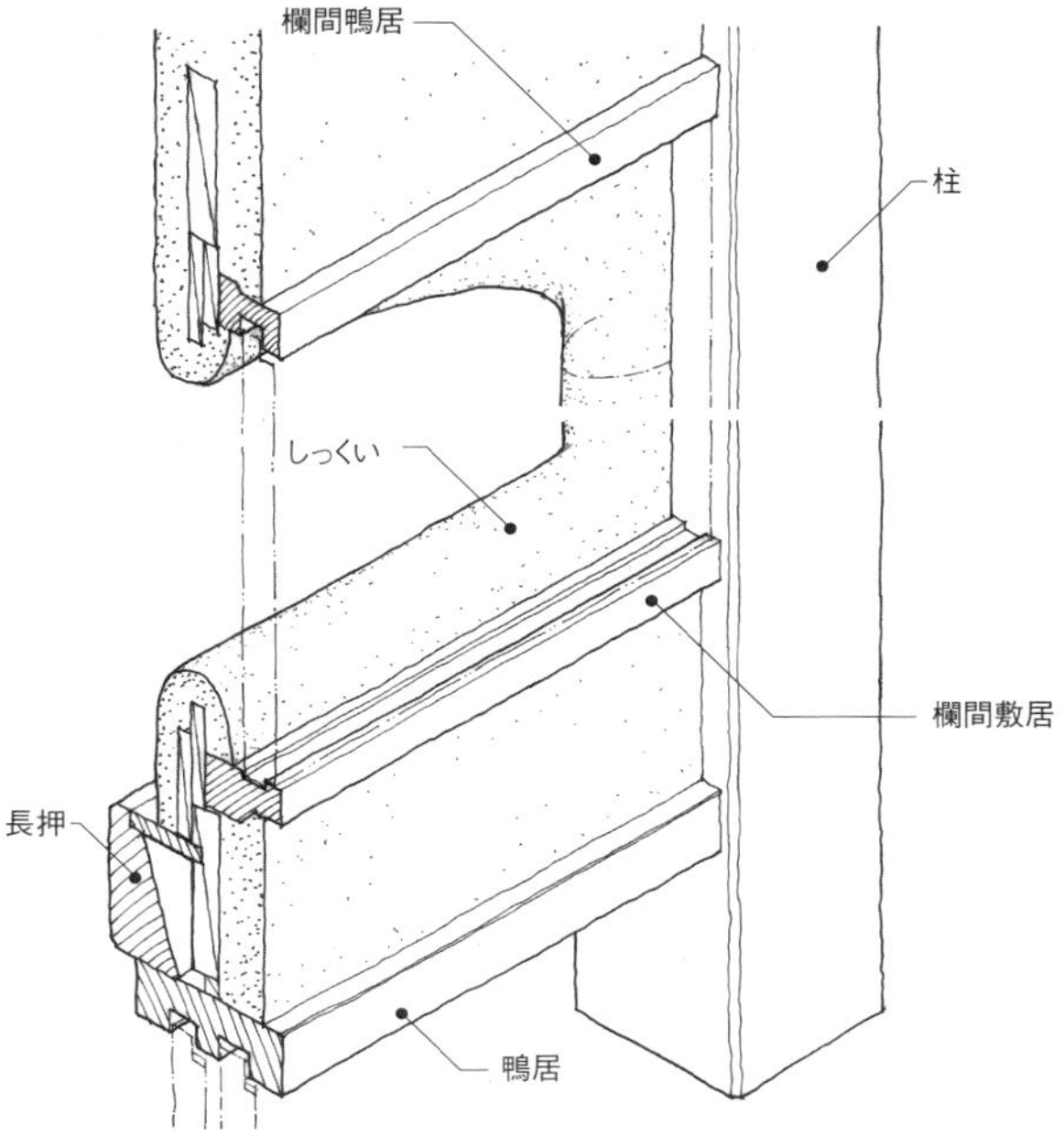
欄間鴨居
柱
しっくい
欄間敷居
長押
鴨居

②断面図

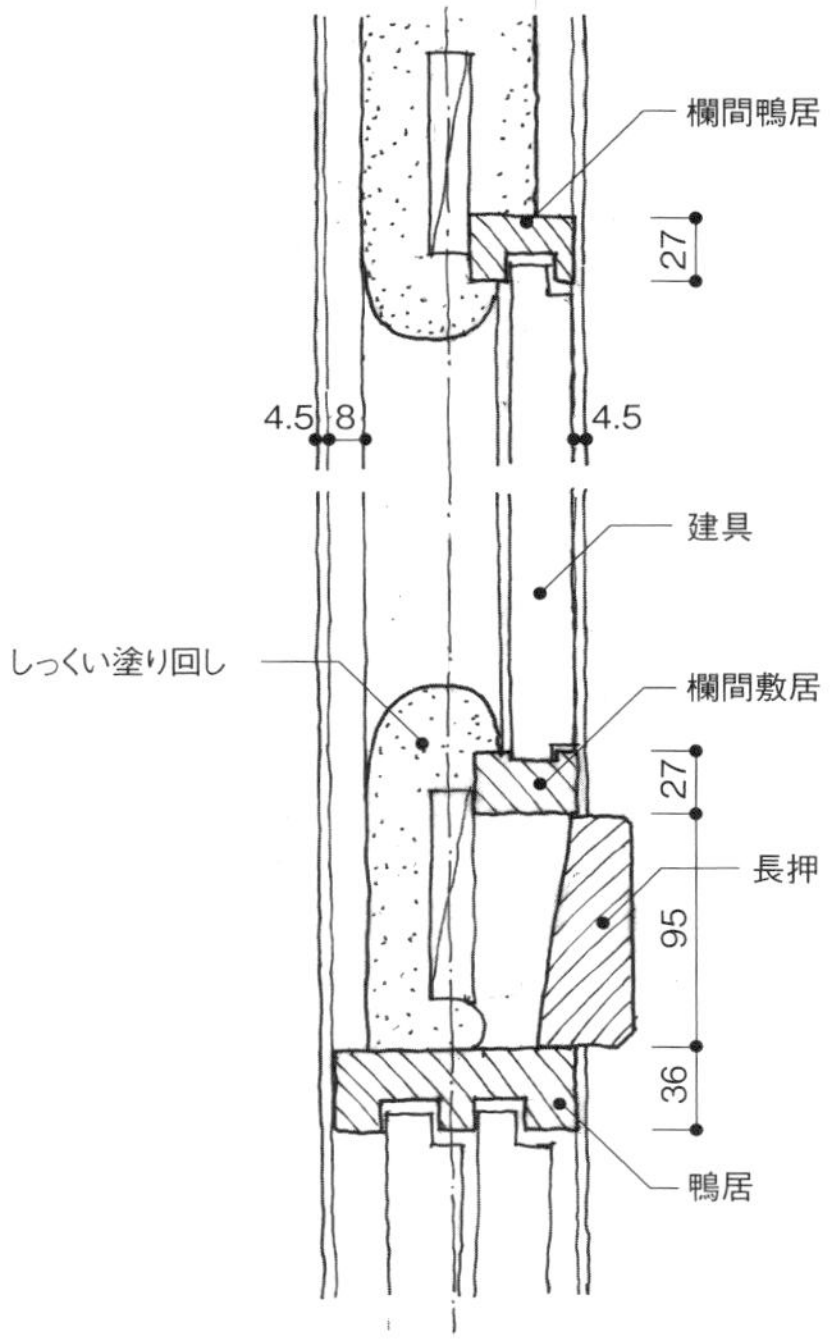
欄間鴨居
27
4.5
8
4.5
建具
しっくい塗り回し
欄間敷居
27
長押
95
36
鴨居

図3｜欄間のバリエーション

①引違い戸を設けたもの

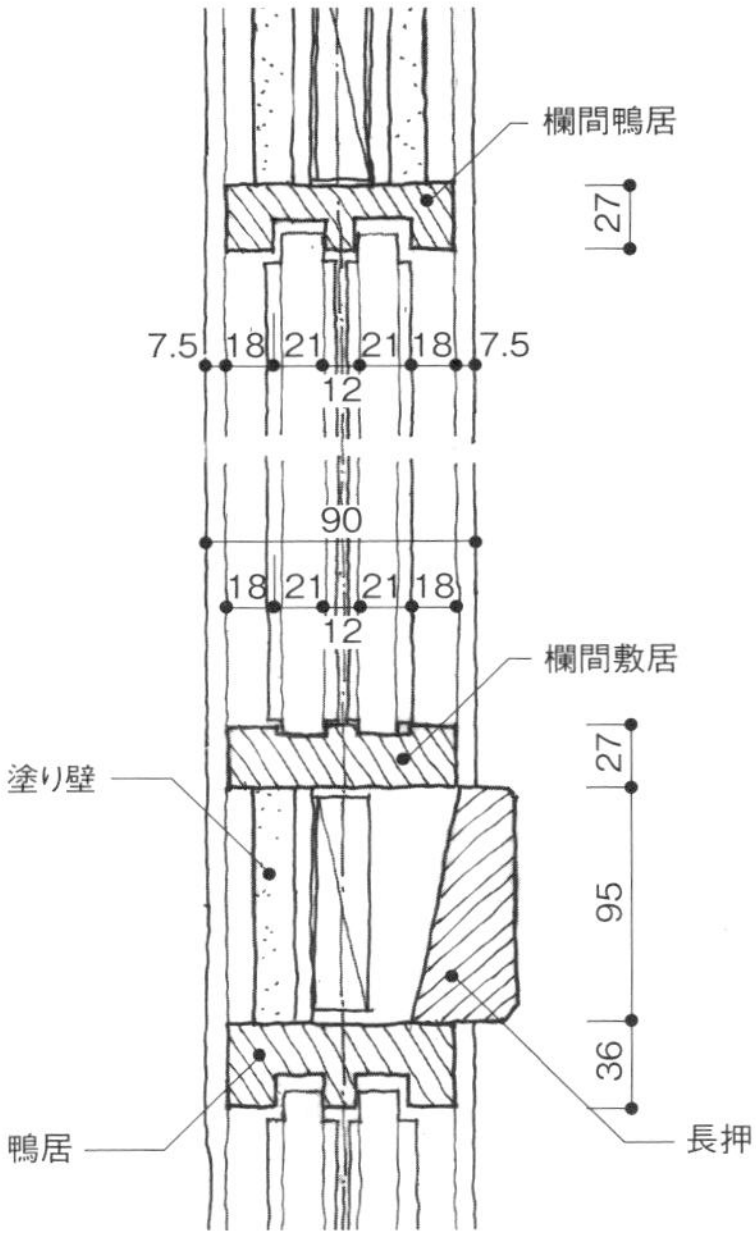
欄間鴨居
27
7.5
18
21
21
18
7.5
12
90
18
21
21
18
12
欄間敷居
塗り壁
27
95
36
鴨居
長押

②筬欄間

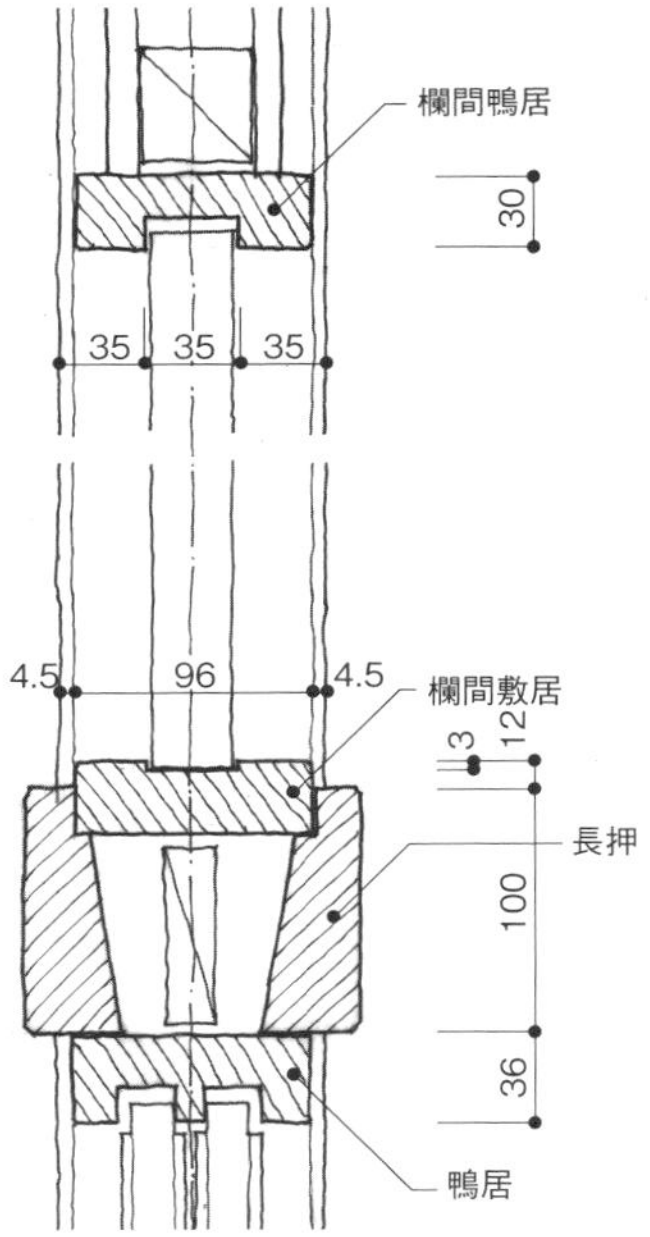
欄間鴨居
30
35
35
35
4.5
96
4.5
欄間敷居
3
12
長押
100
36
鴨居

伝統工法の外壁

POINT 竹で小舞を組んで下地とする昔ながらの土壁では、柱に土の着きをよくする工夫を施す

茶室などでは欠かせない土壁

最近、古くから伝えられてきた竹小舞下地に土壁という仕上げが少なくなった。しかし、日本の伝統文化である茶の湯で欠かせない茶室ではこうした伝統的な仕上げは必要なものである。

通常、このような壁は真壁、または小舞壁といわれ和風の壁仕上げである。特に土壁の風合いと、下地窓といわれる竹の小舞を見せる窓などが日本独自の建築様式を形成している。

小舞壁は柱の間に貫を渡し、その貫に縦横に間渡し竹を300～450㎜間隔で渡し、さらに、その間に7本程度の小舞竹を細かく組んで壁の下地をつくる。その上に荒木田土《あらきだつち》を塗りつけて土壁をつくる。工程は荒壁塗り、中塗り、上塗りの3回塗りが普通である。

時に、大壁左官仕上げをする建築もまれではなくなったが、柱の部分を塗り込める場合には、塗り材の付着をよくするために柱の表面を「ちょうな」などで粗面に仕上げておく。

図1 | 伝統工法の外壁（平面図）

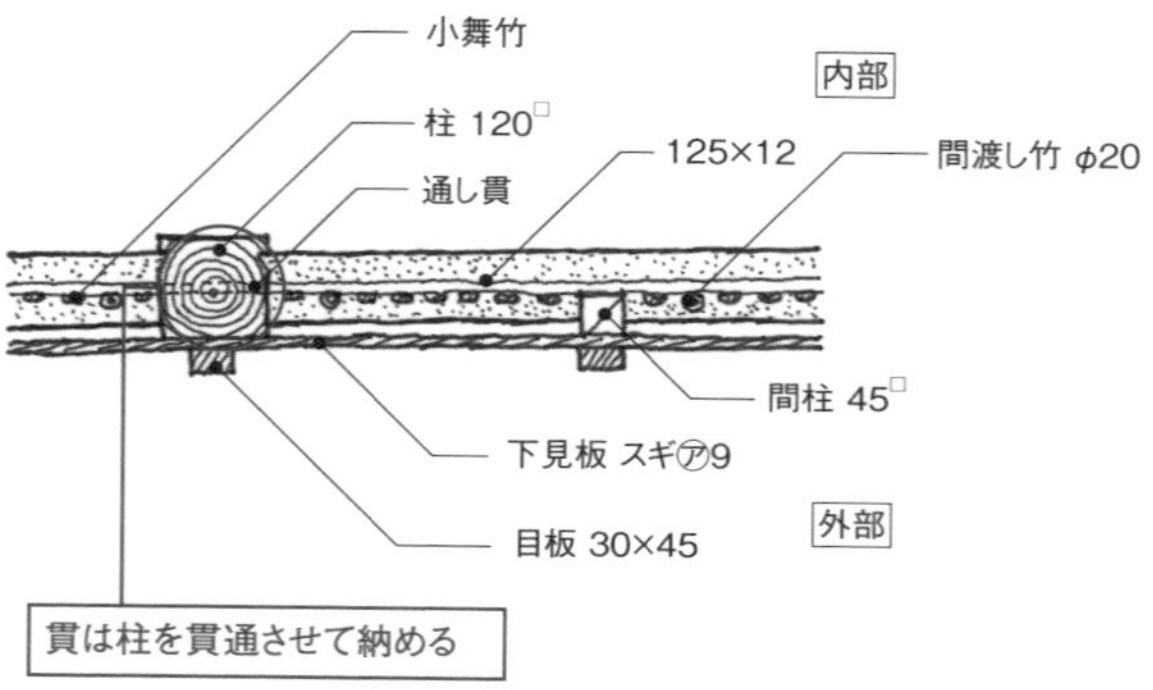
小舞竹
内部
柱 120□
125×12
間渡し竹 φ20
通し貫
間柱 45□
下見板 スギ㋐9
外部
目板 30×45
貫は柱を貫通させて納める

図2｜伝統工法の外壁の構成

①アイソメ図

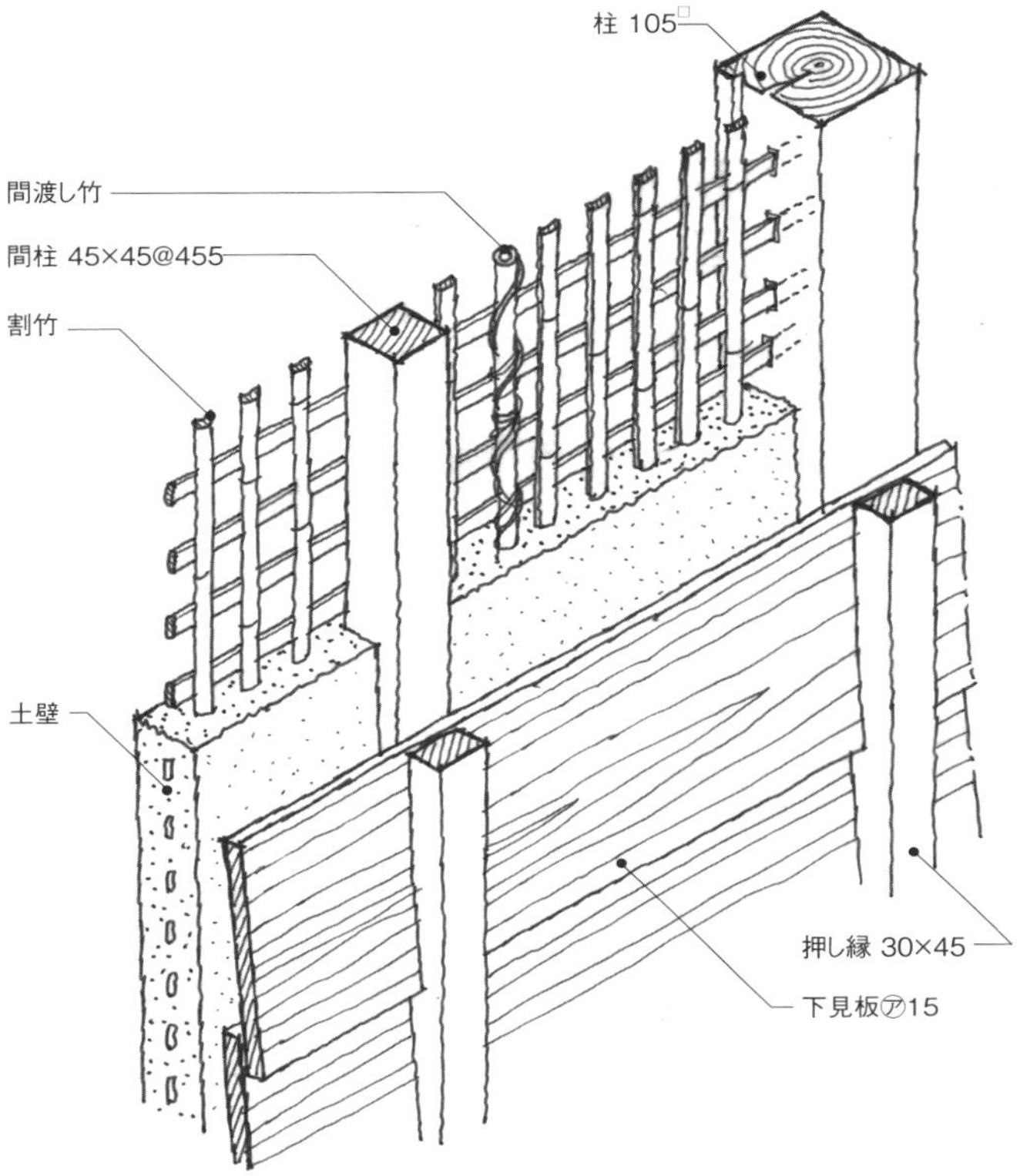

柱 105□
間渡し竹
間柱 45×45@455
割竹
土壁
押し縁 30×45
下見板㋐15

②断面図

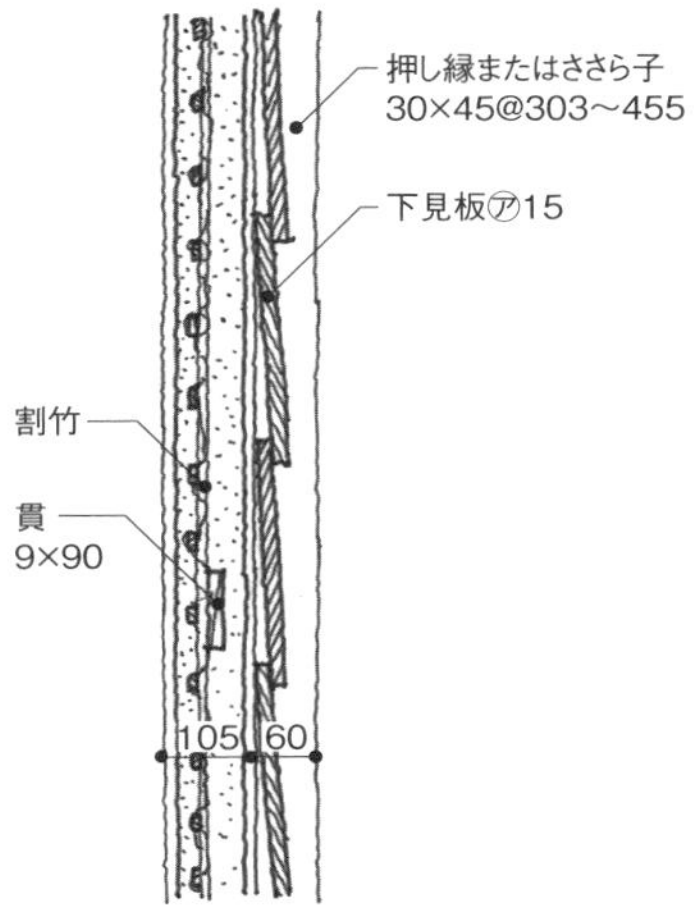

押し縁またはささら子
30×45@303〜455
下見板㋐15
割竹
貫
9×90
105
60

図3｜土壁の外壁の納まり

①平面図

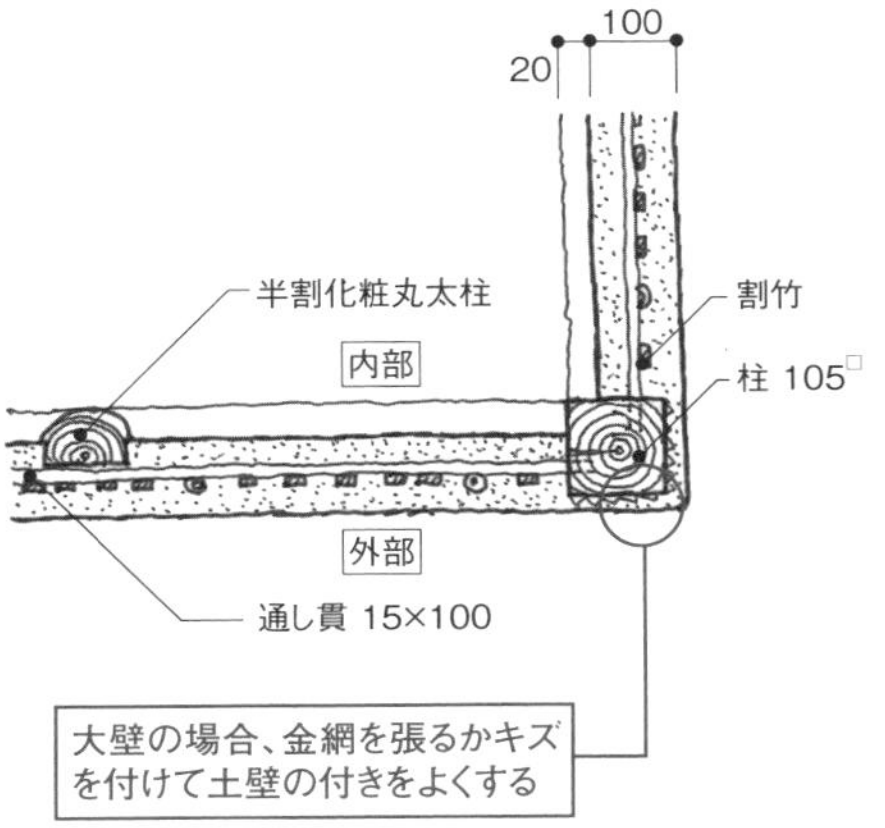

100
20
半割化粧丸太柱
割竹
内部
柱 105□
外部
通し貫 15×100
大壁の場合、金網を張るかキズを付けて土壁の付きをよくする

②断面図

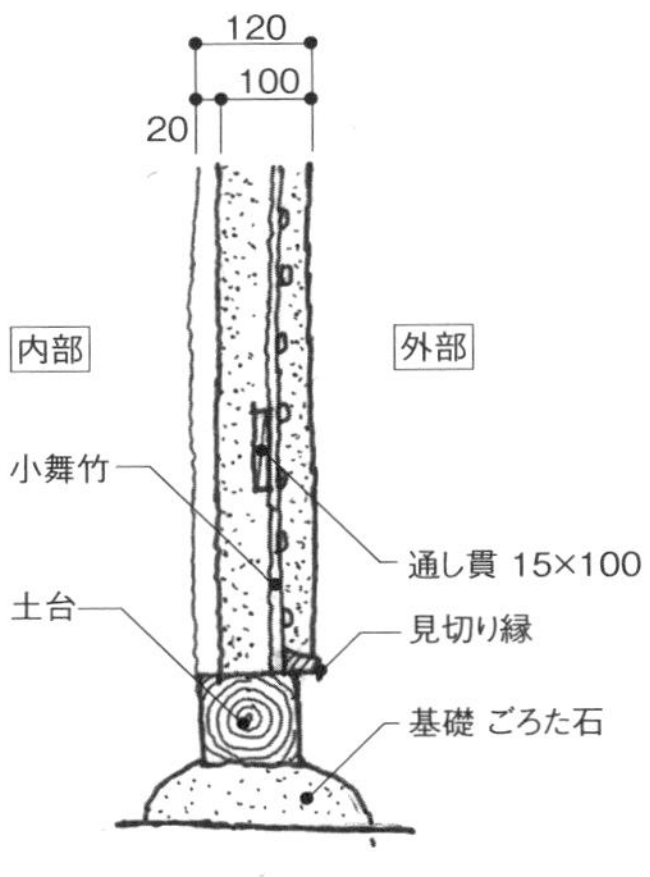

120
100
20
内部
外部
小舞竹
通し貫 15×100
土台
見切り縁
基礎 ごろた石

095 伝統工法外廻り②

数寄屋の基礎廻り

POINT 数寄屋造りの基礎で自然石を用いることができなくても、端部を自然石などで化粧する

数寄屋の独立基礎での取合い

一般的に和風といえば書院造りを指すが、数寄屋造《すきやづく》りの場合は茶室のほうが私たちには馴染みが深い。数寄屋造りは意匠性を重要視するため、特殊な材の使い方と納まりがみられる。

基礎は普通、ごろた石といわれる自然石を一列に並べるが、これは石の上に柱を据える独立基礎形式である。自然石を用い上に据える柱には、スギの面皮柱をそのまま載せる。そして、基礎と壁の脚部の取合いでは、意匠と外壁の塗り止めの役割をもたせるために雑木丸太を入れたり、壁留めにしたりする。その他、化粧腰板とする場合や、丸竹を横の格子にするなどさまざまである。

最近では、茶室を住宅の一部につくる場合も少なくないが、基礎は自然石ではなく布基礎になることが多い。その場合は、脚部を自然石や竹簾などで化粧する。

図1 | 数寄屋の基礎廻り

①土壁のみの納まり　②化粧腰板のある納まり

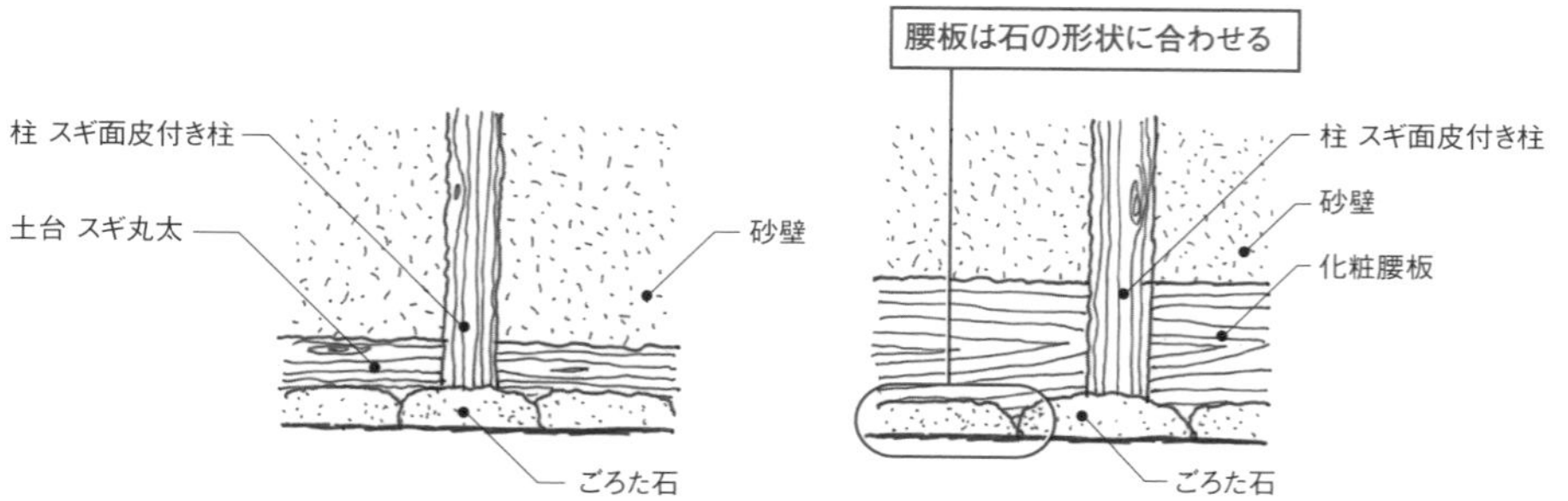

柱 スギ面皮付き柱
土台 スギ丸太
砂壁
ごろた石
腰板は石の形状に合わせる
柱 スギ面皮付き柱
砂壁
化粧腰板
ごろた石

図2｜数寄屋の基礎廻りの構成

①アイソメ図

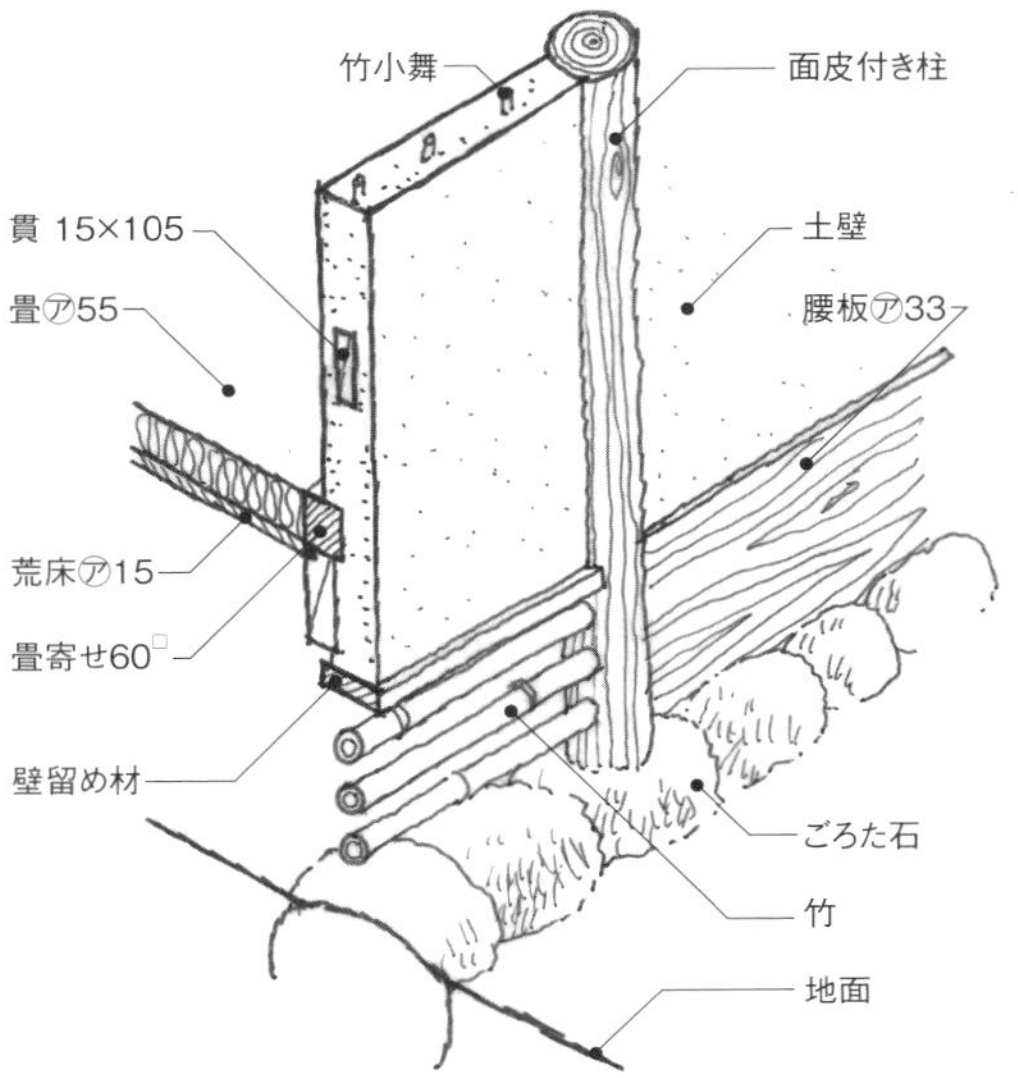
竹小舞
面皮付き柱
貫 15×105
土壁
畳㋐55
腰板㋐33
荒床㋐15
畳寄せ60□
壁留め材
ごろた石
竹
地面

②断面図

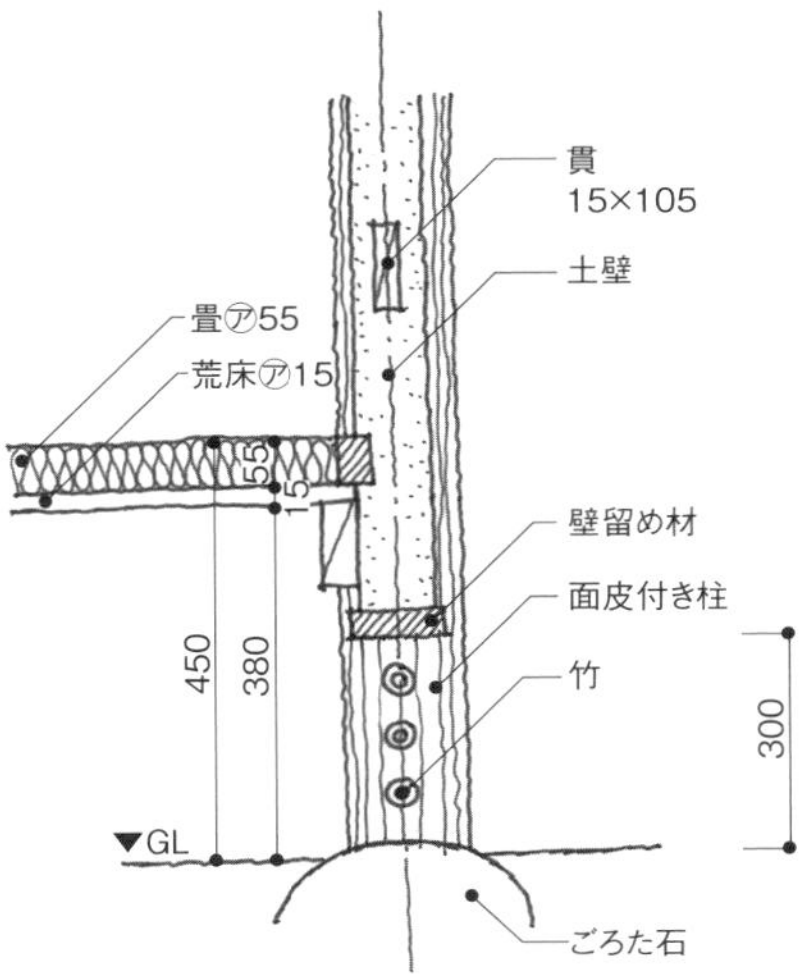
貫
15×105
土壁
畳㋐55
荒床㋐15
55
15
壁留め材
面皮付き柱
竹
450
380
300
▼GL
ごろた石

図3｜数寄屋の基礎廻りのバリエーション

①土台丸太で納める場合

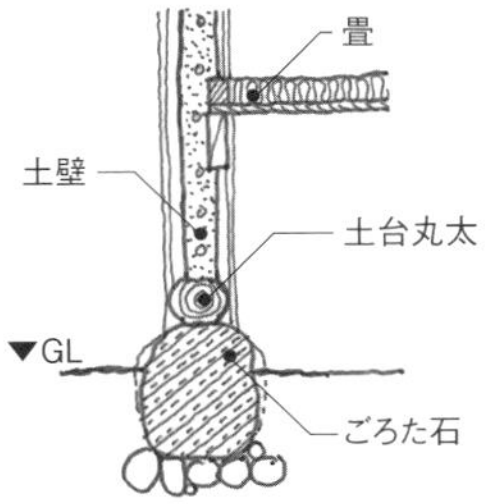
畳
土壁
土台丸太
▼GL
ごろた石

②腰板で納める場合

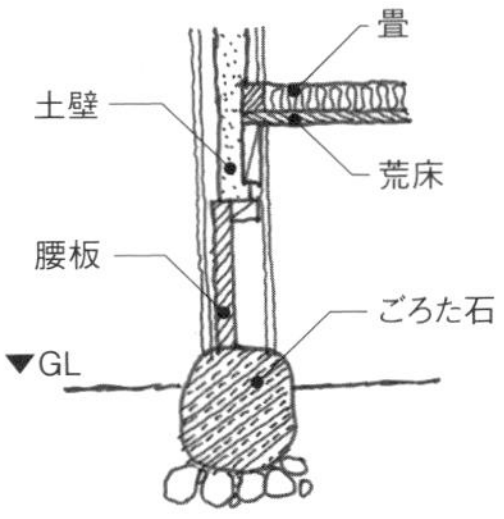
畳
土壁
荒床
腰板
ごろた石
▼GL

③壁留め材を使う場合

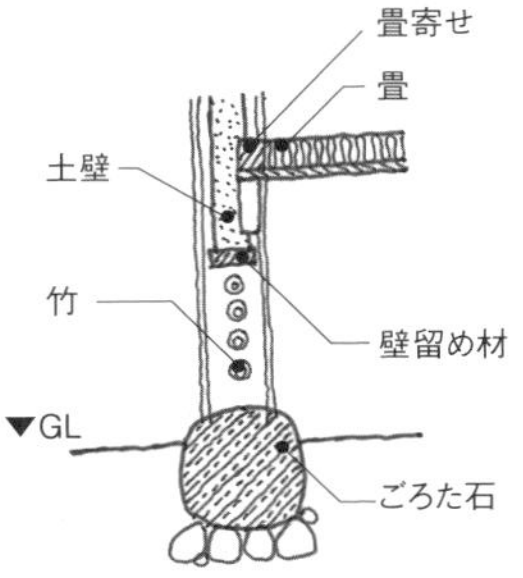
畳寄せ
畳
土壁
竹
壁留め材
▼GL
ごろた石

TOPICS 7

卯建《うだつ》が上がる、子はカスガイ

私たちが何気なく使っている言葉や諺《ことわざ》のなかにも、建築にかかわる語句がある。映画や落語の中で、「あいつは『うだつ』が上がらないやつだ」などというセリフ聞いた人も多いだろう。実は「うだつ」とは建築に関わる言葉なのだ。諸説あるが、もっとも良く知られている説は、古い町屋の防火壁の部分を「うだつ」とよぶことにちなむ。時代とともに装飾が施されるようになった「うだつ」は、家の格式を表す象徴となっていった。「『うだつ』のある立派な家を建てられるようになれば一人前だ」とみなされるようになったこととで、逆に「うだつ」の無い建物しか建てられない男は「『うだつ』の上がらないやつ」と蔑まれたのだ。

もう一つ「子は『カスガイ』」。このたとえは夫婦間のさまざまなトラブルの時に良く持ちだされる諺だ。「カスガイ」とは二つの木材をしっかりと緊結するための金物である。両親のさまざまな行き違いによって、離婚の危機に至った時、子供の幸せを考え、離婚を思いとどまるケースは珍しくない。どのような両親でも子供は何物にも代えがたい存在であるわけで、そうした存在が「カスガイ」にたとえられたのだ。

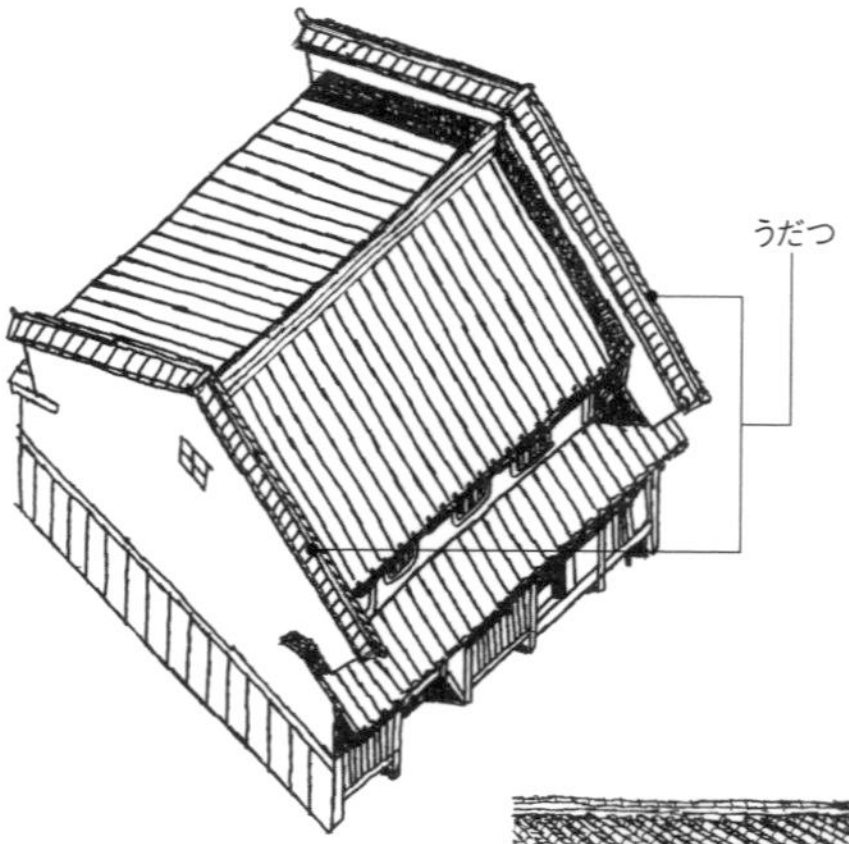
うだつ

通常は妻側の壁を立ち上げて瓦を乗せた部分をうだつと呼ぶが、袖壁のようになっており隣家が火事になった際に延焼を防ぐための防火壁を「うだつ」と呼ぶ地域もある

徳島県脇町のうだつ

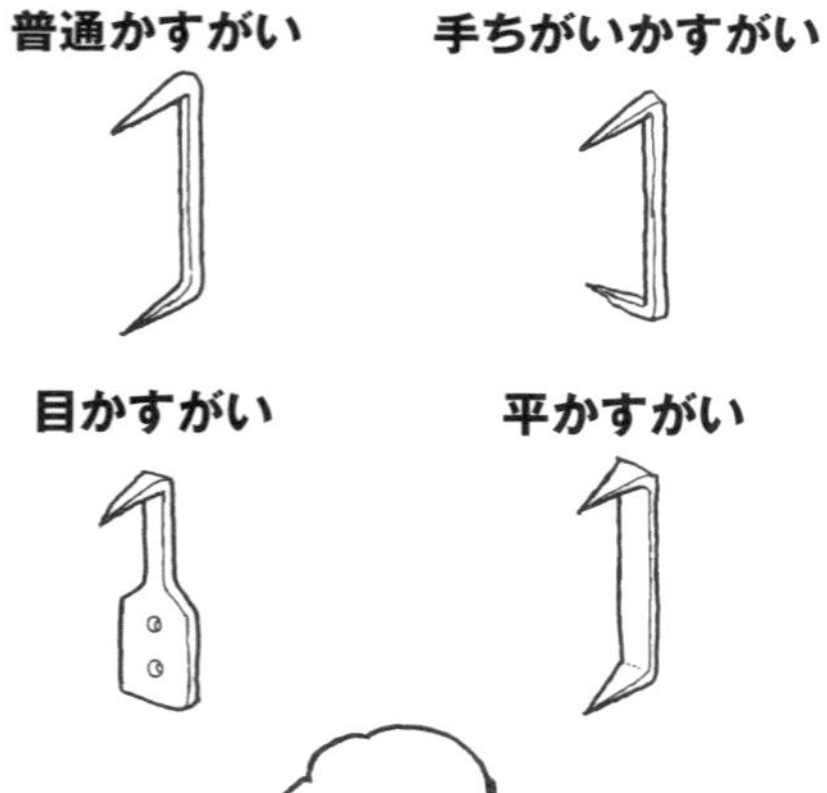
普通かすがい
手ちがいかすがい
目かすがい
平かすがい

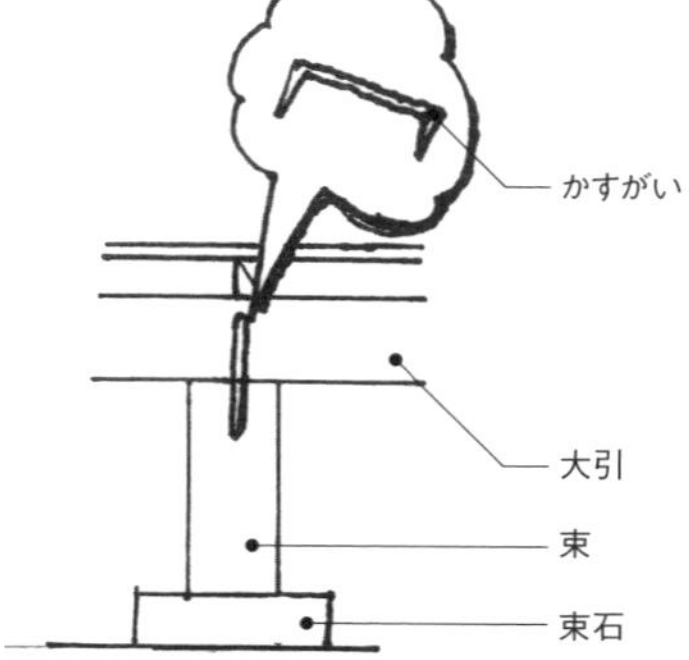
かすがい
大引
束
束石

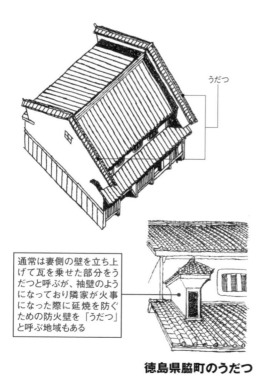

05
設備

シンク・コンロ廻り

POINT

シンク廻りでは、材料に耐水性のある素材を用いるだけでなく、ジョイントに注意する

キッチン廻りのポイント

キッチンは大量の水を頻繁に使う場所であるため、造作では水仕舞いが重要なポイントになる。防水性や耐水性のある素材を用いるだけでなく、材料どうしのジョイント部のディテール、床や壁の下地材への水仕舞いも考慮したうえで設計に取り組む必要がある。

キッチンの天井仕上げには防火性や耐火性だけでなく、汚れにくく清掃しやすい滑面であることが要求される。また、天井材の熱貫流抵抗［※］に部分的な違いがあると抵抗の小さい部分が先に汚れ、天井全体に下地の木製野縁の格子パターンがうっすらと浮かび上がってしまうことがある（ゴーストマーク）。これを防ぐには、断熱材をしっかりと施し天井材を二重に張るなど、天井全体の熱貫流抵抗を大きくしておくことが肝心である。

コンロ廻りの熱・対策

調理の熱源がガスの場合、周囲の壁を不燃材とし、壁とコンロの間に十分な空間（150㎜以上）をとっておくことが肝要である。もし隙間が小さい場合には下地にも不燃材を使用するなど、コンロ背面と側面の壁の素材には十分な注意を払っておく。

ガスコンロなどの開放型燃焼器具には、煙、湯気などを排気する装置が必要である。通常のレンジフードの排気量は500～750㎥／hであるが、これに応じた給気量の確保が大切だ。燃焼量1万kcal／h当たり100～150㎠以上の開口があれば安全上差し支えないとされている。調理中に火元近くの窓を開けると、風で弱火が立ち消えする危険性があるため、壁面には開口面積の調節ができる防虫網付きベンチレーターも用意しておく。

※　熱の伝わりにくさ。断熱性能

図1 | キッチンの基本構成

①展開図

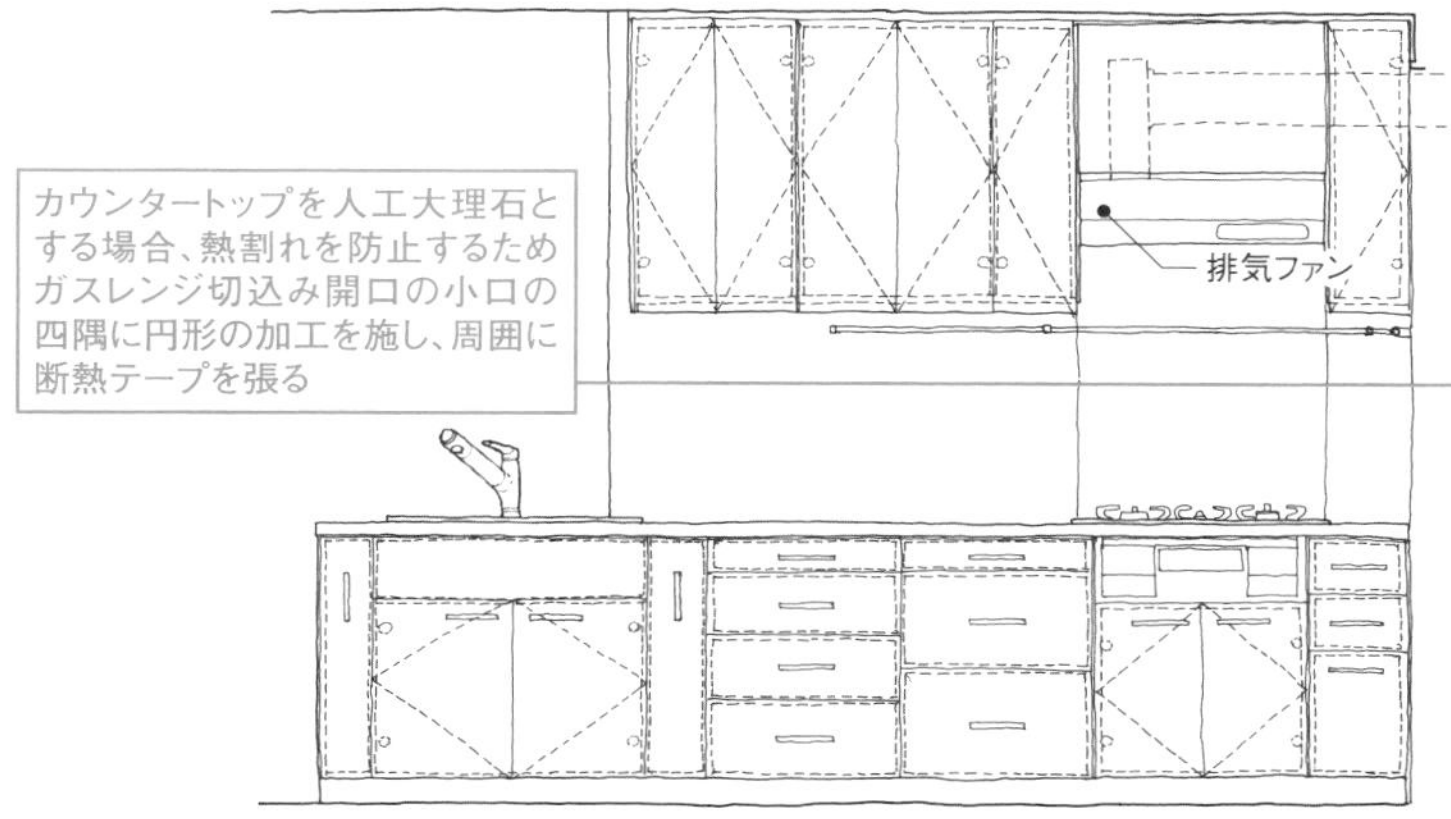

カウンタートップを人工大理石とする場合、熱割れを防止するためガスレンジ切込み開口の小口の四隅に円形の加工を施し、周囲に断熱テープを張る
排気ファン

②断面図

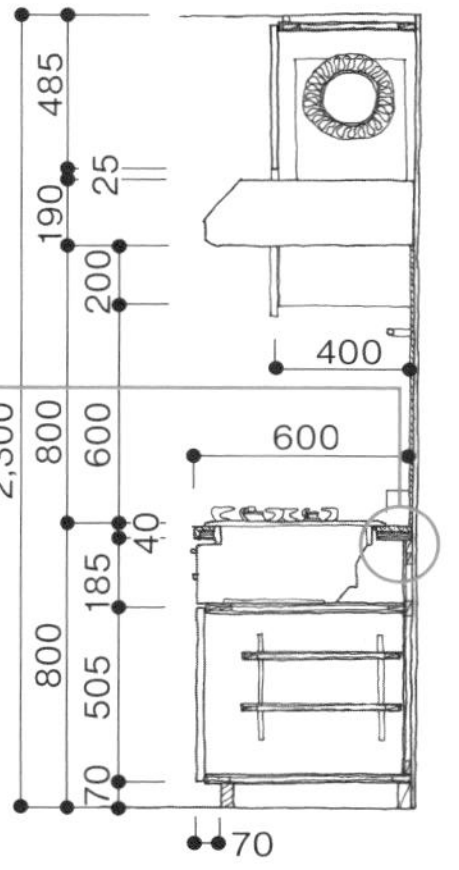

485
25
190
200
400
2,300
800
600
600
40
185
800
505
70
70

③シンク（アイソメ図）

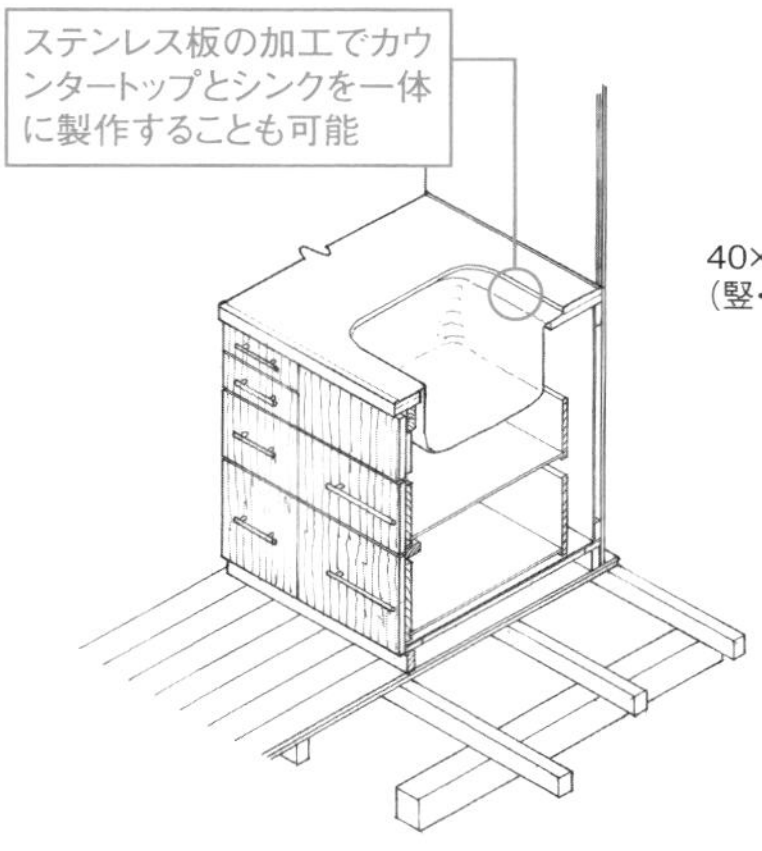

ステンレス板の加工でカウンタートップとシンクを一体に製作することも可能

④天井（アイソメ図）

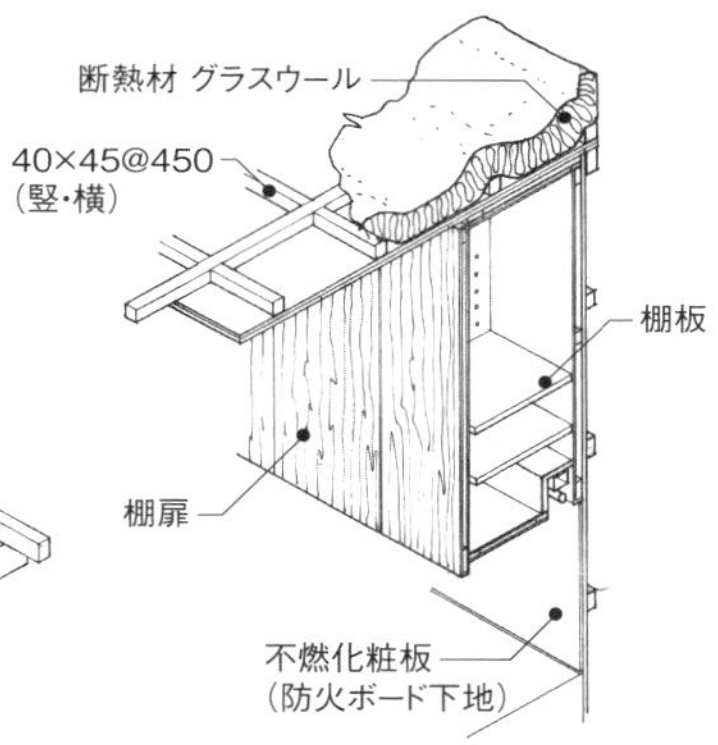

断熱材 グラスウール
40×45@450
(竪・横)
棚板
棚扉
不燃化粧板
(防火ボード下地)

⑤断面図

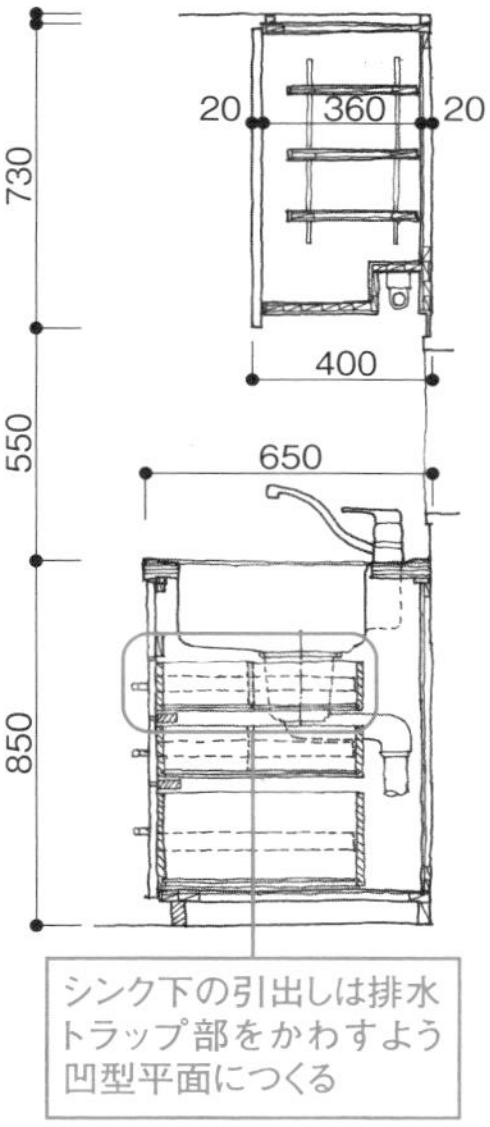

20
360
20
730
400
650
550
850
シンク下の引出しは排水トラップ部をかわすよう凹型平面につくる

図2 | 横引き換気扇の構成と納まり

①展開図

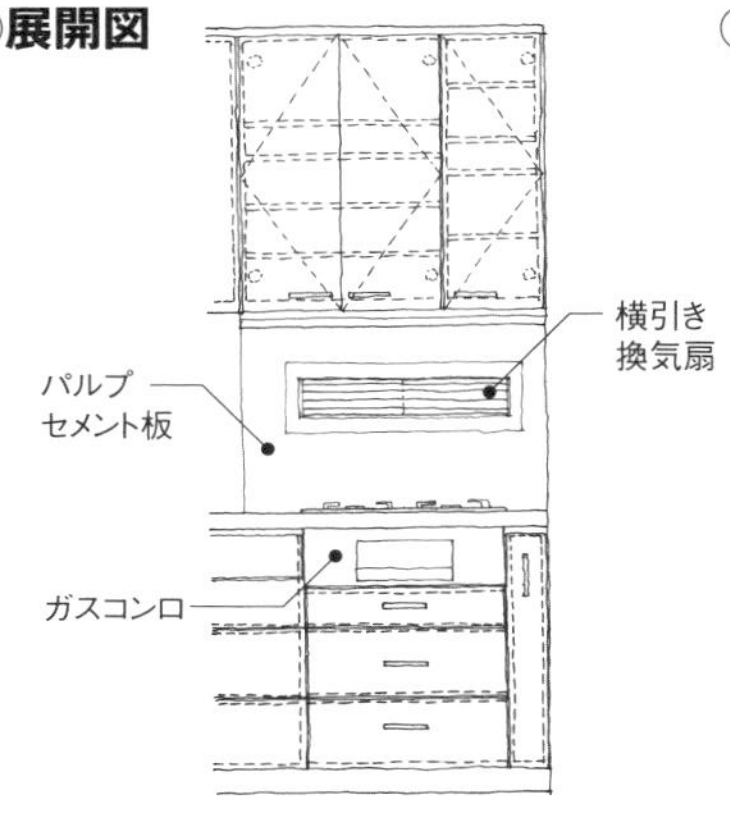

横引き
換気扇
パルプ
セメント板
ガスコンロ

②断面図

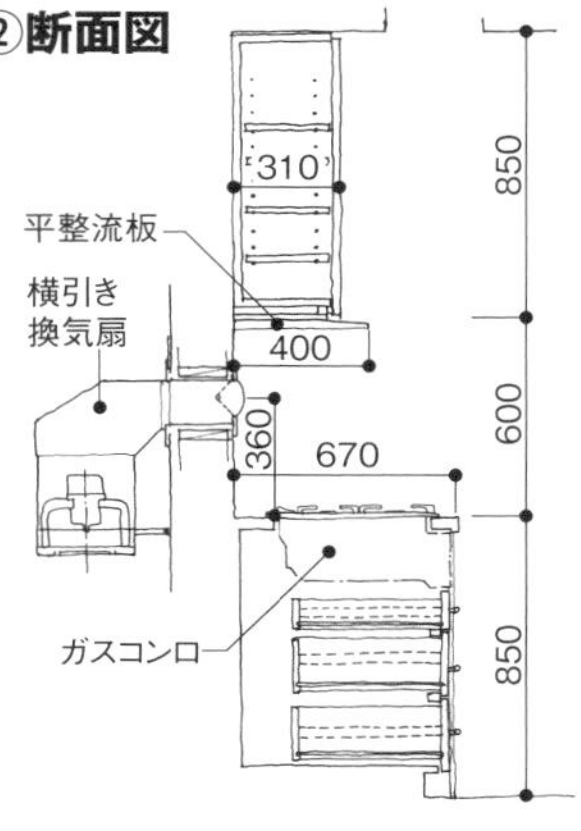

850
310
平整流板
横引き
換気扇
400
600
360
670
850
ガスコンロ

5
設備

在来浴室

POINT 在来浴室では仕上げを自由に選べるメリットがあるが、耐久性や防滑性を考慮する

過酷な性能が求められる空間

風呂好きの日本人は、熱い湯に身を沈め、洗い場に出て体を洗い、また浴槽に入るという独特の入浴方法とそれにともなう浴室空間を生み出してきた。床は水に濡れ滑りやすくなるため、床材や出入口に特別な配慮を要し、床、壁、天井は保温性、断熱性と防湿性、耐蝕性を確保するとともに、浴室全体の換気と冬季の防寒対策もあわせて設計することになる。床材はタイルか石を用いることが圧倒的に多い。耐久性に優れ、防滑性を確保しやすいためだ。

壁材にはタイル、清掃のしやすいウレタン塗装のケイ酸カルシウム板、抗菌メラミン化粧板、水に強いヒノキのムク板などが選択肢に入る。天井材としては耐蝕性、保温性に優れたヒノキやケイ酸カルシウム板に湿気吸放出塗材を塗布する仕様などが挙げられる。

図1 | 浴室全体の納まり

①平面図

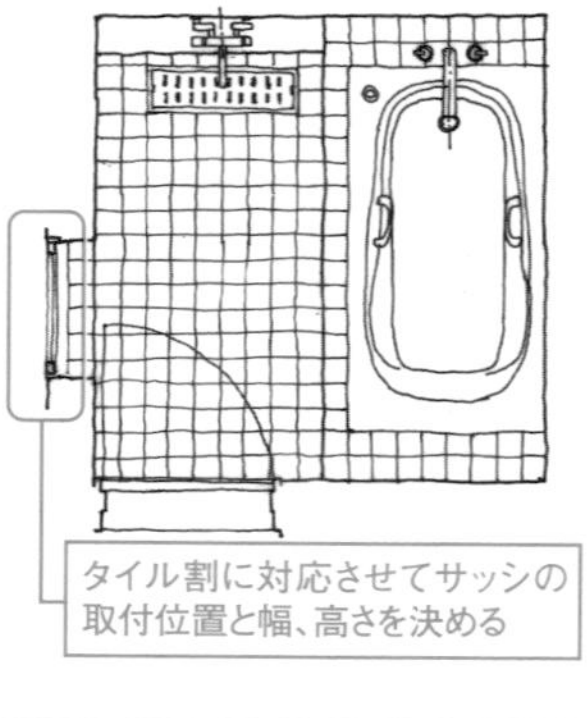
タイル割に対応させてサッシの取付位置と幅、高さを決める

②断面図

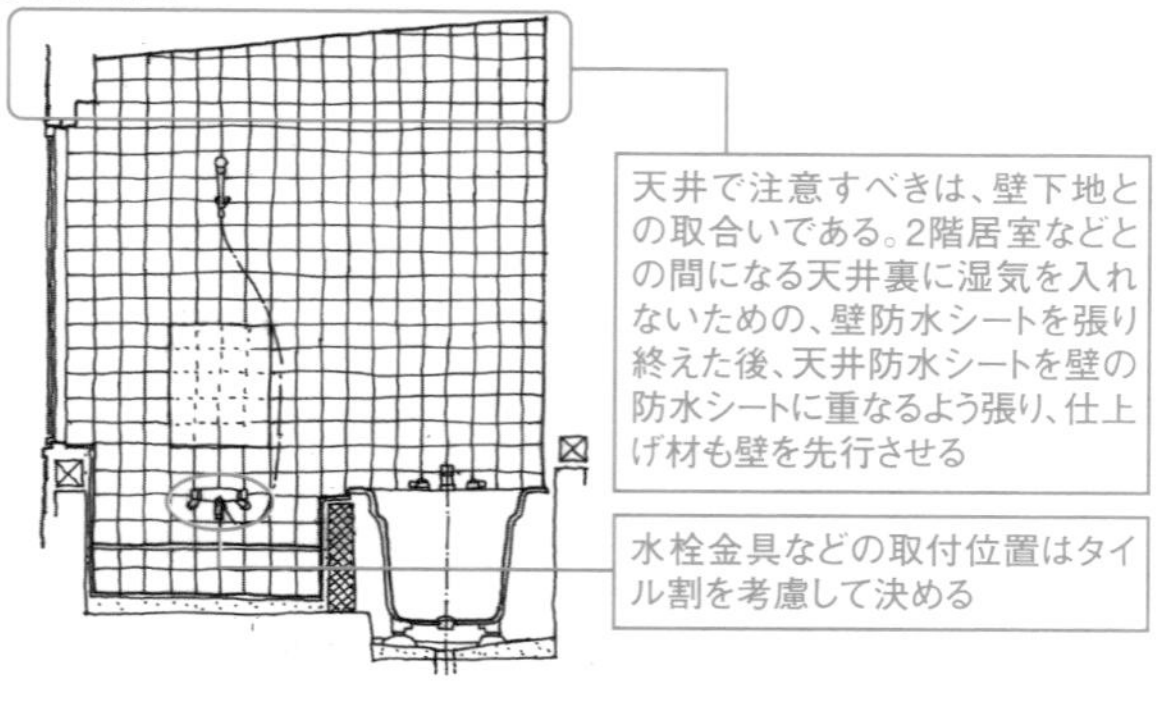
天井で注意すべきは、壁下地との取合いである。2階居室などとの間になる天井裏に湿気を入れないための、壁防水シートを張り終えた後、天井防水シートを壁の防水シートに重なるよう張り、仕上げ材も壁を先行させる
水栓金具などの取付位置はタイル割を考慮して決める

図2｜在来浴室の構成と注意点

①アイソメ図

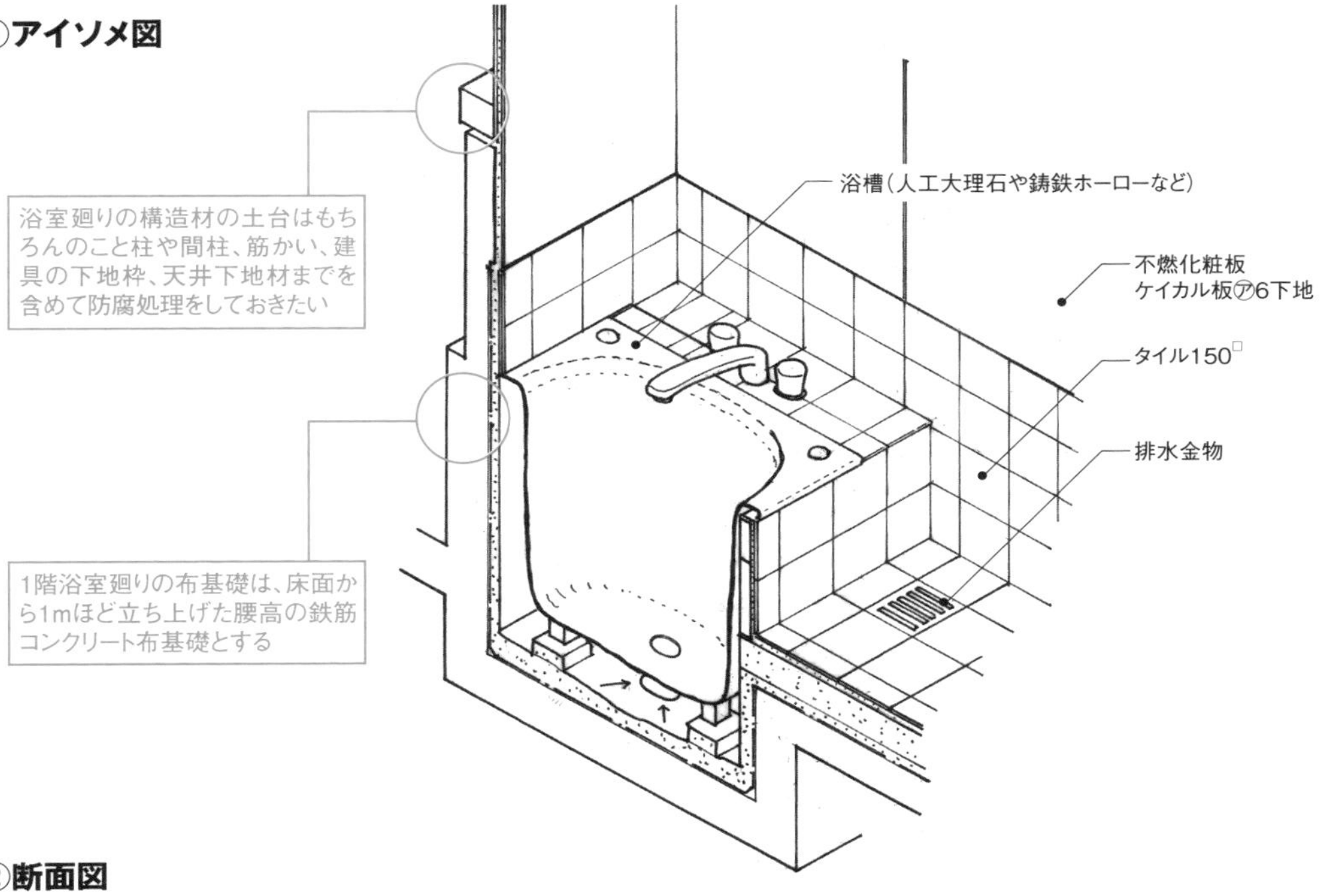
浴室廻りの構造材の土台はもちろんのこと柱や間柱、筋かい、建具の下地枠、天井下地材までを含めて防腐処理をしておきたい
1階浴室廻りの布基礎は、床面から1mほど立ち上げた腰高の鉄筋コンクリート布基礎とする
浴槽（人工大理石や鋳鉄ホーローなど）
不燃化粧板
ケイカル板㋐6下地
タイル150□
排水金物

②断面図

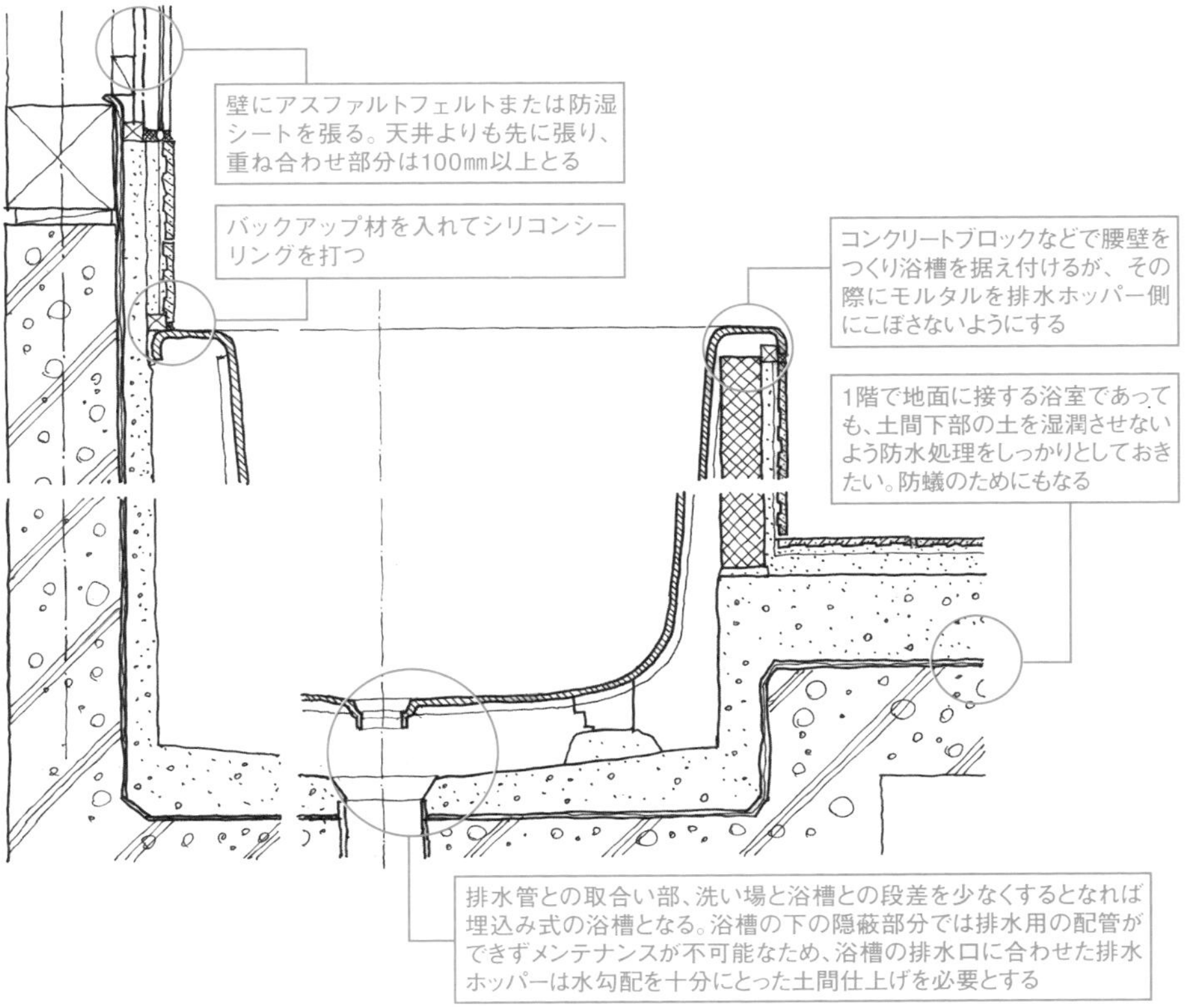
壁にアスファルトフェルトまたは防湿シートを張る。天井よりも先に張り、重ね合わせ部分は100㎜以上とる
バックアップ材を入れてシリコンシーリングを打つ
コンクリートブロックなどで腰壁をつくり浴槽を据え付けるが、その際にモルタルを排水ホッパー側にこぼさないようにする
1階で地面に接する浴室であっても、土間下部の土を湿潤させないよう防水処理をしっかりとしておきたい。防蟻のためにもなる
排水管との取合い部、洗い場と浴槽との段差を少なくするとなれば埋込み式の浴槽となる。浴槽の下の隠蔽部分では排水用の配管ができずメンテナンスが不可能なため、浴槽の排水口に合わせた排水ホッパーは水勾配を十分にとった土間仕上げを必要とする

ハーフユニット浴槽

POINT
ハーフユニットバスは防水工事に手間がかからないが、配管類の接続を確実に考えておく

防水工事を簡略化できる

ハーフユニットバスは、天井、壁、床、浴槽すべてが一体となったユニットバスと異なり、浴槽と洗い場だけが高さ500㎜にユニット化されたFRP既製品である。ユニットバスと同じく防水工事が不要なのが最大の利点で、壁天井の仕上げが自由に、また洗面脱衣室との仕切りや外壁にガラスや窓を取り付けやすくなり、上階に眺めのよい浴室を配することもたやすくなり、ユニットバスの密閉感から逃れられる。

製品のバリエーションは少ないが、足に触れたときの感触の頼りなさや出入口建具の限定、キズが付くことの不安などを克服することができれば、これまでにない展開が期待できる。

荷重の集中に対応する

木造の2階以上にハーフユニット浴槽を設置する場合は、入浴時、浴槽部に荷重が集中するため、下階にその荷重を支持する柱や壁が必要である。さらに脚固定金物に応じた構造用合板の設置床材の選定、根太寸法とその配置、梁桁との納まりで根太補強材を入れておくなど、構造上の検討を要する。

ハーフユニットでも配管類の接続をしっかりさせておく。バスタブのエプロン部分には点検口が用意されているが、接続部分に漏水が起きないよう給排水配管をはじめ追い炊き用配管接続アダプターなど、数々のパイプ類の取付け、取回しには特に注意を要する。

壁、天井などの上部の各納まりは在来の浴室と同様であるが、壁面内部に湯気や水蒸気が浸入しないよう、ユニット上端部の立上がり部と壁下地のアスファルトシートや浸透防水シート、また開口部の枠とを防水テープでしっかりと一体化させておく。

図｜ハーフユニットの構成と納まり

①アイソメ図

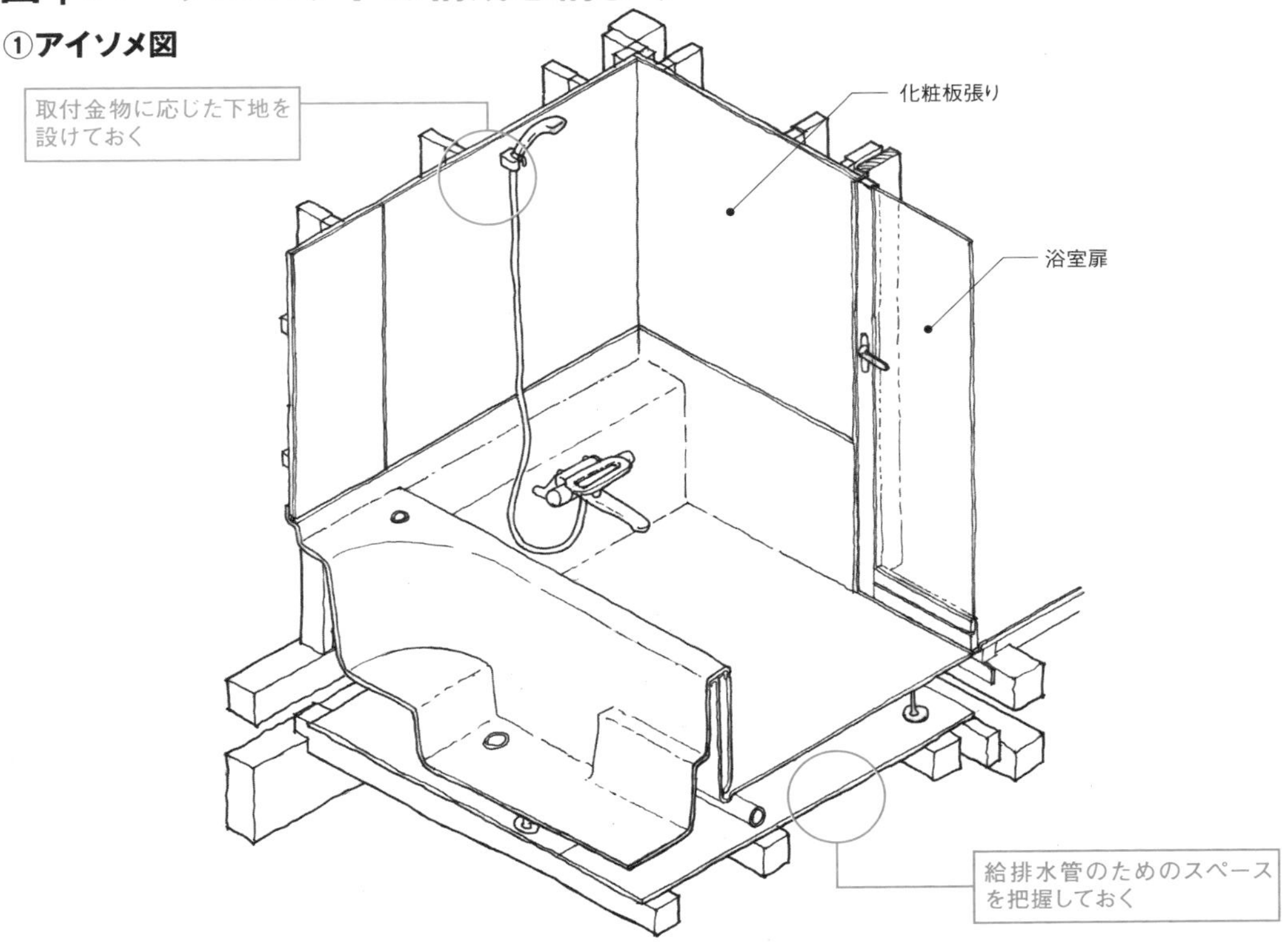
取付金物に応じた下地を
設けておく
化粧板張り
浴室扉
給排水管のためのスペース
を把握しておく

②断面図

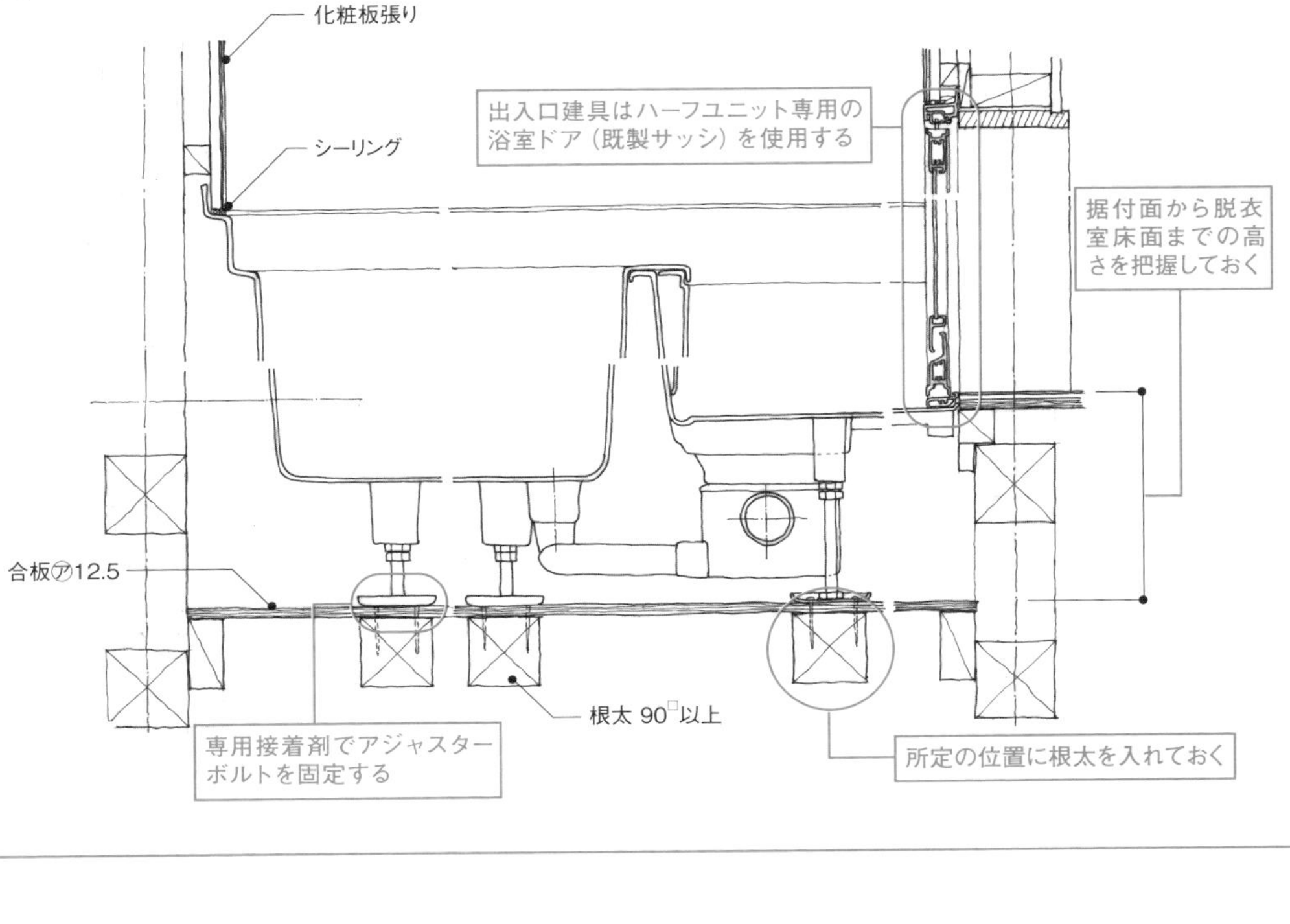
化粧板張り
シーリング
出入口建具はハーフユニット専用の
浴室ドア（既製サッシ）を使用する
据付面から脱衣
室床面までの高
さを把握しておく
合板㋐12.5
根太 90□以上
専用接着剤でアジャスター
ボルトを固定する
所定の位置に根太を入れておく

5
設備

浴室出入口

POINT
建具と建具枠では耐水性や水切れのよい納まり、そして段差解消の手段を考える

水に強い材料を選択する

浴室の出入口に使われる建具の開閉方式は開き戸、引き戸、折れ戸がある。浴室の広さや洗い場への段差のとり方などで選択され、バスタブが搬入できるように幅などが検討される。

建具廻りでは、水切れのよい断面形状と通気のディテールを工夫する。開き戸や引き戸とする場合は、脱衣室側に水を運びこまないよう浴室側に引くようにする。

建具廻りの枠と建具材の素材は、耐水性や腐れにくさ、肌に触れる感触から選ばれる。水湿に強いヒノキ、ヒバ、サワラなどが用いられる。沓摺りの材料も腐食の心配のない御影石の表面をジェットバーナー仕上げとしたもの、ステンレス板曲げ加工したものを用い、裸足にやさしく滑りにくい、水切りのよい断面形状とすべきである。

バリアフリーに配慮する

浴室は住宅のなかで最も無防備な状態で出入りする部分である。体に不自由のない人にとっても出入りの動作でつまずいたり、浴室内で思わぬ危険な状況にさらされるなど、とかく事故の起きやすい場所といわれ、段差のない出入り口が望まれる。この場合、洗い場の水やシャワーなどの飛沫の勢いで隣の洗面・脱衣室まで入ってしまうことが問題となる。そこで、出入口に向けて水勾配をとって排水溝を設け、出入口幅いっぱいのグレーチング天端を引き戸のレールとして利用し、段差を解消する納まりが考えられる。

この場合、既製の排水グレーチングを用いることはできず、受け金物を含めてステンレスの加工となり、戸車など建具の金物にもステンレス製を採用することになる。

図1｜浴室出入口（開き戸）の構成

①アイソメ図

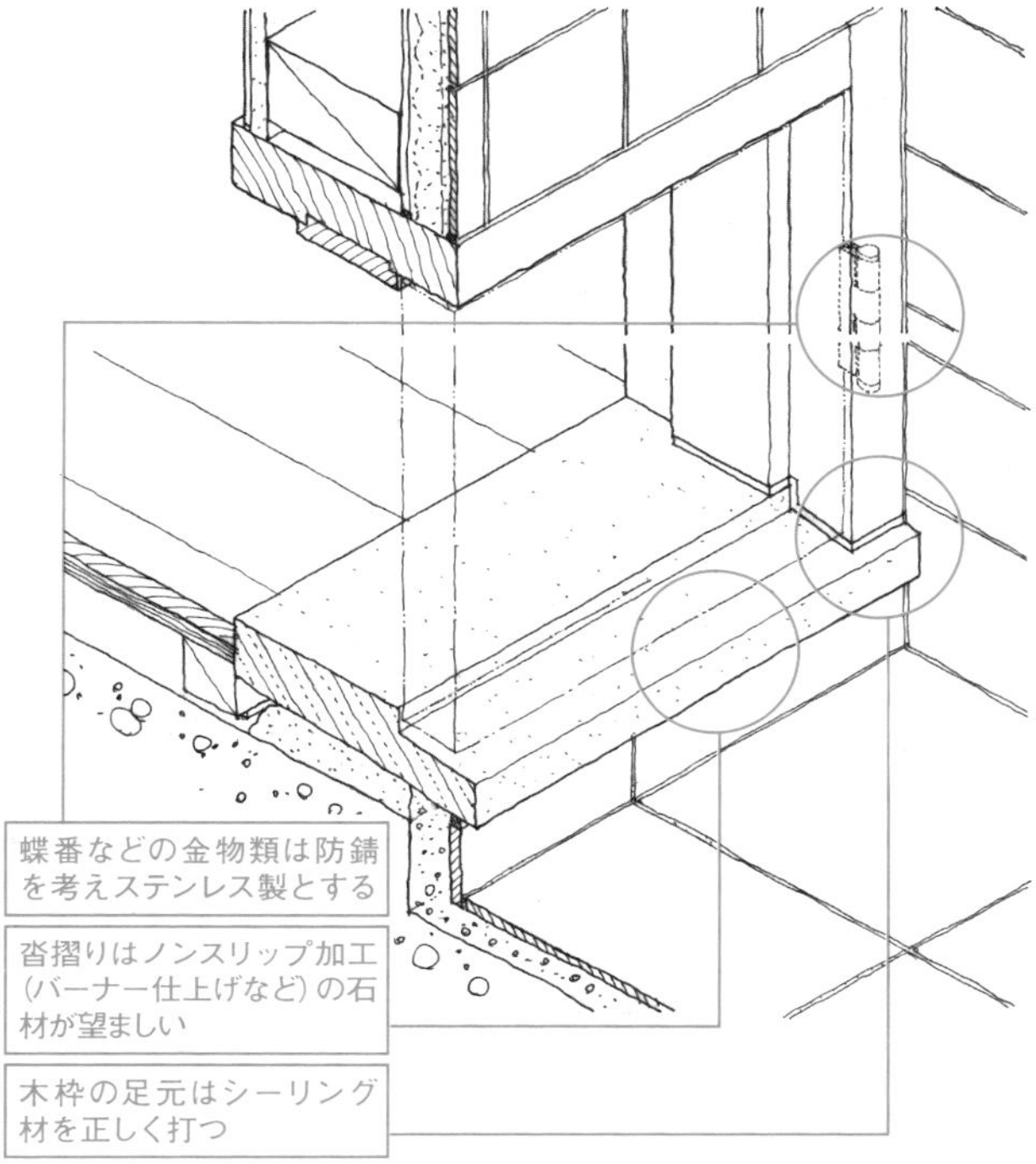
蝶番などの金物類は防錆を考えステンレス製とする
沓摺りはノンスリップ加工（バーナー仕上げなど）の石材が望ましい
木枠の足元はシーリング材を正しく打つ

②断面図

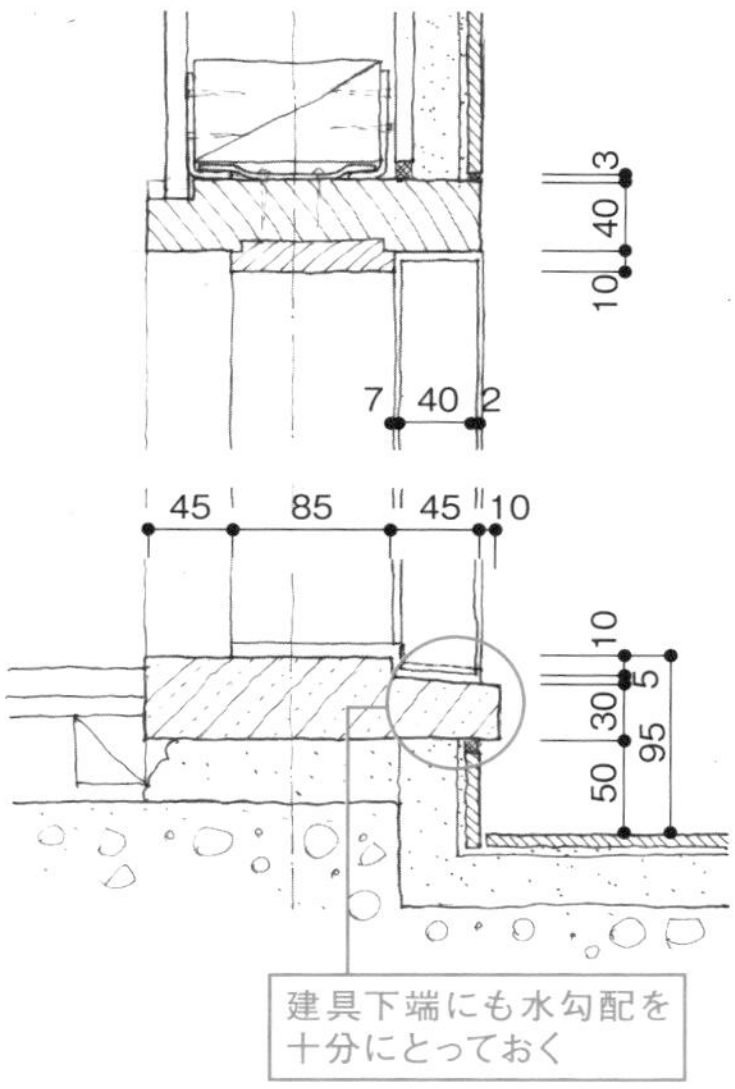
3
40
10
7
40
2
45
85
45
10
10
5
30
95
50
建具下端にも水勾配を十分にとっておく

図2｜浴室出入口（引き戸）の納まり

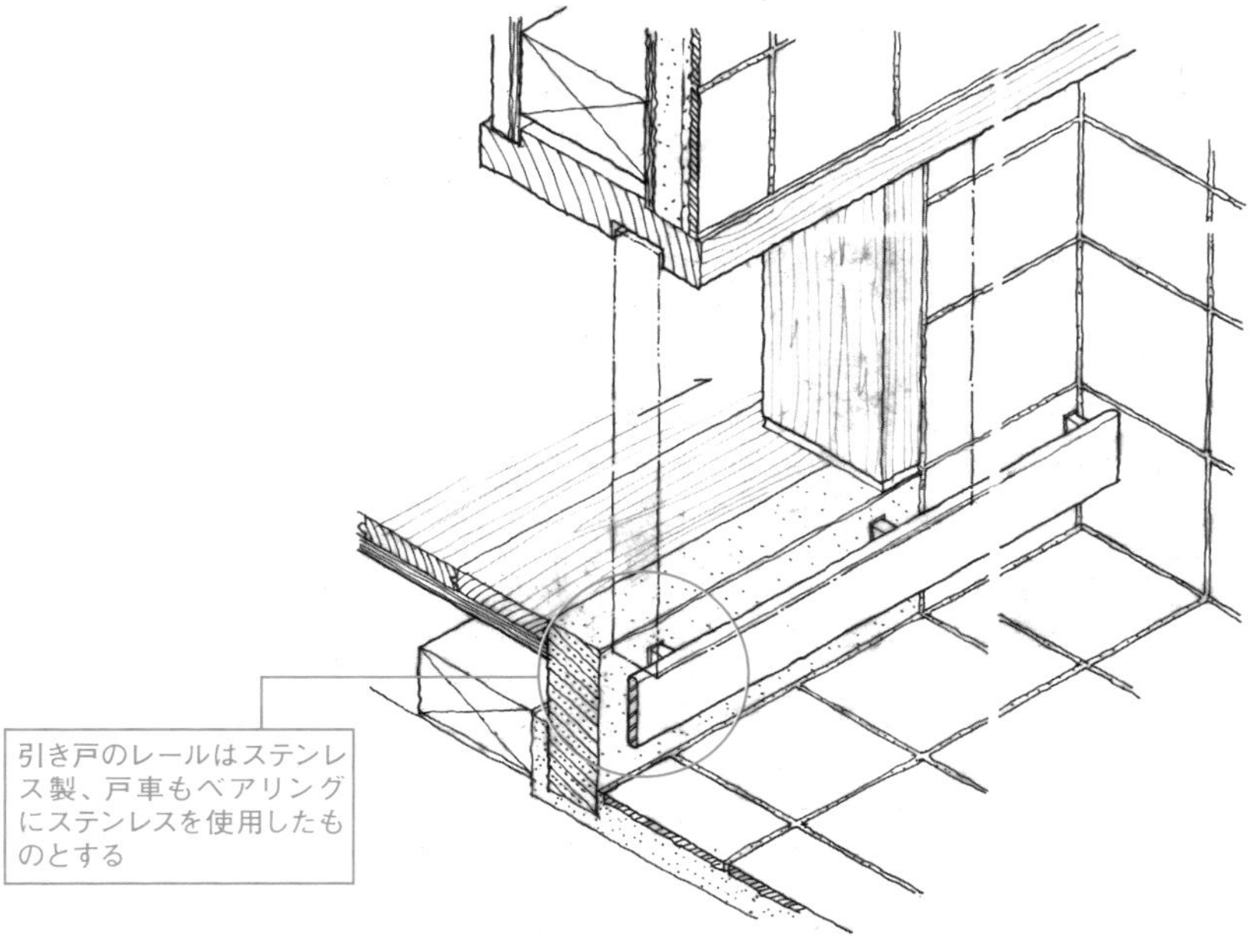
引き戸のレールはステンレス製、戸車もベアリングにステンレスを使用したものとする

洗面室

POINT
造作家具や衛生設備、電気設備が入り現場の作業も交錯するので指定を綿密に行う

過酷な条件に対応する

洗面室はキッチンと同様にカビや錆の発生しやすい場所であり、最も清潔さが要求されるところでもある。洗面室の床材や壁材には耐水性、清掃性、耐薬品性が求められる。浴室からの湯気が入り込むため、天井仕上げ材には防湿性、調湿性のある素材を使用しなければならない。

ここは洗面器や鏡、タオル掛け、洗剤、化粧品や下着類の収納家具のほか、電気設備機器も加わり、造作と設備の作業も工程上交錯するところである。これら造作家具類、機器類を取り付けるための下地材や補強作業も重要で、不慣れな職人たちに任せておくと雑な納まりになってしまうので注意したい。特に、使用中に引き抜く力のかかるタオル掛けやタオルラック、手摺などの位置指示にあたっては、あらかじめ支持金物のための補強下地をしっかりと取り付けておく。

十分な収納を備えておく

洗面室には、化粧品や美容器具、ドライヤー、石鹸、シェーバーやコップ、ブラシなどが所狭しと置かれ、汚い場所にしてしまうことが多い。顔や手を洗い、歯を磨き、ヒゲを剃り、髪をとかし、化粧をし、時に洗髪もする洗面台には引出しなどの収納、上部壁面には鏡とメディスンキャビネットが付きものである。ここにしまうモノの種類や数量を十分考慮したうえ、取り出しやすさ、使いやすさを念頭にデザインしなければならない。

洗面カウンター下部は給排水管などのメンテナンスも考え複雑な棚類は避けたい。洗濯機が同居する場合に限らず洗面室では換気が大切で、常に湿気の排除に心掛けておく。

図1｜洗面台の構成と納まり

①アイソメ図

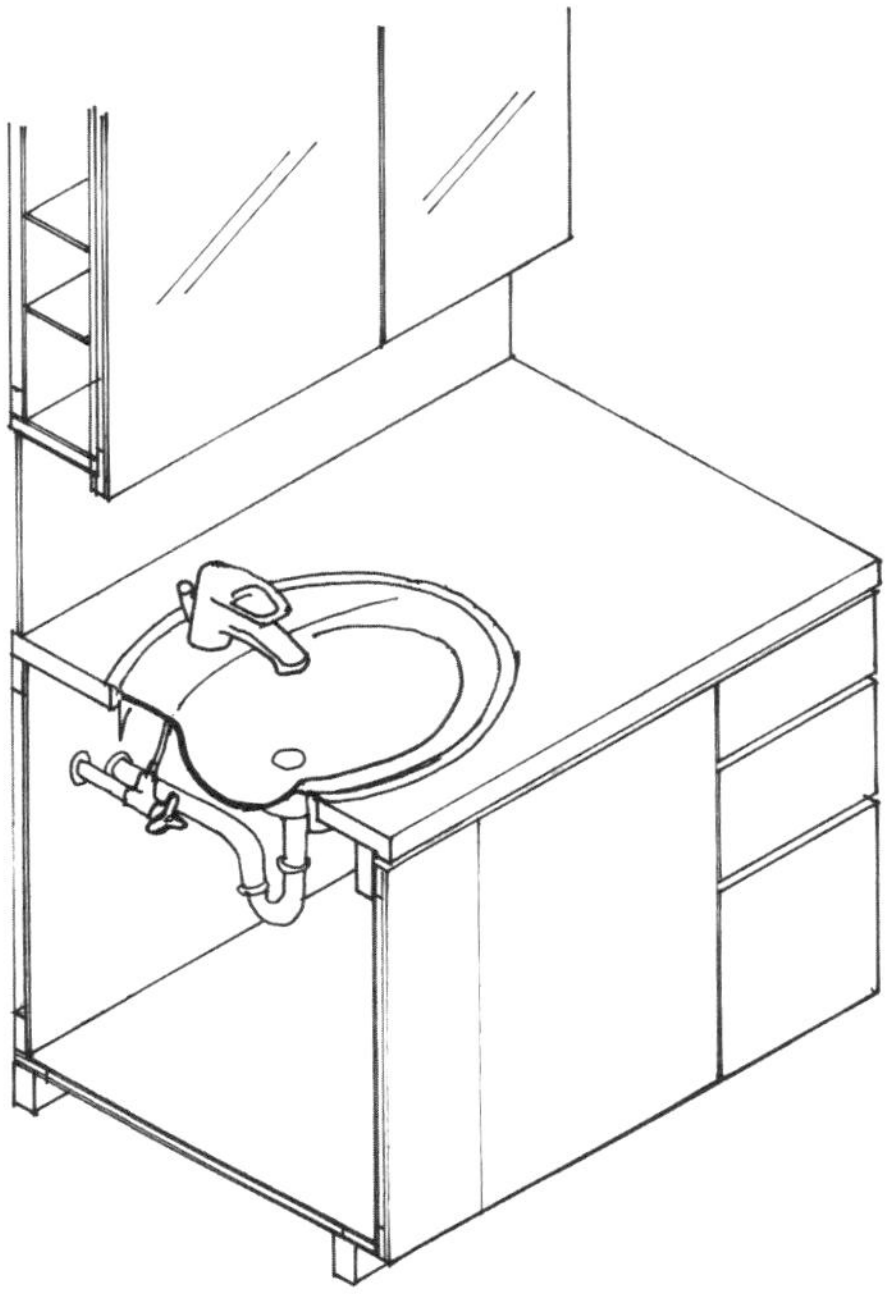

②断面図

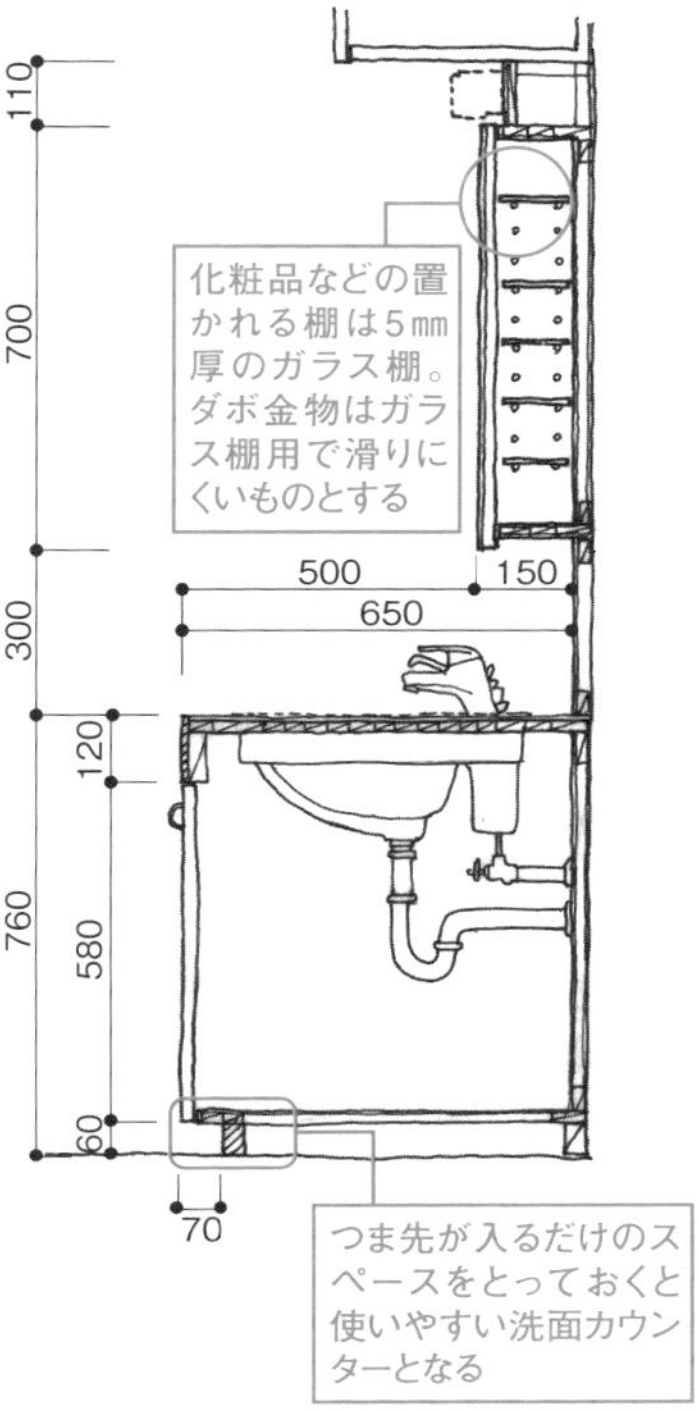

110
700
300
760
120
580
60
70
500
150
650
化粧品などの置かれる棚は5㎜厚のガラス棚。ダボ金物はガラス棚用で滑りにくいものとする
つま先が入るだけのスペースをとっておくと使いやすい洗面カウンターとなる

③断面詳細図

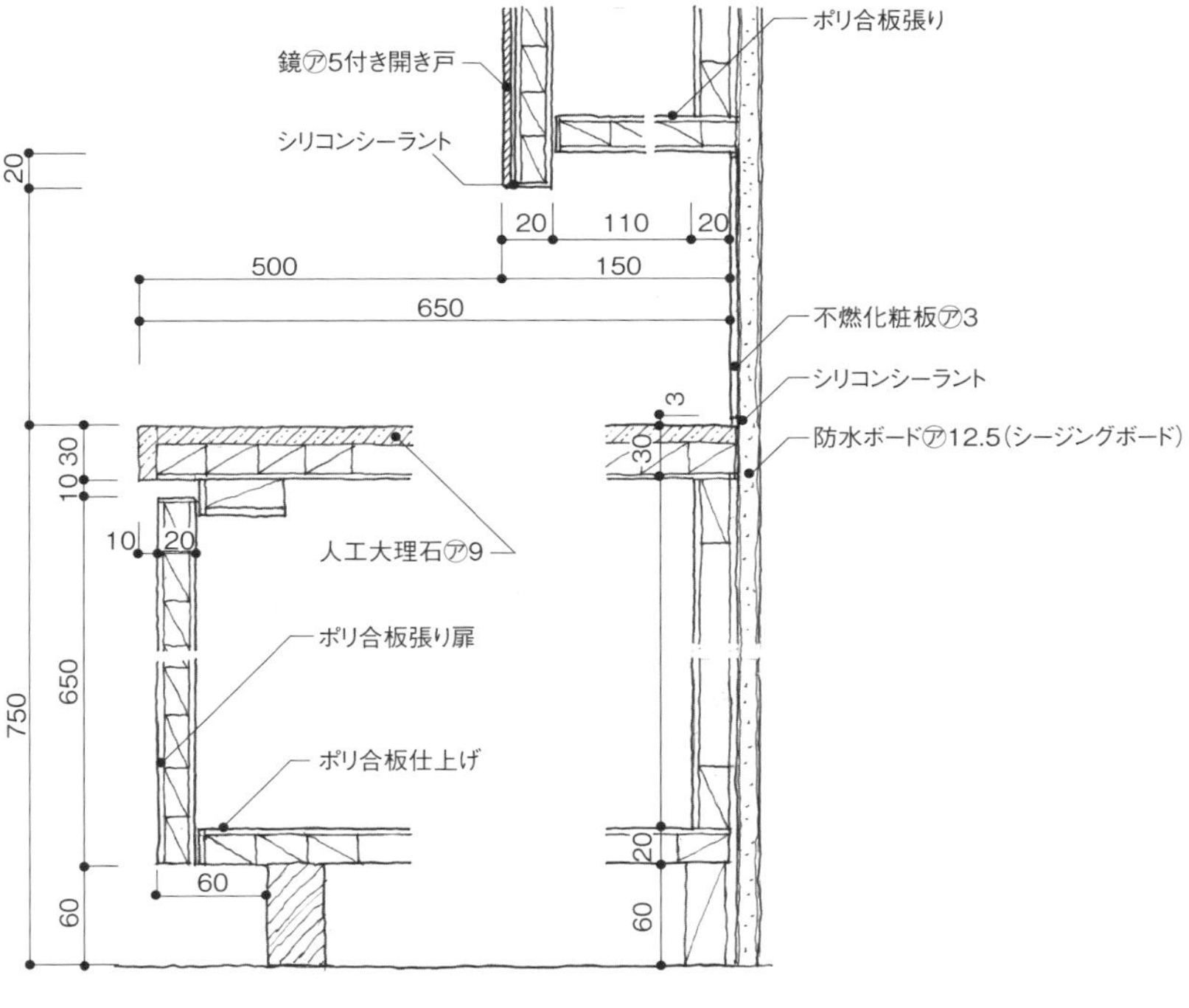

鏡⑦5付き開き戸
シリコンシーラント
ポリ合板張り
20
110
20
500
150
650
不燃化粧板⑦3
シリコンシーラント
3
防水ボード⑦12.5（シージングボード）
30
人工大理石⑦9
10
20
ポリ合板張り扉
ポリ合板仕上げ
750
650
60

トイレ

POINT 隣接する部屋などへ伝播する音を解消するため、界壁の仕様を検討する

床と壁の納まりに注意

トイレは見えない部分の納め方が重要。1階トイレでは、便器がコーナー部に置かれる場合には、あらかじめ土台(火打ち土台)と排水管が干渉しないように注意しておく。便器を取り付ける床の根太は、排水管を挟むように間隔を小さくし補強しておくことも忘れてはならない。手洗い器や手摺りを壁に取り付ける場合は、あらかじめ取付け用下地を入れておく必要がある。

設備機器や配管からの振動音や洗浄音、流水音さらには排尿音などの問題には、静音タイプの機器を選ぶなど設備上の解決策のほかに、建築の納まりのうえでは、居室との壁は石膏ボードを二重張りにして間に遮音シートを挟み込むことなどが挙げられる。

2階トイレはプラン上、1階トイレあるいは水廻りとほぼ同じ位置にとることが定石となっている。2階でも、1階と同じように音の対策をしておく必要がある。同一階の居室との壁については、1階の場合と同じく、壁下地の石膏ボードを二重張りにし、間に遮音シートを挟み込む方法がある。下の階に伝播する音については、制振遮音ボードを使用し、床・天井の下地に遮音シートを敷き込んで、さらに給排水系統を独立させておくなどの対策が有効である。排水管には防露材の上から遮音テープを巻くか、制振遮音塩化ビニル管または耐火二層塩化ビニル管を採用する。パイプシャフトを設けておくことも有効である。また、1階と同じように、2階床に取り付けられる火打ち梁と排水管が干渉しないよう注意する必要がある。

なお、トイレの各部仕上げ材は、耐水性や清掃性を考慮して選択する必要がある。

図1 | 1階トイレの構成

①アイソメ図

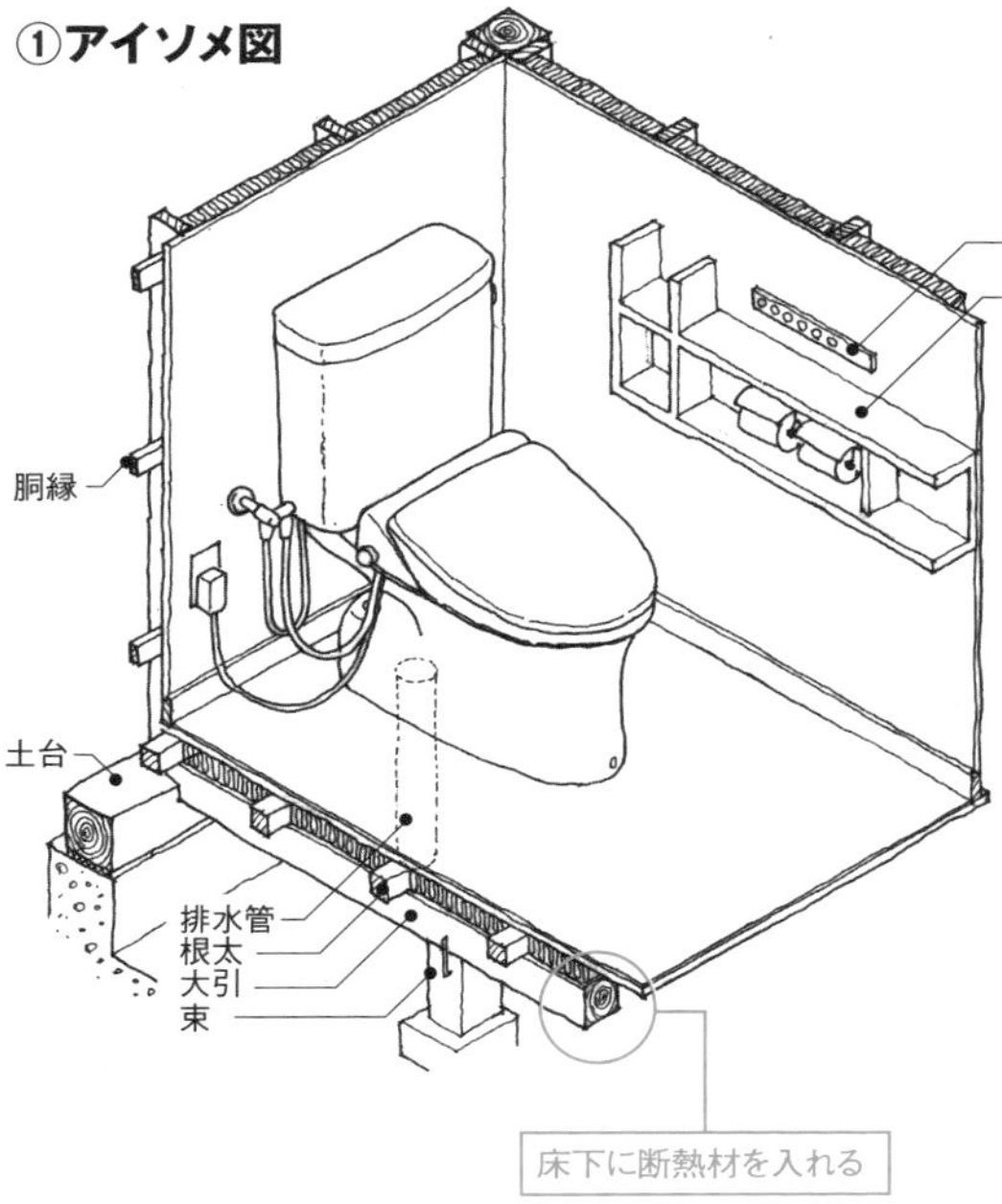

温水洗浄便座リモコン
棚
胴縁
土台
排水管
根太
大引
束
床下に断熱材を入れる

②平面詳細図

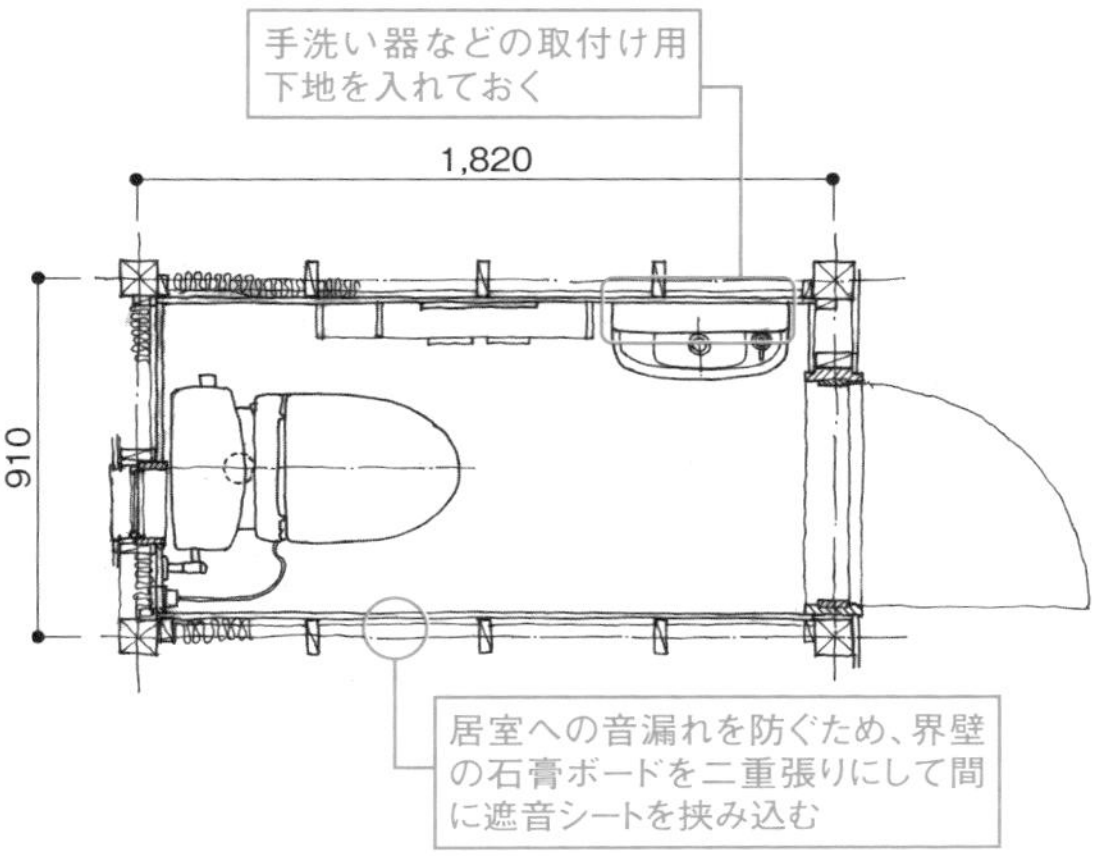

手洗い器などの取付け用
下地を入れておく
1,820
910
居室への音漏れを防ぐため、界壁
の石膏ボードを二重張りにして間
に遮音シートを挟み込む

図2 | 2階トイレの構成と納まり

①アイソメ図

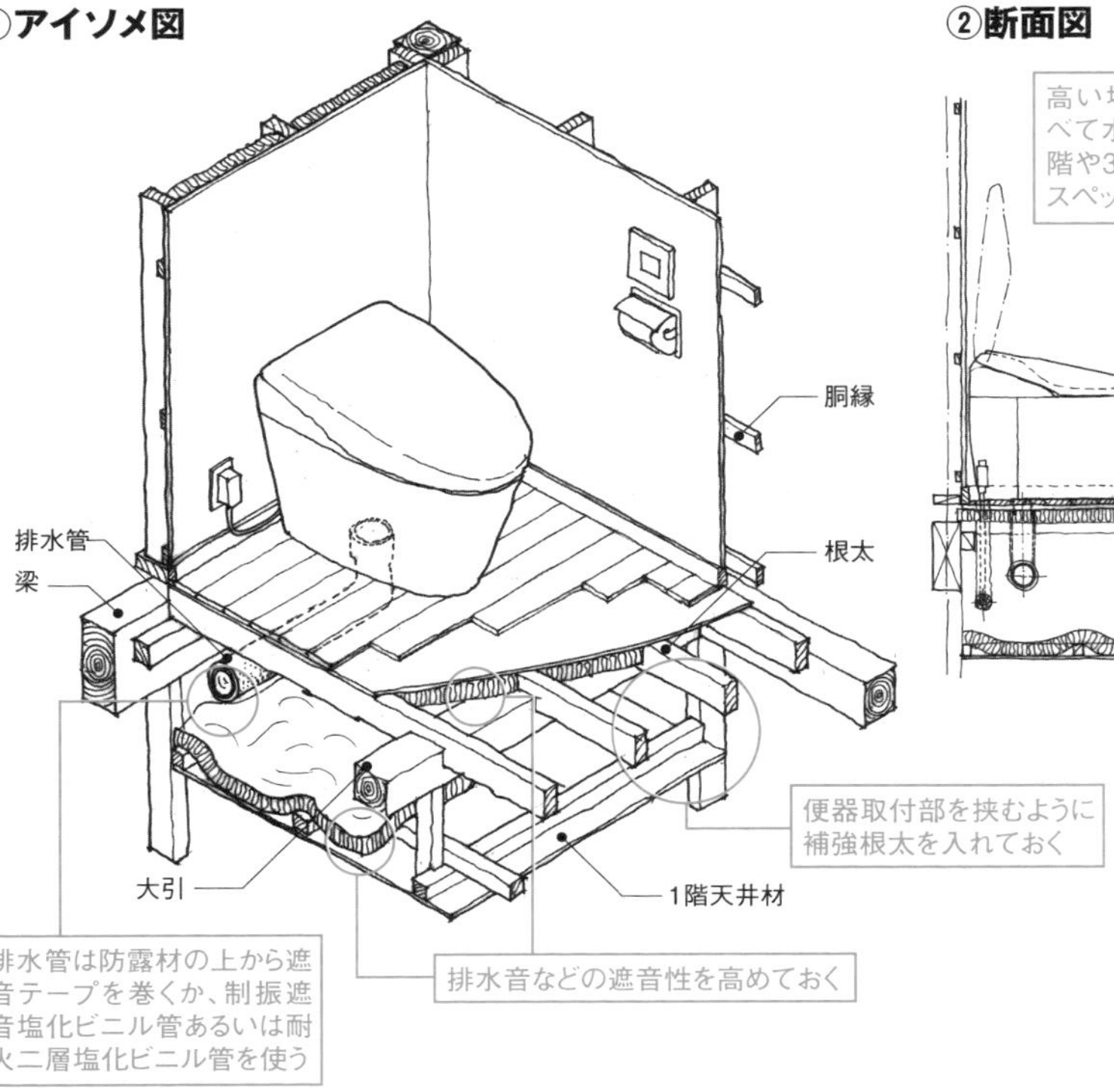

胴縁
排水管
梁
根太
便器取付部を挟むように
補強根太を入れておく
大引
1階天井材
排水管は防露材の上から遮
音テープを巻くか、制振遮
音塩化ビニル管あるいは耐
火二層塩化ビニル管を使う
排水音などの遮音性を高めておく

②断面図

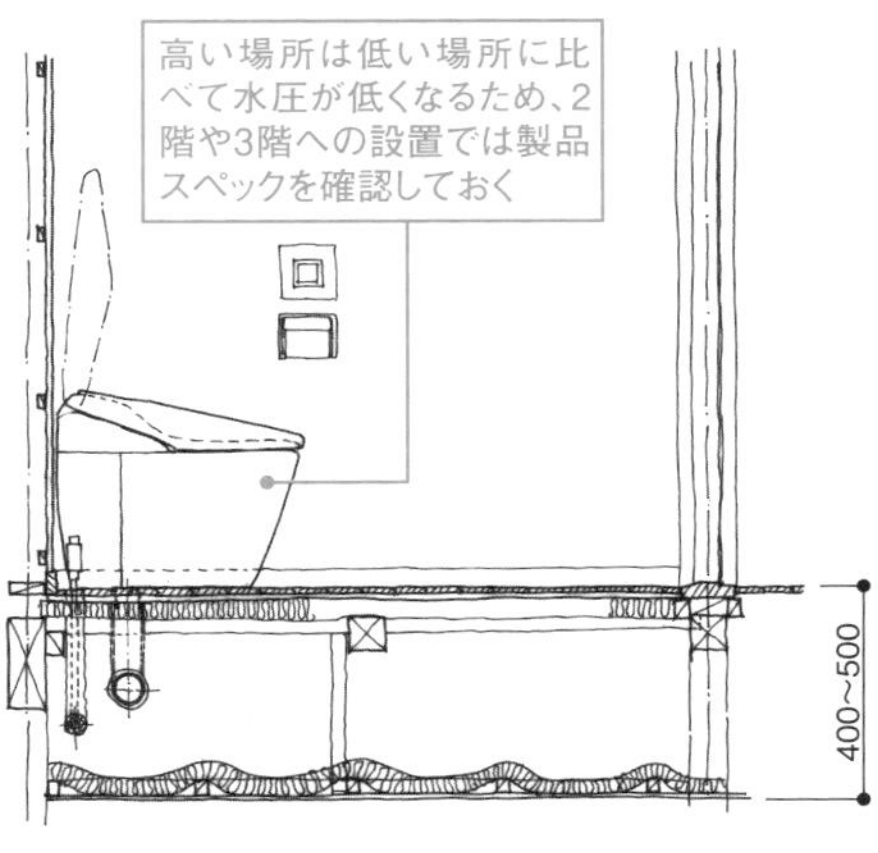

高い場所は低い場所に比
べて水圧が低くなるため、2
階や3階への設置では製品
スペックを確認しておく
400〜500

建築化照明

POINT 建築に照明を取り込むときには熱の逃げの確保と光の当たる部位の素材に留意する

間接照明の効果と注意点

照明は一般的に建築工事が終わり、天井や壁に既製の照明器具を直接取り付けることが多い。しかし、照明は明るさだけでなく、雰囲気をかもし出す重要な要素であることが注目され、間接照明として建築と一体化するケースが多くなってきた。

その1つは、天井懐《ふところ》にボックスを設け、光源を埋め込み、アクリル板に和紙張りを施し、光が直接目に入らないように配慮した造付けの照明がある。この場合、光源とアクリル板の距離をある程度とっておかないと、光源の形がそのまま見えてしまい、間接照明のやわらかい明かりが得られなくなることに注意する。

そのほかの方法として、天井と壁の部分に溝をつくり、目に入らない位置に光源を設置し、光を天井や壁などに乱反射させる間接照明も一般の住宅に取り入れられるようになってきた。

器具からの熱と反射に対応する

こうしたビルトイン照明で問題になるのが、器具に熱がこもってしまうことである。ボックスには放熱用の穴をあけておくことが必要であるが、ホコリや虫の侵入にも注意を払い、防虫網などを付けなければならない。

そのほか、天井にグラスウールなどの断熱材を敷き込んだ場合、照明器具を隙間なく覆ってしまうと放熱ができず、器具の内部に熱がこもってしまうという問題がおきる。断熱材との間に適切な空隙をとるように施工しなければならない。

間接照明の場合は、光を反射する素材によって、光の質が大きく変わる。光源の種類とともに、光の当たる部位の素材の質感や色味にも注意する。

図1 | 建築化照明の例

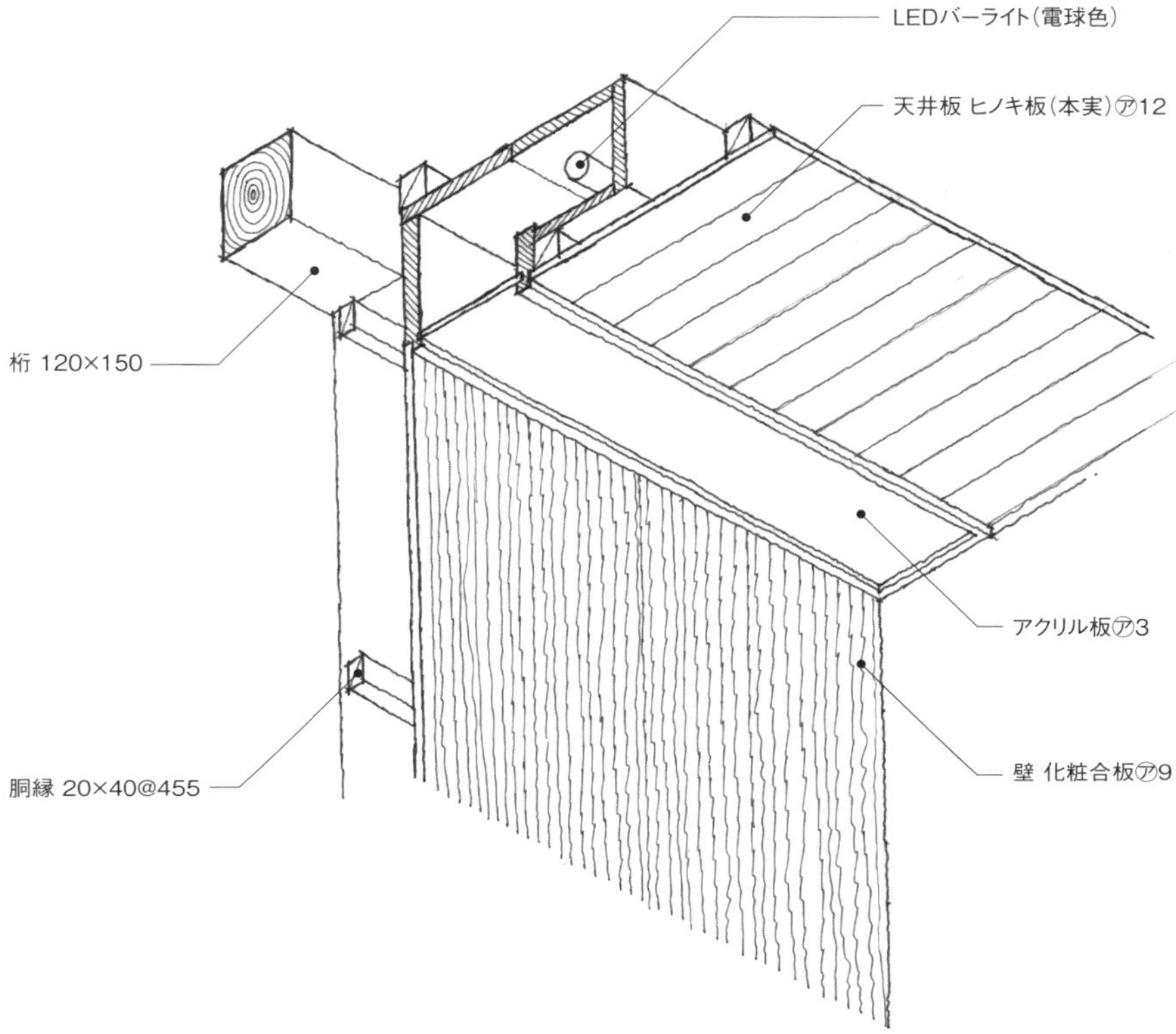
LEDバーライト(電球色)
天井板 ヒノキ板(本実)㋐12
桁 120×150
アクリル板㋐3
胴縁 20×40@455
壁 化粧合板㋐9

図2 | 建築化照明のバリエーション

①壁際を下向きに照らす

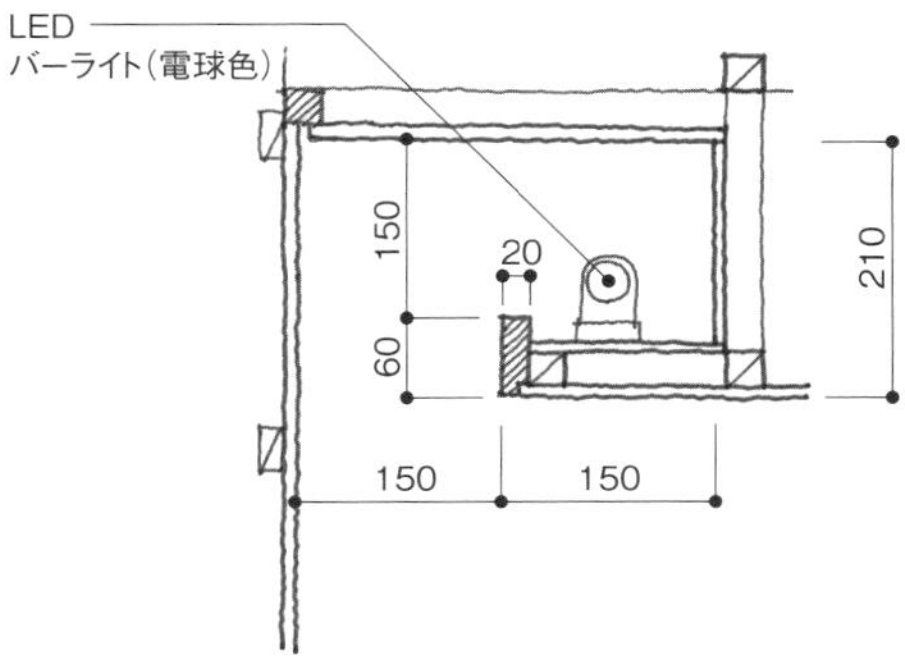
LED
バーライト(電球色)
150
20
60
210
150
150

②壁際を上向きに照らす

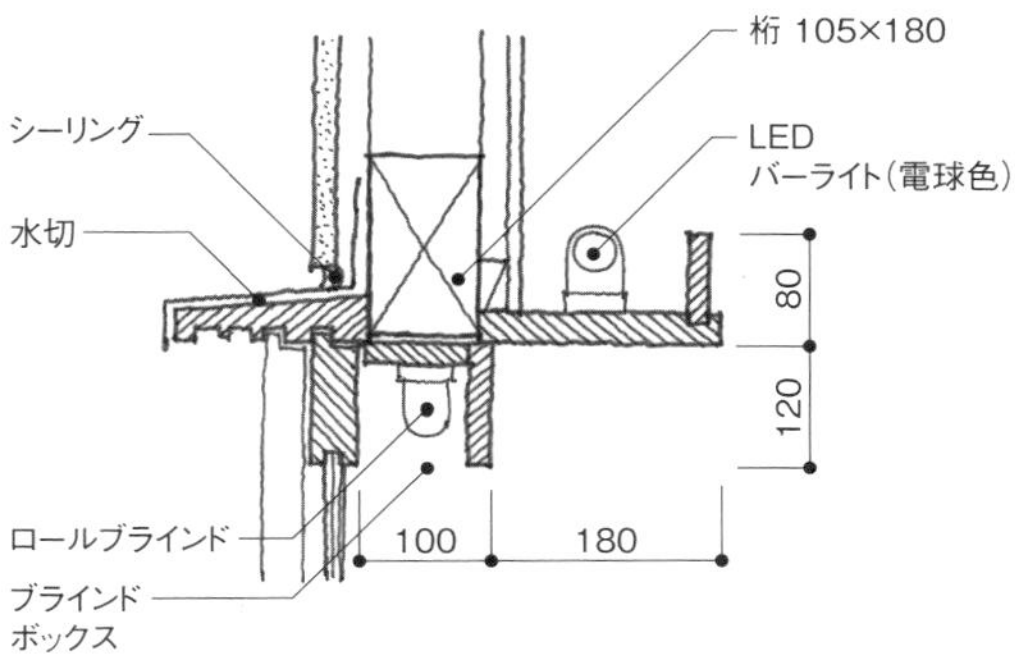
桁 105×180
シーリング
LED
バーライト(電球色)
水切
80
120
ロールブラインド
100
180
ブラインド
ボックス

TOPICS 8

キッチンのプランニング

キッチンの構成は、食材を保管し、洗い、切り、調理するという作業がスムーズに流れ、食事のスペースにどうつながるかが基本。そのために貯蔵、調理機器や調味料、食器類の収納を適所にレイアウトする。こうした動作を支える主役となる造作が調理カウンターである。平面レイアウトを類型的にみるとI型、L型、コ型、Ⅱ型さらにはアイランドキッチンといわれる独立型がある。カウンター家具は、冷蔵庫を傍らに、上部に吊戸棚、トップに流しやガスレンジなどさまざまな機器を内蔵する。また、食卓や食器棚との関係をはじめ、勝手口や玄関、食堂、茶の間や居間、洗面室や浴室、家事室などとの関連で構成を検討する。さらに窓の位置など外部空間との関係も考慮する。食は人々の生存の原点であり、キッチンは食を担う場所としてきわめて大切な空間である。キッチンが単に台所家電品の数々を収納するスペースにならないよう、本来の視点に立ち、心地よいキッチンづくりを考えなければならない。

図｜キッチンのレイアウトの種類

キッチンでの調理は、冷蔵庫、流し（シンク）とコンロの3カ所での作業と移動が中心で、これらをいかにコンパクトにまとめ移動量を少なく使いやすくするかがポイントといわれている

①I型

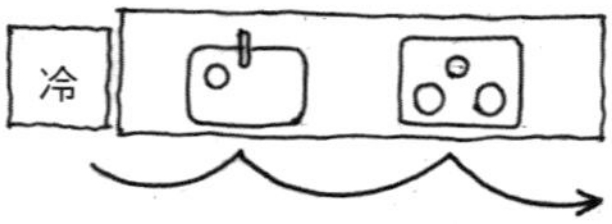

最も一般的なタイプ。3mを超えると使いにくくなるが、奥行きを700㎜以上大きくすることで収容量を増すことができる。背後に食器棚とサブカウンターを置くと使いやすい

②L型

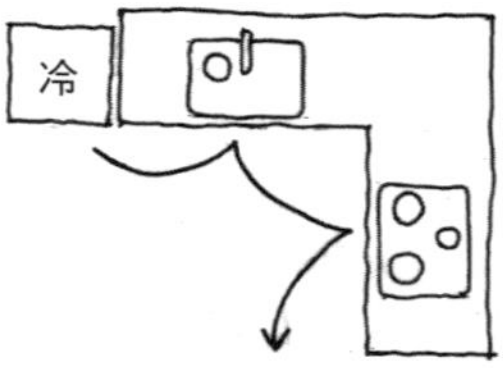

カウンターの長さに対し作業動線が短く、大型のキッチンでは中央にアイランド型のサブカウウンターを設置すると使いやすい。コーナー部の収納に回転収納棚など工夫を要する。コーナー部分にコンロをセットすることでよりコンパクトなキッチンにもなりうる

③コ型

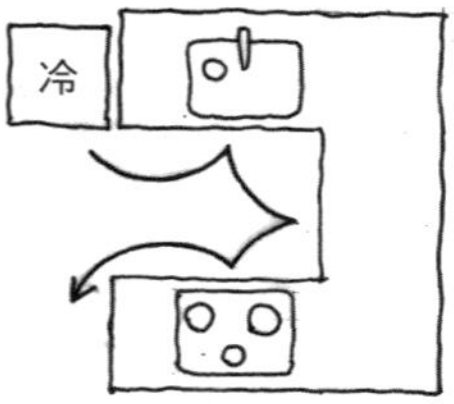

L型よりコンパクトなカウンター構成。シンク、コンロの位置によって有効な配膳台や家事のためのカウンターができる。向き合う部分を間を広くとりすぎると使いにくい

④II型

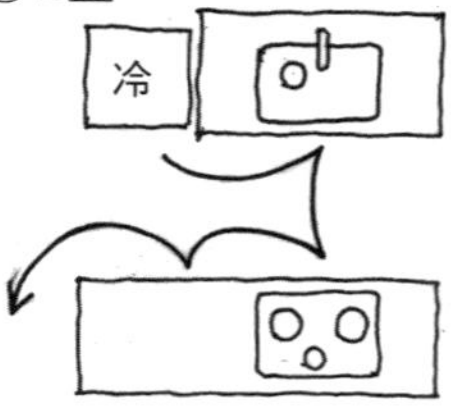

間を800〜900㎜程度とすれば1人作業のきわめてコンパクトなキッチンとなる。2人の作業となると1,100㎜は必要

⑤アイランド型

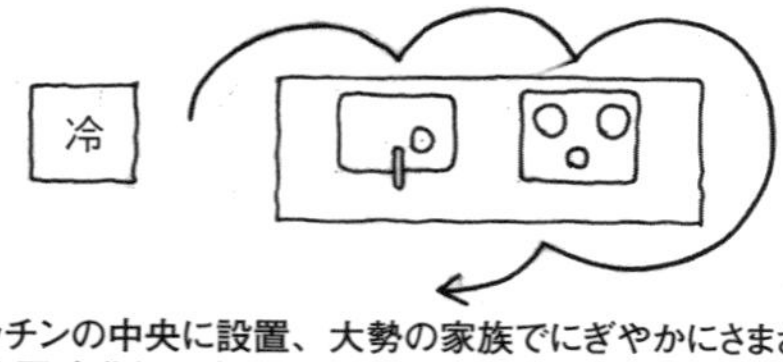

キッチンの中央に設置、大勢の家族でにぎやかにさまざまな調理を同時進行で楽しむには最適。排気ルートの確保に工夫を要する

06
外構

ウッドデッキ

POINT
デッキと床のレベルは少なくすると広がりが出るが、水の浸入を避ける納まりにする

材料と連続性に配慮する

ウッドデッキは室内空間と外部をつなぐ木の床である。イスとテーブルを置いて屋外のダイニングに、また庭仕事の後のティータイムを過ごすためなどに使われる。

ウッドデッキの名のとおり、木材でつくられる。一般的には水に強いヒノキやヒバ、クリなどを使うが、最近では南洋材の堅い木材に特殊な加工を施した、長寿命のデッキ材も商品化されている。

ウッドデッキの床と内部の部屋の床のレベルは差を少なくしたほうが、内部と外部の空間が連続して広さを感じることができ、使いやすい。

ただし、デッキから跳ねた雨水が建築の壁面や土台にかかり、建築本体を傷めかねない。そのため、建築とデッキをいかに水から切り離すかに気を付けなければならない。基礎廻りでは水切鉄板を十分に立ち上げて、土台に水が入り込まないようにしておく。

図1｜ウッドデッキの取合い

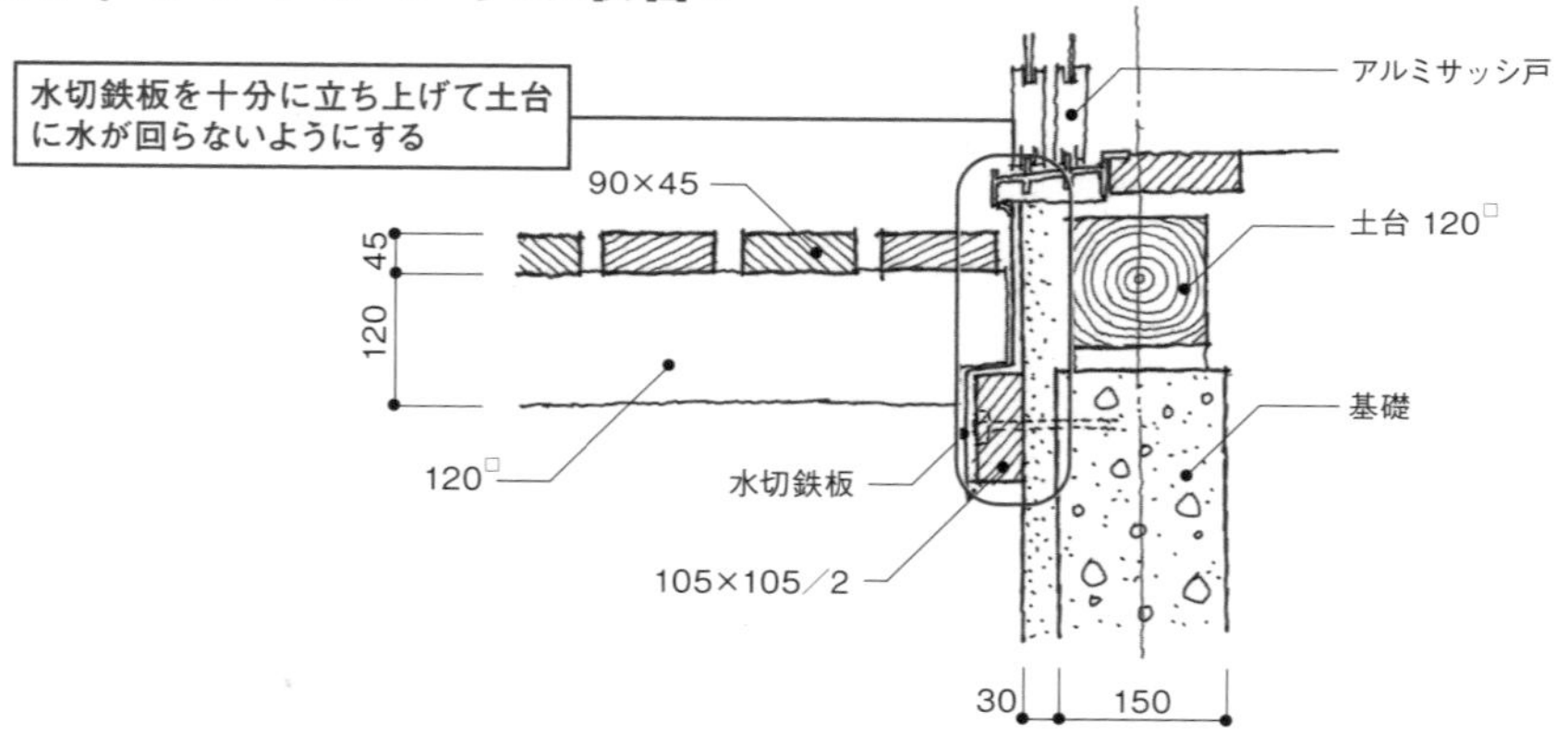
水切鉄板を十分に立ち上げて土台に水が回らないようにする
アルミサッシ戸
90×45
土台 120□
45
120
基礎
120□
水切鉄板
105×105／2
30
150

図2｜ウッドデッキの構成

①アイソメ図

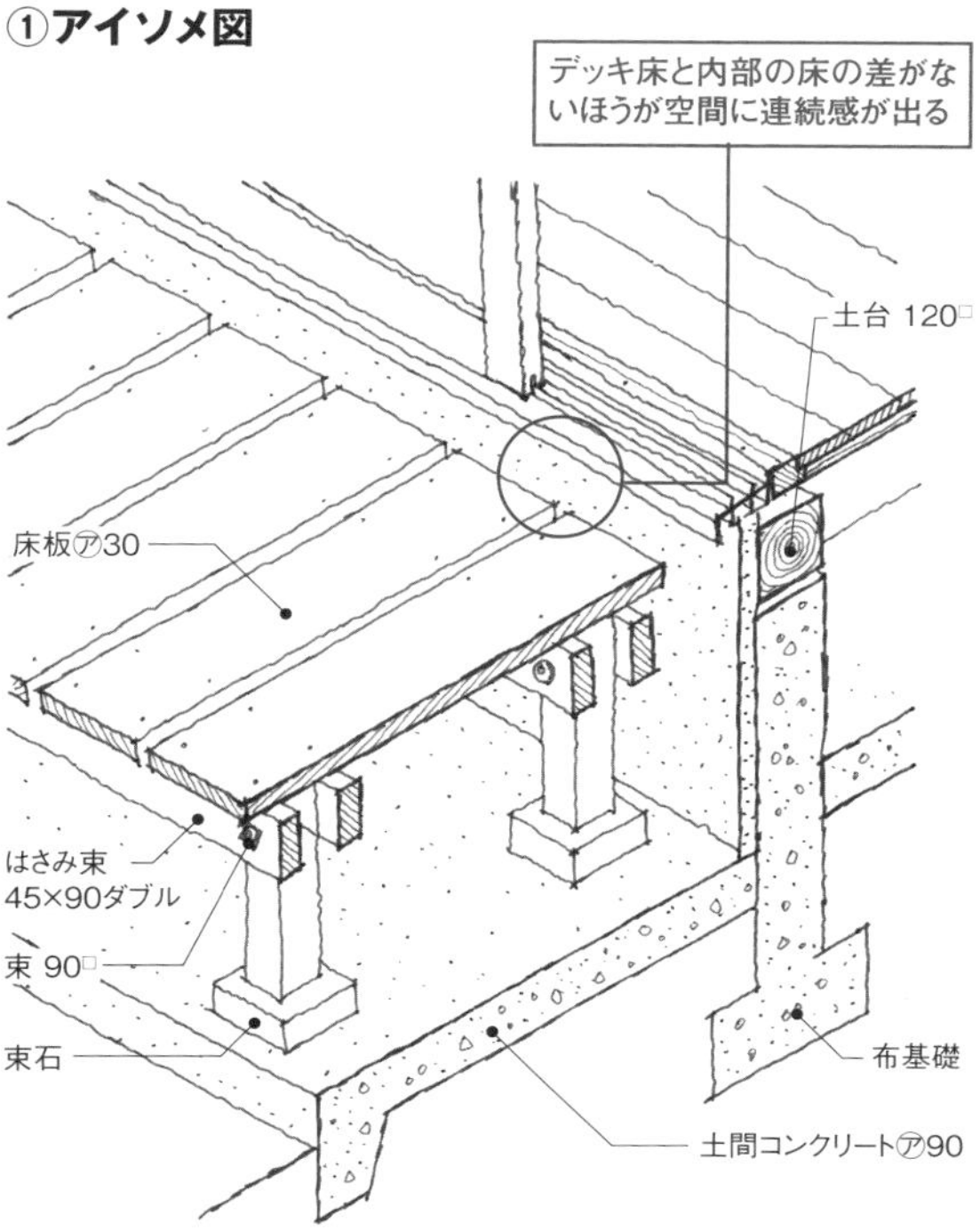
デッキ床と内部の床の差がないほうが空間に連続感が出る
土台 120□
床板㋐30
はさみ束
45×90ダブル
束 90□
束石
布基礎
土間コンクリート㋐90

②断面図

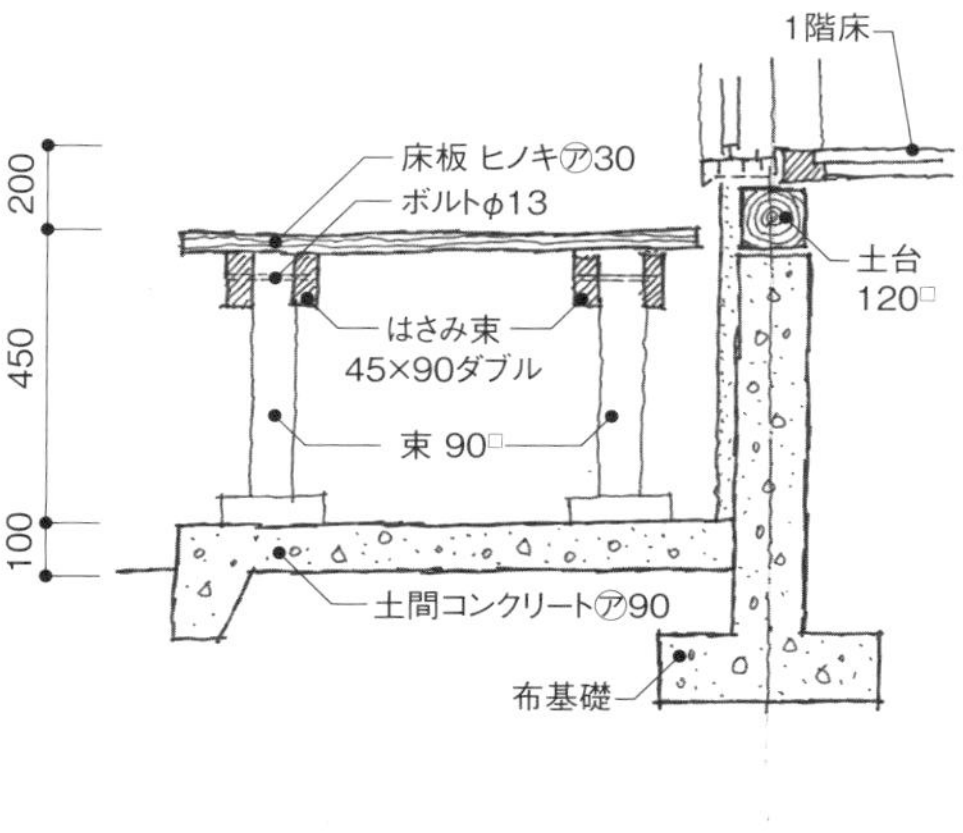
1階床
床板 ヒノキ㋐30
ボルトφ13
200
450
100
はさみ束
45×90ダブル
束 90□
土台
120□
土間コンクリート㋐90
布基礎
桁 120×180

図3｜デッキと建物との取合い

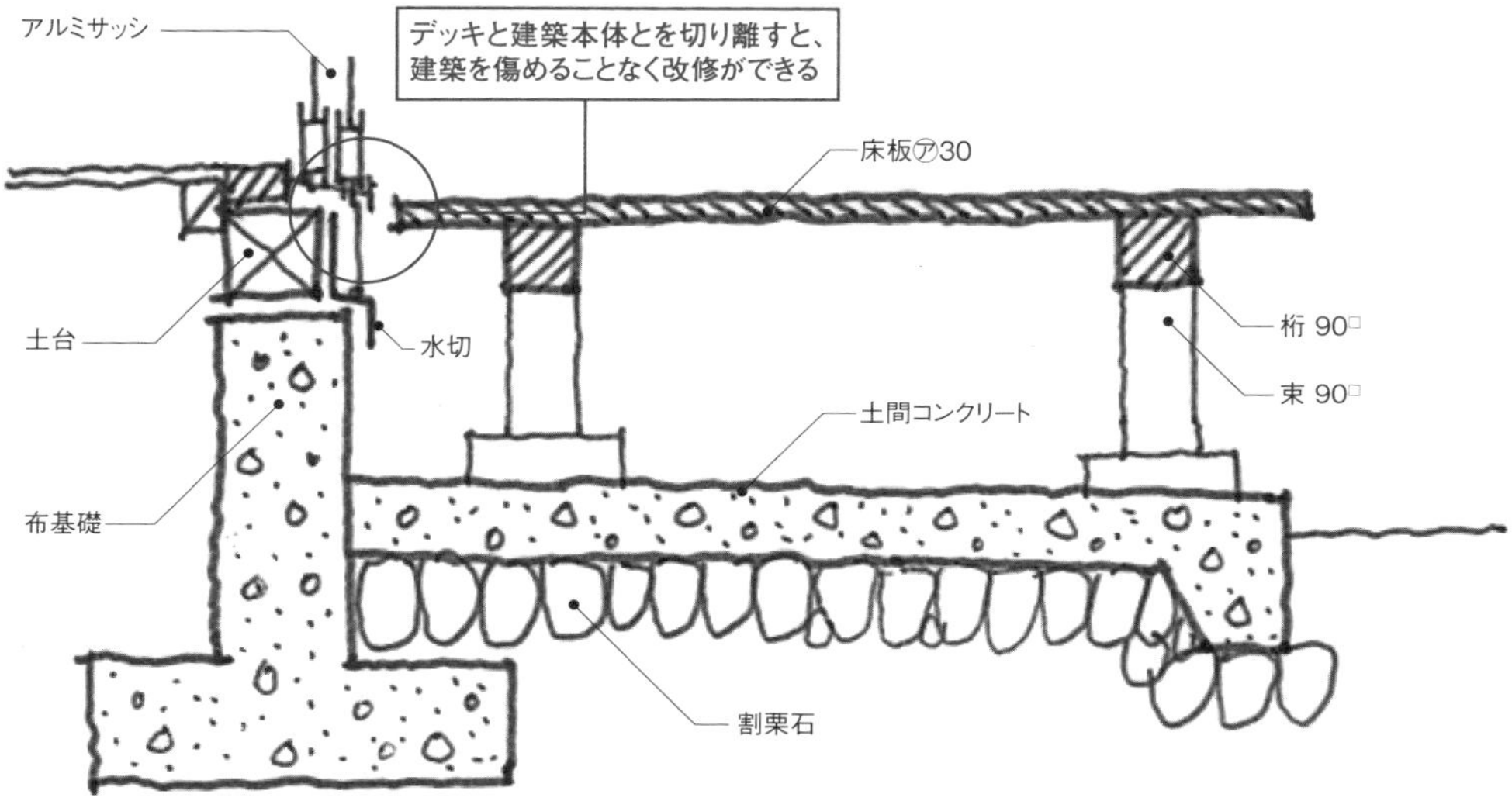
アルミサッシ
デッキと建築本体とを切り離すと、建築を傷めることなく改修ができる
床板㋐30
土台
水切
桁 90□
束 90□
土間コンクリート
布基礎
割栗石

濡れ縁

POINT
風雨にさらされる濡れ縁は、水が入り込まないように水切やシーリングを確実に行う

切り目縁・くれ縁の違い

濡れ縁は庭先などに向けてつくられた雨ざらしの縁台で、和風の建物には欠かせないものである。板の張り方によって、切り目縁とくれ縁とがある。切り目縁は建物の出入り口と直角に縁板を張ったもので、切り目縁を指す。くれ縁は縁板を出入り口と平行に張ったものをいう。

切り目縁は通常、縁板は面取りをした板を突き付けて隠し釘で留める場合、または小幅板（120㎜）を15㎜ほどのアキをとって張る場合などがある。床石に縁束（90㎜角）を立て、縁桁（90㎜角程度）をかけて縁板（15～30㎜）を打つ。

くれ縁は、縁桁に根太を架け、それに縁板を打ち付ける。また縁先の始末を縁板を切ったままにしておくものと、縁框で縁取りをするものがある。

濡れ縁は雨にさらされ、腐りやすい個所であるのと、建物との外壁や基礎廻りに水が入り込むことが多い部分であるため、水切やシーリングを十分に施す必要がある。また、腐食した場合に、取り壊して再び付け替えられるような納まりを考えておく配慮も大切である。

図1 | 角材を用いた濡れ縁の納まり例

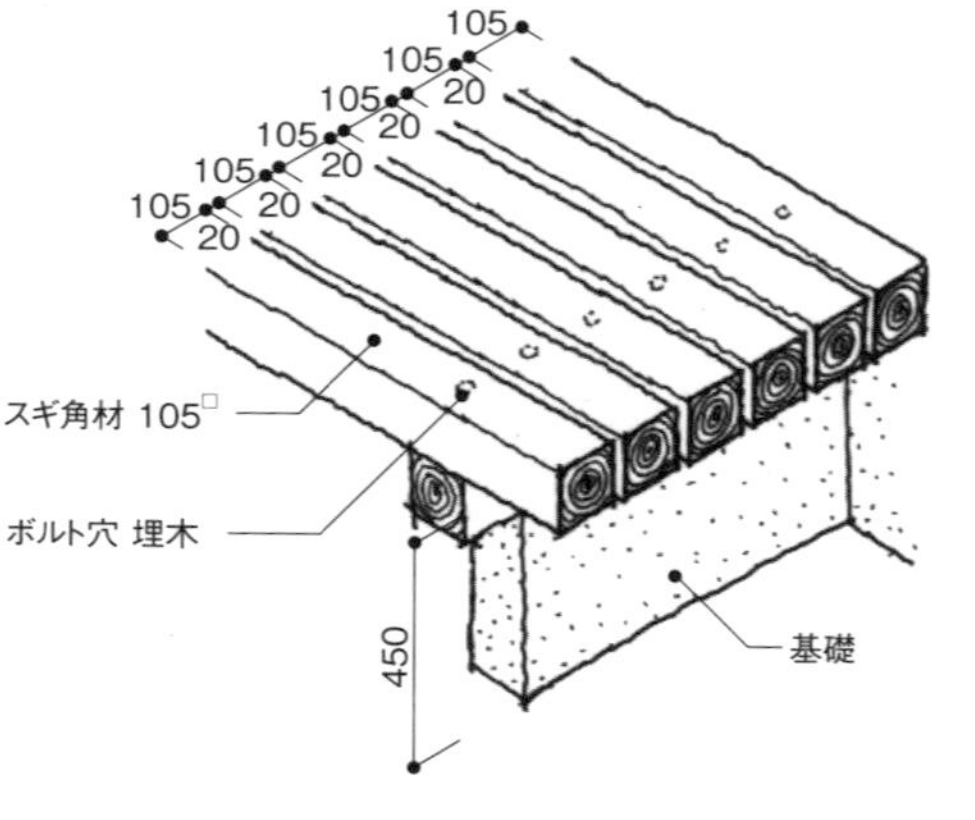

図2｜濡れ縁（くれ縁）のバリエーション

①アイソメ図

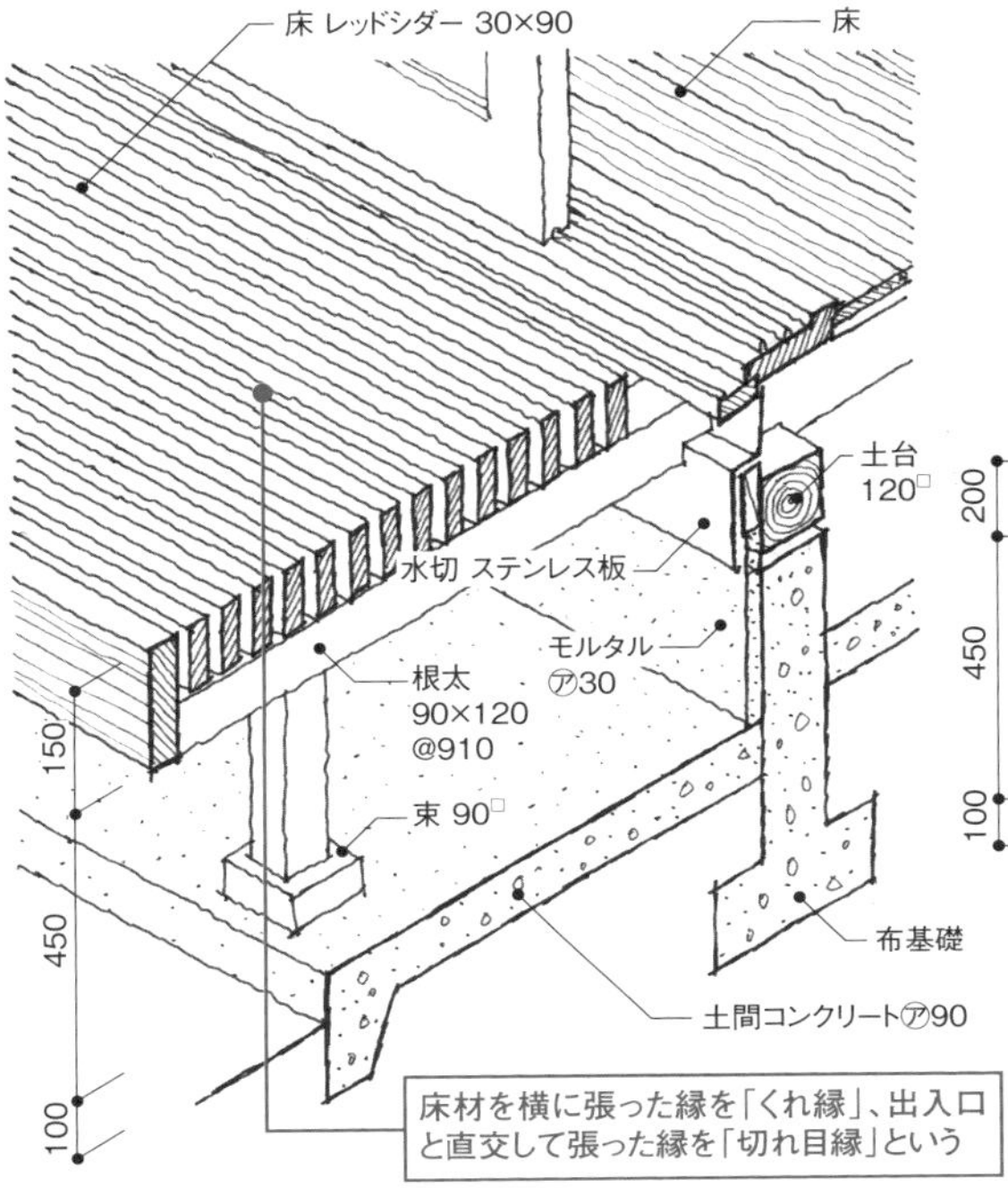

床 レッドシダー 30×90
床
土台 120□
水切 ステンレス板
モルタル ㋐30
根太 90×120 @910
束 90□
布基礎
土間コンクリート㋐90
150
450
100
床材を横に張った縁を「くれ縁」、出入口と直交して張った縁を「切れ目縁」という

②断面図

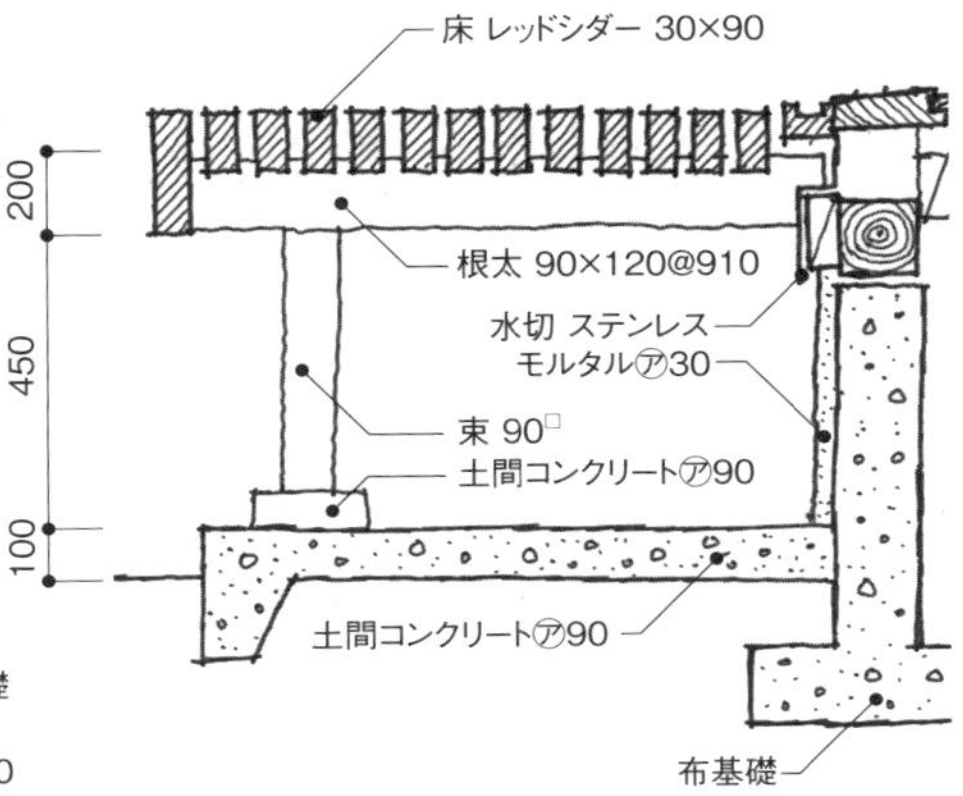

床 レッドシダー 30×90
根太 90×120@910
水切 ステンレス
モルタル㋐30
束 90□
土間コンクリート㋐90
土間コンクリート㋐90
布基礎
200
450
100

図3｜濡れ縁（切れ目縁）のバリエーション

①小幅板を敷く

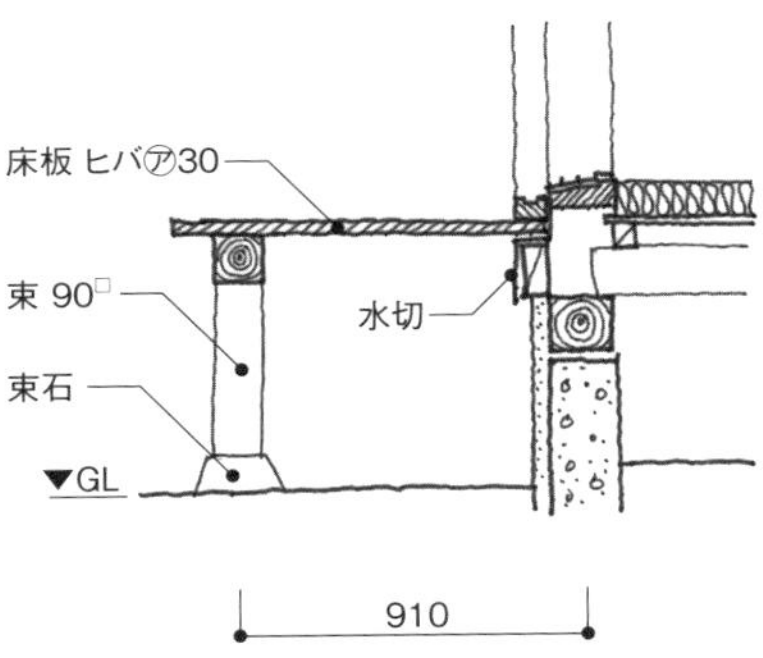

床板 ヒバ㋐30
束 90□
水切
束石
▼GL
910

②床材を並べる

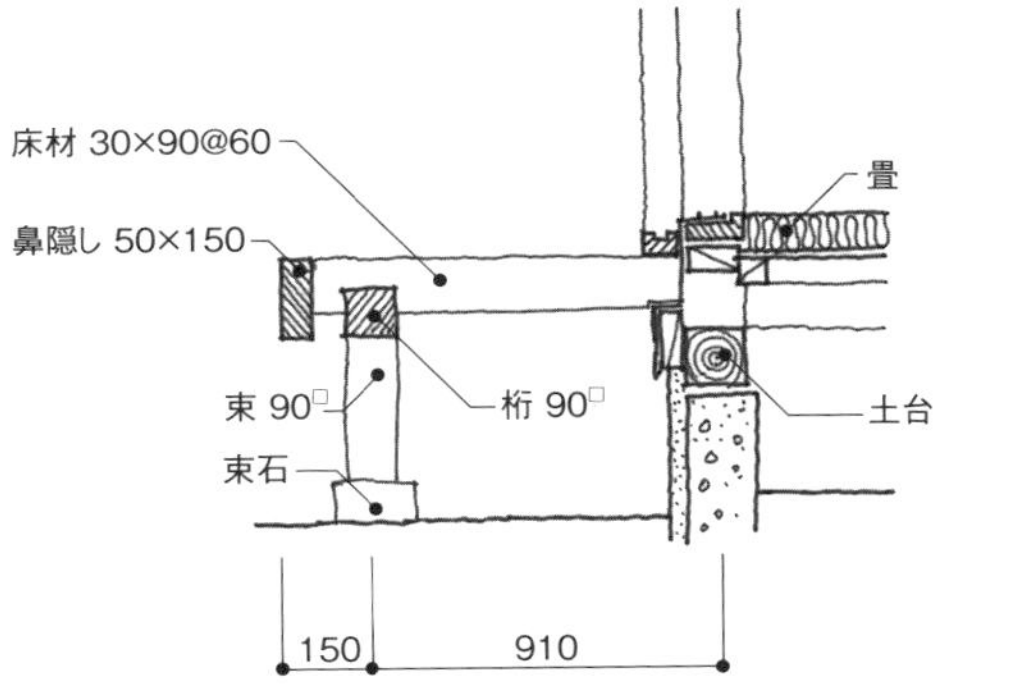

床材 30×90@60
鼻隠し 50×150
畳
束 90□
桁 90□
土台
束石
150
910

105
外構③

テラスと犬走り

POINT どのような種類の仕上げであっても、水勾配は確実にとり水はけをよくしておく

水勾配を確実にとる

テラスは庭での外部の生活を豊かに演出するスペースである。一戸建ての住宅や庭付きのテラスハウスならではのものであるが、仕上げ材や広さによって、生活での利用度は高い。

テラスは通常、建物基礎から土間コンクリートを打ち、レンガや石、タイルなどを張って仕上げる。雨水が建物基礎方向に流れ込まないようにしなければならない。ただし水勾配を急にすると、水はけはよくなるがテラスに置く椅子やテーブルの座りが悪くなる。

そのため、レンガやクリンカータイルの仕上げをフラットにし、目地底で水勾配をとるようにする方法もある。

犬走りは、建物の周囲の基礎部分の保護と雨水による土の跳ね返りによる外壁の汚れを防ぐために打つ土間コンクリートである。

図1 | 犬走りの例

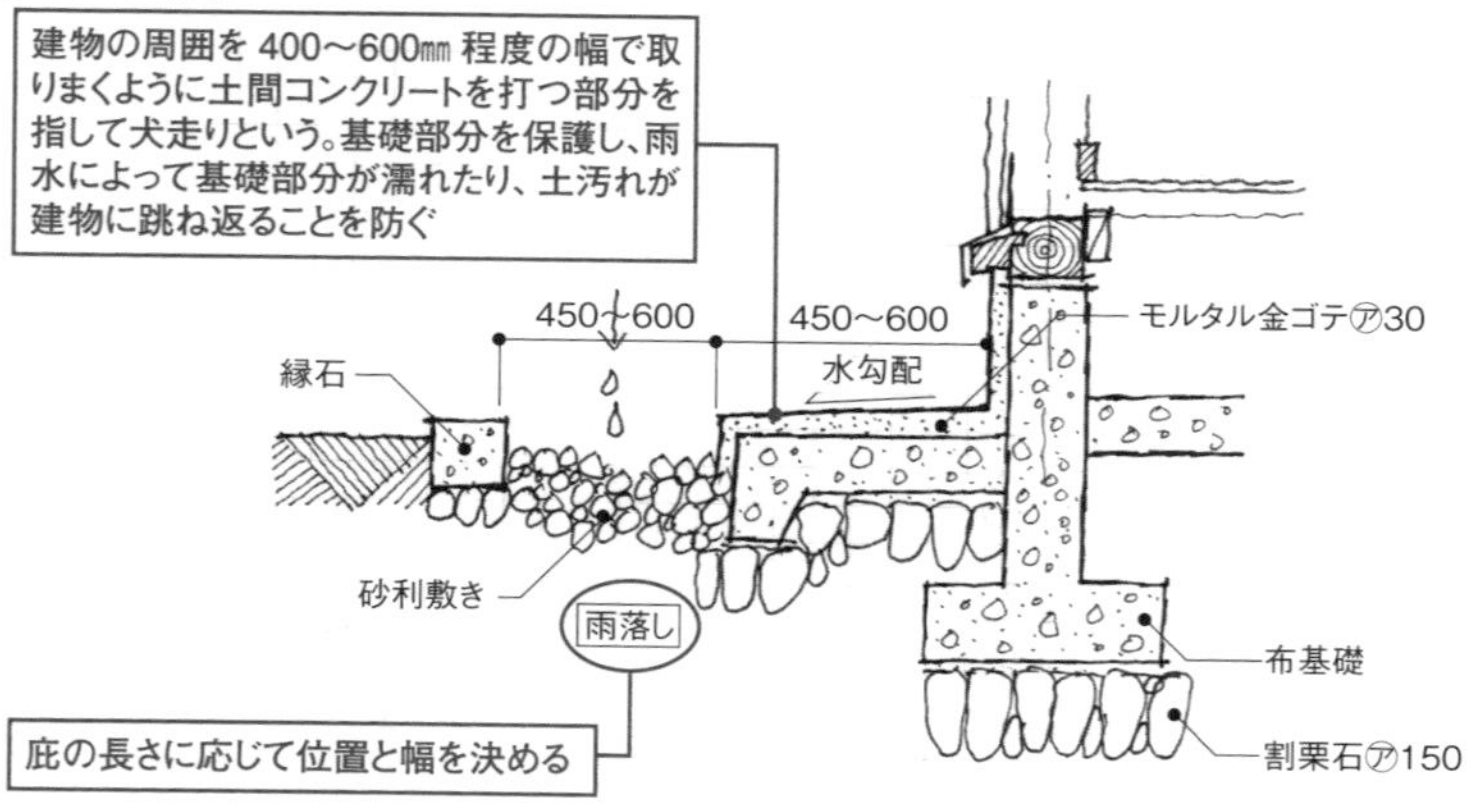
建物の周囲を400～600㎜程度の幅で取りまくように土間コンクリートを打つ部分を指して犬走りという。基礎部分を保護し、雨水によって基礎部分が濡れたり、土汚れが建物に跳ね返ることを防ぐ
450～600
450～600
水勾配
モルタル金ゴテ㋐30
縁石
砂利敷き
雨落し
布基礎
割栗石㋐150
庇の長さに応じて位置と幅を決める

図2｜テラスの構成例

①アイソメ図

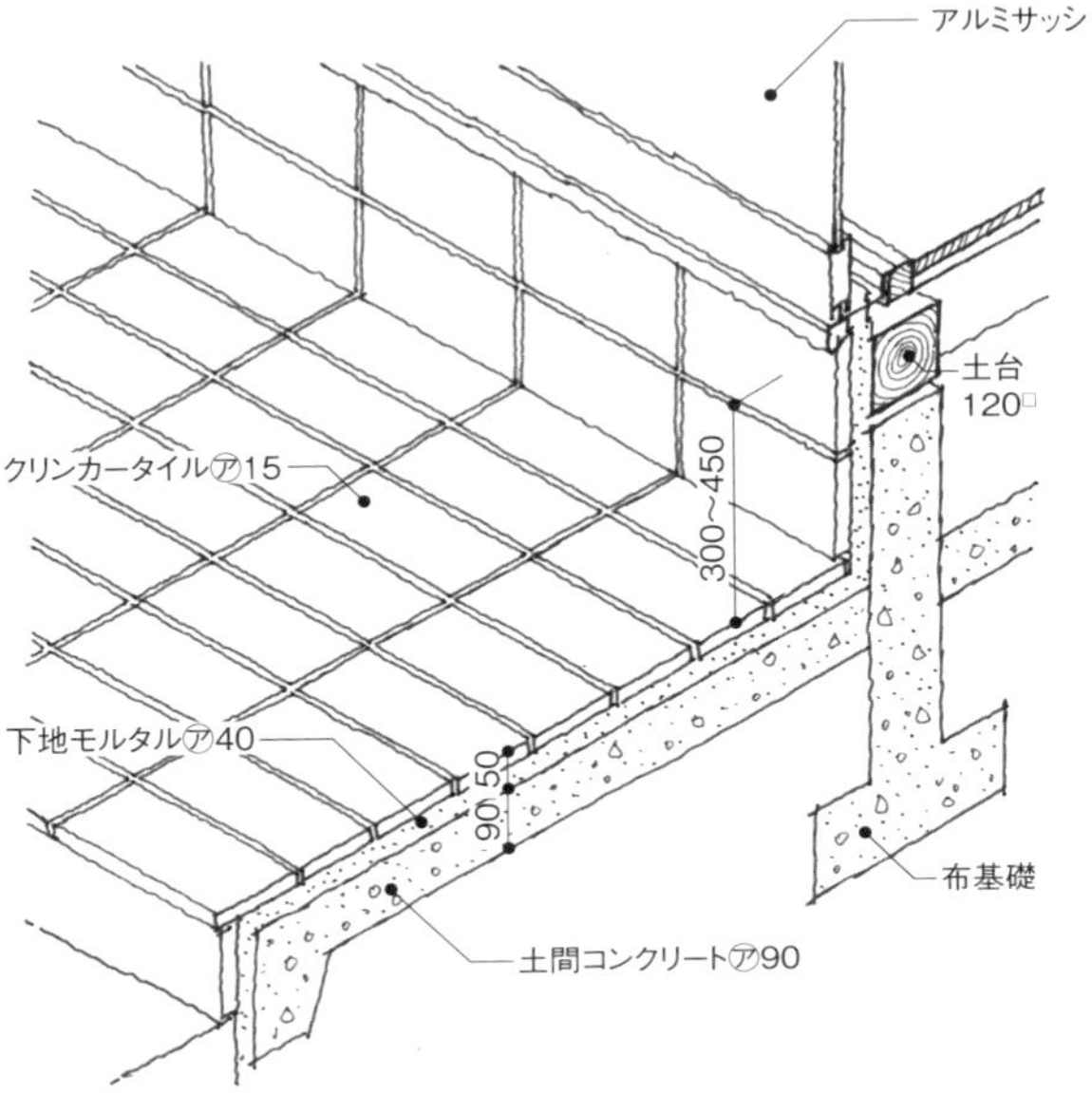
アルミサッシ
土台 120□
クリンカータイル㋐15
300～450
下地モルタル㋐40
90 50
布基礎
土間コンクリート㋐90

②断面図

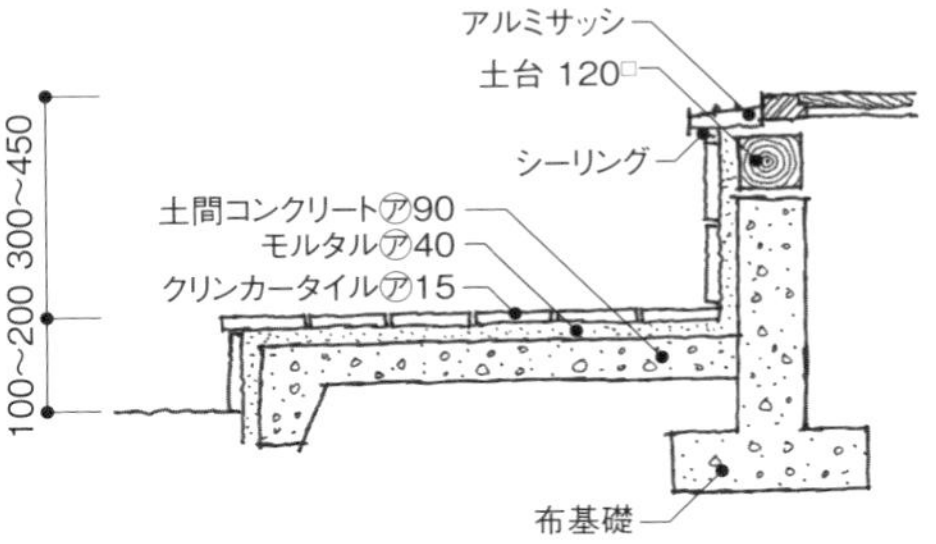
アルミサッシ
土台 120□
シーリング
土間コンクリート㋐90
モルタル㋐40
クリンカータイル㋐15
100～200 300～450
布基礎

図3｜テラスのバリエーション

①洗出し

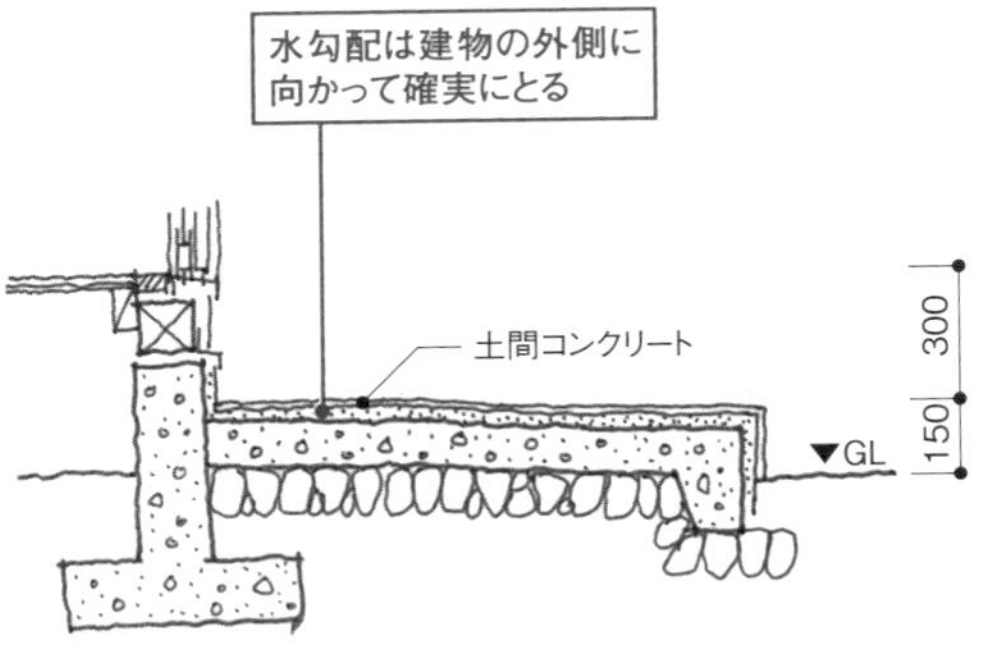
水勾配は建物の外側に
向かって確実にとる
土間コンクリート
300
150
▼GL

②レンガ仕上げ

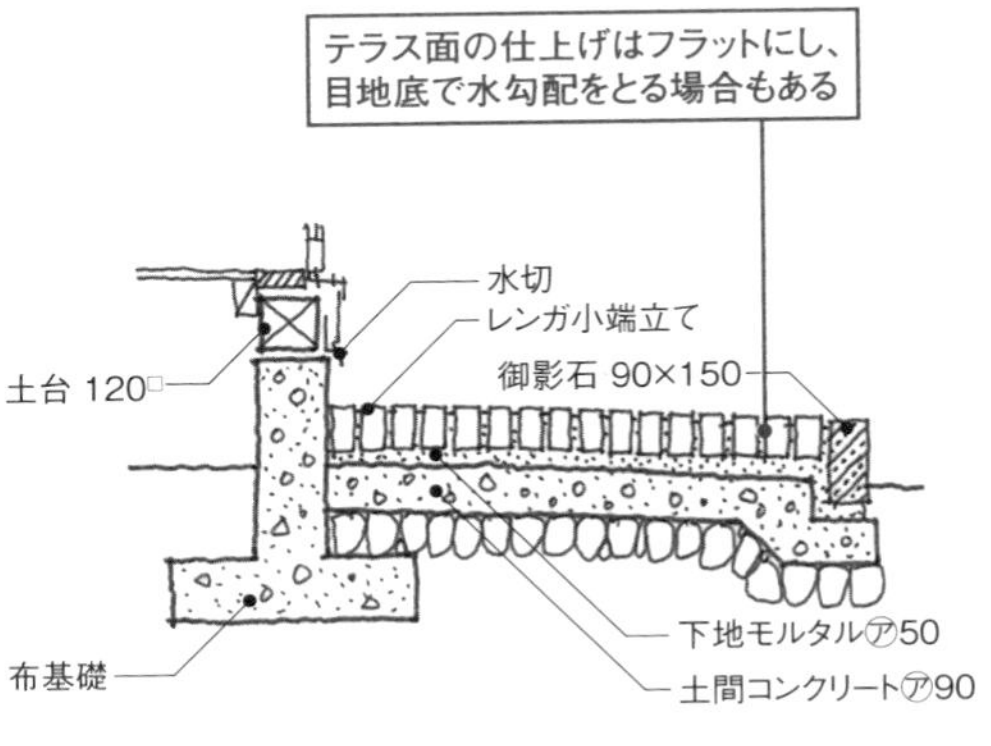
テラス面の仕上げはフラットにし、
目地底で水勾配をとる場合もある
水切
レンガ小端立て
土台 120□
御影石 90×150
下地モルタル㋐50
土間コンクリート㋐90
布基礎

門廻り

POINT
街並みの景観と防犯性、使い勝手と防水性など複雑な条件をよく整理する

変化してきた門廻りの役割

門や塀は私的な空間と公的な空間である道を分断し殺伐とした街並みを形成しているという意見と、プライバシーと防犯のためには欠かせないという意見がある。宅地が狭小化しつつある現在、門と塀の意味、そしてその在り方を考える必要があるだろう。ここでは、門などに取り付けられるポストなどについて主に述べる。

ポストは門や玄関口に取り付けられるが、必然的に風雨にさらされるため耐久性と防水性が求められる。また、盗難防止対策をしなくてはならない。また、門自体はその家の象徴的な存在でもあり、外灯で道行く人の足元を照らす役割や、郵便物を受けるためのポストなども必要である。既製品を無造作に取り付けるのではなく、個性的なデザインのものをつくるのもよい。

図1 | 門と門扉の例

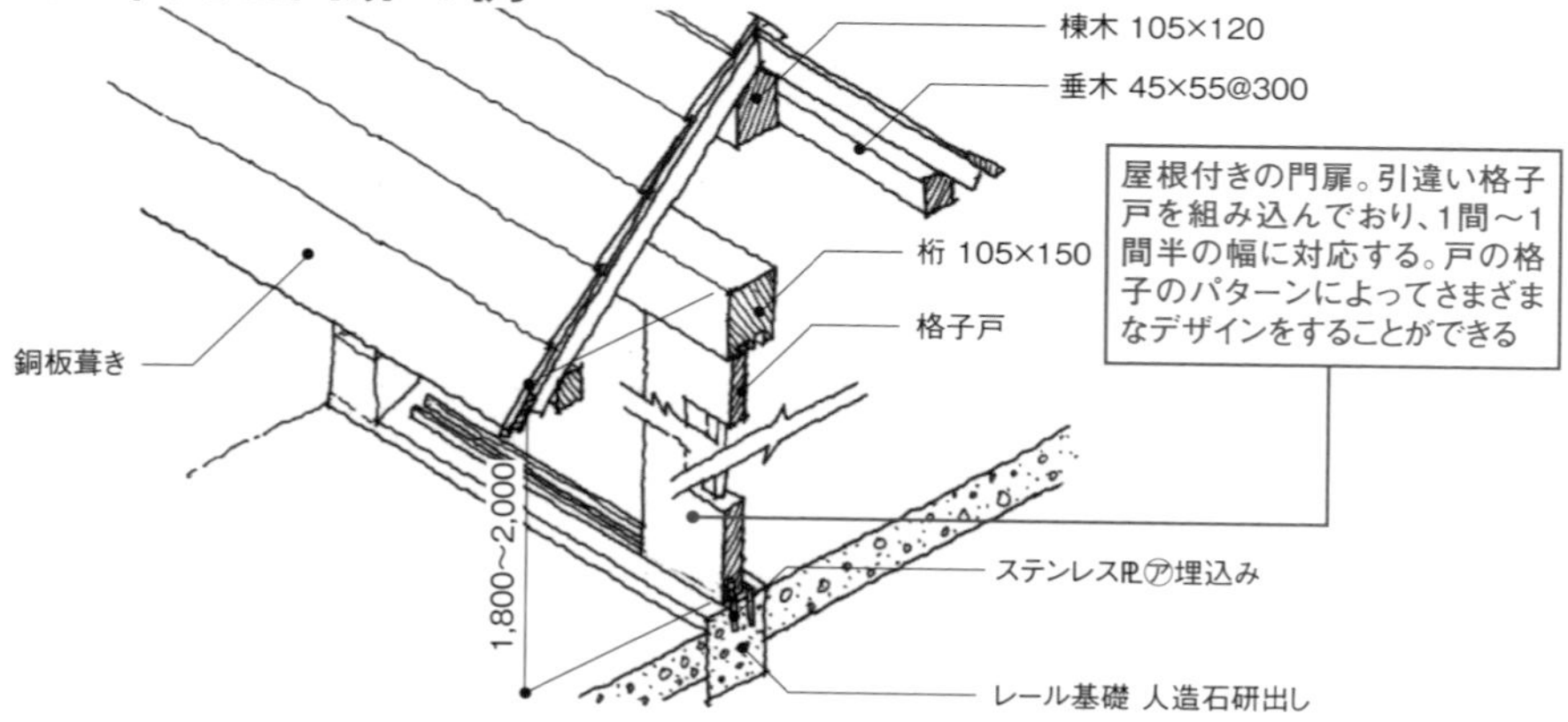
棟木 105×120
垂木 45×55@300
屋根付きの門扉。引違い格子戸を組み込んでおり、1間～1間半の幅に対応する。戸の格子のパターンによってさまざまなデザインをすることができる
桁 105×150
格子戸
銅板葺き
1,800～2,000
ステンレスFB㋐埋込み
レール基礎 人造石研出し

図2｜ポスト廻りの構成

①アイソメ図

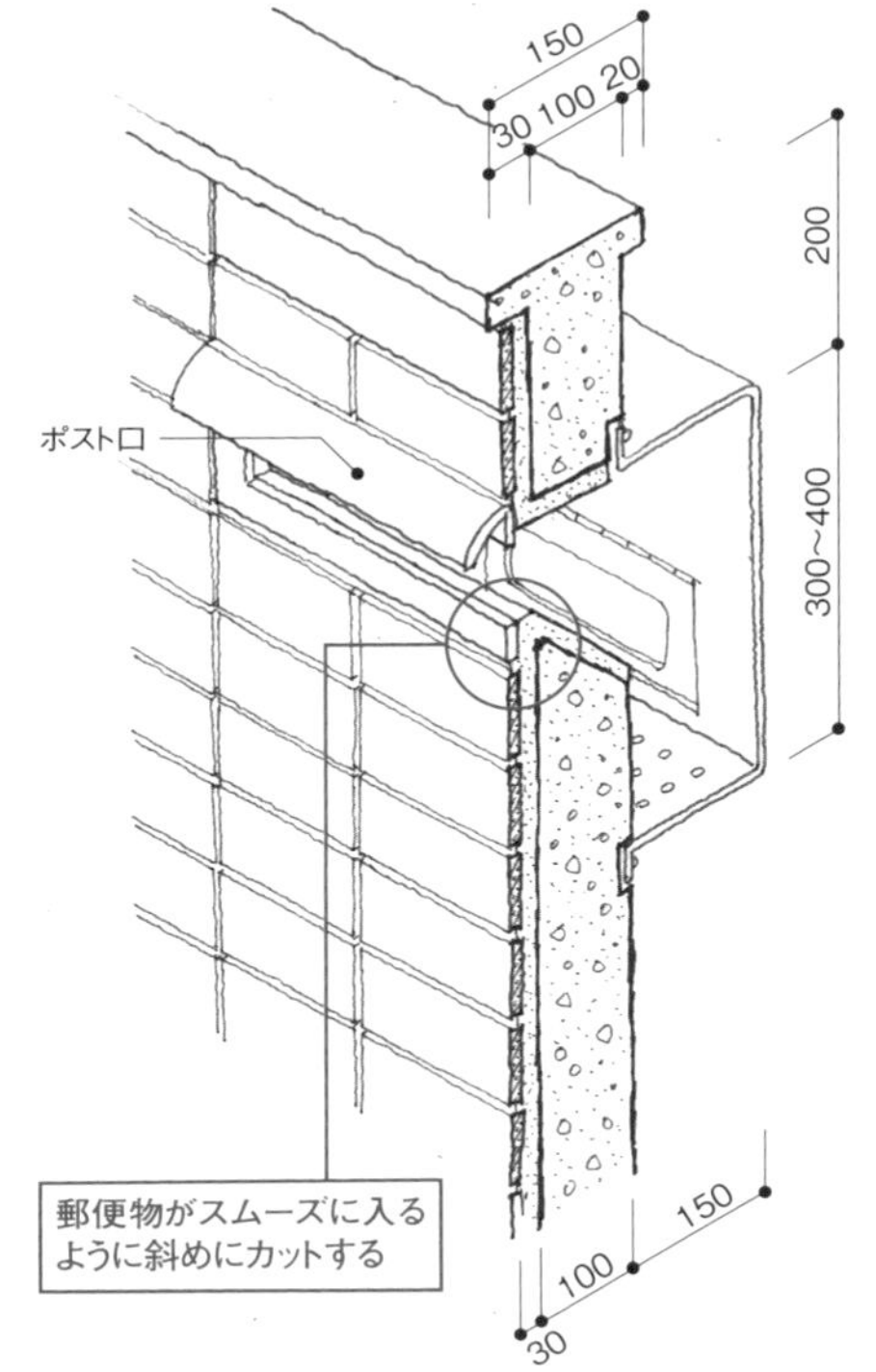
150
30 100 20
200
300~400
ポスト口
郵便物がスムーズに入る
ように斜めにカットする
150
100
30

②断面図

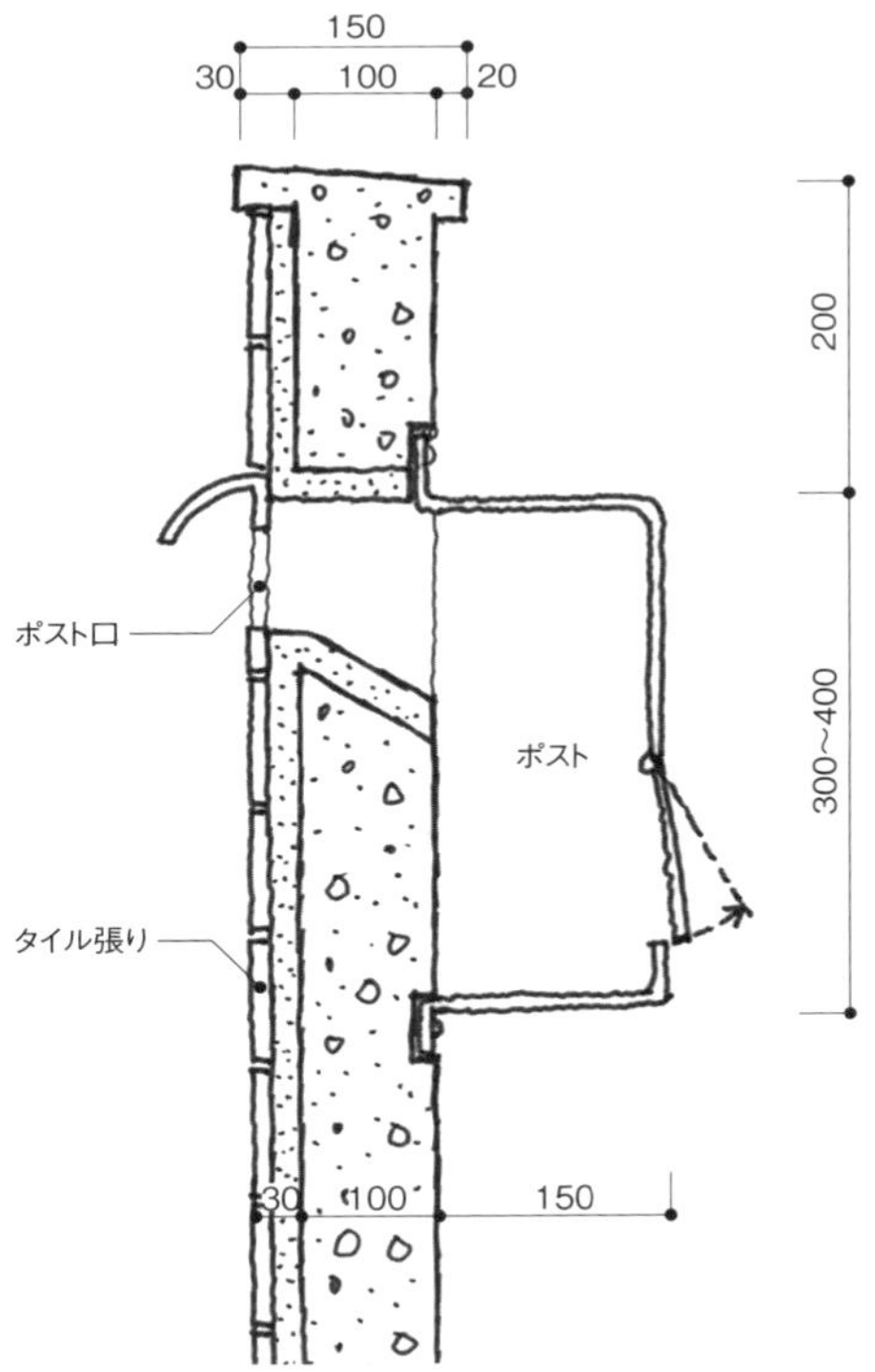
150
30
100
20
200
ポスト口
ポスト
300~400
タイル張り
30
100
150

図3｜ポスト口のバリエーション

①塀につくり付けたポスト

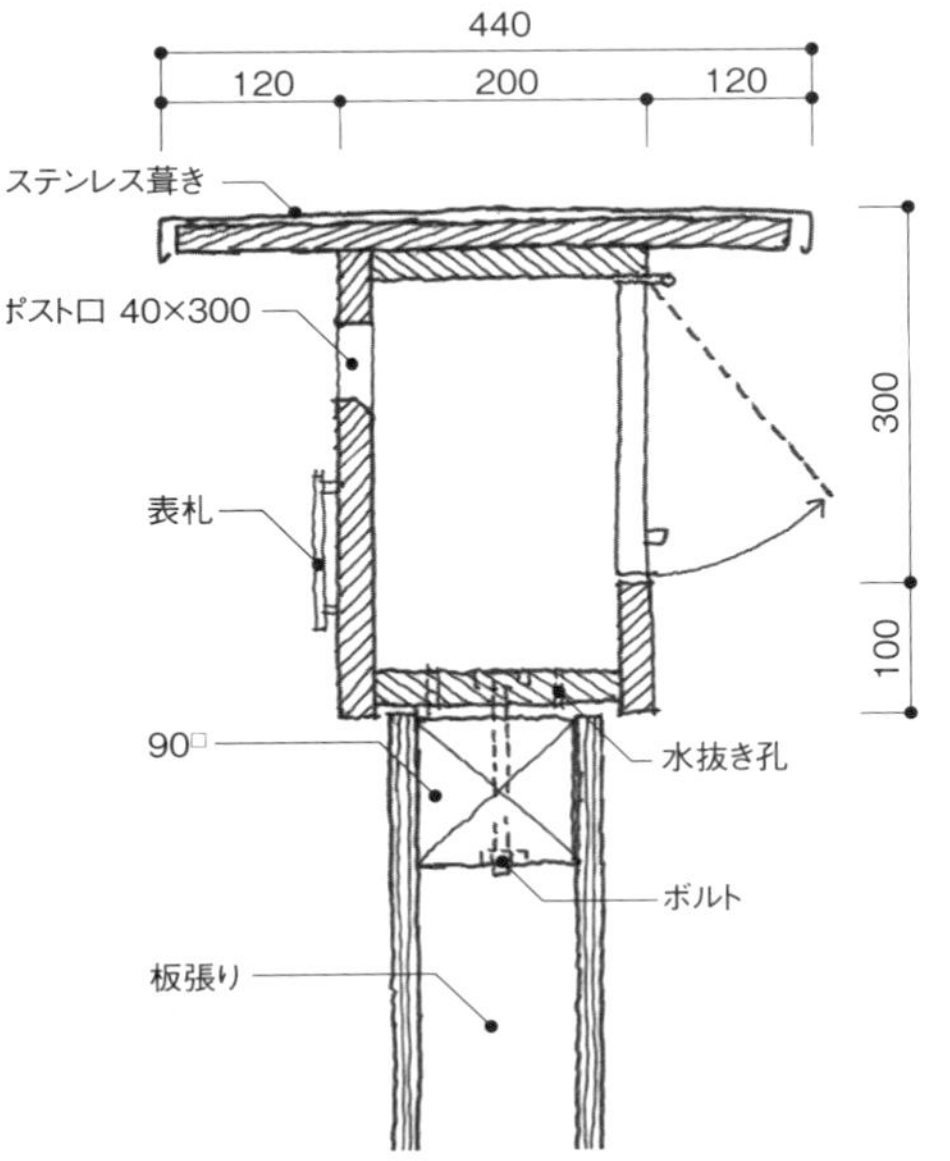
440
120
200
120
ステンレス葺き
ポスト口 40×300
300
表札
100
90□
水抜き孔
ボルト
板張り

②コンクリート塀に既製ポスト取付け

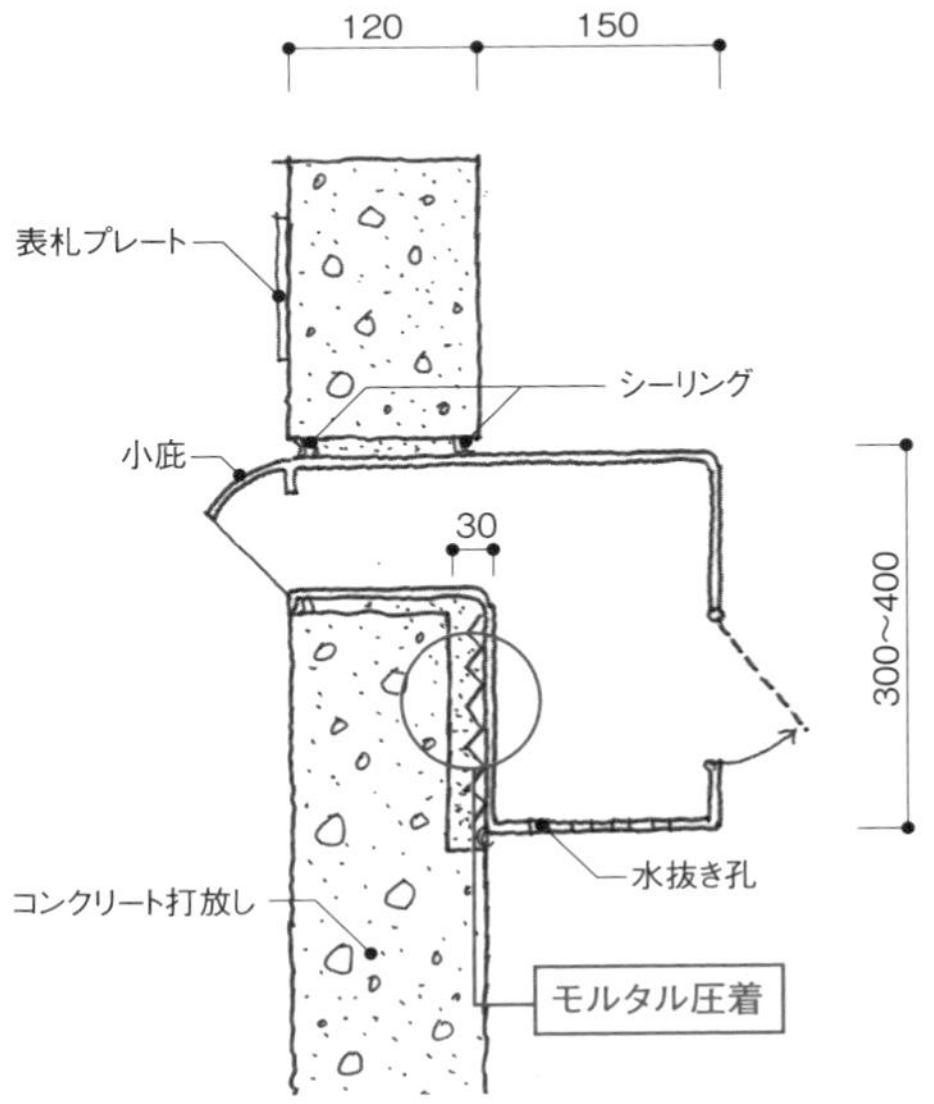
120
150
表札プレート
シーリング
小庇
30
300~400
水抜き孔
コンクリート打放し
モルタル圧着

アプローチ

POINT 玄関に至るアプローチで段差が大きな場合、安全面に配慮した形状や仕上げとする

アプローチは段差に注意

道路から玄関口までのアプローチはデザイン的にも機能的にも重要である。特に道路と宅地のレベル差がある場合、また、南道路、南玄関の配置の住宅では庭先を通ることになるため、プライバシーの確保と、日照を妨げないような工夫が必要である。

敷地と道路に大きなレベル差がある場合、次の4点を考慮しなければならない。

①階段の形状
直通階段、回り階段、折れ階段などを敷地の形状に合わせる。

②昇降しやすい蹴上と踏み面の寸法
蹴上150㎜、踏み面300㎜程度として確保する。

③滑りにくい仕上げ
雨や雪などのときのために表面が滑りにくい材料を選ぶ。

④足元灯の照明
夜間でも階段がはっきりと知覚できるような照明を設える。

図1｜アプローチに段差がある場合の形式

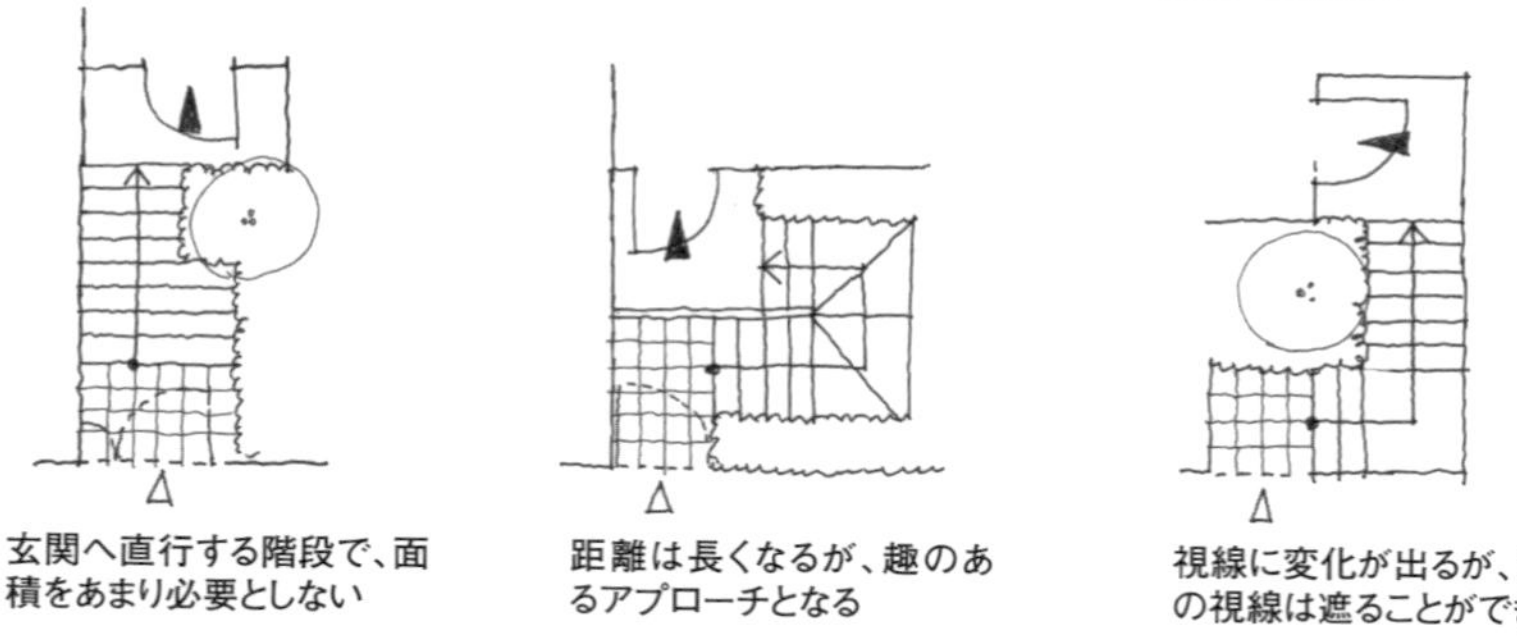

①直通階段：玄関へ直行する階段で、面積をあまり必要としない

②回り階段：距離は長くなるが、趣のあるアプローチとなる

③折れ階段：視線に変化が出るが、室内への視線は遮ることができる

図2｜アプローチの照明取付け例

①アイソメ図

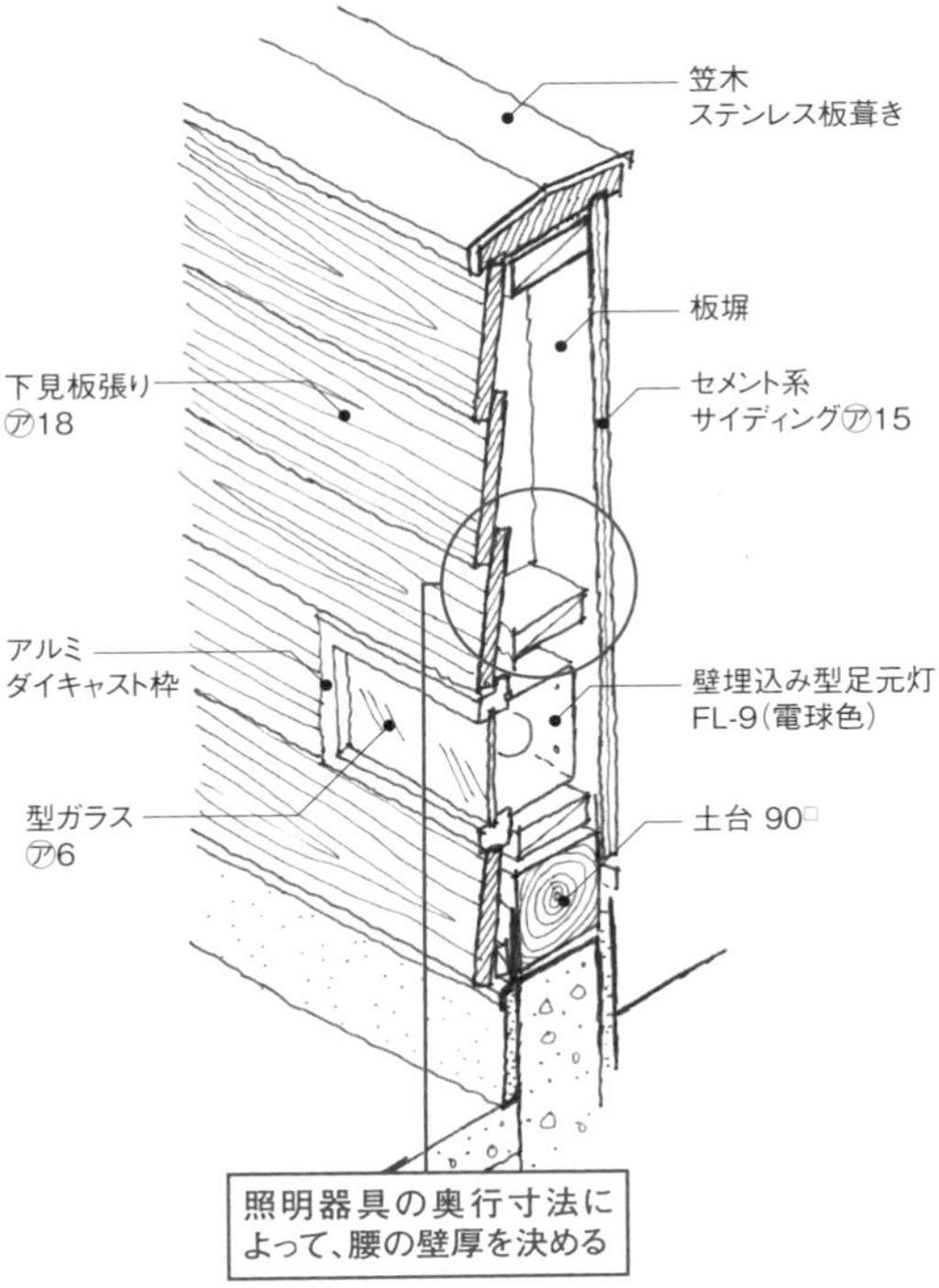
笠木
ステンレス板葺き
板塀
セメント系
サイディング㋐15
下見板張り
㋐18
アルミ
ダイキャスト枠
壁埋込み型足元灯
FL-9（電球色）
型ガラス
㋐6
土台 90□
照明器具の奥行寸法に
よって、腰の壁厚を決める

②断面図

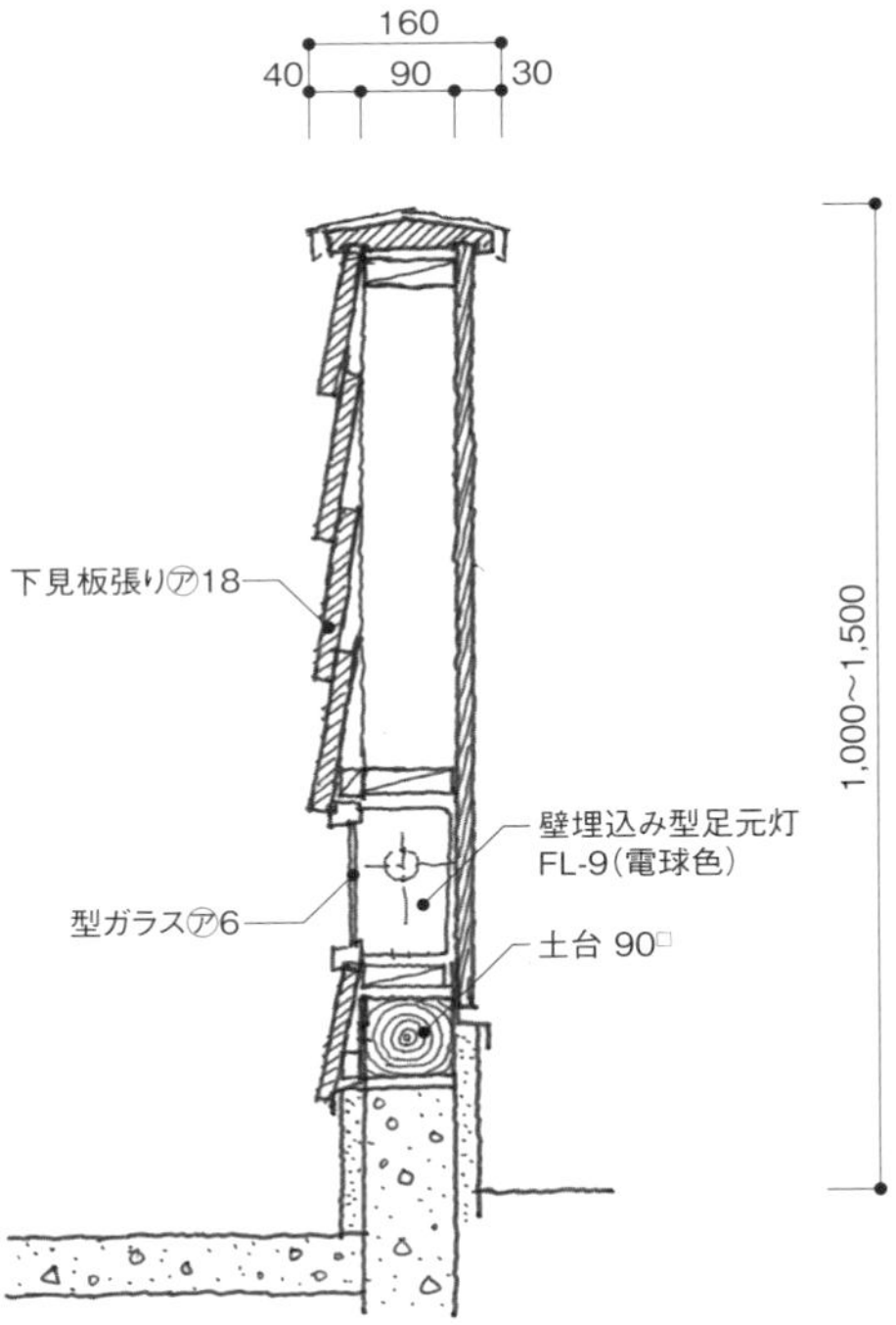
160
40
90
30
下見板張り㋐18
1,000～1,500
壁埋込み型足元灯
FL-9（電球色）
型ガラス㋐6
土台 90□

図3｜アプローチの仕上げ例

①レンガ敷きの場合

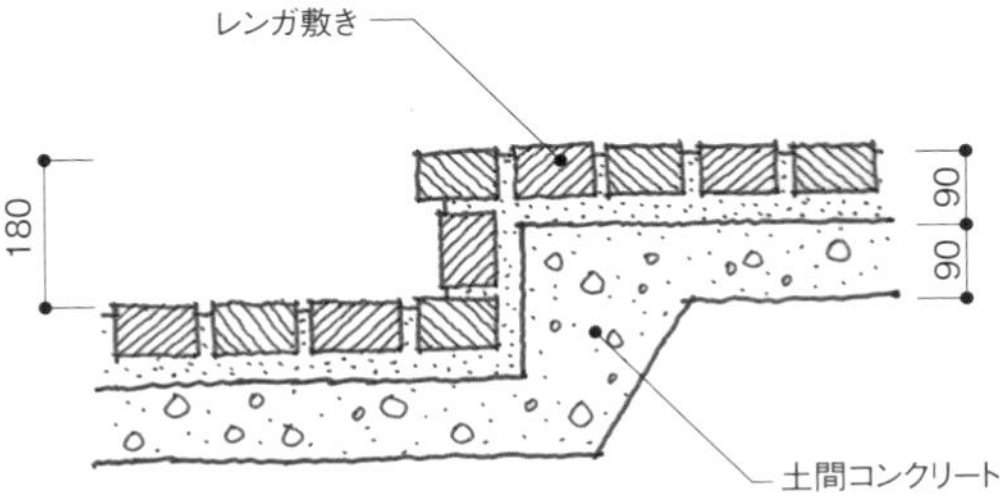
レンガ敷き
180
90
90
土間コンクリート

②洗出しの場合

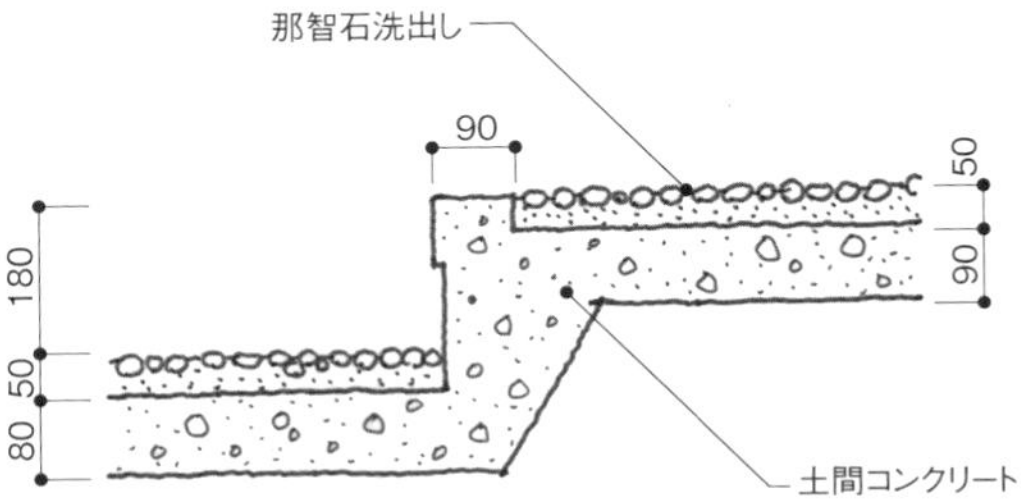
那智石洗出し
90
50
90
180
50
80
土間コンクリート

ガレージ・カーポート

POINT 車のサイズ、車庫入れと乗降の動きに合わせた広さを確保する

街の美観と機能性を両立させる

現在、私たちが生活する上で自動車は欠かせないものになっている。自宅と行き先とのドア・トゥ・ドアが理想とされているが、街並み、家並みなどの美観などの点で、ただ自動車が置けるだけのガレージやカーポートでは十分とはいえない。

一般的に、屋根のある車庫をガレージ、屋根のない車庫を指してカーポートと呼ばれる。

ガレージには大きく分けて独立型のガレージと、住宅と一体化したガレージがある。どちらのタイプのガレージでも共通して注意しなければならない点は、ガレージの広さである。車のサイズに応じて、車の幅と長さに対して余裕をもった寸法を確保しなければならない。またドアが開いた状態で、車への乗り降りに十分な寸法とすることが必要である。

また、ガレージは入口側が全面開口となるため、水平力に対して構造的な配慮をすることが必要である。

図1 | カーポートの車止めポールの設置例

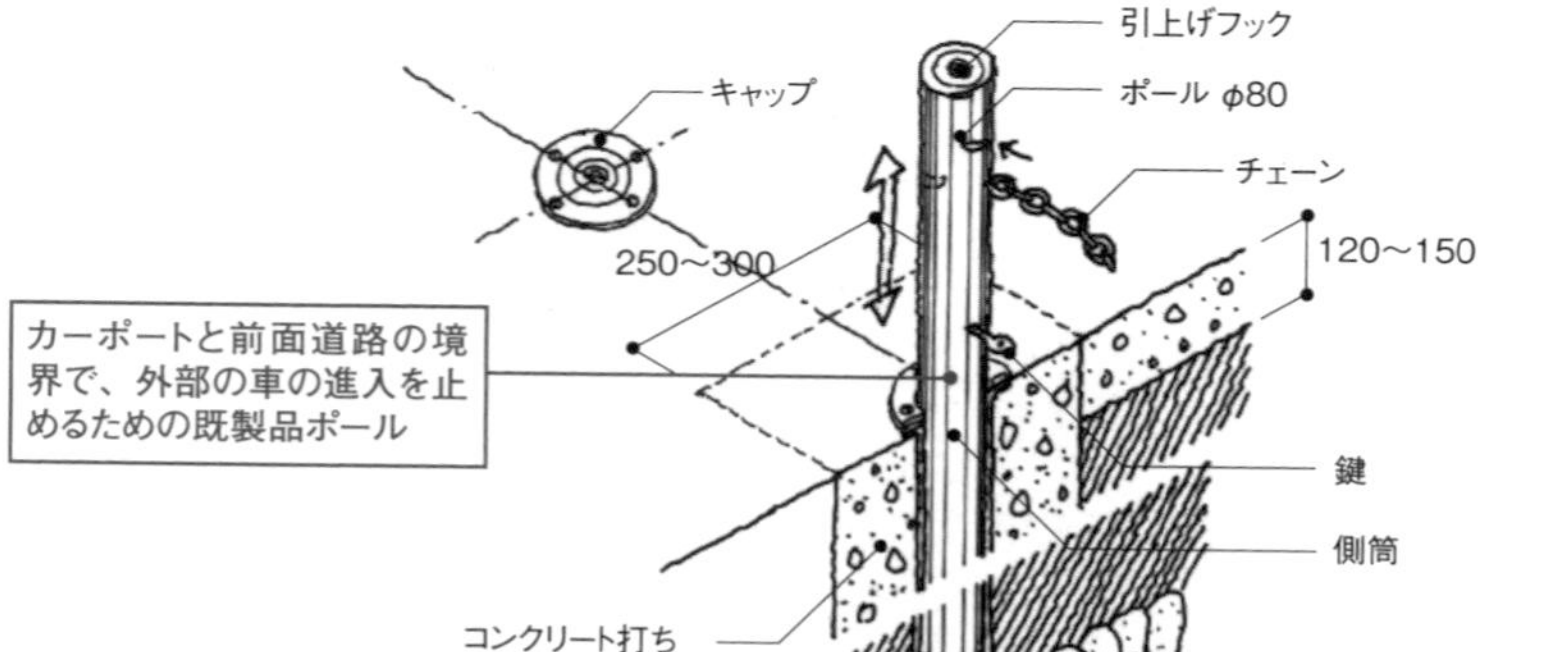
引上げフック
キャップ
ポール φ80
チェーン
120～150
250～300
カーポートと前面道路の境界で、外部の車の進入を止めるための既製品ポール
鍵
側筒
コンクリート打ち
割栗石㋐150

図2｜ガレージの構成例

①アイソメ図

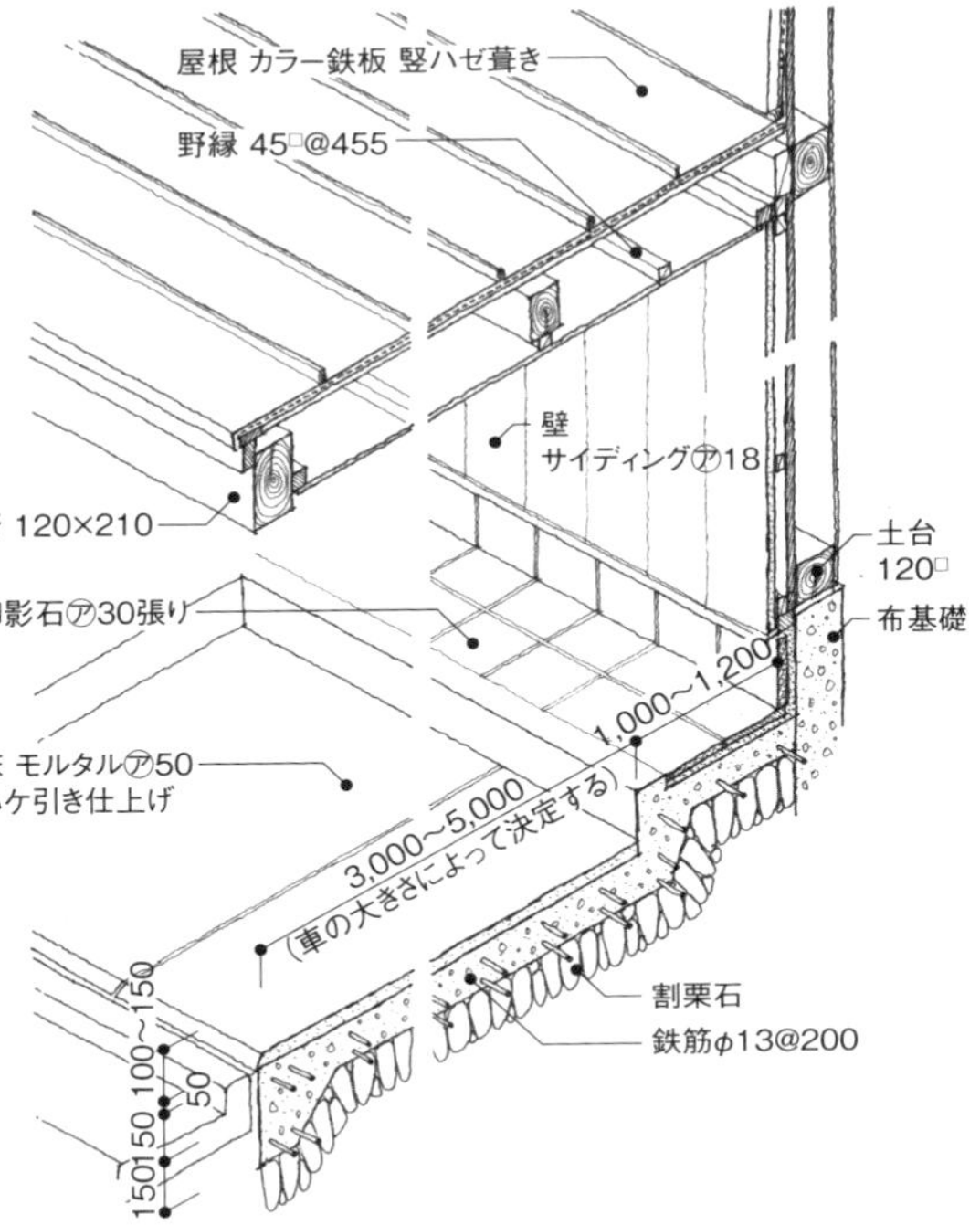

屋根 カラー鉄板 竪ハゼ葺き
野縁 45□@455
壁
サイディング㋐18
桁 120×210
土台
120□
布基礎
御影石㋐30張り
1,000～1,200
床 モルタル㋐50
ハケ引き仕上げ
3,000～5,000
(車の大きさによって決定する)
割栗石
鉄筋φ13@200
100～150
50
50
150
150

②断面図

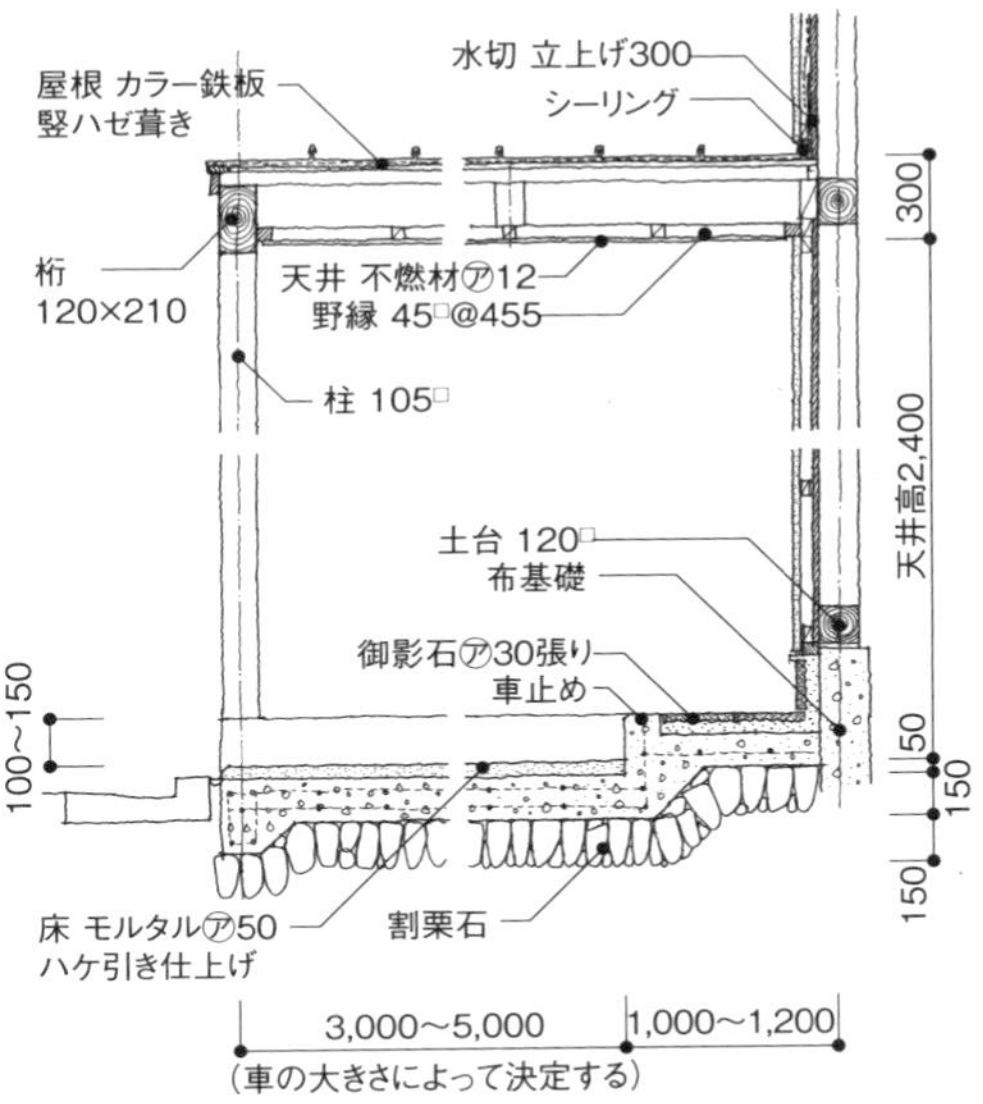

水切 立上げ300
シーリング
屋根 カラー鉄板
竪ハゼ葺き
桁
120×210
天井 不燃材㋐12
野縁 45□@455
柱 105□
土台 120□
布基礎
御影石㋐30張り
車止め
300
天井高2,400
50
150
150
100～150
床 モルタル㋐50
ハケ引き仕上げ
割栗石
3,000～5,000
1,000～1,200
(車の大きさによって決定する)

図3｜カーポートの車止めのバリエーション

①コンクリート床立上げの場合

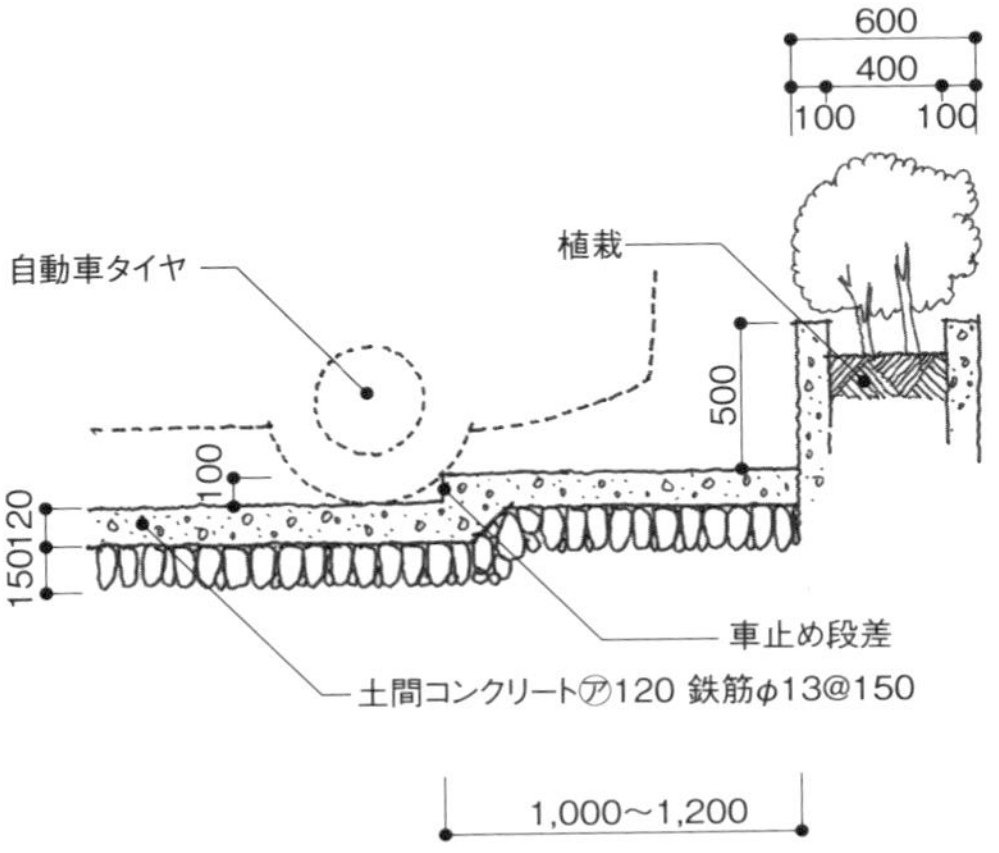

600
400
100
100
植栽
自動車タイヤ
500
100
120
150
車止め段差
土間コンクリート㋐120 鉄筋φ13@150
1,000～1,200

②車止めのみを埋め込む場合

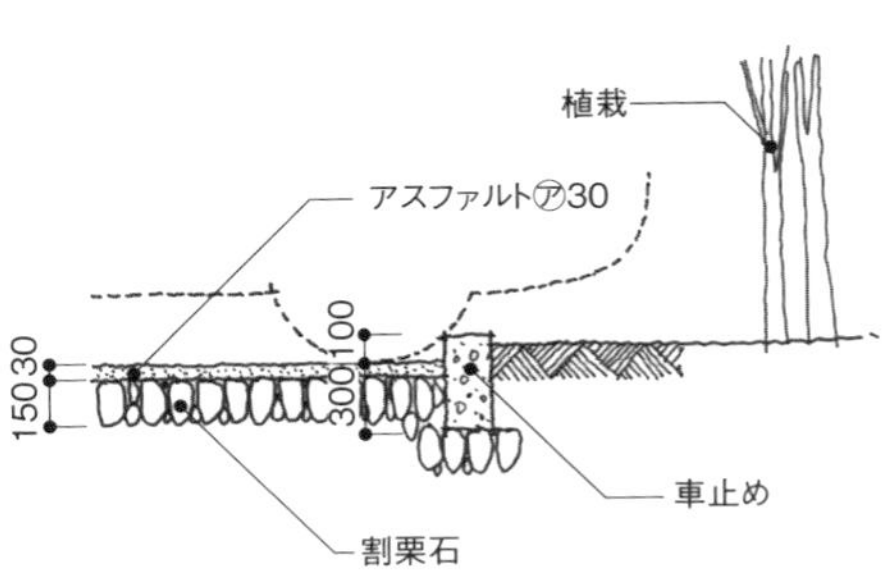

植栽
アスファルト㋐30
100
30
150
300
車止め
割栗石

ナ

ハ

マ

ヤ

ラ

ワ

索 引

ア

カ

サ

タ

猪野忍［いの・しのぶ］

1970年法政大学大学院工学研究科修士課程修了。1968年河原一郎建築設計事務所勤務。1976年猪野忍建築設計（現、㈲猪野建築設計）設立。法政大学デザイン工学部兼任講師を経て、法政大学エコ地域デザイン研究センター研究員。ソフトユニオン会員。主な作品に、伊勢パールピアホテル、アニマル・メディカル・センター・ビル、可月亭庭園美術館、橋本邸（北鎌倉の家）、覚田邸（伊勢の家）、田中邸（Tさんの家）など。主な著書に『世界で一番くわしい木造詳細図』、『木造住宅納まり詳細図集－コンプリート版』、『世界で一番幸福な国ブータン』（共著、エクスナレッジ）。『小さなコミュニティー』（共著、彰国社）など。

中山繁信［なかやま・しげのぶ］

1942年栃木県生まれ。法政大学大学院工学研究科建設工学修士課程修了後、宮脇檀建築研究室勤務、工学院大学伊藤ていじ研究室助手、日本大学生産工学部建築学科非常勤講師、工学院大学建築学科教授を歴任。現在、TESS計画研究所主宰。ソフトユニオン会員。

世界で一番やさしい　木造詳細図
改訂版

2020年11月18日　初版第1刷発行

著　者　猪野忍　中山繁信
発行者　澤井聖一
発行所　株式会社エクスナレッジ
〒106-0032
東京都港区六本木7-2-26
https://www.xknowledge.co.jp/

問合せ先　編集　Tel 03-3403-1381／Fax 03-3403-1345
info@xknowledge.co.jp
販売　Tel 03-3403-1321／Fax 03-3403-1829